本论文集由中国香港特别行政区政府研究资助局资助全部出版经费（资助项目编号 CUHK4196/02H）

The publication of these conference proceedings was fully supported by a grant from the Research Grants Council of the Hong Kong Special Administrative Region, China (Project No. CUHK4196/02H)

华南及东南亚地区史前考古

——纪念甑皮岩遗址发掘 30 周年国际学术研讨会论文集

中国社会科学院考古研究所

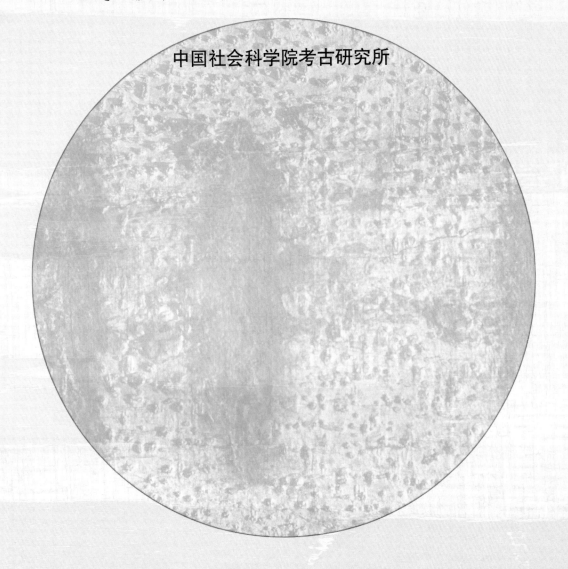

文物出版社

北京·2006

封面设计　周小玮

责任印制　陈　杰

责任编辑　君　凡

图书在版编目（CIP）数据

华南及东南亚地区史前考古——纪念甑皮岩遗址发掘30
周年国际学术研讨会论文集/中国社会科学院考古研究
所编著．－北京：文物出版社，2006.1
ISBN 7－5010－1760－3

Ⅰ．华…　Ⅱ．中…　Ⅲ．①石器时代考古－华南地
区－国际学术会议－文集②石器时代考古－东南亚－国
际学术会议－文集　Ⅳ．K871.104－53

中国版本图书馆 CIP 数据核字（2005）第 125611 号

华南及东南亚地区史前考古

——纪念甑皮岩遗址发掘 30 周年国际学术研讨会论文集

中国社会科学院考古研究所　编著

*

文 物 出 版 社 出 版 发 行

（北京五四大街 29 号）

http：//www.wenwu.com

E-mail：web@ wenwu.com

北 京 安 泰 印 刷 厂 印 刷

新 华 书 店 经 销

787×1092　1/16　印张：31.5

2006 年 1 月第一版　2006 年 1 月第一次印刷

ISBN 7－5010－1760－3/K·929　定价：210.00 元

Prehistoric Archaeology of South China and Southeast Asia

Proceedings of the International Conference to Celebrate the 30th Anniversary of the Excavation of Zengpiyan

by

Institute of Archaeology, Chinese Academy of Social Sciences

Cultural Relics Publishing House

Beijing · 2006

目　　录

彩　版

华南及东南亚地区史前考古——纪念甑皮岩遗址发掘30周年国际学术研讨会
Prehistoric Archaeology of South China and Southeast Asia
An International Conference on the 30th anniversary of the Excavation of the Zengpiyan Assemblage

"华南及东南亚地区史前考古——纪念甑皮岩遗址发掘30周年
国际学术研讨会"与会人员合影

1. 与会学者参观甑皮岩遗址

2. 与会学者参观大岩遗址

与会学者参观桂林考古遗址

1．大源盆地全景

2．吊桶环遗址

大源盆地与吊桶环遗址远景

1. 陶片出土时状况

2. 骨鱼镖

3. 穿孔蚌器

仙人洞遗址陶片出土状况及出土骨蚌器

1. 出土陶片

2. 出土陶片

仙人洞遗址出土陶片

1. 陶器口沿

2. 饰附加堆纹陶片

3. 饰绳纹陶器口沿

4. 陶器口沿

东胡林遗址出土陶片

1. 陶盂

2. 石容器残片

3. 陶片

4. 陶器口沿

转年遗址出土器物

1．南庄头遗址出土陶器口沿E：1

2．南庄头遗址出土陶器口沿E：3

3．于家沟遗址出土陶片（和泥土粘在一起）

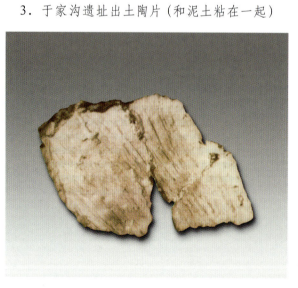

4．玉蟾岩遗址出土陶器

5．仙人洞遗址出土早期条纹陶片

南庄头、于家沟、玉蟾岩及仙人洞遗址出土陶器

桂林市雁山乡现生的野生稻

1. 甑皮岩遗址出土
炭化块茎遗存

2. "野"生的栽培芋

甑皮岩出土炭化块茎遗存及"野"生的栽培芋

1．Doi San Kai Site

2．Stone Tools at the Doi San Kai Site

3．Stone Tools at the Doi San Kai Site

Doi San Kai Site and It's Stone Tools

1. 舂碎陶土

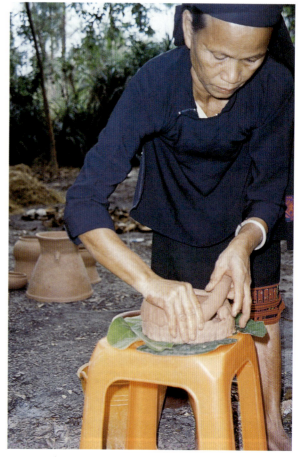

2. 泥条盘筑

海南黎族制陶

1. 在柴草上摆放陶器

2. 从柴灰中扒取陶器

海南黎族制陶

1．玉环（都雍洞穴）

2．铃形玉珠（卡达因）

3．短管珠（马侬苟洞穴）

4．长管珠（马侬苟洞穴）

5．蛙蹼状玉玦耳饰（乌瑶洞穴）

6．鸠尾状玉玦耳饰（绿岛）

7．双头兽形耳饰（都雍洞穴）

8．具三个突起的球茎状
有角玦形耳饰(都雍洞穴)

1. 辉河水坝遗址采集的细石核

2. 辉河水坝遗址采集的石镞

辉河水坝遗址采集石核及石镞

1. 辉河水坝遗址出土的陶片

2. 哈克－团结遗址出土遗物

辉河水坝遗址及哈克－团结遗址出土遗物

上　编

中国社会科学院
考古研究所所长刘庆柱开幕式致辞

各位领导、专家，女士们、先生们：

首先，请允许我向前来参加本次大会的领导、专家、学者表示热烈的欢迎！

此次"华南及东南亚地区史前考古——纪念甑皮岩遗址发掘 30 周年国际学术研讨会"是由桂林市人民政府、广西壮族自治区文化厅和中国社会科学院考古研究所共同主办的。会议的召开得到了国家文物局、中国社会科学院科研局和国际合作局的大力支持。应邀出席本次大会的有中国社会科学院、北京大学、故宫博物院等著名院所的专家学者 70 余人，有来自美国、加拿大、新西兰、澳大利亚、日本、越南、泰国和中国香港的学者近 20 人，还有新华社、中国文物报社、广西电视台、桂林电视台等多家新闻媒体的记者。

华南地区史前考古在中国新石器考古学研究中占有十分重要的地位。以甑皮岩遗址为代表的桂林地区新石器文化，对于探讨华南地区的史前文化及其与长江流域、东南亚地区史前文化的交往具有重要的学术意义。1996 年以来，中国社会科学院考古研究所开始加强对广西地区的史前考古发掘与研究，组建了广西工作队，同广西考古同行们一起，先后调查和发掘了邕宁顶蛳山、桂林甑皮岩、临桂大岩、柳州鲤鱼嘴等重要遗址，揭示出一种与黄河流域、长江流域古代文化风格迥异的区域文化，并初步搭建起广西地区史前文化的年代系列。在上述发掘项目中，桂林甑皮岩遗址以其堆积深厚、遗物丰富、地层清晰、发掘方法科学严谨而引起了国内外学术界广泛关注。这也是我们选择桂林来召开此次国际学术研讨会的主要原因之一，相信大家到甑皮岩遗址进行实地参观之后，会有更深的体会。

众所周知，田野发掘是中国考古学的基础，也是加强文物保护工作必不可少的手段。作为国家级的考古发掘研究机构，中国社会科学院考古研究所在全国大多数省份都设立了考古工作队，成立了与之匹配的科技考古中心。五十余年的实践表明，正是西安半坡、偃师二里头、安阳殷墟、汉唐长安城与洛阳城等著名遗址的田野调查与发掘,奠定了新中国考古学在国际学术界的地位。桂林甑皮岩遗址的发掘,也生动地说明了田野考古是科学研究和文物保护的基础。

近年来,中国社会科学院考古研究所在中国社会科学院国际合作局的大力支持下,大力推进中外学术交流,成立了古代文明研究中心、外国考古研究中心,并于 2001 年创办大型英文学术刊物《中国考古学》（Chinese Archaeology）。考古研究所还与美国、英国、德国、澳大利亚、加拿大、日本、韩国、秘鲁等国的研究机构签署了学术合作协议。经国家文物局和中国社会科学院审批同意,我所先后实施了中日合作汉长安城桂宫遗址发掘项目、中日合作唐长安城太液池遗址发掘项目、中澳合作伊洛河流域考古调查项目、中美合作洹河流域考古调查项目、中美合作赤峰地区考古调查项目等中外合作考古项目,与此同时,我所还派出由年轻学者组成的考古发掘队参加德国、俄罗斯等国境内的考古发掘。这些中外合作项目的实施,有力地推动了中外学术机构和学者在考古学领域的合作。

桂林是驰名中外的国际旅游城市,也是文化底蕴深厚的历史文化名城,甑皮岩遗址的发掘与研究,并参照宝积岩遗址,表明早在距今 30 000 年前,先民们就已经在桂林居住、繁衍、生息,并创造了灿烂的古代文化。我们相信,此次国际学术研讨会的召开,必将进一步提升桂林作为国际旅游城市和历史文化名城的文化品位。

最后,我要感谢为本次大会的召开付出不少心血的桂林市文化局领导以及全体工作人员。

谢谢大家!

桂林市人民政府副市长汤杰开幕式致辞

尊敬的各位领导、各位专家、各位来宾，朋友们：

今天，"华南及东南亚地区史前考古——纪念甑皮岩遗址发掘 30 周年国际学术研讨会"在桂林隆重开幕了。在此，我代表中共桂林市委、桂林市人民政府对会议的召开表示热烈的祝贺，对各位领导、专家、代表亲临桂林与会指导表示热烈的欢迎和衷心的感谢！

桂林市位于广西壮族自治区东北部，是桂东北及桂湘交界地区的政治、经济、文化、科技中心。总面积 2.78 万平方公里，辖 12 县 5 城区，总人口 488 万，有汉、壮、瑶、侗、回等 37 个民族。

桂林市是国务院确定的全国重点风景游览城市和历史文化名城，在世界上享有很高的声誉。"江作青罗带，山如碧玉簪"（唐·韩愈诗），早在南宋时期，"桂林山水甲天下"就已名扬海内外，以漓江风光和溶洞为代表的山水景观有山青、水秀、洞奇、石美"四绝"之誉，市区"千峰环野立，一水抱城流"（宋·刘克庄诗），独具城在景中、景在城中的山水城市魅力。

桂林历史悠久，从汉武帝元鼎六年（公元前 111 年）设立始安县至今，桂林已有 2100 多年的建城历史，自古文人荟萃，历史文化源远流长。有以甑皮岩遗址为代表的史前文化，以秦代灵渠为代表的水利文化，以宋代静江府古城址为代表的城建文化，以靖江王府、王陵为代表的明代藩王文化，以桂海碑林为代表的石刻文化，以八路军桂林办事处旧址为代表的抗战文化，以李宗仁故居、官邸为代表的名人故居文化以及绚丽多彩的民族文化。桂林自然山水风景与历史文化遗存"天人合一"，形成世所罕见的独特格局，有"看山如观画，游山如读史"的美誉。

桂林属典型喀斯特地形地貌，这种世界独特的地形地貌孕育了数量众多的石灰岩溶洞，桂林最早的先民就生活在这些天然形成的洞穴里。考古调查发现的资料表明，桂林有古人类活动遗迹的洞穴遗址达数十处之多，是整个中国以至世界史前人类洞穴遗址较集中、丰富的地区之一，从3万年前起，桂林的先民就在山青水秀的自然环境里繁衍生息，并通过他们的聪明智慧和辛勤劳作，创造了丰富灿烂的桂林史前文化，从而印证了桂林自古以来就是最适合人类居住的地方。

甑皮岩遗址发现于1965年，1973年广西壮族自治区博物馆与桂林市文物管理委员会联合进行首次发掘，2001年，由中国社会科学院考古研究所主持，会同广西和桂林市文物部门，进行了再次发掘。甑皮岩遗址以其出土遗物之丰富、文化内涵之独特、遗存年代之久远而引起了中外史前考古界的密切关注。

值此甑皮岩遗址发掘30周年之际，由中国社会科学院考古研究所、广西壮族自治区文化厅和桂林市人民政府在桂林联合举办"华南及东南亚地区史前考古——纪念甑皮岩遗址发掘30周年国际学术研讨会"，既有十分重要的学术意义，又有非常重大的现实意义。通过本次国际学术研讨活动，必将充分展示以甑皮岩遗址为代表的桂林史前文化风貌，进一步促进桂林与中外考古界的学术交流与研究，促进桂林历史文化名城与国际旅游名城的建设与发展。

桂林是一座美丽的城市，也是一座好客的城市，欢迎大家在参加会议之余，游览桂林，并给我们提出宝贵意见。

最后，祝各位来宾在桂林生活愉快！预祝大会取得圆满成功！

谢谢！

中共桂林市委副书记邓纯东开幕式致辞

尊敬的各位代表，女士们、先生们：

首先，我代表中共桂林市委对各位参加本次学术会议表示热烈的欢迎！

同时，我也想利用这个机会向长期从事艰苦的考古发掘与研究的同志们、朋友们致以崇高的敬意和真挚的问候，向一直以来关心支持桂林文物考古工作的国家、自治区领导和中外专家表示衷心的感谢。

今天，"华南及东南亚地区史前考古——纪念甑皮岩遗址发掘30周年国际学术研讨会"在桂林召开，这既是中国考古学界的一大盛事，也是桂林文化界、桂林人民值得高兴的一件喜事，这是30年来广大的考古工作者、研究者们辛勤工作、付出心血、付出智慧的结果。

桂林是国务院公布的首批国家历史文化名城，地上地下文物十分丰富。史前人类文化是桂林历史文化的重要组成部分，甑皮岩遗址是桂林目前发现的文化内涵最丰富的史前洞穴遗址，自1965年发现以来，经过几代考古工作者的共同努力，已从一个默默无闻的洞穴成为一个闻名学术界的古人类遗址。在甑皮岩遗址发掘30周年之际，召开如此高规格的学术盛会，无疑具有里程碑的意义，它必将对桂林的文物考古工作产生巨大的推动作用，也必将为桂林历史文化名城和国际旅游名城增添亮点。

预祝研讨会取得圆满成功！祝各位领导、专家代表在桂林生活愉快！

谢谢！

国家文物局
文物保护司副司长关强开幕式致辞

各位领导、专家，先生们、女士们：

　　值此"华南及东南亚地区史前考古——纪念甑皮岩遗址发掘30周年国际学术研讨会"召开之际，我谨代表国家文物局向大会的召开表示热烈的祝贺！

　　众所周知，广西桂林甑皮岩遗址是探讨华南地区史前文化的重要遗存之一，经过1965年、1973年、2001年三次考古调查和发掘，甑皮岩遗址出土了丰富的人类文化遗存和动植物遗骸，由此奠定了该遗址在华南地区史前考古学研究中无可替代的地位。多年来，广西壮族自治区人民政府、桂林市人民政府对遗址的发掘与保护投入了大量的人力、物力，并专门成立了甑皮岩遗址博物馆，使该遗址的发掘、研究、保护工作取得了一定的成就。近年来，中国社会科学院考古研究所成立广西工作队，与广西当地的考古机构合作，共同开展系统的田野考古工作，广西地区的考古工作面貌焕然一新，取得了令世人瞩目的成果，这是让当地政府和国内外学术界感到鼓舞的。

　　甑皮岩遗址的发掘与保护，充分体现了我国"保护第一，抢救为主"的文物保护方针。2001年甑皮岩遗址的发掘，在确定发掘方案的同时，就已经充分考虑到遗址今后的保护问题，以最小的发掘面积究明了遗址的保存与堆积状况，在取得丰硕的发掘成果的同时，为甑皮岩遗址今后的保护提供了科学依据。2001年10月，有关方面出台《广西桂林甑皮岩遗址抢救性防水保护方案》；2002年10月，在桂林召开"甑皮岩遗址保护与展示规划"评审会，确立遗址的规划与展示方案。国家文物局对甑皮岩遗址的保护工作所取得的成果予以充分的肯定。

　　甑皮岩遗址的考古工作，特别是2001年度的发掘工作，是严格按照国家文物局颁布的田野操作规程进行的，发掘工作的科学性受到国内外学术界的一致肯定。近年来，国家文物局一直把加强田野发掘工作的规范性、科学性作为文物考古工作的重点之一。我们欣喜地看到，中国社会科学院考古研究所等单位主持的甑皮岩遗址的发掘，在继承中国田野考古工作的优良传统的同时，在遗址的发掘方法、样品采集、多学科综合研究等方面作了诸多创新与尝试，成果斐然。可以说，甑皮岩遗址的发掘，以崭新的姿态向国内外学术界展示了新时期中国田野考古工作的水平。

甑皮岩遗址发掘资料的整理工作也是值得称许的。由国家文物局资助，中国社会科学院考古研究所、广西壮族自治区文物工作队、桂林甑皮岩遗址博物馆、桂林市文物工作队共同编写的田野发掘报告——《桂林甑皮岩》，资料翔实，体例科学，编写态度严谨，结论科学可靠。以田野考古为基础的多学科综合研究在这本报告中得到了充分的体现。甑皮岩遗址地层复杂，出土品丰富，又系多家单位合作发掘，且田野工作断断续续前后延续了30年之久，有关单位能够在2001年度发掘工作结束后短短的两年时间内出版考古报告，我们不得不对主持发掘与报告整理的学者们表示由衷的钦佩。

甑皮岩遗址是先民们留下的宝贵遗产，甑皮岩遗址的发掘也走过了30个春秋，我们祝愿甑皮岩遗址的研究与保护，在新的历史时期焕发出新的活力，我们也希望通过这次会议，使华南、东南亚地区的史前考古工作迈上一个新的台阶。

中国社会科学院
科研局副局长庄前生开幕式致辞

各位领导、专家，女士们、先生们：

首先，请允许我代表中国社会科学院科研局对本次大会在风景秀丽的桂林召开表示热烈的祝贺，向与我院考古研究所合作举办此次大会的广西壮族自治区文化厅、桂林市人民政府表示衷心的感谢！

中国社会科学院是全国人文社会科学研究中心，考古研究所是我院最早成立的研究所之一。长期以来，中国社会科学院科研局一直对我院考古研究所实施重点支持，在人才、经费、设备等方面按照建设国际知名研究所的标准进行倾斜。目前我院考古研究所在全国大多数省份都设立了田野发掘队，对一些重点遗址如山西襄汾陶寺，河南偃师二里头、偃师商城、安阳殷墟，陕西周原与丰镐遗址，汉唐长安城与洛阳城，唐宋扬州城，广州南越国都城等重要遗址更是派驻了专门的发掘队伍长年进行勘探与发掘。

包括广西在内的华南和西南地区是近年来我院考古研究所田野工作的重点之一。目前我院考古研究所成立了广西工作队和广州南越国宫署遗址发掘队，与当地考古机构合作进行的广西邕宁顶蛳山遗址发掘项目、桂林甑皮岩与大岩遗址发掘项目、柳州大龙潭鲤鱼嘴遗址调查与发掘项目以及广州南越国宫署遗址发掘项目，为华南地区考古工作揭开了新的篇章，考古成果已经引起国内外学术界的广泛关注。

中国社会科学院前副院长、著名考古学家夏鼐先生曾经说过，考古工作者是需要有献身精神的。主持、参加桂林甑皮岩遗址发掘的学者们向人们充分展示了新时期年轻考古学者的献身精神。他们视野开阔、功底扎实，长期坚持在田野第一线，来自北京的考古学者曾连续7个月坚持在桂林整理资料，甚至连春节也没有回家。正是有了这样的工作精神，才使甑皮岩遗址的田野发掘和报告整理取得了令世人称许的成果。

值得一提的是，桂林甑皮岩遗址的考古学研究，使人们看到了各种自然科学手段在考古学领域中的应用有着广阔的前景。中国社会科学院考古研究所科技考古中心被列为我院的重点实验室,《桂林甑皮岩》考古发掘报告正是在充分吸收该中心研究成果的基础上完成的。我们相信,该报告的出版,必将进一步推动考古学与其他学科的结合。

桂林山水之胜,甲于天下;桂林文化遗产之丰富,同样甲于天下!我们深信,此次国际学术研讨会的召开,会进一步丰富桂林这座历史文化名城的人文精神和文化内涵。

最后,预祝大会圆满成功!

谢谢大家。

广西壮族自治区
文化厅副厅长李格训开幕式致辞

各位领导、各位专家，来宾们、朋友们：

2003 年是甑皮岩遗址发掘 30 周年。30 年前，广西壮族自治区博物馆与桂林市文物管理委员会联合对桂林甑皮岩进行了考古发掘，取得了重要成果，是轰动中外学术界的重大考古发现。今天，中国社会科学院考古研究所、广西壮族自治区文化厅、桂林市人民政府在桂林联合举办这次国际学术研讨会，就是对甑皮岩遗址发掘 30 周年的最好纪念。

近年来，在国家文物局、中国社会科学院考古研究所的大力支持下，广西开展了一系列的史前考古活动，如邕宁县顶蛳山遗址的发掘、那坡县感驮岩遗址的发掘、百色革新桥遗址的发掘、临桂县大岩遗址的发掘、资源县晓锦遗址的发掘，以及甑皮岩遗址的发掘，均取得了重要的学术成果。1997～1999 年间进行的顶蛳山遗址发掘，是桂南贝丘遗址发掘与研究的重大突破，对认识广西南部地区史前贝丘遗址的文化特征和内涵，构建广西地区史前文化的基本框架和序列起着重要作用。1997～1999 年进行的感驮岩遗址的发掘、2003 年对革新桥遗址的发掘，揭示了桂西地区史前洞穴、山坡两类不同类型遗址的文化面貌，为桂西新石器文化的分类及研究打下了坚实的基础。1998～2002 年，广西壮族自治区文物工作队先后四次对晓锦遗址进行考古发掘，考古资料表明，该遗址所代表的文化是桂北新石器时代一种新的文化类型，为建立广西原始文化的发展序列确立了一个新的坐标。2000 年 10 月～2001 年 1 月进行的大岩遗址考古发掘，发现了由旧石器时代向新石器时代过渡的地层关系及文化遗物，为了解旧石器时代向新石器时代过渡阶段的文化内涵及特征提供了重要线索。2001 年中国社会科学院考古研究所、广西壮族自治区文物工作队、桂林甑皮岩遗址博物馆、桂林市文物工作队联合开展的甑皮岩遗址再次发掘，具有十分重要的学术意义，特别是对遗址地层的划分与确定，文化分期的建立，是甑皮岩遗址研究具有重要价值的成果，有望解决近 30 年来有关甑皮岩遗址地层、年代及分期的争论。甑皮岩遗址与大岩遗址一起建立起了桂林地区史前文化最基本的发展演化序列。

近几年在广西全境以及以桂林为中心的桂北地区开展的考古发掘所获得的重要考古发现及研究成果，大大地丰富了华南地区史前考古学研究的内容，拓展了其研究的广度和深度，为初步建立起华南地区史前考古的年代框架和文化发展序列提供了重要的资料，对东南亚地区的史前考古学研究也具有重要的价值。今天，我们在桂林举办"华南及东南亚地区史前考古——纪念甑皮岩遗址发掘 30 周年国际学术研讨会"，其目的和意义也在于此。

预祝会议圆满成功！

谢谢大家。

中共桂林市委宣传部部长韦广雄闭幕式致辞

尊敬的各位领导、各位专家，女士们、先生们：

"华南及东南亚地区史前考古——纪念甑皮岩遗址发掘30周年国际学术研讨会"今天圆满闭幕了！几天来，各位专家代表不辞辛苦，以饱满的热情，参观考察并就甑皮岩遗址以及整个华南和东南亚史前考古等学术问题互相交流各相关学术领域的研究心得和体会，深入讨论史前考古的新观念、新技术和新方法，取得了十分丰硕的学术成果，给桂林留下了宝贵的财富和经验，极大地推动了桂林文物考古工作的开展和历史文化名城的建设。在此，我代表桂林市委、市人大、市政府和市政协，对各位专家代表表示衷心的感谢。特别是中国社会科学院考古研究所安志敏教授、陕西省考古研究所石兴邦教授、故宫博物院张忠培教授、北京大学考古文博学院严文明教授、中国社会科学院科考古研究所仇士华教授、澳大利亚国立大学 Peter Bellwood 教授、新西兰奥塔哥大学 Charles Higham 教授、加拿大哥伦比亚大学 Richard Pearson 教授、日本东北学院大学佐川正敏教授、越南考古研究院阮文好教授等国内外著名考古专家，不顾年事已高，不顾旅途劳顿，亲临桂林与会指导，并作了大会学术发言，主持各学科小组学术讨论，为会议的成功举办倾注了心血，付出了辛劳。在此，我要特别向这些老专家表示最崇高的敬意！此外，我还要借此机会对本次学术盛会的另外两家合作主办单位中国社会科学院考古研究所和广西壮族自治区文化厅表示诚挚的谢意！在此也感谢各新闻媒体以及会议所有人员为会议的圆满成功召开所付出的辛苦劳动！

再次谢谢大家！

中国社会科学院
考古研究所所长刘庆柱闭幕会致辞

各位专家，先生们、女士们：

"华南及东南亚地区史前考古——纪念甑皮岩遗址发掘30周年国际学术研讨会"在经过两次大会发言和三个半天的小组讨论后，已圆满完成了本次会议的既定目标。在此，我受大会组委会的委托，对本次大会的学术研讨情况作简单的总结，不足之处，请各位代表批评指正。

本次大会是迄今为止，关于华南及东南亚地区史前考古规格最高、影响最为深远的一次国际性学术研讨大会。大会云集了国内外的知名专家与崭露头角的青年学者。应邀出席本次大会的代表有国内著名院校和研究机构的学者70余人，还有来自美国、加拿大、澳大利亚、新西兰、日本、越南、泰国和中国香港地区的学者近20余人。国家文物局、中国社会科学院、广西壮族自治区文化厅、桂林市人民政府对会议的召开给予了有力的支持。本次大会成功召开的消息已经被国内外媒体广泛报道，引起了国内外各界特别是学术界的高度关注。

本次研讨会的主题包括：甑皮岩遗址的发现与研究；华南地区旧石器向新石器时代的过渡；华南及东南亚史前文化的文化谱系和年代框架；华南地区史前环境、生态和资源；华南史前文化与长江中下游地区、东南亚地区史前文化的联系与交往；区域考古研究，如以桂林为中心的桂东北地区、湖南中南部地区、海岱地区、三峡地区、内蒙古地区等，还有多项专题涉及了包括越南、泰国、菲律宾、老挝等在内的东南亚地区考古。

选择在甑皮岩遗址发掘30周年之际在桂林召开这次国际学术研讨会，自然是因为甑皮岩遗址在华南和东南亚地区史前考古中占有十分重要的地位，但我们的讨论并不仅仅局限于甑皮岩遗址本身。一方面，我们希望通过这次会议对过去几十年华南和东南亚地区史前考古的得失进行回顾和总结，并明确今后该地区史前考古的努力方向；另一方面，希望通过会议进一步加强与国内外专家学者的联系，加大中国考古学与世界考古学接轨的力度，把中国考古学进一步推向世界。

正如大家所知道的，甑皮岩遗址的历次发掘与研究，解决了诸多的学术问题，其重要的意义和价值体现在：

第一，奠定了桂林地区乃至华南及东南亚地区的史前文化的年代序列。以甑皮岩遗址的五期史前文化堆积为标尺，参照宝积岩、大岩、晓锦等遗址的资料，可以初步构建桂东北地区距今 35 000~3500 年间的古代文化发展框架。

第二，甑皮岩遗址的发掘与研究，提出了许多值得关注的理论问题。如关于中国古代陶器起源的理论问题；对史前渔猎、采集经济和栽培农业经济在人类文明发展史上的评估问题；等等。

第三，揭示了甑皮岩各期文化遗存与湖南沅水流域和洞庭湖地区、岭南地区以及东南亚地区同时期文化间的交流与联系，表明在远古时期，桂林地区史前文化已经成为长江流域和东南亚地区史前文化交流的媒介。

甑皮岩 2001 年度的发掘工作，再一次生动地说明了田野调查与发掘是中国考古学的生命源泉，也是文物保护工作中必不可少的重要手段。通过现场的参观与研讨，大家对甑皮岩遗址发掘工作的科学性给予了一致的肯定。我们注意到，甑皮岩遗址的发掘，在发掘方法、样品采集、多学科综合研究等方面作了许多创新与尝试，并取得了丰硕的成果。可以说，甑皮岩遗址的发掘，充分展示了新时期中国田野考古工作的水平。

值得提出的是，除了甑皮岩与大岩遗址以外，还有一系列重要的考古新发现在本次研讨会上公布了发掘结果：北京东胡林遗址、云南耿马石佛洞遗址、云南富源赖石洞遗址、浙江浦江上山遗址、广东广州狮象遗址、广东英德牛栏洞遗址、湖南南县涂家台遗址、广西百色革新桥遗址、内蒙古呼伦贝尔辉河水坝和哈克—团结细石器遗址。

考古学与其他学科的结合是本次大会的一个重要特点。在本次大会上，各方学者从诸多角度向大会展示了他们对甑皮岩遗址或其他考古遗址的研究成果，如陶器、石器、骨器制作工艺的研究，华南及东南亚生态环境的研究，^{14}C 年代测定，植物考古学，体质人类学，动物考古学研究等。各种自然科学手段在考古学中的应用，是考古学进一步走向深入的体现。

本次大会为华南及东南亚地区史前考古学术交流搭建了一个广阔的平台，在这里，各位学者的研究心得得到了充分的展示，拓宽了思路，开阔了眼界。我们深信，在诸位学者的共同努力下，以本次大会为起点，华南及东南亚地区史前考古一定会有更美好的明天。

让历史记住今天，让历史记住桂林。祝各位代表学业精进，身体健康。

谢谢大家！

会 议 纪 要

2003 年 12 月 11～14 日，中国社会科学院考古研究所、广西壮族自治区文化厅、桂林市人民政府在广西桂林市榕湖饭店共同举办"华南及东南亚地区史前考古——纪念甑皮岩遗址发掘 30 周年国际学术研讨会"，来自中国、美国、澳大利亚、新西兰、加拿大、日本、越南、泰国及中国香港地区的考古学者共 90 余人参加了本次大会。

大会开幕式由中国社会科学院考古研究所副所长白云翔主持。著名考古学家安志敏、石兴邦、张忠培、严文明、仇士华等应邀出席本次大会。中国社会科学院考古研究所所长刘庆柱、副所长王巍，国家文物局文保司副司长关强，中国社会科学院科研局副局长庄前生、国际合作局国际处贾俐，桂林市市委副书记邓纯东，桂林市副市长汤杰，桂林市委宣传部部长韦广雄，桂林市人大常委会副主任林观华、市政协副主席白晓军，桂林市文化局局长冼培芳，广西壮族自治区文化厅副厅长李格训、文化厅文物处处长覃溥、副处长陈远璋等出席大会并致辞。

12 月 11 日上午举行第一次全会发言，主持人为中国社会科学院考古研究所副所长王巍。报告人依次为：周海（甑皮岩遗址博物馆）：《甑皮岩遗址的发掘与研究》；傅宪国（中国社会科学院考古研究所）：《甑皮岩遗址第二次发掘与研究的目的及意义》；Peter Bellwood（澳大利亚国立大学）：《华南与东南亚史前时期的文化交流》；张忠培（故宫博物院）：《对再次发掘甑皮岩遗址的几点看法》。12 月 14 日上午举行了第二次全会发言，主持人为中国社会科学院考古研究所研究员傅宪国，报告人为：王幼平（北京大学）、赵朝洪（北京大学）、张雪莲（中国社会科学院考古研究所）、Charles Higham（新西兰奥塔哥大学）、安志敏（中国社会科学院考古研究所）、石兴邦（陕西省考古研究所）、仇士华（中国社会科学院考古研究所）、严文明（北京大学）。会后，中国社会科学院考古研究所所长刘庆柱代表大会组委会作了大会总结发言。

12 月 12～13 日进行小组讨论。讨论共包括五个专题：旧石器及新、旧石器时代过渡期研究；新石器时代早期阶段研究；环境考古与生业形态研究；陶、石制品工艺研究与考古年代学研究；区域考古综合研究。本次研讨会的内容比较广泛，概括来讲，涉及的范围包括：甑皮岩遗址的发现与研究；华南地区旧石器向新石器时代的过渡；华南及东南亚史前文化的文化谱系和年代框架；华南地区史前环境、生态和资源；华南史前文化与长江中下游地区、东南亚地区史前文化的联系与交往；区域考古研究，如以桂林为中心的桂东北地区、湖南中南部地区、海岱地区、三峡地区、内蒙古地区等，另外还有多项专题涉及了包括越南、泰国、菲律宾、老挝等在内的东南亚地区考古。

12月14日下午举行大会闭幕式，主持人为桂林市文化局局长冼培芳。桂林市市委常委、宣传部长韦广雄，中国社会科学院考古研究所所长刘庆柱，加拿大哥伦比亚大学教授 Richard Pearson，湖南省文物考古研究所所长袁家荣分别致辞。

会议期间，代表们还参观了甑皮岩遗址和大岩遗址现场。

通过现场的参观与研讨，学者们对甑皮岩遗址2001年度的发掘工作的科学性给予了一致的肯定，认为此项发掘工作在继承中国田野考古工作的优良传统的同时，在遗址的发掘方法、样品采集、多学科综合研究等方面作了诸多创新与尝试，向国内外学术界展示了新时期中国田野考古工作的水平。

甑皮岩遗址的历次发掘与研究，解决了诸多的学术问题，其重要的意义和价值体现在：

第一，奠定了桂林地区史前文化的年代序列及框架。以甑皮岩遗址的五期史前文化堆积为标尺，参照宝积岩、大岩、晓锦等遗址的资料，可以初步构建桂东北地区距今35 000～3500年间的古代文化发展框架。该年代框架对华南及东南亚地区史前文化的研究具有重要的参考价值。

第二，甑皮岩遗址的发掘与研究，提出了许多值得关注的理论问题。如关于中国古代陶器起源的理论问题；对史前渔猎、采集经济和栽培农业经济在人类文明发展史上的评估问题，等等。

第三，揭示了甑皮岩各期文化遗存与湖南沅水流域和洞庭湖地区、岭南地区以及东南亚地区同时期文化间的交流与联系，表明在远古时期，桂林乃至广西地区已经成为长江流域和东南亚地区史前文化交流的媒介。

与会代表对在2001年第二次发掘基础上编辑出版的《桂林甑皮岩》发掘报告也给予了高度评价。

值得提出的是，除了甑皮岩与大岩遗址以外，在本次研讨会上学者们还公布了一系列重要的考古新发现，如：北京东胡林遗址、云南耿马石佛洞遗址、云南富源赖石洞遗址、浙江浦江上山遗址、广东广州狮象遗址、广东英德牛栏洞遗址、湖南南县涂家台遗址、广西百色革新桥遗址、内蒙古呼伦贝尔辉河水坝和哈克—团结细石器遗址等。

考古学与其他学科的结合是本次大会的一个重要特点。在本次大会上，各方学者从诸多角度向大会展示了他们对甑皮岩遗址或其他考古遗址的研究成果，如陶器、石器、骨器制作工艺的研究；华南及东南亚生态环境的研究；^{14}C 年代测定；植物考古学；体质人类学；动物考古学研究等。多种自然科学手段在考古学中的应用，是考古学进一步走向深入的体现。

本次大会是迄今为止，关于华南及东南亚地区史前考古规格最高、影响最为深远的一次国际性学术研讨大会。国家文物局文保司副司长关强、中国社会科学院科研局副局长庄前生高度评价了会议取得的成果；故宫博物院教授张忠培、北京大学严文明教授对近年来广西地区史前考古的发掘与研究成果给予极高的评价；中国社会科学院考古研究所安志敏教授称此次大会是他所参加的国际性学术研讨会中最为成功的一次。与会的国内外代表纷纷表示，此次大会无论是学术成果还是会议组织都是非常成功的，在总结过去史前考古发掘与研究成果的基础上，这次会议对推进今后华南及东南亚地区史前考古的进一步深入具有十分重要的意义。

下　　编

华南早期新石器试析

安志敏[*]

一 引言

辽阔广袤的华南地区，同祖国大地一样有着悠久古老的文化传统。由于地处亚热带生态环境，岩溶地貌发达以及经济文化的原始状态都在考古学上有充分的反映。岩溶作用所形成的丰富的溶洞为远古人类提供了天然的住所；地下暗河、溶蚀洼地、水网密布的潜育沼泽以及茂密的亚热带雨林，又为人类的采集渔猎生活提供了优越的条件，像洞穴堆积中的螺蚌壳、鸟兽鱼骨等，均是人类经济生活的来源的反映。而打制和磨制石器的共存、陶器的非普遍出现或根本缺乏，都代表着华南早期新石器的共同特色。甚至类似的遗存也广泛见于东南亚一带，如和平文化（Hoabinhian Culture）便是明显的例证。

考古学界十分重视华南早期新石器的发现，并对其文化内涵、时代序列以及有关的课题进行过深入探讨，发表了一系列的不同见解。但在对文化内涵和时代归属的认同上，出现某些分歧。例如对文化因素的复杂现象感到困惑；在时代划分上也有旧石器、中石器或新石器等不同的认定。实质上大多着眼于石器制作的原始或进步、陶器的出现与否，^{14}C 数据的古老趋势也影响了对有关时代划分的标志或尺度的判断。而超越考古学研究的范畴，忽视地层堆积和共存关系、经济形态和生态环境的必然联系，或科学鉴定与遗存实际有出入，都会导致在认识上的不尽一致。随着考古发掘工作的持续开展和认识的不断调整，促使有关分析日趋明朗。特别是桂林甑皮岩遗址的多次发掘，以及其他遗址的一系列发现，更有助于加深对华南早期新石器的理解和认识。

今在现有资料的基础上，借桂林召开"华南及东南亚地区史前考古—— 纪念甑皮岩遗址发掘 30 周年国际学术研讨会"的机会，试就华南早期新石器提出若干不成熟的分析，以求正于各位专家学者。

＊ 安志敏，中国社会科学院考古研究所。

二　发现和分布

华南早期新石器遗址，主要包括洞穴、贝丘和台地三种类型。它们的出现，可能受生态环境、经济形态或其他因素制约，并不能作为文化类型或时代先后的标志。其中处在岩溶地貌、傍近水网密布、潜育沼泽和天然雨林附近的洞穴堆积，代表着采集渔猎生活的人类遗存，一般以打制的砾石石器为主体，或包括磨制石器和陶器等人工制品的文化内涵，在华南各地之间有一定的共性，可以从考古学上进行探讨。今按省或自治区为例，分别介绍其主要分布。

（一）广西

1935 年裴文中先生在武鸣、芭勋、腾翔和桂林，首次发掘 4 处洞穴遗址，以打制的砾石石器为主体，也有石磨盘和穿孔石器等（图一），但不见陶器，共生的动物群俱是现生种属，故被认定为中石器遗存①。建国以来，洞穴堆积的发现日渐增多。除更新

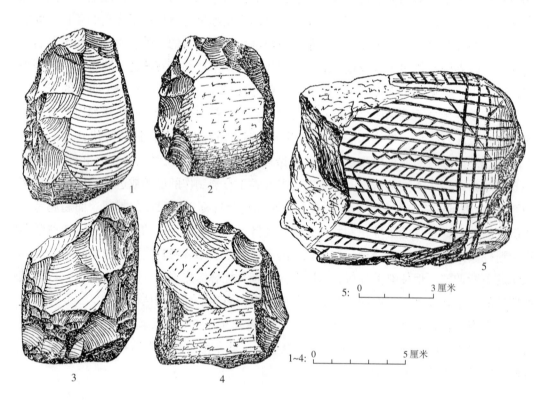

5:　0 　　　3厘米

1~4:　0 　　　　5厘米

图一　广西武鸣苞桥出土的打制石器和磨制石器
1. 砍砸器　2~4. 刮削器　5. 刻纹石磨盘

世初期的柳城巨猿洞和更新世中期的柳江灵岩洞之外，像来宾麒麟山盖头洞，柳州白莲洞、思多岩，柳江陈家岩，崇左绿青山等，多被断代为更新世晚期。[②]不过来宾迁江岜拉洞、龙岩洞、麒麟山盖头洞都发现过磨制石器，并有典型的螺壳堆积。[③]刚刚发掘结束的桂林甑皮岩等，都有磨制石器和陶器的存在，一般被断定为早期新石器。[④]严格地讲，广西洞穴堆积有着不同时代的叠压关系，甚至动物群的种属也有根本区别，特别是上层所特有的螺壳堆积和文化内涵，又成为区分早期新石器的重要标志之一。

（二）江西

万年仙人洞经过多次发掘，地层堆积被分为上、下两层：下层主要是绳纹粗红陶，经复原的器形，有大口深腹圜底釜；上层除绳纹粗红陶外，还有挂黑衣的磨光陶和壶、豆等器形，甚至表层还有印纹陶，它们的时代显然较晚。上、下层包含的砾石石器、穿孔石器以及骨、角、蚌器等，均有类同之处，也有典型的磨制石器。不过洞内受到地下暗河的浸蚀，部分堆积形成空隙，以致夹入后来的遗存，形成一定的扰乱。这里的下层属于早期新石器，上层的文化性质和时代，尚有待进一步分析。[⑤]此外，仙人洞及其附近的吊桶环遗址堆积中，都发现过稻属硅酸体，被认为是栽培稻和农业出现的证据[⑥]，这仍有待继续探索。

（三）湖南

道县玉蟾岩的洞穴遗址中，以砾石石器为主体，也有锄形器的所谓苏门答腊式石器，但不见典型的磨制石器。陶器的质料粗糙松软，火候较低，经复原的器形为大口深腹圜底釜，与江西万年仙人洞相类似。这里还发现稻谷壳 4 粒，被认为是一种由野生稻向栽培稻演化的古栽培稻类型。同时这里还有稻属硅酸体的发现。[⑦]

（四）广东

英德（原翁源）发现朱屋岩、仙佛岩、吊珠岩、狮头岩黄岩门 1~4 洞[⑧]，以及阳春独石仔[⑨]、封开黄岩洞[⑩]等遗址，都含有螺壳堆积。文化遗物以砾石石器为主，除穿孔石器之外，也有刃部磨制的石斧和砺石等。特别是黄岩洞的长条单边直刃砍砸器具有一定的特点，曾被作为黄岩洞式石器用以代替所谓苏门答腊式石器的命名。[⑪]阳春独石仔和封开黄岩洞不见陶器，其他各处的陶器，火候一般较高，有釜、鼎、豆、罐等器形，显然时代较晚。这些遗址往往被作为中石器或早期新石器来处理。

（五）海南

三亚市落笔洞也有大量的螺壳堆积，以砾石石器为主，也有小型的石片石器、带研磨痕迹的穿孔石器等，但不见典型的磨制石器和陶器。共生的动物群主要为现生种。至于底层的少量化石，可能属于晚更新世之末，但不见文化遗存。这里被认定处在旧石器向新石器过渡的中间环节。[12]实质上，这里的发现同广西、江西、福建、湖南和广东一带的洞穴堆积有着较大的共性。

（六）福建

三明市万寿岩发现灵峰洞和船帆洞两处遗址[13]，均以砾石石器为主，未见磨制石器和陶片，也有较多的小型石片石器，与所谓漳州文化或莲花山文化相一致[14]。甚至它的分布也远达粤东南澳岛一带。船帆洞的下层出更新世晚期动物化石，未见文化遗存。至于在闽南的调查中采集较多的打制石器，往往作为旧石器来处理，[15]不排斥它们可能同早期新石器有着一定的联系。

（七）台湾

台东县长滨乡的八仙洞，是面向太平洋的海蚀洞穴，也是台湾较早的史前遗存之一。以砾石石器为主，也有不少的小型石片石器，但不见磨制石器和陶器。被认为属于旧石器时代的先陶文化，并命名为长滨文化。[16]从石器的性质观察，与福建一带的发现颇有类似之处。据已测定的^{14}C数据，两个距今 5000 年左右，另一个距今 15 000 年，前二者均晚于华南早期新石器遗存。

三　经济生活与文化内涵

从考古学的角度考察，以洞穴堆积为代表的华南早期新石器遗存具有一定的特色和广泛的共性，这与生态环境和经济文化密切相关。地域封闭和缺少交流势必导致经济和文化的相对滞后，甚至其发展模式也和其他地区有所不同。如洞穴堆积中的鸟、兽、鱼等骨骼以及丰富的螺壳，都表明采集渔猎经济构成人类食物的主要来源。

过去一般认为东南亚和华南是世界上最早的农业发祥地之一，由于考古学实证的不足，这种观点已经成为历史的过去。[17]尽管某些遗址里发现稻谷或稻属硅酸体，但并不排除属于野生稻的可能性。栽培稻究竟是怎样出现的，这还需要从不同学科的角度作更深入的研究。亚热带温暖湿润的气候有利于植物的生长，而广阔茂密的天然雨林又会在一定程度上限制农业的开发。由于自然环境和生态系统的制约，势必影响经济形态的发展。特别是原始的生产力和生产关系，还不大可能从根本上克服自然界的障碍，这就成为长期保留滞后的经济形态的根本原因。随着野生块茎植物（如芋头、薯芋）的采集，进而产生早期园艺，但作为谷物栽培的农业却还没有出现。关于稻作农业的起源，从不同学科的角度，有着相异的说法：如农学的"阿萨姆·云南"说[18]，民族学则有以照叶树林为中心的"东亚半月弧"说[19]，考古学的长江中下游说[20]（据不完全统计，百余处发现稻作实物的遗址中，长江中下游便达 41.6%，至少表明这里是稻作农业的分布中心，年代也比较古老，可能与稻作农业起源密切相关）三种。探讨稻作农业的起源，必须与当时的生态环境、生产活动和文化内涵相联系。而华南早期新石器时期，一般缺少农业工具，家畜的饲养也不甚明确，这些迹象都是值得考虑的反面证据。

文化内涵以砾石石器为大宗，全部由砾石打制，多沿单面加工成砍砸器、刮削器和尖状器等。其中狭长的砍砸器尤具特色，曾被称为黄岩洞式石器。此外，还有一定数量用燧石或石英所砸击的小型石片器，但加工痕迹往往不明显，无论加工或器形都不同于典型的细石器传统。[21]穿孔石器比较常见，在扁平的圆形砾石上，由两面穿凿磨研成孔，器身也有磨研敲砸的痕迹。一般认为可能是套在木棒上用于点播的工具[22]，这仍有待进一步的分析。其他有磨棒、磨盘（附红色痕迹），当为颜料的研磨工具。也有磨制精致的斧、锛一类，但数量不多，远不如砾石石器发达。另外还有磨制的骨、角、牙、蚌等工具。陶器则比较少见，甚至有的遗址中根本不见。陶器的器形以大口深腹圜底釜为代表，火候相当低。如桂林甑皮岩发现的厚重陶片，质地疏松，类似红烧土块，表明制陶工艺相当原始。事实上各遗址有无陶器出现，并不一定代表时代上的先后关系，尚有待作更进一步的分析。但陶器的非普遍出现，至少可以作为华南早期新石器的特征之一。至于华南早期新石器的考古学文化命名，或可以首次发现的广西武鸣苞桥为代表而命名为苞桥文化。随着考古发现和研究成果的日趋深入，在华南广大地区之间，可能会出现不同的类型或新的文化传统，我们将拭目以待。

四 ^{14}C 数据的困惑与真实年代

华南早期新石器的 ^{14}C 数据一般偏老。对过去 50 多个数据的统计表明，大多在距今万年前后，也有少数可早到两三万年以前或晚到三四千年左右（图二）。[23]夏鼐先生在最初的分析中已明确指出，这是"特殊环境产生的标本可能发生的误差"[24]。后来以桂林现代动植物样品的验证表明，陆生动植物样品（蜗牛除外）的 ^{14}C 年代不受石灰岩特殊环境的影响，但水下生长的动植物样品显然偏老 1000～2000 年，于是提出螺蚌壳样品平均偏老 1500 年，扣除此数以后，当接近其实际年代。[25]从一般的数据观察，同一层位的螺蚌壳要比兽骨、木炭偏老数千年之久，迄今还没有适当的校正方法。同时陆生动植物样品的数据是否一定代表真实年代也还有待继续验证。如果能从考古学上采取更多已知年代的样品来互校，或许会检出一定的线索。

类似的 ^{14}C 异常，也见于东南亚一带。如和平文化被认定为距今 16 000～6000 年之

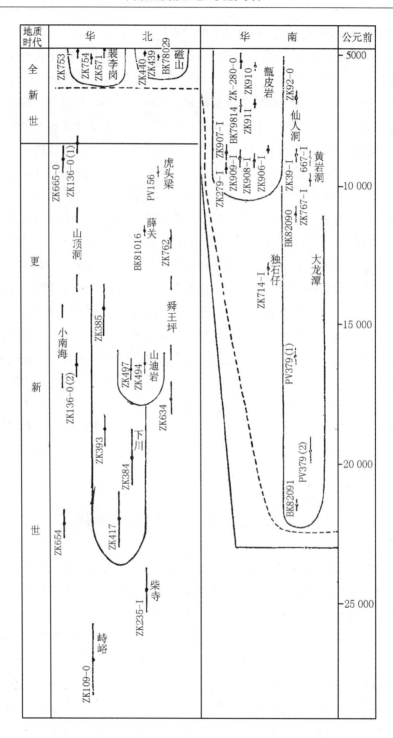

图二　华北晚期旧石器和华南早期新石器的^{14}C年代对比图

（半衰期：5730a）

间[26]，也有认为它的下限可延续到距今 5450～4950 年[27]，甚至最晚的可达距今 930 年[28]，至少表明在年代的延续上是比较晚近的。华南早期新石器也可能会有类似的情况，这还需要从考古学和年代学上作进一步的分析研究。

五 文化模式与地域差异

自 19 世纪中叶以来，以田野工作为基础的近代考古学，已发展成一门严格的科学。如石器时代、青铜时代和铁器时代的"三期论"，标志着人类文化的基本模式，是符合人类历史的共同规律的。随着近代考古学的不断实践和认识的逐渐深入，"三期论"也出现一定的扩充。如石器时代被进一步划分为旧石器、中石器和新石器，并作为人类文化的基本模式得到学术界的广泛共识。但后来出现的续旧石器、先陶（前陶）或金石并用等时代概念，却往往局限于特定的事物或受特殊环境制约。如以日本列岛为例，新石器时代的绳纹文化便有陶器而无农业；后来的弥生文化，却石、铜、铁共生，但没有经过典型的青铜时代。这些迹象显然与地域孤立和文化交流的滞后有关，并不能用一般的规律来衡量。

由于生态环境以及经济文化诸多因素的局限，华南早期新石器本身具备的各种特征未必符合一般的发展规律，也会给我们带来某些困惑。正像前面所分析的那样：华南早期新石器的人们，以天然洞穴为住所，过着采集渔猎的经济生活。在地质年代上属于全新世，自然无法提早到旧石器时代。以砾石石器为代表的文化遗存，并不局限于旧石器时代，特别是磨制石器和陶器的出现更是进步的表现，意味着它们已踏入新石器时代的范畴。至于农业起源和家畜饲养的缺环，可能表明尚处在较原始的经济阶段。以上的种种迹象，与华北或其他地区的新石器时代发展有着显著的不同，或许可以用文化模式的地域差异来予以解释。

华南早期新石器的大量发现，为我们带来很多新的视野。特别是这次国际学术研讨会的召开以及考古报告的陆续发表，都将掀起华南早期新石器研究的崭新高潮。

注释：

① W. C. Pei. 1935. On a Mesolithic（？）Industry of the Caves of Kwangsi. *Bulletin of the Geological Socity of China*, Vol. 14, No. 2, pp. 79－205.

② 贾兰坡、邱中郎：《广西洞穴中打击石器的时代》，《古脊椎动物与古人类》1996 年 2 卷 1 期。

③ 裴文中：《柳城巨猿洞的发掘和广西其他山洞探查（摘录）》，《裴文中科学论文集》，科学出版社，1990 年。

④　中国社会科学院考古研究所、广西壮族自治区文物工作队、桂林甑皮岩遗址博物馆、桂林市文物工作队：《桂林甑皮岩》，文物出版社，2003 年。

⑤　a. 江西省文物管理委员会：《江西万年大源仙人洞遗址洞穴试掘》，《考古学报》1963 年 1 期；b. 江西省博物馆：《江西万年大源仙人洞遗址第二次发掘报告》，《文物》1976 年 12 期；c. 黄万波、计宏祥：《江西万年仙人洞全新世洞穴堆积》，《古脊椎动物与古人类》1963 年 7 卷 3 期。

⑥　a. 彭适凡：《江西史前考古的重大突破——谈万年仙人洞与吊桶环发掘的主要收获》，《农业考古》1998 年 1 期；b. 赵志军：《稻谷起源的新证据——对江西万年吊桶环遗址出土稻属植硅石的研究》，《农业考古》1998 年 1 期。

⑦　袁家荣：《湖南道县玉蟾岩一万年以前的稻谷和陶器》，《稻作、陶器和都市的起源》，文物出版社，2000 年。

⑧　广东省博物馆：《广东翁源青塘新石器时代遗址》，《考古》1961 年 11 期。

⑨　邱立诚、宋方义、王令红：《广东阳春独石仔新石器时代洞穴遗址发掘》，《考古》1982 年 5 期。

⑩　宋方义、邱立诚、王令红：《广东封开黄岩洞洞穴遗址》，《考古》1983 年 1 期。

⑪　邓聪：《日本冲绳及中国闽台旧石器研究新进展》，《福建文博》1999 年 1 期。

⑫　郝思德、黄万波：《三亚落笔洞遗址》，113 页，南方出版社，1998 年。

⑬　范雪春：《福建旧石器时代考古的重要收获》，《福建文博》2002 年 4 期。

⑭　尤玉柱：《漳州史前文化》，156 页，福建人民出版社，1991 年。

⑮　同注⑬。

⑯　宋文薰：《由考古学看台湾》，《中国的台湾》，104～113 页，台北中央文物供应社，1980 年。

⑰　安志敏：《关于华南早期新石器的几个问题》，《中国新石器时代论集》，52～53 页，文物出版社，1982 年。

⑱　渡边忠世：《稻道》194～222 页，日本放送出版协会，1989 年。

⑲　佐佐木高明：《照叶树林文化道》，34～88、204～245 页，日本放送出版协会，1992 年。

⑳　安志敏：《中国稻作文化的起源和东传》，《文物》1999 年 2 期。

㉑　安志敏：《中国细石器发现一百年》，《考古》2000 年 5 期。

㉒　张光直：《古代中国考古学》，91 页，辽宁教育出版社，2002 年。

㉓　安志敏：《华南早期新石器的^{14}C 断代和问题》，《第四纪研究》1989 年 2 期。

㉔　夏鼐：《碳 - 14 测定年代和中国史前考古学》，《考古》1977 年 4 期。

㉕　北京大学历史系考古专业^{14}C 实验室、中国社会科学院考古研究所^{14}C 实验室：《石灰岩地区碳 - 14 样品年代的可靠性与甑皮岩遗址的年代问题》，《考古学报》1982 年 2 期。

㉖　J. Moser. 2001. Hoabinhian. *AVA – Forschungen Band* 6，p. 167.

㉗　C. Gorman. 1971. The Hoabinhian and After: Subsistence Pattern in Southeast Asia during the Late Pleistocene and Early Recent Period. *World Archaeology*，Vol. 2，No. 3，p. 303.

㉘　K. L. Hutterer. 1976. An Evolutionary Approach to the Southeast Asian Cultural Sequence. *Current Anthropology*，Vol. 17，No. 2，p. 223.

对再次发掘甑皮岩遗址的几点看法

张忠培[*]

首先，我对这次会议的召开表示祝贺，并向各位与会人员表示欢迎。

参加这个会议使我想起了两件事。第一，就是桂林的风景非常美，不愧"桂林山水甲天下"的美誉；第二，是裴文中先生上世纪30年代在广西开展的考古工作，裴先生的工作可以说是广西地区史前考古的开端。

对再次发掘甑皮岩遗址，傅宪国和广西的同志曾征求过我的意见。考虑到洞穴遗址的面积比较小，又是国家级文物保护单位，担心新的发掘会有损遗址的保护，所以我一开始是不支持的。后来，傅宪国又拿出了比较详细的遗址发掘和保护工作的方案，我了解这些情况后转变为支持。今年年初我到甑皮岩遗址博物馆观摩，了解到他们仅发掘了10.26平方米，遗址的重要位置都被保护下来了。尤其在看了发掘资料后，感到很震动，10.26平方米的发掘面积中，发现和收集的信息令人激动。

考古学家水平的高低取决于他们在同等的发掘面积中资料吸收量的多少。甑皮岩遗址的发掘，在文物保护方面取得了成绩的同时，又在科研方面取得了成绩。例如报告中的分期，最初把第二期分为前、后两段，我看了出土资料后，认为一段和二段之间在年代上有距离，建议分为两期，第一期年代大体相当于玉蟾岩遗址，第二期的年代晚于玉蟾岩遗址，但相当接近玉蟾岩，这是一个很重要的发现。这样，甑皮岩遗址就被划分为五个文化期。这五期可以作为华南新石器时代文化发展和演变序列的标杆。当然，至于第四、五期是否与前三期属于同一文化谱系，还需要作进一步的研究。

考古需要先建立年代序列，并在此基础上进行谱系研究。至于第一期是本地发展来的，还是一种移民文化，也值得进一步研究。

看过材料和考古报告后，更为高兴。在10余平方米发掘面积的基础上获得的信息量如此之多，写出了60多万字的考古报告，值得祝贺。

广西是少数民族聚居区，也是多民族地区，被国家列为需要开发的西部地区。这个定位为广西的发展提供了条件。广西，尤其是桂林加强了旅游业的发展，桂林的自然风

---

* 张忠培，故宫博物院。

景和文化遗产是发展旅游的必要条件。所以，第一，主张在保护好文物资源的前提下发展旅游，希望在发展旅游的情况下做好文物保护工作，爱护现存的珍贵的文物资源。第二，主张有限度的进行考古发掘，但地下文物是考古学发展的重要资源，一定要正确处理好文物保护与考古学科发展的关系。只有处理好这种关系，地下文物保护好了，考古学科才能有更好的发展。第三，推进考古学科发展时，要牢记考古学是有局限性的。现在，我们只能做我们能够做好的事情，不能做我们不能做好的事情。

甑皮岩遗址与华南地区史前考古

严文明*

　　这次会议开得很好，对甑皮岩遗址的分期和各期文化的特征有了比较明确的认识，对华南及东南亚地区史前考古的相关问题展开了广泛的交流与讨论。现在会议即将闭幕，我只讲三点意见。

　　首先讲一点感想，对甑皮岩遗址考古工作的感想。

　　这个遗址的考古工作在某种意义上可以说是华南史前考古的一个缩影。华南地区史前考古进行了很多年，做了不少工作，调查和发掘了不少遗址，但是发表的资料很少，发表的形式也不尽如人意，研究难以深入。这种状况直到上世纪 80 年代乃至 90 年代以后才有所改变。甑皮岩遗址从第一次正式发掘到现在整整有 30 个年头，如果从 1965 年的试掘算起就还要长些，有 38 年了。在这么长的时期里，先后进行过多次发掘和清理，大部分文化遗存都已经被揭示出来，可是发掘资料一直没有很好地整理，当然也不可能发表正式发掘报告。1976 年发表了一个简报，仅仅报道了 1973 年发掘的部分资料，就引发了大量的所谓研究和讨论的文章。这说明甑皮岩遗址确实重要，涉及了华南史前考古的一些关键性问题。可是资料没有整理和正式发表就这么讨论来讨论去，能够得出什么结果来呢？一个地区的考古研究，第一步的工作就是要做好文化遗存的年代分期，理清文化发展的谱系。这是一项打基础的工作，做得好，后面的工作就比较顺利，做得不好，进一步的研究就失去了依托。就广西来说，也是因为这项工作没有做好，所以长期进展不大。直到中国社会科学院考古研究所傅宪国主持南宁顶蛳山遗址的发掘，才有了明显的转变。那个遗址的史前文化分了四期，基本上代表了南宁地区乃至广西南部新石器时代文化发展的序列。这项工作以后还应该继续。

　　广西北部的情况是从桂林地区大岩遗址的发掘以后才有一个比较清楚的认识。这个遗址的文化序列比甑皮岩更长、更完整，但是资料不是很丰富。甑皮岩遗址过去发掘过的资料比较丰富，但是文化的分期和发展的线索不大清楚。记得我看了大岩和甑皮岩遗址过去发掘的资料后，觉得甑皮岩可以参照大岩的地层把资料整理出来。当然最好是把

---

　　* 严文明，北京大学考古文博学院。

甑皮岩再挖一下，工作尽量做细一些，用重新确定的地层来甄别过去的地层，把资料统一整理通盘发表。这件事做起来很麻烦，比新挖一个遗址要麻烦得多。但是对华南考古来说又确实是一件积功德的事情。我捉摸能够担当此项任务的最合适的人选是傅宪国，但不知道他是不是愿意。我把这个意思跟宪国谈，想探探他的口气。他说他已经有这个计划，并且跟地方有关方面谈过了。我听了真是感动。现在这个艰难的工作已经圆满完成，到会的朋友每人都拿到了一本沉甸甸的发掘报告。我注意到这次发掘还充分考虑到遗址的保护，所以发掘面积很小，仅仅挖了十多平方米。目的主要是搞清楚地层关系，而不在于获取更多的遗迹和遗物。他们的发掘工作做得很细致，器物整理也一丝不苟，这样就能提供一个明确的参照系，借以把过去的资料一并整理出来。资料整理好了，再把它与大岩的资料联系起来，便可以对桂林地区乃至广西北部的新石器时代文化发展的序列有一个基本认识。多少年的迷雾一下子拨开了。因此我想，要把我们的考古学研究和田野考古工作切实提高一步，首先不是要大规模的发掘，不是发掘得越多越好，而是把工作做得越细越好。在我们中国正在进行大规模的经济建设，致使考古发掘的规模被迫变得非常庞大。在这个过程中，免不了有些工作做得很粗糙，这对我国考古工作水平的提高是不利的。1986年在昆明召开的全国考古工作汇报会上，苏秉琦先生提出来，在同基本建设相关的考古发掘工作中要树立课题意识，要有重点，要按田野考古操作规程办事，不要总是追求面积、追求规模。与工程建设相关的考古工作尚且如此，主动性的考古发掘就更应该做得认真细致。这样做，无论是对于学科发展来说，还是对于从事这个工作的考古人员的素质培养来说，都是非常必要的。

第二点，关于华南史前考古的田野工作方面，要拓宽思路，改进方法。

华南地区史前时代有各种类型的遗址，有洞穴遗址、山坡遗址、河旁阶地遗址、贝丘遗址和沙岗遗址等很多种，形成一个很大的特色。不同类型的遗址在考古方法上会多少有一些不同，我们应该在工作中逐步总结和积累发掘各种遗址的经验。但是，我更注意华南新石器时代之所以出现多种类型遗址的原因。我想主要是两条：一是华南的自然环境复杂，小环境多种多样；二是新石器时代人们认识和利用自然环境能力的提高。不同的环境固然可以居住不同的人群，同一人群也未尝不可以利用不同的环境和自然资源。因此需要进行小区的研究。在一个小区内可能居住同一人群，也可能居住不同的人群。即使是后一种情况，因为比邻而居，相互之间也会发生密切的关系。因此，如果在小区内发现不同类型的遗址，绝对不要分割对待，而要研究它们之间的关系。这是第一层意思。第二层意思，即使是一个遗址，比如洞穴遗址，人们是不是只住在洞穴里，而不在洞穴外边活动的呢？我说的活动不是指打野兽或采集食物等那一类远离住地的生产性活动，而是生活起居一类的活动。洞穴固然有许多优点，遮风避雨，冬暖夏凉。如果没有风雨，住在外面是不是更开阔舒适一些呢？我注意到近代还有人住在洞穴旁边，只在洞穴内存放杂物或圈养家畜。洞穴和非洞穴的建筑是连在一起的。新石器时代有没有类似的情况，需要做工作才能证实，至少不要预先就排除这种可能性。第三层意思，如果发掘洞穴遗址，不仅需要分清地层、分清文化的早晚，还必须在分期的基础上对洞穴里面各个部分的功能进行研究。这次甑皮岩发掘重点放在了文化分期的方面是不得已而为之，因为这个遗址是国家级保护单位，不能全面的发掘。再说过去已经挖了很多，剩下的遗存已难以进行全面的空间分析。但是我想，今后挖任何洞穴遗址，都应该在分期的基础上进行空间分析，这应该是我们追求的一个目标。洞穴有大有小，里面究竟有哪些功能部门，人在哪里居住，在哪里烧火做饭，在哪里存放杂物，在哪里举行宗教活动等。还有石器和陶器等是在哪里制作的，是不是有一部分工序在洞穴里面做，而大部分工序要在洞外完成？有的洞穴里有墓葬，是在住人的同时埋的，还是搬出洞穴以后才埋的？这些问题都应该研究清楚。因此我建议以后在发掘洞穴遗址的时候，除了要进行文化分期这样的研究以外，还需要努力弄清楚每一期文化遗存的布局，最好能够做出当时的生活面来，分析这个生活面上各个部位的功能，这样才可能对当时人们的生活有比较实际的了解。我想如果从这三个层次来思考和部署我们的工作，我们的田野考古水平就一定会有很大的提高。

第三点，要注意环境考古研究，充分把握华南地区考古学文化的特点。

华南地区的自然环境有两个显著特点，一是纬度较低，二是地形复杂，这两点对考古学文化造成了非常大的影响。由于纬度比较低，大部分在北回归线以南，加上南岭山脉阻挡了冬季从北方吹来的寒风，所以冬夏的温差比较小，不像北方地区那样冬寒夏热、四季分明。更重要的是历史上气候的变率也比较小，第四纪几次大冰期对华南的影响就很小。从更新世向全新世转变的时候，华北和长江流域都是从异常寒冷而转向暖和，变化非常显著，对人类文化的影响极大，正如王幼平先生所说简直是一种突变。华南则一直比较暖和以至炎热，虽然也有一些变化，但很不明显。人们没有感受到重新适应变化了的环境的压力，老的生活方式仍然可以继续维持而只需要缓慢的发展。因而华南地区文化发展的连续性比较强，旧石器时代晚期和新石器时代早期的遗存几乎难以区别。即使到了新石器时代，打制石器延续的时间还特别长，采集渔猎经济也一直占据重要地位，而农业的发生就比较晚。这都是连续性比较强的表现。第二个特点，就是华南地区地形复杂，不但可以分成多个小区，而且遗址的类型多种多样，因此我们在这个地区做考古工作的时候，会跟在长江流域或黄河流域的做法上有很多不同，考古学文化的划分也可能有一些特点。我希望在这里工作的学者能够逐步积累起一套在华南地区进行考古工作的经验，在这个基础上还要进一步研究华南地区文化发展的特点。

华南地区和东南亚地区相邻，气候、地形都有很多相似的地方，考古学文化上自然会有许多相同或相似的地方。比如这次阮文好先生提供的论文中谈到越南的多笔文化与广西顶蛳山文化几乎是一样的，就是一个很好的例子。因此我们的研究不能局限于中国境内。在史前时期并没有国界，我们有必要把华南地区与东南亚地区的考古工作联系起来进行研究，开展合作。华南有很长的海岸线和众多的岛屿，我们的先民很早就在那里生息劳作，开辟海上资源，所以华南的史前文化也是一种海洋文化，同太平洋上所谓南岛语系的考古学文化也是有联系的。出席这次会议的贝尔伍德先生对这个问题有很好的研究。因此我们要拓开思路，把华南和东南亚乃至太平洋地区的考古学研究联系起来，开展广泛的国际合作。很高兴这次会议的主题就体现了这种精神，并且有许多国外的学者参加，是一次名副其实的国际学术研讨会。但是我们要有一个出发点，作为中国的学者首先要把华南地区的考古工作做好，沿着这条路走下去，我们的史前考古学必定会有更好的发展。

甑皮岩遗址与石灰岩地区^{14}C 测年

仇士华[*]

石灰岩地区^{14}C 年代有问题，在半个世纪以前上世纪 50 年代的时候，^{14}C 的创始人利比（W. F. Libby）就已经提出来了。但是那时没有能解决问题。虽然知道植物生长是靠光合作用，但是有没有从根部吸收碳，这个问题并没有解决。后来有人专门测石灰，用石灰岩土壤栽培植物，来看看^{14}C 有没有问题，结果证明是没有问题。从植物生长的理论和实验结果来看，植物吸收的碳几乎全部是从大气里来，通过光合作用吸收的。我们中国考古界遇到这个问题，是在上世纪 70 年代发掘甑皮岩、仙人洞的时候。因为山洞的发掘是一个新的课题，当时发掘的层位不容易划分，对这些问题没认识，又是新的，所以有些混乱。这样，我们搞^{14}C 测定的人就有必要来帮助弄清这个问题。所以北京大学的实验室和中国社会科学院考古研究所的实验室就一起到甑皮岩来考察。这次考察，收集了大量的样品，主要是解决环境的影响。通过我们当时的考察，基本弄清了在陆地上生长的植物的^{14}C 年代是没有问题的，而在水下生长的植物也要通过光合作用吸收二氧化碳，但它这个碳从哪里来？是从水里来的，所以受到石灰岩死碳的影响。这个情况弄清楚以后，我们就在甑皮岩找了好多的标本，将采集到的标本再进行测定。而水下生长的贝类是靠吃水下的东西——植物或最终是植物——长大的，虽然它不一定是自己吃植物，但它总的来源是植物；因为水体受死碳影响的情况不同，因此它受到的影响是不同的；水与大气还会有交换，所以其^{14}C 水平是不稳定的。但是，贝类不稳定的范围在年代上是偏老，大概相差 1000 年到 2000 年。我们从甑皮岩遗址采集的贝类在样品表中是最多的，上上下下各层都采了好多，同时也采集了木炭和兽骨。从我们采集的样品包括处理贝类的年代、木炭的年代和兽骨的年代，发现甑皮岩遗址可以从 7500 年左右到 9000 年以上，明显是不同时期的，应该不是一回事，是技术上完全可以分开的。这样就把这个甑皮岩的年代究竟老还是近弄清楚了。当时主要是考古界认为太老了。因为在南方搞这方面的发掘很少，发现了新的东西却不清楚，那次考察在当时起的作用就是肯定了这些文化层是老的。最终我们在《考古学报》发表了这篇报道。

---

[*] 仇士华，中国社会科学院考古研究所。

　　目前这次发掘就比过去的经验多了，而且是在过去的基础上进行的，所以这次的测定跟考古发掘是紧密配合的，做了大量的数据。从这次做的结果看，环境影响的问题实际上跟前一次考察的结果是一致的，没有超出这个范围。有些年代可能有些离群，但这在考古上是常见的。比如考古上有一个一般的常识，就是老的东西可以混到新的层位去，如果老的木炭混到了新的层位里，这个年代就偏老了。所以考古确定年代和考古现场要密切结合起来，收集的标本要证明它是很可靠的——这是很重要的。我们上次考察，在甑皮岩收集的兽骨和木炭是我们从现场看没有受其他影响的，是很可靠的。所以现在与发掘紧密配合测定出来的新的年代，并没有改变我们过去建立的框架。但是它又往下多挖了一层，就是说，以前没有挖到底，现在下挖了，所以这个最底层年代提前了。依我看来，现在用[14]C办法定考古年代，特别是史前的年代应当是没有问题的。[14]C往往给考古带来些预计不到的效果。从[14]C开始在考古上的应用就出现了这些问题，考古学家要接受这么一个情况，需要有一个过程。对于华南早期这个情况更是一个新的课题。比如说，甑皮岩发现最早的陶器很原始，但是庙岩的陶器比这里的火候要高，还有玉蟾岩的陶器比这里火候也高，可它们的年代都比较老。这次原思训教授对此专门做了研究，我也跟他交换了一点意见，甚至有些工作还进行了复核。我想首先要承认这样一个事实，不能按这个陶器的原始性来定最原始就一定是最老的。所以[14]C的年代可以给考古学家一个比较好的参考，特别是甑皮岩作为一个多学科的合作来进行的发掘，我想在华南地区或在岭南石灰岩地区应该可以作为一个参考。

桂林史前遗址保护与合理利用的思考

刘洪伟*

桂林是一座具有两千多年建城历史的国家历史文化名城，然而，桂林的历史并不只有两千多年。考古发掘表明，大约在3万多年前，山青水秀的桂林就开始有古人类居住。在随后的漫长岁月里，越来越多的原始先民接踵而至，在此劳作生息。如今，在桂林发现近百处的洞穴、山坡遗址依稀可见他们繁衍生息的痕迹。

桂林史前遗址是桂林历史文化名城重要的组成部分，反映了桂林历史文化源远流长。最近几年，随着桂林甑皮岩、大岩、晓锦遗址考古发掘取得重要的发现和国家重点文物保护单位（下简称"国保"）甑皮岩遗址"保护与展示规划"的编制与实施，特别是2003年12月"华南及东南亚地区史前考古——纪念甑皮岩遗址发掘30周年国际学术研讨会"在桂林成功举办，以甑皮岩遗址为代表的桂林史前遗址的研究、保护与利用工作得到了学术界、政府和社会各界的高度重视。本文试就桂林史前遗址的保护与合理利用问题作些思考与探讨。

一 桂林史前遗址的基本概况

桂林史前考古始于20世纪30年代，我国著名的考古学家裴文中率先调查桂林的洞穴并发现了一处文化内涵较丰富的洞穴遗址即桂林D洞。建国后，经过上世纪五六十年及80年代先后多次文物普查与复查，截至2004年止，桂林市（包括12个县）共发现了近百处史前遗址，其中保存较好的有20多处。这些主要遗址有：桂林D洞、甑皮岩、宝积岩、轿子岩、丹桂岩、庙岩、上岩遗址，灌阳县的五马山遗址，全州县的渡里园山坡、卢家桥、黄毛岭、马路口遗址，兴安县的磨盘山、大浪屯、灵山庙屯遗址，临桂县的大岩、太平岩、螺丝岩、穿岩山洞穴遗址，资源县的晓锦山坡遗址，灵川县的新岩遗址，荔浦县的苏村水岩"荔浦人"洞穴遗址等等。

桂林史前遗址分为洞穴遗址和山坡遗址两类，其中洞穴遗址占绝大多数，其代表是

---

* 刘洪伟，桂林市文化局。

宝积岩、甑皮岩、大岩、庙岩遗址等，山坡遗址发现数量较少，以资源晓锦、全州渡里园和灌阳五马山遗址为代表。已有的考古发掘成果表明，桂林史前遗址既有旧石器时代晚期的文化堆积，也有新石器时代的文化遗存，而且大多数属新石器时代。

地处偏僻、交通不便是许多史前遗址所固有的特点，桂林史前遗址总体上来说也是如此。桂林近百处史前遗址分布于桂林市区、市辖 12 个县等广大区域，而且大多数地处偏僻荒野，交通十分不便，人迹罕至。如大岩遗址位于临桂小太平村，距县城约有 3 公里，道路崎岖不平，十分难走；资源晓锦遗址所在的延东乡晓锦村，距县城约有 13 公里之远；庙岩遗址位于雁山区李家塘村，距桂林市中心约 30 公里，而且交通车不能到达；全州渡里园遗址位于距县城 20 多公里全州龙水镇桥渡村。交通状况较好的只有位于桂林市区的甑皮岩遗址，专门修建有甑皮岩路。

远离人口相对集中的城市中心区域，避免人们过多的干预破坏，这是史前遗址能保存至今的一个重要的原因，然而，位置偏僻、交通不便客观上不利于对遗址的田野发掘、保护与展示及社会认知。

二　存在的主要问题

（一）桂林史前遗址经过科学发掘的不多，整体上缺乏多学科的综合研究，涉及的一些重大学术问题还有待深入研究

到 2001 年为止，桂林史前遗址经过科学田野发掘的只有桂林 D 洞、甑皮岩、宝积岩、轿子岩、庙岩，资源的晓锦，临桂的太平岩、大岩，荔浦水岩东洞及灌阳的五马山遗址等十个遗址。而且，到目前为止，只有甑皮岩遗址进行了多学科综合研究并出版了考古发掘报告。由于田野工作开展得不够深入、全面，而且缺少多学科的综合研究，一方面，很难全面科学地弄清楚桂林史前文化的整体发展脉络，同时，又限制了桂林史前遗址整体上所涉及的原始制陶、原始农业、原始驯养业的起源以及华南地区从旧石器时代向新石器时代过渡等一系列世界性的重大学术课题的深入开展。桂林很多史前遗址的文化面貌没有科学的界定，反过来又影响其全面、更好的保护和利用。

制约桂林史前遗址发掘与研究的原因主要是长期以来桂林的考古队伍、科研力量比较薄弱，目前桂林市还没有一个个人考古领队资格，团体考古领队资格就更不用说了。此外，考古科研经费也比较有限。

（二）文物保护级别普遍不高，保护设施薄弱

到 2004 年底止，桂林近百处史前遗址绝大多数没被列为文物保护单位，已公布为

文物保护单位的仅 13 处，其中甑皮岩遗址为全国重点文物保护单位；全州县渡里园遗址为自治区重点文物保护单位；市区的宝积岩、庙岩遗址为桂林市重点文物保护单位；临桂县的大岩遗址，全州县的卢家桥、黄毛岭、马路口遗址，兴安县的磨盘山、大浪屯、灵山庙屯遗址，灵川县的新岩遗址，资源的晓锦遗址为县级文物保护单位。13 处文保单位中市县级占了 11 处，保护级别普遍不高。此外，目前桂林史前遗址大多数没有必要的保护防范设施，较重要的遗址如已公布为文物保护单位的 13 处遗址，除甑皮岩遗址外，其他的遗址一般只是竖立保护标志牌及划定保护范围和聘请当地农民为义务文保员，此外再没有设置其他必要有效的保护防范设施。文物保护单位尚且如此，其他不是文保单位的遗址就更不用说了。如果有人要进入遗址内进行破坏性的挖掘，可以说是防不胜防。据调查，20 世纪 60 年代普查发现保存有文化堆积的一些史前遗址如今已有部分被破坏掉，十分可惜。另外，到目前为止，桂林所有史前遗址，只有"国保"甑皮岩遗址编制有经过专家评估论证的专项文物保护规划。

导致这种现状的主要原因一是史前遗址地处偏僻，文物保护部门鞭长莫及；二是保护经费有限，尤其是县级文物保护部门的保护业务经费十分有限，当然这也跟大多数史前遗址文化内涵不清楚、保护级别不高、社会影响力不大、对其重视不够有关。

（三）遗址及其出土文物缺乏艺术观赏性，社会吸引力不大

桂林史前遗址的重要价值更多的是体现在历史价值和科学价值方面，其本身的直观性、可视性不及桂林靖江王陵、桂海碑林、李宗仁故居等。另一方面，史前遗址出土的文物主要为石器、骨器、蚌器和大量的残碎的陶片等，这些文物时代久远，十分原始，而且残缺不全，观赏性、愉悦感不强，其艺术观赏价值无法与历史时代完整的青铜器、瓷器、书画、石刻等文物相比。加上史前文物的文化内涵一般人难以解读，对普通观众的吸引力不大。这些作为史前遗址及其文物所固有的特点直接影响了桂林史前遗址保护与展示利用的有效开展。

（四）展示利用方式单一，手段落后，参观人数稀少，公众知晓率不高

目前，桂林史前遗址在普查中采集、清理及考古发掘出土的文物基本上是收藏在自治区博物馆和各地博物馆或文管所中，而且大多数是放在各地的文物库房中，向公众陈列展出的不多。目前只有在甑皮岩遗址原址建有遗址博物馆，并举办了"万年前的桂林人"文物陈列。遗址考古现场的展示及遗址环境的整体展示目前也只有甑皮岩遗址进行了初步的尝试。但目前甑皮岩遗址博物馆的展示手段基本上还是"遗址＋陈列"形式，每年的参观游客不到 2 万人次。

（五）桂林史前遗址的展示利用工作滞后

就桂林市范围而言，桂林史前遗址的展示利用工作滞后，还与其在桂林文物古迹中所占的比重较小、社会影响不大有关。根据 2004 年统计，全市经公布的各级文物保护单位有 338 处，其中"国保" 6 处 33 点、"区保" 68 处、"市保" 44 处、"县保" 220处。而桂林史前遗址目前公布的文物保护单位的仅 13 处（"国保" 1 处、"区保" 1 处、"市保" 2 处、"县保" 9 处），仅占全市文物保护单位总数的 3.6%。就全国范围比较而言，则与桂林历史文化名城的整体形象不突出、"甲天下"的山水自然风光在桂林的对外宣传和旅游中占绝对优势有关。桂林史前遗址，包括全国重点文物保护单位甑皮岩遗址在内，只是在学术界有较大的影响，而对一般游客而言，其知晓率、共鸣度、认同感都十分有限，这一切都在不同程度上影响桂林史前遗址的社会吸引力。

三　基本思路和具体措施

根据以上对桂林史前遗址的现状与存在问题的分析，为了全面加快桂林史前遗址的保护与合理利用，笔者认为，可以确立以下的基本思路并采取相应的具体措施：

（一）进一步加强基础研究工作

以"桂林洞穴遗址"为课题，对桂林的史前遗址进行全面深入的调查，有目的地选择一些重要遗址进行抢救性的科学发掘，并进行多学科的综合研究，以期全面弄清桂林史前遗址整体的文化面貌和发展序列。

到目前为止，桂林可以说是世界上发现洞穴遗址较丰富、较集中的地区之一。1973年甑皮岩遗址抢救性的试掘就曾轰动中外史前考古界。上世纪 80 年代借桂林被公布为首批国家历史文化名城之机遇又进行过几次文物普查，并于 1988 年对庙岩遗址进行抢救性的清理发掘。遗憾的是，此后桂林史前遗址的科学发掘就基本上停止了，直至 1998年才有对资源晓锦遗址的发掘，1999 年有临桂太平岩遗址的发掘，2000 年有临桂大岩遗址的发掘，2001 年有甑皮岩遗址的再次发掘。而最近几年这一系列考古发掘所取得的重大发现不仅预示了桂林史前考古特别是洞穴考古具有重大的发展潜力，更为重要的是它引起了中外学术界和地方政府对桂林史前遗址发掘与研究的关注和重视。因此，以"桂林洞穴遗址"为课题，争取国家专项科研经费，通过区内外、国内外科研机构的合作，全面推进桂林史前遗址的调查、发掘与研究工作的时机已成熟。

（二）全面确定桂林史前遗址的总体保护思路

为了打破过去桂林史前遗址保护工作滞后的局面，适应新时期对考古遗址保护所提出的新理念、新要求，从整体、宏观上确定桂林史前遗址的保护思路非常必要，也十分紧迫。

（1）以全面的考古调查为基础，根据各遗址的历史、科学、艺术价值之不同，把桂林发现的史前遗址划分为不同的等级，及时申报为各级文物保护单位，尤其争取把更多重要的遗址申报成为国家级、自治区级文物保护单位。

（2）对公布为各级文物保护单位的史前遗址要及时落实"四有"工作，在划定保护范围和建设控制范围时，要充分考虑到对史前遗址的载体、遗址的环境和历史文化内涵的有效保护与展示的需要，以尽可能确保遗址历史信息的完整性和真实性。

（3）对重要的史前遗址要尽快制定经专家论证的专项保护规划，并按有关程序报批。这些重要遗址除了甑皮岩遗址，还包括晓锦遗址、大岩遗址、渡里园遗址等。这既是出于有效保护遗址的主体、载体和环境完整性的需要，也是依法规范对这些重要遗址进行有效保护、合理利用的需要。

（4）对没有公布为文保单位的遗址，要尽可能采取必要的措施保护遗址的文化堆积，免遭自然或人为的破坏，对那些文化堆积很少、科研价值不高而且又面临着来自自然或人为的极大破坏性威胁、在现有条件下很难保护的史前遗址，可以考虑对现有文化堆积进行抢救性的发掘、清理，以获取和保留科学的资料。

（三）策划举办史前考古学术研讨会，以进一步提升桂林史前遗址在中外史前考古界中影响力和知名度，并确立其应有的学术地位

2003 年 12 月 10～15 日"华南及东南亚地区史前考古——纪念甑皮岩遗址发掘 30 周年国际学术研讨会"在桂林成功举办给我们提供了很好的启示。该会是迄今为止关于华南及东南亚地区史前考古规格最高、影响最为深远的一次国际性学术研讨大会，它的成功举办对桂林、华南乃至东南亚史前考古的研究产生了巨大的推动作用，极大地提高了甑皮岩遗址的学术影响力和社会知名度，并进一步扩大了桂林历史文化名城和风景旅游名城的国际知名度。

鉴于此，我们可以考虑在对桂林史前遗址进行了全面调查并公布研究成果之后，借大岩发掘 10 周年（2010 年）或桂林历史文化名城公布 30 周年（2012 年）之机再次策划举办国际学术研讨会。以会议推进史前遗址的综合研究，以会议提升桂林史前考古的地位，以会议的举办进一步促使地方政府和社会各界对文物考古工作的关注、重视与支持，加快文物保护规划的编制和实施，促进相关保护基础设施的建设，为文物考古事业

的长远发展奠定坚实的基础。

（四）实施《甑皮岩遗址保护与展示规划》，以建设"甑皮岩古人类遗址景区"为契机，全面带动桂林史前遗址研究、保护与利用

与桂林其他史前遗址相比，甑皮岩遗址在地理位置、出土文物、学术成果、知名度及基础条件等方面都有非常突出的优势。它地处桂林至阳朔旅游黄金大道西侧，交通方便，地理优势突出；遗址出土文物最丰富，已发表的有关论文约 30 多篇，学术成果最多；是桂林唯一的国家级文物保护单位，基础条件最好，建有博物馆，占地近 6 万平方米，具备对外开放参观接待的基础设施；是邓小平同志生前在桂林唯一视察过的文物景点，特别是 2003 年"甑皮岩遗址发掘 30 周年国际学术研讨会"的成功举办，极大地提高了其学术影响力和社会知名度。据旅游权威部门对桂林史前遗址的评估论证，目前桂林的史前遗址只有桂林市区的甑皮岩遗址、宝积岩遗址和资源晓锦遗址具有较大的旅游综合利用意义。

按照国家文物局批复的《甑皮岩遗址保护与展示规划》，2004 年立足于保护遗址及其环境的完整性的甑皮岩古人类遗址景区一期工程已竣工，以"考古、科普、休闲、旅游"为特色、以"寻访万年前的桂林人"为主题的甑皮岩景区已初见雏形。借 2005 年甑皮岩二期工程启动建设的机遇，可以考虑采取如下措施，全面推进桂林史前遗址的保护与合理利用。

（1）筹建"桂林洞穴遗址研究中心"，收集整合桂林史前遗址的出土文物及有关发掘资料，形成科研资源优势，并聘请国内外史前考古专家作为学术顾问或客座研究员，使科研资源与科研力量有机结合，推动桂林史前遗址多学科研究的可持续发展，促进和培养桂林文物考古队伍的成长、成熟。

（2）以多种形式集中、全面展示桂林史前遗址的出土文物及研究成果，使广大青少年、市民和中外游客在这里就能了解桂林史前文化的全貌，整体树立桂林史前遗址的开放形象。

（3）在基本的陈列展示基础上，融合旅游景区的建设，充分挖掘遗址的文化内涵，利用甑皮岩遗址博物馆具有较大活动空间的优势，进行项目延伸，推出新的参与性项目如考古模拟园或引进临时展览，以吸引观众。

（4）编写讲解词，出版遗址简介、明信片、宣传画册、科普读物等，摄制专题、科普、旅游宣传片，开发与桂林史前文化相关的旅游工艺品，注册文物商标（目前甑皮岩博物馆已成功注册了"甑皮岩"和"甑皮岩人"商标），把考古研究成果转化为文化旅游资源，实现史前文物合理利用的多元化和最大化。

综上所述，加强桂林史前遗址的保护与利用，是桂林文物工作适应新形势的客观要求，是进一步提升桂林历史文化名城知名度、促进文化与旅游融合，推进先进文化建设的战略需要。在新的时代背景下，桂林史前遗址的保护与利用，既面临种种问题与挑战，也具有良好的基础条件和难得的发展机遇。在"保护为主、抢救第一、合理利用、加强管理"的文物工作方针的指导下，通过全面深入的考古调查及多学科的科研活动，科学地揭示桂林史前遗址的发展序列、文化内涵和基本特征，并在此基础上，制定科学、可行的文物保护发展规划，从宏观上整体推动史前遗址的有效保护和合理利用。根据桂林史前遗址的实际现状，可以考虑以建设"甑皮岩古人类遗址景区"为重点和突破口，以点带面，全面带动桂林史前遗址的保护与利用，充分发挥桂林史前遗址之科研、教育、休闲、旅游等社会功能。

主要参考资料：

① 张子模主编：《甑皮岩遗址研究》，漓江出版社，1990 年。

② 王令红、彭书琳、陈远璋：《桂林宝积岩发现的古人类化石和石器》，《人类学学报》1982 年 1 卷 1 期。

③ 阳吉昌：《桂林新石器时代洞穴遗址及其有关问题》，《中日古人类与史前文化渊源关系国际学术研讨会论文集》，中国国际广播出版社，1994 年。

④ 谌世龙：《桂林庙岩洞穴遗址的发掘与研究》，《中石器文化及有关问题研讨会论文集》，广东人民出版社，1999 年。

⑤ 傅宪国、贺战武、熊绍明、王浩天：《桂林地区史前文化面貌初现》，《中国文物报》2001 年 4 月 4 日 1 版。

⑥ 中国社会科学院考古研究所、广西壮族自治区文物工作队、桂林甑皮岩遗址博物馆、桂林市文物工作队：《桂林甑皮岩》，文物出版社，2003 年。

⑦ 广西壮族自治区文物工作队、资源县文物管理所：《广西桂林资源晓锦遗址的发掘简报》，《考古》2004 年 3 期。

⑧ 桂林文管会办公室编：《桂林市（县）文物保护单位一览表》（内部资料），2004 年。

⑨ 桂林文物工作队收藏《桂林文物普查资料》。

⑩ 国务院办公厅：《关于西部大开发中加强文物保护和管理工作的通知》，2000 年 8 月 31 日。

⑪ 广西壮族自治区文化厅、建设厅、旅游局：《关于在西部大开发中文物保护与利用暂行规定》，2001 年 3 月 27 日。

⑫ 清华大学城市规划设计研究院、桂林市城市规划设计研究院：《桂林市城市总体规划》、《桂林市历史文化名城保护规划（1995～2010 年）》，1999 年 12 月。

⑬ 中山大学旅游发展与规划研究中心、桂林市旅游局：《桂林市旅游发展总体规划》，2000 年 10 月。

⑭ 桂林市城市规划设计研究院：《甑皮岩遗址保护与展示规划》，2004 年 11 月。

桂林洞穴考古的回顾与展望

周　海[*]

　　20 世纪 30 年代，我国著名考古学家裴文中先生率队到广西调查古人类遗址，在桂林市北门发现了一处文化内涵较丰富的洞穴遗址——桂林 D 洞，桂林的洞穴遗址开始露出了冰山一角，我国华南洞穴考古也由此揭开了序幕。解放后，广西和桂林市文物部门联合对桂林地区进行了多次大规模的文物普查，共发现洞穴遗址 40 余处，桂林因而成为目前中国发现洞穴遗址较丰富、较集中的地区之一。随着 2000 年临桂大岩遗址发掘和 2001 年甑皮岩遗址发掘与研究取得诸多重要成果，桂林洞穴遗址的研究以及桂林洞穴考古的未来走向成为学术界关注的问题。笔者结合工作实际，试就这一问题作些思考、探索与讨论，以请教于学术界。

一　桂林洞穴考古的回顾

（一）洞穴遗址的发现与发掘概况

　　桂林洞穴遗址群主要是在桂林地区历次文物普查中发现的。20 世纪 30 年代之初，裴文中先生率队到桂林调查古人类遗址，在桂林市北门发现了 D 洞，其文化堆积有 2 ~ 3 米厚，主要文化遗物为打制砾石石器、穿孔石器和磨盘、磨棒等，堆积含有较多螺蚌壳和烧骨、炭粒等，共存的动物均为现生种。[①]

　　1954 年夏开始，广西壮族自治区文物管理委员会和广西壮族自治区博物馆组织在桂林进行建国后的第一次文物调查，发现包括洞穴遗址在内的 10 余处古文化遗址。[②]

　　1961 年，中国科学院古脊椎动物与古人类研究所吴新智等在桂林部分地区调查洞穴遗址，发现了穿山月岩东岩洞（即穿山上岩遗址）和荔浦水岩东洞遗址。在穿山月岩东岩洞采集了 1 件打制石器和部分动物化石，在荔浦水岩东洞发现 1 枚古人类牙齿化石和 5 种哺乳动物化石。[③]

---

　　* 周海，桂林甑皮岩遗址博物馆。

1965 年夏，广西壮族自治区文物管理委员会组织广西壮族自治区博物馆和桂林市文物管理委员会有关专家、考古工作者在桂林专区（即现桂林市辖境）开展大规模的文物普查工作，发现了甑皮岩、丹桂岩、轿子岩、庙岩、狮子岩等 60 多处洞穴遗址[④]，并对甑皮岩遗址进行试掘，发现人骨 5 具，打制砾石石器 38 件、穿孔石器 1 件、磨制石器 2 件、骨器 1 件和蚌器 7 件[⑤]。因"文化大革命"的影响，桂林地区的文物普查工作没有完成，被迫中途停止，而且此次文物普查的有关档案资料大都在"文化大革命"中遗失。

1973 年 6 月，甑皮岩遗址因修建防空洞遭受破坏，桂林文物管理委员会的阳吉昌先生负责组织进行抢救性发掘，较大面积的发掘工作持续到 1975 年 8 月，而配合建陈列馆、修遗址封闭门及采样所进行的零星清理工作则一直延续至 1979 年 10 月，发掘面积共 80 平方米。其中 1973～1974 年的部分发掘资料已于上世纪 70 年代公布。[⑥]此次发掘共发现了灰坑 1 个、墓葬 18 座等遗迹和石器 63 件（其中打制石器 31 件、磨制石器 27 件）、陶片 921 件、骨器 14 件、蚌器 3 件等文化遗物以及大量的水、陆生动物遗骸，包括 34 种哺乳类、3 种鸟类、3 种龟鳖类、2 种鱼类、7 种腹足类、23 种淡水瓣鳃类，共计 72 种水、陆生动物，其中，当时认为猪已经过驯养。[⑦]此外，通过孢粉分析，还鉴定出 184 个科、属、种的植物。[⑧]

甑皮岩遗址 20 世纪 70 年代的发掘作为当时我国重要的考古发现，极大地推动桂林考古工作的发展。

1979 年 5 月在市区发现宝积岩遗址，并对其进行抢救性清理。发现 2 枚古人类牙齿化石、12 件打制石器和 16 种哺乳动物化石。[⑨]宝积岩遗址是目前广西首次发现古人类化石与其制造的工具共存的遗存，对研究广西旧石器文化具有十分重要的意义。

1980 年秋，桂林市文物管理委员会组织对桂林西郊轿子岩遗址进行抢救性清理发掘。发现墓葬 1 座、灰坑 1 个和打制石器 10 余件、骨蚌器各 1 件和大量水、陆生动物化石。[⑩]

1982 年，根据国务院国发〔1981〕9 号文件要求在全国范围内进行一次文物普查的指示精神，同时，为了摸清桂林这座刚被国务院公布为国家历史文化名城的文物现状和基本特征，1982～1988 年，桂林市和桂林地区文物部门先后进行了建国以来规模最大的文物普查，发现包括新旧石器洞穴遗址在内的古遗址 136 处。[⑪]

在这次普查期间，桂林市文物管理委员会于 1987 年组织对临桂太平岩遗址进行小规模试掘，发现打制石器、骨铲、骨锥和大量螺蛳壳等遗物。1988 年 7～8 月，桂林市文物管理委员会又组织对庙岩遗址进行抢救性发掘，发现墓葬 2 座、灰坑 1 个和石制品 356 件（其中穿孔石器 2 件）、骨角制品 77 件、蚌器 13 件、素面夹砂陶片 5 件、未经烧制的马蹄泥塑 1 件和动物化石 29 种。其中，陶器标本的 ^{14}C 年代为距今约 15 000 年。[⑫]

进入上个世纪 90 年代，桂林洞穴考古工作基本上处于停滞状态，仅于 1992 年对灵川新岩遗址进行初步调查，采集到数件磨制石斧、数件穿孔石器和数块陶片和大量螺蛳壳、兽牙等。[13]不过，期间桂林山坡遗址的调查与发掘取得了重大进展，广西壮族自治区文物工作队于 1997 年先后发现和发掘了灌阳五马山遗址[14]和资源晓锦遗址[15]。

到了上世纪 90 年代末，在中国社会科学院考古研究所广西工作队和广西壮族自治区文物工作队的大力支持下，桂林洞穴考古工作进入了一个快速发展时期。

1999 年 11 月，中国社会科学院考古研究所、广西文物工作队和桂林市文物工作队联合对临桂太平岩遗址进行发掘，发现陶器、打制石器、磨制石器、穿孔蚌器、骨器、角器等遗物和大量的水、陆生动物遗骸。[16]同年底在太平岩遗址附近新发现了大岩遗址。

2000 年 11 月~2001 年 1 月，中国社会科学院考古研究所、广西文物工作队和桂林市文物工作队联合对 1999 年新发现的临桂大岩遗址进行发掘。发现墓葬 10 座、用火遗迹 10 余处，出土陶、石、骨蚌器数百件及大量的水、陆生动物遗骸。文化堆积分为六期，其中第三期发现的厚胎夹粗砂素面陶容器，为研究我国不同地区的陶器起源提供了重要资料。大岩遗址发掘的重要意义还在于发现了旧石器时代末期向新石器时代早期过渡的文化遗存，为桂林乃至华南地区旧石器文化如何向新石器文化过渡提供了十分珍贵的资料。[17]

为了进一步研究解决甑皮岩遗址涉及的有关学术问题并解决该遗址面临的日益严峻的保护问题，2001 年 4~8 月，中国社会科学院考古研究所、广西壮族自治区文物工作队、甑皮岩遗址博物馆和桂林市文物工作队联合对甑皮岩遗址进行补充发掘，发掘面积 10.26 平方米，发现墓葬 5 座、石器加工点 1 处、陶片、石器、骨器、蚌器数千件和大量的人类食用后遗弃的水、陆生动物遗骸。史前文化遗存共分五期。[18]

甑皮岩遗址 2001 年的发掘引起了中外史前考古界的广泛关注，田野考古学、年代学、体质人类学、动物考古学、植物考古学、环境考古学及岩溶地质学等多学科围绕甑皮岩遗址的年代、文化性质、葬俗、家猪驯养、原始农业、动物群、植物群、古环境等重要学术问题进行多学科的研究和讨论，并仅用了不到两年时间于 2003 年 11 月及时公布了发掘与研究成果，这从一定程度上丰富和推动了中国特别是华南地区史前考古学的研究与发展，堪称华南乃至洞穴考古的一个里程碑。

2003 年，广西壮族自治区文物工作队和灌阳县文物管理所调查发现黄关镇后锁遗址和新街江头狮子岩遗址，分别属史前洞穴和岩厦遗址。遗址发现大量的陶片和磨制石器，其中新街江头狮子岩遗址出土的陶器以夹砂红陶为主，大部分饰绳纹和方格纹，少量刻划纹、印纹，器形有敞口宽折沿的釜（罐）、支座、圈足器、三足器、纺轮等，推断遗址年代为新石器时代晚期。[19]

桂林地区历次大规模的文物普查和小规模的专题调查从区域分布和数量上基本摸清

了桂林地区洞穴遗址的家底。据最新统计，目前在桂林地区共发现有较准确记录的洞穴遗址有 40 多处[20]，其中经过正式考古发掘的有甑皮岩、宝积岩、轿子岩、庙岩、太平岩和大岩等 6 个遗址。

（二）桂林洞穴遗址的考古学意义

从 20 世纪 30 年代桂林 D 洞的发现到 2001 年甑皮岩遗址的发掘，经过几代考古工作者近七十年的努力，特别是通过甑皮岩遗址 1973 年、2001 年的发掘研究和大岩遗址 2000 年的发掘，桂林洞穴考古取得了一系列重要学术成果，这些重要成果主要体现在：

1. 初步建立了桂北地区史前文化最基本的发展演化序列

截至 2001 年止，通过对宝积岩、庙岩、甑皮岩、大岩等重要洞穴遗址的发掘与研究，结合资源晓锦和灌阳五马山等山坡遗址的考古资料，基本上可以重建桂北地区从旧石器时代晚期到新石器时代末期文化发展的序列和年代框架及其基本特征。即：

旧石器时代晚期（以宝积岩遗址为代表，包括东洞遗址，年代在距今 35 000 ~ 28 000 年之间）：单面打制的砾石石器，砍砸器为主；有哺乳动物骨骼遗存（包括晚更新世绝灭种），地层中无螺壳。

旧石器时代末期（以大岩一期文化遗存为代表，距今约 15 000 年以上）：含极少量水陆生动物遗骸和打制砾石石器。

中石器时代（以大岩第二期文化遗存为代表，包括轿子岩遗址，距今约 15 000 ~ 12 000 年）：含较多的水陆生动物遗骸；发现磨制骨器、穿孔蚌器和经火烧的陶制品；发现屈肢葬，墓内放置石块。

新石器时代早期前段（以庙岩、大岩第三期和甑皮岩第一期文化遗存为代表，距今约 12 000 ~ 11 000 年左右）：含大量水陆生动物遗骸；骨器数量增加；开始出现穿孔石器和原始陶容器。

新石器时代早期后段（以甑皮岩文化，即甑皮岩遗址第二至四期文化遗存为代表，距今大约 11 000 ~ 8000 年左右）。又可分为三段：

第一段，以甑皮岩第二期文化遗存为代表。以打制砾石石器和磨制骨器、穿孔蚌器为主要器物；陶器的数量明显增加，陶器工艺进步，新出现泥片贴筑法；生计方式是采集狩猎经济。

第二段，以大岩第四期和甑皮岩第三期文化遗存为代表。代表性器物是石器、骨蚌器和夹砂陶器等。石器仍以砾石打制石器为主，出现磨制石器如石斧、锛等；骨器包括骨锥、铲等，新出现磨制精细的骨针，蚌器有穿孔的蚌刀，陶器以夹砂红褐陶为主，器形以敞口、束颈、鼓腹的圜底釜、罐为主。狩猎采集经济仍是当时主要的生计方式。

第三段，以甑皮岩第四期遗存为代表。砾石打制石器数量较少，以砍砸器为主，磨制石器有斧、锛等。骨蚌器的数量减少，只发现少量骨锥和穿孔蚌刀。陶器仍以夹砂红褐陶为主，泥片贴塑，但器壁较薄，烧成的温度也较高；纹饰以粗绳纹为主；除了圜底器之外，新出现宽圆肩、圈底的高领罐等。墓葬葬式为蹲踞葬，墓坑为不规则圆形竖穴土坑，无随葬品。生计方式仍然是采集狩猎经济。

新石器时代中期前段（以大岩第五期、甑皮岩第五期文化遗存为代表，距今大约8000~7000年）：磨制石器增加，打制石器减少。新出现泥质陶，器形种类增加，纹饰以各种各样的刻划纹为主要特征。墓葬出现随葬品。

新石器时代中期后段（以晓锦第二期文化遗存和五马山遗址为代表，距今6000~5500年左右）：以夹细砂红陶和灰白陶器为主，出现磨制精细的石斧、锛、镞以及杵、环、球形器等。发现炭化稻米。

新石器时代末期（以晓锦第三期和大岩遗址第六期文化遗存为代表，距今5000~3500年左右，其最后阶段可能已进入商代）：夹砂陶和较多的泥质陶，少见刻划纹，出现方格纹、叶脉纹、花瓣纹、镂空。发现较多的炭化稻米。[21]

2. 确立桂林洞穴遗址的第一个考古学文化——"甑皮岩文化"

根据目前发掘的资料，桂林洞穴遗址中出土文物最多、文化内涵最丰富的遗址是甑皮岩遗址。由于该遗址的年代、分期等重要问题在2000年前学术界存在较大的分歧，因此很难从考古学文化去把握其文化内涵。2001年甑皮岩遗址的再次发掘，科学地判明了遗址的地层叠压关系，并根据各地层的出土文物和测定的年代划分出五期文化遗存。其中，甑皮岩第二至四期，文化演化轨迹清晰，文化面貌总体上基本一致，无质的差别，发掘者认为，这"表明它们属同一个考古学文化；它们之间的差异，既说明物质文化上的发展与进步，也说明它们属同一个考古学文化中不同的三个发展阶段"，并认为"从突出和把握甑皮岩遗址文化内涵的角度考虑，不妨暂时将以甑皮岩遗址第二~四期为代表的、分布在桂林及其附近地区的、主要以洞穴遗址为特征的一类遗存命名为'甑皮岩文化'"[22]。

"甑皮岩文化"作为桂林洞穴遗址第一个考古学文化，它在学术界的确立，对进一步把握桂林洞穴遗址的文化内涵、促进华南地区不同考古学文化之间的比较研究将具有十分重要的学术意义。

3. 根据多学科研究的成果，提出了桂林乃至岭南地区陶器起源的新理论

桂林是我国陶器起源的重要地区之一。到目前为止，在桂林地区共有3个洞穴遗址发现了距今年代超过1万年的陶器，它们分别是庙岩遗址、大岩遗址和甑皮岩遗址。根据这几个遗址的发掘情况和对甑皮岩遗址的多学科综合研究（浮选、植物硅酸体等），这些遗址并没有发现原始稻作农业，其生业形态是广谱采集狩猎。因此，可以说，这些遗址陶器的出现应当与稻作农业无关。研究者通过对甑皮岩遗址进行古动物、古植物和

古环境的分析研究和陶器与先民食后遗弃的大量螺蛳、蚌壳共生伴出等现象以及考古实验的结果推断："在桂北地区陶器的出现很可能与采集螺、蚌作为主要食物的生业形态有关。换句话说，桂林，甚至包括华南大部分地区，陶器起源的动因或契机，大概是由于最后一次冰期结束，气候变暖，水生动物大量繁殖，依最佳觅食模式，因其容易采集，可以花最少的时间和气力获得最高的回报，人类开始大量捕捞和食用水生介壳类动物，而介壳类水生动物因其坚硬的外壳，不可能像鱼类和陆生动物那样可以直接在火上烤而食之，促使人类发明了陶器，由此也在该地区产生了与以往不同的生业形态"[23]。

桂林地区陶器起源的新理论进一步佐证了在不同地区、不同环境和不同的文化背景下，陶器出现的动因可能不一样，同时也说明了陶器在世界多个地区很有可能是独立起源发展的。

二 桂林洞穴考古的发展潜力

如上所述，桂林目前发现的史前洞穴遗址有准确地点的有 40 余处，而经过发掘的只有 6 个，进行过多学科综合研究的到目前为止只有甑皮岩遗址一个，绝大多数遗址的文化面貌还不太清楚，单从这一点上说，桂林洞穴考古本身就具有广大的发展空间。更重要的是，从目前对桂林洞穴遗址的发掘与研究所取得的成果来看，桂林洞穴遗址涉及的许多重要学术课题仍有待继续进行深入的研究。

（一）出土文物研究方面

甑皮岩遗址 2001 年的发掘研究对遗址出土的石器、骨器、蚌器等制造工艺进行了全面的研究，基本弄清了其选料、制作方法和使用功能。不过，对穿孔石器等较特殊器物的功能用途，学术界仍有不同的看法，有学者认为是点种或采集工具的加重器[24]，有学者认为是狩猎工具。甑皮岩遗址出土的穿孔石器一般认为是狩猎工具的可能性较大，不过仍需更多的考古资料去进一步论证。穿孔蚌器也存在类似的情况。

另外，就桂林地区整个史前洞穴遗址而言，目前只有对甑皮岩这一个遗址的出土器物的制作工艺进行较全面研究，其他遗址这方面的研究工作还没有开始。

（二）遗址功能研究方面

这包括两方面：一是同一遗址同时期与不同时期的功能分布研究。这方面的研究目前在桂林的洞穴遗址尚未展开。甑皮岩遗址通过 1973 年和 2001 年的发掘，初步判断早期的史前人类主要是在洞穴后部居住活动，后来活动区域逐渐向洞口发展，到了第五期（距今约 8000～7000 年）活动痕迹遍布整个洞穴。而且根据发掘情况大体上可以推断，洞穴的中西部主要是史前人类的生活区，东侧为墓葬密集分布区。由于甑皮岩遗址地层起伏较大，而且各地层在各探方的分布也很不均匀，加上发掘揭露的面积较小，无法在发掘过程中清理出一个同时期的居住地面来，从而很难准确研究判断某一时期洞穴内的具体功能分布情况。二是同时期不同遗址之间的功能比较分析。据世界民族志资料，采集狩猎群体都有一个相对固定、面积从数十到数百平方公里的活动区域。因此，面积近100平方公里、动植物资源较丰富的桂林地区很有可能是同一或几个群体相对固定的活动领域。目前桂林地区发现的数十个洞穴遗址，它们有多少是大体同时期的？大体同时期的洞穴遗址哪些可能是临时的狩猎点？哪些可能是季节性的居住地？哪些又可能是长期性的居住地？有没有居住和埋葬功能分开的洞穴遗址？等等。由于桂林大多数洞穴遗址没有试掘或发掘，这些问题目前无法作出客观的判断。

（三）考古学文化研究方面

通过2001年对甑皮岩遗址的分期与年代的研究，"甑皮岩文化"基本上在学术界得以确立。由于桂林洞穴遗址经过科学发掘的不多，目前发现同属"甑皮岩文化"的文化遗存，除了甑皮岩遗址第二至第四期文化遗存外，仅有大岩的第四期文化遗存。桂林其他许多新石器时代洞穴遗址与"甑皮岩文化"的关系如何，目前尚不清楚。换句话说，"甑皮岩文化"在桂林地区的具体分布情况目前还不明了。要解决这问题必须获取更多的洞穴遗址发掘资料。

（四）文化序列研究方面

如上所述，宝积岩、庙岩、甑皮岩、大岩等重要洞穴遗址的发掘与研究，初步建构了桂林地区史前文化最基本的发展演化序列。不过，应该承认的是，在这个已建构起的史前文化发展序列中，仍存在文化上的缺环，主要表现在：宝积岩遗存（距今35 000～28 000年）与大岩第一期文化遗存（距今约15 000年）之间存在缺环；甑皮岩第一期与第二期之间存在缺环；甑皮岩第五期与晓锦遗址之间存在缺环。

另外，目前尽管桂林地区史前文化最基本的发展演化序列已初步建立，但要比较全面的重建桂北地区从更新世末期到全新世早中期文化发展的面貌，还必须有待于进一步全面了解桂林其他众多洞穴遗址和山坡遗址的文化内涵并分门别类进行深入的研究。

（五）史前文化传播、交流与古人类迁徙研究方面

据目前的考古资料，桂林史前洞穴遗址，年代最早是宝积岩遗址，距今3万多年，最晚为大岩遗址第五期。桂林地区旧石器时代末期到新石器时代的文化具有强烈的延续性和稳定性，从使用的工具套、居住方式、生业形态乃至陶器的制作都呈现出一脉相传的特点。不过，值得注意是，在桂林新石器早期后段和中期前段的考古遗存中不同程度地出现了与洞庭湖地区史前文化如彭头山文化和皂市下层文化相同或相似的因素，但这些相似性仅仅体现在陶器和部分埋葬习俗方面，其生业模式则完全不同，前者是渔猎采集经济，后者已出现稻作农业。怎么解释这考古文化现象呢？进而言之，桂北地区与湖南的史前文化是如何进行交流、相互影响的呢？由于与湖南地域交接的桂林市兴安、全州和灌阳三县目前在史前考古方面几乎还是空白，无法对这些问题作出判断。随着1997年灌阳五马山山坡遗址和2003年灌阳黄关镇后锁和新街江头狮子岩等遗址的发现，为研究探求这个问题提供了重要的线索。

此外，桂林史前文化的来龙去脉也是有待深入研究的问题。如果桂林史前文化是在本地区旧石器时代文化发展过来的，那么，在桂林地区还可能会找到早于宝积岩遗址的旧石器晚期的考古遗存吗？如果是外来的，那它的源头在哪里？它与广西百色地区的旧石器文化关系如何？另一方面，目前的考古资料显示，桂林地区大多数洞穴遗址的堆积年代下限在距今约7000年左右，也就是说，这种居住于洞穴或岩厦、以渔猎采集为生业形态的史前文化，大约在距今7000年之后就在桂林地区逐渐失去了其主导作用，而在东南亚大陆，这类洞穴遗存延续的时间则相对较晚。如何解释这考古现象？如果桂林史前洞穴文化是受洞庭湖地区史前农业文化的影响而放弃了其原来的渔猎采集生计方式，那么，为什么在桂林洞穴遗址密集分布区域到目前为止没有发现有原始稻作遗存的山坡、河流阶地等类型遗址？如果桂林史前洞穴文化最终是迁移到了东南亚地区，那么其迁徙的动因是什么？是文化的还是自然的？其迁徙路线如何走向？等等。这涉及桂林史前文化的去向问题，要弄清楚这些问题，必须有待于今后更多的考古发现。

三　桂林洞穴考古工作的前瞻

如上所述，桂林洞穴遗址涉及诸多华南乃至东南亚史前考古重要课题，进一步加强和推动桂林洞穴考古工作具有十分重要的学术意义。笔者认为，桂林洞穴考古下一步工作可以考虑以"桂林洞穴遗址"为课题，对桂林洞穴遗址重新进行全面、系统的调查、试掘与多学科研究。

（一）桂林洞穴遗址调查的紧迫性

过去桂林历次文物普查从区域分布和数量上大体上摸清了桂林地区洞穴遗址的家底，不过，遗憾的是，当时许多原始调查资料掌握在个人手上，没有及时系统建立起相应的档案资料，而今一些参与过当年调查的同志已不在人世，大部分当时的调查资料已不知去向。此外，上世纪80年代初期调查确认的洞穴遗址，最初报道有60多处，而目前统计的只有 40 余处，数量上为何减少了？而且，经过二十多年的风雨，这些洞穴遗址的保存现状如何已不清楚。据了解，上世纪 60 年代普查发现保存有文化堆积的一些史前遗址如今已被全部破坏掉，十分可惜。加上现在人们对洞穴开发利用的意识日益加强和步伐日益加快，洞穴遗址的保护形势日趋严峻。因此，桂林洞穴遗址的调查应尽早提上日程。

（二）桂林洞穴遗址调查的可行性

1. 历次文物普查所取得的成果为课题的实施奠定了基础

桂林地区历次文物普查基本上查明了桂北地区史前洞穴遗址的大致分布情况，有较具体准确的地理位置的遗址达 40 余处，这使新的调查从一开始就处在较高的起点上，在查对原有遗址的位置、保存现状并建立更齐全的调查档案资料的同时，可以花较多的时间和精力去寻找发现新的遗址。

2. 桂林岩溶洞穴地质的调查与研究为课题的实施提供了重要的支持

中国地质科学院桂林岩溶地质研究所长期以来从事桂林岩溶地质的调查研究，在岩溶洞穴的分布、成因、类型、规模、现状等方面取得了丰硕的成果。据该所的调查，桂林岩溶洞穴集中分布在北起兴安县界首、南至阳朔县高田这个弧形构造带的碳酸盐岩区域内，该区域至少存在二三千个具有一定规模的岩溶洞穴，仅桂林市区内人可进入的洞穴就数以千计，已调查、考察的洞穴有 300 多个，修编或实测的洞穴 100 多个。[25] 这些成果无疑为我们进行洞穴遗址调查提供了重要的线索，并为洞穴遗址的使用年代等方面的研究提供了重要的地质科学依据。

3. 以往的考古发掘与研究为课题的实施做了充分的学术准备

过去桂林洞穴遗址尽管发掘的不多，但成果非常突出，特别是 2000 年大岩遗址的发掘和 2001 年甑皮岩遗址的发掘与多学科的研究，基本上弄清楚了桂北地区的新石器时代文化或者说从旧石器时代向新石器时代过渡以及新石器时代比较偏早的这一段文化发展的序列。以根据甑皮岩和其他遗址建立起来的地区史前文化序列作为标尺，新的洞穴遗址调查就有了主纲，它不仅有助于我们了解桂林各个洞穴遗址的相对年代，而且有助于了解不同遗址的性质，从而使新的调查工作更具有目的性和针对性。此外，过去的发掘工作所积累的洞穴遗址发掘经验也将对下一步的调查试掘提供重要的指导意义。

4. 国家、自治区、市县三级文物考古研究机构良好的合作关系使课题的实施成为可能

广西近年来史前考古工作取得的重大进展是与各级文物考古管理部门和科研机构的精诚合作分不开的。特别是上世纪 90 年代中期以来，通过中国社会科学院考古研究所广西工作队、广西壮族自治区文物工作队和南宁、桂林等文物部门的共同努力，顶蛳山

遗址、大岩遗址、甑皮岩遗址等遗址的发掘研究取得了令中外考古界瞩目的重要成果。合作发掘，成果共享，这不仅促进考古事业的发展，而且培养储备了人才队伍。合作精神和人才队伍为桂林洞穴遗址这一课题的实施提供了根本保障。

（三）课题研究的基本思路

1. 调查范围

桂林市行政区域范围，包括桂林市区和全州、兴安、灌阳、资源、龙胜、灵川、永福、临桂、阳朔、荔浦、平乐、恭城等 12 个县。

2. 调查内容

（1）以洞穴遗址为主要调查对象，同时包括山坡、河流阶地等类型遗址。

（2）既包括新石器时代遗址，也包括旧石器时代遗址。

3. 调查与研究方式

（1）国家、自治区和桂林市县三级文物考古单位合作调查、试掘。

（2）国内外多学科研究机构共同参与。

（3）收集整合调查资料和出土文物，依托甑皮岩博物馆筹建"桂林洞穴遗址研究中心"，形成科研资源优势，推动桂林洞穴遗址多学科研究的可持续发展。

4. 目的

（1）通过调查勘测，摸清桂林洞穴遗址的保存现状，为制定切实可行的保护规划和保护措施提供依据。特别是如果经调查后没有新发现文化内涵较丰富的遗址，那么加大庙岩、甑皮岩、大岩等这些重要洞穴遗址的保护力度就显得尤为重要了。

（2）力图全面建构桂北地区史前文化的发展序列，并为研究解决华南地区旧石器时代文化向新石器时代文化过渡和长江流域及华南史前文化与东南亚史前文化的关系等世界性的重大课题提供新的考古资料。

（3）积累、总结出一套桂林石灰岩地区洞穴田野考古发掘与研究的方法和经验，为其他地区的洞穴考古提供有益的参考。

（4）通过课题的实施，锻炼地方考古队伍，培养考古人才，提高地方特别是地市级文物考古工作者的田野考古与研究水平，促进地方文物考古事业的可持续发展。

四　结语

综上所述，桂林是目前中国发现洞穴遗址较丰富、较集中的地区之一，以往的调查、发掘与研究表明，桂林洞穴考古涉及许多重要学术课题，这些重要课题向我们展示了桂林洞穴考古的发展潜力和前景。从学术研究和遗址保护的需要出发，笔者建议以

"桂林洞穴遗址"为课题，对桂林史前遗址开展全面的调查，选择若干保存现状较好、文化内涵较丰富的遗址进行试掘，并开展多学科综合研究，以期摸清桂林洞穴遗址的文化面貌，全面、科学地建构桂林史前文化的发展序列，同时依托甑皮岩遗址博物馆积极筹建"桂林洞穴遗址研究中心"（可以考虑与博物馆两个牌子一套编制），收集整合桂林史前遗址的出土文物及有关资料，形成科研资源优势，并邀请国内外史前考古专家或学术科研机构参与研究，使科研资源与科研力量有机结合，推动桂林史前遗址多学科研究的可持续发展。同时，充分发挥甑皮岩遗址博物馆的馆舍设施及地理交通等方面的优势，通过文物陈列、模拟参与和虚拟演示等科技手段等展示桂林史前遗址的出土文物及研究成果，从而把考古研究成果转化成社会教育资源，充分发挥考古的社会教育功能。

注释：

① W. C. Pei. 1935. On a Mesolithic (？) Industry of the Caves of Kwangsi. *Bulletin of the Geological Socity of China*, Vol. 14, No. 2, pp. 79 – 205.

② 广西壮族自治区文物工作队编：《广西文物考古报告集》，广西人民出版社，1993 年。

③ 吴新智、赵资奎、袁振新、沈家瑜：《广西东北地区调查简报》，《古脊椎动物与古人类》1962 年 6 卷 4 期。

④ a. 阳吉昌：《三十年来桂林市重大考古发现及研究》，《桂林文博》1994 年 1 期；b. 阳吉昌：《桂林新石器时代洞穴遗址及有关问题》，《中日古人类与史前文化渊源关系国际学术研讨会论文集》，中国国际广播出版社，1994 年。

⑤ 中国社会科学院考古研究所、广西壮族自治区文物工作队、桂林甑皮岩遗址博物馆、桂林市文物工作队：《桂林甑皮岩》，2! 页，文物出版社，2003 年。

⑥ 广西壮族自治区文物工作队、桂林市革命委员会文物管理委员会：《广西桂林甑皮岩洞穴遗址的试掘》，《考古》1976 年 3 期。

⑦ a. 李有恒、韩德芬：《广西桂林甑皮岩遗址动物群》，《古脊椎动物与古人类》1978 年 16 卷 4 期；b. 黄宝玉：《广西桂林甑皮岩洞穴遗址中的淡水瓣鳃类》，《古生物学报》1981 年 20 卷 3 期；c. 王惠基：《广西桂林甑皮岩洞穴中的腹足类化石》，《古生物学报》1983 年 22 卷 4 期。

⑧ 王丽娟：《桂林甑皮岩洞穴遗址第四纪孢粉分析》，《人类学学报》1989 年 8 卷 1 期。

⑨ 王令红、彭书琳、陈远璋：《桂林宝积岩发现的古人类化石和石器》，《人类学学报》1982 年 1 卷 1 期。

⑩ 广西壮族自治区文化厅文物处等：《广西文物普查工作总结》（内部资料），145 页，1990 年。

⑪ 同注⑩，77 页。

⑫ 谌世龙：《桂林庙岩洞穴遗址的发掘与研究》，《中石器文化及有关问题研讨会论文集》，广东人民出版社，1999 年。

⑬ 阳吉昌：《调查洞穴遗址值得注意的若干问题》，《桂林文博》1997 年 1 期。

⑭ 陈远璋：《广西考古的世纪回顾与展望》，《考古》2003 年 10 期。

⑮ 广西壮族自治区文物工作队、资源县文物管理所：《广西资源县晓锦新石器时代遗址发掘简报》，《考古》2004 年 3 期。

⑯　a. 刘琦：《临桂太平岩遗址开始进行考古发掘》，《桂林文博》1999 年 2 期；b. 同注⑤，507 页。

⑰　傅宪国、贺战武、熊绍明、王浩天：《桂林地区史前文化面貌轮廓出现》，《中国文物报》2001 年 4 月 4 日 1 版。

⑱　a. 傅宪国、李珍、周海、刘琦、贺战武：《桂林甑皮岩遗址发现目前中国最原始的陶器》，《中国文物报》2002 年 9 月 6 日 1 版；b. 同注⑤。

⑲　文虹：《广西灌阳新发现两处史前文化遗址》，《桂林文化》2003 年 1 期。

⑳　同注⑤，504～507 页。

㉑　同注⑤，456～461 页。

㉒　同注⑤，450 页。

㉓　同注⑤，452 页。

㉔　a. 宋兆麟：《原始掘土棒上的穿孔重石》，《农史研究》1985 年 5 辑；b. 邓小红：《两广地区原始穿孔石器用途考》，《中石器文化及有关问题研讨会论文集》，广东人民出版社，1999 年。

㉕　中国地质科学院岩溶地质研究所：《桂林岩溶地貌与洞穴研究》，55 页，地质出版社，1988 年。

论中国新石器时代的开始

朱乃诚[*]

新石器时代的开始，因涉及食物生产的起源，是与人类起源、文明起源同等重要的三大学术课题之一。

在人类历史上，以食物生产的出现为主要标志的新石器时代的来临，是一个崭新的时代。从此，人类结束了完全依靠大自然恩赐的攫取性经济生活，开始了改造自然、创造世界的历程。尽管这一新时代的来临及其万余年的发展，为人类的生存环境带来了极大的负面影响，但却使人类社会由此迈出了快速发展的步伐，为人类文明的起源与发展创造了最基本的条件。因此，以食物生产的出现为主要标志的新石器时代的开始，是人类历史上一个具有划时代意义的事件。

中国是世界东方文明的重要策源地，也是食物生产的原发地之一，自然是探索新石器时代开始的重要区域。长期以来，由于受考古发现资料和相关理论研究不足的限制，对中国新石器时代开始的认识一直处于模糊的状态。但是，最近 20 年来的一系列有关中国旧石器时代晚期至新石器时代中期，即约距今三四万年至距今 7000 年以前的重要考古发现与研究的突破，使我们有条件对中国新石器时代的开始作较为具体而有意义的探索，并初步形成以下几点认识。

一　中国新石器时代的开始经历了一个漫长的发展过程

从对人类社会发展的意义上讲，以食物生产的出现为主要标志的新石器时代的来临，与以国家的诞生为主要标志的文明时代的来临一样，无疑都是一次革命。但是，从新石器时代诸种文化因素的起源而论，中国新石器时代的来临经历了一个漫长的发展过程。就现有的考古资料而论，这个发展过程，大致始于约距今 15 000 年前后。其最主要的特点是出现了陶器，产生了石器磨制技术，局部磨制石器出现，营建居所开始萌芽，复合工具使用范围的扩大等。

---

[*] 朱乃诚，中国社会科学院考古研究所。

（一）陶器的出现

陶器是新石器时代的主要特征之一。目前，在中国已有 15 处遗址或地点发现了距今 9000 年以前的早期陶片[①]；而年代早于距今 15 000 年的陶片，则发现较少，主要见于广西桂林庙岩遗址；广西临桂大岩、江西万年仙人洞与吊桶环遗址发现的年代最早的早期陶片，可能也达到或接近距今 15 000 年。

桂林庙岩遗址位于桂林市雁山区李家塘村东 500 米的一座孤峰南麓，洞穴高出地面 13 米，有南、东两个洞口，洞内面积约 130 平方米。遗址 1965 年发现，1988 年抢救发掘 50 平方米，文化堆积厚约 2.4～2.9 米，分为 6 层。出土了一批石器、骨器、蚌器、陶片以及一批动物化石。陶片 5 块，都出自第 5 层，灰褐色，素面，部分表面有烟炱，陶质粗疏、吸水性强，胎内夹有细石英粒和炭粒，部分呈饼状。[②]

庙岩遗址有 11 个 ^{14}C 测年数据。[③]其中，北京大学科技考古与文物保护实验室测定遗址 2、3M、4M、5L、6L 层 5 个炭样品的系列年代数据分别为：12 730±370、12 630±450、13 710±270、18 140±320、20 920±430（半衰期都为 5730 年，下同），经高精度树轮校正，处于距今万 2 至 12 300 多年。6L 层螺壳样品的年代数据为 21 555±320 年。中国社会科学院考古研究所实验室测定遗址右 2、左 2、左 5 层 3 个螺壳样品的年代数据分别为 12 707±150、13 547±168、17 238±237，经高精度树轮校正，处于距今 19 000～13 100 年。这些测年数据基本上符合地层层位顺序。北京大学科技考古与文物保护实验室还测定了遗址第 5 层出土的陶片样品，陶片残渣的年代数据为 15 660±260，陶片腐殖酸的年代数据为 15 560±500，经高精度树轮校正，分别处于 17 200～16 300 年和 17 300～15 900 年。陶片腐殖酸是在陶片烧制之后形成的，如果依据陶片腐殖酸的测年数据，大体可以肯定庙岩遗址陶片的年代约在距今 15 900 年以前。

临桂大岩遗址位于临桂县临桂镇二塘行政村小太平村东南约 0.5 公里的下门岩山北麓，由东西相邻、洞口均朝向正北的 A、B 两洞组成。A 洞距现在河水水面约 5 米，洞内及洞外都比较完整地保留了原生堆积，面积约 300 平方米。B 洞堆积主要分布在洞口的两侧，距现在河水水面约 1 米，残存面积 15 平方米。2000、2001 年发掘揭露 72 平方米，发现墓葬 10 座、用火遗迹 10 余处以及一批陶、石、骨、蚌制品。文化堆积分为六期，从旧石器时代晚期延续至新石器时代末期。第二期与第三期发现属距今 9000 年以前的陶制品。第三期的陶制品为 3 件陶容器，陶质疏松，夹粗大的碎石英颗粒，烧成温度极低，陶胎厚 2～3 厘米，均素面。其中两件为夹砂灰褐陶，已变形。另一件可复原，为圆唇、斜弧壁、圜底，器表红色、内壁呈橙黄色，器表有植物茎秆儿压痕三道，并有因火烧而形成的黑色烟炱。其形态等特征与湖南道县玉蟾岩遗址发现的已复原的尖圜底陶釜接近，推测其年代相当，约在距今 12 000 年前。第二期陶制品为 2 件烧制的陶土块，泥质，均不完整，一件呈圆柱状，另一件呈凹形，发掘者认为是捏制的非容器的陶制品。推测其年代早于道县玉蟾岩遗址出土的那件已复原的陶釜，很可能接近庙岩遗址第 5 层陶片的年代。④

　　万年仙人洞与吊桶环遗址位于江西省东北部大源盆地西北部的小荷山山角下，两洞相距 800 米。20 世纪 60 年代对仙人洞遗址做过 2 次发掘⑤，在 1993、1995、1999 年又对这两处遗址进行了 3 次发掘。后三次发掘获得石器 650 件（片）、骨器 132 件、穿孔蚌器 36 件、陶片 500 余块和 20 多件人骨标本，还有数以万计的动物骨骼残片和一批孢粉分析样品。⑥据发掘者分析，最早的陶片为条纹陶，即在泥片贴塑法制成的陶器内外壁都留有类似篮纹的条状纹，在器口片上可见到这类条痕一直延伸到唇部。这类陶器的器壁较厚，在 0.7 厘米以上，有的达到 1.2 厘米，器形有直口圜底罐（釜）。⑦据北京大学科技考古与文物保护实验室所做的 ^{14}C 测定，陶器的最早年代可到距今 16 440 ± 190，经树轮校正，为距今 18 050 ~ 17 250 年。⑧

　　以上三处遗址发现的陶片，大致是目前所知中国年代最早的陶片。虽然发现的数量较少，而且对这些陶片的真实年代，尚需做进一步的综合研究或系列测年分析以后才能确定。但是这些发现及已有的测年研究成果，可以使我们推论，在中国的华南地区，陶器的起源在距今 15 000 年以前。

（二）石器磨制技术产生，局部磨制石器出现

　　磨光石器也是新石器时代的主要特点之一。目前在中国已有 12 处遗址或地点发现了距今 9000 年以前的磨制石器或局部磨制石器⑨，其中只有广西柳州白莲洞、广东阳春独石仔两处遗址发现的局部磨制石器的年代可能接近距今 15 000 年。

　　柳州白莲洞遗址位于柳州市南郊园艺场的白面山南麓，为一半隐蔽的岩厦式洞穴，分外厅和其后的长穴道两部分。1956 年发现，1973、1979、1980 年试掘，1981、1982年发掘。遗址的堆积，在洞室东侧剖面划分为第 1 层至第 8 层，以下未见底；在洞室西侧剖面划分为第 1 层至第 10 层，以下未见底。出土物有石制品、骨角器、陶片、动物化石和人牙化石等。石制品 500 多件，其中局部磨制石器有切割器 3 件、穿孔石器 3件、穿孔小砾石 2 件，分别出自东侧第 3 层、第 4 层、第 6 层和西侧第 2 层。⑩从文化堆积层位上分析，以西侧第 2 层出土的一件切割器（BLWS②：57）和一件穿孔石器（BLWS①下 102）的年代最早。切割器为浅变质粉砂岩质，将一扁平小砾石磨去一部分，使磨削的断面形成一斜刃，整器呈三角形，刃缘呈弧状，有使用痕迹。长 4.5、宽 2.7、厚 1.2 厘米。穿孔石器为硅质粉砂岩，残缺，器身呈圆角方形，孔未穿透，穿孔方法是在石料两面琢凿成孔，再加磨孔壁，因加工断裂而弃之。长 9.5、宽 5.5、厚

4.6、孔径（上沿部）3.2 厘米。与这两件局部磨制石器有关的 ^{14}C 测定数据有 4 个，其中西 2 层顶部的钙板样品年代为距今 12 780 ± 180（BK93033），西 2 层底部的钙板样品年代为距今 19145 ± 180（BK94049）。在后来的发掘研究中将西 2 层划称为新西 1 层。新西 1 层上部的炭屑样品年代为距今 10 310 ± 290（BA94027），新西 1 层下部的螺壳样品年代为距今 17 680 ± 300（BK94011）。[⑪]扣除螺壳样品测年偏老的那部分，新西 1 层的年代约在距今 15 000 ~ 1 万年以前。由此推测白莲洞西 2 层或新西 1 层出土的局部磨制石器的年代可能在距今 15 000 年前后。

阳春独石仔洞穴遗址位于阳春县城北 30 公里处的独石仔山的东麓，高出当地河水面 30 米，洞口方向 120°，洞高 15、宽 2 ~ 8、深 40 米。1960 年发现，1964、1973、1978、1983 年先后 4 次发掘。前 3 次发掘发现文化层厚 2.8 米，分为上文化层、中文化层、下文化层，出土遗物 400 件，动物化石千余件。其中磨制石器有 7 件切割器、9 件穿孔石器，出自上文化层和下文化层，上文化层的占 3/4，下层文化层的占 1/4。7 件切割器都出自上文化层，器形不规则，多为石片和石核打制后加磨器身下端而成，刃部弧形。9 件穿孔石器系用扁圆形砾石一面或两面凿打后加磨穿孔制成，器身的一端或一面有敲砸的疤痕。上文化层出土的穿孔器多采用两面凿打加磨的方法进行穿孔，两面孔径相等；下文化层出土的穿孔器孔径无规律，有的仅凿打未加磨。[⑫]经 ^{14}C 测定，上文化层两个螺壳样品的年代分别为 14 900 ± 300（ZK-0714）、13 220 ± 130（BK83009），中文化层两个螺壳样品的年代分别为 17 700 ± 200（BK83010）、17 170 ± 180（BK83011），两个烧骨样品的年代分别为 14 260 ± 130（BK83016）、15 350 ± 250（BK83017），下文化层一个烧骨样品的年代为 16 680 ± 570（BK83018）。[⑬]这些测年数据表明，独石仔上文化层局部磨制石器的年代在距今 15 000 年以后，而下文化层局部磨制石器的年代则早于距今 15 000 年。

柳州白莲洞遗址和阳春独石仔遗址出土的距今 15 000 年前后的磨刃切割器和穿孔器，虽然仅是极个别的发现，但他们表明，在中国的华南地区，石器磨制技术和局部磨制石器在距今 15 000 年前后已经产生。

（三）营建居所的萌芽

营建居所是人类适应环境、提高生存能力的一大创举，也是人类进行食物生产、从事定居生活的一大保障。所以，营建居所自然也是新石器时代的特征之一。目前在中国发现年代最早的成批的人工营建的居所，主要见于距今约 9000 ~ 7000 年的新石器时代中期。北方地区以半地穴式单间房址为主，南方地区出现了地面建筑，其中有些房址的形式与结构表现出较为进步的特征。表明中国境内的人工营建居所的起源应在距今

9000 年以前。

然而，距今 9000 年或 1 万年以前的人工营建的房址，至今尚未发现确认。所以，目前在中国境内探索营建居所的起源，尤其是探索营建居所是否在距今 15 000 年前后已经萌芽，条件尚不成熟。不过，从营建居所的目的及其功用的角度分析，尚可看到营建居所萌芽的一些迹象。

笔者曾提出，探索人类早期较为固定的人工居所，应与探索当时的用火遗迹，如火塘、灶等联系起来进行。因为人类在旷野营建较为固定的居所，主要是为了生存的需要，即以用火、保暖、安全生存为主要目的。所以，人类在旷野营建较为固定居所的行为，应是人类在旷野构筑灶坑行为的发展。[⑭]这两种行为目的之间的联系，在中国北方地区表现得较为明确些。

目前在中国发现的旧石器时代晚期旷野地带的灶或火塘，主要见于北方地区。如宁夏灵武水洞沟 2 号地点、黑龙江哈尔滨阎家岗、山西吉县狮子滩 S14 地点、朔州南磨、河北阳原马鞍山。

灵武水洞沟 2 号地点已发现 7 处火塘遗迹和 5 处与火塘有关的遗迹。7 处火塘为地面火堆遗迹，直径 30 ~ 80 厘米，底部为发红的烧土，其上为木炭和灰烬，间或有烧裂的河卵石。另外 5 处遗迹中都有木炭、灰烬、动物化石和石制品等，但没有明显的边界，分布较散乱，可能是被破坏了的火塘或是火塘中的木炭等的再次堆积。经 ¹⁴C 测定，其年代约在距今29 000 ~ 24 000 年之间。[⑮]

哈尔滨阎家岗遗址发现两处用野驴、野牛、披毛犀、鹿等动物骨骼搭建的椭圆围圈和半圆围圈，直径约 3 ~ 4 米。内有炭屑，应是篝火遗迹。这种用动物骨骼搭建的围圈，可能是窝棚遗迹。经 ¹⁴C 测定，年代为距今 21 740 ± 300 年。[⑯]

吉县柿子滩 S14 地点发现的用火遗迹呈不规则椭圆形，最大直径约 70 厘米，炭粒与灰烬物质呈点状、条状和块状，缺乏一定面积的集中堆积；南端则有明显的黄褐、灰色烧土块和焙烧面。在用火遗迹范围内发现石制品和骨制品。其年代约在距今 15 000 年前后。发掘者据发现的各种迹象推测，这种用火遗迹应是一次性使用的篝火遗迹，这里可能存在着一个原地埋藏的露天旷野型古人类临时性营地。[⑰]

朔州南磨遗址发现火塘 3 处，平面呈椭圆形，面积分别为 42 × 36 厘米、39 × 35 厘米、68 × 61 厘米。火塘内有大量的木炭颗粒，以及细石核、细石器、烧骨、烧石、动物牙齿和破碎骨片等。在火塘周围有较完整的马、羊的牙床及破碎肢骨等，发掘者分析其年代应在距今 1 万年以前。[⑱]

阳原马鞍山遗址发现有灶坑、火塘与火堆。灶为挖坑而成，平面近椭圆形，剖面呈锅底形，长 70、宽 30、深 20 厘米。灶壁、灶底形成厚 1.5 ~ 3 厘米的红烧土，灶坑内有灰烬。火塘由砾石摆排而成，为圆或近圆形，内有灰烬。在火塘周围分布有密集的石制品以及散布的动物遗骨。发掘者分析其年代属于旧石器时代末期。[19]

上述 5 处遗址或地点发现的旷野型火塘、灶坑等用火遗迹，年代最早的在距今 29 000～24 000 年之间，最晚的大约在距今 1 万年以前。其中，距今 2 万年以前的主要为篝火遗迹，如灵武水洞沟 2 号地点、哈尔滨阎家岗的用火遗迹，火塘周围的遗物较少。距今 15 000 年前后的吉县柿子滩 S14 地点发现的用火遗迹，现象略显复杂，推测这里可能存在着一个临时性营地。距今 1 万年前的朔州南磨、阳原马鞍山遗址发现的火塘和灶坑，则较为进步，形状较为规则，尤其是马鞍山遗址的灶坑，与新石器时代中期房址内的灶坑已十分接近，是长期使用形成的。

另外，需要注意的是，在北京门头沟东湖林遗址，既发现了距今 1 万年前后的火塘、灶坑，还发现了与此同时期的几座墓葬。[20]这表明当时人类在此活动居住有一定的时间。这里没有发现洞穴居址，很可能将会发现人工建筑居址。

这些距今 24 000～10 000 年以前的旷野型火塘、灶坑等用火遗迹的形状特征，以及由早至晚的形状演进过程和用火遗迹周围文化遗物的分布状况等现象表明，与用火遗存密切相关的营建居所的萌芽，可能在距今 15 000 年前后。

在中国华南地区已发现的距今 1 万年以前的居所，主要为洞穴或岩厦（棚）。这种天然居所以及温暖的气候条件与适宜生存的自然环境，限制了人类营建居所能力的萌芽。所以，营建居所在华南地区的出现可能要晚于北方地区。而在气候条件偏凉的华南以北地区，则有可能在距今 1 万年前出现营建居所。如位于洞庭湖西北部的湖南临澧竹马村遗址曾经发现一处建筑遗迹，面积约 24 平方米，外围轮廓呈椭圆形，中部内凹呈方形，南北向。据报道，其南部还有一门道。[21]发掘者推测其年代为旧石器时代晚期，即约距今 1 万年前。这是迄今为止报道的唯一一例在中国南方地区发现的距今 1 万年以前的建筑遗存，对其进行深入的研究，还有待更多的发现。

（四）复合工具使用范围的扩大

人类从什么时候开始使用复合工具，至今还没有一个定说。不过，对新石器时代原始农业的兴起与发展有重要意义的，应是复合工具的全面使用与推广。由此可见，复合工具的全面使用与推广，也是新石器时代的一项重要的文化成就。而对人类发展具有重要意义的复合工具，则首推弓箭的发明与利用以及细石器的出现和推广。

在中国境内，弓箭的使用，大概可追溯至距今 2 万年以前，如 20 世纪 20 年代在宁夏灵武水洞沟和内蒙古萨那乌苏遗址发现了石镞[22]，1963 年在山西朔县峙峪遗址也发现了石镞[23]。而石镞的大量出现，则在距今 16 000 年前后。如 1973 年在山西沁水下川遗址发现了一批石镞[24]，只是这些石镞的形态还比较原始。此外，在河北阳原籍箕滩[25]、抚宁兔耳山发现了约距今 1 万年前的石镞[26]。

中国细石器的出现，以往曾推测起源于中石器时代至新石器时代初期。1960 年发掘河南安阳小南海洞穴遗址发现了类似细石器的遗存[27]、1963 年发掘山西朔县峙峪遗址发现了具有细石器特点的石器之后，贾兰坡先生于 20 世纪 70 年代提出细石器文化起源于旧石器时代的华北地区[28]；后来在辽宁凌源西八间房[29]、河南许昌灵井[30]、山西沁水下川[31]、河北阳原虎头梁等遗址发现了细石器[32]，中国的细石器出现于旧石器时代晚期遂成定论。1999、2000 年在宁夏灵武水洞沟 2 号地点发现的一批细石器有可能将中国细石器的起源追溯到距今 24 000 年以前。[33]但是，细石器大量的出现，则是在距今 2 万年以后，有可能在距今 16 000 年前后。如下川发现了大批细石器，年代可能在距今 16 000 年以前[34]。吉县柿子滩 S14 地点发现的细石器，年代约距今 15 000 年前后[35]。距今 15 000 年以后，细石器已广泛分布于华北地区。如河北阳原虎头梁[36]、油坊[37]、籍箕滩[38]、于家沟与马鞍山[39]，迁安爪村[40]，玉田孟家泉[41]，滦县东灰山[42]，昌黎淳泗涧[43]；山西蒲县薛关[44]、榆社赵庄和孟家庄[45]、榆次大发[46]、朔州南磨等遗址都发现了大批细石器[47]。细石器的大量发现，无疑表明复合工具使用的推广。

距今 15 000 年以前的中国南方地区尚缺乏典型的细石器遗存，但出现了类似细石器特征的燧石小石器，如广西柳州白莲洞遗址第二期的燧石小石器[48]。前述在广西柳州白莲洞、广东阳春独石仔发现的距今 15 000 年前后的穿孔石器以及仅磨刃部的切割器等，应是一种复合工具，而在许多遗址发现的距今 15 000 年前后的穿孔蚌器，亦可能是一种复合工具。

陶器的出现、石器磨制技术的产生、营建居所的萌芽、复合工具使用范围的扩大，是自现代人形成以来，在适应生存环境变化的过程中产生的新的先进的文化因素，都标志着人类生存能力的提高，亦都是新石器时代的重要的文化特征。他们在距今 15 000 年以前或距今 15 000 年前后出现，充分说明新石器时代的来临以及新石器时代诸种文化特征的形成，是经历了一个漫长的发展过程。

二　距今 12 000 年前后中国新石器时代开始及其主要标志

新石器时代的一些主要特征在距今 15 000 年前后出现，但还不能将距今 15 000 年前后作为新石器时代开始的年代。因为距今 15 000 年前出现的陶器、石器磨制技术以及营建居所的萌芽、复合工具使用范围的扩大等所反映的人类生存能力的提高，主要是指人类的采集狩猎技术的提高、食物来源更为宽广、御寒能力增加等方面，而具有划时代意义的食物生产并未发生。以往将陶器或磨制石器的出现作为中国新石器时代开始的观点应予纠正，而应以农作物栽培的出现作为中国新石器时代开始的主要标志。就中国新石器时代的主要粮食作物而言，这种标志性栽培农作物主要是栽培稻与栽培粟的发生。

从理论上分析，栽培稻与栽培粟的发生需具备两个方面的基本条件：一方面是在人类生存活动的自然环境中生长有野生稻或野生粟。这种禾本科类植物的生长，除了特定的地理条件外，还需要一定的气候条件。另一方面是人类采集技能的提高，在长期的采集过程中认识这种禾本科类植物的食用价值。正是在这种认识的基础之上，加上相关条件的形成，进而产生对野生稻或野生粟的保存与栽培。[49]

据江西万年仙人洞与吊桶环、湖南道县玉蟾岩遗址的发掘资料，约在距今 12 000年以前，那里已具备了这方面的条件，并发现了具有栽培特征的稻遗存。[50]这表明中国长江以南的三级地带在距今 12 000 年前后进入了新石器时代。

在仙人洞与吊桶环及玉蟾岩遗址中，与具有栽培特征的稻遗存同时期的其他文化遗存，开始出现一些新的迹象。如工具方面，玉蟾岩遗址出现了锄形石器、骨铲；仙人洞与吊桶环遗址中出现了磨制石器，穿孔蚌器的数量增加，个体较大，穿孔孔径小而圆滑，出现双孔蚌器。与饮食活动有关的陶器制作有了改进，如玉蟾岩遗址陶泥（片）中有意识地拌入掺和料；在仙人洞与吊桶环遗址出土的陶片，有绳纹、条纹、素面的区别，器形有罐、钵两种，制法除贴片外，还有泥条叠筑法。

这些在工具与陶器方面表现出来的文化进步现象，可能是与稻栽培活动的发生有关。而就形成这些文化进步现象的技术本身，无疑与在这之前就已经产生的陶器制作、局部磨制石器技术、复合工具使用范围的扩大等有着密切的联系。所以仅从这些技术的发展过程来分析，在距今 12 000 年前后划分一个新时代是困难的。这些表明文化进步现象的技术，虽然也象征着一个新时代的来临，但是在标志时代特征方面，不如栽培农作物这一项特征那么鲜明。

据此分析，笔者认为栽培农作物的发生是中国新石器时代开始的最主要的标志。目前已发现距今 12 000 年前后的具有栽培特征的稻遗存的江西万年仙人洞与吊桶环遗址、湖南道县玉蟾岩遗址均位于中国南方三级地带。所以，从宏观上讲，中国南方三级地带在距今 12 000 年前后进入了新石器时代。

三　中国各区域新石器时代开始的时间是不一致的

中国地域广阔、地势多样、地形复杂，不同区域之间的自然环境条件差距很大。受自然环境条件的影响，文化的发展是不平衡的。再加上全新世气候到达不同纬度地区的时间有早晚区别，对不同地理环境的影响有强弱之分，所以，不同纬度地带，不同地理区域，新石器时代开始的时间是有早晚区别的。如果从全新世气候由南向北逐渐推进，以及中国地理地形由东向西分为三级的现象分析，笔者认为中国各区域进入新石器时代的时间特点，从宏观上而言，应该是南方早于北方、三级地带早于二级地带、二级地带早于一级地带。迄今为止在中国发现的新石器时代遗址及其研究成果，支持这一认识。

（一）南方早于北方

中国的南方与北方大体是以淮河—秦岭作为分界线。

如前述，中国南方的江西万年仙人洞与吊桶环、湖南道县玉蟾岩遗址发现了距今12 000 年前后具有栽培特征的稻遗存，进入了新石器时代。虽然在中国南方的其他10 多处与万年仙人洞与吊桶环、道县玉蟾岩遗址同时期的遗址尚未发现栽培农作物遗存，但据仙人洞与吊桶环及玉蟾岩遗址的发现与研究成果，宏观上可将中国南方地区进入新石器时代的年代定于约距今12 000 年。

目前已在中国北方地区发现的最早的新石器时代遗址，主要有河北徐水南庄头[51]、北京怀柔转年[52]、北京门头沟东胡林等几处[53]，并发现了陶器、磨制石器、墓葬。其中南庄头遗址面积较大，发现了表明当时人们具有掘坑营建简陋居所能力的迹象。虽然在这三处遗址都尚未发现栽培农作物，但是遗址文化堆积层的堆积特点及发现物表明，这三处遗址的部分遗存已进入新石器时代。南庄头遗址的年代，^{14}C 测年为距今97 009（BK86121）~10 510（BK87075），校正年代为距今12 850 ~11 060 年。转年遗址的年代为距今9210 ± 100（BK92056）及9800 余年。东胡林遗址发现的遗存处于更新世向全新世的过渡阶段，年代为距今13 000 ~8000 年之间，其属新石器时代的墓葬约距今1 万年左右。综合这三处遗址的资料及^{14}C 测定的年代数据，其进入新石器时代的年代不会超越距今12 850 年，即南庄头遗址 T1 第 6 文化层底部（再之下为马兰黄土），很可能在距今11 060 年前后，即南庄头遗址第5、6 文化层的年代。

此分析如不误，那么中国南方比北方约早 1000 年进入新石器时代。

（二）三级地带早于二级地带

中国的地势，西高东低，由西向东分为三级。其中第二级与第三级的界限，基本上是以南北走向的山脉为主要界限，大致是北起大兴安岭，中经太行山、巫山，南至云贵高原东缘一线的武陵山、雪峰山一带。目前发现的距今9000 年以前的新石器时代早期遗址，如前述的湖南道县玉蟾岩、江西万年仙人洞与吊桶环、河北徐水南头庄、北京怀柔转年、门头沟东胡林遗址，都分布在二、三级地带交界线的以东地区，即三级地带。

在二级地带已发现的年代最早的新石器时代遗址或新石器文化遗存，如河北阳原于家沟[54]、陕西渭南白家[55]、南郑龙岗寺[56]、甘肃秦安大地湾[57]、天水西山坪等[58]，其年代都没有超越距今9000 年。因此，就目前的发现而言，中国第二级地带进入新石器时代的时间要迟于第三级地带进入新石器时代的时间。

当然，目前在二级地带发现的这些遗址及其文化遗存所表现的新石器文化，并不是最原始的新石器文化。今后在二级地带有可能发现比这些遗址或文化遗存的年代更早的新石器时代遗址及其文化遗存。但是，根据中国的地势以及全新世气候对第三级地带和第二级地带的影响可能存在着先后之分或强弱的区别，中国第二级地带进入新石器时代的时间可能不会与第三级地带进入新石器时代的时间同时，估计不会超越距今 1 万年。

（三）二级地带早于一级地带

中国的一级地带主要指青藏高原，平均海拔在 4000 米以上。目前在青藏高原发现的年代较早的新石器时代遗址或文化遗存，主要有以西藏昌都卡若遗址为代表的卡若文化和以拉萨曲贡遗址为代表的曲贡文化，以及马家窑文化遗存，他们的年代都在距今6000 年以内。比卡若文化、曲贡文化、马家窑文化略早的文化遗存，是"西藏高原细石器文化"和青海省贵南县拉乙亥乡黄河沿岸的 6 个地点。

西藏高原细石器文化分布在藏北、藏西一带，有 60 多处地点，遗物都为采集所获，其特点是：石制品以细石器和小型石片工具为主，不见大型石器和陶器。推定其年代约距今 7500 ~ 5000 年[59]。

贵南拉乙亥乡黄河沿岸的 6 处地点，有一处地点经发掘，发现灶坑 30 个及烧土等遗迹，出土 1400 多件石制品及骨锥、骨针、石珠等。石制品既有大型石器如石片、石核、石锤、砍砸器、刮削器等，也有细石器，不见磨制石器和陶片，^{14}C 测定年代为距今 10 000 ~ 6700 年左右（PV - 0199 木炭：6090 ±85，校正为公元前 4935 ~ 4726 年）。[60]

西藏高原细石器文化和青海贵南拉乙亥 6 处地点的文化面貌，都不具备新石器文化的特征，结合他们的年代，以及卡若文化、曲贡文化、马家窑文化遗存的年代等综合分析，中国一级地带进入新石器时代的时间，估计不会早于距今七八千年，较二级地带进入新石器时代的时间要晚很多。

四　中国新石器时代开始的历史意义

中国新石器时代的开始的历史意义，至少有以下两个方面。

（一）栽培农作物的产生，为原始农业的兴起奠定了基础

以往通常将原始农业的起源与新石器时代的开始相提并论。实际上，新石器时代的开始，仅是栽培农作物的发生，农业尚未形成。农作物栽培的起源与原始农业的兴起，是两个不同的概念。农作物栽培的起源是指野生植物经人工干预后转变成栽培作物。在

栽培作物起源阶段，人类社会的经济形态并没有发生太多的变化，与此相联系的文化上的变化亦是十分微弱。而原始农业的兴起是指农作物的种植达到了一定的规模，成为当时居民的一种重要的生计从业活动。与此相联系的是文化上发生了明显的变化，其中聚落址、农业生产工具、家畜饲养等的出现，是说明原始农业兴起的主要标志。[61]

中国已发现的新石器时代早中期的文化遗存充分说明了这一点。在道县玉蟾岩、万年仙人洞与吊桶环遗址与具有栽培特征的稻遗存同时期的文化遗存虽然出现了一些表现为进步的新的文化因素（见前述），但主体文化遗存仍然是以旧石器文化传统为主。如玉蟾岩遗址出土的近千件石制品，全部为打制，加工技术简单，基本上采取锤击法，第二步加工的石器很少，且局限于单面加工。其风格明显地继承了华南旧石器时代砾石石器工业传统，器体小型化。遗址中出土了大量的动植物化石，其中鸟禽类骨骼数量占30%以上，哺乳动物达 28 种，还有鱼类和大量的螺蚌，植物果核有 40 多种。仙人洞与吊桶环遗址与具有栽培特征的稻遗存同时期的文化遗存，也是以旧石器文化传统为主。

玉蟾岩遗址及仙人洞与吊桶环遗址的文化遗存，总体上表现出发达的狩猎采集经济特征，说明当时社会的经济形态仍然是以狩猎采集为主，原始农业尚未形成。

当然，我们必须看到，尽管栽培农作物发生时期的栽培经济在当时社会经济的比重是十分微弱，与此相联系的表现在考古学文化上的进步现象亦是十分微弱，但是这些在当时显得微不足道的新生事物发展的结果，是引发了原始农业的兴起，标志着一个新时代的来临。如在栽培稻发生二三千年之后，原始稻作农业在彭头山文化、裴李岗文化贾湖类型时期已经形成。这充分说明栽培稻的发生为原始稻作农业的兴起奠定了基础。另外，从其有二三千年的时间分析，由栽培稻的发生到原始稻作农业的兴起，必然经历了一个复杂而曲折的发展过程。只因缺乏资料，目前对这个复杂而曲折的发展过程尚难以深入研究。

（二）世界东方两河流域的人类社会由此开始步入了快速发展的时期

从道县玉蟾岩、万年仙人洞与吊桶环遗址栽培稻发生时间到彭头山文化、裴李岗文化贾湖类型时期，其间虽然有二三千年之久，但相对于 200 万年以上的旧石器时代而言，却是十分短暂的；而其经济与文化的发展速度，相对于旧石器时代而言，却是十分惊人的，二三千年的文化发展成就，远远超越了旧石器时代 200 多万年文化成就的总和。而原始农业兴起之后，社会的发展较以往而言，更是呈现出加速度发展的状态。如在距今 7000 年前后，原始农业经济的聚落，已广泛分布于长江中下游、黄河中下游、辽河流域等地区。在距今 5000 年以后，一些文明因素先后出现，最终促使社会在距今4000 年前进入文明时代。

五　余论——关于中国的中石器时代问题

1. 如果按"中石器时代"这一名词的原来含义[62]，宏观上看，中国的华北与华南地区，或一级地带的华北与南方地区不存在中石器时代。因为这些地区在全新世初期已经出现磨制石器，出现栽培农作物，出现陶器，已进入了新石器时代，不符合确立中石器时代的三项主要条件[63]。

2. 如果将由旧石器时代向新石器时代过渡这一阶段，即约距今 15 000～12 000 年，提出来，作为一个时代或时期来划分，在目前的研究状况下是有意义的。因为这一时期有其自身的特点，反映在考古学文化上，如出现陶器、产生石器磨制技术、复合工具使用范围扩大等。其经济形态可能具有中石器时代的特点，即狩猎采集经济发达。更因为目前学术界对这一时期的文化面貌与特征、经济形态以及这一时期对新石器时代来临的影响与作用的认识，还十分肤浅，需要进行深入的探索研究。

3. 在中国的许多地区，如三级地带的东北与二级地带的部分地区、一级地带，可能存在着中石器时代。如西藏高原等地的细石器文化，年代在全新世初期或更晚些，没有栽培农作物等，符合中石器时代这一名词所限定的一些条件。当然对这些文化遗存还需要进行全面的研究，才能确定他们的时代归属问题。

注释：

① 朱乃诚：《中国陶器的起源》，待刊稿。

② 谌世龙：《桂林庙岩洞穴遗址的发现与研究》，《中石器文化及有关问题研讨会论文集》，广东人民出版社，1999 年。

③ a. 同注②；b. 赵朝洪、吴小红：《中国早期陶器的发现及相关问题的讨论》，《考古学研究（五）》，科学出版社，2003 年；c. Sixun Yuan, Guoxing Zhou, Zhiyu Guo, Zimo Zhang, Shijun Gao, Kun Li, Jiangun Wang, Kexing Liu, Bin Li and Xiangyang Lu. 1995. ^{14}CAMS Dating the Transition from the Paleolithic to the Neolithic in South China, *Radiocarbon*, Vol. 37, No. 2, pp. 245 – 249.

④ 傅宪国、贺战武、熊昭明、王浩天：《桂林地区史前文化面貌轮廓初现》，《中国文物报》2001 年 4 月 4 日 1 版。

⑤ a. 江西省文物管理委员会：《江西万年大源仙人洞洞穴遗址试掘》，《考古学报》1963 年 1 期；b. 江西省博物馆：《江西万年大源仙人洞遗址第二次发掘报告》，《文物》1976 年 12 期。

⑥ a. 刘诗中：《江西仙人洞和吊桶环发掘获重要进展》，《中国文物报》1996 年 1 月 28 日 1 版；b. 刘诗中：《万年县仙人洞、吊桶环旧石器时代晚期至新石器时代早期遗址》，《中国考古学年鉴（1996）》，文物出版社，1998 年；c. 彭适凡：《江西史前考古的重大突破——谈万年仙人洞与吊桶环发掘的主要收获》，《农业考古》1998 年 1 期；d. 周广明、陈建平：《赣东北农业考古获初步成果》，《中国文物报》1994 年 5 月 29 日 1 版；e.

　　严文明、彭适凡:《仙人洞与吊桶环——华南史前考古的重大突破》,《中国文物报》2000 年 7 月 5 日 3 版。

⑦　张弛:《丰富而自成系列的早期陶器》,《中国文物报》2000 年 7 月 5 日 3 版。

⑧　同注③b。

⑨　朱乃诚:《中国新石器时代几种主要特征的起源——兼论中国新石器时代开始的标志》,《21 世纪中国考古学与世界考古学》,中国社会科学出版社,2002 年。

⑩　a. 柳州白莲洞洞穴科学博物馆、北京自然博物馆、广西民族学院历史系:《广西柳州白莲洞石器时代洞穴遗址发掘报告》,《南方民族考古》第一辑;b. 周国兴:《再论白莲洞文化》,《中日古人类与史前文化渊源关系国际学术研讨会论文集》,中国国际广播出版社,1994 年。

⑪　a. Yuan, Sixun, Li, Kun, Yuan, Jiarong, Zhang, Zimo, Wang, jianjun, Liu, Kexin, Gao, shijun,, Lu, Xiangyang, Zhao, Qiang, Li, Bin and Guo, Ziyu. 1997. Applications of AMS radiocarbon dating in Chinese archaeological studies, CP392. *Application of Accederators in Research and Industry* (J. L. Duggan and I. L. Morgan ed.), pp. 803 – 806. AIP Press;New York;b. 原思训、高世君:《白莲洞遗址年代的再测定》,《中日古人类与史前文化渊源关系国际学术研讨会论文集》,中国国际广播出版社,1994 年。

⑫　邱立诚、宋方义、王令红:《广东阳春独石仔新石器时代洞穴遗址发掘》,《考古》1982 年 5 期。

⑬　a. 中国社会科学院考古研究所实验室:《放射性碳素测定年代报告（八）》,《考古》1981 年 4 期;b. 原思训、陈铁梅、高世君、马力:《阳春独石仔和柳州白莲洞遗址的年代测定——试探华南地区旧石器文化向新石器文化过渡的时间》,《纪念北京大学考古专业三十周年论文集》,文物出版社,1990 年。

⑭　同注⑨。

⑮　高星、李进增、D. B. Madsen、P. J. Brantingham、R. G. Elston、R. L. Bettinger:《水洞沟的新年代测定及相关问题讨论》,《人类学学报》2002 年 21 卷 3 期。

⑯　黑龙江省文物管理委员会、哈尔滨市文化局、中国科学院古脊椎动物与古人类研究所东北考察队:《阎家岗——旧石器时代晚期古营地遗址》,文物出版社,1987 年。

⑰　柿子滩考古队:《山西吉县柿子滩旧石器时代遗址 S14 地点》,《考古》2002 年 4 期。

⑱　a. 陈哲英、卫奇、刘景芝:《朔州发现原始火塘》,《中国文物报》1995 年 12 月 17 日 1 版;b. 陈哲英、卫奇、刘景芝:《朔州南磨细石器遗址》,《中国考古学年鉴（1996）》,文物出版社,1998 年。

⑲　泥河湾联合考古队:《泥河湾盆地考古发掘获重大成果》,《中国文物报》1998 年 11 月 15 日。

⑳　a. 周国兴、尤玉柱:《北京东胡林村的新石器时代墓葬》,《考古》1972 年 6 期;b. 郁金城、赵朝洪:《门头沟区东胡林新石器时代遗址》,《中国考古学年鉴（2002）》,文物出版社,2003 年;c. 东胡林考古队:《北京新石器早期考古的重要突破》,《中国文物报》2003 年 11 月 7 日 1 版;d. 曹兵武:《专家谈东胡林遗址的学术背景和意义》,《中国文物报》2003 年 11 月 7 日 7 版。

㉑　a. 储友信:《湖南发现旧石器时代末高台建筑》,《中国文物报》1997 年 4 月 6 日 1 版;b. 储友信:《临澧县竹马村旧石器时代末期建筑遗迹》,《中国考古学年鉴（1997）》,文物出版社,1999 年;c. 裴安平:《湘西北澧阳平原新石器过渡时期遗存与相关问题》,《文物》2000 年 4 期。

㉒　Boule, M., H. Breuil, E. Licent & P. Teithard de Chardin. 1928. Le Paléolithique de la Chine. *Archives de l′Institute de Paléontologie Humaine*, Memoire, 4:116. Masson Paris.

㉓　贾兰坡、盖培、尤玉柱:《山西峙峪旧石器时代遗址发掘报告》,《考古学报》1972 年 1 期。

㉔　王建、王向前、陈哲英:《下川文化——山西下川遗址调查报告》,《考古学报》1978 年 3 期。

㉕　河北省文物研究所、唐山市文物管理所、玉田县文物保管所:《籍箕滩旧石器时代晚期细石器遗址》,《文物春

秋》1993 年 2 期。

㉖ 邸和顺、吴克贤：《秦皇岛又发现一处旧石器地点》，《中国文物报》1996 年 11 月 10 日 1 版。

㉗ 安志敏：《河南安阳小南海旧石器时代洞穴堆积的试掘》，《考古学报》1965 年 1 期。

㉘ a. 贾兰坡、盖培、尤玉柱：《山西峙峪旧石器时代遗址发掘报告》，《考古学报》1972 年 1 期；b. 贾兰坡：《中国细石器的特征和它的传统、起源与分布》，《古脊椎动物与古人类》1978 年 16 卷 2 期。

㉙ 辽宁博物馆：《凌源西八间房旧石器时代文化地点》，《古脊椎动物与古人类》1973 年 11 卷 2 期。

㉚ 周国兴：《河南许昌灵井的石器时代遗存》，《考古》1974 年 2 期。

㉛ 王健、王向前、陈哲英：《下川文化——山西下川遗址调查报告》，《考古学报》1978 年 3 期。

㉜ 盖培、卫奇：《虎头梁旧石器时代晚期遗址发现》，《古脊椎动物与古人类》1977 年 15 卷 4 期。

㉝ 同注⑮。

㉞ 吴汝康、吴新智、张森水主编：《中国远古人类》228 页，科学出版社，1989 年。

㉟ 同注⑰。

㊱ a. 同注㉜；b. 吴汝康、吴新智、张森水主编：《中国远古人类》，科学出版社，1989 年。

㊲ 谢飞、成胜泉：《河北阳原油坊细石器发掘报告》，《人类学学报》1989 年 8 卷 1 期。

㊳ 同注㉕。

㊴ 同注⑲。

㊵ a. 黄万波：《迁安爪村“假石器”——订正一个历史的误解》，《人类学学报》1989 年 8 卷 2 期；b. 张森水：《河北迁安县爪村地点发现的旧石器》，《人类学学报》1989 年 8 卷 2 期；c. 谢飞：《迁安爪村旧石器时代晚期文化遗址》，《中国考古学年鉴（1990）》，文物出版社，1992 年。

㊶ 河北省文物研究所：《河北玉田县孟家泉旧石器遗址发掘简报》，《文物春秋》1991 年 1 期。

㊷ 河北省文物研究所：《燕山南麓发现细石器遗址》，《考古》1989 年第 11 期。

㊸ a. 河北省文物研究所、秦皇岛市文物管理处、昌黎县文物保管所：《河北昌黎渟泗涧细石器地点》，《文物春秋》1992 年增刊；b. 王恩霖：《河北昌黎渟泗涧细石器遗址的新材料》，《人类学学报》1997 年 16 卷 1 期。

㊹ 王向前、丁建平、陶富海：《山西蒲县薛关细石器》，《人类学学报》1983 年 2 期。

㊺ 刘景芝、王太明、贾文亮：《山西榆社细石器遗存》，《人类学学报》1995 年 14 卷 3 期。

㊻ a. 高星、尤玉柱、吴志清：《山西榆次大发旧石器地点》，《人类学学报》1991 第 10 卷 2 期；b. 李壮伟、王志刚：《山西榆次大发地点的旧石器》，《人类学学报》1992 年 11 卷 4 期。

㊼ 同注⑱b。

㊽ 同注⑩。

㊾ 朱乃诚：《中国新石器时代早期文化遗存的新发现与新思考》，《东南文化》1999 年 3 期。

㊿ a. 同注⑥e；b. 赵志军：《吊桶环遗址稻属植硅石研究》，《中国文物报》2000 年 7 月 5 日 3 版。

(51) a. 保定地区文物管理所、徐水县文物管理所、北京大学考古系、河北大学历史系：《河北徐水县南庄头遗址试掘简报》，《考古》1992 年 11 期；b. 李珺：《徐水南庄头又有重要发现》，《中国文物报》1998 年 2 月 11 日 1 版。

(52) a. 郁金城：《北京市新石器时代考古发现与研究》，《跋涉集》，北京图书馆出版社，1998 年；b. 北京大学考古系碳十四实验室：《碳十四年代测定报告（一〇）》，《文物》1996 年 6 期。

(53) a. 同注⑳a；b. 同注⑳c；c. 同注⑳d。

(54) 同注⑲。

㉟　中国社会科学院考古研究所编著：《临潼白家村》，巴蜀书社，1994 年。

㊱　陕西省考古研究所编著：《龙岗寺——新石器时代遗址发掘报告》，文物出版社，1990 年。

㊲　a. 甘肃省博物馆、秦安县文化馆、大地湾发掘组：《甘肃秦安大地湾新石器时代早期遗存》，《文物》1981 年 4 期；b. 甘肃省博物馆、秦安县文化馆、大地湾发掘组：《一九八○年秦安大地湾一期文化遗存发掘简报》，《考古与文物》1982 年 2 期；c. 甘肃省博物馆文物工作队：《甘肃秦安大地湾遗址 1978 至 1982 年发掘的主要收获》，《文物》1983 年 11 期。

㊳　中国社会科学院考古研究所编著：《师赵村与西山坪》，中国大百科全书出版社，1999 年。

㊴　a. 段清波：《西藏细石器遗存》，《考古与文物》1989 年 5 期；b. 李永宪：《略论西藏的细石器遗存》，《西藏研究》1992 年 1 期；c. 李永宪：《西藏原始艺术》，15 页，四川人民出版社，1998 年；d. 汤惠生：《略论青藏高原的旧石器和细石器》，《考古》1999 年 5 期；e. 王仁湘：《西南新石器时代考古研究的回顾》，《中国史前考古论集》，科学出版社，2003 年。

㊵　a. 盖培、王国道：《黄河上游拉乙亥中石器时代遗址发掘报告》，《人类学学报》1983 年 2 卷 1 期；b. 青海省文物考古研究所：《青海近十年考古工作的收获》，《文物考古工作十年（1979～1989）》，文物出版社，1991 年。

㊶　a. 朱乃诚：《中国栽培农业物的发生与原始农业的兴起》，《农业考古》2001 年 3 期；b. 朱乃诚：《中国史前農業》，《東アジアと日本の考古学 IV・生業》，同成社，2002 年。

㊷　裴文中、安志敏：《史前考古学报》，《中国大百科全书·考古学》，中国大百科全书出版社，1986 年。

㊸　中石器时代的三项主要条件，通常是指：时间在全新世初期，没有发生食物生产（没有农业和畜牧业），石工具方面以细石器为主要特征。

甑皮岩与华南史前洞穴遗址

吴耀利[*]

一

　　广西桂林甑皮岩遗址是华南地区一处著名的史前洞穴遗址。它发现于 1965 年。1973～1975 年进行了首次考古发掘，开 3×2 米的小探方 10 个，发现有火塘、石器贮放点、灰坑、18 座墓葬，以及石器（包括打制石器和磨制石器）、陶器、骨器、蚌器和大量的动物骨骼等。[①]丰富的遗迹和遗物引起了考古界的关注，特别是对甑皮岩的文化性质和年代。首次发掘的地层堆积，除第 1、2 层是表土层和扰乱层外，下面第 3 层为新石器时代文化层，但没有发掘到底；所测定的两个较早的^{14}C 年代，一个是编号 ZK-279 的蚌壳标本、距今 11 310±180 年，另一个是编号 ZK-280 的兽骨标本、距今 7580±410 年。这两个出自同坑同层（DT5③）的标本年代相差如此之大，于是考古界提出了"石灰岩地区^{14}C 样品年代的可靠性问题"。为了解决这个问题，中国社会科学院考古研究所和北京大学的有关专家又亲赴甑皮岩采集样品重新进行测定、分析和研究。在新测定了 11 个^{14}C 年代以后认为，石灰岩地区的陆生动植物样品（蜗牛除外）的^{14}C 年代不受石灰岩特殊环境的影响，至少没有显著的影响，但水生动植物样品的^{14}C 年代显然偏老 1000 年至 2000 年。同时，还以第二层钙华板为界，把甑皮岩的新石器时代遗存分为早晚两期，认为晚期大约在距今 7500 年左右，早期在距今 9000 年以上。[②]对比首次测定的两个年代，其中标本 ZK-279 正是水生动物样品蚌壳，它的年代误差显然很大；另一个是标本 ZK-280 陆生动物样品兽骨的年代，应该是可信的。这说明首次发掘的地层堆积和兽骨测定的年代大致是可靠的，而且也表明甑皮岩遗址还有年代相当早的新石器时代遗存。可喜的是，2001 年中国社会科学院考古研究所广西工作队和广西与桂林的同行们又第二次发掘了甑皮岩遗址。这次发掘面积虽然只有 10.26 平方米，但发现墓葬 5

---

　　* 吴耀利，中国社会科学院考古研究所。

座、石器加工点 1 处，出土大量陶片、石器、骨器和蚌器，以及制作石器的原料、废料和半成品，取得了重要的成果。特别是第二次发掘的地层堆积划分得更为细致，自下而上共分为 5 期。第一期出土大量的打制石器和制作粗糙、不施纹饰的圜底陶釜以及较多的磨制骨器，年代不晚于公元前 1 万年，属新石器时代早期遗存。第二期出土饰粗绳纹或中粗绳纹的陶器，与彭头山文化相似，年代也大致相同。第三期出土的陶器大体在距今 7000 年前后。第四期出土的陶器与皂市下层文化相似，年代也基本相当。第五期为宋代堆积。③2003 年出版的《桂林甑皮岩》全面系统地报道了甑皮岩历年来的考古发现和收获，把甑皮岩洞穴遗址的史前文化遗存分为 5 期，再加上宋代堆积，一共成 6 期。④这样就把首次发掘的新石器时代堆积的文化序列搞清楚了，不仅肯定了甑皮岩遗址有新石器时代早期的文化堆积，而且证明甑皮岩遗址是以新石器时代文化堆积为主，并兼有少量历史时期文化堆积的一处重要遗址。可以说，甑皮岩遗址的发掘为华南史前洞穴遗址新石器时代早期文化的研究提供了可靠的标尺。

二

　　洞穴遗址是史前时代最古老的一种聚落形态。旧石器时代初期，洞穴遗址就成为人类的居址。到旧石器时代晚期，我国史前洞穴遗址发现得更多，主要分布在华南石灰岩地区。早在 1935 年，裴文中先生就在广西武鸣、桂林发现了苞桥 A 洞、芭勋 B 洞、腾翔 C 洞、桂林市郊 D 洞四个洞穴遗址，被认为可能是中石器时代的遗存。⑤1949 年以后，在两广地区又陆续发现一些史前洞穴遗址。1956 年，广西发现了来宾龙岩洞、麒麟山盖头洞，柳州思多岩、白莲洞，柳江陈家岩，崇左矮洞等多处洞穴遗址。⑥1958 年发现的广西柳江县通天岩洞是著名的"柳江人"化石产地。⑦1959～1960 年，在广东翁源县（今英德市）青塘发现 7 处洞穴遗址⑧；在南海县西樵山也发现了 7 处洞穴遗址，被认为是人工开采石料而形成的采石洞穴⑨。1965 年仅在桂林市的文物普查中就发现 60 余处洞穴遗址，甑皮岩⑩等洞穴就是这时发现的。20 世纪 70 年代以后在广西和广东又陆续发现和发掘了一些洞穴遗址，如 1978 年发掘广东阳春独石仔⑪和封开黄岩洞⑫，1979 年发掘广西桂林宝积岩洞⑬，1981～1982 年发掘广西柳州白莲洞⑭等，直到 20 世纪 90 年代还在广东英德发掘了牛栏洞⑮、在海南三亚发掘了落笔洞⑯、在广西桂林发掘了太平岩洞⑰。2000 年，中国社会科学院考古研究所广西工作队和广西壮族自治区文物工作队、桂林市文物工作队一起，又发掘了广西临桂县大岩洞穴遗址⑱，为华南史前洞穴遗址文化序列的建立提供了有价值的资料。至今，两广地区发现的史前洞穴遗址数以百计，经过科学发掘的一些洞穴遗址，出土了大量重要的考古资料，对我们了解和认识华南史前洞穴遗址的年代和性质具有重要的价值。考古界为此还专门召开了两次有关洞穴遗址的学术研讨会，1991 年在广东封开县召开了"纪念黄岩洞遗址发现 30 周年学术讨论会"[19]，1999 年在牛栏洞遗址发掘以后，又在广东英德市召开了"中石器文化及有关问题学术研讨会"[20]。这些成果不仅表明了学者们对华南史前洞穴遗址的关注，更表明了华南史前洞穴遗址的重要学术价值。

根据已经发掘的洞穴遗址的资料，华南地区发现的洞穴遗址按其时代划分可分三类。一类是旧石器时代的洞穴遗址。在这类洞穴中都发现有打制石器、动物化石、甚至人类化石，可以柳江通天岩洞为代表。另一类是从旧石器时代至新石器时代的洞穴遗址。在这类洞穴中，下部的地层发现的是打制石器和动物化石，上部地层发现的既有打制石器也有磨制石器，还有陶器、骨器等遗物，可以英德牛栏洞为代表。再一类是从新石器时代到历史时期的洞穴遗址。在这类洞穴中，下部的地层里发现有新石器时代的石器、陶器、骨器和蚌器等遗物，上部地层发现的是历史时期的遗存，桂林甑皮岩就是一个典型的代表。这说明，尽管洞穴遗址是史前时代一种最古老的遗址类型，但并不是所有的洞穴遗址都是史前时代的遗存，有的就还包括有历史时期的遗存；即使是史前时代的遗存，也并不全部都是旧石器时代的遗存，有的就还包括有新石器时代遗存或以新石器时代遗存为主。像广西的甑皮岩洞、大岩洞、太平岩洞、白莲洞，广东的独石仔洞、黄岩洞、牛栏洞，海南三亚落笔洞等洞穴遗址，对新石器时代考古研究，特别是对从旧石器时代向新石器时代过渡时期的研究就具有重要的典型意义。因为在这些洞穴遗址中都发现有新石器时代早期的文化遗存，其中大岩洞、白莲洞、牛栏洞还发现有从旧石器时代向新石器时代过渡时期的文化遗存。

甑皮岩洞穴的发掘已于前述。

大岩洞洞穴遗址于 2000 年发掘，揭露面积 72 平方米。发现用火遗迹 10 余处，墓葬 10 座，出土陶片、石器、骨器和蚌器等遗物以及大量人类食用后遗弃的水陆生动物遗骸。洞穴堆积厚达 2 ~ 3 米，自然堆积多至 32 层，自下而上可分六期。一期以打制的砾石石器为主，属旧石器时代晚期遗存；二期堆积以螺壳为主要包含物，不出磨制石器和陶容器，但有磨制骨器和经火烧制的陶制品，属从旧石器时代向新石器时代过渡时期遗存；三期堆积以螺壳为主，出土制作粗糙、不施纹饰的圜底陶容器和制作较精的磨制骨器，属新石器时代早期遗存；四期堆积以螺壳为主，出土饰粗绳纹的敞口束颈圜底陶釜（罐），与湖南澧县彭头山遗址的同类器具有一定的相似性；五期仍是含螺壳的堆积，出土陶器种类增加，制作精良，花纹繁复，通体琢磨的石器和磨制的骨鱼镖的出现等，表明其应属新石器时代的中期；六期则相当于新石器时代的晚期或末期。[21]

庙岩洞穴遗址发现于 1965 年，后经多次发掘。1988 年发掘 50 平方米，发现文化堆积厚 2.4 ~ 2.9 米，从上至下可分 6 层。除第 1 层为扰乱层外，2 ~ 6 层为文化层，出土大量打制石器、骨器、蚌器及 5 片极为粗糙的灰黑陶片，被认为是一处距今 20 000 ~

12 000年从旧石器时代向新石器时代过渡时期的洞穴遗址。[22]1988 年发现的陶片出自接
近底部的第 5 层。1999 年发掘 44 平方米，出土陶器、石器、骨器、角器、蚌器等遗物
以及大量水陆生动物遗骸。地层堆积分为早、晚两期，早期约当新石器时代早期，晚期
约当新石器时代中、晚期。[23]本文的研究以 1999 年的发掘为基础。

白莲洞发现较早，1981 和 1982 年进行了较大规模的发掘，基本搞清了地层堆积。
洞室东侧剖面后期堆积可分 8 层，西侧剖面分 10 层，代表五组三期文化遗存。自下而
上的一期发现打制石器和晚期智人牙齿化石以及大熊猫—剑齿象动物群化石，属旧石器
时代晚期遗存；二期堆积中含大量螺壳，出土大量打制石器、少量磨刃石器和穿孔砾石
及现生种动物化石，属中石器时代，即从旧石器时代向新石器时代过渡时期遗存；三期
出土有磨制石锛和陶片，属新石器时代文化遗存。[24]

独石仔洞发现于上世纪 60 年代。1964 年进行了首次发掘。1978 年的第三次发掘，
出土了以砍砸器和刮削器为主的打制石器、磨制石器、骨器和石化较轻的动物化石。打
制石器以单面打击的砾石石片石器为主。动物化石多为现生种，少数为绝灭种。地层堆
积分上、中、下三层，上层被认为属新石器时代早期，中层时代与上层接近，下层出土
的打制石器被认为比旧石器时代晚期的桂林宝积岩洞穴要晚，属新石器时代早期之
初。[25]

黄岩洞发现于上世纪 60 年代，经多次调查，1978 年发掘。出土遗物主要是打制石
器，以单面打击为主，个别为交互打击，石核石器较多，石片石器较少，石器加工修理
较简单；还有少量磨制石器、穿孔石器和动物化石。磨制石器主要是磨刃石器。发现地
层堆积三处，但没有叠压关系。根据出土物的特征认为，其时代与独石仔洞上层大致同
时或稍晚，可能是新石器时代早期遗存。[26]

牛栏洞发现于 1983 年，1996 和 1998 年进行了两次发掘，共揭露面积 51 平方米。
地层堆积厚 3. 14 米，分 8 层三期。自下而上的一期出土加工简单、器类少的打制石器
及人类化石和动物化石，属旧石器时代晚期；二期堆积中含大量螺壳，出土打制石器器
类增多，其中一些较成型且加工较好，还有磨制骨器和动物化石，发现有水稻硅质体，
应属从旧石器时代向新石器时代过渡时期遗存；三期出土石器数量大增，打击加工修理
较好的石器增多，同时出土 4 件磨刃石器、1 件磨制石斧、夹砂厚胎陶片以及骨器和蚌
器等，也发现有水稻硅质体，还被分为前、后两段，属于新石器时代早期遗存。[27]

落笔洞发现于 1983 年，1992 和 1993 年进行了两次发掘，揭露面积近 100 平方米。
地层堆积厚 2 ~ 4 米，自下而上分三个单元：下面第一单元是含少量哺乳动物化石的黄
砂质黏土，属旧石器时代晚期堆积；其上的第二单元为灰色砂质土，出土打制石器、骨
器和角器等，属从旧石器时代向新石器时代过渡时期遗存；再上的第三单元是黑色土壤
的表土层。[28]

上述有代表性的华南史前洞穴遗址的文化堆积可概述成下表。

甑皮岩洞	大岩洞	白莲洞	独石仔洞	黄岩洞	牛栏洞
	一期　旧石器时代晚期	一期　旧石器时代晚期			一期　旧石器时代晚期
	二期　新旧石器时代过渡期	二期　中石器时代			二期　新旧石器时代过渡时期
一～四期　新石器时代早期	三期　新石器时代早期	三期　新石器时代	新石器时代早期	新石器时代早期	三期　新石器时代早期
	四期　相当于彭头山文化时期				
五期　新石器时代中期	五期　新石器时代中期				
	六期　新石器时代晚期				
六期　宋代					

总结华南史前洞穴遗址新石器时代早期遗存的特征，我们可以看到有如下几个特点：

（1）石器以单面打制的砾石石器为主，器类主要是砍砸器、刮削器、尖状器、切割器，以中小型石器为多（甑皮岩洞、大岩洞、独石仔洞、黄岩洞、牛栏洞均有出土）。

（2）不见或少见磨制石器（甑皮岩洞、大岩洞未见磨制石器；独石仔洞、黄岩洞、牛栏洞发现少量磨制石器）。

（3）有少量夹砂粗陶（甑皮岩洞、大岩洞、庙岩洞和牛栏洞均有发现，大岩洞还复原3件陶容器；独石仔洞和黄岩洞未见陶器）。

（4）有磨制的骨锥、骨铲等骨器和穿孔蚌器。

（5）一般未见原始农业的证据（仅牛栏洞发现有水稻硅质体）。同时发现大量动植物遗存，堆积中含大量螺壳，经济形态以狩猎和采集为主。

总结华南史前洞穴遗址从旧石器时代向新石器时代过渡时期遗存的特征，我们也可以看到有如下几个特点：

（1）石器以单面打制的砾石石器为主，器类主要是砍砸器、刮削器和尖状器（大岩洞、白莲洞、牛栏洞、落笔洞均有发现，白莲洞还发现2件打制石镞）。

（2）无磨制石器（大岩洞、白莲洞、牛栏洞、落笔洞均未发现，但牛栏洞发现有磨制骨器的砺石）。

（3）不见或少见陶器（白莲洞、牛栏洞、落笔洞均未发现陶器，仅大岩洞发现3

件烧过的泥质陶块）。

（4）有少量磨制骨器和穿孔蚌器。

（5）未见原始农业的证据（但牛栏洞发现有水稻硅质体）。同时发现大量动植物遗存，堆积中含大陆螺壳，经济形态以狩猎和采集为主。

由此可见，华南史前洞穴遗址从旧石器时代向新石器时代过渡时期遗存和新石器时代早期遗存大同小异。其主要特征都是有大量的打制砾石石器，有少量的磨制骨器和穿孔蚌器，没有农业，经济形态以狩猎和采集为主。但从旧石器时代向新石器时代过渡时期还没有出现磨制石器和陶器，不具备新石器时代文化的基本特征；只有新石器时代早期才开始出现少量磨制石器和夹砂粗陶。因此，区别华南史前洞穴遗址新石器时代早期遗存和从旧石器时代向新石器时代过渡时期遗存应以磨制石器和夹砂粗陶为主要依据。大岩二期是从旧石器时代向新石器时代过渡时期的遗存，出土的陶制品是有意为之还是偶然烧制的，我们不得而知，不过它肯定不是真正的陶制容器。真正的陶制容器在新石器时代早期才出现，不仅华南史前洞穴遗址中如此，其他地区的新石器时代早期遗存中也有许多实例。过去，许多研究者都主张，华南新石器时代早期遗存的特征是以打制石器和绳纹陶为代表；[29]有的还认为，洞穴遗址像其他类型的遗址一样，主要由于地理条件、经济形态或其他因素所决定，并不意味着可以作为文化类型或时代先后的代表；[30]华南史前洞穴遗址中这类以含打制石器和穿孔石器为特征，没有磨光石器和陶片或只有局部磨制石器但不见陶片的文化堆积，是介于旧石器时代文化与新石器时代文化之间的遗存。[31]这些仍然是我们目前对华南史前洞穴遗址的基本认识。

华南史前洞穴遗址新石器时代早期遗存和从旧石器时代向新石器时代过渡时期遗存的年代是研究华南史前洞穴遗址的一个重要问题。牛栏洞遗址测定的螺壳和兽骨标本[14]C数据为距今18 105~9310年[32]，共22个数据，包括了从旧石器时代晚期到新石器时代早期的年代。发掘者认为，一期距今约12 000~11 000年，二期距今约11 000年~10 000年，三期前段距今约10 000~9000年，三期后段距今约9000~8000年。[33]独石仔洞测定了螺壳和烧骨共7个[14]C年代数据，从距今17 700±200~13 220±130年，属旧石器时代晚期的年代。[34]黄岩洞测定的2个螺蚌壳[14]C数据为距今14 900±300和距今11 930±200年，也属旧石器时代晚期的年代。[35]白莲洞也测定了螺壳和钙华板7个[14]C数据，一个距今37 000年，一个距今26 000多年，另一个距今19 000余年，其余4个为距今13 895±250~7080±125年。[36]庙岩遗址测定了10个[14]C年代数据，北京大学考古学系[14]C实验室测定的5个螺壳标本为距今20 920±430~12 730±370年，测定的2片陶片标本分别为距今15 560±500和15 660±260年，中国社会科学院考古研究所实验室测定的3个螺壳标本是距今17 238±237~12 707±155年。[37]上述数据，特别是螺壳标本的数据，误差都很大，无法与地层分期对照。甑皮岩洞和大岩洞的新石器时代早期遗存，从出土陶器的制作方法及形态判断，被认为当不晚于年代在公元前 1 万年的湖南道县玉蟾岩遗址发现的陶器。[38]但玉蟾岩遗址的文化性质究竟是属于新石器时代早期遗存，还是属于从旧石器时代向新石器时代过渡时期遗存，目前还难以确定。它的年代估计在距今 15 000～9000 年之间（详后）。华南史前洞穴遗址新石器时代早期遗存的年代绝不会早于玉蟾岩遗址的年代，至多与它同时。新近测定甑皮岩一期的 ^{14}C 年代是距今 12 500～11 400 年[39]，落笔洞第二单元的年代是距今 10 890±100 年和距今 10 642±207 年[40]，都在玉蟾岩遗址的年代范围之内。据此，可以认为华南史前洞穴遗址新石器时代早期遗存的年代大约在距今 12 000～9000 年之间。华南史前洞穴遗址从旧石器时代向新石器时代过渡时期遗存的年代还要早于新石器时代早期遗存二三千年。

三

华南史前洞穴遗址与长江以南岭南以北地区洞穴遗址之间有许多相似之处，把华南史前洞穴遗址与长江以南岭南以北地区洞穴遗址进行比较，会发现许多有价值的认识。长江以南岭南以北地区发现的史前洞穴遗址可以江西万年仙人洞和湖南道县玉蟾岩洞为代表。

仙人洞遗址发现于 20 世纪 60 年代初，1962～1999 年先后进行 5 次发掘。前两次的发掘，引起考古界的极大关注，与甑皮岩洞穴遗址一样，人们对其年代和性质的认识存在很大分歧。后三次发掘基本搞清楚了仙人洞的地层堆积，可以分为 4 层，2～4 层为文化层，分三大期，一期为新石器时代早期，二期为前陶新石器时期，三期为旧石器时代末期，基本与广西白莲洞和广东牛栏洞的堆积相同，但文化遗存要丰富得多。[41]而且还同时发掘了仙人洞附近的吊桶环遗址，初步揭示出由旧石器时代晚期到新石器时代早期较完整的文化演进过程。[42]旧石器时代末期的遗存主要是打制的小型石片石器和大型的砾石石器、骨器和磨刃角铲、大量的兽骨残片等；前陶新石器时期遗存主要是燧石细石器、骨器和兽骨残片等；新石器时代早期遗存除大量打制石器外出现少量局部磨制石器和穿孔石器、大量骨器、蚌器，还新出现夹粗砂厚胎条纹陶和绳纹陶。特别有意义的是在吊桶环的三期遗存中提取到了野生稻植硅石，同时在吊桶环上层还发现栽培稻植硅石。[43]吊桶环上层和仙人洞一期同属新石器时代早期遗存。吊桶环逐层的稻属植硅石分析显示，在前陶新石器时代人们已开始采集野生稻。新石器时代早期开始出现栽培稻时仍继续大量采集野生稻，两者比重随年代发生此长彼落的变化，直至栽培稻完全取代野生稻。这些发现对稻作农业的起源具有十分重要的价值。仙人洞一期遗存与华南史前洞穴遗址的新石器时代早期遗存有着相同或相似之处，如均有局部磨制石器和陶器，但前者内涵更丰富，并且出现了后者所没有的原始稻作农业。仙人洞二期的前陶新石器时代遗存与华南史前洞穴遗址从旧石器时代向新石器时代过渡时期遗存基本相同，都没有磨制石器和陶器，没有稻作农业。至于仙人洞各期的年代从后三次发掘所测定的^{14}C 数据来看，最早为距今 14 610 ±90 年，最晚为距今 8825 ±240 年。[44]后一个年代与玉蟾岩洞穴第 3 层的两个数据接近，特别是与 ZK-2903 的数据最接近（详后）。用加速器质谱仪测定仙人洞陶片的年代最早为距今 19 780 ± 360 ~ 15 050 ± 60 年，最晚为距今 12 430 ± 80 年。[45]前者已是旧石器时代晚期的数据，但仙人洞的陶片出土于一期，属新石器时代早期遗物，绝不可能早到距今近 2 万年左右；而后者与玉蟾岩遗址用陶片腐殖酸测定的数据（距今 12 320 ± 120 年）一致，可资参考。考虑到仙人洞一、二期的文化性质及有关的^{14}C 年代数据，把一期定为距今约 12 000 ~ 9000 年，二期定为距今15 000 ~ 12 000 年较为合适。

　　玉蟾岩洞为 20 世纪 80 年代在南岭北麓新发现的一个史前洞穴遗址，俗称蛤蟆洞。地层堆积厚 1.5 米，共分 6 层，2 层之下为文化层。[46]1993、1995 年两次发掘。发现有烧火堆，以石核、石片、砍砸器、刮削器为主的打制石器，骨锥、镞、铲、钩和角铲之类的骨角器，在文化层底层出土少量火候低、厚胎的夹砂粗陶器（复原一件绳纹敞口尖底的釜形器），大量半石化的陆水生动物遗骸和植物果核等。重要的是还在近底层发现稻谷 4 枚，经鉴定兼有野、籼、粳稻综合特征，为演化中的最原始的古栽培稻类型。同时，土样分析表明也存在水稻硅酸体，表明已开始少量栽培最原始的水稻。[47]玉蟾岩遗址未见磨制石器，以打制石器为主，但已出现了最早的陶器和稻作农业。它究竟是属于新石器时代早期遗存，还是属于从旧石器时代向新石器时代过渡时期的遗存？与仙人洞一期相比，它没有磨制石器；与仙人洞二期相比，它又出现了陶器；与华南史前洞穴遗址的新石器时代早期遗存相比，它虽没有磨制石器，但出现了稻作农业；与华南史前洞穴遗址的过渡时期遗存相比，它既有陶器，又出现了稻作农业。玉蟾岩遗址的发掘者认为，出土的打制石器继承了华南旧石器砾石石器工业传统，器型小型化，与岭南地区全新世初期的黄岩洞和独石仔洞出土的石器相类似。[48]因此，把玉蟾岩遗址作为距今 15 000 ~ 10 000 年之间从旧石器时代向新石器时代过渡时期的遗存。[49]玉蟾岩遗址的年代，最初根据同时发掘的文化性质关系密切的三角岩测定的螺蚌标本^{14}C 年代为距今 12 060 ±120 年，估计其年代在距今 1 万年前。如果扣除石灰岩地区水生动物标本^{14}C 年代的误差，这个估计是恰当的，与已发表的 3 个兽骨标本中第 3 层标本 ZK-2902 的年代，即距今 9076 ±399 年，大致相当。[50]值得注意的是玉蟾岩遗址出土陶器测定的^{14}C 年代，用加速器质谱仪所测陶片腐殖酸的年代是距今 12 320 ± 120 年，测定陶片基质碳的年代是距今 14 810 ±230 年，测定与陶片同层出土的木炭为距今 14 490 ±230 年。[51]因此，也可以把玉蟾岩遗址的年代定在距今约 15 000～9000 年之间。这样，玉蟾岩遗址发现的陶器就是目前世界上最早的陶器之一，发现的稻谷是目前世界上最早的栽培稻实物标本，它们对研究从旧石器时代向新石器时代过渡时期的遗存具有重要意义。如果玉蟾岩遗址的文化性质确为从旧石器时代向新石器时代过渡时期的遗存，那就表明我国制陶术和稻作农业的起源是发生在从旧石器时代向新石器时代过渡时期，而且长江以南岭南以北地区陶器和稻作农业的起源要早于华南地区。

目前有关华南史前洞穴遗址的资料十分零散且不系统，许多材料也没有详细的发表，这给研究工作带来了很大的困难。而学者们关心的问题又主要集中在有没有中石器时代，或叫不叫中石器时代上。其实，有关中石器时代问题是国际史前考古研究中一个还在探索的问题。如果把我们的研究集中到华南史前洞穴遗址从旧石器时代向新石器时代过渡时期遗存和新石器时代早期遗存的特征和年代上来，这样，对中石器时代的探索将会更有益。

注释：

① 广西壮族自治区文物工作队、桂林市革命委员会文物管理委员会：《广西桂林甑皮岩洞穴遗址的试掘》，《考古》1976 年 3 期。

② 北京大学历史系考古专业[14]C 实验室、中国社会科学院考古研究所[14]C 实验室：《石灰岩地区碳－14 样品年代的可靠性与甑皮岩等遗址的年代问题》，《考古学报》1982 年 2 期。

③ 傅宪国、李珍、周海、刘琦、贺战武：《桂林甑皮岩遗址发现目前中国最原始的陶器》，《中国文物报》2002 年 9 月 6 日 1 版。

④ 中国社会科学院考古研究所、广西壮族自治区文物工作队、桂林甑皮岩遗址博物馆、桂林市文物工作队：《桂林甑皮岩》，文物出版社，2003 年。

⑤ W. C. Pei. 1935. On a Mesolithic Industry of the Caves of Kwangsi. *Bulletin of the Geological Sciety of China*, Vol. 14, No. 2.

⑥ 贾兰坡、邱中郎：《广西洞穴中打制石器的时代》，《古脊椎动物与古人类》1960 年 2 卷 1 期。

⑦ 吴汝康：《广西柳江发现的人类化石》，《古脊椎动物与古人类》1959 年 1 卷 3 期。

⑧ 广东省博物馆：《广东翁源县青塘新石器时代遗址》，《考古》1961 年 11 期。

⑨ 广东省博物馆：《广东南海西樵山出土的石器》，《考古学报》1959 年 4 期。

⑩ 同注①。

⑪ 邱立诚、宋方义、王令红：《广东阳春独石仔新石器时代洞穴遗址试掘》，《考古》1982 年 5 期。

⑫ 宋方义、邱立诚、王令红：《广东封开黄岩洞洞穴遗址》，《考古》1983 年 1 期。

⑬ 王令红、彭书琳、陈远璋：《桂林宝积岩发现的古人类化石和石器》，《人类学学报》1982 年 1 卷 1 期。

⑭ 柳州白莲洞洞穴科学博物馆、北京自然博物馆、广西民族学院历史系：《广西柳州白莲洞石器时代洞穴遗址发掘报告》，《南方民族考古》第一辑，四川大学出版社，1987 年。

⑮ 邱立诚、张镇洪：《英德牛栏洞旧石器时代至新石器时代遗址》，《中国考古学年鉴（1999）》，文物出版社，

2001 年。

⑯　郝思德、黄万波：《三亚落笔洞遗址》，南方出版社，1998 年。

⑰　张龙：《临桂县太平岩新石器时代遗址》，《中国考古学年鉴（2000）》，文物出版社，2002 年。

⑱　傅宪国：《临桂县大岩石器时代洞穴遗址》，《中国考古学年鉴（2001）》，文物出版社，2002 年。

⑲　封开县博物馆、广东省文物考古研究所、广东省博物馆、广东省文物博物馆学会：《纪念黄岩洞遗址发现三十周年论文集》，广东旅游出版社，1991 年。

⑳　英德市博物馆、中山大学人类学系、广东省文物考古研究所：《中石器文化及有关问题研讨会论文集》，广东人民出版社，1999 年。

㉑　同注⑱。

㉒　谌世龙：《桂林庙岩洞穴遗址的发掘与研究》，《中石器文化及有关问题研讨会论文集》，广东人民出版社，1999 年。

㉓　同注⑰。

㉔　同注⑭。

㉕　同注⑪。

㉖　同注⑫。

㉗　a. 张镇洪、邱立诚、王宏：《英德牛栏洞史佬墩遗址发掘有重要收获》，《中国文物报》1998 年 9 月 20 日 1 版；b. 同注⑮；c. 英德市博物馆等：《英德史前考古报告》，广东人民出版社，1999 年。

㉘　同注⑯。

㉙　a. 安志敏：《关于华南早期新石器的几个问题》，《文物集刊》第 3 集，1981 年；b. 邱立诚：《略论华南洞穴新石器时代早期文化》，《史前研究》1985 年 1 期。

㉚　同注㉙a。

㉛　同注㉙b。

㉜　同注⑮。

㉝　同注㉗c。

㉞　中国社会科学院考古研究所：《中国考古学中碳十四年代数据集（1965～1991）》，文物出版社，1991 年。

㉟　同注㉞。

㊱　同注㉞。

㊲　同注㉒。

㊳　同注⑱。

㊴　同注④。

㊵　同注⑯。

㊶　刘诗中、周广明：《万年县仙人洞石器时代遗址》，《中国考古学年鉴（2000）》，文物出版社，2002 年。

㊷　刘诗中：《万年县仙人洞、吊桶环旧石器晚期至新石器时代早期遗址》，《中国考古学年鉴（1996）》，文物出版社，1998 年。

㊸　刘诗中：《江西仙人洞和吊桶环发掘获重要进展》，《中国文物报》1996 年 1 月 28 日 1 版。

㊹　同注㊸。

㊺　张弛：《江西万年早期陶器和稻属植硅石遗存》，《稻作、陶器和都市的起源》，文物出版社，2000 年。

㊻　袁家荣：《道县蛤蟆洞、三角岩洞穴遗址》，《中国考古学年鉴（1996）》，文物出版社，1998 年。

㊼ a. 同注㊻；b. 袁家荣：《玉蟾岩获水稻起源重要新物证》，《中国文物报》1996 年 3 月 3 日 1 版；c. 袁家荣：《湖南道县玉蟾岩 1 万年以前的稻谷和陶器》，《稻作、陶器和都市的起源》，文物出版社，2000 年。

㊽ 同注㊼c。

㊾ 袁家荣：《华南旧石器时代向新石器时代过渡时期的界定》，《中石器文化及有关问题研讨会论文集》，广东人民出版社，1999 年。

㊿ 中国社会科学院考古研究所考古科技试验研究中心：《放射性碳素测定年代报告（二四）》，《考古》1997 年 7 期。

51 同注㊼b。

广西新石器时代早期文化遗存初探

梁旭达[*]

随着田野考古资料的增多和研究的深入，广西的一些年代在距今 1 万年左右的新石器时代文化遗存越来越多地引起了许多学者的关注。广西地属中国华南地区，其北接湖南，西邻云贵高原，东达广东，南临越南，因此，广西新石器时代早期遗址的研究，不仅在我国南方新石器时代考古中占有一席之地，而且在东南亚新石器时代考古研究中也有着较重要的学术价值。本文拟就广西新石器时代早期遗址的发现概况、文化特征、年代及与周边原始文化的关系等问题作一初步探讨，以就教识者。

一　概　况

从目前所知的资料看，广西新石器时代早期文化遗存分布范围较广，在桂北地区的桂林，桂中地区的柳州，桂南和桂东南地区的南宁、桂平等地都有发现。现将广西主要的新石器早期遗址分别予以介绍。

（一）最早发现的一批洞穴遗址

早在 1935 年，裴文中先生就开始研究广西发现的有打制石器的一些洞穴遗址，即武鸣苞桥 A 洞、武鸣芭勋 B 洞、武鸣腾翔 C 洞、桂林 D 洞四处，当时认为它们可能属于中石器时代。[①]1956 年后，中国科学院古脊椎动物与古人类研究所对广西地区的一些洞穴进行调查，又发现了一批洞穴遗址，主要有来宾盖头洞、龙洞岩、邕拉洞，柳州白莲洞、思多岩，柳江陈家岩，崇左矮洞，柳江人洞[②]，武鸣瓦洞[③]，桂林东岩洞[④]等。上述洞穴遗址除柳江县柳江人洞穴堆积稍有差别外，其他洞穴遗址存在一些共同特征：（1）均属石灰岩洞穴遗址，洞口高度一般高于地面约 20 米；（2）洞内文化堆积多呈灰黄色或灰色，胶结稍坚硬，含大量螺壳、贝壳以及其他动物骨骼、炭屑；（3）所发现的动物化石几乎全是现生种类。发现人类骨头化石的只有柳江县柳江人洞和来宾盖头

　＊　梁旭达，广西壮族自治区文物工作队。

洞。一些洞穴只发现有螺蛳壳堆积层和打制石器，而无其他新石器时代遗物；一些洞穴既发现有螺蛳壳堆积层和打制石器，又发现有磨制石器与陶片。因此，不能认为上述所有的洞穴遗址都是同一年代的，有必要进行具体分析。

柳江县柳江人洞穴与其他洞穴遗址堆积有较大差别，地层堆积为沙质红黄色黏土而不是其他洞穴常见的灰黄色、灰色含介壳堆积，并发现了"大熊猫—剑齿象动物群"。"大熊猫—剑齿象动物群"的地质年代属更新世晚期，与之共存的柳江人也应属更新世晚期，即旧石器时代晚期人类。[5]

来宾盖头洞遗址堆积分 2 层。上层为黄灰色角砾岩，含少量斧足类和大量的腹足类动物介壳，出土打击石器、石片和人类头骨化石。下层为红色、红黄色黏土堆积，未见其他遗物。贾兰坡先生认为，来宾盖头洞人类化石没有明显的原始性质，哺乳类动物或软体动物多是现代种，因而它的时代上限不可能早于旧石器时代晚期；但是，没有发现陶器和磨制石器，表明它的时代下限也不可能晚到新石器时代，因而这个地点的时代应属旧石器时代晚期。[6] 显然，贾兰坡先生按当时所能掌握材料做出的判断是比较谨慎的，其判定遗址是属于新石器时代还是旧石器时代的主要标准是看遗址是否发现陶片和磨制石器。这种判断的标准直到现在仍然是可行的。

以此类推，柳州白莲洞（后该遗址经发掘，证明该洞既有旧石器时代也有新石器时代的文化层）、思多岩，柳江陈家岩，崇左矮洞，桂林东岩洞，武鸣苞桥 A 洞、芭勋 B 洞、腾翔 C 洞、桂林 D 洞等遗址，均只有含介壳的灰色或灰黄色堆积及打制石器，没有发现陶片和磨光石器，其年代亦应属旧石器时代晚期。需要说明的是，上述遗址大多是地面调查，未经科学发掘，其年代判断只能以现有资料为依据，如以后像柳州白莲洞遗址经发掘有新发现的材料又当别论。

至于来宾龙洞岩、邕拉洞，武鸣瓦洞等洞穴遗址，尽管仍发现打制石器，但同时亦发现有磨光石器和夹砂绳纹陶器共存，因此，这些遗址无疑已跨越旧石器时代晚期阶段，属于新石器时代早期文化遗存。

（二）甑皮岩遗址

位于桂林市郊，属洞穴贝丘遗址。1973 年发掘。洞内文化堆积被一层碳酸盐类钙板所覆盖。第 1 层为表土层；第 2 层为晚期扰乱层；第 3 层为新石器时代文化层，厚 0.16～0.82 米。发现的遗迹有烧坑、灰坑、制作石器和石料贮放点、墓葬等。出土遗物计有打制、磨制石器 63 件，骨器 14 件，蚌器 3 件，陶片 921 片。陶器分夹砂与泥质两种，以夹砂陶为主。夹砂陶火候较低，颜色有红、灰等，纹饰以粗绳纹为主，也有划纹和席纹。泥质陶火候较高，胎质较细，颜色亦有红色和灰色，纹饰有细绳纹和划纹。出土猪和其他动物骨骼 3500 多块，对其中 67 个猪个体作了鉴定分析，已属人类驯养的家猪。原发掘报告称该遗址的新石器文化层只有一层，但该层土色却说有黄红土和浅灰土，因此有可能存在两层堆积。而且部分石器磨制较精致，泥质陶质地细，火候高，制作技术较进步，也反映有早、晚之差异。据北京大学历史系考古专业[14]C 实验室等单位考察，发现存在第二层钙华板。钙华板上、下层的[14]C 年代测定为距今 9000～7500 年以上，说明甑皮岩遗址的地层确有早、晚之分。[⑦]2001 年，中国社会科学院考古研究所等又对该遗址进行发掘，从发掘及研究的结果看，最底层的文化堆积年代已为距今 12 000 年。[⑧]

（三）白莲洞遗址

位于柳州市南郊，属洞穴贝丘遗址。1956 年调查时发现，1973～1981 年进行过三次发掘。洞内堆积分东、西两部分。东部堆积共分 8 层：第 1 层，含陶片和钙华板，局部夹零星螺壳，胶结坚硬，[14]C 年代测定距今 7080±125 年；第 2 层，为第一钙华板，含螺壳等；第 3 层，灰黄色亚黏土，含大量螺壳、动物化石以及磨制石器、打制石器、烧骨、炭粒等，胶结坚硬，铀系年代距今 8000±800 年；第 4 层，黄褐色亚黏土，出土少量螺壳、动物化石、磨制和打制石器以及炭粒；第 5 层，为第二钙华板，偶见螺壳；第 6 层，棕褐色含岩屑亚黏土，顶部富集螺壳，胶结坚硬，含打制石器及穿孔砾石，有炭粒；第 7 层与西部 2 层堆积在后室中部连为一体。西部堆积分 10 层：第 1 层，浅黄色亚黏土，胶结，含螺壳、动物化石碎片和烧骨；第 2 层，钙华板，含少量螺壳及骨化石，[14]C 年代测定距今 19 910±180 年；第 3 层，黄褐色亚黏土，含较多螺壳及动物化石，有炭粒和打制石器、穿孔石器；第 4 层以下已不见磨光石器及陶片，应属旧石器时代，故略。据报告称西部 2、3 层含有原始穿孔器、磨刃石器和众多细石器风貌的燧石小石器的螺壳层。既然已发现磨刃石器，那么这两层的年代亦可划归新石器时代早期遗存。[⑨]

（四）鲤鱼嘴遗址

位于柳州市南郊，属岩厦贝丘遗址。1980 年 10 月发掘。堆积分上文化层和下文化层。上文化层为灰褐色，含大量螺壳，较疏松，出土打制石器、石片、石核、磨制石器、蚌器、陶片及动物骨骼。下文化层为黄褐色土，含大量螺壳，胶结，出土打制石器、大量石核、石片和一件刃部磨光的石器和少量夹砂陶片、骨器与动物骨骼等。在下文化层的上部亦发现 6 个个体人骨，但墓坑不明显。下文化层出土的较多燧石小石器、石核、石片不见于上层，上层的磨制石器和陶片远多于下层，亦发现火候较高的弦纹、划纹泥质陶片，两者有较大的年代差别。据[14]C 年代测定，上文化层为距今 5650±100、

7640±100 年，可能已属新石器时代早期较晚阶段。下文化层人骨¹⁴C 测定年代为距今10 210±150 年、1145±150 年，应属新石器时代文化遗存中较早的阶段。⑩

（五）蓝家村等遗址

位于柳州市东郊 5 公里处的柳江西岸，属河旁台地遗址。1979 年 12 月试掘。文化层仅一层，为红褐色亚黏土，土质较硬。出土了较多的打制石器、磨制石器、穿孔石器和夹砂绳纹陶片。打制石器计有砍砸器、盘状器、刮削器、锤等。磨光石器计有斧、锛、凿等。陶片皆碎片，器形不详，均为夹砂粗软陶，以红陶为主，次为灰陶和黑陶；外部多饰粗绳纹，少数为细绳纹、篮纹或划纹。与此相类的遗址还有同处于柳江河岸的鹿谷岭和响水、曾家村等，其文化面貌与蓝家村遗址大致相同，都发现较多的打制石器、磨制石器和夹砂绳纹粗陶片。有所区别的是鹿谷岭遗址的打制石器数量较蓝家村少，而响水遗址的打制石器特别多，占所发现和采集的石器总数的 75％。从地层堆积及出土遗物特征看，应属新石器时代早期。⑪

（六）大塘城等遗址

位于桂平县寻旺乡大塘村西北河岸，属河旁台地遗址。1980～1983 年调查时发现，未经发掘。从断层剖面观察，其文化层为黄褐色土，含砾石、石核、石片、石器、陶片等。采集的石器打制石器较多，计有大尖状器、盘状器、刮削器、石核、石片等。磨制石器有锛等。陶片以夹砂红陶为主，灰陶极少，纹饰以粗绳纹为主，细绳纹次之，少量篮纹和极少划纹。其他相类的遗址还有上塔、长冲根、庙前冲等，它们均分布于浔江两岸台地上，其文化遗物均以打制的砾石石器为主，与少量的磨制石器和夹砂绳纹粗陶共存，它们均可能属新石器时代早期文化遗存。⑫

（七）顶蛳山遗址

位于邕宁县蒲庙镇新新行政村九碗坡村东的顶蛳山上，属河旁贝丘遗址。地处邕江支流八尺江右岸第一阶地，南面有绵延的丘陵。1997 年发掘，揭露面积 500 平方米，发现墓葬 149 座，出土大量陶、石、骨、蚌质地的生活用具和生产工具以及水陆动物遗骸。遗址文化堆积可分四期。第一期文化属新石器时代早期，其堆积为棕红色黏土，不含或少含螺壳。出土遗物有穿孔石器、石核、大量的玻璃陨石质细小石器和陶器。陶器数量少，器形简单，仅见圜底的罐或釜形器。陶器皆手制，器壁厚薄不匀，火候低，夹粗石英碎粒。陶色基本为灰黄陶，胎为黑褐色。器表施粗绳纹，器物口沿多捺压花边，沿下有施附加堆纹的。第二、三期文化堆积是遗址的主要堆积，两期文化面貌总体基本一致，其年代约为新石器时代中期遗存。第四期的文化堆积的年代则相应更晚些。⑬

（八）庙岩遗址

位于桂林市南郊庙山南麓的庙岩内。1988 年试掘 50 平方米。堆积厚 2.4～2.9 米，共分 6 层，2 层以下为文化层。文化层堆含大量的螺壳、动物骨骼和牙齿，出土遗物计有打制的砾石石器、骨器、蚌器、陶片、石料和泥制品。陶片仅为几片灰褐色夹砂粗陶，火候低，质疏松，素面，部分表面有烟炱，器形不辨。属新石器时代早期遗存。⑭

二　主要的文化特征

广西新石器时代早期文化是从旧石器文化直接发展起来的，有些地方尚保留有旧石器时代文化的痕迹，也形成了独特的文化特征。

（一）遗址类型与堆积

从遗址所处的地理位置看，广西新石器时代早期遗址大致可分为洞穴（包括岩厦）类型和台地类型；而从遗址文化堆积的差异看，则有贝丘遗址与非贝丘遗址之区别。

根据目前已有的调查和发掘资料，早期文化遗存大多数为洞穴遗址类型。其共同特点为：多是石灰岩孤山，距现在地表不高，附近有水源或较开阔的平地；地层堆积一般胶结坚硬，多呈黄灰色或灰褐色，内含有大量软体动物介壳、动物骨骼和石器等。

河旁台地遗址的地层堆积可分含贝壳和不含贝壳两类，多位于河流拐弯处或两河交汇处（即有一条溪流从遗址旁汇入大河）的一级阶地，一般高于河面 10～20 米不等。而旧石器时代文化遗存所处的位置一般较高，多是第二级阶地以上。如百色右江河谷的旧石器就发现于右江两岸的第三级阶地，而第三级阶地高出右江河面约 35 米。

（二）文化遗物

文化遗物以质料的不同，可分为石器、陶器、骨蚌器等种类。

1. 石器

可分打制石器和磨制石器两大类。

（1）打制石器

新石器早期遗址普遍发现较多具有旧石器时代风格的打制石器，不少遗址发现的打制石器占石器总数的多数或绝大多数。绝大部分打制石器均为砾石石器，只有少数为燧石质小石器。

砾石石器　制作一般以锤击法为主，也有砸击法。多数为单面加工，少见双面加工

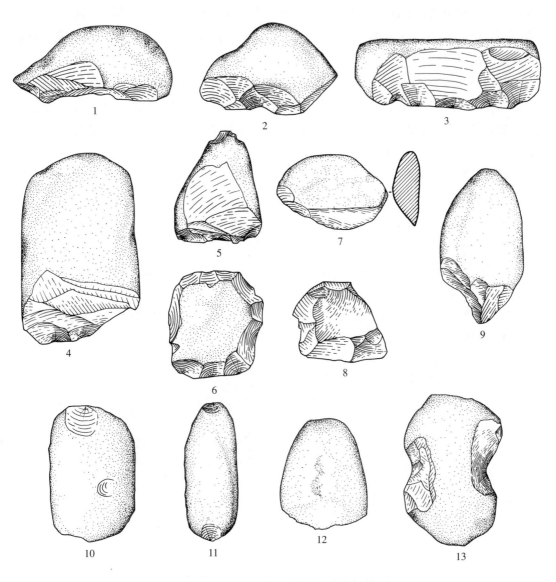

图一　广西新石器时代早期遗址出土打制石器

1~3. 单边刃砍砸器　4、5. 端刃砍砸器　6. 周边刃砍砸器　7、8. 刮削器　9. 尖状器　10、11. 石锤　12. 石砧　13. 网坠（1、2、5、6 为蓝家村出土，3、4、9 为响水出土，7 为甑皮岩出土，8 为鲤鱼嘴出土，10~12 为庙岩出土，13 为曾家村出土）

的器类。器形主要有砍砸器、刮削器、尖状器、石锤、石砧、网坠、穿孔石器等。

　　砍砸器　数量较多。利用砾石简单加工而成，常见形态有 3 型。a 型：单边刃砍砸器，用扁长形砾石从一侧作单向打制而成刃缘，刃缘较宽，有些刃缘甚至占石器四周边缘的二分之一，器身均保留较多原砾石面。（图一，1~3）b 型：端刃砍砸器，用扁长形砾石从一端单向打击成刃缘，刃缘占石器四周边缘少于三分之一，器身大部分保留原砾石面。（图一，4、5）c 型：周边刃砍砸器（有称为盘状器），采用扁圆形砾石，沿周边单面加工成刃。（图一，6）

刮削器　多数系利用砾石石片简单加工而成，少数利用长扁平砾石从一侧单向打出刃部而成。器形多不规则，有三角形、多边形、周边形、不规则形等。（图一，7、8）

尖状器　利用长条形砾石前部自两侧至一端打击成尖刃而成。器形一般较大，但亦有小型的石器。（图一，9）

锤　庙岩遗址出土 55 件。器形呈长圆柱形，器身散布大小、数量不等的坑疤，多见于端部或侧边。（图一，10、11）

砧　庙岩遗址出土 10 件。大多两面有圆形或盆形坑疤，一般集中于砾石中部。（图一，12）

网坠　见于柳州曾家村遗址。用扁平椭圆砾石在两侧交互打击或单向打击出一缺口而成，呈束腰状。（图一，13）

穿孔石器　见于白莲洞、甑皮岩、鲤鱼嘴、庙岩等遗址。一般用扁平、椭圆的砾石两面中央对穿一孔而成。（图二）

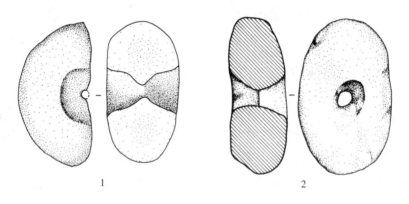

图二　广西新石器时代早期遗址出土穿孔石器

（1 为庙岩遗址出土　2 为鲤鱼嘴遗址出土）

燧石质小石器　仅见于柳州白莲洞和鲤鱼嘴遗址。是用燧石石片加工而成，形体比一般砾石石器要小得多，长度一般在 5 厘米，最长也不过 10 厘米。器形有刮削器、尖状器、石核、石片、雕刻器等。大多数是用锤击法加工而成，也有使用压削法。（图三，1~16）

（2）磨制石器

常见器形有切割器、斧、锛、凿、矛等。一般而言，石器的磨制水平还较低，多数

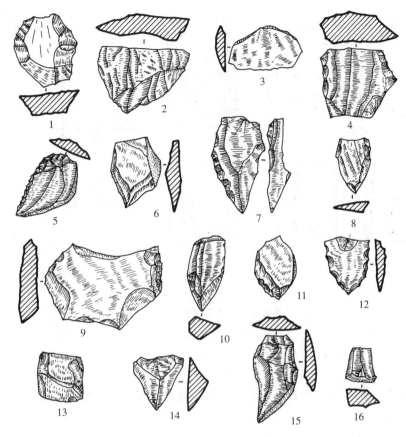

图三　柳州白莲洞遗址出土的细小石器

1～5、9. 刮削器　6～8. 尖状器　10、11. 雕刻器　12. 镞　13～15. 有使用痕迹的

石片　16. 柱状石核

石斧、石锛系用扁长天然砾石稍加磨刃而成，器身大部分保留原砾石面。通体磨光、棱角分明的石器少见。

切割器　白莲洞遗址出土1件，系将一小扁平砾石片疤痕磨光而成弧状斜刃，刃缘有使用痕迹。

斧　是普遍发现的一种石器，可分为长条形、梯形两种。（图四，1、2）

锛　其形态特征及种类与斧相似，唯一区别是石锛为单面刃，而石斧为双面刃。（图四，3～6）

凿　蓝家村遗址出土4件，用长条形砾石于一端单面磨刃而成。（图四，7）

矛　甑皮岩遗址出土1件，用长条形板岩磨成，尖端锋利。（图四，8）

2. 骨角蚌器

种类有骨尖形器、扁形器、铲形器、鱼镖、镞、针、锥、笄及蚌刀、穿孔蚌器等。

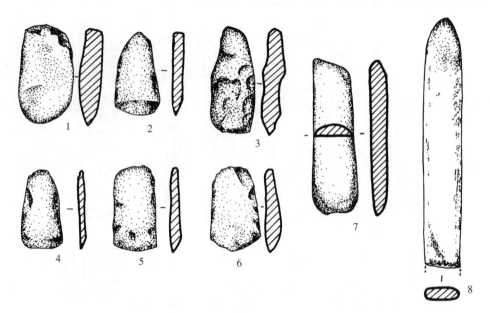

图四　广西新石器时代早期遗址出土磨制石器

1、2. 斧　3~6. 锛　7. 凿　8. 矛（1、3、6 为鲤鱼嘴出土，2 为曾家村出土，4 为响水出土，5 为鹿谷岭出土，7 为蓝家村出土，8 为甑皮岩出土）

主要见于庙岩、甑皮岩、鲤鱼嘴等遗址。但其数量、种类及形态各遗址存在差异。

庙岩遗址出土有：

骨尖形器　数量达 25 件。用动物肢骨加工而成，以打制为主，器形宽扁，刃部有圆尖与斜尖之分。（图五，1、7）

骨扁形器　仅 1 件。器形扁平，内外壁均经加磨，前端呈半圆形刃。（图五，2）

骨铲形器　9 件。器形扁薄，打制加工集中于前端及相邻的一侧边，刃部可分圆尖刃、弧刃、斜刃。（图五，9）

穿孔蚌器　8 件。器形较小而窄长，刃钝。孔为对钻，呈圆形、三角形或椭圆形。（图五，4、5）

蚌刀　5 件。器形较大而宽，刃部经打制，锋利。（图五，3）

甑皮岩遗址出土有：

骨鱼镖　1 件。用动物长骨制成，两侧各有三个不对称倒钩，倒钩锯切后磨尖，尖钝，叉尖残断。（图五，10）

骨镞　2 件。其中一件扁平，无棱无翼，尖圆钝；另一件两面无棱，侧有翼，翼残断，后有铤，尖微钝。（图五，11、12）

骨锥　6 件。以兽骨磨成，均残断。器身呈扁圆或扁平形，有一锐尖。（图五，13）

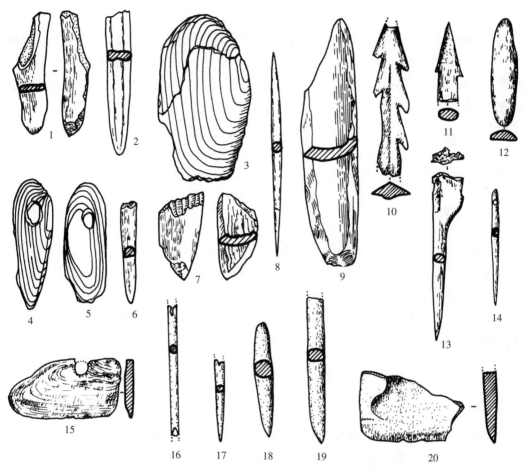

图五　广西新石器时代早期遗址出土骨蚌器

1、7. 骨尖状器　2. 骨扁形器　3. 蚌刀　4、5. 穿孔蚌器　6、8. 骨锥形器　9. 骨铲形器　10. 骨鱼镖　11、12. 骨镞　13、18、19. 骨锥　14、16、17. 骨针　15. 穿孔蚌刀　20. 骨刀（1～9 为庙岩出土，10～15 为甑皮岩出土，16～20 为鲤鱼嘴出土）

骨针　3件。通体磨圆，有对穿孔之针眼，尖残断。（图五，14）

骨笄　2件。通体磨圆，两端磨尖。

蚌刀　3件。器形宽大，利用蚌壳制成。甑皮岩的蚌刀有穿孔及不穿孔之分，孔对穿，刃部钝。（图五，15）

鲤鱼嘴出土有：

骨针　4件。均残断，其中一件有两个对钻针眼。（图五，16、17）

骨锥　15件。多数残断。其中一件呈两头细、中间粗，断面为圆形。（图五，18、19）

骨刀　1件。仅存刃部，平刃，有使用痕迹。（图五，20）

蚌刀　2件。一件平面呈三角形，另一件在柄部两侧各凿一个凹窝。

3. 陶器

出土的陶器以夹砂粗陶为主，火候较低，质地较松软。以红陶最多，也有灰、黑陶等。但颜色不纯，不少陶器色泽不仅表里不一，而且同一表面亦有色泽不一致的现象。泥质陶少见，而且只见于较晚时期。纹饰以绳纹为主，粗绳纹多于细绳纹。其他的纹饰有篮纹、划纹、弦纹、席纹等。不少遗址出土的陶片均为残片，数量较少，难辨器形。从口沿看，多是一些直口和敞口的器物。桂林甑皮岩遗址出土的陶片最多，可辨器形有罐、釜、钵、瓮等，但由于该遗址延续年代较长，出土遗物又混在一起，因此有些陶器应属新石器时代早期文化的较晚阶段，或许会晚至中期文化的较早阶段。[15]

（三）墓葬

鲤鱼嘴第一期文化发现有至少代表 6 个个体的人体骨骼，但无明显墓坑和随葬品，葬式主要有仰身屈肢和俯身屈肢。甑皮岩遗址则发现 10 多具人骨，亦未发现葬具及墓坑，绝大部分无随葬品，葬式有屈肢蹲葬、侧身屈肢葬等。顶蛳山第一期文化未见墓葬，但第二期文化（新石器时代中期）墓葬葬式有仰身屈肢、侧身屈肢、俯身屈肢和屈肢蹲葬等。相同的葬式反映出它们之间有着较密切的关系。

三 年代与分期

放射性[14]C 和陶片热释光等测年技术的应用，为认识遗址的绝对年代提供了科学依据。现已发表过测年数据的广西新石器早期遗址有柳州白莲洞、柳州鲤鱼嘴、桂林甑皮岩、桂林庙岩等处，据不完全统计，其数据达数十个。[16]现将一些有关数据列表如下：[17]

广西新石器时代早期遗址年代数据统计表

样品号	遗址及层位	标本	年代（距今）
BK82092	柳州白莲洞东 1 层	钙华板	7080 ± 125
PV-0455	柳州白莲洞东 2 层	钙华板	13 895 ± 250
BK82239	柳州白莲洞东 3 层		8000 ± 800
BK82096	柳州白莲洞东 7 层	钙华板	11 670 ± 150
BK82097	柳州白莲洞西 2 层	钙华板	19 910 ± 180
BK82090	柳州鲤鱼嘴上层	螺壳	12 880 ± 220
BK82091	柳州鲤鱼嘴下层	螺壳	23 330 ± 250
PV-0376	柳州鲤鱼嘴 10～20 厘米	螺壳	5815 ± 100
PV-0378②	柳州鲤鱼嘴上层～40 厘米	螺壳	7860 ± 110
PV-0379①	柳州鲤鱼嘴下层	螺壳	18 555 ± 300

续表

PV-037②	柳州鲤鱼嘴下层	螺壳	21 025 ±450
PV-0401	柳州鲤鱼嘴上层	人骨	10 505 ±150
PV-0402	柳州鲤鱼嘴上层	人骨	11 785 ±150
BK78038	桂林甑皮岩上钙板	钙板	6600 ±150
BK79301	桂林甑皮岩上钙板下	螺壳	10 320 ±140
BK79308	桂林甑皮岩上钙板	螺壳	8970 ±100
BK79309	桂林甑皮岩上钙板下 0.8 米	螺壳	10 300 ±100
BK79310	桂林甑皮岩上钙板下 1.3 米	螺壳	10 270 ±160
BK79314	桂林甑皮岩上钙板下	兽骨	9100 ±150
BK79316	桂林甑皮岩上钙板下 1.7 米	螺壳	10 090 ±105
ZK-0279	桂林甑皮岩 DT5③	蚌壳	11 310 ±180
ZK-0280	桂林甑皮岩 DT5③	骨头	7580 ±410
ZK-0906	桂林甑皮岩 DT6 上钙板下	螺壳	10 675 ±150
ZK-0907	桂林甑皮岩 DT6 上钙板下	螺壳	10 780 ±330
ZK-908	桂林甑皮岩 DT6 上钙板下	螺壳	11 055 ±230
ZK-909	桂林甑皮岩 DT6 上钙板下	螺壳	10 990 ±330
ZK-0910	桂林甑皮岩 DT6 上钙板下	木炭	7680 ±140
ZK-0911	桂林甑皮岩 DT6 上钙板下	木炭	9000 ±140
SB33d	桂林甑皮岩 DT1③	陶片	8000 ±600
SB33d	桂林甑皮岩 DT1③	陶片	7700 ±730
SB33c	桂林甑皮岩 DT1③	陶片	7350 ±900
SB33a	桂林甑皮岩 DT1③	陶片	6990 ±750
SB33e	桂林甑皮岩 DT6③	陶片	7330 ±1100
SB33e	桂林甑皮岩 DT5③	陶片	7780 ±570
SB34	桂林甑皮岩 DT6③	陶片	8040 ±1130
SB36a	桂林甑皮岩 79KJDT5	陶片	7940 ±720
SB36b	桂林甑皮岩 79KJDT5	陶片	7160 ±930
SB36c	桂林甑皮岩 79KJDT5	陶片	10 370 ±870
SB36f	桂林甑皮岩 DT5③	陶片	9550 ±1100
SB35c	桂林甑皮岩 DT5③	陶片	9240 ±620
BA92030 – 1	桂林庙岩 2 层	核桃皮炭	12 730 ±370
BA92033 – 1	桂林庙岩 3M	核桃皮炭	12 630 ±450
BA92034 – 1	桂林庙岩 4M	木炭屑	13 710 ±270
BA92036 – 1	桂林庙岩 5L	木炭屑	18 140 ±320

续表

BA92037 - 1	桂林庙岩 6L	木炭屑	20 920 ± 430
ZK-2839	桂林庙岩右 2 层	螺壳	12 707 ± 155
ZK-2840	桂林庙岩右 2 层	螺壳	13 547 ± 168
ZK-2841	桂林庙岩 5 层	螺壳	17 238 ± 237
BA94137a	桂林庙岩 5 层	陶片	15 560 ± 500
BA94137b	桂林庙岩 5 层	陶片	15 660 ± 260

　　上述的测试数据显然存在较大的误差：如即使遗址的层位相同，测试样品质料也相同，但年代数据仍相差较大；而同层位不同质料的测试样品的年代误差就更悬殊；甚至还有同一遗址的下层测年数据晚于上层测年数据的颠倒现象。造成误差的原因是比较复杂的，排除人为因素和测试技术等可能出现的偏差外，或许广西属 [14]C 数据测定的异常区是出现偏差的主要原因。北京大学和中国社会科学院考古研究所两个单位的 [14]C 实验室经研究认为："陆生动植物的样品（蜗牛除外）的 [14]C 年代不受石灰岩特殊环境的影响，至少没有明显影响。水下生长的动植物样品的 [14]C 年代明显偏老 1 ~ 2 千年。"[18]如果所有的石灰岩地区测年数据偏老都是有规律的，问题就好办一些。但是原思训先生就认为广东阳春独石仔的螺壳的年代应减去 2600 年才较真实。[19]显然，石灰岩发育地区 [14]C 测年数据究竟偏老多少？各地区偏老数值是否一致？这仍然令人感到困惑。但是较多的测年数据毕竟表明了遗址绝对年代的大致范围。笔者参考了一些学者选择的标准，认为在 [14]C 测年数据异常的广西地区，大致可按以下原则来鉴定和确认较正确的测年数据，即：（1）同一层位中，相同质料测试样品的不同数据，应去掉偏早和偏晚的数据，而选择多数较相近的数据；（2）同一层位中，不同质料的测试样品数据，应先选择木炭、兽骨、陶片样品的测试数据；（3） [14]C 年代测定与热释光测定互证；（4）把测年数据与文化遗存的特征综合对比和取舍，酌情减去偏老的误差数值。

　　柳州白莲洞遗址测年数据属新石器时代文化遗存的有 5 个。其东 1 层（BK82092）为距今 7080 ± 125 年，东 1 层是遗址堆积的最上层，测年数据只有一个，与文化遗存面貌较相符，可能误差不大。东 2 层 PV-0455 为距今 13 500 ± 250 年，而东 3 层铀系年代距今 8000 ± 800 年（BK82239），上下层年代颠倒，应予剔除。西 2 层与东 7 层属同一层位，而西 2 层钙板 [14]C 年代距今为 19 910 ± 180 年（BK82097），年代偏老过于严重，而应以东 7 层 BK82096 钙板 [14]C 年代数据距今 11 670 ± 150 年为准。综合各种因素考虑，柳州白莲洞新石器时代文化遗存的年代应为距今 12 000 ~ 7000 年之间。

　　桂林甑皮岩遗址的 [14]C 测年数据 15 个，其中螺壳标本 11 个、木炭标本 2 个、骨头标本 2 个。应先予以选择木炭标本。ZK0910 木炭标本为 7680 ± 140 年；ZK0911 木炭标本为 9000 ± 120 年。其年代的差别与甑皮岩文化堆积可分第一钙板下和第二钙板下的两层堆积情况相符。上海博物馆实验室对甑皮岩出土陶片热释光测定数据 12 个，其中 SB36c（陶片原编号为 79KJDT5）年代最早，为 10 370 ± 870 年；SB35a（陶片原编号为 DT1）年代最晚，为 6990 ± 750 年。[20]据发表陶片热释光年代的作者王维达先生认为，甑皮岩遗址似乎可分成两个时代，年轻年代在距今 8040 ~ 6990 年，年老年代在距今 10 370 ~ 9240 年。这两组年代与上述 [14]C 测定年代相吻合。综合考虑，甑皮岩遗址可以第二钙华板为界分为早晚二期，早期年代约距今 9000 年以上，晚期约在距今 7000 年左右。2001 年，中国社会科学院考古研究所对甑皮岩进行发掘，将甑皮岩的史前文化遗存分为五期，第一期文化约距今 12 000 ~ 11 000 年间，第二期文化约距今 11 000 ~ 10 000 年间，第三期文化约在距今 10 000 ~ 9000 年间，第四期文化约在距今 9000 ~ 8000 年间，第五期文化约在距今 8000 ~ 7000 年间。其中第五期已属新石器时代中期文化阶段了。[21]

柳州鲤鱼嘴遗址的 [14]C 测年数据有 8 个，其中下文化层 BK82091 螺壳标本为距今 23 330 ± 250 年，明显偏早；而 PV-0401 人骨标本为距今 10 505 ± 150 年，PV-0402 人骨标本为距今 11 450 ± 150 年，两个数据较相近，应较为可靠。上文化层的测试标本三个，BK82090 螺壳为距今 12 880 ± 220 年，PV-0378（2）为距今 7860 ± 100 年，PV-0376 螺壳为距今 5815 ± 100 年，前一个数据偏大，而后一个数据偏小，宜以中间数据为准。综合考虑，鲤鱼嘴遗址上层年代约为距今 8000 年，而下层年代约在距今 11 000 年左右。

邕宁顶蛳山遗址第一期文化没有发表测年标本，但简报作者认为其属新石器时代早期，距今约 1 万年左右。第二期的测试标本 ZK-2955 为 10 365 ± 113 年，明显偏早太多，简报估计第二期文化应在距今 8000 ~ 7000 年左右。从二期的文化内涵看，已属新石器时代中期范畴。

桂林庙岩遗址 [14]C 年代测试标本有 10 个，其中的三个标本 BA92036-1 为距今 18 140 ± 320 年、BA92037-1 为距今 20 920 ± 430 年、ZK-2841 为距今 17 238 ± 237 年，对照其文化面貌，觉得明显偏早，其他螺壳标本均在距今 13 700 ~ 12 600 年之间，应较为可信。其中陶片标本 BA94137a、BA94137b 的 [14]C 年代分别在距今 15 560 ± 500 年、15 660 ± 260 年。综合考虑，庙岩遗址的年代距今约在 15 000 ~ 12 000 年之间。

根据以上的测年数据分析，结合遗址的地层堆积及文化特征综合考虑，广西新石器时代早期文化遗存大约可分为二期：

第一期为距今 15 000 ~ 9000 年。典型遗存有桂林庙岩遗址（15 000 年）、柳州白莲洞 II 期（12 000 年）、柳州鲤鱼嘴下层（11 000 年）、邕宁顶蛳山一期（10 000 年）、桂林甑皮岩第一、二、三期（12 000～9000 年）以及来宾龙洞岩、来宾岜拉洞、武鸣瓦洞等。

打制的砾石石器占石器的绝大多数，常见的打制石器组合有砍砸器、刮削器、尖状器、锤。但磨制石器和陶器已开始出现。有的遗址（如庙岩）只发现打制石器与陶器共存，而没有磨制石器；有的遗址（如白莲洞Ⅱ期）只发现打制石器与磨刃石器共存而没有陶器。无疑，磨刃石器是新出现的器类，是石器加工技术的新发展。磨刃石器所占的比例极少，磨制技术水平较低，只是对刃部稍加磨制而成，尚未具有典型的斧、锛形态。仅见于白莲洞、鲤鱼嘴遗址的燧石质小石器和顶蛳山一期文化中玻璃陨石质细小石片石器都是较为独特的文化因素。穿孔石器也是这一期文化中常见的器类。骨蚌制品已普遍出现。

陶器主要为夹砂绳纹粗陶，颜色有灰褐色、灰黄色、红色、黑色等，火候较低，质地疏松。出土的陶片数量极少，均为残片。除顶蛳山一期的陶片能辨认为圜底的釜或罐形器外，其他遗址出土的均难辨器形。

第二期为距今 9000～8000 年。典型遗存有白莲洞东 3 层（8000 年）、鲤鱼嘴上层（8000 年）、桂林甑皮岩四期（9000～8000 年）以及柳州蓝家村，桂平大塘城、上塔、长冲根、庙前冲等。

打制的砾石石器仍占石器的多数，常见的器形与第一期无太大差别。但磨制石器已普遍出现，并占相当大的比例。石器的磨制工艺有了进一步提高，斧、锛已是常见的器类，此外还有矛、凿等新的器形，已开始出现通体磨光的石器。骨制品的种类和工艺都有了发展，如甑皮岩遗址出土的精致且形制较复杂的骨鱼镖以及两侧带翼的骨镞代表了当时骨器的制作水平。

陶器仍然以夹砂绳纹陶为主，绳纹有粗细两种，但新出现篮纹、席纹、划纹、弦纹等。以红陶为主，也有灰、黑陶。泥质陶在不少同期遗址已有所发现，但所占比例仍较小。陶片多为残片，可辨器形有罐、釜、钵、瓮等。

四　遗址文化关系比较及经济生活形态

以上我们阐述了广西新石器早期文化内涵及特征，这是与相邻地区同时期文化关系比较的基础。

从地域而言，广西属华南地区。据不完全统计，在华南地区范围内，其他地区目前已发现的新石器早期遗址有广东封开黄岩洞[22]、罗沙岩[23]、罗髻岩[24]、阳春独石仔[25]、英德青塘[26]，江西万年仙人洞[27]，湖南道县三角岩、麻拐岩、后龙洞、洞尾岩、杨家岩[28]等十多处。与之相比较，它们与广西新石器早期文化遗存有着较多的相同之处：

广西新石器时代早期文化遗存初探 99

（1）堆积物中含有大量软体动物介壳；（2）堆积物均含有石化程度不深的脊椎动物骨骼与牙齿，绝大多数为现生种类；（3）以打制砾石石器为主，加工方法以单向锤击法为主，少量交互打击；（4）打制的石制品基本组合为砍砸器、刮削器、石锤、石砧、石片、石核；（5）均出土各种不同的骨、蚌、牙、角器，存在打凿、刻割、钻磨工艺；（6）或发现少量磨刃石器，或发现少量夹砂陶片等非旧石器时代文化的新文化因素。

具体到每个遗址的文化内涵，也存在一定差异。如白莲洞、鲤鱼嘴遗址的燧石质小石器和顶蛳山一期文化中玻璃陨石质细小石片石器都是较为独特的文化因素，而不见于其他遗址；独石仔遗址的短身三角形砍砸器有 22 件，占其砍砸器的 50% 以上，是该遗址富有特色的石器类型，其器形及数量之比例为其他遗址所不见；另外，各遗址的骨、角、牙、蚌器类型、数量以及工艺都不尽一致。尽管造成差别的原因有待进一步研究，但是共性毕竟是主要的。

广西新石器早期文化遗存不是孤立存在的，它是在本区域旧石器时代晚期文化的基础上发展起来的。如在百色右江阶地发现的打制石器比其他地区的洞穴和山坡遗址的打制石器明显粗大，其年代应早于更新世晚期，然而其仍属典型的打制砾石石器，石器种类及制作工艺亦大体相似；桂林宝积岩洞穴遗址是经过正式科学发掘的旧石器时代晚期遗址，其出土的打制砾石石器在石料选择、形制和制作工艺方面都和庙岩遗址、甑皮岩遗址及其他新石器时代早期遗址出土的打制砾石石器有许多相同的因素，说明它们之间有着较密切的承继关系。

广西新石器早期文化遗存第一期是以洞穴遗址占大多数，其文化为富含螺壳和动物骨骼的贝丘遗址，这从一定程度反映出当时人类对洞穴的依赖及以渔猎、采集为主要食物来源的经济生活模式。第二期文化遗存的柳州蓝家村、桂平大塘城等河旁台地遗址文化堆积已不含螺壳，除仍发现打制砾石石器外，已有较多的磨制的斧、锛出现，陶片的数量也较多。与贝丘遗址相比较，非贝丘类遗址的经济生活模式应有所差异，或许意味着除了通过渔猎、采集方式获得食物外，以原始农业生产方式获得食物的重要性已有所加强。

注释：

① W. C. Pei. 1935. On a Mesolithic（？）Industry of the Caves of Kwangsi. *Bulletin of the Geological Socity of China*, Vol. 14, No. 2, pp. 79 – 205.

② 贾兰坡、邱中郎：《广西洞穴中打击石器的时代》，《古脊椎动物与古人类》1996 年 2 卷 1 期。

③ 裴文中：《柳城巨猿洞的发掘和广西其他山洞的探查（摘录）》，《裴文中科学论文集》，科学出版社，1965 年。

④ 吴新智、赵资奎、袁振新、沈家瑜：《广西东北地区调查简报》，《古脊椎动物与古人类》1962 年 6 卷 4 期。

⑤ 吴汝康：《广西柳江发现的人类化石》，《古脊椎动物与古人类》1959 年 1 卷 3 期。

⑥　贾兰坡、吴汝康：《广西来宾麒麟山人类头骨化石》，《古脊椎动物与古人类》1959 年 1 卷 1 期。

⑦　广西壮族自治区文物工作队、桂林市革命委员会文物管理委员会：《广西桂林甑皮岩洞穴遗址的试掘》，《考古》1976 年 3 期。

⑧　中国社会科学院考古研究所、广西壮族自治区文物工作队、桂林甑皮岩遗址博物馆、桂林市文物工作队：《桂林甑皮岩》，446 ~ 449 页，文物出版社，2003 年。

⑨　柳州白莲洞洞穴科学博物馆、北京自然博物馆、广西民族学院历史系：《广西柳州白莲洞石器时代洞穴遗址发掘报告》，《南方文物考古》第一辑，1987 年。

⑩　柳州市博物馆、广西壮族自治区文物工作队：《柳州市大龙潭鲤鱼嘴新石器时代贝丘遗址》，《考古》1983 年 9 期。

⑪　柳州市博物馆：《广西柳州新石器时代遗址调查与试掘》，《考古》1983 年 7 期。

⑫　何乃汉、陈小波：《广西桂平县石器时代文化遗存》，《考古》1987 年 11 期。

⑬　中国社会科学院考古研究所、广西壮族自治区文物工作队、南宁市博物馆：《广西邕宁县顶蛳山遗址的发掘》，《考古》1998 年 11 期。

⑭　谌世龙：《桂林庙岩洞穴遗址的发掘与研究》，《中石器文化及有关问题研讨会论文集》，广东人民出版社，1999 年。

⑮　胡大鹏、漆招进、韦军：《广西桂林甑皮岩遗址历次发掘出土的陶器》，《中石器文化及有关问题研讨会论文集》，广东人民出版社，1999 年。

⑯　南宁豹子头贝丘遗址 ^{14}C 测定数据很多，年代从距今 10 720 ± 260 至 5155 ± 300 年之间，但其发掘资料是与《广西南宁地区新石器时代贝丘遗址》一文中其他遗址混合报导，而该文所介绍的出土遗物均无新石器早期文化普遍存在的打制砾石石器。豹子头遗址是否会早到新石器时代早期，尚需新的发掘资料才能证明，故本文暂不予以讨论。

⑰　^{14}C 测年数据资料来源为：a. 《中国考古学中碳十四年代数据集（1965 – 1991）》，文物出版社，1992 年；b. 同注⑨；c. 王维达：《河姆渡和甑皮岩陶片热释光的测定——兼论粗粒石英断代技术》，《考古学集刊》第 4 集，中国社会科学出版社，1984 年；d. Yuan, Sixun, Zhou, Guoxing, Guo, Zhiyu, et al. 1995. AMS Dating the Transition from the Paleolithic to Neolithic in South China. Radiocarbon, 1995, 37（2）：245 – 249；e. Yuan, Sixun, Li, Kun, Yuan, Jiarong, et al. 1997. Applications of AMS Radiocarbon Dating in Chinese Archaeological Studies. Application of Accelerator in Research and Industry, CP392（J. L. Duggan and I. L. Morgan ed.），pp. 803 – 806. New York：AIP Press.

⑱　北京大学历史系考古专业 ^{14}C 实验室、中国社会科学院考古研究所 ^{14}C 实验室：《石灰岩地区碳 – 14 样品年代的可靠性与甑皮岩遗址的年代问题》，《考古学报》1982 年 2 期。

⑲　原思训、陈铁梅、高世君、马力：《阳春独石仔和柳州白莲洞遗址的年代测定——试探华南旧石器文化向新石器文化过渡的时间》，《纪念北京大学考古专业三十周年论文集》，文物出版社，1990 年。

⑳　同注⑰c。

㉑　同注⑧。

㉒　宋方义、张镇洪：《广东封开黄岩洞 1989 年和 1990 年发掘简报》，《东南文化》1992 年 1 期。

㉓　张镇洪、张锋、陈青松：《广东封开县罗沙岩洞穴遗址第一期发掘简报》，《人类学学报》1994 年 13 卷 4 期。

㉔　宋方义、邱立诚、王令红：《广东封开、怀集岩溶洞穴调查简报》，《古脊椎动物与古人类》1981 年 19 卷 3 期。

㉕　邱立诚、宋方义、王令红：《广东阳春独石仔新石器时代洞穴遗址发掘》，《考古》1982 年 5 期。

㉖　广东省博物馆：《广东翁源青塘新石器时代遗址》,《考古》1961 年 11 期。

㉗　江西省博物馆：《江西大源万年仙人洞洞穴遗址第二次发掘报告》,《文物》1976 年 12 期。

㉘　袁家荣：《湖南道县全新世早期洞穴遗址及其相关问题》,《纪念黄岩洞遗址发现三十周年论文集》, 广东人民出版社, 1991 年。

江西万年仙人洞与吊桶环遗址

——旧石器时代向新石器时代过渡模式的个案研究

彭适凡　　周广明[*]

万年仙人洞遗址，早在 20 世纪 60 年代曾进行过两次发掘[①]，是我国华南地区较早发现的一处新石器时代早期遗址。[②]20 世纪 90 年代，由北京大学考古学系、江西省文物考古研究所与美国澳得沃考古研究基金会马尼士博士联合组成的"中美农业考古队"又对仙人洞和附近的吊桶环遗址进行了两次发掘[③]，1999 年由江西省文物考古研究所与北京大学考古学系又做了一次发掘。前后五次发掘特别是后三次发掘，证明两洞穴遗址堆积较厚，地层清晰，属于华南地区旧石器时代晚期经中石器时代的过渡阶段再到新石器时代早期的典型洞穴遗存；包含物相当丰富，特别是通过对吊桶环遗址从下到上诸层稻作植硅石的分析，揭示出我们的先民如何从采集野生稻到学会人工栽培稻的漫长变化过程，从而证实该地区是亚洲乃至世界上栽培稻起源地之一。这里，我们想就这两处遗址从旧石器晚期经中石器时代然后过渡到新石器时代早期的完整地层序列、文化内涵及其演进模式作一综合介绍，并谈些自己的认识，供海内外学者们研究参考。

一

万年县位于江西省东北部，乐安河下游，鄱阳湖东南岸。东与弋阳、贵溪相邻，南与余江接垠，西与余干交界，北与乐平、波阳毗连。全境地势东南高，西北低，由东南向西北倾斜呈斜坡状，东南部群山起伏，雄伟壮观。位于东部万年、弋阳、贵溪三县交界的三县岭为万年县境最高点，主峰海拔 685 米；位于西部的湖云乡谷墩汪为境内最低点，海拔仅 11.5 米。[④]

县境呈三角形，东西长约 47 公里，南北宽约 43 公里。境内地貌类型以岗地、丘陵为主，辅之以滨湖平原，属丘陵地区。可分为三个类型区，即东部和东南部高中丘区，

* 彭适凡、周广明，江西省文物考古研究所。

群山起伏，占全县总面积的 28.97%；中部中低丘区，丘陵起伏，间夹有小块平原，占全县总面积的 50.82%；西部与西北部低丘滨湖区，与波阳毗连，湖塘众多，地势较低，占全县总面积的 20.21%。县境主要山脉分布在东部、东南部的梨树坞、裴梅、盘岭和大源等乡镇境内，与贵溪、弋阳、余江的山脉相连，为怀玉山系之余支。北部的乐安河、西部的玉津河、西南部的万年河、东部和东北部的珠溪河、大源河五条河流在境内的长度为 142.2 公里，还有众多的小溪和湖泊，河网密度 0.707 公里/平方公里。

土壤类型的分布，除了受水平和垂直气候带的控制外，同时还受到了当地具体的地貌和成土母质的影响。从万年全县的高丘到河谷平原，各类土壤分布大致都有一定规律，河谷平原区为水稻土和潮土，岗丘上分布着红壤和紫色土，丘谷为水稻土，部分岗丘上也有石灰岩土壤分布。粮食作物以水稻为主，麦、豆、粟、薯次之。县境东南荷桥产的万年贡米，以粒大体长，质白如玉，似糯不腻而著称，1959 年曾在万隆博览会上展出，颇受赞誉。县境野生动物有虎、豹、狼、獐、麂、兔、野猪、豪猪、穿山甲等。地下资源有金、银、煤、钨、锰、铜、铁、锌、钴、铀、水晶、石墨、云母、长石、瓷土、石灰石和白云石等 20 多种，虎家尖银金矿享有"江西之最"，特别是大源镇大荷山—盘岭乡一带的石灰石和白云石更是名震华东地区。

仙人洞与吊桶环遗址正地处大源镇境内。大源位于县城陈营镇东北 13 公里，地处东部高中丘区，四面高山环拱，中为条带状，呈葫芦形盆地，整个地形由东南向西北倾斜。这里的地貌特征为溶蚀峰丛洼地丘陵，主要分布于大源镇的荷溪、河南、河北、岩口至盘岭的山背，系由石炭纪的石灰岩、白云岩组成。山峰标高 300~400 米，切割深度 150~200 米，地面坎坷，基岩裸露，植被稀疏，岩石溶蚀强烈，溶洞发育，形成群峰突起的地貌景观。仙人洞附近的大荷山，海拔约 339 米，1967~1968 年建筑材料工业部华东地质勘探公司曾对大荷山石灰石、白云石进行了勘探，指出该矿质纯且储量大，大源镇—盘岭乡一带控制石灰石储量约 3 亿吨，白云石储量约 10 亿吨。正因为如此，近半个世纪来，这里一直为江西水泥厂的主要采石场，现大荷山山顶和一侧已采削去大半呈平坦状。紧临大荷山即位于其东侧的小荷山，海拔约 100 米，近年来也由于水泥厂的采石而切削去部分山体，为了永久保护仙人洞遗址和整个小荷山的山体面貌，万年县人民政府最近已采取坚决果断措施，于 1999 年 12 月 15 日下令禁止对小荷山放炮和开采。(图一；彩版三，1)

仙人洞正位于葫芦形盆地西北的小荷山脚下，距槐家西北 1 公里，距大源镇西 0.5 公里。地面有许多近代砖瓦、瓷片和几个圆形大石柱础，为清初崇德寺废址。20 世纪 60 年代时，洞前开阔平坦，由群众辟为菜园。20 世纪 70 年代又在洞前兴建大源敬老院，直到 2002 年才被拆除，洞口现已恢复昔日旧貌。

洞前左侧约 70 米许，大源河从东南流来然后沿着仙人洞左侧的小荷山脚向西北流

图一　大源盆地全景

图二　吊桶环遗址

去。大源河为县境内五条河流之一，全长 20.5 公里，河床平均宽约 40 米，总流域面积 103 平方公里。它发源于东南盘岭的港道源、黄茅坞、柳家坞三条溪水，至距大源镇 5 公里处的曾家桥汇合成常流河，流经石下、大源、界福、江田、下圲等地，至屋窑里与珠溪河合流，然后经乐平礼林、鬻山入乐安河。大源河流经大源镇时，河面宽约 40 米。

洞前约 30 米有一无名小溪从西面的大荷山脚流经仙人洞前而入大源河，正对着洞口的小溪上架有一石拱孤桥，现已修好水泥公路直通仙人洞口。

洞口面向东南，洞口顶部海拔高度为 35 米许，洞口底部高出洞前水稻田仅 2 米许。洞口开阔并向前伸展呈岩厦状，断面作弧形，高达 16 米，宽约

24 米。至今在洞口前左侧紧靠洞壁处，尚保留有一块面积约 30 平方米的包含大量螺壳的胶结堆积，20 世纪 80 年代起就已用铁栏栅围起，才得以保存下来。

大源葫芦形盆地的西南面为红壤高山，且有许多条形山坡伸展到盆地上面，吊桶环即位于西南面的一条形山坡上，海拔高度约 96.2 米，与东北之仙人洞直线距离约 800 米。两遗址的海拔高差约为 60 米许。吊桶环北山脚下为万年至弋阳的公路，公路北侧为彭家村，东侧即为江西水泥厂的矿山机械厂厂址。

吊桶环为通透式岩棚，是由于岩石经长期水溶解的地质作用而形成，因其内顶弧似一木桶吊环而被俗称为吊桶环。露于旷野的一侧朝向东南，是昔日原始人类进出的主要通道口，另一侧西北口现有巨石横卧，估计其基础尚深，不像是顶部塌落之石。（图二；彩版三，2）

二

经过五次的发掘，特别是 20 世纪 90 年代中美农业考古队对仙人洞和吊桶环遗址的两次精心发掘，首要收获就是科学地、完整地揭示出了遗址地层堆积情况，这不仅有利于我们探索该地层的成因，且有利于探讨大源盆地史前人类活动的起迄时代及其周期规律。科学揭示的地层堆积告诉我们，仙人洞和吊桶环同处于一个地理单元，从其出土的文化遗物看，它们之间有着极为密切的内在联系，其地层堆积涵盖了从旧石器晚期到中石器时代（或称旧石器末期）再到新石器早期的完整地层序列，也就是说，它提供了一个研究人类如何从旧石器时代过渡到新石器时代的完整的文化演进地层。从目前已知的考古资料看，这种完整的地层，不仅在华南地区，就是在全国范围也是不多见的。

这里，首先谈仙人洞遗址的地层堆积情况。分西区和东区介绍。

西区位于仙人洞进入洞内的外口，面积较大，20 世纪 60 年代两次发掘的 T1 、T3 、T4 、T5 都在此，此区的地层堆积可分为：1A 、1B 、2A 、2B 、2C 、3A 、3B1 、3B2 、3C1A 、3C1B 、3C2 、4A 、4B 共计 13 层。1 层即所谓的螺壳胶结层，从包含物有新石器中晚期的夹蚌末陶片和夹砂陶鼎腿以及商周时期的几何印纹陶片来看，表明新石器中晚期及至商周时都有人在仙人洞口活动过，只是他们已不居住在此。1B 层虽不像 1A 层那样被扰乱，但参照 1960 年代该层出土陶器较复杂看，应属新石器较晚期堆积。其他 11 个层位都是既未被扰乱又都是早期的文化堆积，根据其各层的土质土色及含沙多少等情况，特别是根据各层出土的人工和自然物异同，我们将其划分为上下两层文化。

下层文化：也即 4B、4A 层。深或灰褐色黄沙土，总的偏褐带黄，土质疏松，夹含有大量细沙和大块风化了的石灰岩。出土遗物较少，只发现有少量燧石石片石器、骨器和动物骨骼、牙齿等，不见陶片。

上层文化：因上层文化自然形成的层位较多，文化堆积也较厚，遗物也特别丰富，故又可将其分为早晚两段。

早段，包括 3C2、3C1B、3C1A 诸层，其中以 3C1B 层发现的遗物和遗迹最丰富，最典型。3C1B 为红褐色土层，总的色调偏红。出土的遗物计有少量石片石器、磨制石器、穿孔石器、蚌器、骨角器（骨锥、削、镞、角锥）、牙齿、陶片以及大量动物骨骼等。陶片均为夹粗砂灰褐陶，器表多饰条纹和粗绳纹，且多两面饰纹。3C1B 层的底部有一红烧土层，厚约 2 ~ 3 厘米，基本连成一片，且烧结较硬，烧土呈红色，部分暗红色；烧土层之上为灰黑色土，中夹有不少炭屑及红烧土粒；灰黑色土之上为一层动物骨骼堆积，骨骼数量多，分布密集，种属有鹿、猪、狗、鸭等，兽骨中还夹有少量石片石器、石英石和陶片等。推测这一有相当范围分布的红烧土面应是当时人类居住的生活面。在 3C1A 底部发现一块小孩下颌骨，当也不排除早期原始人类有在居住地就近掩埋孩童的习俗。

晚段，色括 3B2 、3B1 、3A 、2C、2B、2A 诸层，基本为红褐色土层，有深有淡。包含的遗物有磨制石器、穿孔石器、骨器、角器、蚌器（多为双小孔）、陶片和大量兽骨等。陶片主要为夹粗砂红褐陶，少量夹粗砂黑陶和灰陶，普遍饰粗细绳纹和篮纹等。

东区的文化堆积丰富，1990 年代的试掘，出土的文化遗物较多，发现人类在此活动的遗迹达 19 处，其中灰坑 2 个、烧火堆或烧火圈 17 处。其地层堆积按土质土色分可分为 6 层 22 个小层。除 1A 层和灰坑中的 Fea（烧火堆）1 为近现代扰乱，1A1 、1B、1C 属晚期堆积外，其他地层和灰坑、烧火堆都为古代文化层和古人类活动遗迹。从土质土色粗略判断，2A 层至 2B2 层，堆积中含粗沙黏土、石灰岩块、角砾岩碎屑较多，土质相对较硬。从 3A 层开始至底部的 6C 层，其土质、土色及包含物，似又可作为一大的文化层。根据东区这些地层状况和成因，并结合出土物判断，仙人洞东区堆积主要可分为上、下两大层，这两大层是仙人洞居民的主要文化堆积，亦是主体文化。

下层文化：包括的地层和遗迹有 6C、6B 、6A 、5C 、5B 、5A、4B 、4A 、3B、3A1、3A 以及 Fea 7、12、9、10、13、16、5、17、14、18、19、15 等。这些文化遗存中出土的遗物主要是大件砾石器与石片石器共存，石片石器以薄片石英、燧石器为主，尚有少量骨器、蚌器及少量螺壳、蚌壳和一定数量的兽骨。未见磨制石器和陶制品。

上层文化：主要是第 2 层中的 7 个自然层位的堆积，根据其地层的堆积形态、人类活动遗迹和活动空间条件以及出土遗物情况，我们又将其分为早、晚两段。

早段，包括的地层和遗迹有 2B2 、2B1 、2B 层和 Fea 3、4、6、8 等。堆积中细小石片石器很少，多见大件打制石器，开始出土有局部或通身磨制石器，如梭形器等，磨制的骨角器较多且较精致，如骨鱼叉、鹿角铲、骨镞等。兽骨和水生动物螺壳之类明显比下层增多。陶制品开始出现，胎质较厚，夹粗砂，以双面条纹为特征。

晚段，包括的地层和遗迹有 2A3、2A2 、2A1、2A 层和 Fea2。出土遗物特别丰富，不见打制的细小石器，只有大量的稍作打制的砾石器和用长圆或椭圆砾石直接用来砸骨的锤击器，虽然不见磨制的石斧、石锛、石刀一类典型农业工具，但磨制和钻孔技术更为发达，如中间钻孔的重石器（一种木石复合点播工具）和磨制的梭形器等。这时的陶器制作技术提高，器表装饰既有单面绳纹又有双面绳纹，在陶器内壁还有抹朱红的做法，口沿也刻意装饰，如将其做成锯齿状纹或用小竹管戳出排状窝洞等。

通过 20 世纪 90 年代三次对仙人洞遗址的考古发掘和取样，并比较西区和东区的地层堆积和文化内涵，发现它们之间的关系是极为密切的，现综合两区的地层堆积和文化分期情况，对整个仙人洞遗址重新作分期，并根据其文化内涵及有关[14]C 年代测定数据，对每期所处的文化发展阶段及大致的年代作一大体推论。

　　下层文化：属中石器时代（或称旧石器晚期之末），距今约 20 000～15 000 年。包括西区的 4B、4A 层以及东区 6C 层以上至 3A 层的地层和遗迹。这一期的文化特征是，石器中出现大型石器，也有部分小型石器，即大型石器与小型石器同时并存⑤。骨器数量少，种类也少，只见有骨锥类；蚌器也少，只见小壳穿孔器。不见陶制品。其经济形态以狩猎为主，兼采集根茎果实、野生水稻和水生动物等。

　　上层文化早段属新石器时代早期偏早阶段，距今约 15 000～12 000 年。包括西区的 3C2、3C1B、3C1A 诸层和东区的 2B2、2B1、2B 及 Fea3、4、6、8。此期的文化特征是，石器以大型砾石器为主，也有少量石片石器。而大型石器多是硬锤技术加工，选用不同形状的砾石，直接加工成砍砸器一类的工具。磨制与钻孔技术更多地被用于石器加工，新出现两端尖、背部隆起、剖面呈半椭圆形、似织梭的梭形器，磨制精细，形制基本一致，仅大小不同，这足以显示此时的磨制技术已具有很高水平。单孔蚌器数量有所增加，以单孔为主。骨器种类增多，最有代表性的是出现了狩猎工具骨镞、捕鱼的工具骨鱼镖等。螺、蚌等水生动物明显增多。陶器开始出现，胎质、器形、火候、纹饰等无不表现出原始性。根据孢粉和植硅石的分析，这一阶段仙人洞人已能将野生稻培育成人工栽培稻，原始农业已经产生，但采集野生稻和狩猎、捕捞活动仍占有相当比重。

　　上层文化晚段属新石器时代早期偏晚阶段，距今约 12 000～9000 年。包括西区的 3B2、3B1、3A、2C、2B、2A 诸层以及东区的 2A3、2A2、2A1、2A 等层和 Fea2。这一期的文化特征仍是大型石器较多，不见细小石器，打制的砾石器仍用单面硬锤技术。利用砾石原有形状直接使用或稍作加工琢制的工具也较多。穿孔蚌器更多出现。陶器业已有发展，但仍处于较原始的粗砂陶水平。从发现多件穿孔重石器以及结合 1960 年代出土过一套大块马鞍形砺石和馒头形磨棒组合的谷物加工工具判断，这时的稻作农业已有一定发展。

　　显然，上述对仙人洞文化的重新分期及有关推论，和上世纪 60 年代的分期是不一致的。60 年代报告中将仙人洞堆积分为两期，第一期文化相当于新石器时代早期阶段；第二期文化被认定相当于新石器早期偏晚阶段。现通过 90 年代新的考古发掘资料，新分期的下层文化是 60 年代没有划分出来的最底部的堆积层文化，即中石器时代文化；上层文化早段则相当于 60 年代划分的第一期文化，即新石器时代早期的早段；上层文化晚段是从相当于 60 年代的第一期文化所属地层堆积中分出来的（原第一期文化所属地层较多，时间跨度也长），即新石器时代早期的晚段。60 年代所划的第二期文化，也就是相当于 90 年代东区的 1A1～1B、1C 层和西区的 1B 层，这些地层中的出土物与下层的出土物差异甚大，显非仙人洞遗址的主体文化，而是居住在仙人洞外面平原上的后期原始人类在洞口活动而留下的晚期遗物。上述这种新的考古学文化的分期和早年黄万波等同志对此洞穴地质上地层层序的划分⑥也是可以相对应的。仙人洞形成之后，黄先生推定约当更新世某一次间冰期形成了第 I 层的原生堆积;之后,随着洞内地下水逐渐退落,由洞外填充入洞的黄色沙质土和洞内崩塌的石灰岩块,堆积起第 II 层,这层应该就是仙人洞遗址的下层文化堆积,即中石器时代的堆积,时代大致在距今 20 000 ~ 15 000 年之间;至于第 II 层之后地质上形成的第 III 层,黄先生分为 IIIa 层和 IIIb 层,IIIa 层系黄色沙土,含有大量文化遗物,IIIb 层系灰色坚硬的沙土,夹有磨圆度较好的砾石,包含物大体与 IIIa 层相同,我们将其与仙人洞上层文化堆积对比,发现它们分别相当于新石器时代早段和晚段诸地层,时代正好在距今 15 000 ~ 10 000 年之间。到距今 5000 ~ 4000 年左右,即全新世晚期,第 III 层的堆积可能受到洞外文溪河水的冲刷,从而在第 III 层之中形成一较大的空隙,而在这一空隙里又堆积了第 IV 层,从包含物看也是后期人类活动遗存。

三

　　吊桶环遗址对揭示万年大源盆地史前人类活动的生存活动及其演进轨迹有着极其重要的意义。

　　上世纪 90 年代三次对吊桶环遗址的发掘共开探方 39 个计 39 平方米,由于这里的堆积以中、西部的堆积最厚,普遍发掘至 K 层,距地表深约 2.35 米,其中最深的探方发掘至 O 层,距地表深约 5 米许。吊桶环的地层堆积,从 1993 年度第一次开始发掘起,就按美方学者意见编号,无论大小地层均以英文字母序号从上往下顺排,即 A、B、C、D、E、F、G、H、I、J、K、L、M、N、O 共 15 层。

　　必须特别指出的是,最下面的 O、N、M 和 L 诸层,是在原生堆积之上的地层,只见有用火的痕迹,伴出的还有少量兽骨,基本不见人类文化遗物,表明此一时期吊桶环还仅是原始先民临时停留地或季节性营地,其较稳定的住地当有可能在大源盆地周围的另一个山岗,只惜我们至今尚未发现。因此,吊桶环的真正有人类居住的地层堆积应是从 K、J 层开始。根据各层出土的文化遗物、自然物和孢粉、植硅石的科学分析所提供的资料,并参照测定的 ^{14}C 年代,吊桶环遗址的文化堆积大体可分为下、中、上三层。

　　下层文化:属旧石器时代晚期,距今约 23 000 年左右。包括底层的 K、J 两个自然层和相关烧火遗迹。主要出土形体较小的石片石器,还出有少量骨角器以及一些兽骨等。石器原料多是燧石、石英和水晶等硅质岩类,硬锤技术普遍用于各种原料的剥片,砸击技术也有较多的应用,但主要用于燧石、砾石及石英等个体细小的原料。石器加工修理比较简单,刻意精细加工的定型石器基本不见,刃部修复的疤痕多很短小,刃口较平齐。石器组合有边刮器、端刮器、凹缺刮器、钻具等,其中可归属于边刮器类者数量较多,形状多为不等边三角形,普遍具有较明显的打击点、半锥体、放射线和波浪纹等痕迹。石器工业的总体面貌与华北旧石器时代晚期流行的石片石器没有太大的区别，并开始出现骨角器。骨角器中有一件角斧，是利用带基部的鹿角进行加工，于下端刮削出双面刃，磨制较细，是旧石器晚期制作精美的骨角器之一。

中层文化：属中石器时代（或称旧石器晚期之末），距今约 20 000～15 000 年。包含的地层为 I、H、G、F 四个自然层和所属的遗迹。石制品与早期明显不同的是出现了大量的大型石器（尤其在 H 层），开始出现小型石片石器与大型砾石石器并存的局面。小型的石片石器在原料选择、加工技术与石器组合方面与早期均无差异。大型石器则有两种情况：一种情况是较早出现者，多是硬锤技术加工的产物，选用不同形状的砾石，直接加工出砍砸器等不同类型的工具；另一种情况是稍后在继续使用打制技术的同时，一些不经过加工，只利用自然砾石作为工具直接使用的数量较多，如长柱状砾石石锤、长尖状的砾石穿孔器等。在这一阶段的石器组合中，用扁平状砾石加工的砍砸器或石刀的数量较多，长条形的砾石石锤也很多，刮削器等小型石片石器则日渐减少。这一时期，除继续加工一些骨角器外，还开始对蚌进行直接加工，其时的蚌器，蚌体宽大、厚重，表面较光，壳体打凿出孔洞，有双孔和单孔之分，孔径较大，孔洞主要是从壳体腹部向背部方向进行单向打凿琢制而成，然后在边缘稍加修整而已。

上层文化：根据其包含物特别是陶器和稻属植硅石的不同，也拟分为早晚两段：

早段，属新石器时代早期早段，距今约 15 000～12 000 年。包括的地层为 E 自然层和所属的遗迹。石器中数量较多的仍是直接利用的砾石石锤、砾石穿孔器等，偶见少数小型石片石器，磨制与穿孔技术已完全用于石器加工，一些扁平砾石被用做石砧或砺石。这时的骨、角、蚌器已较多应用于生产、生活中。开始出现陶器，且多为素面陶。

晚段，属新石器时代早期晚段，距今约 12 000～9000 年。包括的地层为 D、C、B 三个自然层和其遗迹。石器为大型砾石石器和穿孔重石器，细小石器已不见。骨角、蚌器磨制较精。陶器只见有单面或双面的绳纹陶。

四

通过前面有关仙人洞洞穴遗址和自然岩厦性质的吊桶环遗址的地层堆积和文化层次的划分，我们可以清楚地看到，同处于大源盆地一个地理单元的两个不同史前遗存，之间有极其密切的相互承袭的文化传统，完全可以相互对应和衔接起来。现综合两遗址的地层堆积、文化层的划分及其内涵，将其统一归纳分为四个时期的文化（见下表）：

第一期文化：旧石器时代晚期文化。只见于吊桶环下层 K、J 层，[14]C 测年距今约 23 000 年左右。主要出土形体较小的石片石器，还有少量骨角器和一些兽骨等，未见较大型砾石石器，更不见磨制石器和陶制品，但发现数量很少的野生稻形态的植硅石[⑦]。

吊桶环与仙人洞遗址文化层分期简表

地质学层序	考古学层序及年代 / 遗存		吊桶环	仙人洞		
				西区	东区	
					地层	烧火堆（Fea）
第IIIb层	新石器时代早期	晚段 9000 — 12 000 BP	B C D	2A 2B 2C 3A 3B1 3B2	2A 2A1 2A2 2A3	2
第IIIa层		早段 12 000 — 15 000 BP	E	3C1A 3C1B 3C2	2B 2B1 2B2	3 4 6 8
第II层	（旧石器晚期之末）中石器时代 15 000 — 20 000 BP		F G H I	4A 4B	3A 3A1 3B 4A 4B 5A 5B 5C 6A 6B 6C	7 12 9 10 13 16 5 17 14 18 19 15
第I层	旧石器时代晚期 23 000 BP		J K			

　　第二期文化：中石器时代（或称旧石器时代晚期之末）文化。包括吊桶环中层文化和仙人洞下层文化的诸地层和遗迹，^{14}C 测年距今约 20 000～15 000 年。除出土有小型石片石器外，开始出现大量的大型砾石石器，即出现小型石片石器与大型砾石石器并存的局面。但仍未见有原始陶器，也基本不见磨制石器。值得特别注意的是，属这一时期吊桶环的 G 层出现大量的野生稻植硅石，却又未见人工驯化稻的植硅石。

　　第三期文化：新石器时代早期最早阶段。包括吊桶环上层的 E 层和仙人洞上层文化早段的诸地层和遗迹，^{14}C 测年距今约 15 000～12 000 年。这期的主要文化特征是：

　　（1）大量出现大型砾石石器和砾石穿孔重石器[⑧]，小型石片石器更趋少见，特别是磨制和穿孔技术的出现，使石器制作工业的面貌大为改观，仙人洞上层早段地层发现的两件梭形器，磨制精细，形制相同，足以显示此时的磨制技术已很有水平。

（2）骨、角、蚌器更多地应用在生产和生活中，渔猎和采集的生产手段得以加强和上升，如仙人洞出土的骨鱼镖，是杀伤力较强的适合捕捉大个体鱼类的一种复合工具[9]，上端柄部呈等腰三角形，两面起脊，两侧有两个对称的凸节，左侧有倒钩三个，右侧有倒钩四个，前三列排列基本对称。鱼镖背面脊棱及两侧均刻划有不等的横道，它应是中国较早的原始记事、记数符号。

（3）经对其植硅石的检测分析结果，这一期也即吊桶环的 E 层和仙人洞的上层早段地层（主要是 3C1A 层）中，不仅仍发现有野生稻植硅石，并且开始出现人工栽培稻的植硅石，即出现野生稻与栽培稻植硅石共存现象。这确凿表明此时的稻作农业已经产生，表明此一时期的仙人洞人已完成了从以采集野生稻为主的攫取性经济向以人工栽培稻为主的生产性经济的转化过程。

（4）随着人们对"粮食"食物的采集、栽培及食用，人们的饮食文化结构也开始发生变化，可以说，几乎与稻作农业产生的同时，仙人洞人也随之发明了陶器。据考古资料揭示，仙人洞出土陶器的最早层位是 3C1B 层，所出陶片均为条纹陶，基本未见其他纹饰的陶器，其上一层即 3C1A 层所出陶器则既有条纹陶，也有素面陶。[10]经观察，这种条纹陶是用最原始的泥片叠塑法成型的，然后用手将随手抓来的稻秆儿或草蓣类在坯体内外上下擦削，或用事先做好的竹或木质平齿片状器在器体内外平行刮削，目的都是为了擦平接痕，使胎体较为紧密、规整，这种擦削修整的结果是器表多留下似篮纹的条状纹，我们统称为条纹陶。器壁普遍较厚，一般都在 0.7 厘米以上，有的达 1.2 厘米，虽无复原器，但可看出多为圆唇直口的圜底罐形器。有必要注意的是，出土最早的条纹陶或素面陶的这两个层位，都属于新石器时代最早阶段。

第四期文化：新石器时代早期偏晚阶段，包括吊桶环上层的 D、C、B 三层和仙人洞上层文化晚段的诸地层和遗迹，[14]C 测年距今约 12 000 ~ 9000 年。这期的主要文化特征是：

（1）石器工业仍为大型砾石石器和穿孔重石器，细小石器已完全不见。磨制技术更趋进步，故而发现一些磨制较精的磨棒和砺石（实是磨盘）等谷物加工工具。

（2）骨、角、蚌器加工更精，种类更多，如进步的骨矛形器出现。这时的穿孔蚌器不仅出土数量多，而且孔径小的或中型的为多，且多为双孔，多双面对钻，即或是打凿的也都稍加修琢。还出现磨制精细的作为装饰品的圆形蚌饰品。

（3）经检测，在这一时期的吊桶环 D 层和仙人洞的 3B2 和 3B1 层中，仍是野生稻和栽培稻植硅石共存，只是后者的数量比以前增多了；在吊桶环的 C、B 层和仙人洞的上层文化晚段其他诸层出土的稻属植硅石中，则以人工栽培稻为主，其数量竟达到 55% 以上，而野生稻则日趋减少，表明这一时期的仙人洞人不仅已完成了从攫取性经济向生产性经济的变革过程，而且其稻作农业已有一定的发展。

（4）陶器制作技术在前期基础上有进一步提高。据考古资料揭示，仙人洞上层文化晚段的3B2、3B1和3A层只出土有绳纹陶和少量的编织纹陶，未见有条纹陶和素面陶。绳纹陶和编织纹陶与条纹陶不同，多是采用泥条盘筑法成型，绳纹陶的整修多是用缠有成束的线或绳或经搓揉的植物纤维进行拍打，只是有的仅拍打陶器外壁，有的则内外拍打，目的也是为了消去接痕，使胎质紧密，厚薄较一致；那种带网结的绳纹则很可能就是顺手用当时捕猎较多而吃剩下的鹿角进行拍打所致。器形仍很简单，20世纪60年代发掘时复原的侈唇直口圜底罐应是代表性的常见器物。

通过上述对仙人洞和吊桶环两遗址地层堆积的揭示和文化分期的剖析，使我们能大体了解整个大源盆地古代原始居民文化发展的演进历程，初步勾画出古代吊桶环—仙人洞人与自然、与社会的全息历史图景。

在旧石器时代晚期，也即距今约23 000年前后，大源盆地为一水网、沼泽地带，仙人洞洞口几乎常年淹没在水中，当时的原始人类只能在周围的山冈上过着采集狩猎的生活，吊桶环遗址由于其所处海拔高度比仙人洞要高，又有半封闭式的岩棚，因而也就很自然成为当时原始人类用以狩猎和采集的临时活动地或季节性住地，故而遗留下一些烧火堆遗迹，并留下一些细小石器和兽骨等。到距今约20 000～15 000年，从全球看，正是人类历史上末次冰期的最盛期，处于从晚更新世末大理冰期的盛冰期向晚更新世末大理冰期的晚冰期过渡阶段，也即地球从最冷到逐渐变暖演变，海面降低达百米左右[11]，大源盆地的地理生态环境也发生巨大变化，首先河床下退，仙人洞洞口开始露出水面，甚至相对出现一个较稳定的不受洪水浸泡的时期，这时吊桶环上居住的部分原始居民才开始走下山岗而搬迁至仙人洞居住，这就形成了仙人洞的下层堆积，是仙人洞遗址至今发现的最早一批在此固定居住的原始居民，也即仙人洞史前居民的第一个高峰期。随着时间流逝，再经过一个时期，即距今约15 000～12 000年，气候更趋变暖，尽管气候仍有波动，出现一次副间冰期和一次副冰期（若干间冰阶和冰阶），但总体上气温迅速转暖，据专家估计[12]，此后的温暖时期与现在的气温相当，甚至高出2℃～4℃，处于这一阶段的大源盆地的原始居民，生存环境进一步发生变化并得到较大改善。也由于生产力的不断提高，对大自然的不断改造，人口的不断增加，这时的原始人类更把仙人洞作为较稳定的生活住地，从而形成了仙人洞上层文化早段如3C1B层底部那样较大范围的红烧土面的堆积，也即仙人洞史前居民的第二个高峰期。而此时的吊桶环已不再作为固定的居所，从其上层出土有成千上万的动物骨骼碎片来看，当是居住在仙人洞的居民在这一带狩猎的临时营地或屠宰场。这一时期仙人洞人的生产、生活都经历了一次前所未有的巨大变革，诸如最早陶器的发明（图三～五；彩版四，1；彩版五，1、2）、野生稻开始驯化成栽培稻、原始农艺的产生、局部磨制石器以及骨器上的刻符与记数

图三 陶片出土时状况

图六 骨鱼镖

图四 出土陶片

图七 穿孔蚌器

图五 出土陶片

（图六；彩版四，2）和蚌饰品（图七；彩版四，3）的出现等等，这些都是人类历史上极为重要的新的文化因素，即所谓"新石器革命"。到距今约 12 000～9000 年，仙人洞更是原始先民的常年稳定居所，从而形成了仙人洞上层文化晚段的堆积，也即仙人洞史前居民的第三个高峰期。至于吊桶环此时仍然是原始居民偶尔活动之地，或屠宰场，或打谷场，或临时休憩地，所以虽有地层堆积，但文化遗物不很丰富。

　　众所周知，晚更新世末到全新世初是人类发展史上至为关键的发展阶段，其年代大致集中在距今 15 000～10 000 年之间，这个时期正处于更新世末次冰期的晚段。在这一时期，地球上一些地区的远古人类经历了从旧石器时代的攫取性经济向新石器时代生产性经济的过渡，其中涉及农业、畜牧业、制陶术、纺织工艺的发生以及早期聚落、宗教、艺术的起源等一系列深刻影响人类文明发展的重大事件，而江西万年仙人洞与吊桶环遗址的上层年代幅度恰好在这一范围之内，特别是吊桶环的 E 层和仙人洞的 3C1A 层是各自的关键层位，它们各自出有相同类型的石制品，同时都开始出现最早的陶器，而且又同时开始出现人工驯化稻的植硅石，即多个极为重要的人类文化因素在此时产生，这无疑是旧石器时代向新石器时代过渡阶段（即中石器时代）的结束，是另一个崭新的新石器时代到来的标志。恩格斯曾总结说："蒙昧时代是以采集现成的天然产物为主的时期，人类的制造品主要是用作这种采集的辅助工具。野蛮时代是学会经营畜牧业和农业的时期，是学会靠人类的活动来增加天然生产的方法的时期。"旧石器时代向新石器时代的过渡，就是从单纯的攫取天然食物的掠夺性经济转变为种植农业、饲养家畜为主的生产性经济的过程。万年吊桶环和仙人洞遗址从旧石器晚期经中石器时代的过渡时期再到新石器时代早期的完整地层序列及文化内涵，向人们展示了这一文化演进过程，其文化发展的连续性和传承性以及地层序列所反映出当时的环境演变有助于我们深入了解这一演进过程中人与自然的关系。总之，通过吊桶环与仙人洞遗址，我们似可由此建立起华南地区人类由旧石器向新石器过渡的演进模式。

注释：

① 　a. 江西省文物管理委员会：《江西万年大源仙人洞洞穴遗址试掘》，《考古学报》1963 年 1 期；b. 江西省博物馆：《江西万年大源仙人洞洞穴遗址第二次发掘简报》，《文物》1976 年 12 期。

② 　a. 彭适凡：《试论华南地区新石器时代早期文化——兼论有关的几个问题》，《文物》1976 年 12 期；b. 彭适凡：《万年仙人洞新石器早期文化的几个问题》，《江西先秦考古》，江西高校出版社，1992 年；c. 曾骐：《试论华南地区的新石器时代文化》，《史前研究》1983 年 1 期。

③ 　a. 彭适凡、周广明：《江西万年仙人洞文化的再探讨》，《中日古人类与史前文化渊源关系国际学术讨论会会刊》，中国国际广播出版社，1994 年；b. 刘诗中：《江西仙人洞和吊桶环发掘获重要进展》，《中国文物报》1996 年 1 月 28 日 1 版；c. 严文明、彭适凡：《仙人洞与吊桶环——华南史前考古的重大突破》，《中国文物报》

2000 年 7 月 5 日 3 版。

④ 万年县志编纂委员会编：《万年县志稿》（内部资料），1999 年。

⑤ a. 黄万波等：《江西万年仙人洞全新世洞穴堆积》，《古脊椎动物与古人类》1963 年 7 卷 3 期；b. 曹柯平：《江西旧石器、中石器文化之探索》，《江西历史研究论集》，江西人民出版社，1999 年。

⑥ 王幼平：《复原仙人洞人历史的石制品》，《中国文物报》2000 年 7 月 5 日 3 版。

⑦ 赵志军：《稻谷起源的新证据——对江西万年吊桶环遗址出土的稻属植硅石的研究》，第二届农业考古国际学术讨论会论文。

⑧ 汪宁生：《试释几种石器的用途——民族考古学研究之一例》，《中国原始文化论集——纪念尹达八十诞辰》，文物出版社，1989 年。

⑨ 安家瑗：《小孤山发现的骨鱼镖——兼论与新石器时代骨鱼镖的关系》，《人类学学报》1991 年 10 卷 1 期。

⑩ 张弛：《江西万年早期陶器和稻属植硅石遗存》，《稻作、陶器和都市的起源》，文物出版社，2000 年。

⑪ 杨怀仁等：《中国东部晚更新世以来的海面升降运动与气候变化》，《第四纪冰川与第四纪地质论文集》，地质出版社，1985 年。

⑫ 杨怀仁等：《中国末次冰期的古气候》，《第四纪冰川与第四纪地质论文集》，地质出版社，1985 年。

东胡林、转年、南庄头与于家沟

——华北早期陶器的初步探讨

赵朝洪　王　涛　吴小红　刘明利　员雪梅　郁金城　郭京宁[*]

陶器是古代遗存中最常见又是最为重要的文化遗物之一。由于陶器不会腐烂，又和人类的日常生活密切相关，因此，考古学家一直把对陶器的研究作为复原古代人类生活的一个重要方面。在有关陶器的研究中，一些学者认为陶器起源与定居生活的开始及农业起源有密切的关系；另一些学者则认为陶器起源于高级采集与狩猎（渔猎）阶段，与农业起源不一定有关系；有的学者还把陶器的出现作为划分旧、新石器时代的重要标志。近几十年来，陶器的起源及其早期发展一直受到考古学、史前史、科技史、年代学、环境学等诸多学科学者们的普遍重视，成为学术界关注的热点。

中国是世界上较早出现陶器的地区之一。自 20 世纪 50 年代末 60 年代初在广东省翁源青塘及江西省万年仙人洞等遗址发现了早期陶器以来，又先后在广西桂林甑皮岩、南宁豹子头、柳州大龙潭鲤鱼嘴、桂林庙岩，湖南道县玉蟾岩，江西万年仙人洞与吊桶环，江苏溧水神仙洞，河北徐水南庄头、阳原于家沟，北京转年、东胡林等多处遗址中发现了多种类型的陶器残片，这些早期陶器的年龄经多种科学方法测定，均在万年以上。（图一）其中，玉蟾岩、庙岩、仙人洞与吊桶环遗址出土的早期陶器的特征及年龄，大致代表了中国南方地区早期陶器的特征及年龄，东胡林、转年、南庄头及于家沟等遗址的早期陶器在华北地区应有代表性。本文着重对华北地区的东胡林、转年、南庄头及于家沟等遗址早期陶器的发现及年代测定与研究情况作简要分析，并对相关问题作初步探讨。

* 赵朝洪、王涛、吴小红、刘明利、员雪梅，北京大学中国考古学研究中心、北京大学考古文博学院；
郁金城、郭京宁，北京市文物研究所。

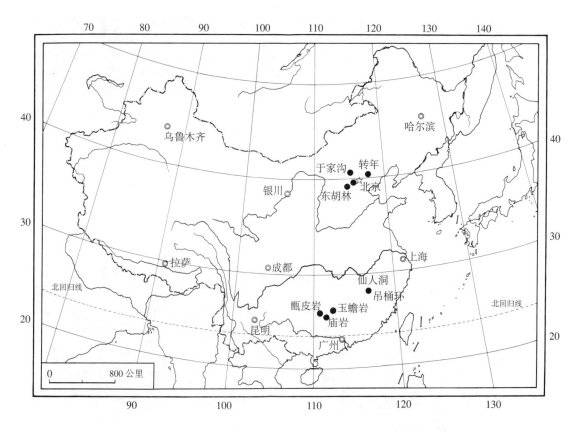

图一　出土早期陶器的主要遗址分布示意图

一　华北地区早期陶器的发现

（一）东胡林遗址

东胡林遗址位于北京市门头沟区东胡林村村西，坐落在清水河北岸的三级阶地上，高出现河床25米。遗址面积4000余平方米。1966年曾发现新石器时代早期墓葬。2001年发掘出土了石器、骨器、陶片、残存人骨等文化遗物，还发现人类烧火遗迹多处及大量动物骨骼。2003年再次发掘，又出土了一批石器、陶器、骨器、蚌器等重要遗物，几处用火遗迹，一处石器加工场所，同时发现了一座保存完好的新石器时代早期墓葬。石器以打制石器为主，包括石片石器、砍砸器、刮削器等，并发现一定数量的用燧石打制而成的细小石器以及石磨盘、石磨棒等加工工具。陶片计40余片，多为红褐色，少数为灰褐色，均为夹砂陶，分为夹粗砂和细砂两类。夹粗砂陶片多夹石英砂粒，陶胎普

1. 陶器口沿

2. 饰附加堆纹陶片

3. 饰绳纹陶器口沿

4. 陶器口沿

图二　东胡林遗址出土陶片

遍较厚；质地疏松，火候不匀，能观察到分层现象；有的陶片一面为红褐色，另一面则为灰黑色，有的带有烟炱。夹细砂陶片一般稍薄。多为素面陶，有的有附加堆纹，个别陶器口沿上还饰有绳纹。附加堆纹多施于陶器颈部。陶片多为腹片及底片，有少量口沿残片，从口沿和腹片看，陶器器形多为罐类。从器表及断面看，似为泥片贴筑法制成。[①]（图二；彩版六）

（二）转年遗址

转年遗址位于北京市怀柔县宝山寺乡转年村西，白河第二级阶地上。遗址面积约5000 平方米。1992 年发现，1995、1996 年进行了发掘，出土了打制石器、细石器、磨

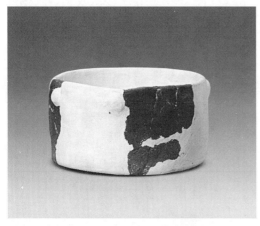

1. 陶盂   2. 石容器残片

3. 陶片   4. 陶器口沿

图三　转年遗址出土遗物

制石器以及陶器等遗物 1 万余件。在石器中除打制的砍砸器、刮削器、尖状器外，典型的细石器数量较多，制作精细。同时还发现了石磨盘、石磨棒、磨制小石斧及石容器残片。陶器的种类简单，仅发现筒腹罐和盂等残片，以夹砂褐陶为主，质地较疏松，颜色不匀，除个别口沿外施附加堆纹或凸纽饰外，均为素面陶，有的陶片内外呈片状脱落，表现了早期陶器的特征。[②]（图三；彩版七）

（三）南庄头遗址

南庄头遗址位于河北省保定市徐水县高林村乡南庄头村，地处太行山东麓前沿，华北平原的西部边缘，西距太行山余脉 15 公里，东距白洋淀 35 公里，海拔 21.4 米，是一处新石器时代早期遗址。1986 年发现，1986、1987、1997 年作了多次发掘，发掘面积达数百平方米。除发现多座灰坑、灰沟及用火痕迹外，还发现了一定数量的石磨盘、石磨棒、石锤、石块、石片、骨锥、骨镞、被切割的鹿角、人工凿孔的木棒、木块等遗物及数量较多的兽、禽、鱼类骨骼及螺、蚌壳与树叶、种子等。此外，还发现了 50 余

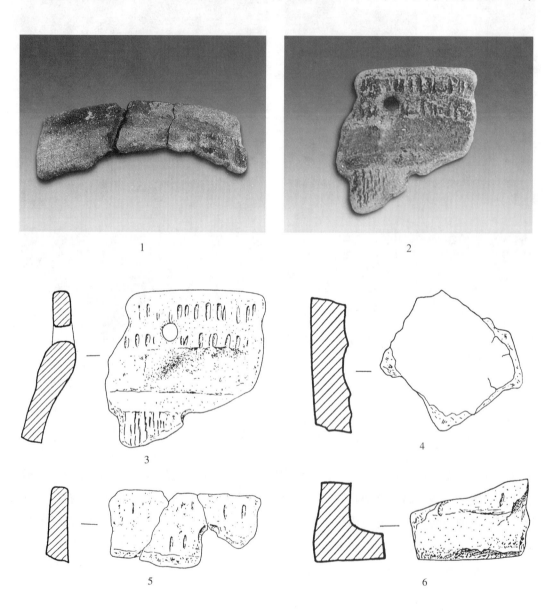

图四　南庄头遗址出土的陶片

1. 陶器口沿（E：1）　　2. 陶器口沿（E：3）　　3. 陶器口沿（97XNZ1：3）　　4. 陶片（97XNG3：280）

5. 陶器口沿（97XNT6⑤：22）　　6. 陶片（97XNG3：394）

片陶片，其中腹片占多数，有少数口沿及底片，夹砂或夹蚌壳末，胎厚一般在0.8～1厘米，烧制火候低，质地较疏松，陶色不匀，断面中心部位常为灰褐色或黑色，两侧常为灰色或黄褐色。按陶系分大致可分为夹砂灰陶与夹砂黄褐陶两大类。夹砂灰陶都饰有纹饰，最普遍的是绳纹，颈部几乎都有附加堆纹，个别陶片口沿外侧有剔划纹，一些陶片还有钻孔现象。夹砂黄褐陶陶片夹砂粒稀少，质地较前者稍坚硬，不见纹饰。器形主要是罐，壁较直，平底，底部常见烟熏火燎痕迹。钵类仅见部分口沿，圆尖唇，浅腹。③（图四；彩版八，1、2）

（四）于家沟遗址

于家沟遗址位于河北省阳原县境内桑干河北岸的虎头梁村西一条冲沟（于家沟）的源头。1995～1997年北京大学考古学系与河北省文物考古研究所合作进行了发掘。发现了从旧石器时代晚期到新石器时代早、中期的连续堆积文化层，厚度达7米多。出土了丰富的石器，计有刮削器、尖状器、雕刻器、锛及大量细石器。此外还发现了数块陶片、骨器及大量动物骨骼。陶器发现于灰黄色粉细砂层，亦即遗址第3层中，陶片为夹砂陶，质地粗糙、极疏松，红褐色，似为罐类，最大的一块似为一平底器的底部。④（图五；彩版八，3）

图五　于家沟遗址出土的陶片
（和泥土粘结在一起）

二　年代的测定与研究

北京大学考古文博学院科技考古与文物保护实验室等单位对东胡林、转年、南庄头及于家沟等遗址的文化层及部分出土陶器作了年代测定，取得了系列年龄，其结果可见表1～4。

在对遗址的各文化层的年代进行测定时，不仅采用了木炭标本，也采用了人骨、兽骨、陶片等标本；既使用了常规14C方法，也采用了加速器质谱14C法与热释光法，经对比分析，可以看出对同一文化层出土的多种测年标本测定出的年代数据大致是接近的。

从测定结果可以看出，东胡林、转年、南庄头及于家沟四处遗址所出陶器的年代大致在距今12 000～9000年间，属于新石器时代早期。

表 1　北京东胡林遗址¹⁴C 年代一览表

实验室编号	测年物质	样品原编号	¹⁴C 年代（BP）	树轮校正年代（±1s）（Cal. BC）
BA95068	人骨	BMD M01	8720±170	8160（0.05）8133 8078（0.01）8072 8057（0.01）8050 7969（0.92）7586
BA02143	人骨	BMD M02（T1④）	8610±140	68.2% 置信度 7940BC（0.01）7930BC 7920BC（0.23）7900BC 7880BC（0.16）7860BC 7840BC（0.633）7520BC 95.4% 置信度 8250BC（0.954）7350BC
CAMS-31482	人骨	BMD M01	8450±80	7582（0.90）7476 7388（0.06）7380 7460（0.04）7454
CAMS-30912	人骨	BMD M01	8450±70	7580（0.68）7513 7457（0.01）7456 7507（0.27）7478 7388（0.05）7382
BA02144	木炭	BMD T3 HD2	9110±110	68.2% 置信度 8530BC（3.3%）8500BC 8480BC（54.9%）8230BC 95.4% 置信度 8650BC（95.4%）7950BC
BA02145	木炭	BMD T3 HD3	8920±80	68.2% 置信度 8240BC（21.2%）8150BC 8140BC（47.0%）7960BC 95.4% 置信度 8280BC（95.4%）7780BC
BA2002036	木炭	BMD T3 HD3	8680±85	
BA2002035	木炭	BMD T3 HD5	8905±145	
BA02151	兽骨	BMD T3 HD2	8670±80	68.2% 置信度 8000BC（68.2%）7580BC 95.4% 置信度 8000BC（95.4%）7500BC

注：标本 CAMS－31482 和 CAMS－30912 是由美国 Lawrence Livermore 国家实验室 AMS 中心测定，据 Hao S. G., *et al.* 2001. The Donghulin Woman from western Beijing: C－14 age and an associated compound shell necklace. *Antiquity*, 75：517－522. 其余标本均由北京大学考古文博学院科技考古与文物保护实验室测定。

表 2　北京转年遗址¹⁴C 年代一览表

实验室编号	测年物质	样品原编号	¹⁴C 年代（BP）
BA97080	木炭	ZNT22②－3	9220±110

注：据郁金城、李超荣、杨学林、李建华：《北京转年新石器时代早期遗址的发现》，《北京文博》1998 年 3 期。

表3　河北徐水南庄头遗址^{14}C 年代一览表

实验室编号	出土层位	测年物质	^{14}C 年代（BP）		校正年代（BC）	备注
			5730	5568		
BK86120	T1⑤–⑥	木头	9875 ±160	9600 ±160	9750～9150	该层出陶片、石器、骨器等
BK86121	T1⑤–⑥	木头	9690 ±95	9420 ±95	9250（0.56）9110 9000（0.33）8890	该层出陶片、石器、骨器等
BK87093	T1⑤–⑥	木头	9810 ±100	9530 ±100	9600（0.04）9560 9390（0.96）9140	该层出陶片、石器、骨器等
BK89064	T1东约1米⑤–⑥	木头	9850 ±90	9570 ±90	9600（0.07）9560 9390（0.93）9210	该样品与陶片共出
BK87086	T3北壁中部⑤	淤泥	9980 ±100	9700 ±100	9690（0.04）9660 9630（0.96）9280	该层出陶片、石片、木炭等
BK87075	T1⑥底部灰坑	木炭	10 510 ±110	10 210 ±110	10 900（0.96）10 350 10 300（0.04）10 200	灰坑中出陶片、鹿角等
BK87088	第⑥层底部	淤泥	10 815 ±140	10 510 ±140	11 070（0.75）10 840 10 800（0.25）10 690	该层出陶片、石器、骨器等

注：据原思训、陈铁梅、周昆叔：《南庄头遗址14C 年代测定与文化层孢粉分析》，《考古》1992 年 11 期。

表4　于家沟遗址剖面热释光年龄数据

层　位	样品号	深度（m）	岩性	TL 年龄（KaBp）
2 层顶部	Y-2-80	0.82	灰黑色黏土	2.13
2 层下部	Y-2-16	2.08	灰黑色黏土	6.07
3a 层上部	Y-3a-54	2.60	深棕黄色粉砂	6.95
3b 层顶部	Y-36-23	4.28	深棕黄色粉细砂	11.12
6 层顶部	Y-6-42	5.60	灰绿色钙质粉砂	12.19

注：据夏正楷、陈福友、陈戈等：《我国北方泥河湾盆地新—旧石器文化过渡的环境背景》，《中国科学（D 辑）》2001 年 31 卷 5 期。

早期陶片发现于 3b 层中部。陶片所测 TL 年龄为 11.60Ka Bp。

三　相关问题的探讨

（一）华北早期陶器的特征

尽管东胡林、转年、于家沟与南庄头遗址因为遗址所处的环境不同，在文化面貌上有一定程度的差异，但上述遗址所出土的陶器大致代表了距今 12 000～9000 年间华北地区制陶工业的发展水平。这一阶段的陶器具有以下特征：

（1）器类仍比较简单，以罐类为主，一般为平底器；个别地区还使用石制容器。

（2）全部为夹砂陶器；多为素面。

（3）烧制火候低，陶质疏松、易碎，特别是夹粗砂器壁较厚的陶器，更不容易烧透，也就更容易破碎。

（4）烧制陶器的氛围仍为露天堆烧，陶器受热不均匀，表面颜色往往是红、褐、灰、黑相杂，显得斑驳。

（5）陶土系就近取材，随机选土，夹砂陶中的石英、长石砂粒棱角多被磨蚀过，棱角尖锐的很少，说明陶器中所夹砂粒多为自然环境中形成的砂粒，不是先民有意砸碎掺入的。

上述特点说明这个阶段烧制陶器的水平还相对较低。但以下几点也反映了先民烧制陶器的能力已有了一定的提高：

（1）器类虽仍以罐类为主，但已出现少量钵、盂类器物，说明既有了炊器（可兼作盛器），又有了饮食器（可兼作水器）。

（2）夹砂陶已有夹粗砂与夹细砂之分，也有夹砂多少的区别，有的夹砂粒很少，如罐类多为夹粗砂陶器，钵类多为夹细砂陶或夹砂很少，这说明古代先民此时已懂得根据需要对陶土进行选择，可称之为随机选土。

（3）罐类器物颈部常见附加堆纹，个别有剔划纹、凹弦纹或指甲压印纹，有时有绳纹，这些纹饰明显超出实用范围，具有装饰作用。

（4）陶器的制法多见采用泥片敷贴成型方法，也有的用泥条法筑成，成型后内外壁抹光；有的陶片的断面上仍可看到泥片或泥条叠加的情况。

（二）与华南地区早期陶器的比较

华南地区发现过早期陶器的湖南道县玉蟾岩、江西万年仙人洞及桂林庙岩、甑皮岩等遗址已有系列测年数据（表5～8）。测年标本既有木炭，也有螺蚌壳、陶片等。在用^{14}C方法测定陶器的年代时，科学家们仔细研究了陶器中碳的来源、碳的分离方法、各个含碳的组分、不同组分碳的年代以及在烧制与埋藏过程中各含碳组分的变化。经过对陶器样品严格的前处理流程，小心地分离出陶器中的各含碳组分并分别作了测定。如玉蟾岩及庙岩遗址出土的早期陶片经过前处理之后，对分离出的腐殖酸及残渣分别作了测定（表5、6），测出的^{14}C年代数据与用其他物质的标本测出的同一层位的年代数据大致是接近的⑤，其结果也应视为是可靠的。

表5 湖南道县玉蟾岩遗址^{14}C年代一览表

实验室编号	出土层位	测年物质	测年方法	^{14}C年代（BP）		校正年代（BC）	备注
BA95058	3E	木炭	AMS – ^{14}C	14 080 ±270	13 680 ±270	15 350～14 500	3E层出陶片及稻谷
BA95057a	3H	陶片腐殖酸	AMS – ^{14}C	12 320 ±120	11 970 ±120	13 150（0.45）12 650 12 500（0.55）12 100	3H层出土陶片
BA95057b	3H	陶片残渣	AMS – ^{14}C	14 810 ±230	14 390 ±230	16 150～15 400	

注：据赵朝洪、吴小红：《中国早期陶器的发现及相关问题的讨论》，《考古学研究（五）》，科学出版社，2003年。

表6 广西桂林庙岩遗址^{14}C年代一览表

实验室编号	出土层位	测年物质	测年方法	^{14}C年代（BP）		校正年代（BC）	备注
				5730	5568		
BA92030-1	2	炭化核桃皮	AMS – ^{14}C	12 730 ±370	12 370 ±370	13 800～12 300	
BA92033-1	3M	炭化核桃皮	AMS – ^{14}C	12 630 ±450	12 270 ±450	13 700～12 200	
BA92034-1	4M	炭屑	AMS – ^{14}C	13 710 ±270	13 320 ±270	14 950～14 100	
ZK-2841	5	螺壳	^{14}C	17238 +237	16 750 ±240	19 000～18 100	第5层中出土陶片3块
BA94137a	5	陶片腐殖酸	AMS-^{14}C	15 560 ±500	15 120 ±500	17 300～15900	
BA94137b	5	陶片残渣	AMS-^{14}C	15 660 ±260	15 220 ±260	17 200～16 300	
BA92036-1	5L	炭屑	AMS-^{14}C	18 140 ±320	17 630 ±320	20 150～19 100	第5层中出陶片3块
BA92037-1	6L	炭屑	AMS-^{14}C	20 920 ±430	20 330 ±430		

注：据赵朝洪、吴小红：《中国早期陶器的发现及相关问题的讨论》，《考古学研究（五）》，科学出版社，2003年。

表7 江西仙人洞遗址^{14}C年代一览表

实验室编号	出土层位	测年物质	^{14}C年代（BP）	树轮校正年代（Cal BC）（±2σ, 95.4%）
BA00006	3C1a（西）	骨	15 210±190	17 000～15 500
BA00009	3C1b（西）	骨	16 440±190	18 500～16 900
BA00004	2A（东）	骨	10 160±120	10 700～9300
BA00015	2B（东）	骨	16 130±160	18 300～16 800

注：Xiaohong Wu and Chaohong Zhao. 2003. Chronology of the Transition from Palaeolithic to Neolithic in China, *The Review of Archaeology*, Vol. 24, No. 2, Fall 2003, p. 18.

表8　广西桂林甑皮岩遗址第一期遗存木炭样品的加速器方法测定结果

实验室编号	样品物质	层位	^{14}C 年代 BP（5568）	树轮校正年代（68.2%）
BA01245	木炭	DT6（23）	10 500 ± 140	10 900BC（60.8%）10 350BC 10 300BC（7.4%）10 150BC
BA01246	木炭	DT6（29）	11 960 ± 240	12 400BC（68.2%）11 500BC
BA01239	木炭	DT6（28）	9440 ± 280	9250BC（68.2%）8300BC
BA01244	木炭	DT4（31）	9380 ± 170	9150BC（9.4%）8950BC 8900BC（58.8%）8300BC
BA01243	木炭	DT4（30）	9770 ± 130	9400BC（49.2%）9050BC 9000BC（19.0%）8800BC
BA01238	木炭	DT6（28）	9380 ± 180	9150BC（9.8%）8950BC 8900BC（58.4%）8300BC

注：中国社会科学院考古研究所等编：《桂林甑皮岩》，第441页表三二，文物出版社，2003年。

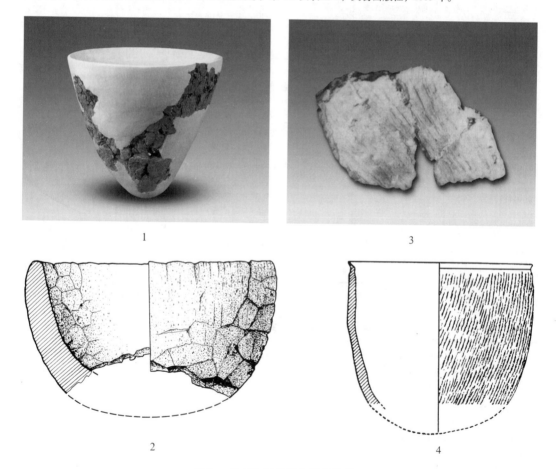

1　　　　　　　　　　　　　　　　　　　3

2　　　　　　　　　　　　　　　　　　　4

图六　华南地区发现的早期陶器

1. 玉蟾岩遗址出土陶器 95DMT9：26　2. 甑皮岩遗址出土陶釜 DT6（28）：072　3. 仙人洞遗址出土早期条纹陶片
4. 仙人洞遗址出土陶罐 T3③：1

根据年代测定情况看，玉蟾岩、庙岩、仙人洞诸遗址早期陶器的年代可早到距今 17 000 ~ 14 000 年前后，而甑皮岩遗址出土的早期陶器大致距今 13 000 ~ 10 000 年间。可以看出，目前所发现的华南地区的早期陶器在年代上是有早晚差别的，玉蟾岩、庙岩、仙人洞的早期陶片似乎要早一些。

从陶器外形来看，玉蟾岩等遗址的陶胎较厚，夹砂颗粒大，多为尖圜底器，器表多见绳纹、刮条纹等纹饰，少见附加堆纹。（图六，1；彩版八，4）这与华北地区陶胎相对较薄、夹砂颗粒较小、多见平底器、多见附加堆纹、绳纹等纹饰明显不同。这些差别既有年代上的差别，也有文化传统上的差异。

甑皮岩、仙人洞等遗址的部分陶器反映出其在制作工艺上已采用了泥片贴塑法，也有的用泥条法筑成；在陶器的颈部或近口沿部也见饰有附加堆纹。（图六，2 ~ 4；彩版八，5）这些特征在华北地区的早期陶器上也有体现，应该反映了早期陶器发展过程中的某些阶段性特点。

通过对东胡林、转年等遗址出土陶器的初步观察以及与华南地区早期陶器的初步对比，我们认为南庄头、东胡林等遗址的陶器已不是制陶术发明的最初阶段的产品，而是古代先民经过相当长时间的制陶实践后的产物。因此，在此基础上，寻找华北地区更早期的陶器，探索华北地区陶器的起源与发展是我们今后田野考古工作的一项重要任务。

注释：

① a. 赵朝洪、郁金城、王涛：《北京东胡林新石器时代早期遗址获重要发现》，《中国文物报》，2003 年 5 月 9 日 1 版；b. 东胡林考古队：《北京新石器早期考古的重要突破》，《中国文物报》2003 年 11 月 7 日 1 版；c. Zhao, Chaohong, Yu, Jincheng, Wang, Tao, Xia, Zhengkai, Hao, Shougang, Ma, Xueping. 2003. A Study on an Early Neolithic Site in North China, *Documenta Praehistorica XXX.*

② 郁金城、李建华、李超荣、杨学林：《北京转年新石器时代早期遗址的发现》，《北京文博》1998 年 3 期。

③ a. 保定地区文管所、徐水县文物管理所、北京大学考古系、河北大学历史系：《河北徐水南庄头遗址试掘简报》，《考古》1992 年 11 期；b. 李珺：《徐水南庄头遗址又有重要考古发现》，《中国文物报》1998 年 2 月 11 日 1 版；c. 郭瑞海、李珺：《从南庄头遗址看华北地区农业和陶器的起源》，《稻作、陶器和都市的起源》，文物出版社，2000 年。

④ a. 泥河湾联合考古队：《泥河湾盆地考古发掘获重大成果》，《中国文物报》1998 年 11 月 15 日 1 版；b. 周昆叔：《华北全新世下界不整合与新石器早期文化》，《中石器文化及有关问题研讨会论文集》，广东人民出版社，1999 年；c. 同注③c.

⑤ Yuan, Sixun, *et al.* 1997. Application of AMS Radiocarbon Dating in Chinese Archaeological Studies. *Application of Accelerators in Research and Industry* (J. L. Duggan and I. L. Morgan ed.), p. 392. AIP Press：New York.

^{14}C 测年与我国陶器溯源

原思训*

陶器的发明是人类智慧用于水、火、土（黏土）的结晶，是人类利用天然材料用火创造出来的制成品，在人类文明发展史上占据光辉的一页。陶器的应用在我国有着十分久远的历史，考古学的新发现与 ^{14}C 测年方法的应用，将我国陶器的发明史不断向前推移。^{14}C 测年方法是目前考古学中包括测定陶器年代时应用最多的方法，笔者多年来关注我国陶器起源历史的追溯，本文拟讨论如下三个问题：我国陶器历史追溯、^{14}C 测年在陶器溯源中的应用及有关陶器 ^{14}C 年代数据使用中的若干问题。

一　我国陶器历史追溯

1965 年我国第一个 ^{14}C 实验室在中国社会科学院考古研究所建成，到 20 世纪 80 年代初我国已建成 ^{14}C 实验室 20 多个，并累积了与考古学有关的 ^{14}C 年代数据 1000 多个，透过其中的磁山、裴李岗、河姆渡等遗址的 ^{14}C 数据，我国陶器的 ^{14}C 年代已能够上溯到距今 6000 年以上，至于更早的陶器年代则异常朦胧。20 世纪 50 年代末之后，在江西、广西、广东等地发现了几处出土陶片的早期新石器遗址，70 年代中国科学院考古研究所 ^{14}C 实验室发表了江西万年仙人洞、广西桂林甑皮岩等遗址距今万年上下的 ^{14}C 年代数据[①]。不过由于当时这些地区的考古研究尚少，以及遗址所在石灰岩地区等原因，这些数据未被普遍接受。

为了澄清石灰岩地区特殊环境对不同 ^{14}C 样品物质年代可靠性影响，上世纪 70 年代末北京大学考古系与中国社会科学院考古研究所两个 ^{14}C 实验室合作，对该问题作了专题研究后认为石灰岩地区"陆生动植物（蜗牛除外）样品的 ^{14}C 年代，不受石灰岩特殊环境的影响，至少没有明显的影响。水下生长的动植物样品的 ^{14}C 年代显然偏老 1～2 千年"[②]。依据这一研究结果，仙人洞、甑皮岩等遗址出土的陶片的 ^{14}C 年代在距今 9000 年左右似应肯定。笔者也曾对该问题作过讨论[③]。柳州大龙潭遗址的发掘与 ^{14}C 年代也

＊　原思训，北京大学考古文博学院。

显示我国的陶器年代有可能推移到万年左右④。为了深入研究甑皮岩遗址所涉及的许多重要学术课题，2001 年中国社会科学院考古研究所等单位再次对遗址进行了发掘，并用 ^{14}C 法对遗址年代作了较为全面的研究，国内外五个 ^{14}C 实验室用 β 计数法和加速器质谱（AMS）法测定各类样品，得到 ^{14}C 年代数据近 70 个。此次发掘在新划分的第一期文化层中发现烧成温度极低的陶器，根据该层多个木炭样品 ^{14}C 年代数据平均为距今 9600 年左右。⑤

20 世纪最后十年，随着河北徐水南庄头、广西桂林庙岩、湖南道县玉蟾岩、江西万年吊桶环、河北阳原于家沟等早期新石器遗址的发现与万年仙人洞的再发掘，北京大学建成可测量微小样品的加速器质谱 ^{14}C 测年方法，我国陶器溯源取得了长足的进展。上述遗址除于家沟遗址是用热释光法测定的，南庄头、大龙潭和神仙洞遗址是用 β 计数 ^{14}C 法测定的以外，其余数据都是用加速器质谱 ^{14}C 法测定的。南庄头遗址、神仙洞遗址和大龙潭遗址的 ^{14}C 年代刚超过万年，于家沟陶片的热释光年代相当于万年左右的 ^{14}C 年代，其他都远大于万年。现将陶片 ^{14}C 年代超过万年的遗址介绍如下，如果遗址中出土陶片的地层不止一层，则择其最老的年代介绍。在列出数据时，为了避免混乱，便于国内外对比，所有 ^{14}C 年代数据都统一用 5568 年 ^{14}C 半衰期来计算年代。

（1）南庄头遗址　位于河北省徐水县南庄头村，地处河北平原西部。共发现陶片 50 多片。遗址分为 6 层，各层都有 ^{14}C 数据。遗址文化层的 ^{14}C 年代为距今 10 200 ~ 9400 年左右，其中第 6 层出陶片的灰坑中木炭样品的 ^{14}C 年代为距今 10 210 ± 110。⑥

（2）于家沟遗址　位于河北省阳原县虎头梁村西的一条冲沟（于家沟）的源头，1995 ~ 1997 年由北京大学考古学系和河北省文物研究所联合发掘。文化层堆积厚 7 米多，分 8 层，出土了丰富的从旧石器晚期到新石器早、中期的文化遗物。陶片发现于第 3 层的灰黄色粉细砂层中。经热释光法测定陶片本身和地层年代分别为距今 11 600 年和 11 100⑦，两者符合良好。热释光年代不像本文后面讲到的 ^{14}C 数据，需要经树轮校正年代才能转换成日历年代，于家沟陶片年代大致和南庄头遗址最老的陶片年代相当，相当于 ^{14}C 年代万年左右。

（3）神仙洞遗址　遗址位于江苏省溧水县回峰山北西坡。1977 年发掘。洞内堆积物分上下两部分，中间夹 10 厘米左右的钙板层。在上部第二层砂质亚黏土中发现最后鬣狗等动物化石与两片陶片，而同层炭屑（ZK - 0502）的 ^{14}C 年代为 10 885 ± 1000BP。以往由于出陶片地层的 ^{14}C 年代和动物化石显得偏老，学术界对陶片的真实性尚有疑问⑧。目前看来，如果陶片地层无疑，其年代应与之相近。

（4）大龙潭遗址　位于柳州市南郊的龙潭山鲤鱼嘴，是一处岩厦遗址。1980 年对遗址进行了发掘。遗址文化层厚 2 ~ 2.5 米，主要为黏土和螺壳堆积。分 4 层，即表土层（扰乱层）、上文化层、下文化层与生土层。在下文化层上部出土 5 具人骨架、夹砂陶片及骨器等。下文化层上部人骨架处的[14]C 年代有 3 个：PV-401 为 10 210±150BP；PV-402 为 11 125±150BP；BK82090 为 12 515±220BP。前两个用的是人骨样品，为中国科学院古脊椎动物与古人类研究所测定[9]，后一个是在紧靠人骨架处采集的螺壳样品，为北京大学考古学系实验室测定[10]。通常骨质样品的[14]C 年代是可靠的，考虑到螺壳样品[14]C 年代一般偏老 1~2 千年，综合考虑三个[14]C 年代结果，下文化层上部的[14]C 年代在距今 11 000 年前后，并可代表陶片的年代。1987 年对遗址作了补充发掘，将遗址分为 5 层，并全部用螺壳样品测定了各层年代。补充发掘的第 4 层与先前划分的下文化层相当，第 3 层与下文化层上部相当，而第 2 层则与上文化层相对应。[11]新测年代结果虽然由于螺壳样品偏老年代的不确定性，以及样品采集部位与前述测年样品部位很难一致，但总的看是协调的。

（5）庙岩遗址　位于广西桂林南 30 公里的雁山区李家塘村的一座孤峰上，为洞穴遗址，文化层厚 2.4~2.9 米，遗址分为 6 层，5 层中部出土陶片。[12]遗址经系统的[14]C 年代测定。依据地层的[14]C 年代，陶片的[14]C 年代应在距今 18 140±320（BA92036-1）至13 710±270（BA92034-1）年之间。[13]后对陶片中所含腐殖酸（BA94137a）和腐殖质（残渣）（BA94137b）测定，[14]C 年代分别为距今 15 560±500 年和 15 660±260 年，两者符合良好，它们应代表陶片的[14]C 年代。[14]

（6）玉蟾岩遗址　位于湖南省道县寿雁镇，为石灰岩洞穴遗址，遗址堆积物厚1.2~1.8 米，地层变化复杂，自然堆积层近 40 层。[15]陶片出土于 3E 和 3H 层，3E 层木炭样品 BA95058 的[14]C 年代为距今 14 080±270 年，3H 层在 3E 层之下，其年代应大于3E 层年代或与之相当。后经对 3H 层出土陶片中所含碳的年代测定，结果说明两层年代相近，玉蟾岩 3H 层陶片的[14]C 年代为距今 14 400 年左右[16]。

（7）仙人洞遗址和吊桶环遗址　位于江西省万年县大源乡，仙人洞遗址发现于 20世纪 60 年代，为石灰岩洞穴遗址，至 2000 年曾多次发掘，由地层和出土物判断它含有上下两层堆积，分别归属于新石器时代早期堆积和旧石器时代晚期之末堆积。吊桶环遗址发现于 20 世纪 90 年代，位于仙人洞遗址西约 800 米，是一处高出盆地约 60 米的岩棚遗址，堆积分上、中、下三个时期，分别为新石器时代早期、旧石器时代晚期之末（或中石器时代）及旧石器时代晚期。[17]仙人洞上层和吊桶环上层时代相当，出土磨制石器与陶器；下层和吊桶环中层相当，出土打制石器，未见陶片。

迄今，仙人洞遗址和吊桶环遗址公开发表的数据很少，除了前述中国社会科学院考古研究所发表过两个[14]C 数据以外，1993、1995 年两次发掘时都采集了样品，并送中、美两个[14]C 实验室测定了 34 个数据，发掘者之一在谈及这些数据时写道"所得数据较其他同类遗址普遍偏老。早期陶器同层位的[14]C 年代也是如此，在 19 780±360BP（该数据拟为北京大学加速器质谱法测定，当时是用 5730 年 ^{14}C 半衰期计算的年代，若校为惯用 ^{14}C 半衰期 5568 年，应为 19 220 ±360BP——笔者注） ～15 050 ±60BP 之间的年代就有好几个"，"最晚的一个数据为 12 430 ±80BP，出自仙人洞 3B1 层，仙人洞和吊桶环早期陶器的年代应当不晚于这个年代"，在和桂林庙岩与道县玉蟾岩的出土陶片及 ^{14}C 数据比较了之后又写道"只是这里最早的陶器的年代是否会早于距今 15 000 年尚不能肯定"。[18] 看来用 1993、1995 年样品测定的 ^{14}C 年代，可能因为某些原因一时尚难窥全貌。不过根据我们对目前 AMS ^{14}C 测年技术水平的了解，通常情况下不会出现不可思议的误差，无论从仙人洞遗址和吊桶环遗址出土陶片的制造工艺，还是目前已有 ^{14}C 年代数据透露出的信息，都表明两遗址出土的最早陶片的 ^{14}C 年代至少与庙岩陶片年代不相上下。

除了上述几处出土 ^{14}C 年代万年以上早期陶器地点之外，有关甘肃庆阳和环县在多处晚更新世萨拉乌苏组地层中发现陶片的报道值得关注。报道称在庆阳地区沿环江和马莲河流域河谷的萨拉乌苏组底部砂砾层和上部黏土层中发现陶片，并同时发现有哺乳动物化石及旧石器、炭屑、灰烬等文化遗物。陶片主要发现于庆阳附近的教子川十里坡底、史家山沟口、十里坪鸭沟、城关麻家暖泉、湫沟、川河沟和环县楼房子柏林沟。发现者还采集了庆阳十里坡底萨拉乌苏组剖面上部钙结核，经中国科学院西安黄土与第四纪地质开放研究实验室测定钙结核样品中的有机部分，其 ^{14}C 年代为 25 290 ±500BP。[19] 按作者文章剖面图中 ^{14}C 样品与陶片部位的层位关系，有些陶片的位置还在 ^{14}C 样品之下，其年代也可能还要老于上述年代。

萨拉乌苏组为一套河湖相地层，我们也曾用不平衡铀系法测定过该组地层年代，其上部不超过 3 万年，而下部的年代为 3 万～5 万多年之间[20]，也就是说如果有的陶片出在萨拉乌苏组下部地层，其年代还要在 3 万年左右，甚至更老。有关讨论文章指出："出陶器的地层系河湖相堆积，而非一般的原生遗址的堆积，地层中的不同遗物可能有年代上的差别，要知陶器烧制的年代还须测定陶器本身的年代。"[21] 我们认为这一意见非常中肯，鉴于该问题的重要性，一方面要认真分析地层中所出陶片产状、形貌并与石器、动物化石及灰烬并存的情况仔细考察，分析它们之间的相互关系，另一方面要选出一些典型的陶片用 ^{14}C 法或热释光法直接测定。目前已知世界上最早的制陶术出现于捷克的道尼·维托尼斯（Dolni Vestonice）遗址，该遗址出土的陶制小塑像的 ^{14}C 年代高达 28 000～24 000 年之间。[22] 我们不能完全排除在甘肃庆阳地区萨拉乌苏组地层中发现的部分陶片有 2 万～3 万年的可能，期待着看到进一步的研究结果。

在回顾了利用 ^{14}C 测年追溯我国陶器起源年代之后，顺便提及国际上早期陶器年代的状况。目前，除了我国之外，^{14}C 年代超过万年的早期陶器出土地点主要分布于日本及俄罗斯的远东地区，如日本青森县的太平山元 I、长崎县福井洞穴、爱媛县上黑岩岩荫等遗址，俄罗斯远东地区的富米、嘎夏、冈恰尔卡、格罗马图哈等遗址。它们最早的[14]C 年代不超过距今 14 000 年。[23]先前曾有日本长野县下茂内遗址出土[14]C 年代为16 250 ± 180BP 陶片的报道[24]，但尚不能确认它们是陶器。[25]

二　[14]C 测年在陶器溯源中的应用

[14]C 测年方法的基本原理早已为大家所熟知，而且是考古学中最广泛应用的测年方法。用[14]C 法追溯陶器起源的途径有二，一是目前测定考古遗址与考古遗物年代最常用的办法，即根据同层位[14]C 样品年代来判定陶器的年代；二是用[14]C 法直接测定陶片中（上）碳的[14]C 年代，由于通常这类碳量有限，只有用加速器[14]C 法才能测定，并且由于陶器中所含碳的组分复杂，各组分年代学意义不同，要慎重选取与判别才能得到可靠的结果，下面就此法作简单介绍。

陶器中和陶器表面在使用过程中所粘附的含碳物质的情况相当复杂，它们分别来自制陶原料和陶器烧制、使用及废弃后的埋藏等过程，可以分成不同的组分，各个组分的年代学意义不同。为了精确地测定陶器的年代，首先要分离出能够代表陶器年代的碳。一般情况下无机碳不能正确反映陶器的年代，有机碳可分为四种组分：（1）制陶黏土中固有的碳；（2）制作陶坯时添加的掺和物，如纤维、稻壳、草、动物粪等；（3）烧制过程中渗入的燃料碳及使用过程中残留的烟炱或食物残渣等；（4）埋藏过程中吸附的腐殖酸等。在上述各种来源的碳组分之中，通常情况下陶土中固有的碳的年代较陶器的年代偏老，吸附的腐殖酸中碳的年代较陶器的年代偏年轻，而燃料、残留食物残渣及烟炱中碳的年代与陶器的真实年代基本一致。对陶器烧成温度与陶器中残留碳组分变化的研究显示，在 600℃温度条件下烧制的陶器中大部分掺和物碳被烧掉，留下制陶黏土中少量固有的碳。而在还原气氛下烧成的陶器内大部分碳是燃料碳，由这种陶器样品处理后得到的[14]C 年代可能接近陶器的真实年代。[26]在没有足够残留食物残渣、烟炱或有机掺和物的情况下，采用类似测定土壤年代时的制样化学流程分离出类脂物、腐殖酸及腐殖质（残渣），分别测定出年代后进行综合分析，也能得到有价值的结果。其中类脂物如果来自使用过程的食物，其年代应可信。一般情况下腐殖酸的年代与陶器年代接近或偏晚，而腐殖质（残渣）的年代较陶器的年代偏老或接近，陶器的年代应在两者之间。将两种途径结合使用能给出陶器年代更加可信的结果，我国桂林庙岩和道县玉蟾岩的陶器年代就是这样得出的，下面介绍庙岩和玉蟾岩陶片的年代测定。

庙岩遗址分 6 层，各层样品与年代如表 1。[27]庙岩陶片出自第 5 层中部，根据表 1 庙岩陶片的年代应在 4 层中部与 5 层下部地层年代 18 140 ～ 13 710BP 之间。用于测定庙岩陶片年代的陶片编号为 BT1 29⑥：2，将陶片样品粉碎后按分离类脂物、腐殖酸和腐殖质

的流程分离三种组分测定，因类脂物量太少，只测定了后两者的年代，分别为 15 560 ±
500BP（BA94137a）和 15 660 ±260BP（BA94137b）。据上述，陶片年代应在两者之间，
而两者年代又几乎一样，即 15 600 年左右应代表陶器的真实年代，它也正处在其出土
层位年代 13 710～18 140BP 之间。两种方法结果协调一致更增加了庙岩陶器年代的可
信程度。

表 1　庙岩遗址的^{14}C 年代

样品编号	样品物质	层位	^{14}C 年代（BP）
BA92030 – 1	核桃皮炭	2	12 730 ±370
BA92033 – 1	核桃皮炭	3 层中部	12 630 ±450
BA92034 – 1	木炭屑	4 层中部	13 710 ±270
BA92036 – 1	木炭屑	5 层下部	18 140 ±320
BA92037 – 1	木炭屑	6 层下部	20 920 ±430
BA92037 – 3	淡水螺壳	6 层下部	21 555 ±320

　　玉蟾岩陶器年代的测定方法与过程和庙岩的一样。玉蟾岩遗址陶片出自 3E 层和 3H
层，用 ^{14}C 法测得 3E 层木炭样品 BA95058 年代为 14 080 ±270BP，据此玉蟾岩 3E 层陶
片年代应和 BA95058 样品年代接近或一样，即 14 000 年左右，而其下的 3H 层的陶片年
代应在 14 000 年左右或老于此年代。测定的陶片出自 3H 层，陶片表面有很薄的烟炱，
同样采用处理庙岩陶片方法处理样品，测定其中腐殖酸（BA95057a）与腐殖质（BA95057b）年代，分别为 12 320 ±120BP 和 14 810 ±230BP，根据上面分析腐殖酸年
代可能偏年轻，3H 层陶片年代只可能在 3E 层样品年代，即 14 080 ±270BP 与腐殖质
（BA95057b）年代 14 810 ±230BP 之间，取其平均值 14 400 年左右可能更代表玉蟾岩
3H 层陶器的真实年代。[28]

三　引用陶器^{14}C 年代数据中的若干问题

　　相对于其他年代学方法，在引用陶器 ^{14}C 年代数据时主要有三个问题值得注意，忽
略这些问题往往引起误解与混乱。现简述如下：

　　1. 有关数据使用的半衰期

　　由于历史原因，^{14}C 年代实验室在计算和发表年代数据时使用了两种半衰期，一为
5568 ±30 年，另一为 5730 ±40 年，前者是 ^{14}C 测年方法初创时开始使用的，后者是
1962 年又精确测定的。分别称为 ^{14}C 半衰期的惯用值和物理值。^{14}C 测年方法计算年代
的公式是依据放射性核素的衰变规律 $A = A_0 e^{-\lambda t}$ 得出的，此处式中 A_0 和 A 分别代表样

品起始（或原来）的 ^{14}C 量和经过 t 时间（即人们关心的 ^{14}C 年代）后存留的 ^{14}C 量。国际上规定式中 t 是以 1950 年为计年零点的距今 ^{14}C 年代。λ 为 ^{14}C 的衰变常数。将放射性核素衰变规律的公式变化之后可得到计算 ^{14}C 年代的公式 $t = (1/\lambda) \ln (A_0/A)$。$\lambda$ 与半衰期 $t_{1/2}$ 的关系为 $\lambda = 0.6931/t_{1/2}$。于是计算年代的公式可以变为 $t = (t_{1/2}/0.6931) \ln (A_0/A)$。一般 ^{14}C 实验室测量样品的年代是用相对测量方法，在分别测定样品起始 ^{14}C 量 A_0（^{14}C 实验室是测定一标准物质）和样品存留的 ^{14}C 量 A 之后，代入上式即可得到 ^{14}C 年代。显然由上式可看出，在测出 A_0 和 A 之后，计算样品 ^{14}C 年代使用的半衰期（$t_{1/2}$）不同，得到的年代值就不同，两者相差 2.9%。按理说使用物理值计算出的年代更为准确，但是由于 ^{14}C 年代并非日历年代，无论用哪种半衰期得到的 ^{14}C 年代都要经过树轮校正年代后才能得到日历年代，而惯用值已用了一段时间，为了方便与避免混乱，国际上绝大多数 ^{14}C 实验室发表的数据是用惯用值得出的，我国有相当一部分 ^{14}C 数据是用 ^{14}C 物理值得出，不过无论用哪种半衰期公布年代数据，发表年代的实验室都会注明。

2. 有关树轮校正年代问题

^{14}C 方法建立之后在实践中人们逐渐发现，由于 ^{14}C 测年基本原理假设与实际情况不完全符合等原因，测出的 ^{14}C 年代与日历年代之间存在或多或少的偏离，最多可达近 10%，后来的研究发现，精确地测定已知日历年代的树木年轮样品的 ^{14}C 年代，建立它们之间的系列对应关系，利用这种关系便能够将 ^{14}C 年代转换成日历年代。由于寻找古代木材样品、特别是寻找几千年甚至万年以上木材样品及精确测定年代的困难，10 多年前才能校正万年以来的 ^{14}C 年代数据，近年因为国际上多个实验室的参加，工作进展很快。现在已不仅用树木年轮，还用珊瑚和纹泥作为日历年代基准进行 ^{14}C 年代对比测定，预期不久覆盖整个 ^{14}C 测年范围，精确的校正表与曲线将会出现。又由于原来没有统一的树轮校正年代表，因而大多数 ^{14}C 实验室在发表数据时并不作年代校正。一些文章为了准确说明陶器的年代也引用不同图表校正了的数据，一般校正后的年代都要比原来的 ^{14}C 年代数据老。譬如庙岩 15 600 年与玉蟾岩 14 400 年的陶片 ^{14}C 年代，校正之后将分别为距今 18 600 年和 17 200 年左右。[29]

3. 不同样品物质年代的可靠性问题

该问题相当复杂，目前我国最老的一些陶片多出在南方，因而和本文关系密切的样品主要是淡水生长的动植物样品，特别是螺蚌壳样品年代的可靠性问题。这个问题在本文开始时已经提及，此处不再赘述，需要强调的是淡水螺蚌壳的 ^{14}C 年代普遍偏老，而且尚无严格的校正方法。前面表 1 中庙岩第 6 层的两个样品 BA92037-1，BA92037-3 均出自该层下部，但是螺壳样品年代明显比木炭样品偏老 600 多年。

综上，目前我国陶器^{14}C 年代超过万年的遗址如表2。

表 2   陶器^{14}C 年代超过万年的遗址

遗址	^{14}C 年代（万年）	树轮校正年代（万年）
徐水南庄头	1.02	1.15
阳原于家沟	（相当于）1	1.16（热释光法年代）
溧水神仙洞	1.09	1.26
柳州大龙潭	1.1	1.30
道县玉蟾岩	1.44	1.72
桂林庙岩	1.56	1.86
万年仙人洞与吊桶环	不小于 1.56	不小于 1.86

    ^{14}C 测年在追溯我国陶器起源研究中发挥了重要作用。目前我国具有可靠^{14}C 测年数据、最老的陶器年代不晚于距今 15 600 年，校正后的日历年代在 18 600 年左右。我们在应用陶器^{14}C 年代数据时，既要注意年代数据使用的半衰期，又要注意是^{14}C 年代还是树轮校正后的日历年代，并留意样品物质年代的可靠性，以便得到正确的结论。

注释：

①   a. 中国科学院考古研究所实验室：《放射性碳素测定年代报告（三）》，《考古》1974 年 5 期；b. 中国科学院考古研究所实验室：《放射性碳素测定年代报告（四）》，《考古》1977 年 3 期；c. 中国社会科学院考古研究所实验室：《放射性碳素测定年代报告（五)》，《考古》1978 年 4 期。

②   北京大学历史系考古专业^{14}C 实验室、中国社会科学院考古研究所^{14}C 实验室：《石灰岩地区碳－14 样品年代的可靠性与甑皮岩等遗址的年代问题》，《考古学报》1982 年 2 期。

③   原思训：《华南早期新石器^{14}C 年代数据引起的困惑与真实年代》，《考古》1993 年 4 期。

④   a. 黎兴国、刘光联、许国英等：《柳州大龙潭贝丘遗址年代及其与临近地区对比》，《第四纪冰川与第四纪地质论文集（四）》，地质出版社，1987 年；b. 北京大学考古系碳十四实验室：《碳十四测定年代报告（七)》，《文物》1987 年 11 期。

⑤   中国社会科学院考古研究所、广西壮族自治区文物工作队、桂林甑皮岩遗址博物馆、桂林市文物工作队：《桂林甑皮岩》，438～444 页，文物出版社，2003 年。

⑥   原思训、陈铁梅、周昆叔：《南庄头遗址^{14}C 年代测定与文化层孢粉分析》，《环境考古学研究（第一辑)》，科学出版社，1991 年。

⑦   夏正楷、陈福友、陈戈等：《我国北方泥河湾盆地新—旧石器文化过渡的环境背景》，《中国科学（D 辑)》2001 年 31 卷 5 期。

⑧   陈星灿：《中国新石器时代早期文化的探索——关于最早陶器的一些问题》，《史前考古学新进展》，科学出版社，1999 年。

⑨   同注④a。

⑩   同注④b。

⑪　李珍、李富强：《华南地区旧石器时代向新石器时代过渡的探讨》，《中石器文化及有关问题研讨会论文集》，广东人民出版社，1999 年。

⑫　谌世龙：《桂林庙岩洞穴遗址的发掘与研究》，《中石器文化及有关问题研讨会论文集》，广东人民出版社，1999 年。

⑬　Yuan, Sixun, Zhou, Guoxing, Guo, Zhiyu, *et al.* 1995. AMS Dating the Transition from the Paleolithic to Neolithic in South China. *Radiocarbon*, 1995, 37（2）：245 – 249.

⑭　Yuan, Sixun, Li, Kun, Yuan, Jiarong, *et al.* 1997. Applications of AMS Radiocarbon Dating in Chinese Archaeological Studies. *Application of Accelerator in Research and Industry*, CP392（J. L. Duggan and I. L. Morgan ed.）, pp. 803 – 806. New York：AIP Press.

⑮　袁家荣：《华南旧石器文化向新石器文化过渡时期的界定》，《中石器文化及有关问题研讨会论文集》，广东人民出版社，1999 年。

⑯　同注⑭。

⑰　严文明、彭适凡：《仙人洞与吊桶环——华南史前考古的重大发现》，《中国文物报》2000 年 7 月 5 日 3 版。

⑱　张弛：《江西万年早期陶器和稻属植硅石遗存》，《稻作、陶器和都市起源》，文物出版社，2000 年。

⑲　袁效奇、闵琦、杨俊杰等：《甘肃庆阳晚更新世萨拉乌苏组中发现陶器残片》，《高校地质学报》1999 年 5 卷 1 期。

⑳　原思训、陈铁梅、高世君：《用铀系法测定河套人和萨拉乌苏文化的年代》，《人类学学报》1987 年 2 卷 1 期。

㉑　张之恒：《新石器时代早期的文化特征》，《中石器文化及有关问题研讨会论文集》，广东人民出版社，1999 年。

㉒　Pamela B. Vandiver, Olga Soffer, Bohuslav Klima, *et al.* 1989. The Origins of Ceramic Technology at Dolni Vestonice, Czechoslovakia. *Scince* 246：1002 – 1008.

㉓　Toshio Nakamura, Yasuhiro Taniguchi, Sei' ichiro Tsuji, *et al.* 2001. Radiocarbon Dating of Charred Residues on the Earliest Pottery in Japan. *Radiocarbon* 43（2B）：1129 – 1138.

㉔　堤隆：《日本列岛晚期人类对环境的适应与陶器起源》，《稻作、陶器和都市起源》，文物出版社，1999 年。

㉕　同注㉓。

㉖　Martine Gabasio, Jacques Evine, Gaston Bernard Alnal, et al. 1986. Origins of carbon in potsherds. *Radiocarbon* 28（2A）：711 – 718.

㉗　同注⑬。

㉘　同注⑭。

㉙　Stuiver M, Reimer P. J. , Bard E. , *et al.* 1998. INTCAL98 Radiocarbon Age Calibration, 24 000 – 0 Cal BP. *Radiocarbon* 40（3）：1041 – 1083.

农业起源与史前中国

——严文明先生《农业发生与文明起源》学习笔记

曹兵武[*]

近年来，中国史前考古新发现层出不穷，因此，对于很多重大的课题来说，目前尚处于资料积累和基础构建阶段，撰写深入研究的专题性的书十分困难，实现苏秉琦先生为中国考古学界提出的"重建中国史前史"[①]的任务就更难了。但是随着学科的进步，资料的增加特别是理论与方法的进步，对不少问题的认识则不断取得新的成果。随着近来中国考古学的发展，特别是20世纪80年代区系类型学说确立之后，史前中国社会与文化的轮廓逐步明晰起来，终于使我们有机会看到一些这样的深入的专题研究，比如有关史前陶器、玉器、区域文化的发展等都产生了一些专门的概括性著作或者较有深度的研究著作，其中严文明先生的《农业发生与文明起源》（科学出版社，2000年8月第1版。文中未加注明而带页码的均引自上书）读后收获甚多，整理笔记若干，以与同仁共享。

《农业发生与文明起源》是严先生1991～2000年有关研究文章的结集，正如书的命题一样，我们可以将先生的这本书浓缩成为两个大的论题：中国农业的起源与中国文明的起源。农业的发生是人口增加、社会复杂化和文明社会形成的基础，因此两个题目既可以分开来处理，也可以联系起来观察，都是当前中国乃至世界考古中的热门话题。其所以如此，一是考古学家和学术界对这样重要的学术问题一直很有兴趣；二是相关的新发现比较多，不断促使人们反复思考如此重大的学术问题；三是目前中国考古经过多年的资料积累、消化以及理论方法的探索等基础工作，现在可能逐步开始具有解决这类重大问题的一些学术条件。严文明先生以一本专门的文集的形式集中地探索有关这两个问题的方方面面，当然有很多值得我们注意的地方。

---

* 曹兵武，中国文物报社。

一

　　概括所有的考古资料，中国农业的发生显然至少具有两个起源的中心或者系统：北方黄河流域的粟—黍作农业和南方长江流域的稻作农业系统。相对来说，这本书中严先生对稻作农业的研究比较多、比较透彻（书中第一部分"农业发生与传播" 8 篇文章中有 7 篇是直接关于稻作问题或者与之有密切关联的）。

　　长江流域作为水稻起源的中心是通过中国的考古发现比较晚近才被提出和逐步确立的。国际学术界的主流观点曾经一度认为水稻起源于印度，中国与其相毗邻的云南地区可能也与水稻的起源有关，也有人认为某些水稻起源于日本并名之为"日本稻"。但是，中国考古学的发现与这样的结论并不相符。其中 20 世纪 70 年代发掘的浙江省河姆渡遗址，不但有大量的稻谷、稻叶，红烧土中含有稻壳，同时陶器上还有稻谷的纹饰，并出土大量和种植水稻时平整土地、修正田埂有关的骨耜等稻作农具。这个遗址丰富的稻作遗存在世界范围内也是年代很早的，距今超过 7000 年，同时一直还是当时当地最早的新石器时代遗存之一，遗址里还发现有当时中国所知最早的木胎漆碗、最早的木桨和纺织机具、最早的象牙雕刻和彩陶等，一下子让人大开眼界并推测长江下游也是世界稻作农业的起源地之一（p. 184）。特别是后来在遗址中还发现了栽培稻和野生稻共存的事实，更使人相信河姆渡时期与水稻驯化的发生不会相距得很遥远（p. 29）。

　　20 世纪的八九十年代在长江中游地区又先后发现了比河姆渡年代更早的稻作遗存。比如在江西万年仙人洞和吊桶环发现超过 1 万年的野生稻与栽培稻的植物硅酸体；在湖南道县玉蟾岩发现年代超过 1 万年的具有人工驯化特征的稻谷颗粒和植物硅酸体；在广东北部牛栏山也发现距今约 9000 年左右的稻作遗存。在与玉蟾岩邻近但年代稍晚的彭头山文化分布区内发现多处年代在距今七八千年前甚至 9000 年左右的遗址出土稻谷遗存。最近在浙江浦江上山遗址发现距今万年左右的早期陶器并在陶胎中发现带有人工驯化迹象的水稻遗存[②]，是同类发现中分布最东的一处。这些发现基本上在时间和空间上连成了一体，大体上都位于以南岭为中心的从西南向东北走向的大致相同的生态环境带上，并在时代和数量上都比印度恒河中游地区公元前 7000 多年的地层里出现的栽培稻遗存更具有起源学方面的优势（p. 15）。

　　那么，关键是怎样概括和研究这些宝贵的资料。严先生不但分析了早期稻作遗存发现的时空分布规律与形态演变，还通过跟踪诸如稻谷的双峰乳突、植物硅酸体、同工酶、DNA 分析、形态比较、序列等方面研究的进展以及对野生稻的祖先的分布情况和习性的研究，来认识国内和国外的相关发现，从而判明籼稻与粳稻出现与演变的具体情况。他先后发表《中国史前的稻作农业》（p. 1）、《稻作起源研究的新进展》（p. 15）、

《中国稻作农业和陶器起源》（p. 24）、《河姆渡野生稻发现的意义》（p. 29）等文章，系统地提出了稻作的长江流域起源说。严先生特别指出，长江流域位于北亚热带的边缘，是世界上同纬度地区气候条件最好的地方，也是野生稻分布的北部边缘。因为这里有漫长严寒的冬季，而史前文化又十分发达，冬季较长而食物缺乏，使得采集经济条件下即使野生稻能够被贮藏到冬季，也只能起到一点弥补的作用。在这种情况下，人们不得不采取进一步的措施，干预野生稻的生长，因而使野生稻分布的边缘地区反而成为稻作农业起源的地区。同时，他还结合世界农业起源的大背景，对长江流域在农业起源中的地位从理论与实际两个层面上予以确认，并对印度"阿萨姆"到中国云南的"山地起源"学说予以令人信服的修正。这样，关于长江流域的"稻作农业起源的边缘理论"就从环境、稻谷作物的特性（比如耐贮藏的优点等）、文化的发展水平、人口与环境边缘的动力系统等方面，全面、深刻地解释了为什么恰恰是此时此地，而不是更南或者更北或者世界其他什么地区产生了最早的稻作农业系统。

　　笔者曾经假设在新石器时代早期存在着一条沿着今日的南岭一线从西南的广西向东北的江西—浙江延伸的稻作农业起源带③，按照严先生的野生稻分布北部边缘起源理论，南岭一线正是当时野生稻分布的地理生态位，特别是其北部一带，又是一个文化与环境在特定时空之内与稻作相结合的最佳的生态位，而这样一个生态位上正集中了今天考古学所发现的绝大部分年代在距今万年左右的含有早期稻作遗存的史前遗址。这样一条连贯的野生稻祖本分布生态位，在稻作的起源与传播阶段也是早期人类与文化相互交流的一条大的走廊，近来浙江发现年代早于河姆渡却在当地难以找到其来龙去脉的跨湖桥遗存④，与湖南同时期的石门皂市下层等遗存具有整体性的相似性，就是一个很好的证明。而前述的上山遗存的发现，更说明了这条走廊在全新世开始的时候可能就已经存在了。这充分说明，解决稻作农业起源问题既是中国考古的重要贡献，也是深入地认识史前中国社会与文化的重要基础。严文明先生接着以"农业工具、耕作方式、发展阶段、地方差异、水田稻作农业体系的形成及其对社会各方面的影响"（p. 1）以及它在时间与空间上的传播途径及方式等为题，不但进一步阐述了这一关于稻作农业起源与发展的理论，同时也进一步论证了这一农业体系的发展与传播进程及其对长江流域和整个中国乃至东亚地区史前社会与文化的贡献。最近一些国外学者比较普遍地认为东南亚一带以稻作为基础的农业社会的建立，大约在距今 4500 年左右并且显然和长江流域的农业人群的南迁具有密切联系，与严先生的观点是不谋而合的，同时暗示了起源于南岭沿线的稻作农业随全新世的升温事件先向北、然后才向南的传播扩散情况。

　　目前关于我国北方地区粟—黍起源的考古资料较少，但是与长江流域的彭头山文化阶段大致相当或略晚的磁山—裴李岗文化时期粟—黍农业的发达已是不容置疑的，下川等旧石器时代晚期遗址以及近年华北的东胡林、南庄头、于家沟、转年等遗址距今万年左右的陶器遗存及被认为和谷物或者植物籽实的加工使用有关的石磨盘、磨棒的接连发现，也为早期农业的起源提供了若干考古学的线索。而严先生在书中特别地考察了辽河流域早期农业发达的情况，并提出了以下几点十分具有启发性的认识：

（1）辽河流域的农业发生是很早的。兴隆洼文化的兴隆洼和林西的白音长汗都发现有环壕聚落。农具已经有锄、铲、刀、磨盘和磨棒等。同时也有一定的采集和狩猎经济的成分。而这个时期和中原的磁山—裴李岗文化是差不多是同时的，发展水平也不见得比中原地区落后。

（2）此后的赵宝沟文化农业工具更为发达，其中凸弧刃石铲磨制精良，可能是红山文化中所谓石耜的祖型。

（3）再后的红山文化是一个农业经济的顶峰，农具种类仍如上所述，但是数目较多，制作也更加精美和定型化。特别是那种类似烟叶或者鞋底形的所谓石耜，过去曾经被称为石犁，实际上是一种效率很高的翻土工具。

（4）这样长期发达的农业经济，当然便于人口的积累和文化的发达。结合《禹贡·九州》描述这里"厥土唯白壤"，为上上之地，苏秉琦先生曾经指出白壤即沙性的易于以早期石器工具开垦的耕地⑤，可以认为这里的农业的确是发展很早，而且在成书很早的《禹贡·九州》作者时代还能得到极高的推崇，看来距今5000年左右红山文化兴盛和大型祭祀遗迹的出现，背后的确是有十分雄厚的农业经济基础及人口规模基础的。

（5）严先生进一步推测，粟看来是起源于中原地区，黍则除中原地区之外，在更偏北一些的地区包括辽河流域地区也许扮演着更重要的作用，因为黍对更加干燥和寒冷一些环境的适应性要稍好一些。他同时归纳到：与早期农业有关的生产工具，北方是石磨盘和磨棒，耒、刀，斧、铲；南方是木杵（河姆渡）、耜，后来有石犁、破土器和耘田器等。水田比较方便于用犁，所以良渚时期已经发现了三角形的石犁。而黄河流域的以旱地为主的农业，有一套与其相适应的农具，耕地受地形限制较小，生产规模比较容易扩大，所以人口容易集中，聚落规模就比较大（p. 156）。

由此看来，辽河流域应该是研究早期中国农业起源与发展的一个十分重要的区域。对这一地区早期农业成就的重新认识，对理解在距今大约5000年左右中国大地早期文明起源阶段的时空格局具有十分重要的支撑作用。当时中国大地从南方的良渚文化和石家河文化到黄河中下游的陶寺文化、河南龙山文化、山东龙山文化到东北的红山文化，形成几个大的文明社会的孕育中心，与早期农业起源与发展的情况不无内在联系。

二

由上述论述来看，中国显然至少存在两个独立的早期农业的起源与发展中心，它们与西南亚著名的新月形地带（小麦与大麦）、中美洲的墨西哥低地地区以及南美的安第斯山区（玉米、各种豆类）等并驾齐驱，这在世界上是极其罕见的。由于几乎全世界所有的早期文明都是在农业社会（特别是谷物农业）的基础上建立的，那么早期中国这样独特的农业发生与发展模式和后来的中国文明会有什么样的关系？

严先生把长江与黄河结合起来观察史前中国，他进一步提出了大两河流域的观念。只是这个两河流域比西亚的幼发拉底和底格里斯这两河流域要大得多，两河间的关系也不完全一样，但是长江与黄河流域的史前文化的确从很早开始就既有区别又有联系，从旧石器时代遗存存在的华北与华南两大石器技术传统，到两种农业经济的起源与发展，而在中国文明的形成过程中，长江与黄河两个文明起源的中心相伴而生并相互作用，使中国文明具有了特殊的活力。严文明先生在书中对此做了独到的阐述。

他认为，建立在稻作农业基础上的长江流域是精致的发明者和享受者，而黄河流域的粟—黍作农业则长期是粗放地增长。因为稻作农业需要明确的田块和田埂，田块内必须保持水平，否则秧苗就会受旱或者被淹；还必须有灌溉和排涝设施，同旱地农业比较起来，稻作农业需要较高的技术和更加精心的管理，甚至稻谷的加工也比小麦、小米和玉米困难。因此，从事稻作农业的人们易于养成精细、忍耐和讲究技巧的素质，有利于某些技巧较高的手工业的发展，比如琢玉、缫丝等。中国文明中特别是后来商周文明中占有十分重要地位的礼器鼎和青铜器中经常出现的饕餮纹与雷纹等，其实都是从长江流域的有关文化中吸收的。良渚文化中大量出现的璧、琮、钺、璜等，也成为商周以后重要的礼器和瑞器。因此，严先生和不少学者倾向于认为良渚时期的长江流域特别是东南中国比中原地区要发达一些（p. 48～49）。

但是长江流域为什么在后来的文明进程中会落后甚至失败？有学者提出洪水说，认为是洪水毁灭了长江流域特别是下游发达的史前文化[6]，但是，根据严文明先生对南北方农业特征的分析，我猜想主要应该是人口规模在起作用。农业起源之后，人口当然会急剧地增加，带动社会其他方面的进步，也使得长江流域很快地站到了文明起源的门槛上。因此，由农业起源与发展所导致的人口供养能力和区域内人口集中程度的增加是社会复杂化的发动机。但是，当国家产生，需要展开跨地区的资源的竞逐，需要在社会管理和整体的竞争能力上再上一个台阶时，长江流域人口的增长显然缺乏黄河流域那样的持续性，并最终限制了这个地区的进一步发展和在与中原地区竞争中的综合优势。长江流域的稻作农业对土地、水利等条件的严格要求在农业持续发展过程中很快成为限制性因素，而粟—黍的旱地农业则具有较好的空间扩张能力——只要仍然有可以开垦的土地，就可以不断地发展。而这恰恰是考古学遗存所反映的实际情况，黄河流域比较疏松的黄土对使用简陋的石器工具的史前人来说更加易于开垦并可以被持续耕种，因此，仰韶和龙山时期，黄河流域的遗址不但在数量和规模上持续增加，而且蔡连珍等[⑦]曾经用^{13}C 方法测定古代人的食谱，发现仰韶文化（公元前 5000～前 3000 年）一些人的食谱中有近 50% 为 C4 植物，中原龙山文化（公元前 3000～前 2000 年）时陶寺人的食谱中则已增加到 70%，并认定这里的 C4 植物就是当时最主要的农作物粟和黍，从而说明以这两种作物为主的旱地农业从仰韶到龙山时期有了比较大的发展。此外，仰韶文化时期各大文化板块经过新石器时代早期落地生根之后开始逐步扩张、接触乃至碰撞，难以继续开辟新的发展空间的时候，中原地区的仰韶文化却可以借助全新世大暖期适宜的气候条件继续向原来没有农业的西部和北部地区扩张。考古发现，甘青地区从仰韶前期到后期存在一个从东向西波浪式推进的过程，在半坡时期他们扩张到了陇东，庙底沟时期到达甘青边界，以后逐步往西，直到河西走廊的西头。内蒙古中南部早在半坡时期就已经为仰韶文化的居民全部占据了，初期聚落小，分布比较稀疏（p. 199），后来的遗址则更多更大起来。由此看来中原文化的增长与向外扩张的速度是很快的。我们不知道南方地区水稻在先民食谱中比例的变化情况，但是这一地区人口的增长比较缓慢可以从各个方面推测得到，比如其遗址的数量和规模等都无法与同时期的黄河流域相比，而北方地区从新石器时代中期以来即在稳步增长，而南方则很少能够看到同样的现象。尽管到春秋战国时期由于金属农具和工具的大量使用，这一地区在经过龙山晚期、夏商时期的相对沉寂并一度重新展开与中原的竞逐，产生了楚人问九鼎之轻重于周王、吴越的北伐等历史事件，但是大量的资料表明，直到汉晋之际，中国人口的绝大多数都是集中在中原的文化核心地区。

　　总起来说，随着考古资料的进一步积累和严先生的综合与分析，我们可以看到，中原地区在早期农业起源与文明的早期发展过程中的优势并不是十分明显的，辽河流域的红山文化等因为土地的易开发性曾经在文明化的进程中一马当先，被苏秉琦先生称为中华文明起源的"北方原生型"[⑧]；南方的良渚文化等曾经拥有可能是当时中国发展水平最高、最精致的文明成就，但是中原的地理位置、早期农业的特点、中国大两河流域之间广阔的回旋空间以及借助于全新世大暖期的帮助，为它准备了良好的后续发展能力和庞大的人口基础，为其社会组织的升华提供了较好的外在条件。这些人口在仰韶文化阶段有过一个大规模向外扩张的过程，而到庙底沟二期即龙山时代的早期，随着大暖期温暖湿润气候的波动，又可以看出早期迁移出去的人们对中原母地在文化上的反哺作用，这个过程极大地加强了它在后来与东、南、北的全方位文明、国家间竞逐中的人力资源和社会组织等方面的优势。

三

在人们的印象中，严文明先生是个考古学的基础建设者，他不希望自己的研究乃至整个考古学的研究结论建立在一种不牢靠的基础上，他形象地把这个道理比喻为不能把房子建在沙滩上。因此，他不断追踪最新的考古发现，具体到新出土的一件简单但具有重要意义的器物、一个能够说明社会发展阶段的墓葬、一个特殊的房屋类型、城址的大小与具体特征、聚落是否有壕沟、是否出土农作物、相关的农具怎么样等这样的细节以及它们在时间空间上的分布和变化，都是他悉心关心的范围。但是，严文明先生更是一个方法论的探索者，他十分善于在充分利用当代最新的理论与方法的基础上，让考古材料自己说话，见微知著。纵观全书，我们始终可以看到严文明先生这种理论方法的深厚功底及其在驾驭材料上的宽阔视野和游刃有余。比如为了追踪水稻起源研究的前沿，严先生始终关注着野生稻的发现与研究方面的进展，并充分利用了稻谷的双峰乳突、同工酶、形态比较以及植物硅酸体、DNA 分析和谱系序列等方面的研究手段或者资料，他更将这些发现和研究放在一种国际视野之中，不但谈论中国的最新发现与认识，而且与世界其他地区在资料与认识上展开深入的比较，从中确定中国的发现及其认识结论的定位。

这样，他不但能够提出诸如"水稻的长江流域野生稻分布北缘起源说"、"中国文明起源的重瓣花朵模式"和"大两河流域互动说与东亚文明圈的特征"等系统理论，而且能够以一种逻辑的程序从材料到结论，让结论自然而逻辑地展现出来。

严文明先生是国内较早而且是较系统地倡导和实践聚落考古学的学者之一，在本书中我们当然可以看出许多聚落考古学运用的例子，聚落考古学为较好地开展深层次的比较研究提供了支撑的框架，但是处理前述几个巨大的理论系统，资料与观点横跨广阔的时空范围，我们还可以看到严先生对生态学、民俗学、文化动力学等方法的纯熟运用，从而使考古资料的特性得以尽兴地呈现并且相互关联起来，展示了一个具有内在联系的早期中国文化与社会的发展、演进和扩大的过程。

中国的考古材料之丰富是无与伦比的，中国的考古学理所当然应该在若干重大的历史文化问题上做出世界性的贡献，但是考古学不仅仅是提供材料的考古发掘，还需要有对材料的科学的解释，这种解释既是对自己的材料的阶段性的概括，同时也要指出其在世界格局与人类文化整体演进过程中的意义，这就需要对它们进行科学的论述。没有这些必需的程序，材料的价值将可能会被永远尘封甚至在发掘出来之后重新丧失。

英国考古学史家巴恩说：考古就是讲故事。考古的故事应该被人类不断地讲下去，更应该一代比一代更吸引人，一代比一代离真理或者事实比前人更近一些，考古学才能不断地进步，人类的过去与现在的关系才能更加真实和理性些，人类自身也才会在这种往事的重温之中变得更加聪明和进步。考古学家必须担当起这个讲故事的主角，不断试图将现有的各种各样的材料与观点综合起来，表述出来。在这个过程中，考古学家自己也需要不断地擦一擦眼镜，以便让自己看得更清楚。

中国考古学——特别是史前考古学确实需要进行更多的综合，需要在深入研究的基础上描摹整体性的史前图景。严文明先生的《农业发生与文明起源》为我们提供了一个奠基性的开端与示范。

注释：

① a. 苏秉琦：《关于重建中国史前史的思考》，《考古》1991 年 12 期；b. 苏秉琦：《重建中国古史的远古时代》，《史学史研究》1991 年 3 期。

② 蒋乐平、郑建明、芮顺淦、郑云飞：《浙江浦江县发现距今万年左右的早期新石器时代遗址》，《中国文物报》2003 年 11 月 7 日 1 版。

③ 曹兵武：《中国的早期陶器：发现、背景与初步认识——前裴李岗时代中国新石器文化的研究》，《岭南考古》第二集，岭南出版社，2003 年。

④ 赵辉：《跨湖桥遗址学术讨论会纪要》，《中国文物报》2002 年 4 月 5 日 7 版。

⑤ 苏秉琦：《华人·龙的传人·中国人——考古寻根记》，辽宁大学出版社，1994 年。

⑥ 俞伟超：《龙山文化与良渚文化衰变的奥秘——致"纪念发掘城子崖遗址六十周年国际学术讨论会"的贺信》，《文物天地》1992 年 3 期。

⑦ 蔡连珍、仇士华：《碳十三测定和古代食谱研究》，《考古》1984 年 10 期。

⑧ 同注⑤。

对华南地区原始农业的再认识

赵志军[*]

一 问题的提出

中国是世界上最早的农业起源中心区之一。[①]根据考古的发现和研究结果，中国的原始农业又可分为两个独立的起源和发展区域，一是分布于黄河中下游及燕山南北地区的以种植粟和黍两种小米为代表的北方旱作农业区，二是分布于江淮和江南地区的以种植稻谷为特点的古代稻作农业区。值得注意的是，这两个原始农业的起源和发展区域恰好与我国东部的两个气候植被区相对应，即北方旱作农业区与暖温带落叶阔叶林区，古代稻作农业区与亚热带常绿阔叶林区[②]。（图一）根据古代环境研究结果，自进入全新世以来，虽然发生过无数次大大小小的气候波动，但这两个气候植被区除了它们之间的过渡地带产生过相应的进退外，大体分布范围没有出现过显著的变化，而且在距今4000 年以前，两个植被区内的植被整体特征和植物种类构成也没有出现过根本性的改变。[③]这说明一个原理，原始农业的起源和发展与特定的生态环境背景是密不可分的。这个原理实际不难理解，农业的生产对象是有生命的植物和动物，地球上的所有生命体都有其相应的生存环境，[④]因此，不同的生态环境自然会孕育出具有不同特点的原始农业。以此推理，我国东部的另一个重要的气候植被区，即位于华南地区的过渡性热带林带，如果也存在过独立的原始农业起源和发展脉络的话，其特点就应该与北方旱作农区和南方稻作农业区有所不同。

华南地区也被称作岭南地区，从综合自然区划上主要是指南岭以南的由珠江水系覆盖的丘陵地区和河谷地带。由于北回归线横穿这一地区，如果机械地划分，南部是热带，北部应该属南亚热带南端。但是，正因为地处回归线附近，南部区域实际也包含了很多亚热带特点，另一方面，由于南岭山脉有效地阻挡了北来的寒潮，北部区域又呈现

---

* 赵志军，中国社会科学院考古研究所。

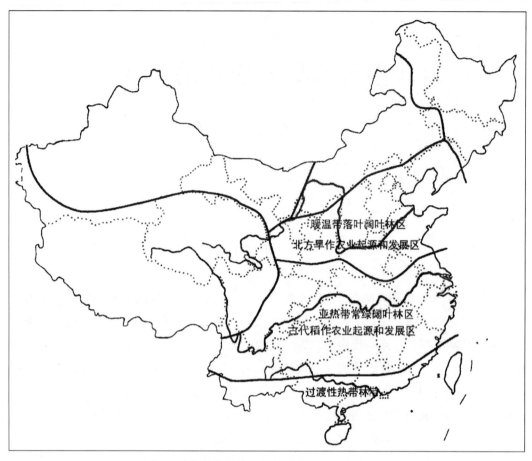

图一　东部气候植被区与原始农业起源和发展区

出很强的热带特征，因此，有学者将华南地区的气候植被统称为过渡性热带林带。⑤不
论如何命名与划分，这一地区的整体面貌是：气候温暖潮湿，全年基本无霜日，降水充
沛，河流纵横，植物茂盛，陆、水生动物资源丰富，由此为古代人类提供了良好的生存
环境。根据考古发现，早在远古时期华南地区已经有了人类活动的踪迹，自新石器时代
初期起，当地的古代文化开始逐渐形成体系，并长期地延续着自己特有的文化传统。⑥
既然古代文化的发展相对独立，那么，华南地区完全有可能也存在过独立的原始农业起
源和发展脉络。

　　有关华南地区原始农业的讨论，甑皮岩遗址历来是个焦点。甑皮岩遗址位于桂北地
区的桂林市郊，地理坐标为北纬25°12′，已经越过了所谓过渡性热带林带的北界（即北
纬24°附近的百色至英德一线）。但由于地处南岭山脉以南，这一地区的区域性综合自
然条件与整个过渡性热带林带相差无几；另外，根据考古学类型学分析，当地的史前文
化在整体面貌上应该属于岭南系列⑦，因此，甑皮岩一直是被当作华南地区的一个重要

考古遗址进行讨论的。1973～1975 年，广西壮族自治区文物工作队和桂林市文物管理委员会对遗址进行了首次发掘，出土了一批十分重要的文化遗迹和遗物。[⑧]由于甑皮岩遗址包含有从旧石器时代末期到新石器时代早期的连续文化堆积，因此引起了国内外学术界的广泛重视，并围绕该遗址就许多重要的考古学课题进行了探讨，其中也涉及了农业起源的问题。有些学者把甑皮岩遗址看做是华南地区乃至世界上最早出现稻作农业的考古遗址[⑨]，还有的学者甚至以此为依据提出了稻作农业起源于华南地区的观点[⑩]。事实上，当时在甑皮岩遗址并没有发现任何稻谷遗存，有关稻作农业的说法仅仅是根据动物遗存的研究结果推测而成的，即在 20 世纪 70 年代出土的动物骨骼中鉴定出了家猪的遗骸[⑪]。姑且不论当时的鉴定结果是否准确，这种将某一种动物（家猪）的驯化与某一类原始农业（稻作）的起源相互印证的做法本身就值得商榷，因为这二者之间既不存在专有的对应关系，也不存在必然的共存关系。因此，甑皮岩遗址是否存在过原始农业以及存在着什么样的原始农业就成为学术界长期争论不休的一个问题。

2001 年夏季，中国社会科学院考古研究所广西工作队、广西壮族自治区文物工作队、桂林市文物管理委员会和甑皮岩博物馆联合组成了考古队，对甑皮岩遗址进行了再次的发掘，以期对包括农业起源问题在内的诸多存疑问题进行核实和再认识。此次发掘采用了 20 世纪 70 年代没有涉及的一些科技考古手段，其中包括应用植物考古学的方法获取并分析植物遗存，由此获得了一批重要的资料和信息。通过对这些新资料的分析，再结合其他相关遗址的研究成果，我们对华南地区原始农业的问题有了一些新的认识，现论述如下。

二　华南地区与稻作农业的关系

甑皮岩遗址再次发掘的面积十分有限，主要集中在 1970 年代已发掘探方的隔梁和某些探方未清理到底的残存部分，发掘面积约 10 平方米。为了尽可能详尽地了解遗址中植物遗存的埋藏情况，我们采取了完全浮选的方法，即在发掘过程中将清理出的文化堆积土壤全部收集起来进行浮选。总计浮选土量多达 8000 余升，从中发现了炭化木、块茎、硬果壳和植物种子等炭化植物遗存。

浮选出的炭化植物种子经鉴定分别属于 10 余个不同的植物种类，但从中没有发现稻谷或野生稻的遗存。为了进一步核实浮选结果，我们又采用了植硅石分析方法对遗址各文化层的土样进行了检测和分析，结果从中也未发现任何稻属植物的植硅石[⑫]。根据 1980 年代在广西地区开展的野生稻资源普查，桂林地区现今仍有野生稻的分布。[⑬]2002 年冬，在傅宪国的引领下，笔者有幸在桂林市雁山乡亲眼见到了一片野生稻（图二；彩版九），初步判断应该属多年生的普通野生稻（*Oryza rufipogan*）。根据古代环境的研究

图二　桂林市雁山乡现生的野生稻

结果，晚更新世末期以来的气候波动对我国不同地区植被的影响力有所不同，纬度越低，影响力越弱。[14]孢粉分析结果也证实，甑皮岩遗址的区域环境自全新世初期以来，就一直处在比较温暖湿润的气候条件下。[15]因此，在甑皮岩遗址的使用年代特别是在中晚期，当地存在野生稻资源的可能极大。然而，在我们采用完全浮选并结合植硅石分析的双重努力下，却没有在甑皮岩遗址文化堆积中发现任何稻属植物的遗存，即便考虑到由于埋藏因素或提取因素所造成的植物遗存的遗失[16]，这一结果已经足以说明，甑皮岩人不仅没有种植过稻谷，甚至在其采集活动中对分布于周边地区的唾手可得的野生稻也不感兴趣。

甑皮岩遗址文化堆积分为五个时期，其中第五期的年代在距今 8000～7000 年左右，大约相当于湖南北部澧阳平原的彭头山文化和皂市下层文化时期。根据陶器形制的分析，甑皮岩与澧阳平原地区在这一时期可能存在着某种文化上的联系。[17]考古发现证实，彭头山文化和皂市下层文化已经进入稻作农业的形成时期。[18]但根据甑皮岩出土植物遗存的分析，在生产经营方式上甑皮岩人似乎并没有受到来自北方的影响，换句话说，甑皮岩人不仅没有自己主动地栽培稻谷和发展稻作农业生产，而且也没有被动地接受他人的稻作农业生产方式。

由此可见，甑皮岩遗址与稻谷的栽培以及稻作农业的起源是没有任何关联的。晓锦遗址的发掘为我们的这一研究结果提供了更加有力的证据。

位于资源县境内的晓锦遗址是桂北地区一处重要的新石器时代遗址。遗址文化堆积大致可分为三期，根据发掘报告，一期的年代距今 6500～6000 年，二期距今 6000～4000 年，三期距今 4000～3000 年。[19]但也有学者认为一期的年代应该在距今 7000 年前后，大体相当于甑皮岩的第五期，二期的年代在距今 6500～5500 年间，三期距今 5500～3500 年。[20]在晓锦遗址的发掘过程中，通过水洗法在二期和三期的文化堆积中出土了数量惊人的炭化稻谷（据发掘者告知，出土炭化稻谷的数量多达上万粒），然而，在一期的堆积中却未发现一例稻谷遗存。如此强烈的反差清楚地说明，大约在距今6500年前后，当地的生产经营方式曾经发生过一次根本性的改变，即自晓锦二期始，稻作农业突然成为主要的生产经营方式，而晓锦一期的经济生活却似乎与稻作农业无关。农业经济的形成过程应该是一个十分漫长的量变过程[21]，而晓锦遗址所表现出的这种反常的突变只能有一种解释，即稻作生产技术是由其他地区传入的。

晓锦遗址地处资江源头，虽然其文化的整体面貌有别于洞庭湖区古代文化系列[22]，但考虑到河谷地带是古代文化传播和扩展的主要途径，位于资江首尾两端的古代文化应该存在着某种程度的联系，因此，在晓锦二期突然出现的稻作农业最有可能来自于北方的洞庭湖区。晓锦遗址在甑皮岩遗址之北，二者之间的直线距离仅百余公里，如果稻作农业确实是由北传入桂北地区，这两个地点受到的影响应该是由北向南逐步扩展，或者是同步的（暂且不考虑微环境因素）。由此可见，在距今7000年以前的甑皮岩遗址文化堆积中自始至终都没有发现任何稻作农业的痕迹就不足为奇了。

晓锦遗址的发现不仅证实了甑皮岩遗址的研究结果，同时还揭示了稻作农业传入华南地区的时间和可能的路线。这在顶蛳山遗址的研究中得到了进一步的证实。

顶蛳山遗址位于广西邕宁县境内，是岭南地区一处保存较好的新石器时代贝丘遗址。该遗址文化堆积分为四期，一期属新石器时代早期遗存，年代在距今1万年左右，二、三期是遗址的主体文化堆积，被命名为顶蛳山文化，年代在距今8000~7000年间，第四期的文化面貌与二、三期遗存明显不同，年代在距今6000年前后。[23]对顶蛳山遗址开展浮选已被列入今后的工作计划，在此之前我们应用植硅石分析方法对遗址的植物遗存进行了初步的研究。结果显示，在遗址的前三期文化堆积中没有发现任何稻属植硅石，但在第四期的文化堆积中突然出现了数量可观的稻属植硅石。[24]在植物界中禾本科是植硅石的高产科，而稻属恰恰又是禾本科中的植硅石高产属，稻属植物所产的植硅石不仅数量多，其中的可鉴别类型如扇型和双峰型植硅石的个体也比较大，硅化程度较高。根据我们以往的经验，只要稻属植物曾经出现在古代人类的生活中，遗址的文化堆积中就会或多或少地埋藏有可鉴定稻属植硅石。因此，稻属植硅石在第四期文化堆积中突然出现，说明迟至距今约6000年前后，稻属植物才开始进入到顶蛳山人的生活中。

相对广西而言，华南地区的另一个重要省份广东的资料较少，但也有一些线索。

谈到广东的情况，有必要先对英德牛栏洞的发现做一些澄清。牛栏洞是一处洞穴遗址，洞内的文化堆积分为三期，一期的年代距今约12 000~11 000年，二期距今约11 000~9000年，三期距今约9000~8000年。[25]在上个世纪90年代末的发掘过程中，应用了植硅石分析方法（即原报告中的硅质体分析方法）在二期和三期的文化堆积中发现了稻属植物的植硅石，即前面提到的扇型和双峰型植硅石，对此原报告讲得很清楚，"这两种硅质体均能作为鉴定水稻属的标志"[26]。水稻属即本文所说的稻属，属

（genus）是植物学的一个分类单位，但不是基本分类单位，一个属一般包括少则几个多则数百个不同的种（species）。稻属（*Oryza*）包含有 20 余个不同的种，栽培稻（*O. sativa*）仅是其中的一个种，其他种多为野生稻，例如中国现存的普通野生稻（*O. rufipogan*）、药用野生稻（*O. officinalis*）和疣粒野生稻（*O. meyeriana*）。根据大量现代样品的对比研究，扇型和双峰型都可以作为稻属植物"属"一级的植硅石鉴定标本。[27]扇型植硅石不具备判别栽培稻和野生稻的能力，但能借助统计学的方法有效地区分栽培稻之下的两个不同亚种（subspecies），即籼稻和粳稻[28]。对牛栏洞出土扇型植硅石的判别结果是，"与现代水稻籼型和粳型不聚合在一起，呈一种非籼非粳的类型"[29]。现代样品对比研究还揭示，借助统计学的方法，双峰型植硅石不仅可以区分籼稻和粳稻[30]，而且还可以判别栽培稻和野生稻[31]。牛栏洞出土的双峰型植硅石数量很少，因此没有进行栽培稻和野生稻的判别，而籼粳的判别结果与扇型相同，"也表现为一种非籼非粳的类型"[32]。

在此需要补充两点以帮助读者理解牛栏洞的植硅石研究结果：其一，根据同工酶的分析结果，普通野生稻已经存在籼粳的分化[33]，因此，籼粳的判别与栽野的判别不存在必然的联系；其二，根据对现代样品植硅石的研究，普通野生稻的双峰型植硅石的特征恰好正是"既非籼，亦非粳"[34]。事实上，牛栏洞遗址的植硅石分析报告是一篇很严肃的科学的报告，作者对分析结果做了恰如其分的阐述，并没有对这些非籼非粳的植硅石类型究竟属于栽培稻还是野生稻进行判别，但却被有些读者误解并加以发挥，由此得出了岭南地区在 1 万年前就存在有栽培稻的结论。

目前可以确定无误的广东最早的稻谷遗存出土于曲江石峡遗址。石峡遗址的文化堆积分为三层，下层文化的年代在距今 5000～4000 年间。上个世纪 70 年代的发掘在遗址的中层和下层文化堆积以及墓葬中发现了大量的稻粒、稻壳和稻秆，经广东省农业科学院粮食作物研究所鉴定为栽培稻[35]。1980 年代的再次发掘又确定出了早于下层的前石峡文化层，从中也发现了稻谷遗存，年代在距今 6000～5000 年间[36]，这就与广西的发现在年代上基本吻合。除此之外，在广东还有一些考古遗址也发现过炭化稻粒，但年代都晚于距今 6000 年。

综上所述，我们基本可以得出这样一个结论，华南地区与稻作农业的起源没有关联。不仅如此，根据目前掌握的资料我们还发现，在当地文化已经发展到了新石器时代中期的前段，即距今 7000 年前后，仍然没有出现与稻作农业有关的生产活动，直至距今 6500 年前后，已经在长江流域建立起的稻作农业生产体系才开始向南传播进入华南地区，但很快地成为了当地的主要生产经营方式。对华南地区而言，稻作的传入是生产技术的引进还是移民群体的带入，这是我们今后要继续探讨的一个问题。

三 华南地区与块茎作物原始农业的关系

否定了稻作农业并没有解决我们提出的问题，既然在距今 6500 年以前华南地区不存在稻作农业生产活动，那么当地的古代先民们又是如何生活的？有两种可能：其一，由于华南地区自然条件优越，为人类的生存提供了充足的野生的食物资源，因此采集狩猎经济在这一地区延续的时间较长；其二，在稻作传入之前，华南地区存在过其他类型的原始农业。

甑皮岩遗址浮选结果中发现的炭化块茎类植物遗存给我们探讨这一问题提供了重要线索。(图三；彩版一○，1)

块茎是指某些植物特有的变态地下茎。块茎富含淀粉，容易获取，因此很早就成为了人类的一种重要的食物资源，许多块茎类植物最终被栽培成农作物。例如，起源于南美洲的马铃薯就是现今世界上最重要的块茎作物，我国传统的块茎作物主要有山药、芋、莲藕等。由于块茎的主要组成部分是薄壁细胞，在显微镜下很容易将其与以导管、筛管和纤维组成的炭化木区分开，因此在浮选出的炭化物中识别块茎遗存并不是一件难事。将炭化块

图三　甑皮岩出土炭化块茎遗存

茎遗存从浮选结果中挑选出来单独进行分析很有意义，因为这一类植物遗存靠自然力进入遗址文化堆积中的几率非常小，加之块茎大多可以食用，因此在考古遗址发现的炭化块茎一般应该属于古代人类的食物遗存。在甑皮岩遗址的浮选结果中，每一期样品中都出土了一定数量的炭化块茎遗存，这说明，在甑皮岩人的食物结构中一直包括有块茎类植物。问题是，这些块茎遗存究竟属于那些植物种类？其中是否包含有栽培品种？

在植物考古学研究中，如何鉴别块茎遗存的植物种类是一个难题。经过火烧而炭化的块茎虽然可以长期保存在土壤中，但在出土时大多已经十分破碎，特征部位一般都荡然无存，很难进行植物种属的鉴别，在甑皮岩遗址发现的炭化块茎就属于这种状况。植

硅石分析方法对块茎类植物也无能为力，因为在植物界并不是所有的植物种类都具有产生植硅石的能力，不幸的是，大多数可食用的块茎类植物，如薯蓣科的薯蓣属（*Dioscorea*）和天南星科的芋属（*Colocasia*）就属于不产植硅石的植物种类。然而，新近发展起来的一种新的植物考古学研究手段，即淀粉颗粒分析方法，为解决这一难题提供了可能。[37]淀粉颗粒是形成于植物细胞内的碳水化合物，作为一种有机养料储藏在植物的根茎部或种子内。不同植物种类的淀粉颗粒在形状、尺寸以及表层结构有所不同，因此淀粉颗粒具有一定的植物种属鉴别能力。过去一般认为淀粉颗粒是无法长期保存在考古遗址中的，但近期的研究结果显示，在一些器物表面残留物中包含的淀粉颗粒遗存能够在遗址中保存数万年[38]。香港中文大学的吕烈丹博士运用这种新方法对甑皮岩遗址出土石器的表面残余物进行了提取和显微镜观察，结果在一些石器的刃部发现了芋类淀粉颗粒。[39]这一研究成果不仅对浮选结果做了进一步的补充，而且对判别浮选出的炭化块茎的植物种类提供了重要的线索，即在甑皮岩出土的炭化块茎残块中应该包括有芋类植物的遗存。

芋类植物是指天南星科（Araceae）的块茎植物，如海芋（*Alocasia macrorrhiza*）、魔芋（*Amorphophallus rivieri*）、野芋（*Colocasia antiquorum*）、大野芋（*C. gigantea*）、芋（*C. esculenta*）等，其中芋是栽培品种，也称芋头。有关芋的起源，国内还没有展开过认真的探讨。国外学术界一般认为芋起源于东南亚或太平洋诸岛[40]，也有学者认为这两个区域都是芋的起源地[41]，这些观点主要是根据芋类植物的分布和民族学的调查，但遗憾的是，在这两个区域都没有发现具有说服力的考古证据。应该承认，甑皮岩遗址出土的芋类淀粉颗粒以及可能包括芋类在内的炭化块茎遗存，对于探讨芋的起源而言，也算不上非常有力的考古证据，但至少能给我们一个提示，即探讨芋的起源应该将中国的华南地区也考虑在内。这实际与国外学术界的看法并不矛盾，中国的华南地区不论是在自然环境背景上还是在古代文化内涵上与东南亚特别是东南亚的东北部有着许多相似之处[42]，所以将芋的潜在的起源地扩展到华南地区并不是一件难以接受的提议。

那么，具体到甑皮岩遗址所在的桂林地区是否有可能成为芋的起源地之一呢？很显然，仅仅依靠一个遗址的尚不能完全确定的考古资料是无法就这个问题下结论的，但也不能完全排除这种可能性。从生物学的角度分析，包括芋在内的块茎类作物的栽培过程相对比较简单。块茎类植物可以通过种子进行有性繁殖，也可以通过块茎进行无性繁殖。块茎的表皮有许多小芽，只要外部条件适合，小芽就可以依靠块茎内储藏的丰富养料萌发并成长为新植株。由于具有这种特殊的繁殖能力，相对种子类作物而言，块茎类作物的栽培过程要简单得多。试假设，古人将采集到的野生块茎带回居住地食用，将吃剩下的残块随意地遗弃在周围，只要残块上还保留有小芽，来年就可以发芽生长。当人们通过长期观察认识到这一自然现象后，在某种需求的驱动下就可能开始有意识地将采集到的野生块茎切成小块种植到园地里，加以保护和照料，然后收获。在人类这些行为的不断作用下，某些野生块茎类植物就有可能逐步地进化成栽培品种。我们的浮选结果证实，甑皮岩人自始至终都以块茎类植物作为食物来源之一，从逻辑上讲，通过长达数千年的密切接触，甑皮岩人不可能对块茎类植物这种显而易见的特殊的再生能力毫无认识。2002 年冬，傅宪国、吕烈丹和笔者曾对甑皮岩遗址周边地区进行过一次小规模的环境考察，其间意外地在一片杂草丛生的荒野中发现了几株"野"生的栽培芋（图四；彩版一〇，2），估计是被人偶然遗弃的芋头或残块自然再繁殖的结果。令我们感到吃惊的是，虽然无人照料，这几株芋的长势却良好，块茎类植物这种特殊的繁殖途径和顽强的自生能力可见一斑。由于块茎类植物的易栽培性，再加上其在热带和亚热带地区分布

的广泛性以及与人类生活关系的密切性，致使有学者提出了块茎类作物起源无中心的观点，即块茎类作物的栽培过程很有可能是反复地发生在不同的时代和不同的地区[43]。如是，芋的栽培过程就完全有可能也发生在甑皮岩人生活时期的桂林地区。顺便提一句，桂林地区的荔浦县所产的荔浦芋是现代芋中最著名的品种，当然，这与芋的起源可能没有什么关联，但至少说明了桂林地区的生态环境确实十分适合芋类植物的生长。

图四　"野"生的栽培芋

综上所述，我们可以得出这样一个推测，在距今约 6500 年稻作农业传入之前，华南地区很有可能存在过一种以种植芋为代表的块茎作物原始农业。事实上这并不是一个新观点，早在上个世纪 50 年代，已经有国外的学者意识到块茎类植物的易栽培性与热带原始农业的关系，并由此提出，世界上最早的栽培作物不是小麦、大麦、稻谷、玉米这些种子类农作物，而应该是起源于东南亚的包括块茎类在内的根茎繁殖类农作物[44]。中国也有学者很早就提出过华南地区存在有块茎作物原始农业的观点[45]，但一直没有受到学术界的足够重视。主要原因是由于当时缺乏通过考古发掘获取块茎类植物遗存的有效手段，因而拿不出任何可以说明问题的考古证据，当时学术界普遍存在的稻作情结也是造成这一观点被忽视的因素之一。

四　结语

通过对甑皮岩遗址出土植物遗存的分析，并结合华南地区其他相关遗址的考古资料，我们认为，华南地区与稻作农业的起源无关，稻作农业是在大约距今 6500 年前后由北部的江南地区传入的，在此之前，华南地区存在着以芋为代表的块茎作物原始农业。由此说明，中国的原始农业不是两个而应该是三个独立的起源和发展区域，即分布于暖温带落叶阔叶林区的以种植粟和黍两种小米为代表的北方旱作农业区，分布于亚热带常绿阔叶林区的以种植稻谷为代表的古代稻作农业区，以及分布于过渡性热带林带的以种植芋等块茎作物为代表的华南块茎作物农业区。

注释：

① Harlan, Jack R. 1992. Crops and Man. *American Society of Agronomy Inc.* . Madison.

② 席承藩（主编）：《中国自然区划概要》，科学出版社，1984 年。

③ 施亚风等：《中国全新世大暖期气候与环境的基本特征》，《中国全新世大暖期气候与环境》，海洋出版社，1992 年。

④ Mackenzie, A., A. S. Ball and S. R. Virdee 1998. *Instant Notes in Ecology*. Bios Scientific Publishers Limited. 科学出版社影印版，1999 年。

⑤ 侯学煜：《中国自然地理——植被地理（下册）》，科学出版社，1988 年。

⑥ 焦天龙：《更新世末至全新世初岭南地区的史前文化》，《考古学报》1994 年 1 期。

⑦ 傅宪国：《甑皮岩遗址的考古学意义》，《桂林甑皮岩》，文物出版社，2003 年。

⑧ 广西壮族自治区文物工作队、桂林市文物管理委员会：《广西桂林甑皮岩洞穴遗址的试掘》，《考古》1976 年 3 期。

⑨ Chang, Kwang - Chih. 1986. *The Archaeology of Ancient China*. (4th edition) Yale University Press：New Haven.

⑩ 李泳集：《华南地区原始农业起源试探》，《农业考古》1990 年 2 期。

⑪ 李有恒、韩德芬：《广西桂林甑皮岩遗址动物群》，《古脊椎动物与古人类》1978 年 16 卷 4 期。

⑫ 赵志军：《植物遗存的研究》，《桂林甑皮岩》，文物出版社，2003 年。

⑬ 广西野生稻普查考察协作组：《广西野生稻普查考察搜集资料汇编》（内部资料），1981 年。

⑭ 同注③。

⑮ 吕烈丹：《孢粉种类所反映的生存环境》，《桂林甑皮岩》，文物出版社，2003 年。

⑯ 赵志军：《考古出土植物遗存中存在的误差》，《文物科技研究》第一辑，科学出版社，2003 年。

⑰ 傅宪国、李珍、周海、刘琦、贺战武：《桂林甑皮岩遗址发现目前中国最原始的陶器》，《中国文物报》2002 年 9 月 6 日 1 版。

⑱ 裴安平：《长江中游 7000 年以前的稻作农业和陶器》，《稻作、陶器和都市的起源》，文物出版社，2000 年。

⑲ 广西壮族自治区文物工作队、资源县文物管理所：《广西资源县晓锦新石器时代遗址发掘简报》，《考古》2004

年 3 期。

⑳ 傅宪国：《广西地区史前文化发展序列初论》，《桃李成蹊集——庆祝安志敏先生八十寿辰》，香港中文大学中国考古艺术研究中心，2004 年。

㉑ 赵志军：《植物考古学及其新进展》，《考古》2005 年 7 期。

㉒ 同注⑳。

㉓ 中国社会科学院考古研究所广西工作队、广西壮族自治区文物工作队、南宁市博物馆：《广西邕宁顶蛳山遗址的发掘》，《考古》1998 年 11 期。

㉔ 赵志军、吕烈丹、傅宪国：《广西邕宁顶蛳山遗址出土植硅石的分析与研究》，《考古》2005 年 11 期。

㉕ 广东省文物考古研究所、中山大学人类学系、英德市博物馆编：《英德史前考古报告》，广东人民出版社，1999 年。

㉖ 顾海滨：《广东英德牛栏洞遗址硅质体、孢粉、炭屑分析》，《英德史前考古报告》，广东人民出版社，1999 年。

㉗ Pearsall, D. M., Piperno, D. R., Dinan, E. H., Umlauf, M., Zhao, Zhijun and Benfer, R. A. Jr. 1995. Distinguishing rice (*Oryza sativa* Poaceae) from wild *Oryza* species through phytolith analysis：Results of preliminary research. *Economic Botany* 49（2）.

㉘ Fujiwara, Hiroshi, 1993. Research into the History of Rice Cultivation Using Plant Opal Analysis. In *Current Research in Phytolith Analysis：Application in Archaeology and Paleoecology*（D. M. Pearsall and D. R. Piperno ed.），147 – 158. MASCA, University of Pennsylvania：Philadelphia.

㉙ 同注㉗。

㉚ 张文绪、汤圣祥：《稻属 20 个种外稃乳突的扫描电镜观察》，《中国栽培稻起源与演化研究专集》，中国农业大学出版社，1996 年。

㉛ Zhao, Zhijun、Pearsall, D. M., Benfer, R. A. Jr., and Piperno D. R. 1998. Distinguishing rice (*Oryza sativa* Poaceae) from wild *Oryza* species through phytolith analysis, II：Finalized method. *Economic Botany* 52（2）.

㉜ 同注㉗。

㉝ Second, G. 1985. Evolutionary relationship in the Sativa group of Oryza based on isozyme data. *Genetics Selection Evolution* 17.

㉞ 张文绪、汤圣祥：《河姆渡出土稻谷外稃表面双峰乳突的研究》，《中国栽培稻起源与演化研究专集》，中国农业大学出版社，1996 年。

㉟ 杨式挺：《谈谈石峡发现的栽培稻遗迹》，《文物》1978 年 7 期。

㊱ 杨式挺：《广东新石器时代文化与毗邻原始文化的关系》，《岭南文物考古论集》，广东省地图出版社，1998 年。

㊲ Cortella, A. R. and M. L. Pochettino 1994. Starch grain analysis as a microscopic diagnostic feature in the identification of plant material. *Economic Botany* 48（2）.

㊳ Loy, Thomas H., M. Spriggs and S. Wichler, 1992. Direct evidence for human use of plants 28 000 years ago：starch residues on stone artifacts from the northern Solomon Islands. *Antiquity* 66.

㊴ 吕烈丹：《甑皮岩出土石器表面残存物的初步分析》，《桂林甑皮岩》，文物出版社，2003 年。

㊵ 同注①。

㊶ Matthews, P. J. 2002. An introduction to the history of taro as a food. In *Potential of Root Crops for Food and Industrial Resources*（Nakatani, M. and K, Komaki ed.），484 – 497. ISTRC, Tsukuba.

㊷ 同注⑦。

㊸ Hather, Jon G. 1989. The origins of tropical vegeculture: Zingiberaceae, Araceae, and Dioscoreaceae in Southeast Asia. In *Foraging and Farming: The Evolution of Plant Exploitation* (D. R. Harris and B. C. Hillman ed.), 538 – 550. Unwin, London.

㊹ Sauer, Carl O. 1952. *Agricultural origins and dispersal.* M. I. T. Press, Cambridge, MA.

㊺ a. 李富强:《华南地区原始农业的起源》,《农业考古》1990 年 2 期; b. 冯孟钦、邱立诚:《从考古发现看农业在广东的发生及其早期发展》,《农业的起源和发展》,南京大学出版社, 1996 年。

资源、技术与史前居住方式的演变

——旧石器时代向新石器时代的过渡

钱耀鹏[*]

在近代进化论思想的影响下，人们从工具和武器的制作材料等方面开始科学地认识人类早期的历史进程。丹麦学者汤姆森（C. T. Thomsen）划分出石器、铜器和铁器三个时代之后，英国学者卢伯克（John Lubbock）又以制作技术及其结果为标准划分出旧石器时代和新石器时代，由磨制石器率先引发了关于新石器时代及其文化的认识。[①]随后，世界各地不断发现的新资料又屡屡引起有关新石器时代起始标志或者说旧石器时代向新石器时代过渡等问题的争论。[②]迄今，这一问题仍是学术界关注的重要课题之一。不过，人们以往多从工具与技术进步的角度探讨生产方式的转变，常常忽视资源开发与居住方式及技术进步方面的内在联系。本文即以居住问题为重要线索，以考古资料为基础，通过对居住地及居住方式转变与资源开发和文化进步的内在联系分析，进一步探讨旧、新石器时代转变的原因与过程。

一　从天然穴居到人工聚落的居住方式转变

自古以来，人们通常习惯于以衣、食、住、行来概括人类自身的基本生存需要。事实上，民族学与考古学均已证实，食、住、行才始终是生存需要的根本所在，而"住"又非常集中地展现着人类的"食"与"行"。即便住居不能直接揭示食与行的全部内容，它也足以成为探讨这些问题的重要基础。因此，在讨论旧、新石器时代过渡问题时，居住方式及其发展演变就是一个十分关键而有效的着眼点。

大量事实已经充分说明，包括居住方式在内的人类文化始终都处在不断进步的发展过程中。有关人类最初的居住遗存，1962 年曾在坦桑尼亚奥杜威峡谷的 DK 地点发现一处可能属于早期直立人阶段的圆形堆石遗存，引起人们的关注。从整体看，堆石是用大

* 钱耀鹏，西北大学文博学院。

小不等的玄武岩块排成近圆形，东西直径约 14 英尺，南北约 12 英尺，堆石外缘较厚而向内渐薄，中部只有稀疏的乱石。研究者玛丽·利基认为，这是一处类似窝棚地基的建筑遗存。非洲西部一些土著居民营建住宅时，首先在房基周围插一圈木棒，然后连接木棒并涂上泥巴作墙，并在木棒外围压上石块以加固墙基。但也有学者认为，圆形堆石虽不像自然营力搬运来的，却与非洲土著居民加固房基的圆形堆石有所不同，而且堆石之间也没有发现柱洞一类的遗存。③显然，DK 地点的圆形堆石遗存尚属孤例，其性质和意义无疑还有待进一步研究。因而在相关证据极为匮乏的情况下，包括穴居在内的地面居住方式是否始于人类形成之初，长期以来一直受到人们的质疑乃至否定。

　　吴汝康先生曾经指出："从现生的猿类来看，没有一种是居住在山洞里的。根据现有的化石证据，无论是腊玛古猿、南方古猿还是早期猿人，都不是在山洞里居住的。只是到了晚期猿人时期，人类才居住在山洞里。"④我国古代先哲亦曾做过这样的设想，即远古人类可能存在着一个巢居树栖的时期。如《庄子·盗跖》有云："古者禽兽多而人少，于是民皆巢居以避之。昼拾橡栗，暮栖木上，故命之曰'有巢氏之民'。"前苏联学者柯思文也认为："人在最初还保留着——虽然只是部分地——生活在树上的习惯。"⑤这种观点似乎不无道理。因为人类的诞生尽管是从制造和使用工具开始的，但最初的生存技能及简陋的工具似乎都难以构成地面栖息的绝对安全保证，所以不大可能一开始就很快改变猿类祖先或者原始群时期的树栖习惯。尤其在热带和亚热带地区，气候等自然环境因素可能使树栖习惯延续的时间更长。从居住特征及其传承性方面来说，我国南方地区新石器时代聚落遗址中常见的"干栏"式建筑遗存，较之穴居似乎更应是树栖方式最直接的演变形式。而早期直立人阶段的居住遗址之所以极少发现，其中最重要的原因之一也许就在于树栖，在于这种方式的人工痕迹一般不很明显且难以长期保存。从逻辑上来讲，人类最初依然沿袭类人猿时期树栖方式的可能性也是存在的。

　　目前，得到充分肯定的早期居住遗址基本都是晚期直立人阶段的天然洞穴遗址，而且这种穴居方式在旧石器时代中晚期也一直占据着主导地位。无疑，这种地表穴居方式的成立，不仅需要天然洞穴具备适合人类居住的基本条件，而且可能还需要与之相适应的安全保障。换言之，天然洞穴也可能成为某些大型食肉类猛兽的栖息之所，北京人洞穴遗址中发现成层的鬣狗粪便化石⑥或可说明这一问题。人类虽可以工具抵御猛兽的侵袭，似乎仍难以因此而获得比较安全可靠的栖息场所，而最有效的安全保证最初可能与人类学会用火有关⑦。在人类历史上，用火的进步意义显而易见，迄今在地球生物中也只有人类拥有控制和使用火的能力。可能就是基于火的控制和使用，人类才逐渐改变了树栖这一主要居住形式。事实上，在天然洞穴居住遗址中往往都发现有明显的人工用火遗迹，至少说明晚期直立人已经具有控制和使用火（即便是天然火）的能力，并在日常生活中发挥着非常重要的作用，使得其他各种动物只能望火而逃。因此，人工用火遗迹似乎也应是构成早期人类居住遗址的重要因素之一。

天然洞穴虽是晚期直立人以来主要的地表居住方式与栖息地，但却不是唯一的。几乎是在穴居普遍发生的同时，人类可能就随四季变化而季节性地露营于河湖附近的阶地。1966 年在法国南部尼斯市的德拉·阿马塔遗址，曾揭露出许多阿布维利文化时期晚春至初夏人们露营时的小型房屋遗迹。房屋平面呈长椭圆形，一般长 8~15 米，宽 4~6 米，屋墙用小树枝编成，屋顶由 2 个或 3 个支柱支撑，屋内炉灶清晰可辨⑧。虽说这种窝棚式临时建筑尚不多见且耐久性较差，但却证明了穴居之外、以人工建造为核心特征的另一种居住方式的存在。早期智人即旧石器时代中期阶段，河流湖泊附近阶地平原上可以确认为居住遗址的数量则有增多之势。在前苏联西南部的莫洛多瓦遗址，就曾发现有莫斯特文化的窝棚式居住遗迹。⑨我国古大同湖畔的许家窑遗址因发现有大量破碎动物化石和用火遗迹，似乎也可以确定为居住遗址。而且在欧洲旧石器时代中期后一阶段，已有 20 多处洞穴等文化遗址发现了埋葬死者的墓葬。⑩

及至旧石器时代晚期，河湖附近阶地平原上发现的居住遗址更加多见。尤其欧洲，不仅在洞穴壁画中发现有类似帐篷和茅舍的绘画，而且也有不少实例发现。马格德林文化时期生活在河流附近的人们，冬季居住于天然洞穴或岩棚之中，而夏季则往往居住在帐篷式的人工建筑中。⑪捷克斯洛伐克南部多尔尼·维斯顿尼旧石器时代晚期遗址中，发现了用石头支柱和兽皮建成的住所，并有 2 个火炉。前苏联谢维尔斯克·诺夫戈罗德附近的普什卡里遗址发现有 3 个灶坑，可能是由 3 个圆锥形建筑单元联成，屋内用柱子支撑，屋顶以兽皮围盖。顿河上游的加加里诺遗址发现 1 座平面呈椭圆形（5.5×4.5 米）的居穴，底部铺以石板，用树干等建成圆锥形屋顶。在波兰的克拉科夫附近，发现 1 座用猛犸象骨骼搭成直径约 2 米的圆拱形小屋。在西伯利亚叶尼塞河流域的科科列沃遗址发现有 1 座四边形的房屋基址；安加拉河流域马利塔遗址的房屋建筑中还发现有窖穴遗迹。⑫在东西伯利亚地区，也发现有一些旧石器时代晚期的居住遗址。⑬哈尔滨市郊的阎家岗遗址也曾发现有 2 座类似窝棚式建筑基址的居住遗迹，系以动物骨骼围砌成可能属于窝棚式建筑的半圆形矮墙。⑭湖南临澧县竹马遗址则发现有旧石器时代晚期的方形高台房屋建筑基址，土台高约 50 厘米。⑮而旧石器时代晚期以来的墓葬，在包括中国在内的世界各地也不断有所发现，山顶洞遗址就发现有我国已知年代最早的墓葬。

不仅如此，旧石器时代晚期以来的居住遗址似乎还显露出这样一种特点，即布局规划现象已经相当明显。西伯利亚安加拉（河）盆地的马利塔遗址就是一处河流阶地上的居住营地，发现有许多半地穴式房屋建筑遗迹，房屋建筑的规模似乎也开始有了大小之分；面积最大的房屋约为 14×6 米，三边有用石块和猛犸象、披毛犀骨骼及驯鹿角垒成的围墙，屋顶可能用猛犸象皮覆盖并以石块、驯鹿角等物坠拉；门向河流，屋内后部设有炉灶和窖穴。这不仅反映出马利塔聚落具有一定的规模，而且这些大小有别的各类房屋之有机组合，说明当时人类的生活及较为复杂的社会组织结构已经趋向稳定。而西亚约旦河谷胡勒湖畔艾因·迈拉哈中石器时代遗址的面积已达 2000 平方米以上，在三个层次上大约存在着 50 座圆形房屋，每座圆屋的直径约为 2.5～9 米。[16]更显重要的是，这些房屋之间还存在着分群现象，一般由若干圆形房屋构成一个相对集中的建筑群，每个建筑群还拥有许多袋状（钟形）储藏窖穴。而墓葬一般设在居住区的范围内，表明墓葬区尚未与居住区分离。我国尚未在河湖附近发现这一时期颇具规模的居住遗址，但山顶洞遗址似乎也已出现了功能方面的区域规划，被视为氏族公社居住区域结构的雏形。[17]其中上室因发现有灰烬等遗迹现象而可能为居住生活区，下室则因发现有 3 具人骨及一些随葬品等而可能是墓地所在，下窖发现有较多的脊椎动物化石而可能是储藏食物的场所。这些情况说明，此时不仅人工性聚落要素如房屋、窖穴、墓葬等俱已存在，而且聚落布局规划现象也已处在发生或形成过程中。

这样看来，旧石器时代早期的直立人阶段，人类可能以用火为契机逐渐完成了由树栖到地面穴居的居住方式的转变。几乎与此同时，人类又在穴居的基础上开始探索新的生存居住方式，以临时性营地为特征、以房屋建筑为核心的人工性"聚落"要素明显处在萌芽发生过程之中，且愈来愈显普及而复杂。及至旧石器时代晚期，在"聚落"要素的复杂化过程中，不仅居住遗址的布局规划现象已趋向显著，而且一些居住遗址中房屋、窖穴和墓葬等遗迹的共同存在说明河湖附近的长期性居住遗址可能也已出现。显然，各种人工性要素的聚合以及居住遗址的布局规划现象与长期性特征，都使得一般意义上的"聚落"已较大程度地摆脱了最初的萌芽发生阶段，由天然穴居到人工聚落的居住方式演变行将完成。因此，可以认为，一般意义上的"聚落"在旧石器时代晚期以来已经开始形成，并为新石器时代聚落的繁荣与发展奠定了坚实的基础。

二　技术进步与居住方式的演变

在居住方式的演变过程中，生存资源开发需要本身并不能导致这一过程的最终完成，还需要相关技术条件的有力支持。一则我们还没有充分理由可以认为，人类在用火技术出现之前绝对不存在地面居住的需要；二则开发利用河湖阶地与平原地带生态资源的需要至迟在晚期直立人阶段即已出现，而居住方式与居住地的根本性转变却是在旧石器时代晚期以来才发生的。显然，造成这一现象的主要原因无疑应在于相关技术条件的缺乏或极不成熟。不过，究竟是哪些技术条件最终导致了居住方式与居住地的根本性转变，还需要进行具体的分析讨论。

在前文论述的基础上，我们至少还可以获得如下一些认识。首先，由于天然洞穴所在山地丘陵地带的生态资源较为有限，所以自晚期直立人阶段开始，以天然洞穴为主要居住地的生存方式就不大适应人类文化发展的客观需要。无论是季节性的还是永久性的，世界许多地区的居民愈来愈频繁地活动于自然条件和资源较之山地地带更为优越的河湖附近阶地及平原之上。尤其旧石器时代晚期，基于社会经济与技术条件的大幅度提高，人们摆脱天然洞穴束缚、在河湖阶地平原上实现永久性居住生活的愿望已相当迫切。其次，在居住建筑方面，人们更多地使用了兽骨、兽皮和石块等建筑材料，而对木质材料的使用则比较少见，且可能主要限于细小的树枝等，作用非常有限。可能正是由于建筑材料及相关技术的限制，旧石器时代的居住建筑长期较为简陋，耐久性和御寒性都非常差。从阎家岗遗址窝棚式建筑所需动物骨骼数量来看，要获得足够的建筑材料也是相当困难的。所以，在冬季比较寒冷的地方，人们还难以较大程度地摆脱对天然洞穴的依赖，而这又与人们在河湖附近永久性生活的愿望相矛盾。再者，即便人们能够比较容易地获得足够的动物骨骼以建造房屋，也会因动物骨骼本身的长度所限，难以建造出较为宽敞的居屋，很难引起居住方式的革命性变化。而在当时的生态环境背景下，较之动物骨骼，高大的树木无疑是更为理想的建筑材料，不仅森林资源相当丰富，且有可能建造出更加宽敞实用的房屋建筑。显然，要实现资源开发基础上的居住方式与居住地的根本性转变，还需要寻求新的建筑材料与技术尤其是木作技术条件的支持。

事实也是如此，无论是在采集狩猎经济还是农业经济条件下，旧石器时代晚期以来的木加工技术发展已经得到了考古证据的有力支持。日本长野县野尻湖遗址曾发现带有加工痕迹的木材（^{14}C 年代 37 220 ±1240 年）[18]，欧洲中石器时代则明确发现有独木舟、木桨、木弓等木质工具[19]。更为重要的是，由于人们愈来愈频繁地活动于河湖附近的阶地平原，以房屋建筑等为基本内容的聚落在世界许多地区都获得了长足的发展。在营建房屋以解决居住问题的过程中，人们一旦把木材作为主要建筑材料（诸如木骨泥墙及"干栏"式结构等类型的房屋建筑），那么居住建筑方面的木材以及木加工需求量明显就会占据主导地位。尽管土木、石木以及"干栏"式房屋建筑对木加工技术的依赖程度不一，通常也都离不开木加工技术的支持。基于旧石器时代文化发展所引发的这一系列技术新需求，就使得以往的打制石器种类及其性能特征不能完全适应人类生存发展的整体需要。从理论上分析，直接导致木加工与建筑技术进步的重要原因之一，应在于木加工工具专门化程度的不断提高，而木质纤维的柔软性则决定了用于木加工的工具一般不可能是木质的，所以木加工工具的专门化还应体现在石器种类及其性能特征方面。

考古发现证实，旧石器时代晚期以来，在石器种类大量增加的基础上，还因磨制技术的逐渐运用及磨制石器的出现而引起了石质工具形态和性能的重大变革。从世界范围来看，最初普遍出现并始终存在的磨制石器大多是斧、锛、凿等工具，而这些工具类型的发展又进一步推动了磨制石器工业的繁荣。[20]需要强调说明的是，在磨制石器出现之前，打制的斧、锛、凿等石质工具就已存在，其形态也与同类磨制石器基本相似。在通常情况下，石斧、石锛、石凿作为木加工工具恐无异议。不过，作为木加工工具，无论采用直接打击法或者间接打击法，打制石器的形态一般都不甚规整，而且还存在着刃口不齐这一重大缺陷。如打制石斧砍伐木材时的使用效果在一定程度上类似于以锯子砍伐木材，锛和凿在加工木材时也会因刃口不齐而事倍功半。这样，基于木加工的需要以及实践过程中对打制石器类木加工工具存在缺陷的充分认识，人们便逐渐开始改进木加工工具的形态结构以提高劳动功效。在打制技术无法实现这种需要的情况下，人们终于把磨制技术应用到木加工工具的形态改进方面，斧、锛、凿等磨制石器率先出现了。最初，可能由于磨制石器技术尚不熟练及所需工时等因素的影响，这些石器的磨制加工往往仅限于最主要的使用部位——刃部。另外，因石锛的背面平齐与否也会直接影响加工修整木材的工作效率，所以最初也出现了一些仅背面磨制的石锛。[21]进而，随着磨制石器技术及磨制石器数量的不断提高，木加工工具中的打制石器逐渐被淘汰。不过，可能由于打制石斧本身具有多种用途，即便在工具专门化过程中逐渐丧失了最初的砍伐功能，但仍可用于掘土等方面的生产活动。[22]这也许就是打制石斧之所以能够与磨制石器在有些地区长期共存、流行很长时间的主要原因。

石斧、石锛、石凿等木工工具率先由打制改为磨制，无疑应是木加工技术发展过程中的重要里程碑之一。随着木工工具及其相关技术的发展，就使得大量开发利用木材资源成为现实，木材作为主要原材料逐渐被广泛应用于房屋建筑方面。在日本绳纹文化草创期（约公元前 10 000 年～前 7000 年），就不断发现有半地穴式房屋建筑基址，且往往拥有若干柱洞痕迹。[23]竹马遗址旧石器时代晚期的高台房屋建筑基址虽然没有发现柱洞遗迹，但也未见大型动物骨骼，估计以木材搭建的可能性很大，房基四角的砾石或为柱础石。尤其近年在浙江浦江县上山新石器时代早期遗址中，不仅发现有通体或局部磨制的斧形器、锛形器，而且也发现了由三列柱洞构成的房屋基址。[24]这种房屋建筑的屋顶及支撑屋顶的柱子都应是木质材料，较之旧石器时代的窝棚式建筑明显有所进步。当然，这种分析结果似乎还不能合理解释所有地区的文化发展特点。如在耶利哥、耶莫、甘尼·达勒等西亚一些所谓"前陶新石器文化"遗址中，虽然存在着发达的建筑技术，但明显缺乏陶器和磨制石器。生产工具中除极少一些磨石、磨棒外，主要还是打制的燧石镰、刀、镞之类。这是否表明西亚地区建筑技术的发展与磨制石器毫无关系呢，答案应当是否定的。原因是西亚地区居民在发展建筑技术方面另辟蹊径，自中石器时代的哈吐夫文化开始就较早使用了泥砖、石块等建筑材料，尤其前陶新石器阶段的耶利哥城址更具代表性。[25]而我国直至新石器时代晚期以来，才在长江、黄河流域的大溪文化及龙山时代诸文化中出现了土坯等预先加工成形的建筑材料。无疑，西亚地区较早出现的这一建筑特点，就在一定程度上降低了木材及木加工的需求量，可能因此而造成了木加工工具与技术的滞后发展特点。虽说西亚地区磨制石器出现较晚，但旧石器时代晚期以来特别是中石器时代，同样也存在着打制的石锛、石凿等木加工工具。进而在所谓"有陶新石器时代"阶段，最先出现的磨制石器种类主要仍是斧、锛等。因此，以房屋建筑等为核心的木加工技术需求而导致磨制石器出现的观点还是可以成立的。

由此看来，磨制石器的种类虽然愈来愈显复杂，但这并不能完全掩盖磨制石器发生的根本原因及其基本类型的原始功能。在居住方式与居住地的转变过程中，斧、锛、凿等木加工工具的出现和磨制石器技术的运用等，都极大地推动了木加工及房屋建筑技术的重大进步，从而使人类摆脱天然洞穴的束缚、长期居住生存于河湖阶地及平地带原的夙愿最终能够得以彻底实现。尤其在以木加工为核心建筑技术的地区，房屋建筑与聚落的发展不仅充分体现出磨制石器的作用和意义，同时也一定程度地说明磨制石器最初是由木加工与房屋建筑技术而非农耕技术的发展需求直接导致的。

三　资源开发与居住地的重大转移

由天然穴居到人工聚落的居住方式转变，并非简单地以人工居屋取代天然洞穴，其中最主要的目的可能还在于居住地的转移问题。理论上，人类开发利用环境是以减少所需要的时间和能量的合理方式来进行的：即在一定技术条件下，离居住地越远，获得资源所需要的时间和能量就越大；随着远离居住地点，资源开发利用的价值就逐渐减少，最终达到几乎无法利用的边界。[26]而且，人们一般不会到距离居住地点10公里以外的地方去获取资源：农民通常是在步行1小时左右的范围内经营土地耕作，采集狩猎者则主要在步行2小时左右的范围内活动。[27]客观上，除了安全因素外，生态环境资源无疑是人类选择居住地的重要前提条件之一，但居住地点的选择往往又会受到居住方式的制约和影响。这就是说，人类既不可能居住生活在生态资源（尤其水和食物）极为匮乏的地方，同时也不可能不考虑居住条件及安全保障而选择居住生活的地点。因此，居住方式的演变绝对不是空穴来风，当与食和行密不可分。

最初，人类之所以较大可能地选择了树栖方式，以各种类型的森林地带作为居住地，一则可以有效躲避食肉动物的侵害，二则森林地带一般都可提供一定量的基本生存资源。尽管这种居住方式还不能抵御冰霜雪雨的困扰，但在同样条件下仍比地面居住可能付出的代价要小得多。不过，即便是树栖方式，也不能完全限制人类在地面上活动，人们常常也会因资源开发而经常活动于地面之上。造成这种现象的原因应在于林地中并非所有树木种类都能为人类提供必要且足够的食物资源，各种地表资源往往具有极高的开发利用价值，人类及现生猿类的杂食性特征或可一定程度地说明这一问题。很可能就是基于这种情况，才造成了早期直立人阶段地面居住遗址发现甚少而人类文化遗存却并为罕见的现象。我国发现的西侯度、小长梁、东谷坨和元谋直立人遗址等虽不能断定就是这一时期的居住遗址，但作为人类文化遗存的事实则是不可否认的。[28]

在没有其他安全保障的情况下，树栖方式无疑是最佳的居住选择。但是，树栖似乎很难为人类提供控制和使用火的实践保证，所以控制和使用火的实践活动应是在地面上进行和完成的。就当时的情况来说，一旦用火成为人类最基本的生存手段之一，树栖方式明显就不能适应这一资源利用需求，否则便会自行陷入"引火烧身"的危险状态。基于开发利用"火"资源的需要以及用火所带来的安全保障，人类似乎就不能不改变以往的树栖方式，开始寻求地面居住的可能性。在没有充分条件能够支持人们普遍营建人工居所的情况下，天然洞穴便成了地面居住方式的最佳选择。世界各地普遍发现的洞穴遗址说明，人类大约在晚期直立人阶段就已普遍采取了地面穴居的方式。虽然不便完全排除人们曾经修整过这些洞穴的可能性，但仍当以利用天然洞穴为主要内容。由于天然洞穴基本发育在石灰岩山地，而平原地带一般很难形成洞穴发育现象，所以地面穴居方式往往又把人类的居住地限定在石灰岩山地丘陵地带。当然，人们在选择天然洞穴作为居住地时，除了洞穴本身是否适于居住要求外，还必须充分考虑洞穴周围基本生存资源的分布状况及丰富程度。即便自然界为人类提供的选择余地不大，人们也会尽可能地选择周围生存资源较为丰富的洞穴作为居住生活的栖息地。

自从地面穴居成立以后，便成为旧石器时代最主要的居住方式，一定程度上也可理解为定居。尽管这种居住方式在世界各地一直延续到新石器时代，但这并不能说明人们在新石器时代到来之前就再也没有能动地改善自身的生存条件，长期处于完全被动的适应地位。的确，在旧石器时代的大部分时间里，人类利用和改造生存环境的能力相当有限，但事实上却已开始步入了加速度的发展历程。在这一过程中，穴居方式及其所在山地丘陵地带生态资源的局限性愈来愈显突出。自古及今，山地丘陵能够直接为人类提供的食物资源常常是比较有限的，因而人类选择的天然居穴多位于河湖阶地发育或临近平原地带的山地。这样以来，适合于人类生存居住的天然洞穴难免非常有限，少而固定的天然居穴明显就会严重制约人类生存发展的客观需要。尤其在温带和亚热带地区，大部分天然洞穴周围的生态资源往往少而脆弱，在人类长期开发利用的过程中可能就会日显枯竭。北京猿人洞穴遗址除成层的鬣狗粪便化石堆积外，与用火有关的灰烬堆积也发现于若干不同的层位[29]，这说明人类在该洞穴的居住是间歇性的，且间歇周期较长。在没有充分证据能够把北京猿人的间歇性居住现象完全归结于突发性天灾人祸的情况下，其中也明显不乏人为主动放弃的成分，且可能是因较长时期的攫取性开发而使得洞穴周围有效开发范围内的生态资源出现了周期性匮乏现象所致。尤其北京猿人洞穴遗址第 8～9 层发现的食肉类动物种类达 20 种之多，而第 4 层堆积中仅有 3 种[30]，明显可从食物链的角度揭示出食草类动物以及植被资源日趋匮乏的客观事实。长此以往，人们便不得不把生存资源开发区域扩大到远离洞穴的河流阶地或平原地带，而人类对洞穴居地的高度依赖性常常又会极大地限制他们的活动范围。所以，在地面居住方式仍严重依赖天然洞穴的情况下，人类首先可以选择的似乎只能是季节性地扩大生存活动范围，于温暖的夏季徙居在河湖附近的阶地上，利用附近岩棚或建造窝棚式简易房屋以便临时居住。人类不仅自晚期直立人阶段普遍利用天然洞穴而开始了地面居住方式，几乎也同时出现了少量非洞穴遗址，个别遗址甚至还被确认为营地。这一事实本身即可充分说明，地面穴居及其所在山地丘陵的生态资源往往难以满足人类生存发展的实际需要。

在全球范围内，尽管目前晚期直立人阶段的非洞穴式地面居址发现数量极少，甚至会令人产生一些疑虑，但人类所展现出的生存能动性则是无可置疑的。哪怕是季节性的临时迁徙活动，也会促使人类更加了解各种自然环境中生态资源的分布状况及其丰富程度，河湖阶地与平原地带的生态资源愈来愈受人们青睐，如果能够栖居其中则开发利用价值就会更高。在生存需要以及这种认知实践能力和相关技术条件不断提高的基础上，人们无疑就会逐渐设法摆脱天然洞穴住地的束缚。尤其在天然洞穴、岩棚等极为少见的河湖阶地与平原地区，即便木加工技术极不发达，非人为因素断裂死亡的树木以及大型动物的骨骼等都能为营建窝棚式建筑提供可利用的材料。旧石器时代中期以来，人类在河湖附近阶地的活动似乎明显有所加强。一方面，河流或湖泊附近经常发现有人类文化遗址，我国丁村文化各地点就主要分布在晋中汾河两岸的阶地上，河北阳高县的许家窑文化遗址也多分布于古大同湖畔。另一方面，尽管我国境内河湖附近的遗址尚未明确发现居住性建筑遗迹，然而在一些遗址中却发现有人工用火遗迹，许家窑遗址就曾发现大量破碎动物化石和用火遗迹[31]。河湖阶地遗址中人工用火遗迹的存在当可说明人类在这些地方停留的时间较长，所以也就不能完全排除人们曾临时或季节性居住于河湖阶地的可能。有理由相信，随着田野考古工作的深入开展，很可能在我国境内也会发现类似欧洲莫斯特文化中的窝棚式建筑遗迹。及至旧石器时代晚期，人类虽然还没有从根本上摆脱天然洞穴的束缚，但靠近河流湖泊的阶地平原可能已经成为人们经常活动和居住的场所，河湖泊阶地上分布的文化遗址更显普遍。其中如宁夏灵武水洞沟、内蒙古伊克昭盟乌审旗萨拉乌苏河沿岸、山西朔县峙峪和沁水县下川、河北阳原虎头梁、四川汉源富林等许多遗址都分布在靠近河流的开阔地带，且多有用火遗迹或露天炉灶发现[32]。另如大致处在旧石器时代向新石器时代过渡阶段的沙苑文化各地点，也都分布在陕西关中平原东部的沙丘地带[33]。更能说明问题的是，除了国外已经在河湖附近阶地上明确发现有许多居住遗址或古营地遗址之外，阎家岗遗址也揭开了我国境内古营地遗存的发现历程。可以认为，旧石器时代晚期天然洞穴作为地面居住方式的主导地位已明显减弱。

显然，在火的使用导致晚期直立人开始栖居于地表之后，人类的居住方式又进一步经历了由天然穴居到人工聚落的发展演变过程。而引起居住方式发生变化的主要原因明显应在于生存资源开发的需要，具体则体现在由山地丘陵到河湖阶地及平原地带的居住地转移方面，通过居住地转移以保持食、住、行的统一，从而大幅度提高了河湖阶地与平原地带生态资源的开发利用价值。也就是说，居住方式的演变与人工性聚落的出现，基本上是适应以资源开发为目的的居住地转移而发生的。如果没有居住方式的转变，也就不可能实现居住地及资源开发的根本性转移。

四　旧—新石器时代演变过程的讨论

关于旧、新石器时代的划分与认识，虽说始于打制和磨制石器技术及其特征差异，但人们并没有完全局限在这些方面。基于考古新发现及研究工作的深入，一则在旧、新石器时代之间划分出"中石器时代"作为过渡阶段，二则又在磨制石器说的基础上形成了"陶器说"和"农业说"两种有关新石器时代起始标志的学术观点。无论是"中石器时代"的划分还是新石器时代起始标志或划分标准的讨论，其实都是针对旧、新石器时代文化的演变过程这一本质问题的。在我们看来，探讨这些问题的关键似乎就在于能否从文化的角度，准确地把握人类的生存活动规律与特点。

"文化"是人们在适应、利用和改造自然环境的基础上形成的。尤其物质文化成就明显应是人类适应、利用和改造自然的中介与产物，必然涉及食、住、行等方面的具体内容。"民以食为天"的道理不言自明，但"安居乐业"也在一定程度上说明了居住的重要性。无论人们采取何种生计方式，都不能不考虑居住问题。因为居住地作为人类全部活动的据点与根据地，直接影响着生存资源的开发利用价值。资源的利用价值在于开发过程所需要的时间和能量付出[34]，而空间活动距离无疑会增加资源开发的能量与时间付出，并最终达到丧失开发利用价值的程度。所以，在居住地附近可供开发利用的自然资源比较有限的情况下，人们往往就会通过迁徙的方式求得生存。这样就不难理解为什么天然洞穴虽是旧石器时代的主要居住地点，但河湖附近的阶地平原上往往也发现有人类文化遗存乃至营地遗址的现象。可以说，为了寻求和开发更加理想的资源分布地，在旧石器时代的大部分时间里人们都在试图摆脱天然洞穴的束缚。由此来看，旧石器时代向新石器时代的演变过程，似乎首先是从居住方式与居住地的转变开始的。斧、锛、凿等木加工工具类型率先由打制技术普遍转变为磨制技术、房屋建筑遗迹以及木材等建筑材料大量使用的客观事实，已经比较充分地说明了这一问题。不过，居住方式与居住地的这一转变，与其用"定居革命"来概括[35]，倒不如称之为"居住革命"更加准确，因为我们还没有充分的理由认为天然穴居就丝毫未含长期定居的性质和意义。

旧石器时代向新石器时代演变，无疑是人类文化全面进步的过程。人们虽然不是以居住方式的转变为根本目的，但居住方式的革命性变化却是人类彻底实现居住地与资源开发地统一的重要基础，从而能够以最小的能量与时间付出来换取资源开发利用的最大价值。理论上，在自然资源相对优越的地区，河湖阶地平原地带较为丰富的自然资源就有可能较大程度地减少频繁的迁徙活动，使得定居现象较之以往任何一个时期都更为普遍，无论农业发生与否。定居现象的普及在人类文化史上的意义似乎是难以估量的。尽管定居现象普遍发生以前，人类曾有过不少发明创造，并可能在交流中推动了文化的加速度发展，但定居现象的普及则可能为更多的发明创造提供了有利条件。原因似乎就在于，长期的定居生活实践不仅容易促使人们在连续不断的反复过程中观察到某些客观事物的变化现象，而且有利于形成经验积累及知识更新。一旦获得这样的经验或知识，定居进而又为人们提供了比较稳定的实验条件，尤其对于周期相对较长的实验活动。事实上，磨制石器、陶器、农业等一系列重大发明，基本都是在居住方式与居住地的转变过程中出现的。可能由于自然环境与生态资源方面所存在的显著差异，这些文化因素在世界各地出现的顺序及时间不尽相同。在世界许多地区，或因磨制技术率先在骨器制作等方面的经验积累而磨制石器出现较早。陶器则属于全新的发明，且因自然物质物理化学性质的改变而需要较长的知识积累过程，出现时间大多稍晚于磨制石器。至于农业，除西亚等个别地区外，虽不便排除与磨制石器、陶器同时发生的可能性，但大多数情况下似乎还是稍晚甚至很晚以后才发生。

英国学者 A·布朗于 1892 年提出了"中石器时代"的划分意见[36]，划分这一过渡期的核心意义应在于揭示旧、新石器时代的具体演变过程。因而，在探讨旧、新石器时代演变过程问题时，"中石器时代"也是一个难以回避的问题。然而，我国境内能否划分或者是否明显存在"中石器时代"这一相对独立的文化发展阶段，长期未有定论。究竟应该如何认识这一问题，我们不妨从文化发展的角度加以分析。文化是在适应、利用和改造自然环境的基础上形成的，不同的自然环境往往造就出包括文化进步过程的不同文化发展特点。因而，世界各地文化在普遍性发展规律的基础上，还存在着许多特殊的发展规律。作为相对独立的文化发展阶段，如果中石器时代具有普遍性特征，在不考虑空间因素的情况下，还需要具备以下两个条件：一是具有明显不同于旧石器时代的文化特征，二是这些文化特征在一定时期内具有相对的稳定性。其中，文化特征的相对稳定性主要取决于完成这一过程的时间因素，时间尺度必须达到一定程度从而可能显示出较为明显的稳定性。否则，便会因稳定性较差而特征不甚显著而难以准确把握。

最初以欧洲的考古发现及其所揭示的文化发展特点而划分出的中石器时代，作为过渡期阶段能否如旧、新石器时代那样适用于世界各地，或者说各地旧、新石器时代的演进历程是否完全类似于欧洲地区，就值得深入思考。我国旧石器时代晚期虽然也出现了以间接打击法为特征的典型细石器，但许多发现表明在这种细石器技术尚未兴盛之际，磨制石器等因素就已萌芽发生。也就是说，在居住方式与居住地的转变过程中，可能基于自然环境与生态资源特点的强烈影响，使得我国旧石器时代向新石器时代的文化演进速度较快，大大缩短了这一进程中的时间因素。而过于短暂的演进过程似乎就造成了过渡期文化因素及其特征极不稳定的客观现象，从而使"中石器时代"的划分较为困难。如果从划分中石器时代的本来意义出发，最重要的还是揭示旧、新石器时代文化的演变过程，而不是中石器时代的划分本身。所以，关于我国是否存在中石器时代，原则上应根据客观事实，在文化特征及其稳定性不明显的情况下亦可不作单独划分。

概括起来，旧石器时代演变为新石器时代的本质内涵，实际应是以文化进步为特征的生存方式而非经济形态的根本性转变。尽管"农业革命"的伟大意义无可否定，但所涉及的地区却相当有限，显然不是导致这一演变过程发生的关键原因所在。事实上，人类的生存活动明显是以资源开发为核心所展开的，而居住方式与居住地又在很大程度上直接影响着人类的生存安全与资源开发活动。作为人类文化的重要内容之一，居住方式与居住地选择不仅直接体现着生存方式的演进历程，而且能够充分揭示出人类生存发展过程中的技术进步和资源开发特点。具体来说，由天然洞穴到人工聚落的居住方式与居住地的革命性变化，即应是旧石器时代向新石器时代演变的重要线索，并可能由此引发了其他一系列文化新因素的萌发。同时，自然环境、生态资源特点等因素可能也直接影响了这一过程的演进周期，致使过渡期"中石器时代"的划分因地区而异可有可无。相信通过对居住地选择与居住方式演变问题的全面关注，我们能够更加具体、更加清楚地认识和了解旧、新石器时代文化的发展演变过程。

补记：在"华南及东南亚史前考古——纪念甑皮岩遗址发掘30周年国际学术研讨会"组织参观桂林大岩洞穴遗址时，傅宪国先生介绍说该遗址的文化层也存在间歇性堆积现象，这应是洞穴周围生态资源周期性匮乏而导致人类间歇性居住的直接结果。邻近热带的华南地区尚且如此，其他地区的情况便可想而知。因此，把史前居住方式转变理解为居住地转移及有效开发资源之关键环节的观点是可以成立的，唯旧石器时代向新石器时代过渡的过程及模式等问题还需要进一步探讨。

注释：

① ［英］格林·丹尼尔：《考古学一百五十年》，文物出版社，1987年。

② 焦天龙：《试论新石器时代的特征与开始的标志》，《东南文化》1990年3期。

③ 吴汝康等：《坦桑尼亚肯尼亚古人类概要》，42～43页，科学出版社，1980年。

④ 吴汝康：《人类的起源和发展》，78页，科学普及出版社，1965年。

⑤ ［苏］柯思文著、张锡彤译：《原始文化史纲》，25页，人民出版社，1955年。

⑥ 林圣龙：《周口店第一地点的大型哺乳动物化石和北京猿人的狩猎行为》，《北京猿人遗址综合研究》，科学出版社，1985年。

⑦ 贾兰坡：《人类用火的历史和火在社会发展中的作用》，《历史教学》1956 年 12 期。

⑧ ［日］八幡一郎主编：《世界考古学事典（下）》，1477 页，平凡社，1979 年。

⑨ 《中国大百科全书·考古学》，339 页，中国大百科全书出版社，1986 年。

⑩ 朱龙华：《世界历史·上古部分》，24～25 页，北京大学出版社，1991 年。

⑪ 《中国大百科全书·考古学》，299 页，中国大百科全书出版社，1986 年。

⑫ 《中国大百科全书·考古学》，43 页，中国大百科全书出版社，1986 年。

⑬ ［苏］А·И·克鲁沙诺夫主编、成于众译：《苏联远东史》，18～41 页，哈尔滨出版社，1993 年。

⑭ 黑龙江文物管理委员会、哈尔滨市文化局、中国科学院古脊椎动物与古人类研究所东北考察队：《阎家岗——旧石器时代晚期古营地遗址》，文物出版社，1987 年。

⑮ a. 储友信：《湖南发现旧石器时代高台建筑》，《中国文物报》1998 年 4 月 6 日 1 版；b. 尹检顺：《湖南澧阳平原史前文化的区域考察》，《考古》2003 年 3 期。

⑯ 李连等编著：《世界考古学概论》，80～82 页，江苏教育出版社，1990 年。

⑰ 宋兆麟、黎家芳、杜耀西：《中国原始社会史》，123～124 页，文物出版社，1983 年。

⑱ ［日］平口哲夫：《木製品を作り出した石器》，《季刊考古学》第 35 号，1991 年 5 月。

⑲ 朱龙华：《欧洲中石器时代》，《中国大百科全书·考古学》，359 页，中国大百科全书出版社，1986 年。

⑳ 钱耀鹏：《略论磨制石器的起源及其基本类型》，待刊。

㉑ a. 盖培、卫奇：《虎头梁旧石器时代晚期遗址的发现》，《古脊椎动物与古人类》1977 年 15 卷 4 期；b. 河北省文物研究所、唐山市文物管理所、玉田县文物保管所：《河北玉田县孟家泉旧石器遗址发掘简报》，《文物春秋》1992 年 1 期。

㉒ ［日］滕基生：《打製石斧の性格》，《季刊考古学》第 35 号，1991 年 5 月。

㉓ ［日］橿原考古学研究所编：《一万年前を掘る》，152～156 页，吉川弘文館，平成六年（1994）。

㉔ 蒋乐平、郑建明、芮顺淦、郑云飞：《浙江浦江县发现距今万年左右的早期新石器时代遗址》，《中国文物报》2003 年 11 月 7 日 1 版。

㉕ 参阅李连等编著：《世界考古学概论》，76～92 页，江苏教育出版社，1989 年。

㉖ 荆志淳：《西方环境考古学简介》，《环境考古研究》第一辑，科学出版社，1991 年。

㉗ 多纳·C·罗珀：《论遗址区域分析的方法与理论》，《当代国外考古学理论与方法》，三秦出版社，1991 年。

㉘ 中国社会科学院考古研究所编：《新中国的考古发现和研究》，2～6 页，文物出版社，1984 年。

㉙ 杨子庚：《周口店地区晚新生代地层研究》，《北京猿人遗址综合研究》，科学出版社，1985 年。

㉚ 同注⑥。

㉛ a. 贾兰坡、卫奇：《阳高许家窑旧石器时代文化遗址》，《考古学报》1976 年 2 期；b. 贾兰坡、卫奇、李超荣：《许家窑旧石器时代文化遗址 1976 年发掘报告》，《古脊椎动物与古人类》1979 年 17 卷 4 期。

㉜ 中国社会科学院考古研究所编：《新中国的考古发现和研究》，18～27 页，文物出版社，1984 年。

㉜ 西安半坡博物馆、大荔县文化馆：《陕西大荔沙苑地区考古调查报告》，《史前研究》1983 年创刊号。

㉞ 同注㉖。

㉟ ［日］西田正规：《中緯度の定住民》，《國立民族學博物館研究報告》10 卷 3 号，1985 年。

㊱ 同注①。

资源域分析与珠江口地区新石器时代生计

李　果*

本文讨论遗址资源域分析法（site catchment analysis），并以珠江口地区新石器时代的生计（subsistence）为例，尝试初步探索这种方法在该区史前研究中的应用，尤其确定其内围资源域范围这一基本的遗址资源域分析要素。

珠江口地区包括港澳、深圳、珠海、中山等地区或市县。由于埋藏条件欠佳，该区较少发现史前动植物遗存，不利于生计经济的研究。资源域分析则可从另一角度独立地提供有关史前经济的推断，即使动植物遗存数据阙如，这种方法依然可行。其结果可与出土器物、动植物遗存或古生态研究等有关生计方面的推论相互补充或匡正，有助于丰富或加强我们对史前生计的认识。

以下首先简要梳理了资源域分析法自 1970 年代在欧美考古学界出现以来的进展及应用情况，检讨了这种方法的长短，并作出修订。依据珠江口地区历史和近代情况及其新石器时代的特点，对这种方法进行了调整；进而运用于该区新石器时代生计的研究当中，论定其遗址内围资源域的大小，作为进一步分析的基础。相信本结果对类似研究有一定的启发性和可取处。

一　遗址资源域分析法的由来

典型的考古遗址资源域分析法，一般指的是对个体考古遗址的自然生态条件或资源（即其"人地关系"）进行分析。这种方法的出现，是因为考古学家在尝试对遗址作深入研究时，发现自然科学家对遗址所在地区的环境或地理情况的描述较宽泛，是就整个地区而言的，往往难以为了解个别遗址的自然生态条件提供足够的参考数据。所以这种方法的运用，着重于提高考古学家对遗址地理、环境或生态等自然条件的认识，进而再兼顾文化或社会因素对遗址选址或发展变化的影响，有助于加强对遗址历史文化面貌的总体把握。

---

* 李果，香港城市大学中国文化中心。

"资源域"一词源自地貌学，通常指流域或水域。顾名思义，"考古遗址资源域指的是该遗址（确切说是该遗址居民）取得其资源的范围或区域。"①河流的流域是一种资源域，这一类资源域是现在看得见、可观察到的自然现象或物质，但考古学上的遗址资源域，却是我们现在无法用肉眼观察到的、抽象的观念或理论建构。那么，如何界定一个考古遗址的资源域、或该遗址主要资源的来源范围？这个问题很重要，往往与某个史前群体为何决定在某地建村扎寨、安顿下来生活密切相关。

显然，当中最要紧的考虑是土地使用上对位置、亦即是对居住地点的选择②。露珀在归纳遗址资源域分析法早期五花八门的研究实例后，把对居住地或遗址选点的研究分成两类。一类属于中地理论的一种，考察重点是在空间处理上的"人我"（man-man）关系，即人与人之间的社会关系。另一类则主要关注遗址选点和土地使用上的"人地"（man-land）关系，即人与自然的关系，这即属于典型的遗址资源域分析法。因此她认为，遗址资源域分析法最为关注自然资源（比如动植物充沛与否）是如何成为史前居址选点的决定性因素的，此外再去留意文化或社会因素（比如游群分布、人口密度）对遗址选点的影响。③当然，这样做只是这种方法关注的重点不同，完全没有看轻社会因素作用的意思。本文讨论的即为这一种典型的遗址资源域分析法，并将集中讨论遗址资源域在生计上的作用，因为这种方法研究的重心通常都是遗址的生计。

遗址资源域分析这种着重人地关系的传统，起初受到地理学和民族志或文化人类学中相关研究的影响，事实上原本就来自这两个学科。例如，地理学家曲任认为，水、可耕地、放牧地、燃料和建筑原料，是农业聚落中最基本的五种经济或天然资源。④与此类似，人类学家李理策的研究指出，对非洲卡拉哈里沙漠的布须曼人来说，决定在哪安居的最为生命攸关的理由，是找到不易枯竭的水源。⑤

顺理成章，在居址选点时，居址与其周围资源（如水、耕地或渔场）的距离就成了关键的考虑因素。这适用于世界上任何地方。⑥换言之，通常靠近居址的资源应当是具有关键性的资源，也最有可能为该址居民所取用；反之，离居址越远的资源，越不大可能被这些居民取用。⑦否则还不如把家搬到这些资源的附近。

因此，考古学家作资源域分析研究是以遗址为单位来进行的。因为遗址所在地区的大范围、一般地区性的环境资料不大难找得到，但用于理解某个特定遗址时就显得过于宽泛，不足以帮助考古学家详细、深入了解和研究该遗址。考古学遗址资源域分析法旨在弥补这个缺陷。

其做法，通常是以某遗址的中心为圆心，划出一个圆圈，假定圆圈内的范围即为该遗址资源域的范围。一般认为，这就是遗址资源域分析法在技术上与其他"人地"研究法的区别所在。⑧至于说这个划出来的遗址资源域范围该有多大，大多数考古学家在研究以狩猎采集为生的群体或野食群体（foragers）时，都跟随沿用李理策对!Kung 布须曼人的考察结果，即每个遗址资源域的半径定为 10 公里（6 英里）。^⑨如果研究的是农业聚落，则跟随地理学家曲任的研究结果，用 5 公里（3 英里）的距离作为遗址资源域的半径，即为野食资源域半径的一半。^⑩而在实际研究过程中，这些距离一般都换算成时间，即距离换算为步行时间。因为通常步行 10 公里需要两小时，步行 5 公里要一小时，故野食遗址资源域半径的 10 公里就换算为两小时，农业遗址资源域半径的 5 公里就换算为一小时。

然而，已有学者批评，如果不假思索就套用曲任和李理策的这两个 5 公里/10 公里的资源域半径指标，就太机械了。^⑪因为在真实例子中，有许多因素左右着这些指标。而通常来说，实际生活中的资源域（即取用资源的范围）的半径，往往小于这两个理论上假设的 5 公里或 10 公里。这两个假设半径顶多有时候是某些遗址资源域的最大或极限距离，就是说，农民或野食者通常极少需要到离居地这么远的地方觅食。

也许让我们回到最初的文本，看看这两个资源域半径指标是如何得来的。先看看李理策是如何得出野食者 10 公里的资源域半径的。其实，他早就观察到，在布须曼人的生活中，人们是极少会到离游猎营地 10 公里那么远的地方找食物的。他们就近水源安营扎寨，而食物也是以水源附近较为丰富。一般说来，只要居地附近有足够食物，他们就不会走那么远，不会去穷尽那个 10 公里的极限。李理策曾用一句话概括!Kung 布须曼人的觅食策略："无论何时，营地居民都会采食那一刻离水源最近的称心食物。"若附近找不到称心食物（称心食物指味道好些、营养较高的食物），他们或许会走远点，但常常还是宁愿退而求其次，采吃营地附近相对不那么称心的食物（即味道、营养次些的食物），而不是出远门去找称心食物。李理策还说，布须曼人惯常都在一个营地停留数周或几个月，觅吃营地附近的食物。如果在第一周，他们吃光了营地四周 1 英里半径范围内的食物，他们就需要在第二周去到 2 英里的半径范围觅食；如果有必要，再在第三周把觅食范围扩大到 3 英里的半径范围。因而可以假设，倘若某营地在 1 英里的半径范围内，食物足以让呆在那里数周或数月的布须曼人享用的话，他们就不会费力再走远点去找吃的。与此同时，李理策还在他的研究统计图表上发现，当食物与营地的距离达到 6 英里（即 10 公里）时，成本曲线急剧上升，意味着布须曼人一般都不会超过那个距离去觅食，除非在大旱季时被迫那么做。这也就是野食者 10 公里资源域半径的由来。但哪怕在旱季，部分营地成员（比如老人）还是宁愿就近寻找不那么称心的食物，只是那些年青力壮者才会为了得到称心美味的食物走得远些。其实觅食的路程越远，参与的人就越少，而越多人会就近觅寻不那么称心的食物。^⑫

特别耐人寻味的是，在食物充沛的雨季，布须曼人居地的资源域半径从未超过 3 英里（5 公里）的范围，即只有我们假定的野食者遗址资源域半径 10 公里的一半，或刚好等于农民遗址资源域的半径——5 公里。再者，我们还知道，布须曼人当时生活在自然条件极为艰辛、恶劣的大沙漠，且只懂得最简单、最粗陋的生存技术。[13]这些数据，都给了我们一点很清晰的启发：如果在食物资源丰富、生产力或技术水平较高的地方，遗址的资源域半径就应该较小，因为人们没有必要远离住地去寻找食物。

现在，我们不妨也考察一下农业资源域的情况。上文提到，曲任把农民聚落的资源域半径定为5公里。然而，跟野食资源域的情况类似，在实际情况中，那也充其量只代表了这种资源域的最大或极限距离，而且往往都达不到那个距离。在他那本经典专著所引用的例子中，很多居址的资源域半径都远远小于5公里。比如，在芬兰和荷兰，从居址到耕地的平均距离为1～1.1公里，大大小于5公里。就中国的总体情况看，这种居地到农田的平均距离就更小，只有0.6公里；而平均最远距离也只得1.1公里。巴基斯坦的情况大同小异。特别值得留意的是，在四川这个水稻双造产区，农田到居地的平均距离只有0.3公里。[14]

从其他例子也看出，受环境或其他因素影响，不同遗址的资源域半径的大小虽说可以有较大差别，但常常还是小于那5公里或10公里的常用指标。[15]比如说，巫德本在对坦桑尼亚哈德扎（Hadza）野食部落的考察中发现，他们的居址资源域半径为1小时的行走路程，比研究野食者时常用的2小时行走路程少了一半。[16]而赤泽对日本关东房总半岛新田野（Nittano）史前野食遗址的研究结论是：10公里的居址资源域半径实在太大。[17]如果再考虑到，现代留存的原始狩猎采集部落，一般是被较先进强大的民族群体迫迁到自然条件较差的地区（海南黎族的分布就是一例，他们被逼上了深山），而史前野食群体占据的地理区域，资源条件大多应比现存原始狩猎采集部落所占据的要好，所以其居址资源域，就应当比现存原始部落的要小。[18]

如果把地形的因素也考虑进去，如地势起伏、道路弯曲、河流等阻碍的影响，实际路程应比我们在地图上用直线距离来计算的要长些或难走些，所需时间也就多些。换句话说，与理想中平地或直线的情况相比，居址或遗址资源域通常都应当比理论所说的所占地理空间要小些；而在受地形影响较大的地方（比如丘陵、山区），实际居址或遗址资源域就更小；资源域的形状也大多不会是理想的圆形，而为不规则形。已有不少这方面的讨论。[19]但在本研究中，为讨论方便，暂时将之当圆形来处理。

总结上述讨论，虽然农居资源域半径5公里、野食资源域半径10公里是常用指标，但以往很多学者和我们的分析结果都表明，这些指标充其量是其最大值，而往往都不需要这么远的距离，有时候只有这些指标的一半。就是说，在大多数情况下，资源域的实际半径应该都小于这些指标，或人们觅食的地域一般都小于这个5公里/10公里的半径范围；尤其在环境较优越、生产力或技术水平较高的地方，或食物较充裕的时节，更是远远小于这两个指标。

二　内围资源域与外围资源域

与此同时，我们进一步的观察发现，在一个居址或遗址资源域的内部，不同资源的分布地域是不大相同的。最常见的情况是，跟"吃"或生计有关的资源，一般都离居地较近；而与礼仪或政治有关的资源，大多来自远方或外地（比如，标志身份、地位的用品多为"舶来品"）。这一方面表明，食物与居地的距离，是先民选择居址的一个很关键的因素，尤其在史前时期（此时期有时被径称为"生计时代"），交通相对不发达，生计或食物的因素更应是择址的首要考虑因素之一，这也是资源域分析法为何着重生计研究对史前研究具有重要意义的主要缘由。另一方面也提醒我们，如果考察的重点超出生计的范畴，居址或遗址资源域的范围可以是很大的；而在资源域当中，距离居地较近的部分与距离居地较远的部分，各自的资源重点并不同，它们对该址的居民，是有着不同的作用或意义的，即前者以生计为重，后者却不是。

所以，笔者认为，在通常情形下，遗址资源域至少可以分为内围和外围两个部分。内围部分指的是比较靠近遗址的那部分资源域；外围部分指的是离遗址较远的那部分资源域。一般来说，内围部分是生计经济的常规、主要或主体部分，在这个范围内，遗址居民能够取得日常的或主要的生计或食物资源；外围部分为生计经济的非常规、辅助、次要部分，遗址居民大多数情况下不到这个区域觅取食物，只在特殊时候（如青黄不接时节）才被迫到这个离居地较远的资源域外围去觅食。这个资源域外围部分跟生计关系较小，倒常跟社会或政治方面的内容关系较密切。为研究之便，我们不妨把遗址资源域的内围部分称为内围资源域，外围部分称为外围资源域。为便于讨论，我们在此暂不考虑因地形等影响所导致的资源域在形状上的变化或不同。至于内围和外围资源域的范围有多大，如前所述，则是由诸多经济、环境乃至政治因素决定的。

富兰纳尼（Flannery）从别的途径、即以遗址的生计遗存为出发点来研究遗址资源域，其所达到的结论，跟我们以上讨论的结果却很相似，认为遗址资源域应该分为常规和非常规区域两个部分。他的分析方法不同，不是先从理论上设定一个资源域的范围，而是先考察遗址已发现的遗存，再通过追寻这些遗存的可能来源来构建遗址资源域。他采用这种方法研究墨西哥欧沙卡地区（Oaxaca）一个农业村寨的遗址资源域，结果发现，村民们最基本的生计需要在 2.5 公里的遗址资源域半径范围之内已可满足（即只有习用的农居遗址资源域半径 5 公里的一半——笔者注）。他甚至指出，这个 2.5 公里资源域半径内的资源潜力，看来已经超出了该村农民的需要。另一方面，那些不常取用的资源，却来自较大的区域。比如，村民们有时甚至要到 200 公里开外的异地他乡去寻取祭礼用品。[20]由此也看到，如果泛泛而论资源域，其极限距离可远达几百公里的半径范围，对研究生计的意义却不大。以生计为重心的资源域研究，必须围绕主体生计活动来谈。

关于这两种遗址资源域，以往还有些别的叫法。用得最多的，是把"紧邻遗址的那部分"叫做遗址开发区（site exploitation territory），即遗址居民经常取用资源的区域，有点类似我们的内围资源域（但有时也指遗址资源之来源区域中各类型资源的比例）；但却把"遗址所有资源来源的全区域"称之为遗址资源域（site catchment）。[21]问题是，这两个名称和分类令人有点混淆。主要是，第一、内容上，未清楚说明两类区域中资源内容的重心所在。据前面的论述，这里所说的遗址开发区，主要与主体生计资源有关；而所谓遗址资源域，则包含了主体生计资源、次要生计资源、以至非生计资源的内容。这样，两种区域在内容上有重叠、却又不同，但未作出清晰明确的区分，较易引起混乱。第二、在分类形式上，两者名称既然有别（一叫开发区、一叫资源域），似乎想表明两类区域是性质不同的东西（否则就不必用两个名称）；但前者却包含在后者之中，似乎又把两者当成了同一性质的东西，或把两者的区别抹除了，在逻辑上欠排他性；讨论中亦未说明两者内容有何性质上的差别，只是说后者比前者的范围大得多。所以，这个分类既未能清楚反映遗址资源域的性质和内容，在形式上也易引起歧义或混淆。笔者认为应当弃用之。

为免混乱，我们认为应该用同一个名字指称同一性质的东西：用"资源域"来涵盖遗址中所有资源来源的地域，这是资源的总范围或总区域，意即"总资源域"。但同时，又需区分这个总区域之内的局部差别，即总资源域内资源的局部分布范围，或最大级别之下的次一级别的差异。为此，我们上面已经讨论过，用遗址开发区和遗址资源域的名称来区分是不妥当的。建议用"资源域"作为最大级别的总类；以"内围"和"外围"作为次一级别的两大类，即用"内围资源域"和"外围资源域"指称总资源域之中的局部资源分布差别。"内围资源域"指资源域较靠近遗址、范围较小、与主体生计内容有关的那部分资源的区域；"外围资源域"则代表在内围资源域之外的、离遗址较远的、与主体生计资源关系不大而与非生计内容关联较多的那部分资源区域。"内围"和"外围"资源分布两者互不重叠，却共存于"资源域"或"总类"这个大范畴之内。

由于遗址的居民一般都可以在其"内围资源域"的范围之内获取其生计资源的主体或绝大部分、甚至全部，而本文的主题又是生计经济，单讨论内围资源域已足以揭示其生计经济的主体面貌。因而，以下的讨论将集中谈内围资源域及其应用，除非必要才提及外围资源域。事实上，若碰到上述墨西哥农村那样的例子，其"外围资源域"超出方圆200公里的半径范围，当中却没有多少生计的内容，既没必要亦难作讨论。而以下将要谈到的珠江口地区新石器时代的不少遗址也类似，有很大的"外围资源域"。如香港涌浪遗址出土的石钺乃至某些陶器，有研究者认为可能来自几百公里之外的粤北地区；而香港赤鱲角出土的新石器时代刻划纹泥质陶豆，当为礼仪用品，有人猜测是由1000公里之外的长江下游传来的"舶来品"。[22]但很显然，这种"外围资源域"也没有牵涉多少直接的生计内容，与本文关系不大。真要讨论，这么广的范围亦非一篇论文可以讲得清楚。所以本文将集中讨论遗址的内围资源域。下文谈到的"资源域"，如无特别说明，均指内围资源域。

三　遗址资源域范围的厘定

以上简要归纳了遗址资源域的一些最基本概念，包括遗址选点、居地与资源间的距离、资源域名称的界定以及内围资源域与外围资源域等。结果显示，遗址资源域的大小，是因地、因时、因资源的丰富程度、生产力或技术水平等等而异的。我们运用这些概念于珠江口地区新石器时代的研究时，遇到的首要问题是：如何界定一个遗址资源域的大小？

显然，必须进行时、空、环境、经济乃至历史的定位，也就是以下将进行的考察本区新石器时代的自然条件和技术水平、历史上的生计传统以及新石器时代的生计方式等等。通过这些考察，尤其是资源的富足程度、地形地貌的影响和生产力水平的高低等，我们就有可能厘定本区新石器时代遗址资源域的大小范围。这是上文谈得较多的一种方法。[23]上面谈到的另一种方法，是根据遗址出土的生计遗存，来考证当时遗址食物来源的范围。我们将同时兼用这两种方法。以下先谈第一种方法的运用，第五节再谈考古遗存所揭示的生计情况，两者相互对照。

（一）自然条件和技术水平

详谈本区新石器时代（即约距今 6000～3500 年前）的古生态绝非易事，但据有关研究成果，还是可以知道当时生态的大致面貌。一般认为当时的地理生态环境大体与今天相似，只是可能比今天要热些，植被覆盖更广些，[24]海域更大、陆地却小些。总的来说，本区自然生态条件具有得天独厚的优越性，表现在以下几方面：雨水充足，气候温暖，植被茂盛，动物繁多，河流海洋水域宽广，食物来源丰足，不同食物在四季中可不间断地交替获取且获取难度不大。另外，新石器时代本区捕获水陆食物资源的技术能力和相关文化也达到了相当的高度。不过，也有一些负面因素，比如夏秋台风和旱涝[25]、红壤酸性不利农业[26]、丘陵多、河谷平原小且少等。

处于亚热带与热带、河与海之交汇过渡地带是本区特色。充沛的光、热、水是明显长处，极利喜温植物如水稻的生长；也有雨旱季之分；全年绝大部分时间可获取江河、海洋和陆地食物。[27]每年谷类可二三熟，蔬菜有八造，热带水果品种数量多于我国其他地区，[28]多热带雨林和红树林。[29]处于华南最长、全国第五大的珠江河口，又在南海沿岸，属极为丰富的咸淡水产资源交错群落。[30]可为人们在小范围内的地理小生境（geographic niche）中觅食和安居提供较理想的条件。[31]张光直先生将太平洋沿岸（以浙江河姆渡和台湾大坌坑文化为例）采集狩猎群体称之为"富足野食者"（Affluent Foragers）。[32]珠江口地区看来与之类似。

本区遗址多分布在资源富足的河口沿海区，多见于海岸海湾沿线，很多都是位于隐蔽性较强的"受保护海湾"的上升沙丘上，风和浪相对较小，[33]附近有小溪，背靠泻湖或邻近红树林区，当中食物资源丰富，有大量虾、蟹、鸟、鱼和软体海产，利于渔猎。比如，有关研究发现，香港红树林中至少有 45 种鸟类、23 种无脊椎动物和 17 种植物。[34]一般认为这类地区较利于定居和人口繁衍。[35]总之，以往和新近的研究都肯定了本区古生态环境的优越性。

大概由于自然条件较好，又位于中国大陆南端，紧邻较发达的华中华东地区，本区新石器时代文化的发展达到了一定的高度，比如磨光石器制作成熟、工具的多样化、遗址分布较广等；加上处于交通便利的河口沿海地带，跟较发达的长江中下游新石器时代文化的联系一直很密切，比如彩陶、泥质白陶的出土等。日前咸头岭遗址更出土制作精良的大量陶器如戳印纹尊等（2004 年 9 月 12 日《深圳晚报》）。岭南虽说沿海和内陆地区（如粤北）各自相对独立，但各区间的联系紧密，例如都发现了彩陶、石钺等。跟广西同期遗址也颇多联系，这方面已有颇多论述，此不赘。[36]简言之，珠江口、珠江三角洲一带在其新石器时代（即从距今 6000～3500 年，一般认为相当于新石器时代中晚期）成为岭南少数几个最发达的地区之一并不出奇。

上述良好的天然和技术条件，可能使得珠江口地区新石器时代居民可以较容易在居地附近获取丰富的食物资源，并且由于四季无冬、水陆河海的食物资源又可在季节上交替或互补，居民们一年四季中都该能取得足够的食物。从出土食物遗存看，食物资源来源的范围确实主要都是在遗址近邻，比如捕捞软体动物和鱼虾。而倘若当时存在农业，因丘陵多、平地有限、森林密布，农耕大概也会是在居址近邻的海湾、丘陵之间的小块田地上进行。不少遗址的情况看来都证实如此，详下。

（二）历史上的生计传统

与史前情况相似，历史时期至近现代的珠江三角洲、珠江口地区因土地肥沃、水陆食用资源富足，素称"鱼米之乡"。除水稻和水产外，根茎类、瓜果类、豆类、油类和蔬菜类食物也都品种丰富且产量高。但另一方面，这些丰富的食物资源都集中出自有限的空间。这里的村落一般都人多地少、人口稠密，与华北、长江中下游地区比较起来，生计的地理空间较小。

一般说来，在中国乡下，村子的大小会因地形的变化而不同。通常大的村落坐落于广阔的平原地区，小村寨虽说也见于平原，但更多见于丘陵或山地。[37] 据研究，在肥沃高产的成都平原，100 平方公里范围内可有 1000 个村子（通常每村不多于 100 人），即 1 平方公里范围内超过 10 个村子！[38] 对我们的研究来说，这个例子的意义在于：倘若土地非常肥沃的话，其承载力是惊人的，农民在住处周遭已可生产或获取足够的食物，完全没必要"出远门"。

根据上世纪 30 年代的资料，就人均产量来说，华南水稻种植区比华北小麦种植区高得多；而华南的耕地面积比华北小得多。其中巴克的研究最具启发性。他从 1929 年至 1933 年，对 168 个地点的 16 786 个村庄以及 22 个省的 38 256 个村庄，进行了深入细致的考察和研究。其结果表明，一般产量越低的地方，人均耕地面积越大。当中有些实例很有意思。譬如，华北单作小麦产区的农民的人均耕地面积，是岭南双作水稻产区的三倍。即使在长江中下游的水稻与小麦交汇产区，其人均耕地面积，也相当于岭南双作水稻产区的两倍。而从产量来看却正相反，华南水稻产区的平均单位耕地产量，是华北小麦产区的三倍。[39]

岭南地貌特色是丘陵山地多、平地少、地形多不平坦开阔，很自然地造就了众多小型社区。[40] 加上属于双作水稻产区，其他食物资源又很丰富，便为形成较小的居址资源域提供了良好的条件。比如 20 世纪初，在属于珠江口地区的中山县，从农民居地到农田的平均距离是 0.6 公里，最远的平均距离也只有 0.7 公里。而该县当时平均每平方公里耕地面积的人数竟然达到 376 人！在广东省中东部的潮安县，当时的情况就更突出，农居到农田的平均距离仅有 0.4 公里。[41]

香港同属于珠江口地区，也是多丘陵山地，历史上大多数香港农民都以种水稻或水稻农耕兼渔业为生。近现代可耕地加畜牧地约占全区 14% 的面积，集中在新界地区。有研究认为，香港"耕地局限于西北区的沿海平地以及许许多多小沟壑中的窄小洼地"，而"这种性质的地形，使得本地无法发展出大规模的农业生产"。[42] 上禾坑村就是"遍布香港新界成百上千个村子中一个绝对典型的例子"。[43] 值得指出的是，这种代表性或典型性对我们的研究来说是很有意义的，因为这意味着香港其他地区的村子也可能是这样。该村位于香港新界东北区的一个地面很崎岖的丘陵地带，被小沟壑分割为一块块小地。这一带 60 年前还可见老虎、野猪、鹿和豪猪等野兽。现知自 17 世纪晚期开始有人定居，定居后水稻每年两熟，冬天则种番薯。直至 1975 年间农耕完全停止。1900 至 1905 年间，共有 700 村民，约为 85 ~ 100 户。据研究者估计，因为邻近周围的资源可以承负 100 户以上居民的生计，当时这个村子少于 100 户，生计景况应该不错。该聚落为长条形，较难准确计算其内围资源域的"半径"。如果把短端与长端平均起来估算，农居到农田的距离应当不超过 500 米。㊹从这个例子看出，由于自然资源相对充足，加上地形所限，当时这里的遗址资源域是不会很大的。历史时期的生计技术比史前时期发达，相信有助于在有限空间内获取更多食物，当然，当时的人口数量亦应比史前时期为大。

上述多为农业村寨的情况，以渔业为主、兼营农耕的例子，可能跟史前本地生计情况更接近。第一个实例，是位于广东南部台山县上川岛上的一个海边小村子——兼营渔猎和农耕的茶湾村。从其地理位置看，如果跟本区相比，除了资源大概比不上珠江口的水产或渔业资源那么丰富外，其他条件应较相似。全村不大，只有 200 人，大概和史前的大村子差不多。男人主事渔业，妇女孩子则挑起农务重担。村子西面和南面背靠矮山和热带植被，东面为海。村子与海滨之间分布着窄长的条状小块水稻田，以将就地形。稻田接着村子东北面，并延伸至山边坡地，再向东拐向海滨。虽然文章没有提供关于居地资源域的具体数据，从文字描述看，其生计活动范围基本局限于村边农地和紧邻村子的茶湾海滩及近岸沿海。茶湾海滩以海滩两端的山头为限，两山之间这个海滩领域，外人是不得随意进入的，村民会吆喝赶走驶得太近的舡舨㊺。这范围看来就成了该村约定俗成的"资源域"。

其情况可能类似于香港南丫岛上的东澳村。笔者 1990 年曾实地考察过该村。村子以渔业为主，但也兼营农业，前者男人负责，后者女人承担。据说建于清初，盛平时有百多人居住。船只以舡舨为主，捕鱼方法大多是在村边海岸中竖木桩设"罾棚"施行网捕，每次需有 10 人以上同时操作，多时每次渔获可达二三千斤；"罾棚"的遗迹仍可找到。二战后，因海水污染和捕获过量，渔获剧减；工业取沙又破坏鱼类生态，浅水区鱼种不复再见。结果原先的渔夫要改行谋生。农活主要在村边进行，但山谷间耕地不足、灌溉不便。移民迁入致人口增长后，稻田更见短缺。虽一年两作，但收成不足以供本村口粮，故需兼营渔业。随渔业衰微，村民多改事散工维生。㊻总之，历史上该村的主要渔、农生计活动亦都是局限在极有限的空间内进行，农耕应该不会超越其北、西、南三面环绕的山峦界线，即半径不超出 1 公里甚至更小的范围。

（三）新石器时代的生计方式

如上所述，珠江口地区地处河口、海岸，水产或海洋资源极为丰富。在近现代以及历史时期，其"海洋"或"水产"文化的比重一直占有重要地位。前面两节中已引用了不少例子，囿于篇幅，不再赘引更多例子。问题的关键是，史前时期本区的生计情况如何？新石器时代或史前时期常被称为以生计经济为重心（subsistence-oriented）的时期，当时本地的生计经济，应比历史时期或近现代更顺应自然生态的优势。换句话说，其生计对当地自然食物资源的依赖，或其"海洋"、"水产"文化的比重，应比历史时期或近现代为大，因为新石器时代的生计应当更"顺乎自然"、契合本地得天独厚的河口、海岸食物资源的优势。

考古发现看来支持这种观点。从现知考古遗址的位置观察，本区新石器时代遗址是以珠江口入海处为中心分布的，相信当时跟历史或近现代一样，也是水产或海洋资源最为丰富的地方；而离这个中心点稍远的一些地点（比如香港东部）发现的遗址就少些。历史时期的情况亦类似，据研究，香港新界西北区的后海湾地处珠江口入海处东岸，是现今本区水产或海产资源最丰富的地点之一；反之，香港东部的海产资源就不如它丰富。[47]下面谈到的动植物遗存等资料，亦与此吻合。

事实上，很多学者（包括笔者在内）认为，当时本区盛行的是一种包含渔猎、捕捞、采集、狩猎（并可能兼营简单农业）的广谱（broad spectrum）生计经济。就是说不仅仅是渔猎、捕捞等"水产"文化内容，在陆地上作业的采集、狩猎甚至农业也可能在生计中占有一定的比重。[48]

有意思的是，现今或历史上本区的有些地方，既是水产资源最丰富的地点，又是农业条件最优越的地点，两者往往重合。例如，刚才提到的香港新界西北区的后海湾，历史上在本地区，既是水产或海产资源最丰富的地点之一，也是农业土地最肥沃、收成最好的地点之一。反之，香港东部的山地比西部更崎岖、耕地也不如西部肥沃，可耕地和耕种人数也都比西部少，海产资源也稍次。[49]这就等于说，新石器时代遗址可能分布于本区水（海）产和农耕条件都较好甚至最好的地点。所以，当时如果确已经营一定的农业（比如根茎类或水稻，新近香港沙下遗址新石器时代晚期科技考古的分析结果，似乎支持这一点），哪怕耕地的面积很小，还是可能有所收成。因而，新石器时代遗址在这些地点的出现，除了出于获取水（海）产资源的考虑外，也不排除包括了农耕上的考虑。当然，种种迹象表明，当时若有农业，其规模也可能会较小，远远不足以供作遗址居民的主要口粮。其实，水产等野食食物丰富（故导致对农业的需求不大）、丘陵山地多、平地或可耕地少、土壤酸性高、台风的影响等不利农业发展的因素，无疑都有可能成为农业发展的阻力；考虑到当时本区农耕技术与长江中下游等地比较相对落后，这个可能性就更高。

至于密集（intensive）水稻生产技术在岭南的出现较迟，且相对集中于粤北一带，以新石器时代晚期的石峡文化为代表。这种生产方式后来最终在珠江口地区流行起来，相信是一种"社会产物"，因为这种生产方式不大契合本区的自然优势和独特的生计条件（从该区迟迟不从广谱野食生计转变为以农业为主的生计足见一斑）。[50]密集水稻生产变成本区的主要生计模式、或稻米成为本区主粮，相信最早也是汉代以后的事。这也有助于理解为何直至近现代，本区依然保持极其浓厚的海洋文化特色。

四 本区新石器时代遗址资源域的范围

以上通过对自然条件和技术水平、历史上的生计传统、新石器时代的生计方式等内容的讨论，来厘定本区新石器时代遗址资源域的大小范围。不过，这些数据对理解陆上的资源域（无论是农业、野食或两者兼备）的大小有直接的帮助；对理解水域中的资源域的大小范围，却显得数据不足，一般未见明确讨论水域资源域的。可是另一方面，本区绝大部分新石器时代遗址的资源域，都包括相当比重的水域（海或河）范围，如果只讨论陆地遗址资源域、不讨论水域资源域，结果会失之偏颇。故本文将兼顾陆地和水域两者的资源域予以讨论，以便更深入理解本区新石器时代遗址资源域的大小和特点。

（一）遗址资源域半径的计算

先综括上述我国尤其是岭南地区近现代农业及渔农兼营聚落之资源域的大小。我们由前面的讨论得知，据曲任的研究[51]，就中国的全面情况看，居地到农田的平均距离只有0.6公里，而其平均最远距离也只有1.1公里，而在四川这个水稻双作产区，田地到居地的平均距离甚至只有0.3公里。

岭南的情况也许更适合于作比较。我们发现岭南的农业居地资源域要略小于全国的平均值。潮安县的情况接近四川，农居到农田的平均距离仅有0.4公里。在珠江口区域内，中山县的农民居地到农田的平均距离是0.6公里，而最远的平均距离也只有0.7公里。[52]在香港上禾坑村，虽处于香港东部，土地不如西部肥沃，但其聚落中农居到农田的平均距离亦只在0.5公里上下。[53]若在资源更丰富的香港西部，资源域也许更小。在珠江口西面不远的广东南部沿海的台山县，其上川岛上兼营渔猎和农耕的茶湾村，虽无数据谈到它的资源域大小，但从文字描述看应该是较小的。香港南丫岛东澳村以渔业为主、兼营农业，其资源域范围当与此类似。

要之，平均来看，岭南地区近代或历史时期农业聚落中，农居到农田的平均距离大约为0.5公里，即内围资源域半径约为0.5公里。至于渔猎兼农耕聚落的资源域范围，据有关资料的描述看，其农耕部分的范围亦大略不出0.5公里的半径范围；其渔猎部分的范围则尚无具体数据可循，留待下文再论。上述资料，兼了农业聚落、渔农聚落的陆上资源域的例子，但由于在时间上跟本文研究的新石器时代有相当的距离，尚不宜直接套用其资源域的有关数字。

除了时间或时代上的距离外，在生计模式上，本区在现代或历史时期与新石器时代亦不同，主要是前者农业的比重比后者大得多。即使在以渔业为主、或兼营渔农的社区，前者的农、渔业能力也应比后者强。

所以，我们不妨先归纳一下可能导致遗址资源域"变小"或"变大"的因素，再综合讨论该如何确定资源域的大小范围。据前面几节的讨论，其中天然食物资源富足、人口相对较低、食物四季可得、丘陵多平地少等几点因素，都可能令遗址资源域变得较小，如下述：

（1）研究结果显示，本区从新石器时代直至现代，天然食物资源都十分富足，尤其水产或海产方面的资源。在历史时期及近现代，本区在渔业之外，农业也很发达，被誉为富饶的"鱼米之乡"。说明只要有适当的技术，农业的潜力也很大。这种充足的渔农或水陆资源，允许在很小的区域内养活很多人，可成为较小的遗址资源域形成的条件。这大概就是为何所知本区或岭南资源域一般都较小（平均半径在0.5公里）的基本原因。

（2）新石器时代本区人口密度可能不高，考古遗址面积小、分布密度较低、房基面积不大等似乎都支持这一点。若与历史时期（尤大量移民进入本区之后）比较，更是如此（当然，在对有关数据进行详尽比较、分析之前，这尚属推论）。如果确乎如此，与历史时期或现代比较，新石器时代人口相对较低，人均资源量较大，资源的富足性就显得更为突出。因此，遗址资源域就没必要大，因为不需离家很远就可获丰足食物。

（3）本区属南亚热带季风气候地区，温暖湿润，全年基本无冬，水陆食物四季交替可得，遗址背山面水，大多旁有泻湖、可耕地，生产力又达到相当水平，如需要，不同季节的渔猎、采集乃至农耕资源可以互补，相信亦可充当形成较小的遗址资源域的条件。因为从时节上看，很难想像会出现食物匮乏、被迫出远门觅食的窘况。

（4）如果再考虑到本区丘陵多、平地少、地形较为凹凸起伏（如香港上禾坑村，村民所走的路都是蜿蜒曲折的山丘小径，类似于本区沙丘遗址所处的地貌），在遗址资源域中觅食行走的路程的直线距离，就比在平地时短些，因为弯曲、凹凸崎岖的路途比平地费力费时。同等条件下，这种资源域实际覆盖范围，就应比平地者为小。

比较起来，可能导致本区新石器遗址资源域较大的因素似乎不多，主要一点，即当时本区遗址野食生计的比重应比农业大，故可能成为形成较大的遗址资源域的原因。因为据前所述有关理论，野食资源域一般比农业资源域大（理论上说，是资源域半径大一倍）。当然，耐人寻味的是，本区丰足而四季可得的天然野食食物资源，既可能延缓农业的发展、成为导致资源域变大的原因，又可因野食资源丰足、成为导致资源域变小的原因。

综括上述各种因素，本区新石器时代遗址的资源域应当是较小的。上述岭南及珠江口地区，历史时期到近现代农业聚落资源域范围变化都不大，平均半径约为0.5公里；

而在近现代渔猎兼农耕聚落的资源域中，其农耕范围也大略不出0.5公里的半径范围（其渔猎范围看来也不大，但在资料中欠缺确切数据）。而新石器时代遗址如有农业，当也在遗址周遭，相信也不出0.5公里的半径范围。所以，如果新石器时代本区为纯粹农业聚落，大概已可将其遗址资源域半径定为0.5公里了。只不过当时本区应是以野食为主的生计，农业活动应当不同于定居农业聚落，流动性会大些；同时，应还包括采集、狩猎等活动，故其生计活动范围大概比定居农业聚落大些。若据遗址资源域分析法的逻辑，假如当时的农业遗址资源域半径为0.5公里，则当时的野食遗址的资源域半径，就宜加大一倍，定为1.0公里。如果再考虑到以上讨论到的几点，即关于可能导致遗址资源域变大或变小的因素，得知本区新石器时代大多数因素都能导致遗址资源域变小、或出现较小的遗址资源域，所以估计当时的遗址资源域即使可能比0.5公里的半径范围大，也不会大很多，相信其半径定为1.0公里是合理的。

若对照本区新石器时代所发现的考古遗存，这个1.0公里的遗址资源域半径范围看来也是可行的；两者结果较吻合，并不矛盾。比如以下将详细谈到的深湾、沙螺湾的考古发现表明，当时如有农业，其耕作亦多在遗址周围近邻，一般不出1.0公里半径的范围。狩猎、采集相信也是当时的生计方式，亦未有资料显示这类活动主要是在离遗址1.0公里之外的地方进行的。而且关键的是，上文已多有叙述，农业、陆上采集、狩猎可能都是当时次要、帮补性质的生计活动，生计的主体是渔猎（包括采集海产软体动物）。故正确理解遗址渔猎范围的大小，应当是正确理解当时本区遗址资源域大小的关键。因此，现在剩下的问题是：本区新石器时代遗址中的渔猎范围究竟多大？令人十分惊讶而有趣的是，下面分析的结果显示，遗址中水域资源域的大小，其半径范围也大略在1.0公里左右。

（二）计算水域遗址资源域半径

本区新石器时代绝大多数遗址分布于河口或海湾沿岸，在岛屿上的遗址更是非舟楫而不可达。遗址距海或河一般几米到几十米不等，水域在遗址资源域中占了很大比例。研究者亦大多认为，渔猎是本区新石器时代居民最主要的生计方式，所以，需要考虑水域资源域的范围该如何计算。但笔者迄今未见有关计算水域遗址资源域的先例。本文尝试从陆上和水上资源域花费同等时间（其实也就是劳动量）的角度入手进行分析。就是说，假设遗址居民在水域中进行生计活动所花费的时间，应该大致与在陆地上花费的时间相当；而在同等时间中，两种生计活动所付出的劳动量也应当是相同或相近的，否则，人们就有可能集中去做省时、省力的活。这样分析得出的结果，再辅以考古出土与生计有关的资料作比较、核对，看看其覆盖的遗址资源域的范围有多大。

新石器时代珠江口地区的人们能够以舟楫作为谋生计的工具，大概没有什么疑问，因为很多岛上都发现了遗址，没有船根本到不了这些岛屿。遗址中也出土过不少网坠和可能属于船锚的石器，大概都与舟楫的使用有关。鉴于本区所在的地理位置，当时的船可能主要是竹、木筏和独木舟，后来成了善舟楫的百越人的日常工具。⑤④　在岭南、江浙地区，从 8000 年前到汉代，出土了不少舟、筏的考古实物。故以舟楫代步行来考察水域遗址资源域，能够反映当时的实况。

为此，先将陆地遗址资源域半径步行所需时间，换算为舟楫行走所需时间。据卡申的研究，古代船只如沿海岸航行，顺风时的平均时速为 4 ~ 6 海里，逆风时的平均时速只有 2 ~ 2.5 海里。⑤⑤两者加在一起平均计算的话，古代船只沿海平均时速约为 3.6 海里，即 6.7 公里。相信新石器时代的舟楫或舟筏应比古代船只要慢，但难以准确推测究竟慢多少。我们不妨取其相当古代船只 3/4、2/3、1/2 的速度，即暂定新石器时代舟楫时速约为 5.00 公里、4.47 公里、3.35 公里，然后取其平均值来计算。

一般人步行的中等速度约为每小时 5 ~ 6 公里，但如果走在崎岖弯曲的丘陵小径或山路上（珠江口新石器时代遗址的周遭有不少这样的路），其步行时速会慢些，一小时大致能走 4 ~ 5 公里。换句话说，如果在这类地区的陆地资源域半径为 1 公里，走这 1公里，约需 1/4 到 1/5 小时。可据此换算为舟楫时间，最后取其平均数。当舟楫时速为 5.00 公里/时，1/4 小时可航行 1.25 公里，1/5 小时则可航行 1.00 公里；当舟楫时速为 4.47 公里/时，1/4 小时可航行 1.12 公里，1/5 小时则可航行 0.89 公里；当舟楫时速约为 3.35 公里时，1/4 小时可航行 0.84 公里，1/5 小时则只可航行 0.67 公里。上述舟楫航行公里数实即为水域资源域中的距离。可用下表来表达这种陆上和水域行走距离的换算关系。

步行与舟楫划行距离换算表

	当舟楫为 5.00km/h	当舟楫为 4.47km/h	当舟楫为 3.35km/h	舟楫三种速度平均划行距离
陆地步行 4km/h，每公里 1/4 小时	1/4 小时可划行 1.25 公里	1/4 小时可划行 1.12 公里	1/4 小时可划行 0.84 公里	1.07 公里
陆地步行 5km/h，每公里 1/5 小时	1/5 小时可划行 1.00 公里	1/5 小时可划行 0.89 公里	1/5 小时可划行 0.67 公里	0.85 公里
舟楫总体平均划行距离	1.125 公里	1.005 公里	0.755 公里	
以陆上步行一公里的时间，三种舟楫的平均划行距离	0.96 公里			

表中可见，当新石器时代的舟楫速度为古代舟楫速度的 3/4 时，以陆上步行 1 公里的同样时间计算，新石器时代的舟楫平均约可划行 1.13 公里，比步行稍快；当新石器时代的舟楫速度只有古代舟楫速度的 2/3 时，以陆上步行 1 公里的同样时间，平均可划

行的距离约为 1 公里（1.01 公里），即步行与舟楫的速度大体一样、所行距离基本相等；如果假设新石器时代舟楫速度只有古代舟楫速度的一半，即 1/2，以陆上步行 1 公里的同样时间计，则舟楫平均只可划行 0.76 公里或约 2/3 公里的距离，比步行要慢 1/3。由于无法准确估计新石器时代舟楫划行的速度究竟比古代船只慢多少，我们在此取上述三种推测速度的平均数，即推知，如用步行 1 公里的时间，新石器时代舟楫平均可划行 0.96 公里，比步行稍慢，但差距极小，基本可达到步行的速度或距离。如果丘陵山路难走，按每小时只能步行 4 公里算，则新石器时代舟楫划行距离为 1.07 公里，又比步行稍快些。但 0.96 公里和 1.07 公里的差别是非常小的，可把两者都看做 1.0 公里。

如果上述估计是合理的话，当时舟楫划行的速度、距离跟陆上步行的速度、距离大致上是一样的。结合比较考古出土有关的生计（尤以水产动物）遗存看，也基本如此，故估计当时舟楫划行的范围，基本不出环绕居址 1 公里的范围。从水上作业所付出能量的角度看，当时舟楫划行的距离，也未见远大于陆上步行。其实，只需把据古代船只航行速度而推知的新石器时代筏楫划行速度直接拿来用，便知其大略相当于步行的速度，即每小时四五公里左右，即水上划行速度与陆上步行速度相近。

据安德森对现代香港水上居民（即蜑家）的研究，在船上或水上劳作，需要付出的能量远大于陆上劳作，常常比陆上劳动处于更紧张的状态。他认为水上劳作花费精力大，所以艇上生活的人吃得很多，因为"艇上劳动和捕鱼工作高度紧张而苛严，卡路里的摄入量非得维持在高水平上……当然远远高于那些在陆上定居耕作的人"⑤。虽然这里指的是现代的水上居民，但并无理由可以假定新石器时代的渔猎者会比他们轻松很多。如果考虑到史前渔猎技术远低于今天（比如舟筏简陋、无电动机器），全靠人力，相信当时消耗的体能可能比今天还要大些。只不过当时的渔获资源当比现在丰富、易获，出海距离比现在近得多，且非全职捕鱼，也许这些因素可以使得当时的渔猎比现在省力。但总的来说，不好说能比现代渔民轻松很多，也许各种因素抵消，现代和新石器时代渔猎所付出的劳力是差不多的。现在有些渔农兼营的村寨，渔猎由男性从事，农耕则由女性负责，是因男性体力较女性强之故。可见渔猎不会比农耕轻松，倒可能比之更费力，只是渔获较农耕收获大，可为一种补偿。如上述，史前时期情况相信也是这样，或至少与当时的农耕花费的劳动量相当。所以设想当时的水域资源域基本相当于陆上资源域应是合理的。

总的来说，依上述对所费时间、劳动量、舟楫划行速度的计算，以及其他相关研究结果，可以推断，新石器时代本区的水上和陆上生计活动所消耗的劳动量可能是大致相等的，陆上步行和舟楫划行时间、速度和距离亦大体相当。笔者认为，为计算和分析方便，我们不妨以 1 公里同时用作水域和陆上资源域的半径，即珠江口地区新石器时代遗址资源域的范围，无论是陆地还是水域，都厘定在 1 公里的半径范围之内。水、陆生计活动所付出的劳动量相当，也属顺理成章。假如农耕及其收成比渔猎及渔获轻易很多，哪怕渔猎资源再丰富，人们当时恐怕还是会选择较省力、省时、易做及收获大的行当。既然水、陆资源域的大小虽有差别、但差别极小，似宜将之当做相同来对待。如果纠缠于细微的差别，可能意义不大，对认识遗址资源域的总体面貌亦无关宏旨，反倒会给绘图、计算带来诸多不便。故暂厘定珠江口地区新石器时代遗址水域资源域的半径，和陆上资源域的半径一样，均为 1.0 公里。

五　与本区新石器时代生计遗存对照

珠江口地区新石器时代遗址一般分为新石器时代中期和新石器时代晚期这两期，每期各包含早、晚两段。[57]生计遗存主要是一些动物遗骸，基本未发现植物遗骸。另外，对某些工具、遗迹、遗址位置或社会文化现象的考察，亦可推断当时生计的一些情况。看来觅食基本是在遗址周围，尤以海产为主。

参考近年关于珠江口海岸线变化的科学研究成果，我们知道，6000 年前（即新石器中期早段）本区的海岸线在南海、佛山一带，[58]所以龙穴[59]、后沙湾[60]、涌浪[61]一带今天属于河口的地段，在 6000 年前应是河口外围属于沿海岸海洋环境，现在地处珠江冲积平原的龙穴、后沙湾等遗址，当时可能位于孤悬海外的海岛上。[62]即是说，新石器中期早段的遗址多处于河口外围海洋的环境，包含的也主要是海产资源。

此后海岸线不断外推，约当距今 4000 年的时候，已前伸到顺德、番禺境，[63]比距今 6000 年时外伸了几十公里，约莫相当于从今天的龙穴、涌浪，[64]到深湾[65]、长洲鲱渔湾[66]等遗址的距离。这等于说，距今四、五千年时深湾的环境，跟距今 6000 年时涌浪、龙穴的环境相当。所以总的来说，新石器时代的珠江口主要为沿岸海洋环境，而河口淡水环境的比重比今天要轻。下面将谈到，本区遗址发现了较多喜于浅海活动的鱼类或海洋生物遗骸，支持了这一点。

（一）动植物遗骸

动植物遗骸最直接反映生计，但出土不多。新石器时代中期发现了很少动物遗存。最重要的是香港深湾遗址出土的石鲈鱼（*Head Grunt，Pomadasys hasta*）。它们虽然很多时候是呆在较深的海域，但这种鱼对海水盐度的要求不高，经常在河口一带出没，甚至出现在淡水区域，[67]大概那就是它们常被捕获、出现在河口地区遗址中的原因。有趣的是，这种鱼尤喜在春夏之交到近海岸的浅水区域产卵，所以哪怕在捕鱼技术简陋的新石器时代，相信还是有机会抓到它们，至少可在春夏之交产卵期抓到它们。专家认为，河岸海边凹入陆地的小河湾、小海湾中最易抓到这种鱼，史前时期鱼的数量当比现在多，抓起来就更容易。其次发现较多的是海鲶。海鲶喜在沙泥岸边、河口、红树林或沼泽等有机质丰富的水域活动，大部分海鲶能从海洋进入淡水生活。同期发现的还有鲈亚目鱼、鳐鱼和鲨鱼等，[68]鲈亚目鱼多为河口浅水区的淡水和淡咸水鱼类，鳐鱼和鲨鱼亦常见于河口岸边。

如果考虑到 6000 年前本区的海岸线在南海、佛山一带，距今 4000 年才前伸到顺德、番禺境，[69]今天的珠江口一带在新石器时代应比今天有着更丰富的海产资源、具有更重的海洋文化色彩；相反，江河淡水资源应较今天逊色。因而，也就难怪本区遗址发现较多喜于近河口的海岸边、浅海活动的鱼类遗骸。

在深湾遗址同期地层还发现了鹿和猪的牙齿，反映当时存在狩猎活动。发掘者认为猪可能经驯养，[70]但欠直接证据。近期甑皮岩遗址新的发掘与研究结果显示，该遗址一直以来被认为属驯养的猪实为野猪。[71]故此，尚需更多发现和研究来论定珠江口地区新石器时代遗址出土的猪是经驯养还是野生。

新石器时代晚期，主要在香港长洲鲗渔湾发现较多动物遗骸，跟中期一样，还是以石鲈鱼为主，次为海鲶。这一期深湾遗址的发现也类似，石鲈鱼为主，海鲶排第二位，[72]另外出土了大量贝壳和龟、鸟和海豚等哺乳动物的骨甲等。[73]腹足纲和双壳类即螺、蚌、蚶等软体动物都有发现。有趣的是，这几类软体动物来自不同的生境（habitat），但估计都还是环绕遗址周围。*Lunella coronata*，*Nerita albicilla*，*Thais luteostoma* 来自岩岸，*Strombus luhuanus*，*Cyprea arabica*，*and Turbo argystroma* 来自潮间带岩岸，另外有些来自红树林、沙洲、陆架或河口环境。其生存生态与遗址周遭生态一致，可见都采自遗址近旁。双壳类 *Melo melo* 生活在陆架海深 10~20 米的地方，其出土可能意味着当时已懂得到较深的海域采集，[74]但亦不需远离遗址。不过，这些大量发现说明，新石器时代晚期渔猎和软体动物采集生计活动都得到了加强。[75]

加拿大卑诗大学（UBC）的曲任博士，对新石器晚期晚段的香港马湾东湾仔北遗址[76]出土的 13 个人骨标本进行了 ^{13}C 测定，结果表明，东湾仔北人的食谱中，大约85%的食物内容为海产。[77]虽说这不能算定论，尤其有关标本数量还是有限，但此测定结果与本文分析的结论吻合。虽然以往在香港对深湾等遗址所做的 ^{13}C 测定结果，显示深湾 F 层（一般认为相当新石器时代中期）有较大比重的陆上食物资源成分，[78]不过当时所测新石器时代标本数量更少，更易有误差。至于有否可能由于某些原因，^{13}C 测定的食谱中，陆上食物的比重未能得到充分反映；换句话说，上述推测东湾仔北人食谱中 85% 为海产是否过高，尚待更进一步研究。但看来当时的生计至少有大半比重为渔猎应当是没问题的。遗址资源域分析实际上可以帮助研究者判断采用哪种假说或理论会更妥当些，[79]这是此法的长处之一。

（二）工具与用具

早期（即新石器时代中期），生产工具如石制锛、斧、凿等一般体积较小，学者多认为主要可能用于木作；石镞、蚝蛎啄则与狩猎、捕捞或渔猎有关。但一些较大的石斧、锛可能除砍树造舟外，亦可用于"砍倒烧光"农业。大黄沙[80]和咸头岭[81]都出土了长达21~22厘米的石斧，很难排除它们用作农具的可能。[82]有人认为咸头岭的贝形、三角形石刀类似裴李岗文化的石镰，可能用作农业收获工具。[83]不过这些石刀当然亦可用于采集。香港赤鱲角虎地和过路湾遗址[84]出土的石器曾作硅石分析，结果认为小型石斧、锛可能用于木作，大型石斧、锛则可能用来从事砍倒烧光农业。[85]遗址另发现两件大型石锄或石铲，长宽达32×22厘米，每件重2公斤，可能具其他农耕用途。[86]

晚期（即新石器时代晚期），发现了更多石镞、石网坠甚至石锚，都可能与渔猎的加强有关。石铲的出现则可能与耕种的发展相联系。新出的炉算可能用于烧烤鱼或根茎食物。烧烤可提高食物香味，根茎食物经烧烤还可消毒。[87]也许炉算的出现显示根茎食物种植的扩展（可能也为弥补渔获的不足，尤为渔猎淡季的补充）；当然也不排除用于制作可以保存较长时间的鱼类食品供交换。比如，科罗佛的研究认为，鲔渔湾发现的蚌刀，一般都只跟鱼头一起出土，而鱼身却少见，可能其驱体即鱼身部分经晒干后转售到别的地方，暗示有专人进行这种交易。[88]其实，这些鱼亦可以经烧烤处理后用于贸易交换。

此期涌浪遗址出土超过100件较大较长的石锛，可能意味生计活动已与前期不同。涌浪石钺罕见使用痕迹，又有石钺毛坯发现，很可能这些产品是制作出来供交换或仪礼之用。有些与石峡遗址所见一样，最长者可达30厘米。[89]交往、交换或贸易网络的扩展，以及政治的发展，都可能要求提供或生产更多的食物以敷其用。

（三）遗迹与遗址

本地新石器时代遗址大多数位于海湾上升沙丘，面海背山，紧邻泻湖或红树林，捕鱼、捞取软体动物甚至狩猎相信都可在周围进行。亦不排除当时的人们像历史时期那样，在泻湖沼泽地种一些耐咸的水稻，尽管产量低些，仍不失为一种粮食来源。[90]东南亚历史上也有类似在咸水中种植"浮稻"（floating rice）的例子。[91]

墓葬的发现常意味定居性以及农耕的增强，当然也未必一定如此。[92]新石器时代中期发现墓葬较少，赤鱲角虎地发现了6座墓、过路湾则发现10座墓。[93]晚期发现的墓葬较多，马湾东湾仔北遗址出土了19座墓，墓葬头向统一，布局有规律，陪葬品有贫富差别。[94]前述 ^{13}C 测定样本即取自本遗址。建筑投资较大、较有规模的房屋的出现，亦常意味着定居性的增强。比如，香港吴家园新石器时代晚期遗址发现了一座大房基，有排列布局规整的柱洞，面积 106.25 平方米，发掘者认为房子可能用作仪式性活动中心。[95]

岬角遗址自晚期出现并逐渐多起来，也可能跟资源趋紧有关。这类遗址相对较难挡风避浪，但有现象显示岬角也用作居地。[96]长洲鲗渔湾岬角遗址开发得更彻底，发掘者发现，遗址居民除开发岬角外，对附近的山脊地带和沙丘也都利用了起来，尽可能攫取遗址附近的水陆资源。[97]总之，对资源的开发不会是单一的。比如，沙螺湾岬角遗址主要生计应该是渔猎，但祖维特认为，遗址上除了渔猎，还有其他生计活动；有取用资源的遗存，还有加工食物的遗迹。推测人们刚来时该遗址是森林密布的，后来南边和东边的斜坡地用来种根茎、豆类食物或蔬菜；东南角的低洼地甚至用来种水稻；炉箅的出现说明在原地烧烤食物，等等。[98]

坡地或岗地遗址在晚期的出现（如花坪顶遗址[99]），可能意味岗地农业的发展，同时可能暗示定居的发展。可能随着人口增长、交换甚至政治发展的需要，渔获渐趋紧细，坡地农业的发展可缓冲这种生计资源的不足，尤夏秋渔猎淡季，[100]正是台风和旱涝频发时节，人们可到花坪顶山岗一类坡地上采集瓜果或狩猎，甚至种地。东南亚有研究表明，在山坡地带进行游耕是稻作农业的一种主要形式。[101]

六　讨论与认识

本文简要回顾和讨论了遗址资源域分析法的由来，可知其与地理学和文化人类学的关系尤为密切。笔者讨论遗址资源域分析法的核心，是考察个体遗址中的食物或生计资源，因为这种方法的研究重心通常都是遗址的生计。而遗址的选址往往与遗址的生计相关，在史前时期（或称为"生计时代"）尤为如此，故本文着重通过考察遗址资源域来揭示史前遗址的生计，可谓适得其所。较之一般地区性的地理或生态资料而言，这种方法有可能就具体的遗址或遗址群揭示更为详细的生计信息。

应当特别指出，由于个体遗址之间可能存在生计上的个体差异、各遗址（比如主体聚落与其季节营地之间）定居程度可能不同、个体遗址与遗址的地区或群体性关系密切、遗址的生计部分与其他（如政治）部分紧密相关、"人地关系"与"人我关系"关联密切、遗址资源域分析又离不开对该遗址或其所在地区的生态史的正确认识，等等，笔者认为，唯有当上述所有这些相关因素都弄清楚之后，方可能对某遗址的资源域有一个全面、精确的了解。显然，那只是我们应当极力追求的理想状态，却可能是永难达成的"真相"。单是某地区的生态史就常常是一个经过多少代人努力都未能全面、详尽弄清楚的内容，更甭说个别遗址的生态史了。但我们却不能因此永不谈遗址的生计或生态。反之，如本文所述，遗址资源域分析法是有助于认识某遗址进而某地区遗址的生计状况的。其实，以动植物遗存来重建古生计亦有其固有的缺陷，其片面性不见得就低于遗址资源域分析法。[102]因此，我们就更应该重视遗址资源域分析法的可取之处，它对我们认识史前生计其实是有启发性的。倘若将这种研究成果跟其他类型的研究成果进行整合，就有可能更深地挖掘出这种方法的意义。

综括以往遗址资源域分析法的主要观点，本文试作了改进，将遗址资源域的范围划分为"内围"与"外围"部分。因内围资源域主要与生计内容相关，而本文集中讨论遗址的生计，故文中所谓"遗址资源域"实质专指有关生计经济的"内围资源域"。讨论显示，遗址资源域的大小范围是由时（比如是史前还是历史时期）、空（比如地理位置、水陆比例）、自然生态环境（比如食物丰足程度、光、热、湿度、地形地貌）、经济（比如生产力水平、人口密度与数量）、文化传统（比如生计方式、食物类型）等诸多因素决定的。据此，世界各地（不论是以理论建构、还是以生计遗存为出发点）的遗址资源域分析研究实例都表明，以往习用的农耕资源域半径5公里、野食资源域半径10公里的指标，实在是远远大于实际需要。而中国的情况更是如此。现代中国居地到农田的平均距离只有0.6公里，而平均最远距离也只有1.1公里。在中国南方，由于资源较丰富、丘陵山地多，人口稠密，资源域往往更小，比如四川的居地到农田的平均距离只有0.3公里。在位于珠江口的、人口密度高达平均每平方公里耕地面积376人的中山县，居地到农田的平均距离也只有0.6公里；而最远的平均距离也只有0.7公里。[103]在人口密度同样很高的潮安县，居地到农田的平均距离更是只有0.4公里。由此可见，不应当划一沿袭农耕资源域半径5公里、野食资源域半径10公里这两个习用指标，实际上，遗址资源域的半径往往要远远小于这两个数字；究竟差距多大，则需依据各地的实况进行研究。

据此，我们分析了珠江口地区新石器时代遗址资源域的范围。如果当时纯粹是农业聚落，也许资源域半径只有0.5公里。但研究表明，当时本区应为以野食为主的生计，故可沿用原有农业与野食遗址资源域对应关系的逻辑，将其遗址资源域半径加大一倍，定为1.0公里。问题是，由于本区水域广阔，遗址中很大部分为水域或海域，其中的岛屿更是非经舟筏而不可达，野食生计相信以渔猎为重心，故考察水域资源域的情况变成了关键。陆上资源域的分析结果是否适用于水域资源域，需另辟蹊径寻求答案。故本文依据渔猎与农耕所费时间、劳动量、舟楫划行速度以及步行与舟楫划行的对比关系进行了分析，厘定了遗址水域资源域的范围。所得结果有趣的是，本区新石器时代遗址水域资源域的半径，竟然和陆上资源域的半径一样，大体都为1.0公里。虽然看来从新石器时代中期至晚期，生计模式的比重有所变动，尤其是农业的分量可能增长了，但对我们分析遗址资源域的范围来说，也许影响不大。因为，假如新石器晚期农业与定居都加强了，野食比重下降了，这当然可能成为遗址资源域变小的因素。但人口增长、贸易甚至政治等的需求提高，又可能迫使人们扩大获取食物资源的范围（例如扩展渔猎的地域）。当中的消长，以现有的技术和研究的深度，尚难提供精准的答案。故本区新石器时代的早晚两期是当作一个整体来看的，可待有条件时再作细分。

耐人寻味的是，将这个遗址资源域范围的分析结果跟现知出土有关生计的遗存进行比较，显得非常吻合。海产是当时的主食，比如马湾岛东湾仔遗址的^{13}C测定结果，表明其食谱中85％的内容为海产；而据其他出土数据，海产大多数来自遗址的周围。出土最多的石鲈鱼对海水盐度的要求不高，常在河口一带出没，尤喜在春夏之交到近海岸的浅水区域产卵，故哪怕在渔猎技术简陋的新石器时代，抓到它们也不难。尤其史前时期渔获比现在多，河岸海边凹入陆地的小河湾、小海湾中最易抓到这种鱼。[109]另外，出土较多的海鲶、鳐鱼和鲨鱼等，亦喜到河口、海岸浅水区的沙泥岸边、红树林或沼泽地活动。这些鱼类虽然通常在深海活动，但必是亦能于浅海岸区甚至河口淡水区活动者，未见不能或不会于咸淡水交界或河口区活动的深海鱼类出土。可见渔猎的范围应在河口沿海岸地区。鲈亚目鱼更多为河口浅水区的淡水和淡咸水鱼类。出土的软体动物包括腹足纲和双壳类即螺、蚌、蚶等，都来自于环绕遗址周遭的岩岸、潮间带岩岸、红树林、沙洲、陆架或河口环境。晚期双壳类 *Melo melo* 生活在陆架海深10～20米的地方，可能意味着当时已开始进行较深海域的采集，但仍未需远离居址。而如果种植根茎或水稻作物，当也在遗址附近进行，如果是在咸水中种"浮稻"，就更契合遗址所处的海湾泻湖环境，如在山坡地游耕水稻，亦在周遭。当时的舟楫，相信也只有能力在海岸一带作业，未能出远海。

笔者认为，将遗址资源域分析的结果，与考古发现的结果对照，能提高结论的可信度。遗址资源分析法分为以理论建构为出发点以及以考古遗存为出发点两种。由两种方法得出的结论实质根据不同的数据，前者为地理空间、生态特征、经济状况、历史时代、文化传统等因素所制约，后者则基于出土的实物。相信由本文分析所厘定的珠江口新石器时代遗址资源域范围（1.0公里半径）这一遗址资源域分析的基本要素，对其他相关研究（比如遗址聚落模式）将会有一定的启发性；这种方法和由此取得的一些具体结论亦有参考价值和可取之处。当然，所得结论尚属初步；更精确、深入的结论，唯有待更好的发掘资料、更精细的研究来达成了。

笔者并不排除，有些较小的遗址，可能是邻近某些规模较大的居住遗址的季节性营地，但这点就目前的资料和研究深度来说，还未能搞清楚。至于说这两类遗址各自的资源域大小范围，是否有所不同，也是很有意思的问题。但如何来界定这种不同？遗址规模与遗址资源域的范围有什么样的关系（比如是否成正比）？遗址资源域范围跟遗址的性质或功能（比如有些遗址主要是石器制作加工场地、有些为居址）关系如何？另外，是否有些遗址水上作业比重较大、有些遗址陆上作业比重较大？是否本区资源条件丰足些的地点的遗址资源域小些，反之则大些？等等，问题很多，尚需深入、细致得多的分析研究来回答。本文目前仅能提供一个大略的框架，暂将每个遗址划一来看待。待将这种方法运用于具体遗址的分析时，完全可视条件许可再作细究。希望本文能够抛砖引玉，引出更完善的研究来。

　　限于篇幅，有关珠江口新石器时代遗址资源域的内部结构、特点、分布、及其与遗址的性质、功能和遗址的区域性分布的关系等具体问题的分析，将留待日后另文专述。

　　鸣谢：我对遗址资源域分析法的兴趣，最初是 1996 年我在加拿大卑诗大学（UBC）人类学与社会学系攻读考古学博士时，由导师皮尔森（Richard Pearson）教授引发的，后来不时得到他和系中一些老师的指点，在此向他们表示谢意。

缩写词

AMO － － － The Antiquities and Monuments Office of Hong Kong　香港古物古迹办事处

HKAS － － － Hong Kong Archaeological Society　香港考古学会

JHKAS － － － Journal of Hong Kong Archaeological Society　香港考古学会会刊

注释：

① Roper, D. C. 1979. The Method and Theory of Site Catchment Analysis: A Review. In M. Schiffer (ed.) *Advances in Archaeological Method and Theory*, Vol. 2, New York: Academic Press, pp. 119-140.

② Chisholm, M. 1968. *Rural Settlement and Land Use: An Essay in Location.* London: Hutchinson & Co (Publishers) Ltd.

③ 同注①, pp. 119, 120.

④ 同注②, p. 102.

⑤ Lee, R. B. 1969. !Kung Bushman Subsistence: An input-output Analysis. *Environment and Cultural Behavior: Ecological Studies in Cultural Anthropology.* (A. P. Vayda ed.), p. 56. New York: The National History Press.

⑥ 同注②, p. 12.

⑦ Vita-Finzi, C. and E. S. Higgs. 1970. Prehistoric economy in the Mount Carmel Area of Palestine: Site Catchment Analysis. *Proceedings of the Prehistoric Society*, Vol. 36: pp. 1-37.

⑧ 同注①, p. 120.

⑨ 同注⑤, p. 61.

⑩ 同注②, p. 131.

⑪ 同注①, p. 124.

⑫ 同注⑤, pp. 59, 60.

⑬ 同注⑤, pp. 47, 61.

⑭ 同注②, p. 46.

⑮ Zarky, A. 1976. Statistical Analysis of Site Catchments at Ocos, Guatemala. *The Early Mesoamerican Village*. (K. V. Flannery ed.) p. 119. New York: Academic Press.

⑯ Woodburn, J. 1968. An introduction to Hadza ecology. In R. B. Lee and I. DeVore (ed.), *Man the Hunter*, pp. 49 – 55. Chicago: Aldine.

⑰ Akazawa, T. 1980. Fishing Adaptation of Prehistoric Hunter-gathers at the Nittano Site, Japan. *Journal of Archaeological Science*, No. 7, pp. 325 – 344.

⑱ a. Lee, R. B. and I. Devore (ed.). 1968. *Man the Hunter*, p. 5. Chicago: Aldine; b. Zvelebil, Marek. 1981. *From Forager To Farmer In The Boreal Zone: Reconstructing Economic Patterns Through Catchment Analysis In Prehistoric Finland*. Oxford: British Archaeological Reports International Series 115. Two volumes (Part I & Part II), 472 pages.

⑲ Renfrew, C. and Bahn P. G. 2000. *Archaeology: Theories, Methods and Practice* (3rd Edition), pp. 258 – 259. London: Thames and Hudson.

⑳ Flannery, K. V. 1976. Empirical Determination of Site Catchments in Oaxaca and Tehuacan. *The Early Mesoamerican Village*. (K. V. Flannery ed.), pp. 103-117 . New York: Academic Press.

㉑ a. 同注⑲, p. 258; b. 同注①, p. 124.

㉒ Meacham, W. (ed.) 1994. *Archaeologcal Investigations on Chek Lap Kok Island*. Hong Kong: The Hong Kong Archaeological Society Journal Monograph IV.

㉓ 另参见 Zvelebil, M. 1983. Site Catchment Analysis and Hunter-gatherer Resource Use: Statistical Application of the Method to Foraging Societies in the Boreal Zone of Northern Europe. *Ecological Models in Economic Prehistory* (G. Bronitsky ed.), pp. 73-114. Tempe, Ariz.: Arizona State University Anthropological Research Papers No. 29.

㉔ a. Ashworth, J. M., R. T. Corlett, D. Dudgeon, D. S. Melville and W. S. M. Tang. 1993. *Hong Kong Flora and Fauna: Computing Conservation*. Hong Kong: World Wide Fund For Nature Hong Kong; b. Atherton, M. J. and A. D. Burnett. 1986. *Hong Kong Rocks*. Hong Kong: Urban Council.

㉕ 鹿世瑾:《华南气候·序》, 106 ~ 109、254 页, 气象出版社, 1990 年。

㉖ a. 徐俊鸣:《两广地理》, 38 页, 新知识出版社, 1956 年; b. Wang, Chi-wu, 1961. The Forests of China. *Maria Moors Cabot Foundation Publication Series* No. 5, p. 130. Harvard University.

㉗ 同注㉕, 33 ~ 63、255 ~ 262、325 ~ 327 页。

㉘ Xu, Guohua and L. J. Peel (ed.). 1991. *The Agriculture of China*. Oxford: Oxford University Press.

㉙ 同注㉖b, pp. 129, 130, 155.

㉚ a. 李果:《环珠江口新石器时代沙丘遗址的聚落特色》,《考古》1997 年 2 期; b. 同注㉖a, 9 ~ 14 页; c. 曾昭璇:《华南自然地理论文集》, 88 ~ 90 页, 新知识出版社, 1957 年。

㉛ Bailey, G. and J. Parkington. 1988. The Archaeology of Prehistoric Coastlines: An Introduction. *The Archaeology of Prehistoric Coastlines* (G. Bailey and J. Parkington ed.), pp. 1-10. New York: Cambridge University Press.

㉜ Chang, K. C. 1981. The Affluent Foragers in the Coastal areas of China: Extrapolation from Evidence on the Transition to Agriculture. *Affluent Foragers: Pacific Coasts East and West*, *Senri Ethnological Studies*, No. 9 (S. Koyama and D. H. Thomas ed.), pp. 177-186.

㉝ Morton, B. 1983. *The Seashore Ecology of Hong Kong*, pp. 129-170. Hong Kong: Hong Kong University Press.

㉞ 黄玉山、谭凤仪 (主编):《广东红树林研究: 论文选集》, 华南理工大学出版社, 1997 年。

㉟ Akazawa, T. 1988. Variability in the Types of Fishing Adaptation of the Later Jomon Hunter-gatherers, c. 2500 to 300 BC. *The Archaeology of Prehistoric Coastlines* (G. Bailey and J. Parkington ed.), p. 89. New York: Cambridge University Press.

㊱ a. 傅宪国:《台湾省和香港地区先秦时期考古 (1990 ~ 1994 年)》,《中国考古学年鉴 (1995)》, 79 ~ 94 页, 1997 年; b. 傅宪国、李新伟、李珍、张龙、陈超:《广西邕宁县顶狮山遗址发掘简报》,《考古》1998 年 11 期。

㊲ Jin, Qiming and Wei Li, 1992. China's rural settlement patterns. *Chinese Landscapes: The Village As Place* (R. Knapp ed.), pp. 13-34. Honolulu: University of Hawaii Press.

㊳ 同注㊲, p. 20.

㊴ a. Buck, J. L. 1937. Land Utilization in China-Atlas: A Study of 16 786 Farms in 168 localities, and 38 256 Farm Families in Twenty-Two Provinces in China, 1929-1933 (In both English and Chinese). pp. 10、119、120 – 139. Originally published in 1937 by The University of Nanking, as a report in the International Research Series of the Institute of Pacific Relations. Reprinted by Southern Materials Center, Inc (Taipei) in 1986; b. Buck, J. L. 1937. Land Utilization in China-Statistics: A Study of 16 786 Farms in 168 localities, and 38 256 Farm Families in Twenty – Two Provinces in China, 1929 – 1933. (In both English and Chinese). Originally published in 1937 by The University of Nanking, as a report in the International Research Series of the Institute of Pacific Relations. Reprinted by Southern Materials Center, Inc (Taipei) in 1986.

㊵ Nuttonson, M. Y. 1963. *The Physical Environment and Agriculture of Central and South China, Hong Kong and Taiwan (Formosa): A Study Based on Field Survey Data and on Pertinent Records, Material, and Reports*, p. 18. Washington, D. C. : American Institute of Crop Ecology.

㊶ 同注㊴b, pp. 47, 424.

㊷ 同注㊵, pp. 130, 319.

㊸ Hase, P. H. and Man-yip Lee. 1992. Sheung Wo Hang village, Hong Kong: a village shaped by *Feng-shui*. In R. Knapp (ed.), *Chinese Landscapes: The Village As Place*, pp. 79-94. Honolulu: University of Hawaii Press.

㊹ 同注㊸, pp. 79 ~ 80, 82, 83.

㊺ Warfield, J. P. 1992. Chawan village, Guangdong: fishing and farming along the South China Sea. *Chinese Landscapes: The Village As Place* (R. Knapp ed.), pp. 107, 114-115. Honolulu: University of Hawaii Press.

㊻ Meacham, W. (ed.)1978. *Sham Wan, Lamma Island, An Archaeological Site Study*. Hong Kong: The

Hong Kong Archaeological Society, Journal Monograph III. pp. 7 – 14.

㊼ a. Anderson, E. N. and M. L. Anderson. 1973. *Mountains and Water*: *Essays on the Cultural Ecology of South Coastal China.* (Publication for) the Chinese Association for Folklore. Taipei : Orient Cultural Service; b. 同注㊵, p. 319.

㊽ a. Li, Guo. 1996. Neolithic sand bar sites round the Pearl River Estuary Area and Hainan: a comparative study. In I. C. Glover and P. Bellwood (ed.), *Bulletin of the 15th Conference of the Indo-Pacific Prehistory Association*, pp. 211-218; b. 同注㉚a。

㊾ a. Balfour, S. F. 1941. Hong Kong before the British. *T'ien Hsia (Tian Xia) Monthly*, Vol. XI, No. 13, pp. 330-352, 440 –464; b. 同注㊵, pp. 131, 319; c. Anderson, E. N. 1968. Changing Patterns of Land Use in Rural Hong Kong. *Pacific Viewpoint*, Vol. 9, No. 1, pp. 33-50.

㊿ 关于本区密集水稻生产的普及是一种"社会产物"这一点，若详细讨论需较长篇幅，非本文篇幅所能涵盖，亦非本文重心。在此只大略提及，现知岭南密集水稻生产最早的代表性例子是石峡文化，很多学者认为那是外来较发达的农耕文化进入岭南的结果（可能是从其原居地——比如江西，因人口膨胀等缘故向外谋生或扩充的结果）。也有人把它看成是在粤北本地独立发展起来的。无论哪一种情况，关键是其主体的密集水稻农业文化面貌，与珠三角或珠江口同期的广谱野食文化迥然有别。后者以广谱野食尤水产为主的生计延续了很长时间，新石器晚期石峡文化在粤北出现后，迟迟未见珠江口或珠三角采用类似的密集水稻生产方式，而是维持广谱野食，可能至少直至汉代。这大概是因为难以放弃原来那种适合河口海岸天然优势的、长期习惯的、比密集农业易行且安全可靠的野食生计。后来，估计主要由于某些社会文化的原因，比如新移民迁入导致人口增长、资源变得相对不足、却同时带来较先进的农业技术、加上政治发展的需要等等，密集水稻生产方式才十分缓慢地、逐渐成为本区在新的社会条件下谋取新资源的策略。其实，我们不难找到这种"社会行为"不大契合本地自然优势的例子。如本区历史上，为改善地力而烧制大量石灰用于降低耕地土壤酸性、自唐代以来因耕地不足而修筑围田、乃至要常年为海边辟出的沙田排水去咸等等（a. Davis, S. G. 1952. *The Geology of Hong Kong*, pp. 155-183. Hong Kong: The Government Printer; b. 中山大学地理系《珠江三角洲研究丛书》编辑委员会编：《珠江三角洲自然资源与演变过程》，309～316 页，中山大学出版社，1988 年）这些都是受社会压力而改造自然、勉强而行的代价，远非原先的广谱野食生计那样顺乎天然、契合本地生态的优势，却是不得不为之的人为或社会产物。

○51 同注②，p. 46.

○52 同注㊴b，p. 47.

○53 同注㊸，p. 82.

○54 中国航海学会：《中国航海史》卷一《古代航海史》，10 页，人民交通出版社，1988 年。

○55 Casson, L. 1971. *Ships and Seamanship in the Ancient World*, pp. 281-288. Princeton, N. J. : Princeton University Press.

○56 Anderson, E. N. 1970. *Floating World of Castle Peak Bay.* Anthropological Studies (4), American Anthropological Association (W. H. Goodenough ed.), p. 55.

○57 a. 香港古物古迹办事处：《港澳近五十年考古收获》，《新中国考古五十年》，501～524 页。文物出版社，1999 年；b. 香港古物古迹办事处：《香港涌浪新石器时代遗址简报》，《考古》1997 年 6 期。

○58 李平日、乔彭年、郑洪汉、方国祥、黄光庆：《珠江三角洲一万年来环境演变》，海洋出版社，1991 年。

(59) 中山市博物馆：《中山历史文物图集》，中山市博物馆出版，1991 年。

(60) 李子文：《琪澳岛后沙湾遗址发掘》，广东省文物考古研究所、广东省博物馆编《珠海考古发现与研究》，广东人民出版社，1991 年。

(61) a. Meacham, W. 1993. New ^{14}C Dates and Advances in Establishing a Precise Chronology for Hong Kong's Prehistory. *JHKAS* 13: 115-117; b. 同注(57)。

(62) 李平日：《六千年来珠海地理环境演变与古文化遗存》，珠海市博物馆、广东省文物考古研究所、广东省博物馆编《珠海考古发现与研究》，广东人民出版社，1991 年。

(63) 同注(58)，73 页。

(64) 同注(57)b。

(65) 同注(46)。

(66) a. Williams, B. V. 1982. Po Yue Wan. *JHKAS* 9: 14－21; b. Wellings, P. 1993. Po Yue Wan (Italian Beach) headland, Cheung Chau. *JHKAS* 8: 55－64; c. Crawford, J. R. 1986. Po Yue Wan. *JHKAS* 11: 64－79; d. Davis, S. G. 1952. *The Geology of Hong Kong*. Hong Kong: The Government Printer.

(67) Chan, William. 1978. Identification and Analysis of Excavated Fish Remains. *Sham Wan, Lamma Island, An Archaeological Site Study* (W. Meacham ed.). Hong Kong: The Hong Kong Archaeological Society, Journal Monograph III, pp. 254-256.

(68) 同注(67)，pp. 254-256.

(69) 同注(58)，70、73 页。

(70) 同注(46)，p. 258.

(71) 中国社会科学院考古研究所、广西壮族自治区文物工作队、桂林甑皮岩遗址博物馆、桂林市文物工作队编：《桂林甑皮岩》，第五章第二节、第六章第二、三节，文物出版社，2003 年。

(72) 同注(67)。

(73) 同注(66)b。

(74) 同注(66)b，p. 74.

(75) 深湾和鯆渔湾当年用水平深度法发掘，不排除其新石器时代地层中会混入晚期文化层的遗存。若真如此，对观察生计在不同时代的演变可能有较大影响，观察较难进行。但对本文讨论遗址生计活动或资源域的范围而言，看来影响不大。因为当中出土的几种软件动物类，均来源自遗址周围水域生境如潮间带岩岸、红树林、沙洲、陆架或河口（其实，到青铜时代和汉代依然大体如此，参见：Rogers, Pamela R., *et al.* 1995. Tung Wan Tsai: A Bronze Age and Han Period Coastal Site. Hong Kong: Antiquities and Monuments Office, Occasional Paper no. 3. 也许自新石器时代至汉代一直都没什么大的变化）。文中谈到的几种鱼类亦多喜于遗址周围的河口或河海岸边生活。诚然，倘若当时发掘更科学、地层更清楚，能确知新石器时代各阶段的生计遗存分布演变的情况或细节，当然就更好，更利于细致深入的分析。但此唯有期待日后的工作了。

(76) 香港古物古迹办事处、中国社会科学院考古研究所：《香港马湾岛东湾仔北（区）史前遗址发掘简报》，《考古》1999 年 6 期。

(77) Chisholm, B. 2001. Prehistoric diet at the Ma Wan site, Hong Kong: stable isotopic evidence. Unpublished paper.

(78) Meacham, W. 1990. Recent research on ^{14}C dating and $^{13}C/^{12}C$ ratios of Hong Kong. *JHKAS* 12: 173-

176.

㊆⑨ 同注⑦。

㊇⓪ 深圳博物馆、中山大学人类学系：《广东深圳市大黄沙沙丘遗址发掘简报》，《文物》1990 年 11 期。

㊇① 深圳博物馆、中山大学人类学系：《深圳市大鹏咸头岭沙丘遗址发掘简报》，《文物》1990 年 11 期。

㊇② Khoach, N. B. 1980. Phung Nguyen. *Asian Perspectives*, Vol. 23, No. 1, pp. 23-53.

㊇③ 吴曾德、叶杨：《试论珠江三角洲新石器时代文化》，《考古学报》1993 年 2 期。

㊇④ 同注㉒。

㊇⑤ Esser, R. 1993. Analysis of the Middle Neolithic Stone Tool Assemblages from Chek Lap Kok Island in Hong Kong. *JHKAS*, Vol. XIII, p. 68.

㊇⑥ 同注㊇⑤, p. 71.

㊇⑦ Arnold, D. E. 1985. *Ceramic Theory and Cultural Process*, p. 233. Cambridge：Cambridge University Press.

㊇⑧ 同注㊋⑥c, p. 79.

㊇⑨ 杨式挺：《略论粤、港、海南岛的有肩石器和有段石锛》，《东南亚考古论文集》，香港大学美术博物馆，1995 年。

㊉⓪ 同注㊌⑨c, p. 37.

㊉① Glover, I. C. and C. F. W. Higham. 1996. New Evidence for Early Rice Cultivation in South, Southeast and East Asia. *The Origins and Spread of Agriculture and Pastoralism in Eurasia*（D. Harris ed.），pp. 413-441. London：UCL Press.

㊉② 同注㉚a。

㊉③ 同注㉒, pp. 45-85, 129-152.

㊉④ 同注㊎⑥。

㊉⑤ 香港考古学会：《香港元朗下白坭吴家园沙丘遗址的发掘》，《考古》1999 年 6 期。

㊉⑥ Chiu, Siu-tsan. 1995. Major archievements of archaeological rescure projects conducted in Hong Kong since 1990. *Conference Papers Archaeology in Southeast Asia*（Chun-tong Yeung and Wai-ling Brenda Li ed.），pp. 397-428. Hong Kong：The University Museum and Art Gallery, The University of Hong Kong.

㊉⑦ a. 同注㊋⑥b；b. 同注㊋⑥c。

㊉⑧ Drewett, P. L. 1995. *Neolithic Sha Lo Wan*. Hong Kong：Antiquities & Monuments Office Occasional Paper No. 2；pp. 52-54.

㊉⑨ 同注㊉⑥。

⑩⓪ 同注㊏⑥。

⑩① 同注㊉①, p. 413.

⑩② 同注㉕, 73、76 页。

⑩③ 同注㊾b, p. 47.

⑩④ 同注㊌⑦, p. 256.

Stone Age Land Use in the Highland Pang Mapha District, Mae Hong Son Province, Northwestern Thailand

Cherdsak Treerayapiwat [*]

Introduction

The Highland Archaeology Project, supported by the Thailand Research Fund (TRF), has conducted field surveys and two excavations of archaeological sites in the Pang Mapha District, Mae Hong Son Province, between 2001 and 2002. The results of the survey, reported in 2003, identified thirty-one open-air sites in this area (Shoocongdej et al. 2003a).

One of these sites is an open-air site on the ridge of a mountain above Ban Tham Lod (a village near to a river that runs entirely through a large limestone cave), in the District of Pang Mapha. The archaeological evidence at this site is predominantly a lithic assemblage which includes pebble tools, wasted cores, broken cores and lithic debris, which have been preliminarily identified as a lithic workshop dating from the Stone Age period (Shoocongdej et al. 2003a: 53).

Although only one open-air site was found by the Highland Archaeology Project, a large number of sites were reported by John Spies. Spies, an Australian independent explorer who has lived in Pang Mapha District for more than 20 years, presented a paper to the Highland Archaeology Project Meeting in February 2003. The survey by Spies found that the assemblage contained mostly core tools, including sumatraliths, half axes and scraper tools, and implied that the site functioned as a camp during the wet season (Spies 2003: 365-378).

The lithic artifacts representative of a Hoabinhian industry have been documented at many lo-

* Cherdsak Treerayapiwat, Mae Hong Son Province. Silpakorn University, Bangkok, Thailand。

locations across Southeast Asia. The majority of Hoabinhian sites are classified as rockshelters, coastal shell middens and open-air sites (Bellwood 1985: 162).

This paper presents a preliminary report on one open-air site found along the ridgeline above the Tham Lod village in Pang Mapha District, Mae Hong Son Province, northwestern of Thailand. The discussion concerns the pattern of land use and subsistence economy of Stone Age people, especially during the Late Pleistocene period, and contains a comparison with other contemporary sites in the area.

Definition

The term "Stone Age" refers to the period of lithic tool production and utilization, primarily in the form of pebbles modified into a variety of forms, including Sumatraliths, half axes and scrapers. The mentioned artifacts are similar to those associated with a Hoabinhian tool industry, studied in greater length by Pookajorn (1985). According to Pookajorn's study, the Hoabinhian lithic artifacts are made by direct percussion using a hard hammer and can be found in a variety of types (ibid) .

Geography of Surveyed Area

Ban Tham Lod or Tham Lod Village of Pang Mapha District, Mae Hong Son Province, is a Shan village located in northwest Thailand, near to the Myanmar border. The geographical landscape is dominated by the mountainous highlands that connect Myanmar to southern China. The area is predominantly limestone Karst, which features high peaks, dolines, sink holes, caves and rock shelters (KhawKheaw 2003: 343).

The permanent river in the Tham Lod area is called Nam Lang (The Lang River), which drains from north to south along a geological fault. This river separates two distinct geological landscapes, on the eastern side is the high mountain known as Doi San Kai (San Kai Mountain literally means the mountain ridge that has been the camp or base of soldiers') formed from coarse sediment bed rock dated to the Carboniferous epoch, and on the western side of The Lang River is the limestone Karst dated to the Permian period, which contains caves, rock shelters and sinkhole (KhawKheaw 2003: 345). Seasonal streams that run into The Lang River drain the high mountain area to the east, and especially from Doi San Kai, which has many stream tributaries (*Fig.* 1). The vegetation is predominantly deciduous forest, with the exceptions of the area near to the river, which is tropical rain forest, and the area on top of the mountain, which is mixed dry dipterous forest with pine.

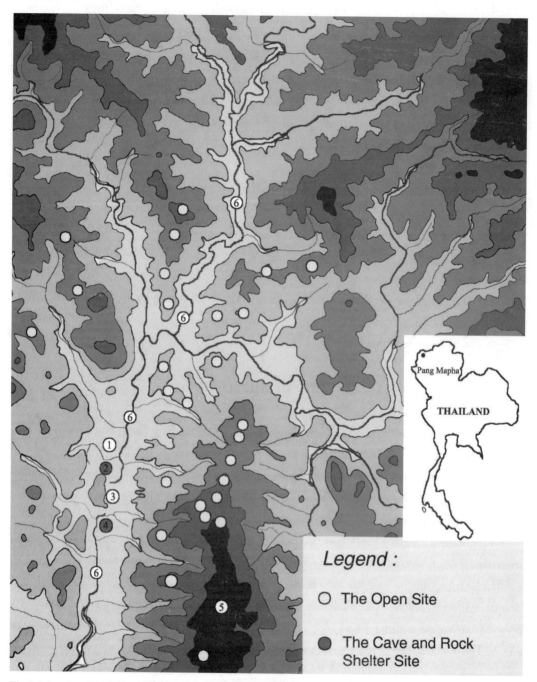

Fig.1 Map showing the Late Pleistocene sites found in Tham Lod village, Pang Maph District, Mae Hong Son
Province (Modify from topographic map in 1: 50000 scale, after Spies 2003)
1. Tham Lod Village   2. Tham Lod Rock Shelter Site   3. Tham Lod Cave   4. Tham Jong Krom   5. Sun Kai Mount
6. Lang River

The Open-air Lithic Sites in Pang Mapha

This paper follows the report by Spies (2003) that identified a number of archaeological
sites and their surrounding environment, and more specifically the location of open-air sites
in the vicinity of the Tham Lod village in Pang Mapha District (Spies 2003: 368-369). In
addition to the sites identified by Spies, another three archaeological sites on Doi San Kai,
which were surveyed by the author and colleagues (Chavalith Khawkhaew, a geologist study-
ing for an MA in Prehistoric Archaeology at Silpakorn University and Mana Kheawvongvan,
a wildlife and nature expert from Pang Mapha District), will also be presented.

The open-air sites are found on a small flat plain along a mountain ridge above the Tham
Lod village, and lie approximately 700-900 meters above the sea level and 100-400 meters
above the river terrace. The open-air sites can be separated into two distinct types. The first
type is located on a low sloping hill and has a large number of pebble tools and flakes scat-
tered across the surface. This distribution of artifacts may have been caused by the flow of
water down the low gradient of the slope. The second type is situated in a flat narrow plain
on the top of the hill and consists of a cluster of lithic artifacts. It is important to note that
the scattering of artifacts in the narrow flat plain may suggest a centre of activity, where the
lithic assemblage differs from the first type of site.

The altitude and landscape conditions greatly affect the type and density of vegetation a-
round the open-air sites. The three open-air sites surveyed by the author are located between
800 and 900 metres above the sea level, where the forest is mixed dry deciduous with pine.

The nearest source of water to the open-air sites on the ridge can also be classified into 2
types: a natural swamp and a seasonal stream. The natural swamp is a small basin that can
contain a large amount of water during the rainy season, and the seasonal stream is a chan-
nel that runs down the edge of the
mountain and between a large number of
trees. Some of the seasonal streams contain
water for most of the year, but the majority
contain water only during the rainy season.
One of the surveyed sites is quite far away
from these seasonal stream resources, ap-
proximately 100 meters.

Not only sumatraliths, haft axes and
scrapers, but also a wide range of lithic

Plate 1 Doi San Kai Site

Plate2　Stone tools at the Doi San Kai Site　　　　Plate3　Stone tools at the Doi San Kai Site

debris including primary wasted flakes, secondary wasted flakes, tertiary wasted flakes, re-sharpening flakes, wasted cores have been found in the open-air lithic sites and broken cores. The raw materials used include quartzite, andesine, mudstone and sandstone (Spies 2003: 373. Plates 1-3; Color plates 11: 1-3).

Discussion

This section consists of three parts: the classification and function of these sites, the suggestion for the date of these sites through a relative comparison with similar lithic assemblages, and comments on the use of land along this ridge.

Site Function

The lithic assemblages recovered have been used to determine the function of these sites. The open-air sites predominantly contain pebble tool artifacts including sumatraliths, half axes, scrapers, wasted cores and a range of flakes. The evidence of the manufacture and repair of pebble tools indicates that these areas were used for human habitation. It is likely that the site functioned as a temporary camp, where prehistoric hunter-gatherers left behind traces of their tools.

Unfortunately the lithic artifact data from the open-air sites in Pang Mapha District cannot yet be statistically analyzed. However, the preliminary examinations of artifact assemblages from each site have identified manufacturing and repairing activities that would suggest a habitation site (Spies 2003). This assumption is supported by the relatively low artifact density on the surface of the open-air sites and the fact that no pebbles have been recovered that would indicate a store of raw material at the site.

Site Dating

The problem of using lithic artifacts for dating purposes has been generally debated elsewhere, but the pebble tools, which include sumatraliths, half axes and scrapers, found at the open-air sites in Pang Mapha are the only evidence available. The lithic assemblages from these sites can be compared to similar assemblages recovered from archaeological sites, which have been dated by absolute dating methods.

The pebble tool assemblages can be broadly assigned to the Stone Age Culture as these tools are often found in cave and rockshelter sites, for example the Spirit Cave and the Tham Lod Rockshelter, both are located in Pang Mapha District of the Mae Hong Son Province. Chester F. Gorman found a lithic assemblage similar to that recovered from the open-air sites when he excavated the Spirit Cave in the late 1960s. Gorman determined that the lithic assemblages could be classified as a Hoabinhian Culture, which is dated to between 12 000 and 7500 BP (Gorman 1970). Recently, similar lithic assemblages were also recovered from the Tham Lod Rockshelter site by archaeollgists of the Highland Archaeology Project in 2002. The ranges of determined dates for this site are between 22 190 ± 160 BP (Beta 17226) and 12 100 ±60 BP (Beta 16823) (Shoocongdej et al. 2003b: 261-262).

Thus, the open-air sites can be assumed to date between 22 000 and 7500 BP, or between the Late Pleistocene and the Early Holocene periods.

The Human Land Use in the Late Pleistocene

The subsistence economy in the Late Pleistocene period was mainly hunting and gathering, which still exist in this area today. It is believed that the groups would have moved frequently according to food resources and camp seasonality (Binford 1996). The open-air sites on the mountain ridge perhaps demonstrate the seasonal land use of hunter groups in the past.

The archaeological survey of the Stone Age in Pang Mapha, and especially around the Tham Lod village, demonstrates the various types of human habitat used, which included the open-air sites as well as the cave or rockshelter sites. The nearest cave and rockshelter sites to the open-air site above the Tham Lod village are the Tham Lod Rockshelter site, and *Tham Jong Krom* (this cave has been used by local monks for the practice of walking meditation along a raised pathway). Both sites located near a permanent river (the Lang River) and contain types of Hoabinhian pebble tools similar to those found at the open-air sites (Shoocongdej et al. 2003a: 53, 2003b).

Table 1 Comparative data from Late Pleistocene sites around Tham Lod village, Pang Mapha District, Mae Hong Son Province

Type of Site	Number of Sites	Height (M. /MSL.)	Distance from water resource (M.)	Artifact
Open – air sites	>30	700 – 900	100 – 200 up	Pebble tools
Cave or Shelter site	2	660 – 680	20 – 150	Pebble tools

Table 1 shows archaeological data from the late Pleistocene in the area around the Tham Lod village. The data demonstrates the variety of archaeological sites in this area, which include two cave and rockshelter sites that are very close to the permanent river (Shoocongdej *et al.* 2003a, 2003c), and thirty open-air sites that are located at a higher altitude and quite far away from the main river (Spies 2003). The change in the habitats and vegetation surrounding these sites reflects the dramatic change in geographic location and would have also affected the subsistence economy exploiting these resources.

Fig. 1 shows the distribution of cave and rockshelter sites near the river and the open-air sites along the mountain ridge in the area around Tham Lod village. The distance between these two types of site is about 1 km, which might imply the mobility range of the hunter-gatherer groups.

The land use and distribution of the sites within this landscape demonstrates that the relationship of camps could change through time and between seasons. The cave and rock shelter sites would have been more suitable for long-term habitation, which suggest that the open-air sites could have been more temporary or seasonal.

Conclusion

The open-air sites along the ridge of the mountain above the Tham Lod village in the Pang Mapha District of Mae Hong Son contained a lithic assemblage that included sumatraliths, half axes, scrapers, broken perforated pebbles and a wide range of flakes. The pebble tools found at the open-air sites can be classified as a Hoabinhian pebble tool industry, which dates between the Late Pleistocene and the Holocene periods (around 22 000 to 7500 BP). The geographic location of the sites, and the number of artifacts found there, indicate a temporary habitation where lithic manufacturing and repairing activities took place. It is likely that the Stone Age people selected a suitable area for an open-air site and adjusted their subsistence economy according to the availability of surrounding natural resources.

Further Study

The author is aware that this paper contains many limitations relating to the data presented. However, the research is still at a very early stage and it is hoped that any limitations or failings within this paper will be addressed in the near future.

Acknowledgement

This paper would not have been possible without the support of the Thailand Research Fund (TRF) and the Highland Archaeology Project. I would also like to thank The Institute of Archaeology, Chinese Academy of Social Sciences for inviting me to present my paper, and especially Mr. Jian Bo and his colleague for their help with the conference.

I would also like to thank Natthamon Pooreepatpong for presenting my paper in English, Chadachit Chitsamran and Sawanit Komonjinda for assistance with the English translation and Edward Richardson for the final English edit. I would like to especially thank Dr. Rasmi Shoocongdej for her helpful advice and editing of this paper. Finally, this paper would not have been possible without the help from Chavalit KhawKheaw, Mana Khaewvongvan and my colleagues at The Highland Archaeology Project. However, any faults or mistakes are entirely my own.

References

Bellwood, P. S. 1985. *Prehistory of the Indo-Malaysian Archipelago*. Sydney: Academic Press.

Gorman, C. F. 1970. Excavation at Spirit Cave, North Thailand: Some Interim Interpretation. *Asian Perspectives* 13: 79 – 109.

KhawKheaw, C. 2003. Geological Archaeology of Ban Rai and Tham Lod Rock Shelter. Paper presented at the Conference on *People, Culture, and Paleoenvironment in Highland Pang Mapha, Mae Hong Son Province*. 20 – 21 February, 2002. Bangkok: Silpakorn Unversity (In Thai)

Pookajorn, S. 1985. Mesolithic Implements from Three Caves in Kanchanaburi. *Muang Boran* 11 (1): 22 – 36. (In Thai)

Shoocongdej, R. 2003a. *The Final Report of Highland Archaeology Project in Pang Mapha District, Mae Hong Son Province, Vol. 3: The Archaeological Survey*. Bangkok: Thailand Research Fund. (In Thai)

——2003b. *The Final Report of Highland Archaeology Project in Pang Mapha District, Mae Hong Son Province, Vol. 5: The Excavation at Tham Lod Rock shelter*. Bangkok: Thailand Research Fund. (In Thai)

——2003c. *The Final Report of Highland Archaeology Project in Pang Mapha District, Mae Hong Son Province, Vol. 2: The Briefly of Archaeology*. Bangkok: Thailand Research Fund. (In Thai)

——2003d. The Overview of Social and Cultural Development in Highland of Pang Mapha District, Mae Hong

Son Province. Paper presented at the Conference on *People, Culture, and Paleoenvironment in Highland Pang Mapha, Mae Hong Son Province*. 20 – 21 February, 2002. Bangkok: Silpakorn Unversity.

Spies, J. 2003. Open lithic sites in northwestern Thailand: a preliminary report. Paper presented at the Conference on *People, Culture, and Paleoenvironment in Highland Pang Mapha, Mae Hong Son Province*. 20 – 21 February, 2002. Bangkok: Silpakorn Unversity.

华南地区史前墓葬探析

陈远琲[*]

武夷山以南的辽阔区域，气候温暖，雨水充沛，草木植被茂密，江河网络四通八达，史前就生活着许多原始人类群体，洞穴、河旁、山坡、海滨沙滩都留下了他们的生活痕迹。墓葬作为史前遗址的重要遗迹，往往蕴涵着丰富的信息。本文拟据华南地区史前墓葬情况来探析其建造形态、技术和丧葬习俗等。

一 墓葬发现概况

华南一些旧石器时代的遗存点就已发现了人类的遗骸，因为没有发现任何证据可说明死者是被同伴有意识埋葬的，因此，尚未能称其为墓葬。从目前资料来看，发现人类遗骸的旧石器时代遗存点主要有两种类型：一类是人类骨骸伴生脊椎动物化石，没有文化遗物。如福建清流县沙芜乡狐狸洞仅发现了一枚人类牙齿和若干哺乳动物化石[①]；广东罗定县苹塘下山洞发现一段人的桡骨及大熊猫—剑齿象等30多种动物化石[②]。另一类是人类骨骸伴生脊椎动物化石，有文化遗物。典型代表有：广西桂林宝积岩遗址，发现2枚人牙化石、大熊猫—剑齿象动物群化石及12件人工打制石器[③]；田东县定模洞，不同个体的人类牙齿3枚、动物化石32种、石制品10件[④]。这些遗存点几乎都属于洞穴类型。

到了中石器时代，或者说旧石器向新石器的过渡时期，人类有意识埋葬死去同伴的迹象逐渐明显，随葬品的出现预示着人类在埋葬同伴时另有一种精神理念，随葬品通常为生产工具和生活日用品。此时华南地区的墓葬主要见于洞穴遗址，特点是：墓葬地点也是居住点，墓葬与其他一些遗迹并存，遗址里有废弃生活垃圾。这类遗址的典型代表有广西桂林甑皮岩、庙岩、大岩。至新石器时代，二次埋葬及合葬墓出现，墓葬坑形多样化，墓葬中人骨架的置放形式变化，随葬品种类增多，墓葬的内涵更为丰富，这些都反映出当时本地区的文化因素。另外当时的原始技术在墓葬建造和陪葬品中都有体现，

---

* 陈远琲，桂林甑皮岩遗址博物馆。

显示出人类对死者躯体的保护意识。在这一时期，人类的栖息营地不仅仅拘泥于洞穴，同时也拓展向山坡、河旁、海滨。而随着人类的居所向洞穴以外的空间发展，一些山坡、台地也出现了人类的活动遗迹和墓葬，不同的是居住区与墓葬区分开。如湖南澧县八十垱遗址的居住区和墓葬区虽无严格区分，但墓葬多位于居址周围，后来界限愈加分明，如湖南澧县城头山遗址。而广东封开杏花镇乌骚岭新石器时代墓葬群、曲江石峡遗址墓葬群，则是专门的墓地，墓葬地点离开人类的居住点。在华南沿海的部分地方出现了沙丘遗址，其中一些还出现了墓葬。

由于环境土壤的关系，华南地区史前墓葬的保存非常不易。从目前的考古发掘情况看，发现的墓葬完整程度不一：有的人类骨骸保存较好但墓葬坑形却未能识别，有的是人类的遗骸保存极差而墓葬坑形清晰可辨；有的墓葬有陪葬品，有的没有。下面分区介绍华南地区一些史前墓葬情况。

（一）广西

临桂大岩为旧石器晚期至新石器时代末期的遗址。依地层叠压关系及出土物的变化，自下而上大致分为六个时期，第一期的年代在距今 15 000 年以前。遗址共发现墓葬 10 座。其中第二期 2 座，分别为仰身屈肢和侧身屈肢葬，无随葬品，但都在头部和肢骨处压放数件未经加工的石块。第五期 8 座，包括仰身屈肢、俯身直肢和蹲踞葬，随葬品有石器、骨器和穿孔蚌器。[⑤]

柳州鲤鱼嘴是一处岩厦遗址，其年代处于旧石器晚期之末至新石器时代中期。发现墓葬 6 座，葬式有仰身屈肢、俯身屈肢，未见随葬品。[⑥]

桂林甑皮岩遗址为华南地区新石器时代早期遗址之一，共分为五期，年代为距今 12 000～7000 年左右。先后发现史前墓葬 27 座，为华南地区洞穴遗址中发现墓葬最多的遗址之一，其中第四期发现墓葬 2 座，其余属第五期。大多数为屈肢蹲葬，另有少数仰身屈肢和侧身屈肢葬。[⑦]

南宁地区史前墓葬主要发现在贝丘遗址中。邕宁顶蛳山遗址是该地区保存较好的贝丘遗址之一，年代约在距今 10 000 年上下至 6000 年左右。根据地层堆积情况和遗物特征，文化遗存分为四期。共发现墓葬 149 座，其中第二期墓葬 16 座，第三期墓葬 133 座。均为竖穴土坑墓，形制有长方形、方形。葬式有仰身屈肢、侧身屈肢、俯身屈肢和蹲踞葬，还有肢解葬。[⑧]

另外，在邕宁长塘遗址发现墓葬 15 座，横县的西津遗址发现 100 余座、秋江遗址发现墓葬 24 座，扶绥敢造遗址发现墓葬 14 座。这些墓葬中墓坑大多不明显，墓葬头向和葬式不一，能辨别的葬式有仰身直肢葬、侧身屈肢和蹲踞葬及少量二次葬。一般没有随葬品，仅个别墓葬的头骨旁发现骨锛、骨笄或石斧，多数人头骨旁放置一二件石块，有的是红色的矿石。⑨

（二）广东及香港

广东发现史前墓葬的遗址多为贝丘遗址和山坡遗址，洞穴遗址中墓葬少见。

南海市鱿鱼岗贝丘遗址发现墓葬 36 座，其中墓圹清楚的有 24 座，均为长方形竖穴土坑，多数人骨保存较好，葬式为单人直肢葬，15 座有随葬品。⑩

高要县龙一乡蚬壳洲贝丘遗址共发现墓葬 24 座。大多数为单人侧身屈肢葬，躯体弯曲极甚，还有少数俯身屈肢葬。均未发现葬具，随葬品数量极少。墓葬以抹角方形和椭圆形竖穴土坑为主。发现有三人合葬墓一座，人骨架相互叠压，中间为儿童，上、下为成人。⑪

佛山河宕贝丘遗址清理新石器时代晚期墓葬 77 座，大部分无明显墓坑，发现的墓坑为长方形，未见葬具。成年男性头部向西，成年女性的头部向东，葬式以仰身直肢为主。墓葬有随葬品，一般每墓有 1～3 件，男性多随葬石锛、斧、镞和矛等，女性多随葬陶纺轮。⑫

曲江石峡遗址发现史前墓葬百余座，有一次葬和二次葬。这两类墓葬的墓坑均经火烧烤过，长方形竖穴土坑墓，人骨已呈豆腐渣状。二次葬墓内有两套随葬品，完整的一套是二次埋葬时放置的，大多数围绕在尸骨堆周围；另一套可能是同尸骨一起从原墓坑迁来的，被铺垫在墓底或放置在填土中，基本都残缺不全。⑬

封开乌骚岭新石器时代墓葬群已发掘 111 座墓葬，全是二次葬，均为长方形竖穴土坑墓，墓坑浅小，排列有序。坑内经火烧烤，随葬品均从一次墓葬中迁来，数量少，品种单一，主要为石器、陶器两类。石器有锛、斧、铲、凿、刀、镞、镬，陶器有鼎、圈足盘、纺轮。墓葬年代大致在距今 4600～3900 年前。⑭

三水市银洲贝丘遗址两次发掘共清理墓葬 40 余座，皆为长方形竖穴土坑墓，墓向基本一致，均未见葬具，部分墓葬未见人骨，可辨认者皆为单人仰身直肢葬，随葬品一般只有一二件，最多者 8 件，出土物有陶器、石器等，也有的墓葬没有随葬品。⑮

香港马湾岛东湾仔北遗址发现墓葬 19 座，墓坑不太清晰。其中 15 座保留有人骨，但多数保存差。可辨葬式有仰身直肢、侧身直肢。各墓随葬品多寡不一，一般为 2～3 件，最多的 9 件。随葬品有陶釜、罐、钵，石锛、蚝蛎啄、砍砸器，另有鱼骨饰、贝壳等装饰品。墓葬的排列似有一定的规律。⑯

香港深湾遗址也发现新石器时代墓葬 20 多座，其中有 10 余座为火葬墓。原报告者认为是在遗址或遗址附近焚烧后移葬该处的。⑰

（三）湖南

澧县彭头山遗址年代在距今 8200～7800 年左右，发现墓葬 18 座。墓坑小而浅，有方形、长方形、圆形等。墓葬多数为二次葬，一次葬也有发现，墓中人骨架零散，葬式不明。随葬品数量1~4件不等，有石制品、陶制品。[18]

澧县八十垱遗址发现百余座史前墓葬，主要分布在居住区周围。大多数墓葬墓坑较小，有近似方形、圆筒形和长方形三种。多数墓葬只出几件残陶器，个别的有完整陶器和石器。[19]

南县涂家台遗址发现史前墓葬16座，其中彭头山文化时期2座，均为两端浅中间深、形状窄长的船形墓。随葬品简单，有陶圜底罐和支座；皂市文化时期14座，长方形土坑墓，有3具人骨架形态清晰，1具侧身屈肢，2具仰身直肢，见有陶片、残石器、卵石。[20]

澧县城头山遗址主要包括大溪文化时期墓葬和屈家岭文化时期墓葬，自1992年以来共清理墓葬500座左右。有竖穴土坑墓和瓮棺墓，平面坑形有方形、长方形，葬式有仰身直肢和屈肢葬。小型土坑墓随葬品一般只有几件至十余件，大型土坑墓中有数十件，特大型墓（M425）随葬品则多达百余件。[21]

怀化高坎垅遗址发现墓葬48座，分竖穴土坑和瓮棺葬，人骨架已朽无存，墓底一般较平，部分墓内发现有红烧土和炭屑铺垫物。[22]

安乡划城岗遗址两次发掘共出不同时期的墓葬131座，有竖穴土坑墓和瓮棺墓。人骨架多已腐朽殆尽。墓葬随葬品数量不一，有的只有几件，有的则有数十件。如遗址中大溪文化时期的墓葬多数随葬品为1~6件，而M135、M139的有29、21件之多；屈家岭文化时期的墓葬M63、M74、M88分别随葬了77、50、65件。[23]

湖南澧县孙家岗新石器时代墓群33座。墓坑平面多为窄长方形，少数不规整，墓坑长多在2~2.6米之间，宽在1米以下。坑壁粗糙，未经铲平加工，坑内骨骸无存。随葬品分陶器、玉器两类。墓葬排列方向一致，为东西向。[24]

（四）福建

闽侯白沙溪头遗址两次发掘墓葬51座，多为长方形竖穴土坑墓，另有一墓坑呈刀把形。葬式有侧身屈肢、仰身屈肢和仰身直肢。出现一座男女合葬墓，男性仰身直肢，女性侧身屈肢，随葬品15件。[25]

浦城牛鼻山遗址发掘墓葬19座，墓葬为长方形或梯形竖穴墓。墓坑大小不一，大的长2.8、宽2.06米，小的仅在1平方米左右。墓中人骨架已朽无存，但随葬品的数量稍多，多者达40余件，少者也有6件，有石锛、凿和陶鼎、罐、豆、钵、盘、纺轮等。[26]

闽侯庄边山遗址发掘墓葬63座，均为竖穴土坑单人墓葬，平面形状以长方形居多，也有不规则形和墓边不清似平地掩埋的墓葬。墓向有规律，头多朝西或西北。仅有一例为侧身屈肢，其余为仰身直肢。随葬品一般 4 ~ 7 件，个别 16 ~ 20 件，也有的未见随葬品。[27]

闽侯昙石山遗址自 1954 年以来经历过 8 次发掘，共出现墓葬 60 余座。墓圹有长方形等。有二次葬出现，葬式有仰身直肢、侧身屈肢，单人葬居多。昙石山三期 M131 为男女合葬墓，男仰身直肢、女侧身屈肢。部分墓葬有随葬品，主要是陶器、石器。[28]

（五）江西

新余拾年山为江西新石器时代最为典型的遗址，上世纪 80 年代先后三次发掘，共清理墓葬 100 余座。墓葬类型分有圹墓、无圹墓、瓮棺墓。有圹墓为长方形竖穴土坑，口大底小，大多数墓葬未见葬具，个别墓葬有单层木椁痕迹；无圹墓底垫有泥土，多为椭圆形。墓葬人骨已朽，多为骨渣。[29]

另外在赣西靖安县水口乡的郑家坳遗址也有一些墓葬发现。墓葬大都南北方向，随葬品大部分置于墓底两端，只有少量石器和陶器放在死者腰部。

二 墓葬类型

华南地区史前墓葬大致有以下类型：

（一）竖穴土坑墓（含灰坑墓）

这是我国史前具有广泛性和代表性的墓葬形式。在新石器时代早期的广西临桂大岩遗址中就已经出现，虽然墓坑浅小，但轮廓尚能辨明。从目前的发掘情况来看，土坑墓至少在旧石器时代晚期就已出现。往后，随着史前经济和文化的发展，土坑墓的墓型结构也出现一些变化，如墓坑带二层台，墓壁带龛，墓底带低土台或带腰坑（或多个小坑）。另外，土坑墓葬包括一些灰坑墓葬。灰坑或窖穴，初建之时应是作为其他用途，后来葬人。如福建闽侯白沙溪头遗址、闽侯庄边山遗址中的一些墓葬就直接利用蛤蜊坑作墓坑。

（二）平地土葬墓

这种墓葬不见墓圹，是将尸体放置地面而加土掩埋。葬法的流行有一定的区域性和时域性，在我国主要出现于马家浜文化、松泽文化的所在区域，其周边地区也有发现，江西新余拾年山遗址就有无圹墓 30 座。另外福建闽侯庄边山遗址也出现了墓边不清似平地掩埋的墓葬。此类墓葬的地面有些经过一定修整。

（三）瓮棺墓

这种墓葬略带葬具性质，分布范围也较广。新石器时代在黄河流域的仰韶文化中较为流行，而且墓葬数量较多，约占仰韶文化墓葬总量的 1/3，多数为小孩的瓮棺葬，也有少数埋葬成人，个别母子合葬。华南地区如湖南安乡划城岗遗址、怀化高坎垅遗址、澧县城头山遗址，江西新余拾年山遗址等也有出现。

（四）火葬墓

尸体用火焚烧后将一些难以烧化的骨头挖坑掩埋，这种形式的墓葬在华南出现的年代稍晚，香港沙丘遗址中有。江西新余拾年山遗址的一些墓葬，在墓坑黑色灰烬土中见有骨渣，从墓圹小、烧烤壁底、下部填有数十厘米厚的灰烬土等现象来看应是拾骨火葬。[30]

三　墓葬形制结构

在上述类型墓葬中，平地土葬墓因无墓圹，其形制应为土堆状。瓮棺墓的主要变化是在陶制器具上，其坑形一般浅小，多为椭圆形、圆形。竖穴土坑墓平面多为长方形或近似方形。

（一）墓葬的平面坑形

1. 长方形墓坑（包括圆角长方形）：

为史前墓葬的主要坑形，数量最多，流行区域最广，并且一直延续至现代。华南地区较早出现这类坑形的遗址有广西临桂大岩遗址，另外湖南澧县彭头山遗址也有发现。华南这种坑形多见仰身直肢和侧身屈肢葬。

2. 方形墓坑：

可能是史前人类根据墓葬建造的实际需要而选择的一种坑形。见于合葬墓及二次葬，也见于单人葬。从目前的发掘资料来看华南地区发现较少，广西邕宁顶蛳山出现的近方形的墓坑多见单人蹲踞葬和肢解葬。

3. 圆形墓坑：

广西桂林甑皮岩遗址出现的圆形土坑墓为这类坑形的较早墓葬。湖南澧县彭头山遗址中也有，但较浅小。湖南澧县八十垱遗址的一些墓坑为圆筒形。此外瓮棺葬的一些墓坑也呈圆形。

（二）墓葬剖面结构

1. 单一墓坑结构：

即墓坑无立面形态变化（如二层台、壁龛、土台等），只是依墓口的平面形状往下挖掘而成的坑形。在前述平面坑形中，都有发现，大小深浅因地制宜。这种结构史前墓葬中最为普遍，而且流行的时间长。

2. 竖穴土坑墓带二层台（或墓底土台）结构：

有的新石器时代史前墓葬出现二层台，上常放置随葬品。一般出现于长方形的竖穴土坑墓中，形态位置也存在差异，较为少见。江西万年肖家山遗址的一座土坑墓，墓坑一端的两角各有一个高 15、长宽均为 45 厘米的二层土台[31]；福建闽侯县石山遗址在第六次发掘中 M9 的底部两侧留有二层土台；湖南澧县孙家岗新石器时代墓葬群中有一墓葬坑底的一端有一台阶，但另一端没有。

3. 墓底带腰坑（或小坑）的结构：

腰坑墓在广东封开鹿尾村新石器墓葬中就有发现，是在墓底的两头及中间各挖一长方形小坑，三小坑内均放随葬品。[32]南海鱿鱼岗贝丘遗址的一座墓葬底部的左侧设有放置随葬品的小龛。福建闽侯县石山遗址一座墓葬在墓坑底部中间右侧挖一小坑用来放随葬品。

四 墓葬建造中的原始技术

从墓葬的平面形状、剖面结构及建造过程中的一些处理现象，我们可以看到，随着原始人类思维的进步，人类对墓葬的建造有了进一步的想法和要求，并将一些日常生活的技术行为应用到墓坑建造上。

（一）防潮技术应用于墓葬建造

在新石器时代早期，人类对火的使用早已是得心应手了，懂得火能取暖御寒、火烧过的泥土坚硬干燥，进而逐渐认识到烧过的泥土铺在栖息的地面上有防潮作用。华南地区较早出现类似遗迹的是湖南澧县八十垱遗址，其中的一些居住面由红烧土的垫层构成。其后一些遗址也有发现，如湖南临澧胡家屋场遗址的房基 F1 东侧有大量红烧土呈弧带状铺垫地面上，有的土块中含有少量木炭[33]；安乡划城岗遗址的三间排房也普遍铺有约 30～49 厘米的红烧土[34]。从居室的建造情况来看，当时的人类已经确切懂得被火烧过的一些物质是具有防潮吸水功能的。在这方面，江西新余拾年山遗址的遗迹较为典型。房址 F1、F2 的共同特点是房基面有烧土垫层，柱洞挖入垫层，洞壁底经火烤；而 M67、M57 的墓壁、墓底也经火烤，M57 墓底周边存在炭化木。类似现象在华南史前墓葬中也常见。

另外，史前人类的氏族墓地多建造在山坡、台地等高处，不容易受到水的浸泡，同样也是一种防潮保护的意识行为。

从华南地区的史前墓葬中可观察到其建造中的一些用于防潮的技术现象。

1. 墓坑壁面的处理技术

从广东曲江石峡的墓葬就能找到较多的痕迹，那里的墓葬有近百座经火烧烤，用火烤后有些墓壁出现了一层 0.5～2 厘米厚的红烧土面。广东封开乌骚岭也出现较多的墓葬坑壁经火烧烤。此外，江西新余拾年山遗址的一些长方形竖穴墓，其墓壁和底也经火烤。在福建闽侯县石山遗址中就出现了墓葬穴壁都很整齐的情况，有的还留下了用石锛之类的工具修整过的痕迹。[35]

2. 墓坑底面的处理技术（或无圹墓地面）

史前人类在建筑墓葬时常会在墓坑底部铺垫一些干燥防潮的物质。广东封开鹿尾村的一座新石器时代墓葬，在墓底垫了一层 2～4 厘米的黑烧硬土块和灰土；[36]曲江床板岭 1 号墓，墓底经夯打后铺上一层 15 厘米的木炭和灰。[37]湖南怀化高坎垅新石器时代遗址的部分墓葬内发现红烧土掺和炭屑的铺垫物；还有一座墓葬的坑底发现铺垫苇席的残迹。另外，在江西拾年山遗址的无圹墓中，一些墓葬地面垫有黑色灰烬土或红烧土，垫层平面有椭圆形、圆形。福建浦城牛鼻山遗址 M5，墓底平整并铺一层朱砂。湖南澧县城头山遗址 M774，人骨葬于一方形坑底的右侧，骨架下有板灰痕迹，可能是简单的葬具。[38]

3. 回填土的选择

史前人类在修建墓葬时，所选用的墓坑回填土，有时并非使用原来挖出的坑泥，而是另有选择。在广东石峡文化墓葬中，一些没有烧烤过的墓坑其填土中也掺杂有大量的炭灰。此外，江西万年新石器时代遗址的墓葬墓坑内填杂印纹陶片、红陶片、少许红烧土及竹木炭块的灰黑色土；福建闽侯庄边山遗址下层文化的 63 座墓葬，回填土多充蛤蜊壳；湖南安乡划城岗遗址的墓葬填土为坑外文化层的灰土，但含较多的白沙，墓底则有少量的红烧土碎块。这些行为可能与当时人类的防潮意识有关。

（二）陶制品应用于墓葬建造

陶器的出现，应该说最初是用于史前人类的日常生活，主要功能是用于烹煮或盛装食物，后来才被应用到墓葬建造上。我国陶器的出现已越过万年，而瓮棺葬的流行却始于仰韶文化，可见史前人类思维进步和技术进步的结合，时常要经过一个较长的阶段。显然，日常生活的物品在陶制品中盛放的现象启发了史前人类用陶制品对尸体保存放置的意识。可以认为瓮棺葬是带有葬具性质的墓葬。用于丧葬的陶器各式各样，有直筒罐或缸、钵、盆、瓮、鼎，还有各式瓶类。陶制品用于丧葬，为死者建立一安存的小空间。

五 墓葬中反映出的民俗

（一）二次埋葬

史前尸体同样也会出现腐烂、发臭现象，但人类思维中的亲情理念，使之不愿随意离弃，以至于早期人类的墓葬有些出现在居住区内，曾有学者称之为居室葬。在华南，这种情况则体现于洞穴遗址，即人类的居住区和墓葬区同在一个洞穴中。

就埋葬方式而言，华南地区以一次葬为主，二次葬也有一定比例；从物质形态的变化来说，应当是先有一次葬，后有二次葬。根据现有的考古发掘情况，华南地区最早的墓葬出现在洞穴类遗址，临桂大岩遗址第二期的两座墓葬应是较早墓葬的典型代表，一座仰身屈肢葬，一座侧身屈肢葬，年代为旧石器晚期向新石器时代的过渡阶段，距今12 000 年左右。与此同期的还有桂林轿子岩出现的一座墓葬，为屈肢蹲葬。其次桂林甑皮岩遗址 2001 年发掘的第四期出现的 2 座墓葬也是较早的墓葬之一。

二次葬的出现是史前人类亲情观念的升华，要把死去同伴的尸骨重新埋葬，这是费力、费时的事情，如果没有某种原因和亲情理念的驱使或许根本就不会出现二次葬。华南较早出现二次葬的遗址为湖南澧县彭头山遗址，年代在距今 8200 ~ 7800 年。遗址发现墓葬 18 座，多数为二次葬。另外澧县八十垱遗址的墓葬因大多数墓坑小，再结合随葬品的特点也被推测为二次葬。其后，广东曲江石峡、佛山河宕，湖南湘乡岱子坪等遗址也有二次葬出现，特别是广东封开乌骚岭新石器时代墓葬群几乎全是二次葬。

（二）死者身上撒赤铁矿粉

旧石器时代晚期有在死者身上撒赤铁矿粉的现象。华南地区人类骨骸染上赤铁矿粉的现象主要出现在广西、广东。桂林甑皮岩遗址 BT2M2 的头骨和 DT2M3 的盆骨上发现有赤铁矿粉末。邕宁长塘贝丘遗址也有两具人骨周围撒有赤铁矿粉，类似情况的遗址还有横县西津遗址。在广东潮安陈桥村贝丘遗址发现 10 具人类遗骸，有的骨骼上染有红色，以头骨和脊椎骨为最多，这种红色经化验后证明为赤铁矿。[39]广东曲江石峡遗址不少尸骨上也撒有鲜红的朱砂。关于人骨上放置赤铁矿粉，后人说法不一，有认为是在埋葬过程中带有宗教意识的行为，也有认为是代表原始群体的荣耀。而大洋洲、非洲等地的民族学资料则表明，红色代表血液，撒赤铁矿粉是为了让死者永远"活着"。

笔者以为可以从另一个角度来考虑这个问题。在石器时代，人类的生命时常受到野兽的威胁，人类除了用木棒、石块与野兽搏斗自卫外，还会用火来保护自己，尤其是在晚上。火是红色的，大多数野兽都惧怕，而赤铁矿粉和朱砂也都为红色的，人类将它撒在同伴的尸骨上也是希望其得到保护而不受到野兽的侵害，也许这是人类的最初的想法。赤铁矿粉和朱砂并不是随手可得的东西，也并不是每一个死者的身上都能撒到这些物质。其实，在死者身上撒赤铁矿粉等红色物质流行区域很广。北京山顶洞人的尸骨上有赤铁矿粉痕迹；西夏侯、王湾、柳湾墓地墓葬中的人类骨骼上也有朱砂的痕迹。曾有学者联系到甘青地区出土的彩塑人头器盖上使用红色在人面上纹面的现象，认为墓葬骨架上的红色物质可能是史前人类纹身的遗留。

有证据表明，我国使用赤铁矿粉等红色物质的历史可以追溯到距今 2 万年左右。北京东城区王府井的东方广场是一处重要的旧石器时代晚期人类的临时活动营地，1996 年 12 月 ~1997 年 8 月发掘并进行了重要遗迹的迁移，出土标本约 2000 件，有些骨制品和石制品上就附着赤铁矿粉，遗址 ^{14}C 年代测定数据之一为距今 24 030 ±350 年。[40]

（三）拔牙习俗

拔牙风俗在我国从新石器时代至近代都有。依考古发掘资料来看，在大汶口文化的早期遗址里（距今 6500 年）就已经十分盛行了，稍后是马家浜文化的遗址，而华南沿海地区的出现就更晚一点，主要是在福建、广东一带的遗址。

福建闽侯昙石山遗址第六次清理的墓葬中发现 1 例，为上颌两个侧门齿。广东佛山河宕贝丘遗址的人类遗骸中发现 19 例，是上颌骨的中、侧门齿；增城金兰寺遗址 1 例，上颌侧门齿；南海鱿鱼岗贝丘遗址发现 6 例，其中 3 例双侧上外门齿，2 例上颌右第一前臼齿，1 例上颌右门齿[41]；南海灶岗贝丘遗址 1 例，右侧门齿[42]；高要龙一乡蚬壳洲贝丘遗址 1 例[43]，上颌骨左外侧上门齿被拔除。另外在香港东湾仔北遗址也出现 2 例，为上颌中或侧门齿。[44]

史前人类拔牙通常是在上颌犬齿以前的 3 个牙中（中、侧、门齿和犬齿）。从上述遗址出现的拔牙情况来看也是在这个范围内。拔牙是我们看到的一种现象，而实际含义尚有待研究。近代，世界其他一些地方也还余存拔牙习俗，但不同的地方其含义也有所差别，主要有：与成年仪式有关、与图腾或狩猎巫术有关、与婚姻有关、与葬礼有关、与审美有关、与生育巫术有关、与识别民族有关。[45]这对于研究史前人类的拔牙习俗或许有所借鉴。史前时期，在没有麻药止痛的情况下施行拔牙，如果没有某种特殊的信念驱使或条典约束，这种习俗恐怕是很难延续下来的。史前人类拔牙习俗在不同文化的区域内其内在含义也是不同的。

（四）死者身上或旁边放置石块

广西的史前墓葬中还存在一种有意思的现象，即时常在尸体的上面或周围放置石块一类的东西。临桂大岩遗址见于第二期两座墓葬，其人骨头部及肢骨处压放有数件未经加工的石块。桂林甑皮岩遗址 2001 年发掘的墓葬 BT2M8 人骨上压有大小不等的石块 9 件；BT2M9 的墓坑口也放置石块 1 件，人骨头部用两件相叠的大蚌壳覆盖。邕宁顶蛳山遗址墓葬也有这种情况，有的在手腕和下肢分别压上一石块，也有的在骨架上及周围放置石块。扶绥敢造遗址的 M5、M6、M13、M14 的头骨旁都发现有一块石头。邕宁长塘遗址墓葬中有一具人骨四周发现有小砾石围成方圹，也有用螺蛳壳围成椭圆形墓圹，在其他一些人骨架旁都发现有石块。横县西津遗址的 M6、M10、M11、M15 的人骨周围用小砾石围成墓圹，M14 的人骨旁放有一块大石片，其他墓中有的也存在石块，这些石块多在人头骨旁。

这种在墓葬中放置石块的行为究竟是何用意，笔者觉得应视其石块的放置位置来考虑，放在墓口位置的或许是为了便于以后寻找，石块则带有标志的含义，人头骨上覆盖大蚌壳大概也带有这种意思。用小砾石或螺壳将尸体四周围住则表示地域界限的含义，出现这种现象的遗址多为河旁台地的贝丘遗址，可能受当时人类的居住模式的影响，同伴死后也应有属于自己的地域，因而以砾石或螺壳圈地为界。在头骨旁或骨架其他部位放置石块则是另一种含义，可能是墓葬陪葬品的初始阶段。

六　墓葬中出现的人骨葬式

在华南地区，史前人类埋葬死去同伴时其尸骨的放置方法存在以下几种形式。

（一）屈肢葬

这种葬式的主要特征是人骨架的肢身呈弯曲状，可分为仰身屈肢、侧身屈肢、俯身屈肢。仰身屈肢、侧身屈肢最早见于大岩遗址的第二期文化遗存，年代距今约 15 000 ~ 12 000 年。此外柳州大龙潭鲤鱼嘴遗址也出现了仰身屈肢和俯身屈肢，其人骨经 [14]C 年代测定，年代为距今 11 450 ~ 10 510 年。这种原始的埋葬方式，目前还没有什么依据来推论当时的人类对死去同伴的尸身进行过有意识的处理后才埋葬，也就是说当时人类把死者放入墓坑时并无既定模式，而是具有很大的随意性，至少在墓葬出现的早期阶段可以这样认为。如果要说它能表示什么含义，也许是当时人类的睡眠姿势吧。就屈肢葬而言，其寓意需根据墓葬的具体情况来分析。例如侧身屈肢在单人葬中或许没有什么特定含义，但在一些合葬墓中可能就不同了。福建昙石山遗址 M131 合葬墓[46]，男者仰身直肢，女者侧身屈肢且面向男者，这时侧身屈肢就有意义了，也许是当时氏族社会男女社会地位的反映。这种合葬墓在福建闽侯溪头遗址也有。死者的躯体在墓中的放置形态是其亲人或族人所为，然而正是这种人为造成的形态体现出了当时人类的一些意识理念。

（二）蹲踞葬

这种葬式如人的蹲踞姿势，也称屈肢蹲葬。埋葬时其上体略前倾，两手垂落，也有的双交于胸前呈抱膝状，下肢弯曲并屈胸前。这种葬式也出现较早，具有一定的地方文化色彩。就目前的情况来看，桂林漓江流域的一些洞穴遗址为这种葬式较早的出现地，其中甑皮岩遗址最为典型，在先后发现的 27 座墓葬中有 18 座为蹲踞葬，2001 年的发掘在第四期文化有蹲踞葬两座，其中一座的人骨架为背南面北而蹲踞，这两座墓葬的墓坑边缘清晰，为圆形竖穴土坑。屈肢蹲葬在大岩、轿子岩、庙岩等遗址也都有出现，此外还见于南宁地区的一些贝丘遗址。邕宁顶蛳山遗址第二期、第三期的文化遗存中都有屈肢蹲葬，墓坑为近方形；横县西津遗址 100 多具人骨中绝大多数是屈肢蹲葬。虽然其他一些地区的遗址也出现过屈肢蹲葬，但数量少，且年代都要晚于桂林洞穴遗址和南宁地区贝丘遗址，如四川巫山大溪文化墓地的 M9 和广东高要县龙一乡蚬壳洲贝丘遗址的 M19。

关于屈肢蹲葬的说法有多种。归纳起来主要有：一种认为葬俗的形成与当时原始群体的生活习俗有关，源于当时人类的蹲踞休息姿势——人类由猿进化而来，猿的休息、睡眠形态是蹲坐姿势，因此屈肢蹲葬是由人类早期原始生活习性所决定的；另一种观点是认为屈肢蹲葬流行的原因是当时生产力的低下，工具落后，挖坑费力；还有一种观点是蕴涵人类的意识信念，认为屈肢蹲葬是由神灵崇拜和祖先崇拜而来，是仿祖休眠之姿；也有认为是人类母系情结回归母体的一种表现。[47]

其实这种葬式也许能理解为屈肢葬中的一种，它与脊椎呈弧状，下肢弯曲度较大的屈肢葬关系极为密切。如这类形态的尸身埋葬时，头顶朝天，脚底踩地，称之屈肢蹲葬；而脸朝天，背朝地为仰身屈肢；脸朝墓坑壁面，身体一侧贴地为侧身屈肢。有些遗址中的屈肢葬其躯体蜷曲极甚，似乎也在偏袒这一说法。广西桂林甑皮岩、邕宁顶蛳山，广东高要蚬壳洲遗址中的屈肢葬就属这种情况。如邕宁顶蛳山的 M137 为侧身屈肢葬，人骨架背部弯曲，身体向左倾侧，头勾向胸前，双侧上肢屈至颌下，下肢屈至胸前。甑皮岩遗址的 BT2M6，颈、胸椎到骶骨相连，作侧弯状，髋骨一边衔接左肢骨作横放，胫骨、腓骨成折屈，趾骨散存其下，肱骨垂斜而桡骨和尺骨上屈，指骨直托下颌骨。这些样式与蹲踞葬的形态有些相似，只不过尸体放入墓坑时是横卧放置，而不是立式放置。

从目前发现蹲踞葬的墓坑开口尺寸及人骨架出现的形态情况来看，这类葬式的尸身似乎是经过处理后才进行埋葬的。有些屈肢葬的情况也与其相似。然而驱使人类实施这一过程的意识信念是什么，目前还难以知晓。不过有一点还是可以确定的，就是人类在埋葬死者时就已经决定了埋葬方式，墓葬的坑形能说明这一问题——屈肢蹲葬与侧身屈肢等埋葬方式的墓坑尺寸及深浅是不同的。这一类型的葬式现仍余存于不同的地方和民族中，而其解释的含义也不太相同，也不排除当时这些人类群体的睡眠形态确实为蹲坐姿势——目前在我国的一些少数民族中也还存在蹲着睡眠、休息的习惯。[48]倘若真是这样，那么屈肢蹲葬的意义又另当别论了，或许仅是当时人类睡眠形态的反映，初始并不具有什么特别的意识形态含义。反之，屈肢蹲葬的出现则是某种特定意识的体现，否则人类又何必劳心费神将死者的尸身进行屈肢处理后再埋葬。这里还有一点尚需说明，从出现屈肢蹲葬的遗址来看，遗址的墓葬也并非全是屈肢蹲葬，有些遗址出现的比例甚至是很小的，如果说当时的屈肢蹲葬的确是具有某种习惯或意识而出现，但也不是群体中所有的人都遵从这一习惯和意识。

（三）肢解葬

类似于二次葬的骨架堆放，但与二次葬又有一些区别。这种葬式较多出现在广西邕宁顶蛳山遗址第三期文化中。主要是从人体的关节处进行肢解，然后放置在墓中。有在肩胛骨处分解的，也有从颈部、腰部、膝部分解的，肢解部分的放置并无特定的方式，有将头颅放在墓坑的左侧，也有将头颅置于胸腔内。还有的腰斩后，上半身反转，俯身于墓坑。发掘者根据一些未切割的人体关节，尤其是手、脚趾关节均未脱离原位的情况，认为死者应是软组织尚未腐烂前被有意识地肢解，摆放于墓中，与二次葬存在较大的差异。[49]这是华南地区首次发现将尸体大刀阔斧分解后埋葬的一种独特的埋葬方式。2000年底临桂大岩遗址发现10座墓葬，在第五期文化遗存中也发现一座墓葬仅见头骨，并随葬铲、蚌刀各1件。而在邕宁长塘遗址也曾出现一座墓葬无头骨，用螺壳垒成半圆形的墓圹。

新石器时代我国华南和其他地区曾出现了"割体葬仪"的现象。昙石山遗址第六次发掘时发现的12座小孩墓葬中，大多数均未发现小孩的手指骨和足骨，而小孩的骨架都还保存得较为完好。甘肃永昌鸳鸯池新石器时代墓地的M94在人头骨顶部放置指骨5节，在小灰陶罐内置一脚趾骨。这种现象在半坡遗址和临潼姜寨遗址的墓葬中皆有发现。

邕宁顶蛳山遗址出现肢解葬的墓葬基本为单人墓，肢解葬的形式与"割体葬仪"的形式也有区别。从墓葬的情况来看，死者的安葬还是礼仪性的，并非祭祀陪葬，也不像恶意凶杀而乱埋乱葬，有的肢解墓葬中也放置了不规则的石块，这和其他侧身屈肢的墓葬放置石块的现象是相同的。这种葬式的内在含义还有待于今后作进一步的研究。

目前有观点认为肢解葬产生于屈肢葬的意念。文章作者从云南大墩子新石器时代的埋葬习俗中获得启迪，觉得邕宁顶蛳山的肢解葬与云南大墩子出现的仰身断肢葬有相似之处。仰身断肢者是械斗死亡，人们要按传统的屈肢葬法埋葬死者，但尸体僵硬无法屈肢，只能先断肢后再按屈肢形态埋葬。邕宁顶蛳山的肢解葬似乎与此有相同含义。[50]

（四）仰身直肢葬

我国新石器时代墓葬中尸体放置的主要形式，但在华南地区新石器早期它并不是主流，出现的时间也较屈肢葬晚，在洞穴遗址中几乎未见有仰身直肢。在距今 6000 年的湖南澧县城头山遗址才出现骨架保存完好的仰身直肢葬。

（五）俯身直肢葬

较为少见。出现于新石器时代中期，在广西临桂大岩遗址五期有出现。

七　结语

目前的考古发掘资料显示，华南地区的墓葬最初出现约在距今 15 000～12 000 年左右，为洞穴类型墓葬，而山坡、台地类型于 8000 年前左右才出现。墓葬的发展经历过由居住区和墓葬区混合向居住区和墓葬区分离的过程。墓葬的主要类型为竖穴土坑墓，出现过平地土葬墓、瓮棺墓、火葬墓。虽然已有遗迹表明在距今 8000～7000 年时，人类已懂得在房屋建筑中使用一些简单的防潮技术，但使用于墓葬建造却是在距今 5000多年。除陶质制品用于墓葬外，其他材料的葬具迹象不明显。墓葬平面形制主要为长方形、近方形，圆形多见于二次葬、蹲踞葬。墓坑带二层台或墓底腰坑的形式少见，且出现的年代较晚，约在新石器时代晚期。在华南史前的拔牙习俗主要出现于珠江三角洲地带和福建闽侯，年代稍晚。在尸骨上撒赤铁矿粉一类的红色物质则多见于广西、广东。早期墓葬的随葬品数量极少，尤其是洞穴墓葬；中、晚期墓葬的随葬品的数量也不多，仅少数墓葬多一些。早期墓葬的随葬品多为生产工具类，晚期墓葬中工具、生活用品皆有出现。华南最初出现的葬式为侧身屈肢、仰身屈肢、蹲踞葬和俯身屈肢，尔后有肢解葬、仰身直肢、俯身直肢，其中蹲踞葬和肢解葬主要见于广西地区，其意义还有待进一步研究。

注释：

① 尤玉柱、董兴仁、陈存洗、范雪春：《福建清流发现人类牙齿化石》，《人类学报》1989 年 8 卷 3 期。

② 宋方义、张镇洪、郭兴富、陈大远：《广东罗定饭甑山岩、下山洞洞穴遗址发掘报告》，《人类学报》1989 年 8 卷 2 期。

③ 王令红、彭书琳、陈远璋：《桂林宝积岩发现古人类化石和石器》，《人类学报》1982 年 1 卷 1 期。

④ 曾祥旺：《广西田东县定模洞人类化石及其文化遗存》，《考古与文物》1989 年 4 期。

⑤ 傅宪国、贺战武、熊绍明、王浩天：《桂林地区史前文化面貌轮廓初现》，《中国文物报》2001 年 4 月 4 日 1 版。

⑥ 柳州市博物馆、广西壮族自治区文物工作队：《柳州市大龙潭鲤鱼嘴新石器时代贝丘遗址》，《考古》1983 年 9 期。

⑦ 中国社会科学院考古研究所、广西壮族自治区文物工作队、桂林甑皮岩遗址博物馆、桂林市文物工作队：《桂林甑皮岩》，文物出版社，2003 年。

⑧ 中国社会科学院考古研究所广西工作队、广西壮族自治区文物工作队、南宁市博物馆：《广西邕宁县顶蛳山遗址的发掘》，《考古》1998 年 11 期。

⑨ a. 广西壮族自治区文物工作队、广西壮族自治区文物考古训练班：《广西南宁地区新石器时代贝丘遗址》，《考古》1975 年 5 期；b. 覃彩銮：《壮族地区新石器时代墓葬及其有关问题的探讨》，《广西民族学院学报》1984 年 3 期。

⑩ a. 广东省文物考古研究所、北京大学考古系实习队：《广东南海市鱿鱼岗贝丘遗址的发掘》，《考古》1997 年 6 期；b. 黄新美、刘建安：《广东南海市鱿鱼岗新石器时代晚期墓葬人骨》，《人类学报》1988 年 7 卷 2 期。

⑪ 广东省博物馆、肇庆地区文化局、高要县博物馆：《高要县龙一乡蚬壳洲贝丘遗址》，《文物》1991 年 11 期。

⑫ 杨式挺、陈志杰：《谈谈佛山河宕遗址的重要发现》，《文物集刊》第 3 集，文物出版社，1981 年。

⑬ 朱非素：《石峡文化墓葬反映的若干问题》，《中国考古学会第三次年会论文集（1981 年)》，文物出版社，1984 年。

⑭ 广东省文物考古研究所、封开县博物馆：《封开县乌骚岭新石器时代墓葬发掘简报》，《文物》1991 年 11 期。

⑮ 广东省文物考古研究所、北京大学考古学系、三水市博物馆：《广东三水市银洲贝丘遗址发掘简报》，《考古》2000 年 6 期。

⑯ 香港古物古迹办事处、中国社会科学院考古研究所：《香港马湾岛东湾仔北史前遗址发掘简报》，《考古》1999 年 6 期。

⑰ 李果、周大鸣：《香港沙丘遗址的文化生态学考察》，《纪念黄岩洞遗址发现三十周年论文集》，广东人民出版社，1991 年。

⑱ 湖南省文物考古研究所、澧县文物管理所：《湖南澧县彭头山新石器时代早期遗址发掘简报》，《文物》1990 年 8 期。

⑲ 湖南省文物考古研究所：《湖南澧县梦溪八十垱新石器时代早期遗址发掘简报》，《文物》1996 年 12 期。

⑳ 张春龙：《南县涂家台新石器时代遗址》，《中国考古学年鉴（2000)》，文物出版社，2002 年。

㉑ 湖南省文物考古研究所：《澧县城头山古城址 1997—1998 年度发掘简报》，《文物》1999 年 6 期。

㉒ 湖南省文物考古研究所、怀化地区文物工作队：《怀化高坎垅新石器时代遗址》，《考古学报》1992 年 3 期。

㉓ a. 湖南省博物馆：《安乡划城岗新石器时代遗址》，《考古学报》1983 年 4 期；b. 湖南省文物考古研究所：《湖南安乡县划城岗遗址第二次发掘简报》，《考古》2001 年 4 期。

㉔ 湖南省文物考古研究所、澧县文物管理所：《湖南澧县孙家岗新石器时代墓群发掘简报》，《文物》2000年12期。

㉕ a. 福建省博物馆：《福建闽侯白沙溪头新石器时代遗址第一次发掘简报》，《考古》1980 年 4 期；b. 福建省博物馆：《福建闽侯白沙溪头遗址第二次发掘报告》，《考古学报》1984 年 4 期。

㉖ 福建省博物馆：《福建浦城县牛鼻山新石器时代遗址第一、二次发掘》，《考古学报》1996 年 2 期。

㉗ 福建省博物馆：《福建闽侯庄边山遗址发掘报告》，《考古学报》1998 年 2 期。

㉘ 福建省博物馆：《福建闽侯县石山遗址第六次发掘报告》，《考古学报》1976 年 1 期。

㉙ 江西省文物考古研究所、厦门大学人类学系、新余市博物馆：《江西新余拾年山遗址》，《考古学报》1991 年 3 期。

㉚ 同注㉙。

㉛ a. 江西省文物管理委员会：《一九六一年江西万年遗址的调查和墓葬清理》，《考古》1962 年 4 期；b. 《一九六二年江西万年新石器遗址的调查与试掘》，《考古》1963 年 12 期。

㉜ 杨式挺：《封开县鹿尾村新石器时代墓葬》，《中国考古学年鉴（1985）》，文物出版社，1985 年。

㉝ 湖南省文物考古研究所：《湖南临澧县胡家屋场新石器时代遗址》，《考古学报》1993 年 2 期。

㉞ 同注㉓。

㉟ 同注㉘。

㊱ 同注㉜。

㊲ 曲江县文物志编委会：《曲江县文物志》，广东人民出版社，1988 年。

㊳ 同注㉑。

㊴ 广东省文物管理委员会：《广东潮安的贝丘遗址》，《考古》1961 年 11 期。

㊵ 北京市文物研究所：《北京市考古五十年》，《新中国考古五十年》，文物出版社，1999 年。

㊶ 同注⑩。

㊷ 广东省博物馆：《广东南海县灶岗贝丘遗址发掘简报》，《考古》1984 年 3 期。

㊸ 同注⑪。

㊹ 韩康信、董新林：《香港马湾岛东湾仔北史前遗址出土人骨鉴定》，《考古》1999 年 6 期。

㊺ 陈星灿：《中国新石器时代拔牙风俗新探》，《考古》1996 年 4 期。

㊻ 欧潭生：《昙石山墓葬陶器分期》，史前遗址博物馆专业委员第四届学术研讨会论文。

㊼ 张子模主编：《甑皮岩遗址研究》，漓江出版社，1990 年。

㊽ 同注㊼。

㊾ 同注⑧。

㊿ 覃芳：《邕宁顶蛳山遗址葬俗试析》，《广西民族研究》2002 年 2 期。

The Dispersal of Neolithic Cultures
from China into Island Southeast Asia:
Stand Stills, Slow Moves, and Fast Spreads

Peter Bellwood[*]

The purpose of this paper is to summarise a number of observations made recently (Bellwood 2004a: 111-145; 2004b) about the spread of Neolithic material culture from the Yangzi region of central China, southwards via Taiwan into Island Southeast Asia, and ultimately eastwards into the Pacific. In terms of the material culture record recovered by archaeology this spread continued for perhaps 6000 years, commencing around 5000 BC. Ultimately, after many transformations and secondary episodes of diffusion, it reached New Zealand, at the furthest limit of Polynesia, by about AD 1200.

Before commencing, however, a precise definition of the subject matter of this paper must be highlighted so that red herrings can be removed. This paper is concerned with the Neolithic spread of domesticated plants and animals, together with specified items of material culture, southwards and eastwards out of China. It is not about the biological/genetic spread of human populations. It is accepted that some populations moved, others did not, and over the millennia of prehistoric time there were many fissions and fusions of a genetic nature. Thus it is not implied, for instance, that 18th century Polynesians had direct and sealed ancestry back to populations living along the Yangzi River 8000 years ago. Rather than tackle these issues head on here, I will refer readers to other discussions (Bellwood 2003; 2004a; Oppenheimer and Richards 2003).

A few introductory comments must also be made about language, particularly concerning the linguistic course of Austronesian expansion from Taiwan, through Island Southeast Asia,

* Peter Bellwood, Australian National University, Canberra.

into Oceania (Pawley 2003). Affinities between Pre-Austronesian and other Asian Main-
land language families are strongly debated, but an ultimate homeland in southern or eastern
China is generally agreed upon (Bellwood 2004c). So too is the location of the Proto-Aus-
tronesian homeland in Taiwan, and the subsequent dispersal of the Malayo-Polynesian (Ex-
tra-Formosan) languages from a source region located somewhere in eastern Taiwan and the
northern Philippines (Blust 1995; Pawley 2003; Ross 2004).

Linguists can reconstruct a lot about the chronological structure of this linguistic spread.
For instance, the reconstructed major subgroups of Malayo-Polynesian (in Blust's terms,
Central, South Halmahera-West New Guinea, and Oceanic, with "Western" being an ag-
glomeration of many unclassified subgroups) are so close in their reconstructed proto-vocab-
ularies, all within 10-15% of each other according to Blust (1993), that their foundation
spreads must have occurred rapidly and in a rake-like fashion (Pawley 1999). Conversely,
the Polynesian subgroup has sufficient uniquely shared innovations to ensure a long standstill
in one region of 1000 or more years, presumably in Samoa, prior to ultimate dispersal into
Eastern Polynesia (Pawley 1996; Kirch and Green 2001). Likewise, the very high level of
linguistic diversity in Taiwan compared to all the other regions of Austronesia suggests that a
long period of linguistic subgroup formation occurred prior to the Malayo-Polynesian dispers-
al. Therefore, a chronology that begins with a Taiwan standstill (perhaps over a millennium
or more in the archaeological terms to be discussed below), followed by rapid spread over
almost 10 000 km from Taiwan to Samoa, then followed again by another standstill in west-
ern Polynesia, seems to be indicated. The relative "shape" of this linguistic chronology
owes nothing to archaeology, so the reasoning here is not circular.

We can also, with Malcolm Ross (2004), state that the spread involved mainly native
speakers of the languages, rather than a multitude of groups undergoing a multitude of lan-
guage shifts from non-Austronesian into Austronesian. That language shifts from Papuan into
Austronesian, and sometimes vice-versa, might have occurred in lowland Melanesia is ac-
cepted, but is not taken to be relevant for the early dispersal issues discussed here. Clearly,
Austronesian languages spread with native Austronesian speakers to a relatively high extent,
enough to ensure that pidginization processes did not occur with any high level of traceable
frequency. Sociolinguistically, there are no known mechanisms that would ensure that indig-
enous and non-moving Palaeolithic or Neolithic populations over a region as vast as that ulti-
mately occupied by the Austronesian languages could shift into speaking Austronesian lan-
guages, competently and without massive levels of interference-through-shift, while abando-
ning all of their original non-Austronesian native languages without trace.

Finally, this spread of Neolithic material culture, which began ultimately in the heartland

of cereal agriculture in central China (Yangzi and Huang/Yellow basins), took place con-
temporaneously with an independent development of some form of food production involving
fruits and tubers in New Guinea (Denham 2003). The economic and biological significance
of this New Guinea development is recognised, especially for the prehistory of the Pacific re-
gion, but it did not involve any identified spread of either language or archaeological materi-
al culture beyond the immediate confines of western Oceania. Its cultural impact on Island
Southeast Asia and the Remote Oceanic regions of Polynesia and Micronesia appears to have
been of a limited nature.

The Archaeology of Neolithic Spread
from a "Chinese" Geographical Homeland

This paper does not recognise Neolithic China as the sole preserve of Sinitic peoples, ances-
tral Han, speaking ancestral Sino-Tibetan languages. The latter might well have originated
in China (van Driem 2003; Bellwood 2004c), but so did many other language families,
and the peoples attached to them. "China" is thus a geographical term, no more, no less.

The focus here is on a complex of Neolithic economy and material culture, some of the
latter very well marked in terms of stylistic definition, that spread from China via Taiwan in-
to Island Southeast Asia (Bellwood 1997; Bellwood and Dizon 2004a). The chronological
course of this Neolithic spread through regions, such as Taiwan, the Philippines and most of
Indonesia, that were previously occupied by Epipalaeolithic hunter-gatherer communities,
can be plotted fairly clearly (Spriggs 2003). Nowhere in Southeast Asia, beyond the Da
But culture of northern Viet Nam (partly late Hoabinhian, partly Neolithic if we are to be-
lieve currently-available reports), do we witness any evidence for the development of a Neo-
lithic cultural assemblage entirely from a Hoabinhian or Epipalaeolithic forebear. In Taiwan
and the northern Philippines these Neolithic assemblages include cereals (rice and foxtail
millet), bones of pigs and dogs, polished stone adzes, artifacts of Taiwan slate and neph-
rite, notched fishing sinkers, baked clay spindle whorls, and of course pottery (Bellwood
1997; Bellwood and Dizon 2004a). In Indonesia, the assemblages are rather more attenua-
ted by distance and remoteness, as they are in the case of the Lapita culture in Melanesia
and western Polynesia, but there are no completely internal transitions into the Neolithic
from preceramic assemblages in Near Oceania, except perhaps via occasional items such as
shell beads and shell adzes in that occur in preceramic contexts (chronologies for such items
are always notoriously uncertain), and a sporadic and localised utilisation of New Britain
obsidian (Allen 2003).

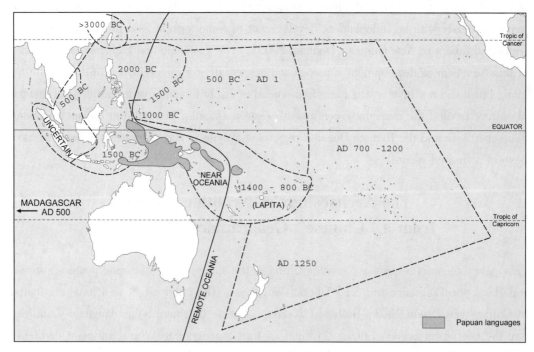

Fig.1 Map (dated September 2004) to show current dates for the dispersal of Neolithic cultural assemblages, associated with populations speaking Austronesian languages, from southern China through Taiwan into Island Southeast Asia and Oceania.

Indeed, the spread, around 1500 to 1300 BC, of Neolithic material culture associated with red-slipped pottery through the Philippines, eastern Indonesia and into Oceania, is now becoming very well documented (see Bellwood 2004b: 33). The source of this red-slipped pottery horizon would appear to lie in eastern Taiwan, during the later part of the Fushan Phase (c. 2000-1500 BC), this in turn representing a late facies (with loss of cord-marking) of the pan-Formosan Dabenkeng Neolithic (Hung 2004a; Bellwood and Dizon 2004a, 2004b). In the northern Philippines, an early phase of plain red-slipped pottery is reported from Torongan Cave in Batanes and Pamittan in the Cagayan Valley, both of which appear to predate 1500 BC (Bellwood and Dizon 2004a, 2004b).

Soon after 1500 BC, a tradition of circle or dentate stamping was added to the red-slipped pottery tradition, but possibly not in Taiwan itself. The source could have been in the northern Philippines, represented perhaps in the dentate-stamped pottery from the Cagayan Valley in northern Luzon and in the circle-stamped pottery of the Sunget assemblage in Batanes (1200 to 800 BC). Sunget has very close relationships in terms of pottery vessel shapes, stone adzes, fishing sinkers and spindle whorls with northern and eastern Taiwan assemblages of the period between 1500 and 1000 BC, especially the Yuanshan and Beinan cultures (Bellwood et al. 2003; Bellwood and Dizon 2004a, 2004b). Related Neolithic materials with dentate-stamped pottery occur from 1500 BC onwards in Cagayan, perhaps earlier than in Batanes (Ogawa 2002; Hung 2004b).

All of this material points to a spread of Neolithic farmers from Taiwan into the northern Philippines between 2000 and 1400 BC. The absence of cord-marked pottery in both Batanes and Cagayan renders a dispersal date out of Taiwan before 2000 BC rather unlikely, since it was during the Fushan Phase that cord-marking gradually disappeared from the eastern Taiwan ceramic repertoire (Yeh Mei-chen, pers. comm.; Hung 2004b).

The archaeological record of rapid cultural movement from Taiwan through the Philippines, Indonesia and into central Oceania, during the second millennium BC in radiocarbon chronology, is paralleled very closely in the linguistic subgrouping phylogeny discussed above. The linguistic evidence suggests rapid dispersal following on from the break-up of Proto-Malayo-Polynesian, just as the archaeological evidence suggests rapid Neolithic movement out of Taiwan after 2000 BC. This can hardly be pure coincidence. A current interpretation of the chronology of Austronesian dispersal from Taiwan into Oceania is given in Fig. 1.

How and Why Did the Farmers Spread?

My next intention in this paper is to offer some interim archaeological conclusions about the nature of Neolithic cultural spread from southern China and Taiwan to the central Pacific, placing the Taiwan-to-Philippines movement of the second millennium BC in overall perspective. Going through the major stages in chronological order (as detailed in Bellwood 2004a, 2004b):

1. Sedentary village-based rice cultivation became established in the middle and lower Yangzi Valley between 7000 and 5000 BC. Rice cultivation apparently spread quite slowly through southern China, only reaching Guangdong on present information by about 3000 BC (e. g. the site of Shixia). We might ask why this spread was so slow, given that southern China in general has good monsoonal rice-growing environments.

2. Farmers arrived in Taiwan from Fujian c. 3500 BC, bringing rice and foxtail millet cultivation (e. g. at Nanguanli, near Tainan; Tsang in press) and a full Neolithic technology with weaving, production of incised and cord-marked pottery, polished stone adzes, domestic pigs and dogs, and a canoe technology with at least a paddling mode of propulsion (use of sails being uncertain). It is suggested in this paper that this complex of Neolithic

technology had essentially a Yangzi origin, and spread southwards with the slow dispersal of agriculturalist populations.

3. Neolithic populations moved from Taiwan after 2000 BC into Batanes and Luzon, carrying a transparently eastern Formosan material culture, complete even down to red-slipped pottery with tall flaring rims, spindle whorls, domestic pigs, stone fishing sinkers, and Taiwan jade and slate artifacts. What is more, the Taiwan-Batanes-Luzon axis of interaction appears to have continued in existence until late prehistory. Iron Age pottery styles, for instance, look rather similar between Taiwan and the Cagayan Valley, and the jade lingling-O earrings manufactured from Taiwan (Fengtien) jade using Taiwan slate tools at Anaro on Itbayat Island in the Batanes are also very probably of Iron Age date (see Bellwood and Dizon 2004a; Hung 2004b; Iizuka 2004).

4. The later phases of Neolithic cultural dispersal through eastern Indonesia and into Oceania need not concern us in detail here, but western Polynesia (Tonga and Samoa) was reached rapidly, certainly by 900 BC, perhaps only 500 to 800 years after initial groups of colonists left Taiwan (Green 2003). However, a long standstill, for reasons that might have included the need to improve seacraft technology as well as climatic (ENSO-related?) variations in wind directions (Anderson 2000), caused a subsequent long pause of a millennium or more before the settlement of eastern Polynesia began from Samoa (Bellwood 2001). Madagascar was also settled quite late by Austronesians, during the Iron Age, as perhaps was the Malay Peninsula. These much later settlements lie outside the timetable for early farmer dispersal and probably reflect the impact of sheer distance in the case of Madagascar, and perhaps the presence of earlier Austroasiatic-speaking farmers in the case of the Malay Peninsula.

The Tempo of Farming Spread and Some Questions

A number of questions can be asked about this Neolithic dispersal process, as currently understood. Firstly, why did it seemingly require 2000 years or more for rice cultivation to spread from the Yangzi Basin to Guangdong? Secondly, why did the long standstill occur in Taiwan, apparently for almost 1500 years, before Neolithic people moved to the Philippines? Thirdly, what propelled the subsequent rapid spread, over 10 000 km eastwards into the Pacific, that occurred between 1500 and 1000 BC?

Answers to the first question are difficult to give in the absence of a firm and reliable chronology for the southern Chinese Neolithic. For instance, it is possible that the oldest dates for the beginnings of rice cultivation in southern China have not yet been found.

Working purely from what we do know, however, the view taken here is that the Neolithic cultures, and the rice and millet farming systems that appear to have been attached to them (taking into account the direct palaeobotanical evidence for use of these cereals in the oldest Neolithic sites in Taiwan - Tsang in press), spread with actual farmers. Hunter-gatherer a-doption of agriculture is not a likely option, as discussed elsewhere (Bellwood 2004a, chapter 2), at least not at the time of initial spread (eventual assimilation of hunters by farmers is a different matter, and not relevant here).

Two implications come forth, one being that central China and particularly the Yangzi Basin was, in the main, sufficiently fertile to absorb farmer population increase without requiring immediate emigration. The other factor, perhaps equally important, is that late Hoabinhian resource managing hunter-gatherers in southern China and Viet Nam might have been sufficiently numerous to have slowed down or deflected the process of spread. All in all, from my perspective (Bellwood 2004a), the data and chronology support the suggestion that the main driving force behind Neolithic spread involved actual population movement of existing farmers, rather than hunter-gatherer shifts into farming. The slow tempo reflects movement through a region previously occupied by inland and coastal hunter-gatherers, who doubtless became incorporated eventually into the agriculturalist population.

The colonization of Taiwan must have come from the most climatically-unreliable (in terms of rainfall distribution) and rugged coastal regions of southern China, namely the Fujian and Guangdong coastlines, precisely where the core of the Overseas Chinese diaspora of recent history has originated. The existence of a rather unsupportive environmental situation could have played an important triggering role in fostering migration, especially in any situation of early agricultural population growth. The actual rate of population growth in southern China during the Neolithic is uncertain, but data presented by Li Liu (2000:20) suggest that increases occurred up to fivefold in site numbers in the Yellow River Basin between 5000 and 2000 BC (Yangshao/Dawenkou to Longshan). There is no obvious reason why population growth in southern China should not have followed a similar trajectory once agriculture became widely established.

Once these Neolithic farmers arrived in Taiwan they spread rapidly around the best coastal Taiwan environments, in terms of Dabenkeng site distributions and numbers. Were we to use the many parallels from eastern Polynesian islands with known dates of settlement and well-estimated 18th century population numbers (e. g. Hawaiian Islands, New Zealand, and Pitcairn after the Bounty - see Bellwood 2004a, chapter 2), then we can hardly doubt that after two millennia, or perhaps less, all the non-mountainous regions of Taiwan would have been very well populated, at least in terms of the number supportable by a Neolithic level of technology. In the Penghu Islands this population growth could have led to environmental decline, followed by seeming abandonment between 1500 BC and perhaps AD 500 (from the data provided by Tsang 1992). Did excess population density, competition over resources, famine, climate change (long successions of El Nino events?), or just pure curiosity persuade some Formosans to seek their fortunes elsewhere, just like some Marquesans of Nuku Hiva in the eastern Pacific following the early nineteenth century famine recorded by David Porter in 1806 (Porter 1823)?

Taiwan itself does not yet reveal signs of environmental degradation at the time in question, although the task of looking for it in the archaeological record for the narrow and infertile coastal regions of eastern Taiwan has only just begun. So the second question, of why the long standstill occurred in Taiwan before the migration process began again about 2000 BC, remains difficult to answer. A build-up of population during the Dabenkeng, Fushan and Beinan Phases in eastern Taiwan is documented by a greater than tenfold increase in site numbers (from 6 to 78) between 3500 and 1500 BC (Hung 2004b). Such a population build-up could have encouraged emigration southwards, possibly via Lanyu initially and then through Batanes to Luzon in the Philippines. Some advances in maritime transport technology could also have occurred, although the presence of advanced carpentry and wooden paddles at Hemudu in Zhejiang Province, c. 4500 BC, makes it likely that basic canoe technology existed long before Neolithic settlers arrived in Taiwan. Perhaps the sail was invented at around this time, although again the absence of the sail in ethnographic seacraft in Lanyu and Batanes renders this possibility uncertain. However, a term for sail certainly reconstructs to Proto-Malayo-Polynesian in the linguistic record (Pawley and Pawley 1994; PMP layaR), but not to Proto-Austronesian, although this could be due to loss of cognates in Taiwan due to language extinction and erosion, rather than true absence.

The precise reason(s) for the 10 000 km migration phase that occurred between 1500 and 1000 BC will perhaps for ever elude us. One suspects that population growth would have been insufficient to fuel the whole process, so perhaps the sea-borne migration process itself, once its success became evident, became simply autocatalytic. In other word, success bred more success, with social foundership and founder rank-enhancement becoming increasingly important as people settled new islands (Bellwood 1996).

Over a generation ago, art historians concluded fairly frequently that ethnographic Pacific art styles shared some form of commonality with Chinese and other East Asian art styles, such as Dong Son in Viet Nam (see, for instance, the papers in Barnard ed. 1972; also Duff 1970, and many other now forgotten sources listed in Bellwood 1978a). The question of whether this commonality of style reflected common ancestry, or subsequent long-distance

diffusion, was never really solved in those days due to lack of a relevant archaeological re-
cord, and in recent decades this kind of comparative research has gone out of fashion a-
mongst archaeologists. But perhaps a sharing of common ancestry between Chinese, Island
Southeast Asian and Oceanic populations makes good sense in view of modern archaeological
and linguistic information. The cultural items that were present in Hemudu in 4500 BC
(and I am not promoting Hemudu to status of ultimate ancestor – it is merely that this site
has excellent preservation) include wooden spades, paddles, knee-shaped adze handles,
and skilled carpentry using mortice and tenon techniques. These are all items which I once
excavated in similar forms in a fifteenth century AD palisaded village in Maori New Zealand
(Bellwood 1978b). Diffusion from Hemudu to New Zealand is absolutely impossible given
the chronology – this situation can only reflect shared ancestry, unless it is all pure coinci-
dence.

The Maoris also had a penchant for jade working, certainly not derived directly from Chi-
na but perhaps involving some form of cultural memory of ancestral phases in Taiwan and Is-
land Southeast Asia, where jade was used into the Iron Age. Indeed, examining a photo-
graph of a large collection of nineteenth century Maori jade artifacts published by Steven
Phelps (1975: Plate 19), one can see remarkable parallels between the elongated jade
pendants, a ring with trifurcate projections, and the double-animal headed pendant shown
there, and related forms in Taiwan jade found in the Philippines and southern Viet Nam
during the Iron Age, between 2000 and 1000 years ago. These parallels can only be reflec-
ting some form of shared inheritance or prehistoric diffusion. New Zealand was not settled
until AD 1200, although it is possible that jade ornaments were still in use in the Philippine
as late as this. But sheer coincidental resemblance again seems most unlikely. Doubtless,
there are many mysteries here, and we might have to accept that important diffusion events
over substantial distances occurred not only with the first colonists into Oceania, but also on
later occasions.

Six thousand years of unfolding of a basic cultural tradition, across almost half of the
world's surface, is a remarkable achievement for a prehistoric lineage of material culture.
Understanding how this spread occurred, in terms of geographical and chronological details,
with all the time and place, and stop and start periodicities of actual radiation, is an impor-
tant task for archaeologists. It is one that will give archaeology a much needed role in bring-
ing together the diverse peoples of the Pacific region in appreciation of the achievements of
their ancestors.

References

Allen, J. 2003. Discovering the Pleistocene in Island Melanesia. In C. Sand (ed.), *Pacific Archaeology: Assessments and Prospects*, pp. 33-42. Nouméa: Cahiers de l'Archéologie en Nouvelle-Calédonie 15.

Anderson, A. 2000. Slow boats from China. Issues in the prehistory of Indo – Pacific seafaring. In S. O'Connor and P. Veth eds, *East of Wallace's Line*, pp. 13-50. Rotterdam: Balkema.

Barnard, N. (ed.) 1972. *Early Chinese Art and its Possible Influence in the Pacific Basin*. New York: Intercultural Arts Press.

Bellwood, P. 1978a. *Man's Conquest of the Pacific*. Auckland: Collins.

——1978b. Archaeological Research at Lake Mangakaware, Waikato. Dunedin: Otago Studies in Prehistoric Anthropology 12.

——1996. Hierarchy, founder ideology and Austronesian expansion. In J. Fox and C. Sather eds, *Origins, Ancestry and Alliance*, pp. 118-40. Canberra, Department of Anthropology, Research School of Pacific and Asian Studies, Australian National University.

——1997. *Prehistory of the Indo-Malaysian Archipelago*. Second edition. Honolulu: University of Hawaii Press

——2001. Polynesian prehistory and the rest of mankind. In C. Stevenson, G. Lee and F. Morin eds, *Pacific 2000*, pp. 11-25. Los Osos CA: Easter Island Foundation.

——2003. Farmers, foragers, languages, genes: the genesis of agricultural societies. In P. Bellwood and C. Renfrew eds, *Examining the Farming/Language Dispersal Hypothesis*, pp. 17-28. Cambridge: McDonald Institute for Archaeological Research.

——2004a. *First Farmers: the Origins of Agricultural Societies*. Oxford: Blackwell.

——2004b. The origins and dispersals of agricultural communities in Southeast Asia. In Ian Glover and Peter Bellwood (eds), *Southeast Asia: From Prehistory to History*, pp. 21-40. London: RoutledgeCurzon.

——2004c. Examining the farming/language dispersal hypothesis in the East Asian context. In L. Sagart, R. Blench and A. Sanchez-Mazas eds, *The Peopling of East Asia: Putting Together Archaeology, Linguistics and Genetics*, pp. 17-30. London: RoutledgeCurzon.

Bellwood, P. and Dizon, E. 2004a. The Batanes archaeological project and the "Out of Taiwan" hypothesis for Austronesian dispersal. Presented at a workshop on "The Asian Fore-Arc Project: Results and Prospects from the Philippines, Taiwan and Ryukyu", ANU, Canberra, August 2004.

——2004b. Taiwan, the Batanes islands, and the Malayo-Polynesian Express to western Polynesia. Presented at conference on "Human migrations in continental East Asia and Taiwan: Genetic, linguistic and archaeological evidence", Geneva, 10-13 June.

——Stevenson, J., Anderson, A. and Dizon, E. 2003. Archaeological and palaeoenvironmental research in Batanes and Ilocos Norte Provinces, northern Philippines. *Bull. Indo-Pacific Prehistory Assn.* 23: 141 – 61.

Blust, R. 1993. Central and Central-Eastern Malayo-Polynesian. *Oceanic Linguistics* 32: 241-93.

——1995. The prehistory of the Austronesian – speaking peoples: a view from language. *Journal of World Prehistory* 9: 453-510.

Driem, G. van 2003. Tibeto-Burman phylogeny and prehistory: languages, material culture and genes. In P.

Bellwood and C. Renfrew eds, *Examining the Language/Farming Dispersal Hypothesis*, pp. 233-50. Cambridge: McDonald Institute for Archaeological Research.

Denham, T. 2003. Archaeological evidence for mid-Holocene agriculture in the interior of Papua New Guinea: a critical review. *Archaeology in Oceania* 38: 159-76.

Duff, R. 1970. *Stone Adzes of Southeast Asia*. Christchurch: Canterbury Museum Bulletin 3.

Green, R. 2003. The Lapita horizon and traditions – signature for one set of Oceanic migrations. In C. Sand (ed.), *Pacific Archaeology: Asessments and Prospects*, pp. 95-120. Nouméa: Cahiers de l'Archéologie en Nouvelle-Calédonie 15.

Hung, Hsiao – chun 2004a. A sourcing study of Taiwan stone adzes. *Bull. Indo – Pacific Prehistory Assn.* 24, in press.

——2004b. Neolithic interaction between Taiwan and northern Luzon. Presented at a workshop on "The Asian Fore-Arc Project: Results and Prospects from the Philippines, Taiwan and Ryukyu", ANU, Canberra, August 2004.

Lizuka, Y. 2004. Archaeomineralogy of nephritic artifacts from Itbayat Island, batanes, Philippines. Presented at a workshop on "The Asian Fore – Arc Project: Results and Prospects from the Philippines, Taiwan and Ryukyu", ANU, Canberra, August 2004.

Kirch, P. V. and Green, R. C. 2001. *Hawaiki: Ancestral Polynesia*. Cambridge: Cambridge University Press.

Liu Li 2000. The development and decline of social compelxity in north China: some environmental and social factors. *Bull. Indo – Pacific Prehistory Assn.* 20: 14-34.

Ogawa, H. 2002. Chronological study on the red-slipped pottery of Lal-lo shell middens. In H. Ogawa (ed.), *Archaeological Research on the Lower Cagayan River*, pp. 79-101. Tokyo: Department of Philippine Studies, Tokyo University of Foreign Studies.

Oppenheimer, S. and Richards, M. 2003. Polynesians: devolved Taiwanese rice farmers or Wallacean maritime traders with fishing, foraging and horticultural skills. In P. Bellwood and C. Renfrew eds, *Examining the Farming/Language Dispersal Hypothesis*, pp. 287-98. Cambridge: McDonald Institute for Archaeological Research.

Pawley, A. 1996. On the Polynesian subgroup as a problem for Irwin's continuous settlement hypothesis. In J. M. Davidson et al. eds, *Oceanic Culture History*, pp. 387-410. Dunedin: New Zealand Journal of Archaeology Special Publication.

——1999. Chasing rainbows: implications of the rapid dispersal of Austronesian languages for subgrouping and reconstruction. In E. Zeitoun and P. J – K. Li eds, *Selected papers from the Eighth International Conference on Austronesian linguistics*, pp. 95-138. Taipei: Institute of Linguistics, Academia Sinica.

——2003. The Austronesian dispersal: languages, technologies and people. In P. Bellwood and C. Renfrew eds, *Examining the Farming/Language Dispersal Hypothesis*, pp. 251-74. Cambridge: McDonald Institute for Archaeological Research.

Pawley, A. and Pawley, M. 1994. Early Austronesian terms for canoe parts and seafaring. In A. Pawley and M. Ross eds, *Austronesian Terminologies: Continuity and Change*, pp. 329-62. Canberra: Pacific Linguistics Series C-127.

Phelps, S. 1975. *Art and Artefacts of the Pacific, Africa and the Americas: The James Hooper Collection*. London: Hutchinson.

Porter, D. 1823. *A Voyage in the South Seas*. London: Sir Richard Phillips.

Ross, M. 2004. The integrity of the Austronesian language family: from Taiwan to Oceania. Presented at conference on "Human migrations in continental East Asia and Taiwan: Genetic, linguistic and archaeological evidence", Geneva, 10-13 June.

Spriggs, M. 2003. Chronology of the Neolithic transition in Island Southeast Asia and the western Pacific. *Review of Archaeology* 24/2: 57-80.

Tsang, Cheng – hwa 1992. *Archaeology of the P'eng-hu Islands*. Taipei: Institute of History and Philology, Academia Sinica.

—— (in press). Recent discoveries at a Tapenkeng culture site in Taiwan: implications for the problem of Austronesian origins. In L. Sagart, R. Blench and A. Sanchez – Mazas (eds), *The Peopling of East Asia*. London: RoutledgeCurzon.

Southern China and Southeast Asia during the Neolithic

C. F. W. Higham[*]

Introduction

In 1966, Gordon Luce provided a pioneering analysis of the implications of the distribution of Austroasiatic (AA) languages for the spread of rice cultivation (Luce 1985). He began by considering a number of cognates linking the widely-scattered speakers of AA, from Western India to Vietnam, and from the peninsular Malaysia and the Nicobar Islands to Yunnan (Fig. 1). He concluded that there must have been an area where rice cultivation was pioneered, followed by a spread of farmers out from the nuclear region. The Red River Delta was the area he identified as the possible source for this diaspora. This prescient suggestion was not immediately acted upon by archaeologists.

Thirty years later, L. Reid (1994) identified a number of morphemes linking AA and Austronesian (AN) languages, and suggested that they had a common origin in the Austric phylum. The implications of this important confirmation of an old theory originally advanced by Schmidt (1906) were pursued by R. Blust (1996) when he proposed, purely on linguistic evidence, that the distribution of AA languages in South and Southeast Asia results from a series of intrusive movements which took advantage of riverine routes of expansion. From a source in the upper Yangzi valley, he suggested that proto-Munda speakers followed the course of the Brahmaputra River into India, while speakers of proto-Mon-Khmer followed the Irrawaddy into Burma, the Chao Phraya and Mekong into Thailand and Cambodia, and the Red River into Vietnam.

Austroasiatic

The Austroasiatic (AA) language family is central to any consideration of the spread of Ne-

* C. F. W. Higham, Department of Anthropology, University of Otago.

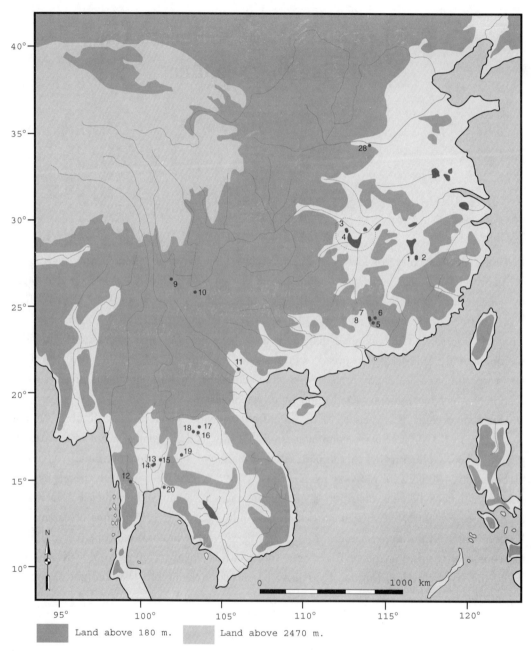

1. Diaotonghuan, 2. Xianrendong, 3. Bashidang, 4. Pengtoushan, 5. Shixia, 6. Xincun, 7. Chuangbanling, 8. Niling, 14. Area of the Liangzhu culture, 1
9. Baiyancun, 10. Dadunzi, 11. Phung Nguyen, 12. Ban Kao, 13. Non Pa Wai, 14. Tha Kae, 15. Khok Charoen, 16. Non Kao Noi,
17. Ban Chiang, 18. Ban Phak Top, 19. Ban Non Wat, 20. Khok Phanom Di.

Fig.1 The distribution of Austroasiatic languages

olithic settlement based on rice, and the raising of domestic cattle, pigs and the dog. AA languages fall into two major divisions, Munda and Mon-Khmer, and are found from eastern India to Vietnam, south to peninsular Malaysia and the Nicobar Islands. The Kurku are the westernmost group of AA speakers, living south of the Narmada River in Maharashtra. Norman and Mei (1976) have identified a possible AA substrate in Southern China which suggests that this language family once had an even wider distribution. The most northerly known AA language is P'u-man, recognized in 1899 in the village of Xiao Qin in Yunnan. This is a particularly vital location, for it lies on the strategic Mekong about 100 km south of lake Dali. Apart from Vietnamese and Khmer, the national languages of Vietnam and Cambodia, the distribution of AA speakers consistently takes the form of isolated enclaves. This is at least in part due to more recent, historically documented intrusions by for example, the Thai and the Burmese.

Any consideration of this possible link between AA languages and the spread of agriculture should most logically commence by considering cognate words for rice cultivation across the broad spectrum of AA languages. I have chosen words relevant to the spread of agriculturalists. The word for dog, for example, reveals cognates over the area of AA language distribution, even into Central India. The word for child is virtually identical between Kurku in Central India, and Bahnar on the eastern seaboard of Vietnam, a distance of almost 3000 km. Fish is another key word for any expansionary group of farmers in Southeast and South Asia. This too is cognate across the area of AA languages, linking small islands of speakers. But perhaps the key words in the vocabulary, are those for rice in its various forms. Luce (1985) has considered the word for husked rice, which again has cognates in Old Mon, Old Khmer, in the P'u-man language of Yunnan and in Khasi. The word for rice plant in Sakai is ba'ba' or ba', in Stieng, Biat, Gar and Bahnar it is ba, in Khasi it becomes kba and in Mundari, it is baba. Luce concluded with these words: what can be the cause of this startling diffusion? I can only think of one adequate explanation "wet rice cultivation" (Luce 1985: 3).

Zide and Zide (1976) have considered the proto-Munda vocabulary, and compared the reconstructed words with those found in other AA languages in Southeast Asia. On the basis of the reconstructed proto-Munda word list, the Munda were more advanced agriculturally than archaeologists had previously thought. Whereas it was widely assumed that the more advanced Munda, speaking Sora, Mundari or Santali, received their knowledge of agriculture from intrusive Indo-Aryan speakers, the linguistic evidence reveals that they would have been rice farmers from their arrival in eastern India. Indeed, the reconstruction of plant names provides a dimension to Munda prehistory not available so far from archaeology. Bamboo and bamboo shoot have cognates between Sora and Gorum in Munda, and in Old Mon.

There are proto Munda names for rice, uncooked husked rice, which have cognates in Mon-Khmer, Lawa, Rumai and Khmu. Lawa is spoken in the Ping River valley of northern Thailand, and Khmu speakers are found in upland Laos. The north Munda form has cognates in Kharia, Mon-Khmer, Khasi and Semang. The word for "pestle" might be cognate in Kurku and Mon, Khmer and Proto MK, while alcohol and inebriation have widespread AA cognates. There is also a reconstructable word for dog with cognate forms in Mon-Khmer. Zide and Zide have concluded that at least 3500 years ago at a conservative estimate, the proto-Munda speakers practiced subsistence agriculture, cultivating rice, millet and at least three legumes. They also used husking pestles and mortars which go back to Proto AA. But they developed some cultigens or plant resources in India, for there are no AA cognates for mango or turmeric.

The linguistic evidence summarised above is compatible with an original Austric macro family being present in the middle Yangzi Valley from which at least AA and AN languages originated and spread, the former largely by land, and the latter by sea. Linguists seem to agree that a considerable time depth is necessary to account for the differences between Munda and Mon-Khmer languages, and rather less for the divergence between the individual languages of the latter division.

The Archaeological Evidence: China

This proposal calls upon prehistorians to review the archaeological data available, to see if the evidence supported such a model, beginning with a consideration of the climate and archaeological sequence in the Yangzi Valley (Fig. 2). Two caves contain long sequences vital to reconstructing the path to rice domestication and the establishment of agricultural village communities. These have allowed an attempt to integrate the cultural and climatic sequences. At the cave of Diaotonghuan, a five-metre-deep cultural build up has been divided into cultural zones B to O. The recovery of rice phytoliths that can be identified as coming from wild, domestic or intermediate forms has provided important new results. Moreover, it is possible to distinguish between phytoliths from the leaf or the glume. The deposits dating between about 25 000- 14 000 BP yielded few phytoliths no layer yielding more than 15. This number surged by a factor of 10 with zone G, dated to the brief warm phase that began about 12 000 BP. All 29 samples were either of the wild form or indeterminate. The remaining two might have been from a cultivated plant, but their rarity makes this unlikely (Zhao 1998). The hunters and gatherers of Diaotonghuan were probably collecting wild rice at

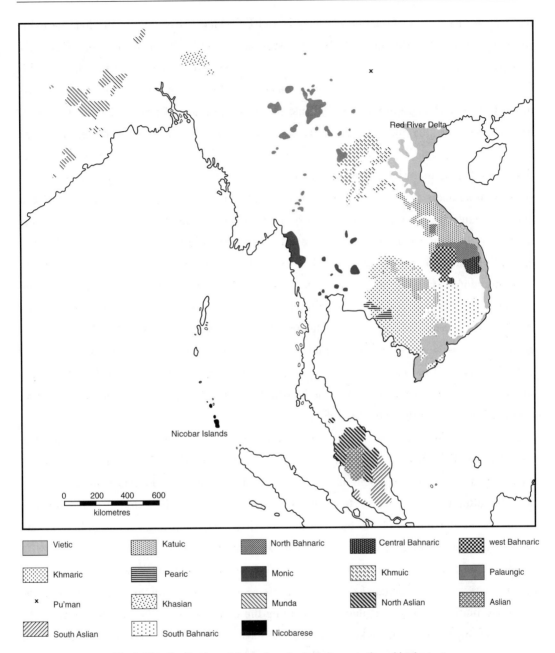

	Vietic		Katuic		North Bahnaric		Central Bahnaric		west Bahnaric
	Khmaric		Pearic		Monic		Khmuic		Palaungic
x	Pu'man		Khasian		Munda		North Aslian		Aslian
	South Aslian		South Bahnaric		Nicobarese				

Fig.2 The distribution of the archaeological sites mentioned in the text

this juncture.

There was a sharp fall in the frequency of rice phytoliths with zone F, which is thought to correspond to the cold of the Younger Dryas. This was one of those phases when wild rice would probably have retreated to its southern refugia. However, rice remains were again abundant during the accumulation of zones D and E, which correspond to the long period of warming between 10 000 and 8000 BP. Perhaps significantly, it was during zone E that the first pottery sherds were recovered. The form of the phytoliths suggests that half are probably from a wild stand, the others are closer to the cultivated form. During zone C, phytoliths remained abundant, and the majority fall into the domestic range of form and size. Moreover, as more domestic phytoliths were found, so glumes were more frequently represented than leaves. This suggests grain harvesting, rather than the fortuitous arrival of rice remains in the cultural deposits. The site reveals a sequence in which the domestic form of rice grew steadily in numbers relative to the wild, and reveals a harmony between the presence of rice and the changing climate. The first pottery from the site is potentially significant, since ceramic vessels often reflect a more sedentary lifestyle. Spindle whorls were also found, indicating the start of preparing yarn probably destined to a weaving industry (Cameron 2002).

Xianrendong, a second major cave site, is located only a few hundred metres from Diaotonghuan and incorporates a similar cultural sequence. There was a preceramic phase of occupation at the base, with probably dates to between 18 000 and 14 000 BP. As at Diaotonghuan, this was followed by layers which evidence the earliest use of pottery, in the form of cooking vessels. This innovation took place within the period 13 000 to 8000 BP. It was associated with a toolkit that included shells with polished cutting surfaces that may well have resulted from harvesting rice (Lu 1999).

These excavations disclose that the long warming period between approximately 10 000-8000 BP saw the northward expansion of rice into the Yangzi Valley, linked with an increase in the frequency of rice remains, much if not all of it wild. Pottery made an appearance in cultural contexts where the prevailing stone industry still included forms common during the earlier phases of the late Pleistocene. It is suggested that hunter-gatherers were becoming sedentary as they incorporated more rice into their diet.

The sequel to this trend is to be found in a new form of settlement, in which houses, cemeteries, pits and the remains of domestic activity accumulated as low mounds away from the limestone bluffs and onto the plains surrounding the major lakes of the middle Yangzi. The survival of organic remains make Bashidang the most significant of these village sites. It is located on the Liyang Plain, near Lake Dongting. The upper of the two cultural layers is dated to about 6000 BC. Excavations between 1993-1997 revealed a defensive ditch and an old riverbed, which preserved many plant remains, including over 15 000 grains of rice claimed to have been of a cultivated variety (Pei 1998). Twenty other plants were represented, including the water caltrop and lotus, both of which are easily propagated in the site's watery habitat. The survival of organic remains includes wooden spades, which could have been used in agriculture, vestiges of houses raised on piles, pottery tempered with rice husks and the bones of cattle, pigs, deer and chicken. A cemetery containing at least 100 inhumation graves is compatible with a long-term, permanently-occupied village (Higham and Lu 1998). Pengtoushan is located 25 kilometres south of Bashidang, on the same Liyang Plain (Yan Wenming 1991). Excavations have revealed the remains of houses, a flourishing ceramic industry in which rice husks, straw and grains were used to temper the clay, and an inhumation cemetery in which the dead were accompanied by siltstone ornaments and pottery vessels. The radiocarbon determinations derived from rice remains used as a ceramic temper lie within the period 6000-7000 BC. The rice remains have not been conductive to identifying whether they came from wild or domestic plants, nor have any tools that could have been used for cultivation been found. However, the similarity of the pottery styles to those from Bashidang argues for contemporaneity, and familiarity with rice farming. A second important discovery from Pengtoushan, has been the realization that its stone industry, based on flaked pebbles, is closely related to the late Glacial hunter-gatherer sites of this region, thus providing evidence for cultural continuity during the period that witnessed the transition to agriculture.

By integrating the cultural and climatic data, it is possible to propose a model for the transition to rice cultivation. The Yangzi Valley lies at the northern limit of wild rice under warm conditions, but a fall in mean temperature makes it marginal, if not impossible, for this plant's survival. Predominantly wild phytoliths from Diaotonghuan were abundant during a late Pleistocene warm phase, but fell away with the Younger Dryas cold. The long warming period which immediately followed saw phytoliths, now probably of a cultivated variety, increase markedly in conjunction with the earliest pottery making, but only so far in cave sites. When the climate again cooled at about 7000 BC, there was no retraction in the economic role of rice, but rather an expansion into permanent open villages. Here, the material culture took on a new aspect as spades and sickles appeared, more pottery was made from clay tempered with rice chaff, cloth was being woven, and the dead were interred in permanent cemeteries. It is suggested that, having become increasingly familiar with rice manipulation during the long warm phase, incipient or early rice agriculturalists withstood the next cold phase through a commitment to increasing the area under a now domestic strain.

The Expansion of Rice Farmers to the South

The Gan, Xiang and Bei rivers provide links between lakes Poyang and Dongting and the sub-tropical and extensive territory of Lingnan. The Pearl River estuary was occupied over many millennia by large maritime hunter-gatherer groups, but the interior has yielded occupation only in small rock shelters. Egress from the Yangzi Valley into this extensive area of warm lowlands by intrusive agriculturalists would leave an indelible archaeological signature. This been recognized by among others, Au Ka-fat (1993), who has described close similarities, in terms of the temper, form, decoration and colour, between the ceramic material culture of Hunan sites, and those in Lingnan. The third millennium BC sites of Shixia, Xincun. Chuangbanling and Niling lie in the Bei River valley, and Shixia in its earliest phase, included a cemetery in which grave goods included jade *cong* (tubes), bracelets, pendants and split rings typically found in the Liangzhu culture of the lower Yangzi Valley. It befell to the later Nianyuzhuan culture to encounter and interact with rich hunter-gatherer groups commanding the delta of the Zhu River.

Further west, the configuration of rivers the emanate from the eastern Himalayas resembles the spokes of a wheel, with Yunnan at the hub. The Yangzi takes an easterly course, while the Red, Mekong, Salween and Irrawaddy flow generally south, and the Brahmaputra, west. Movement in or through the densely forested and folded landscape of this region was and remains most easily undertaken by these rivers. Yunnan and to a lesser extent, the Sichuan Basin, are nodal, and it is therefore important to stress the presence of rice farmers in the former province by the critical late third millennium BC at Baiyancun. This site has a deep stratigraphic sequence, involving over 4 metres of accumulated cultural material. The initial settlement has been dated to between 2400-2100 BC, and excavations over an area of 225 square metres have revealed the remains of houses and inhumation burials. The pottery from this phase was decorated with distinctive patterns, incorporating parallel incised lines infilled with impressions (Yunnan Provincial Museum 1981). A second site at Dadunzi is rather later, the single radiocarbon date suggesting a mid second-millennium BC occupation. House plans were noted, often superimposed over earlier structures, and 27 burials were encountered. Adults were buried in extended positions with no preferred orientation, and infants were interred in mortuary jars. The style of pottery decoration matched that found earlier at Baiyancun.

Similar forms of decoration are found in northern Vietnam, at sites of the Phung Nguyen culture, dated to the late third to the mid second millennium BC. Excavations at Phung Nguyen have recovered a substantial sample of ceramic, bone and stone artefacts. Spindle whorls attest to a weaving industry, and bone harpoons suggest some form of hunting. The stone adzes take a variety of forms. The earliest cultural phase is characterised by pottery decorated with incised parallel bands infilled with rows of impressions imparted with a pointed implement. The favoured motif is in the shape of an "S" meander. The second sub-phase incorporates a range of designs based according to Ha Van Tan (1980) on "geometric asymmetry". Incised bands infilled with dentate impressions alternate with bands left blank, to form a series of most attractive design fields. This form of decoration has clear parallels with the Yunnan Neolithic sites of Baiyancun and Dadunzi.

There are several prehistoric sites in Thailand that document the establishment of rice farming communities. The earliest recognition of such settlements came in 1961-1962 during the Thai-Danish expedition to Kanchanaburi Province, when any potsherds and fragments of stone adzes were found on the surface of the Bang site at Ban Kao. (Sørensen and Hatting 1967). Sørensen uncovered 44 graves, in which the dead were inhumed in a supine, extended position, associated with grave offerings which included pottery vessels, adzes and shell jewellery. Radiocarbon dates suggest occupation between 2300- 1500 BC. Sørensen noted some parallels in the form of pottery vessels with examples from China, and suggested that the settlement involved an expansionary movement from that quarter (Sørensen 1972).

The majority of burial offerings are pottery vessels, stone adzes, shell disc and stone beads, worked shell, bone harpoons, a carved sandstone phallus, a modified antler and pigs' foot bones. A perforated stone disc was found in the same grave as the worked antler. This configuration of inhumation graves with mortuary offerings, in an open site linked with domestic animals and rice cultivation, offers a sharp contrast in the archaeological record, to the inland rock shelters occupied by hunter-gatherers, and the sedentary coastal groups so well documented in Vietnam and Central Thailand.

The Khao Wong Prachan Valley lies about 15 km north of Lopburi in Central Thailand. Recent research at the site of Non Pa Wai has identified a Neolithic cemetery. Two radiocarbon dates suggest that settled agriculture was being established in this part of the Central Plain by about 2300 BC.

The excavation at nearby Tha Kae also evidences settlement during the Neolithic (Ciarla 1992). The cultural sequence has been divided into three distinct phases of which the earliest is Neolithic. Twenty one inhumation burials were found. They have in common a north-south orientation, and the placement of pottery vessels beyond the head and feet and in one case, under the knee. Other offerings include shell beads, bangles and earrings, a bone point and polished stone adze head. It is the pottery vessels which attract most attention, for we encounter not only a profusion of forms, but also of motifs. The latter were incised on the surface of the vessel, and highlighted by being surrounded by cord marking, or receiving impressions within the confines of the incised lines (Siripanish 1985). So we can appreciate the motifs and shaped patterns, the line of stylised snakes and the assured way in which motifs were opposed in harmonious groups round the vessel necks. Hanwong (1985) has also described marlstone and turtle carapace bangles, and the central cores removed from tridacna shell to create bangles. The site was thus a centre for the manufacture of shell ornaments.

Khok Charoen is located in the valley of the Pasak River. Two TL dates suggest that it was occupied within the period 1400-800 BC. The graves contained poorly preserved human remains, in association with pottery vessels. Decoration involves overall burnishing, as well as zones of red slip and cord marking. Some rare forms see patterns demarcated by incised lines infilled with stamped or impressed surfaces. Shell jewellery includes disc beads. This cemetery has also yielded a moderate quantity of trochus bangles and rings, and there are also two conus shell rings, and marble and green stone ornaments.

Some of the shell ornaments from Khok Charoen are very similar to those found at the site of Khok Phanom Di. The latter site, occupied between about 2000 and 1500 BC, began as an estuarine hunter-gatherer site, but before long, came under the influence of intrusive agriculturalists. Indeed, it is likely that there was exchange not only of goods, but also of marriage partners, between the two. During the third and fourth of the seven mortuary phases at this site, there was an environmental oscillation towards fresh water rather then marine conditions, and it was during this period, dated to about 1750 BC, that rice was probably being locally cultivated and certainly consumed, for the stomach contents of one individual, and the faeces of another, contained the remains of domesticated rice.

Non Kao Noi is located in Northeast Thailand, and was discovered in 1980. A test square encountered five inhumation burials. The first, which was not complete, was accompanied by three pottery vessels. A group of green stone beads were found near the feet of one burial, and three pots were found with burial 4. One is black, and decorated with incised motifs, and there is a small bowl with red painted patterns. The burials were orientated with the head to the northwest or the southwest. No radiocarbon dates have been obtained, but the pottery relates to that from early contexts at Ban Chiang. Nor was any bronze present, and the site is interpreted as an early settlement by rice farmers (Higham and Kijngam 1984). The distinctive black incised pottery found at this site is also found in abundance at the nearby site of Ban Phak Top (Schauffler 1976).

The site of Ban Chiang in Udon Thani Province provides a cultural sequence over a depth of 3.5 metres. The lowest level included burials which were associated with a black burnished style of pottery often incorporating incised designs. These date from the late third millennium BC. reveal the inclusion of fine pottery vessels and items of personal jewellery in the mortuary ritual. The people, too, appear from their robust bone development to have enjoyed a good diet.

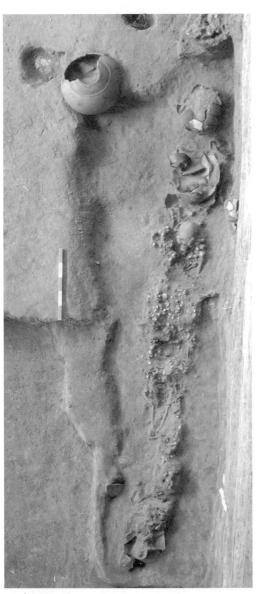

3 | 4
  | 5

Fig.3 Burial 86 at Ban Non Wat, comprised the grave of an adult women, interred with several pigs' skeletons, pottery vessels, bivalve shells and cowrie shell ear ornaments. An arc of five infant jar burials were located round her head.

Fig.4 The cowrie shells at the head of burial 86 at Ban Non Wat evidence trade with a maritime source many hundreds of kilometres from the site.

Fig.5 The Neolithic infant jar burials at Ban Non Wat were lidded, decorated, and represent outstanding skill on the part of the potter.

Fig.6 The adult male buried in a lidded mortuary vessel at Ban Non Wat was accompanied by a small pot and a bivalve shellfish.

Ban Non Wat is located in a tributary of the Mun River in its upper reaches. Excavations in 2002-2004 have encountered a Neolithic occupation layer at the base of the mound, associated with inhumation and jar burials. The radiocarbon dates fall between 2100 and 1300 BC for this early occupation phase. Most adults were interred in inhumation graves, the corpse placed on the back. One such grave, that of a woman, was almost four metres long, and contained several finely decorated pottery vessels, pig skeletons, bivalve shellfish, and cowrie shell ear ornaments (Figs. 3, 4). An arc of five lidded infant jar burials were found round her head (Fig. 5). One of the most remarkable Neolithic burials at this site comprised an adult male, interred in a lidded pottery vessel. He was found in a seated, crouched position, his head slumped over the chest (Fig. 6). A small pot was found beside his hands, together with a large bivalve shell thought to have been ritually significant. The mortuary vessel and other pots from this Neolithic phase were richly decorated with incised designs infilled with impressions or red paint, and painted designs (Figs. 7, 8).

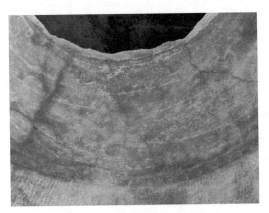 

Fig.7 The shoulder of this infant jar burial from Ban Non Wat was decorated with incised designs infilled with red paint. Scale, 1 cm.

Fig.8 The incised and impressed decoration on the shoulder of this infant jar burial from Ban Non Wat is typical of Neolithic settlements in Southeast Asia.

There are many more Neolithic sites known in Southeast Asia, but the few described above disclose that from the late third millennium BC, the riverine lowlands of Southeast Asia witnessed the establishment of permanently occupied villages that were centres for the cultivation of rice, and the maintenance of domestic cattle, pigs and dogs. There was also much hunting and fishing. The dead were interred in inhumation cemeteries with a range of grave goods. Pottery vessels were manufactured to a very high standard, and the style of decoration is paralleled over a very wide area, from Central Thailand to Yunnan and northern Vietnam. In some communities, there is evidence for a weaving industry. Bivalve shellfish were of symbolic importance in mortuary rituals. The virtually contemporaneous establishment of these settlements over such a wide area suggests a pan-Southeast Asian phenomenon in which the transition to farming communities in the Yangzi Valley was followed by a series of expansionary moves in a southerly direction. By the late third millennium BC, these brought a dramatic change to the cultural sequence in Southeast Asia with the intrusion of pioneer farmers who spoke proto Austroasiatic languages.

References

Au Ka-Fat, 1993. An introduction to the spread of various ancient cultures from the middle and lower Yangtze River area to Guangdong region, in *Collected Essays on the Culture of the Ancient Yue People in South China* (Chau Hing – Wah ed.) , 24-33. Hong Kong Museum of History: Hong Kong.

Blust, R. 1996. Beyond the Austronesian homeland: the Austric hypothesis and its implications for archaeology. In *Prehistoric Settlement of the Pacific* (Goodenough, W. H. ed.) , pp. 117-40. Transactions of the American Philosophical Society 86, Philadelphia.

Cameron, J. 2002. *Textile Techonology in the Prehistory of Southeast Asia.* Ph. D. Dissertation, Australian National University, Canberra.

Ciarla, R. 1992. The Thai-Italian Lopburi regional archaeological project: preliminary results, in *Southeast Asian Archaeology* 1990 (Glover, I. C. ed.), 111-128. Centre for Southeast Asian Studies, University of Hull: Hull.

Ha Van Tan, 1980. Nouvelles recherches préhistoriques et protohistoriques au Viet Nam. *BEFEO* 68: 113 – 154.

Hanwong, T. 1985. Artefacts analysis from the excavation at Ban Thakae, Amphoe Muang, Changwat Lopburi (in Thai). Master's dissertation, Silpakon University.

Higham, C. F. W. and Kijingam (ed.). 1984. *Prehistoric Investigations in Northeast Thailand*, British Archaeoloyical Reports (International Series) 231, Oxford.

——& Lu, T. L. – D. 1998. The origins and dispersal of rice cultivation. *Antiquity* 72: 867-877.

Lu, T. Lie Dan, 1999. *The Transition from Foraging to Farming and the Origin of Agriculture in China.* BAR International Series 774. British Archaeological Reports: Oxford.

Luce G. H. 1985. *Phases in pre-Pagan Burma.* Oxford University Press: Oxford.

Mahdi, W. 1998. Linguistic data on transmission of Southeast Asian cultigens to India and Sri Lanka, in *Archaeology and Language*, vol. II: *Correlating Archaeoological and Linguistic Hypotheses* (R. Blench and M. Spriggs eds.), 390-415. Routledge: London.

Nishimura, M. 2002. Chronology of the Neolithic Age in southern Vietnam. *Journal of Southeast Asian Archaeology* 22: 25-57.

Norman, J. & MEI, T. 1976. The Austroasiatics in ancient South China: some lexical evidence. *Monumenta Serica* 32: 274-301.

Pei, Anping 1998. Notes on new advancements and revelations in the agricultural archaeology of early rice domestication in the Dongting Lake region. *Antiquity* 72: 878-885.

Reid, L. A. 1994. Morphological evidence for Austric. *Oceanic Linguistics* 33: 323-344.

Schauffler, W. 1976. Archaeological survey and excavation of Ban Chiang culture sites in Northeast Thailand. *Expedition* 18: 27-37.

Schmidt, W. 1906. Die Mon-Khmer Volker: ein Bindeglied Zwischen Volkern Zentralasiens und Austronesiens. *Archiv der Anthropologie n. s.* 5: 59-109.

Siripanish, S, 1985. *An analytical study on pottery from the excavation at Ban Thakae, Muang District, Lopburi Province.* M. A. thesis, Silapakon University: Bangkok.

Sørensen, P. 1972. The Neolithic cultures of Thailand (and North Malaysia) and their Lungshanoid relationship, in Early Chinese art and its possible influence in the Pacific Basin (N. Barnard, ed.), pp. 459-506.

——& Hatting, T. 1967. Archaeological Investigations in Thailand. Vol. II, *Ban Kao, Part 1: The Archaeological Materials from the Burials.* Munksgard: Copenhagen.

Yan, Wenming 1991. China's earliest rice agriculture remains. *BIPPA* 10: 118-126.

Yunnan Porvincial Museum, 1981. The Baiyangcun site at Binchuan County, Yunnan Province (in Chinese). *Kaogu Xuebao* 1981: 349-368.

Zhao, Zhijun 1998. The middle Yangtze in China is one place where rice was domesticated: phytolih evidence from Diaotonghuan Cave, Northern Jiangxi. *Antiquity* Vol. 278: 885-897.

Zide, A. R. K. & Zide, N. H. , 1976. Proto-Munda cultural vocabulary: evidence for early agriculture, in Austroasiatic Studies II (P. N. Jenner, L. C. Thompson & S. Starosta eds.) , 1295-1334. Oceanic Linguistics special publication, Honolulu.

有关东南沿海与珠江流域氏族部落
文化的一些问题（摘要）

石兴邦[*]

这篇短文，是我研究南方氏族部落文化的习作，提出来，请大家批评指正。主要谈下面几个问题：

1. 东南沿海生态特点及氏族部落文化类型；
2. 考古文化的系区分布；
3. 南方史前居民适应海洋拓殖事业的扩散和特点；
4. 大陆与海洋文化类型品的分布和联系；
5. 南岛语族海洋拓展的动力过程和意义。

中国大陆是古代亚美文化的策源地。在旧石器时代末期，大约距今 2 万～1 万年期间，以东亚和北亚蒙古人种为主体的远征团队，跟随他们的畜群，通过北亚草原，跨过白令海峡而到达北美，拓展了新的文化生态领域。其后，居住在华中和华南的东亚和南亚蒙古人种族群先驱，在新石器时代的早中期，不断地向南向东移徙。在中国东南沿海地区，他们适应海洋生活习性，并向太平洋西部沿海岛屿和太平洋各岛屿之间不断地扩散，形成了庞大的南岛语族群体。特别是从距今 5000～2000 年的三千年间，在适应海洋产业的过程中，一部分族群跨过太平洋进入中南美洲，完成了亚美大陆之间的海洋拓展之旅。联系这种族群与文化的移殖，在亚美大陆和太平洋海域的广阔地区，历史地形成了庞大多样的、有世界性和地位的、东方型文化传统体系。本文就后一部分的族群文化问题作一简述。

一

我国东南沿海和珠江流域，包括钱塘江口以南的浙江、福建、台湾、广东、广西沿

＊ 石兴邦，陕西省考古研究所。

海地区，是古代百越族（即南岛语族）发展居息活动的地方。这一带是一个独特的生态文化区：北靠南岭山脉，外围以汪洋大海，地形地貌十分复杂，形成千差万别的自然生态环境，制约着人们的生活和生存的习俗和方式。南岭余脉所留的残断丘陵、山岗、谷地和洞穴，延绵相望。江海、大河相接连的沿海地区，堆砌着大小不同、形态各异的坡地、沙丘和贝壳冢。百越先民从 1 万多年前起，即在这里营建起他们的族群生活，适应这里的生态特点而形成不同的族群部落，形成独具特征、千差万别却有同一性的文化类型体系。这就是历史上记述的"从会稽到交趾，七八千里，百越杂处，各有种姓"情况形成的历史背景。大体从距今七八千年时起，由于氏族部落的发展，人们逐渐向南移殖，特别是居住在沿海一带的居民，逐渐适应海洋习性和作业，向太平洋附近岛屿拓展。

就这样，百越族群在数千年内，适应生态特点，创造了纷繁错杂的物质文化遗存，是全国文化类型最复杂的一个文化体系。（表 1）现以江河流域为主干，从西向东依次简要地列述如次：

（一）西江流域的广西地区

可以分作 7 个不同大小的文化系区。

1. 桂北系区

有 70 多处文化点（址），多为早中期遗存。早期有甑皮岩文化，年代距今 10 000 ~ 7000 年，可分五个时期；其次为大岩文化，距今 10 000 ~ 6000 年，可以分六期；最早的为庙岩文化，距今 15 000 年左右，以打制或压剥法制的石器为主。中期以穿孔蚌器和蹲踞葬为特色。晚期还有一支颇有特色的晓锦文化，年代距今 8000 ~ 6000 年，分三期，一期为距今 8000 ~ 7000 年（中期），二期距今 7000 ~ 6000 年，三期距今 6000 ~ 4000 年，下限已居殷周文化时期。

2. 桂西系区

早期为革新桥文化，距今 7000 ~ 6000 年；晚期为感驮岩文化，距今 5000 ~ 4000 年。

3. 桂中系区

最早白莲洞文化遗存，距今 12 000 年；第二期已到新石器时代早期，时间在距今 1 万年左右；晚期可以到距今 5000 年前后。另一支文化为白沙湾文化，时间在距今 6800 ~ 5500 年，相当于前者的晚期阶段。

4. 桂南系区

最早是顶蛳山文化，距今 10 000 ~ 7500 年左右，分三个发展阶段，最晚的三期距今 8000 ~ 7500 年，居整个文化发展的中期。晚期为著名的以大石铲为代表的大龙潭文

表 1　东南沿海及珠江流域氏族部落文化体系表

黄　河　下　游　　　　东　方　沿　海

凤鼻山文化　大汶口文化　龙山文化　商周文化

旧石器时代　　　新石器时代　　　铜器时代　历史时代

文化系统 地区			早期	中期	晚期

彭湖：粗绳纹陶文化　细绳纹陶文化　素面陶　汉文化

海南 东部：长滨文化　绳纹陶文化　麒麟文化　静浦文化

台湾 南部：左镇人　长滨文化　大坌坑文化　牛稠子文化　大湖文化　卑南文化　龟山文化　鸾松文化

台湾 中部：长滨文化　大坌坑文化　牛头文化　营埔文化　大邱园文化　番仔园文化

台湾 北部：长滨文化　大坌坑文化　园山文化　芝山岩文化　化园墙遗物　十三行文化

闽江流域 闽西北：南山洞穴文化　石排下文化　牛鼻山文化　黄土仑文化　东庄上层文化　杨山文化

闽中：昙石山文化　庄边山文化

福建 闽南：腊州文化　富国墩文化

漳江、九龙江流域

韩江、榕江流域 粤东：浮滨文化　文陈人文化　大帽山文化　后山文化

北江流域 广东 粤北：牛岩洞文化(早)　前峡文化　石峡文化　高要贝壳遗存　黄岩洞文化(早)　黄岩洞文化(晚)　象山人文化（细石器）

珠江流域 香港 珠江三角粤北：大湾文化　西樵山文化

西江流域 广西 桂东：牛皮洞文化　上塔文化遗存　石脚山文化

桂东南：文褶岩洞文化　亚髻山文化　独科文化

桂南：顶蛳山文化　大龙潭文化

桂中：白莲洞文化　沙湾文化　晚锭文化遗存

桂北：临皮岩文化　大岩文化

桂西：甘莱桥文化　感驮岩文化

良渚文化　下游　几何印纹陶文化　中　樊城文化　下游　昙蒙岭文化　大溪文化　长游

汉文化

化，距今7000~5000年左右。

5. 桂东南沿海系区

早期是滑岩洞文化，距今10 000~9500年左右；中期亚菩山文化，距今7800~6800年；晚期独科文化，年代距今4500~4000年。

6. 桂东系区

早期是牛皮洞文化，距今10 000~8500年；中期是上塔文化遗存，距今8500~6800年；晚期是石脚山文化，距今5500~4500年。

7. 粤西系区

著名的黄岩洞文化，分早、晚两期，早期距今13 000~9000年，晚期一段很晚，距今4500~3000年。另一支文化遗存是高要的贝壳文化遗存，距今5200~3800年左右。

（二）在广东省内的北江、韩江和榕江流域的文化遗存

可分四个小的文化系区。

1. 粤北系区

前后有两支文化，早期是牛岩洞文化，距今12 000~8500年；中晚期是石峡文化（包括前石峡文化），距今8000~3500年。

2. 珠江三角洲系区

是颇有特点的西樵山文化（细石器和有肩石器）。分三期，距今7000~3200年。

3. 香港系区

大湾文化，距今6000~5500年，有丰富的树皮布锤具内涵的文化，很有特色。

4. 粤东系区

韩江、榕江流域，象山人文化为主，早期距今15 000~8800年（含有细石器）；晚期距今8000~6000年。在榕江下游有陈桥人文化，距今6000~5000年，晚期是后山文化，距今4500~4000年左右。由以上文化最后融合而成浮滨文化，距今3500~3000年，已到殷周时代（古阳时代）。

（三）福建的漳江、九龙江和闽江流域的氏族聚落文化

可分三个不同系区。

1. 闽南系区

主要是富国墩文化，时代最早，距今7000~5000年，可分三期；其次是腊州山文化，距今5700~4500年，是富国墩文化向昙石山文化的过渡环节；最晚是大帽山文化，距今4200~3000年。

2. 闽中系区

（闽江下游）较早的是昙石山文化，距今 5500～4000 年，分两个阶段，是闽中主要氏族聚落文化；东庄上层文化，距今 3500～3000 年；最晚的是庄边山文化，距今 2600～2200 年。

3. 闽西北系区

（闽江上游）有三支文化属同一系统。一是牛鼻山文化，距今 4300～3000 年；二是石排下文化（下层）；三是南山塔洞穴文化，与江西新石器时代晚期属同一系统。

（四）台湾地区的氏族部落文化

台湾地区的氏族部落文化，较大陆为晚，是大陆文化向海洋移殖或受其影响而发展起来的，大多分布在沿海谷地和河流两岸，但相当发达且保存完整。到目前为止，已发现 1000 多处地点。台湾的同行已作了充分的研究，除了左镇人史迹较早外，氏族部落文化已整研出一个科学的系统：

最早是以长滨文化为代表的先农业发展阶段，洞穴居室和使用打制石器，距今 8000～7000 年左右，过采集狩猎生活。

第二阶段：大坌坑文化，营采猎捕鱼生产，有初级农业（采集农业），距今 6500～5000 年。

第三阶段：是细绳纹陶文化和园山文化为代表的农业文化。时代距今 4500～2500 年，发现卑南、园山等典型的聚落遗址，台南、台东各有文化特点，这时大陆东方沿海的龙山文化传播到台湾。

第四阶段：距今 2500～1000 年，以台北的番仔园和台南的茑松聚落为代表，已到原史时代，可能即为土番居民的祖先；部分已进入铁器时代，受大陆文化影响更大。

二

根据学者研究，大体在距今 6000 年左右，长江流域的农业文化——大溪文化，经过湖南、浙江向长江流域发展；中游赣江流域的氏族文化，通过北江向广东中部发展直到珠江三角洲；东部大汶口文化，沿海岸转移到台湾、福建和粤东地区，使以上各氏族部落从山区弯向海边移殖。开始了罕有的从事海洋生活和生业的垦殖。

臧振华先生和陈仲玉先生对这方面作了研究，提出的论点颇有见地。

振华先生提出，从距今七八千年到五六千年间，东方沿海一带，出现了适应海洋文化的历史阶段，都表现以海洋资源开采为主要倾向的聚落和产业形态。从福建、广东、广西和台湾滨海地区，在聚落遗址特点、形态和生态上表现相当一致，说明对滨海的资源和环境有了广泛地开发和适应。而在新石器时代晚期到青铜时代早期的史前时期，在聚落和产业形态上，与新石器中期有明显的差异。在福建和广东、广西地区，从四五千年到二三千年期间的聚落遗址的数目急剧增加，而且更广泛地分布到多种生态环境中，产生了适应地方性的文化类型，显出区域性的差异，普遍表现为适应海洋的倾向，不仅聚落集中在海滨，而且海洋资源也成为重要的生活资料来源之一。这与居民的海上活动有关。对南岛居民的扩展有密切关系，这个期间正是南岛语族向海洋扩展的阶段。

南岛语系各族在拓展海洋事业之前，在沿海一带的生产实践与其远航大洋之间有一个实践、认识海洋及其如何适应航海的过程。由陆居群落成为旅海团队是有一个过程的。这方面，陈仲玉先生根据南岛遗裔、遍居沿海的族群的生活习性及其文化史迹，作了有力的论证。他说对蜑户族群的生产作业和生活方式的观察，在蜑族聚落除居住的船屋外，在附近的陆上有木屋排房一类的建筑，堤旁围砌中有干栏式建筑，或在排筏上的浮水屋以从事作业。他们不可能长期在船上作业，沿海的许多贝丘遗址就是这种性质的遗迹。海滨平原、岛屿的自然地形，有助于实现海上捕捞作业。那些堆积薄、规模小的点址，可能是临时或季节性的聚点。蜑民的海上捕捞作业和海边的作业点址，正是南岛居民从事海事拓殖的过渡性形态。大体在经过了千年的适应海洋生业的规律后，距今5000 年前后，百越先民即开始向太平洋海域拓殖，进行历史性的创造活动。

百越先民向海洋移殖，大体有两条路线：一条路线是南路，从广西南部，沿印度支那东海岸到印度尼西亚、美拉尼西亚等海域岛屿；另一条路线是东路，从福建、广东东部沿海到台湾，再由台湾向菲律宾及附近的美拉尼西亚、玻利尼西亚等地区，然后到达中南美洲等地。（图一）

参与这一拓展之旅的，西部是以百濮为主的濮夷族群，东部是以百越为主的夷越族群，在发展与转移过程中形成一个南岛语族集群，这样一个庞大而富有活力的民族机体，开发并建设这一广阔海域达三千年之久。

三

大陆和环太平洋地区在文化上有密切的关系，是靠一系列独特的文化类型品相印证和联系的，这就是：（1）有段石锛和有肩石器（锄、铲之类）；（2）崖葬和悬棺葬习俗遗迹；（3）鸟祖崇拜；（4）树皮布的制造和使用，玉石环玦等装饰，纹身和犬祭习俗。这些独特的文化标示物，最早起源于大陆东南地区和东方沿海一带，在文化发展的过程中，逐渐向东南和环太平洋及印度洋一些地区扩展，现简要摘述如次：

1. 有段石锛

最早出现于长江下游，马家浜文化早期。其后向南至东为沿海各省岛屿，向北到黄

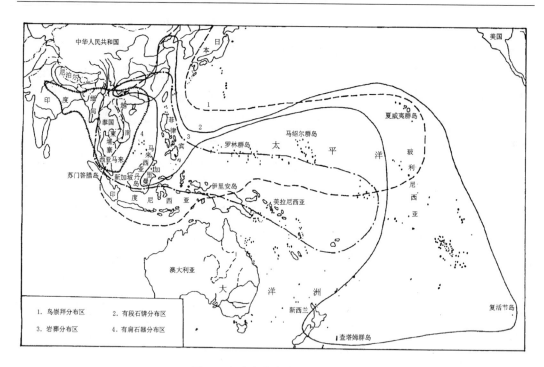

图一　大陆文化向太平洋传布图

河下游，河南、山东等地。其后，发展到长江中游，西南向云、贵地区。其中心源头在长江下游。到距今3000年左右逐步向东南亚和太平洋岛屿传播。其形制和特点与华南地区的属同一系统。

2. 有肩石器（斧、锄、锛）或称双肩石器

从现有资料研究看，有肩石器的起源地以珠江三角洲地区为最可信。年代最早的标本出土于广东，以珠江三角洲为中心，并传播到香港、两广和云南地区，其后向南传播到东南更邻近的印度支那、马来西来、印度尼西亚，西到印度及孟加拉等国。印度支那各国的有肩石器基本类型与广东地区的相同，在其他国家出土的略有差异。

有肩石器在广东早于有段石锛，有肩石器出现后，溯西江而上在新石器时代中期进入广西，在新石器时代晚期遗存中，出现了有肩石器和有段石锛共存现象，其融合明显的证迹是有肩有段石锛的出现，这可以证明，当有段石锛技术传入广东后，当地居民将有段石锛的制作工艺应用到有肩石器上，而产生了带有浓厚地方特色的有肩有段石锛。在这种融合型的技术和形制出现后，便传到中南半岛各国以及印度、孟加拉、菲律宾、太平洋中各岛屿，说明这一技术的出现和传播在东西文化交流史上的重要意义。

3. 树皮布

树皮布和丝绸一样，是中国人民对人类文化（衣服文化）的一个重要贡献，也是

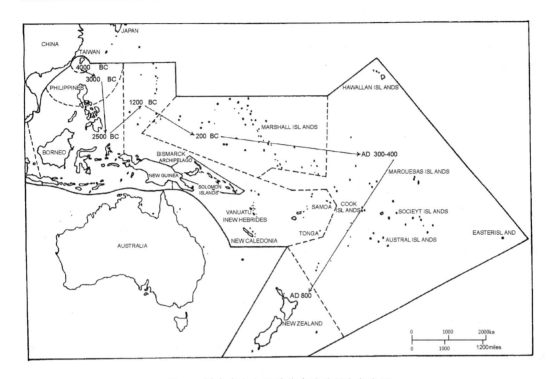

图二　树皮布向太平洋传布的范围和年代图

具有世界意义的一大发明。丝绸通过中亚、西亚陆路而达于欧洲、非洲。树皮布则是从海路通过中南半岛到东南亚海域向东扩展到太平洋岛屿。（图二）

　　从 20 世纪 60 年代起，凌纯声先生从人类学、考古学和文献史料的对证研究，揭示出树皮布的起源、分布和在人类文化史上的意义。他认为树皮布的制作，起源于华东和华南，经中南半岛、马来半岛，而达于印尼群岛，西到达非洲、东入太平洋美拉尼西亚而达中南美洲，主要分布在环太平洋地区。其制作树皮布的石打棒，在华南、台湾、菲律宾都有发现。

　　近十余年来，新的考古发现日多，特别是珠江口大湾文化的发现和发掘。邓聪先生根据大湾文化的内涵，尤其是对大量制树皮布的石打棒材料的分析研究后，认为树皮布是大湾文化先民所创始，时间距今约 6000 年前后，然后逐步向外扩散到上述广大地区。他认为树皮布的起源中心在珠江三角洲，然后传播到太平洋各岛屿，有理有据，很有说服力。

　　4. 崖葬习俗

　　崖葬是我国历史上曾经流行于西南、南方和东南的一种葬俗。这种习俗可分两类：一类是崖葬，分布于四川云贵一带，挖山洞埋葬死者，是古代濮人的一种葬俗，往往一家一族聚葬于一穴；第二类是悬棺葬，是将棺材架葬于悬岩之上，分布于长江中上游和东南沿海一带，以武夷山一带为甚，这是古代越人的葬俗。濮人或越人，皆古代夷越部族的构成部分，其葬俗也同。其后，随着民族的发展，北方部族的南移，迫使越濮、夷人等向西南和东南海域发展，分散在印支地区沿海山丛和附近岛屿（包括台湾岛在内）。

5. 岛崇拜和鸟图腾信念

中国东南沿海地区，从大汶口文化到河姆渡文化以至良渚文化及其以后百越族群都是鸟图腾崇拜地区，和她相邻的鸟崇拜也广布于太平洋地区，一直到北亚，再东向西北美洲沿岸，而最早的发源地则在中国东南地区诸氏族部落文化中，无疑是从大陆传播到海洋去的，即使崇拜的鸟类也有许多是相同的。中国史籍记载，少昊氏以鸟名官的制度，在台湾的兄弟民族宾夏族中至今还原封不动地保存着，这个部落有十个氏族，每个氏族首长各有所司，分管公共事务。礼失求诸野，诚不需传也。这种习俗，是在远古时期就传播过去的，不然不会这样根深蒂固地保存下来。

6. 从考古发现与民族等资料观察，大陆与台湾的关系最为密切

张光直先生将台湾与东方沿海作为一个历史文化区是对的，有不少文化标示物先传到台湾而后再传到沿海岛屿。如凿齿、鸟崇拜和犬祭等。在葬俗上亦可以表现出来，如广西的屈肢葬（特别是蹲踞葬），在台湾一些民族至今还存在，高山族八个部族中除卑南族和阿美族外，都实行屈肢葬，而且其屈肢形态亦和古代夷越部落的文化特点相同。在台湾历史上或现在原住民部族中还不同程度地流行如拔牙习俗、岩葬、屈肢葬，与考古发现的相同。

埋藏所表现意识形态当亦相同。在广东河宕聚落墓地，经鉴定男性头都向西，女的向东；在台湾泰雅族的加拉夕族群，墓葬中也是女的向东，男的向西。他们相传的生活习俗是男子天黑时出草，女待日出时耕作的信念反映。也有些族群恰相反，其信念又各不同。这说明，这种信念从古及今是相沿承传下来的，有着历史的渊源。

古代越人最显著的族属徽帜是纹身、拔牙，即"雕题凿齿，断发纹身"，并善于潜水。这些文化特点在台湾土著民中，典型地保留下来。在有关台湾的史料和论著中，多有这种记载，拔牙之俗已在考古发现中见到不少，在不久前还流行于世。纹身雕题记载较多，身体不同部位有不同纹样，不同部落有不同题材，有鸟纹、蛇纹、乳纹、鱼纹、蝉纹、鹮纹等。如泰雅族多用乌鸦形状饰胸前。有的绘制图腾形象，以保佑平安；有的制作蛇虫，以避蛟龙之害。不仅图像相同，即含义和信念也是相同的。卫惠林先生研究台湾原住民的氏族部落组织，还存在中国古代二分制组织特徽。凡此种种亦可以证见台湾与祖国亲密的血缘关系。

四

关于百越族先民从大陆向海洋移殖的原因、动力，学者们已提出了不少有价值的说法：

张光直先生从考古文化发现的物证，认为是龙山期形成，中原文化的南向促使本地文化居民向外移殖。贝鲁鸟法提出，因农业的发展，导致人口增多，致使人口外流。还有人提出基于商业贸易或拟获得域外珍稀或有权威性的物品等欲求而进行海事活动的。

臧振华先生根据滨海民族的习性提出：南岛族群向海洋扩散，可能缘于他们自身文化中的海洋适应性倾向。当某种文化模式或自然因素影响他们生活和生产时（海洋作业），便很容易使他们放弃原来的居地，面向其他广阔的海洋环境中找寻新的天地。这些不测的自然现象，如灾害、海浸、海退、食物资源的季节性，促使渔场的移动和聚落迁徙，不断地驾舟寻找他们认为适于生活的新天地。长期的海洋适应，使他们能认识和掌握到附近海域的情况，舟楫航行而到其他岛屿，不是太困难的。

我们现在也许很难理解原始人对海洋的理念和知识，从当时的确实情况和考古发现的实物而言，超码有两点是可以肯定的，当时的航海术（包括技术和设备）已能离开大陆而到附近海域和岛屿，同时对当时附近或较远的海域情况有所了解，即海洋景象的吸引，由此而激发出原始人的想像力和勇气，故而向外拓殖以求得新的满足。

臧振华先生提出，何以在六七千年前有如此强烈的海洋适应倾向化？我想这是东方沿海地区、环渤海及其以南沿海地区，族群的历史性创造活动。从细石器时代开始，即向近海地区延伸，向北亚、朝鲜、日本、再北向北美移殖。除生业需求外，原始思维中的宗教意识，也可能是一个动力和追求。这一地区的原始族群，多有太阳崇拜，追赶太阳的原始地，所以向东、向南、向海洋拓展是其意识形态理念的驱使。

百越先民面向太平洋的拓殖之旅，是十分艰苦的开发海洋产业过程。据光直先生推据，从中国南方开始扬帆到印度尼西亚、美拉尼西亚和玻利尼西亚之间，每个航程达1000 年左右的时间。树皮布制作技术，从台湾起航到复活节岛的居民手里，历经3000多年的时间，可知中华先民开创海洋事业的历久和艰辛。

开通太平洋和中南美洲间的海上文化之路，其重大历史意义和价值是：

（1）为中华远古文化开拓了一个新的、更为丰富广阔的海洋生态的文化领域，使大陆文化传布于大洋各地，为以后历史时代的开发开辟了一条道路；

（2）促进广大海洋产业的发展；

（3）海洋的信息和资源为祖国东南地区的加速开发和经济发展提供机遇和动力，为这一地区族群间的交往和发展做出了重大贡献。

本文是依据以下几位学者的最新论著编写的，有不妥与错误之处由我负责。

（1）曾琪：《广东地区古越族的史前文化》，《榕江流域考古文化初论》；

（2）邓聪：《史前蒙古人种海洋扩散研究》，《岭南树皮布发现及其意义》；

（3）陈仲玉：《试论中国东南沿海史前的海洋族群》，《20 世纪南中国的中国海渔
　　　　民》；

（4）臧振华：《东南亚考古的几个重要课题》，《中国东南沿海史前文化的海洋适应
　　　　与扩张》；

（5）陈远璋：《广西考古的世纪回顾与展望》，《考古》2003 年 10 期；

（6）陈国强、叶文程、吴绵吉：《闽台考古》，1993 年厦门大学；

（7）吴春明：《闽江下游史前文化发展序列的初步线索》；

（8）还有凌纯声先生的有关论著。

2003 年 12 月 7 日于西安

民族志所见原始制陶术的两种模式及其启示

陈星灿[*]

一 前言

20世纪90年代以来，一系列新石器时代早期遗址在中国南方地区发现[①]，北方地区，也有个别遗址发现万年上下的陶器资料[②]，为探讨农业起源、陶器起源等学术界普遍关心的问题，提供了条件。尽管这些发现大都没有详细而深入的报道，很难进行深入的再研究，但是，从发表的简报看，它们的重要意义是毋庸置疑的。为说明问题，这里仅以最近重新发掘、资料报道最为完整的广西桂林甑皮岩为例。[③]该遗址自下而上的堆积共分五个时期，其中第一期，发掘者认为不晚于年代在公元前1万年的湖南道县玉蟾岩遗址，陶器的制作方法和器物形态与广西临桂县大岩出土的陶器相同，同属于新石器时代早期。第二期分为前后两段，其饰粗绳纹或中绳纹、敞口、束颈、圜底的陶釜（罐），与湖南澧县彭头山文化[④]（距今八九千前以前）的同类物相似，其年代也大致相同。据报道，第一期的陶器，仅发现2件，"为夹粗方解石的灰白、灰褐陶，所夹方解石颗粒粗大，制作粗糙，捏制而成，胎厚达2.9厘米，陶质疏松，烧成温度极低，素面，从陶片形状看，器形为敞口、浅斜弧腹圜底釜"。第二期的陶器，数量有明显增多，前段"以夹粗砂红褐陶为主，部分为灰褐陶，质地疏松，火候较低，器形以敞口、束颈、鼓腹的圜底（釜）罐为主，器表多饰中绳纹或粗绳纹，其中以印痕较深的中绳纹最具特点。在陶器的制作技术上新出现泥片贴塑法"；后段的陶器"以夹粗砂红褐陶为主，部分为灰褐陶，砂粒主要为方解石或石英，制法为泥片贴塑，器壁较厚，质地疏松，火候较低，器表纹饰以粗绳纹为主，少量中绳纹，其中多数粗绳纹印痕略深。器形多为圜底的釜、罐类，器底较尖厚，除前段常见的敞口、束颈、鼓腹的圜底釜（罐）外，新出现微敞口、短颈近直的圜底器"。[⑤]显然，第二期陶器虽然仍然非常原始，但明显比第一期陶器更多变化，制造方法也明显不同。

---

* 陈星灿，中国社会科学院考古研究所。

这些陶器的制造方式如何？除了根据这些新发现的陶器资料，作类型学的分析和实验考古学的研究加以复原以外，民族志的资料，也具有同样的借鉴作用。在本文中，我们从许多民族志的描述中，试图找出比较最原始、生态上和文化形态上也比较接近的两个民族，看看他们的制陶方式有无借鉴作用。

二　南美洲西瑞奥诺人的制陶技术

半定居的西瑞奥诺印第安人（Siriono），生活于南美洲玻利维亚东部的热带雨林地区，活动范围在西经 63°～65°和南纬 13°～17°之间大约 200 英里见方的地方。（图一）该地区一年只有雨、旱两季，雨季从 11 月到次年 5 月，旱季从 5 月到 11 月。年平均温度在 25℃左右。当人类学家霍慕伯格（Allan R. Holmberg）在 1940～1942 年考察该民族的时候，这个民族与外界极少接触，技术上非常简单。他们以采集狩猎为主，虽然有农业，但基本上都在住房附近开一片不超过 50 英尺的小园地，只有一个集挖、采等多功能为一体的长木棍（掘棒）为工具，因此所谓农业完全是采集狩猎业的附庸。他们甚至不会打火，火是从外面借来的；也没有船，因此要过河只有凫水过去。他们不会动物饲养，没有私有财产，甚至连属于个人的东西也差不多完全没有。⑥

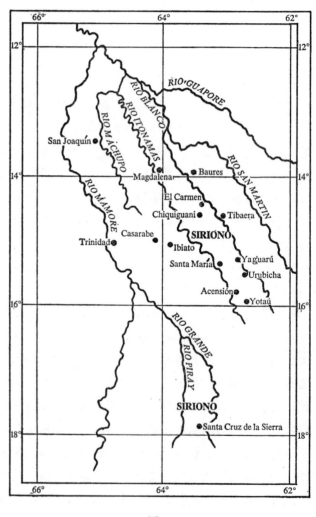

图一

这样一个技术上非常原始的民族，却也开始制造陶器，当然，他们的陶器技术也相当简单。为便于比较，兹将陶器一节翻译如下：

陶器工业很落后，但是妇女们偶尔也制造粗糙的素面陶（neo）。因为大多数食物是烧烤而非蒸煮，因此任何一个家庭很少拥有一件以上的陶器。

陶土主要取自河两岸的泥土。妇女们用掘棒把陶土挖出来，然后装在篮子里运回家。首先，要把陶土羼水并和烧成灰的 motacu 棕榈树的种子混合起来，做成陶泥。然后把陶泥做成球状，制造器壁所需的泥条即从此而来；或者做成饼状，以便加工陶器的底部。

陶器的底部是模制的，或者取自泥饼（如果是圆底），或者取自一个小泥条（如果是尖底）。模制完全靠手，做成以后，把它放入地上的一个浅坑里，坑里放草木灰，以为垫子。

陶器其余部分的制作采用泥条盘筑法。底部模制以后，泥条在 motacu 棕榈树叶做成的席子上逐一弄展，然后再逐一贴在器壁上。在制作陶器的过程中，妇女一边忙着弄泥片，一边还不断地往手上吐唾沫。此外，她还用一种 hitai 贝壳的凸面把陶器的外壁刮平。在器底上附加一两片泥条之后，通常要把陶器放在那里晾一天，然后再进行下一步的工作。这样，不断加高的湿陶器才不至因重量大增而变形。因此做一件陶器通常需要几天时间。做成之后，还要在凉阴里晾两天，然后才入"窑"烧烤。

陶器是露天烧的。当陶器的一部分变硬以后，就轻轻翻动过来，以便烧硬另外的部分。有时候，陶器上蒙起绿色的树枝和木片，以便在烧造的过程中保持温度的均匀。因为烧窑的方法很粗糙，陶器非常疏松易碎，拿起来必须小心翼翼。通常陶器的口径大约 5 ~ 10 英寸，高约 8 ~ 14 英寸。

像陶器一样，烟袋锅（keakwa）也系用羼和烧成灰的 motacu 棕榈树种子的陶土制造。整个烟锅包括烟管，都是用泥片模制而成。工具只有手指。妇女做烟锅的时候，她把一小块陶泥放在底部，这就是随后制造烟管的材料。烟锅做成后，她把那块陶泥做成圆锥状，然后用一根棕榈树的枝条插进烟锅，做成一个洞，以便烟管插入。随后她把泥片一点一点贴在枝条上做成烟管，直到达到理想的长度为止，最后还把烟锅的底部做成装饰性的突起，她们称之为 eka 也即乳头。

烟锅做成以后，晾干几天，然后再像烧陶那样入火烧造。烧的过程中，烟管中间的枝条烧成灰烬，烟的通道自然形成。

妇女们有时候也用小圆泥片加工纺轮，然后像陶器和烟锅那样露天烧造。烧造之前，把纺锭插入纺轮，因此纺轮中间的孔大小正好合适。[7]

在民族考古学诞生之前，这种关于陶器制作的描述虽然还没有达到我们考古学家要求的细致程度，但无疑是非常详细而珍贵的。通过上述描述，我们至少可以知道西瑞奥诺人的制陶技术有如下几种特点：

（1）制陶由妇女承担。

（2）泥土采自居家附近。

（3）陶泥系陶土混合水和烧过的植物种子，即考古上所谓的加炭陶，说明对陶土的特征有一定程度的认识。

（4）制造不易，自己使用，数量少。

（5）底部模制，器壁采用贴塑法。

（6）陶器当为圜底。挖坑放置器底，且铺草木灰方便晾晒和取放。

（7）做一件陶器的时间很长，需要在贴塑以后晾干，然后再逐渐加高。

（8）陶器素面。

（9）工具只有手和刮外壁的贝壳。

（10）露天烧造，当中且不断翻动陶器，以使各部分均得到火烧。可以想见陶器受热不匀，颜色杂驳。

（11）陶质疏松，不易搬动。

（12）陶器的口径和高度很小，容积不大。

三　安福列特人的制陶方式及技术

第一次世界大战期间，英国著名人类学家马林诺夫斯基（Bronislaw Malinowski）积多年时间，对西太平洋地区的东新几内亚进行了深入的调查。对流行于特里布里安德诸岛（Trobriand Islands）及邻近诸岛土著人民的"库拉"（kula）贸易作了深入的分析和解释，为人类学开创了一条里程碑式的新路。"库拉"贸易也因此成为人类学家关注的对象。[⑧]

陶器是库拉贸易的一个组成部分，马氏在他的调查中，也对特布里安德南部的安富列特（Amphlett）土著的陶器制造业作了比较详细的描述和分析。

从地图上看，安福列特岛位于东经151°、北纬10°～11°之间，与南部的福格森岛距离最近。安富列特群岛的一面虽然是地势平坦、广阔、肥沃而缺乏自然资源的珊瑚岛，另一面却是拥有茂密森林和丰富矿藏的特尔卡斯托火山群岛。因此这里的贸易非常发达，安富列特的陶器就常常用来交换周围岛屿的物品比如石料、木碟、石灰罐子、篮子、淡菜贝壳等等。（图二）

马氏的名著，已经有了很不错的中文译本[⑨]，我们且看他是如何描述安富列特人的陶器制造的：

> 安福列特土著是这一广大地区的唯一的陶器生产者。他们把产品供应到特罗布里恩德和马绍尔班内特（Marshall Bebbett），而我相信所有伍德拉克岛（Woodlark）

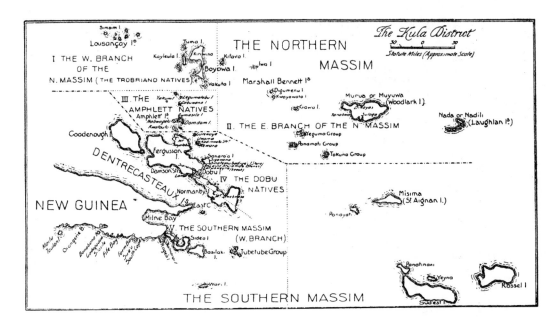

图二

的陶器也来自这里。在南面，他们把产品运到多布（Dobu）、杜阿乌（Du'aú）、远至米尔恩湾（Milne Bay）。此外，安福列特的陶器虽然在一些边远地区与其他地区生产的盛载器具一起使用，但安地产品的质量却非其他英属新几内亚地区所能及。安地产品形状较大，盆身很薄，做工精细，而且十分耐用。

安福列特陶器好在两处：上好的原材料和高超的工艺。陶泥要从亚亚瓦纳（Yayawana）运来，这是弗格森岛北岸的一个陶矿（quarry），距安福列特有一天的旅程。在古马斯拉（Gumasila）和纳布瓦塔岛（Nabwageta）只有一种质地粗劣的泥料，只适宜造小陶器，不能用来做大的。

……

从此，古马斯拉土著便每年前往亚亚瓦纳一两次挖陶泥，运回家乡由妇女制造陶器。到亚亚瓦纳的路程要一天，而由于此岛在西南方，他们可借助任何主风向往返。他们会留在岛上数天，采挖黏土并晒干，然后用vataga篮子盛回。我估计每艘独木舟可载回两吨陶土，足够女人半年之用。运回家之后，这些淡黄色的泥土装在废弃的独木舟板制成的木槽里，藏于屋内。

在过去白人还未到来之前，情况较为复杂。只有克瓦图图一个岛的居民因为和亚亚瓦纳人友善，才获准在那里采泥。至于其他岛的居民是否要全副武装来采泥，还是与克瓦图图通过物物交易取得陶泥，我暂时无可奉告。在安富列特得到的资料差强人意，而我几个资讯人在这点上也说法不一。但可以肯定的是，克瓦图图过去和现在一样，都是上品陶器的产地，而古马斯拉和纳布瓦格塔也一直制造陶器，但质量较差，至于第四个岛道姆道姆，则从不参与这项贸易。直到今天为止，那里还没有一个妇女会制造陶器。

我说过，制造陶器完全是妇女的工作。她们两三个一组坐在屋下做活，身旁是一堆堆黏土和制陶器的工具。就是在这十分简陋的条件下，她们制造了一件件大师级作品。我在安富列特住了不止一个月，只有机会看到几群老妇女在工作。

至于制陶技术，方法是首先把陶泥塑成胎模，然后用刮铲打实，最后用淡菜壳把盆身削成需要的厚度。说得详细一点，首先是一个女工长时间地揉一团泥土，然后把他分成两个圆形泥团（如果要做一个大陶器的话，则要多些泥团）。她把两个泥团放在一个平面的石块或木板上，使它们首尾相接，成为一个环形。（图三）接好之后，整个材料就像一个又圆又厚的圆饼。然后她两手并用，把泥团慢慢压紧，并且向上引拉，做出一个向外斜的盆身。（图四）一般来说，她左手在盆内，右手在盆外，边挤边拉，渐渐做成一个半球体的圆顶。圆顶上部有一个洞，把左手伸进去，配合右手在外面工作。（图五）最初的时候，她手部的主要动作是自下而上，把泥团拉挤，使之成为薄薄的盆身，而且可以看到她手指上下移动所形成的纵直条纹。然后她转而横向推去，在盆肚部分下功夫，留下好些同心的横圈纹。女工不停重复这横向动作直至把陶器外形弄得匀称圆滚。

看着一个妇女在这短短的时间内，没用任何器械、单凭双手把一团软绵绵的陶土制成一个直径达一米的半球形物体，而且几近完美，这简直是一个奇迹。

把泥团塑造出所需的形状之后，女工用右手拿一把木刮刀轻拍泥土表面。（图六）这一过程费时甚久，如果是大陶器则需要一个钟头。圆球体经过长时间拍打达到满意状态之后，女工便在顶部加上泥土封好，她一面填泥，一面拍打。若是小陶器，她会先封好顶洞再行拍打。此后，陶器要放在席子上晒一两天，使其坚硬，再把它翻转，盆口朝天，放在一个篮子里。然后把一个长而平的泥条粘在盆口边，向盆内突出，形成优雅的盆唇，并在盆口周边每隔120°安上三个小小的泥团作为装饰。最后，用尖棍在盆口和盆身画上图案，在阳光下再炙烤一段时间。

陶器经过充分暴晒后就可以安全挪动了，但此时仍要小心以免碰坏。陶器被放在木棍上，盆口向下，木棍用石头块拖起。然后在陶器外面铺满碎树枝和木头，点起火，让火焰在陶器内外烘烤。最后，美丽的陶器便做成了。新陶器呈砖红色，用了几次之后就变成黑色。这时的器形不再是半圆形，而是椭圆形，就像一个鸡蛋从中间剖开后的大头一边。给人的整体感觉是：这东西优雅得近乎完美，我所知道的南海陶器都无法与其媲美。（图七）

图三
图四

图五
图六

图七

　　基里维纳语称这些陶器为 kura，安富列特则叫 kuyana 或 va'ega。最大的陶器盆口有 100 厘米宽、60 厘米深，只在仪式时用于烹煮 mona，它被称为 kwoylamona（安富列特则叫 nokunu）。第二种型号的叫 kwoylakalagila（安富列特称 nopa'eva），只具有普通功能，用于煮甘薯和芋头。Kwoylugwawaga（安富列特则为 nobadala）和上述的同一用途，但体积更小。有一种特别型号叫 kwoylamegwa（安富列特语为 nosipoma），用于巫术。还有一种最小的，有一个特罗布里恩德的名字，叫 kwoy-lakekita（但我记不得是否在那里见过），它在安富列特用于日常饮食，安语称为 va'ega。[⑩]

　　总之，安富列特人的技术已经原非上述西瑞奥诺人所能及，她们的陶器制造，毋宁说是服务于交换的目的，换言之，是为别人制造的。除此之外，制陶也别具特点：

　　（1）同样由妇女制造，且作者所见都是老年妇女，二三人为一组。

　　（2）制陶在屋内[⑪]，条件简陋。

　　（3）陶土从外地用独木舟运来，非本地产，运程来回两天。

　　（4）陶土作为重要资源，受人控制，一般不能自由挖取。

　　（5）运回一船陶土，约 2 吨重，可以满足半年的使用。

　　（6）陶器手制，所需工具只有双手和用来刮器壁的淡菜贝壳。

　　（7）先反复揉搓泥团，然后分成两个半团，使其首尾相接，做成泥圈。然后内外手并用引拉成器，最后再逐渐完成底部封口。口朝下，底朝上。

　　（8）拍打陶器的外壁（大陶器基本拍打完成后才把朝天的底部加泥封口）。

　　（9）晾晒一两天，然后把陶器倒过来，即口朝天，为了固定，放入篮子中。

　　（10）加工器口，做成装饰。装饰的工具是尖棍，装饰及于盆身。

　　（11）器口朝下，露天烧制。

　　（12）新陶器砖红色，用过几次之后才变成黑色。

　　（13）从描述看，陶器虽有多样性，但大都是形体大小的差异，没有太多形态上的差异，基本上都是圜底器。

　　（14）形态大小悬殊，用途也不一。

四　比较与启示

　　这两个民族，从社会形态、经济形态和技术形态上看，前者都更原始些。

　　两者的陶器制造，虽有若干相似之处，但无疑代表两种不同的类型。

　　就相同的一面说来，首先，两者都是由妇女在村子里制造，条件简陋，技术简单，似乎都没有专门的窑场；其次，制陶的工具，除了双手，都是用贝壳刮切器物的外壁；

其三，器物形态简单，基本上都是圜底器；其四，都是露天烧制，烧制的方法略同。

就不同的一面说来，第一，前者是为自己烧制；后者更多是为交易而做。第二，前者取自驻地附近河边泥土，后者的陶土取自外地；前者的限制略少，但是陶泥的质量较差，后者在资源上更受限制，但是陶泥质量更高。第三，前者用草木灰做羼和料；后者的羼和料不详。第四，前者先加工陶器底部，器壁基本上采取泥片贴塑法；后者后加工陶器底部，器身用左右手引拉，基本上采取捏塑法。第五，前者把器底放在地上挖出的小坑内，坑内放草木灰，解决支垫问题；后者后加工器底，底朝天，待基本晾干后再翻转过来，并放置在篮子中，也是为了解决陶器的固定问题。第六，前者素面；后者有装饰。第七，前者制造的过程更长，器底完成后每贴塑一两片，就要休息一天，以防器身倒塌；后者似乎一气呵成。第八，烧制虽都露天，但是前者更原始，要不断地翻动陶器，使之受热均匀。第九，前者形态简陋，质地疏松；后者形态优美，坚固耐用（参见下表）。

西瑞奥诺人、安富列特人陶器制造的比较

特征、民族	西瑞奥诺人	安富列特人	比较
陶器制造者	妇女	妇女	同
陶土来源	本地	外来	异
掺和料	草木灰	不详	不详
陶器使用者	本地	外地（商品）/本地	异
制法	贴塑	捏制	异
制造程序一	做成泥团	做成泥团	同
制造程序二	取下小团做成泥片	分成两团再合为一圆圈	异
制造程序三	贴塑	内外手引拉捏制	异
制造程序四	先用泥片做底，放入地下一小坑，坑内垫草木灰；再做器身，使口朝天	先做器身，最后再封底，口朝下，底朝天，最后翻转过来，放入篮子中	异
制造程序五	用贝壳刮器外壁	用贝壳刮器外壁	同
制造程序六	不详	用木刮刀轻拍外壁	不详
装饰	素面	有纹饰	异
陶胎	厚	薄	异
陶质	疏松	坚固	异
烧制方法一	露天，木、树枝烧造	露天，木、树枝烧造	同
烧制方法二	移动陶器	可能不移动陶器	异
颜色	可能斑驳	砖红色，用后变黑色	不详
形态	圜底	圜底	同
类型	少，小	多，大小均有	异

外观	不美观	美观	异
所费时间	长	短	异
功能	日常用具（单一）	仪式场合、日常用具（多样）	异

　　总体看来，后者无疑代表了一种更先进的制陶模式。但是仅从制陶的方法上看，安富列特人的捏塑和引拉法，似乎并不比西瑞奥诺人的贴塑术高明多少，这其中的差别，想来主要是陶土优劣所致。因为安富列特人的陶土取自外地，质量优异，容易成型；而西瑞奥诺人的陶土取自居住地河边，质量相对低劣，不容易引拉成形。前者先做器身，再做器底，底朝上；后者先做器底，后做器身，口朝上的特点，无疑也直接肇因于陶泥的质量。

　　我们关心的问题，是捏塑和泥片贴塑之间是否有一个逻辑的发展过程？如果仅从上述两个民族志所见的例子，似乎这个过程并不见得存在。社会、经济、技术形态上发展较进步的安富列特人使用捏塑法，而相对落后的西瑞奥诺人却使用贴塑法；但是捏塑法并不绝对影响陶器的质量，实际上采用捏塑法制造的陶器，较之贴塑法制造的陶器还要坚固耐用，形态优美；捏塑法制造的陶器只要经过拍打，一样可以制成器壁很薄的状态，这中间当然有许多因素影响到陶器的质量，但是陶泥的质量是陶器优劣的关键。

　　中国已经发现的早期陶器，似乎多贴塑法。[12]甑皮岩第一期的陶器系捏制，二期以后诸期系贴塑，但四期已经开始利用慢轮修整的技术。给人的印象，捏制当在贴塑之前；换言之，捏制比贴塑更原始。但是，这是甑皮岩的孤例，还是中国早期陶器制造的通例，实在值得我们深入研究。

　　本文抛砖引玉，希望通过民族志的实例，增进我们对于中国陶器起源的研究和认识。两个实例所见制陶的特点，除了制造方法本身，其他比如陶土的来源、羼和料的问题、制造地点、制造程序、烧制方式、制陶工具、陶器的功能、陶器的制造者等等问题，都希望能够得到发掘者的注意，并通过各种手段加以解决。

注释：

① a. 张弛：《江西万年仙人洞与吊桶环遗址》，（台北）《历史月刊》1996 年 6 月；b. 袁家荣：《玉蟾岩获水稻起源重要新物证》，《中国文物报》1996 年 3 月 3 日 1 版；c. 蒋乐平、郑建明、芮顺淦、郑云飞：《浙江浦江县发现距今万年左右的早期新石器时代遗址》，《中国文物报》2003 年 11 月 7 日 1 版。

② a. 保定地区文物管理所、徐水县文物管理所、北京大学考古系、河北大学历史系：《河北徐水县南庄头遗址试掘简报》，《考古》1992 年 11 期；b. 郁金城：《北京市新石器时代考古发现与研究》，《跋涉集》，北京图书馆出版社，1998 年；c. 东胡林考古队：《北京新石器早期考古的重要突破——东胡林人引起广泛关注》，《中国文物报》2003 年 11 月 7 日 1 版。

③ 傅宪国、李珍、周海、刘琦、贺战武：《桂林甑皮岩遗址发现目前中国最原始的陶器》，《中国文物报》2002 年 9 月 6 日 1 版。本文完成之后，系统报道甑皮岩发掘成果的大型报告《桂林甑皮岩》出版。根据大量的 [14]C 数据，有关各文化期的年代略有调整，第一期的年代约在距今 12 000 ~ 11 000 年间；第二期约在距今 11 000 ~ 10 000 年左右；第三期约在距今 10 000 ~ 9000 年左右；第四期约在距今 9000 ~ 8000 年上下；第五期约在距今 8000 ~ 7000 年左右。报告对各期的文化特征均有详细的描述和分析，陶器的描述也以此报告为准。请参看中国社会科学院考古研究所、广西壮族自治区文物工作队、桂林甑皮岩遗址博物馆、桂林市文物工作队：《桂林甑皮岩》，文物出版社，2003 年。为节省空间，本文关于甑皮岩早期陶器的描述，仍依据 2002 年《中国文物报》9 月 6 日 1 版简报的报道。

④ a. 湖南省文物考古研究所、澧县文物管理所：《湖南澧县彭头山新石器时代遗址发掘简报》，《文物》1990 年 8 期；b. 裴安平：《彭头山文化初论》，《长江中游史前文化暨第二届亚洲文明学术讨论会论文集》，岳麓书社，1996 年。

⑤ 同注③。

⑥ Allan R. Holmberg. 1969. *Nomads of the Long Bow – The Siriono of Eastern Bolivia*. Garden City，New York：The Natural History Press.

⑦ 同注⑥，22 ~ 24 页。

⑧ Bronislaw Malinowski. 1961. *Argonauts of the Western Pacific*. New York：E. P. Dutton.

⑨ ［英］马林诺夫斯基著、梁永佳等译：《西太平洋的航海者》，华夏出版社，2002 年。引文中的原文地名等，除个别外，系本文作者所加。

⑩ a. 同注⑨，243 ~ 246 页；b. 参见注⑧，282 ~ 286 页。

⑪ 原文为"under the house"，意即屋下，这屋大概就是四面没有墙的棚屋。

⑫ 俞伟超：《中国早期的"模制法"制陶术》，《文物与考古论集——文物出版社成立三十周年纪念》，文物出版社，1986 年。

资源晓锦制陶工艺的研究

彭书琳　蒋廷瑜*

晓锦遗址位于越城岭西麓，广西资源县延东乡晓锦村后龙山上，是一处新石器中晚期的山坡遗址。1997 年发现，1998 年 10～11 月、1999 年 10 月～2000 年 1 月、2001 年 12 月～2002 年 2 月、2002 年 8～10 月，经 4 次发掘，揭露面积 740 平方米，发现居住遗迹、柱洞、灰坑、土台、堆烧窑址和墓葬。出土大量石器、陶片、炭化稻米和果核。大量陶片和堆烧场地的发现及其文化层位的确定，为研究原始制陶工艺提供了比较充足的实物资料。

根据文化层位和出土遗物关系，晓锦遗址可分为三期：第一期是新石器中期，距今约 6500～6000 年；第二期是新石器晚期，距今约 6000～4500 年；第三期是新石器末期，距今约 4500～3500 年。（见广西壮族自治区文物工作队、资源县文物管理所：《广西资源县晓锦新石器时代遗址发掘简报》，《考古》2004 年 3 期）

一　晓锦遗址陶器概况

晓锦遗址 4 次发掘，出土陶片上万片。主要是夹砂陶，少量是泥质陶。据何安益在整理简报时统计，第一期、第二期都是砂质陶，大部分夹细砂，少量夹粗砂和夹砂夹炭陶。第一期烧制火候较低，陶质疏松，但出现过彩陶。夹砂红陶约占 23.91%，夹砂红褐陶约占 23.56%，夹砂灰陶约占 10.55%，夹砂灰褐陶约占 10.19%，夹砂灰黑陶约占 31.79%。第二期夹砂红陶约占 20.26%，夹砂红褐陶约占 23.28%，夹砂灰陶约占 21.3%，夹砂灰褐陶约占 6.7%，夹砂灰黑陶约占 28.47%。出土过几片白陶片，夹细砂，西区出的一片是白陶盘残片，器表刻划菱形纹；南区有几片是泥质白陶，饰粗绳纹。彩陶消失。第三期仍以砂质陶为主，出现较多的泥质陶，泥质陶约占 20.95%，其中泥质红陶 2.22%，泥质红褐陶 2.22%，泥质灰陶 2.33%，泥质黑皮陶 14.18%，有一片泥质白陶。泥质黑皮陶器，形似高柄豆或盘，胎胚很薄，器表漆黑，内胎淡红，饰瓦

* 彭书琳、蒋廷瑜，广西壮族自治区博物馆。

纹，间有扎孔。泥质红陶有分段绳纹。

器形以圜底器占绝大多数，有少量圈足器和平底器。器类，第一期有折沿釜、盘口釜、折沿罐、盘口罐、直领罐、曲领罐、斜领罐、圜底盘、圈足盘、器座、纺轮。第二期新增加碗、支脚。碗是斜腹圈足碗。支脚都是夹砂红陶，圆柱形，一般高8厘米左右。有的上下两端粗，中腰细，呈亚腰形，最大者底径8.8厘米。一般实心，显得厚实；有的空心，制作时当预置一根圆棍在中心，待制好后将棍抽出，形成空洞。器表印绳纹，如WT1④:21从底斜直向上饰粗绳纹。（图一）这一期新出现凹底器，还出现卷沿釜、卷沿罐、钵、圆饼纺轮、乳突形纺轮、圆台形纺轮、圈足罐、泥质盘，一、二期的平唇或折沿釜、折沿罐、高领罐、碗、器座、算珠形纺轮已少见或不见。纺轮前期只有算珠形，偶见乳突形，这一期乳突形流行，新出现圆饼形。算珠形，WT2④:29，砂质灰陶，灰褐色，上下对称，正中起棱，向两边倾斜，压印螺旋绳纹，两端有圆形素台面，中有穿孔，直径5、厚3.5、台面径2、孔径0.6厘米。WT2④:30，砂质褐陶，红褐色，压印直向绳纹，整个器形显得矮

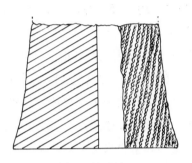

图一　陶支脚

胖。（图二，1）乳突形，ST6①:4，夹砂灰陶，上部突起，下部呈圆锥状，底平，乳突以下饰绳纹，直径3.9、高2.3厘米。NT3①:11，乳突以下饰螺旋绳纹，直径3.3、高1.7厘米。（图二，2、3）ST17近北壁中部的圆坑中出土一件，背面刻划葵花纹。圆饼

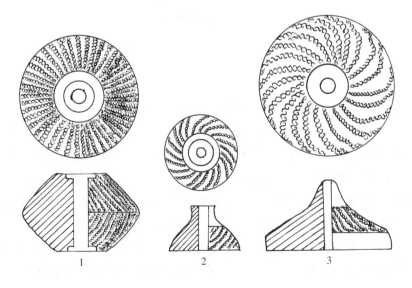

图二　陶纺轮

1. 算珠形纺轮 WT2④:30　2. 乳突形纺轮 ST6①:4　3. 乳突形纺轮 NT3①:11

形，ST4④：17，夹砂黑灰陶，质硬，周边垂直圆滑，中心穿细孔，孔从背面向正面穿出，在正面孔周围留有突起的泥痕，正面饰交错粗绳纹，背面光素，直径4、厚0.6厘米。ST4①B：32，泥质红陶，色淡，底平，正面略隆起，中心有一小穿孔，底面光素，正面以穿孔为中心等分八瓣，各刻划一枝叶脉纹，直径3.2、厚0.6厘米。ST2①B：6，泥质灰陶，泛黄，残余小半，圆饼状，两面均平，中心有小穿孔，正面从中心穿孔向外辐射刻划直线，在两个扇形面内再扎点纹，背面光素，直径4、厚0.5厘米。

装饰花纹有绳纹、刻划纹、弦纹、戳印纹。据何安益统计，第一期的绳纹以中绳纹为主，约占54.25%；细绳纹次之，约占29.18%；粗绳纹约占14.44%；其余占2.18%。第二期也以中绳纹为主，约占53.31%；细绳纹次之，占40.07%；粗绳纹占3.33%；刻划纹及其他纹饰占2.66%。第三期新出现方格纹、叶脉纹、花瓣纹、镂空、凸弦纹、绳纹弦纹组合纹，也有较多的素面陶。第一期还出现过弧线和粗直线赭色彩绘陶片。NT7⑧采集到数片，其中一片夹砂红陶，不明是口沿还是圈足，器表抹平，再斜画四道红彩，颜色已很暗淡；两片夹砂灰陶片，在垂直的绳纹底上再画红彩，图案不明。NT8⑦也采集到数片，一件泥质灰陶罐的口沿，方唇直口略敞，将领部外表抹平，用红彩画三角曲折纹，曲折内画四道平行斜线，彼此垂直，有如人字图案；另一片夹砂红陶，似罐的肩部，表面抹平，用红彩绘两道弧线，在弧线内侧绘一圆点；还有一片夹砂红陶，表面也抹平，画的稍微复杂，似用红彩画一个较大的同心圆，圆心画一个大圆点，内圈斜画四道平行线，将内圈填满。第二期彩陶消失。

二　工艺流程推测

（一）原料来源

首先要解决的是，这些砂质陶的原料是自然陶土还是在陶土里有意掺砂？为此，我们对遗址周围环境进行了考察，发现遗址附近的泥土可以烧制原始陶器。陶片中夹杂的方解石、云母片在现在周围的泥土中都可见到。原始居民只要在附近采集自然泥土，剔除粗砂，加水使软、调匀，即可塑制各种器类。

一般来说，早期陶器所用的原料都是就地取土。先民们居住区周围的泥土就是他们用来烧制陶器的原料。由于傍山近水，泥土里一般都含有各种砂粒，所以早期陶器多数都是砂质陶。如果是在泥土中有意掺砂，必是经过长期实践，认识到掺砂的必要。晓锦遗址的居民还没有发展到这一步。相反，要想将泥质陶做得纯正，对陶土就得筛选、淘洗、过滤和沉淀。

晓锦遗址附近的泥土适合烧制原始砂质陶器，因而推断他们制作陶器是就地取材的。但必经过一定淘洗，除去粗砂，因而所夹之砂并无特别粗大者；至于有些夹炭陶，也是居民用火后产生的炭粒混入泥土中形成的，并不是制陶时有意识的掺和。

（二）成型

制作方法为泥片捏塑。经仔细观察，从早到晚都是手制，没有发现任何轮制痕迹。先是用泥团压出器底，然后由下向上层层贴塑，有些陶片的贴塑层面相当清楚。在一些陶片断面上可以看出泥片捏制的层理，较薄的陶片是一层泥片，较

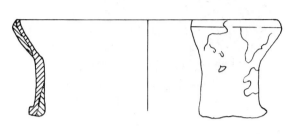

图三　直身罐（WT2⑥:22）

厚的陶片有三至四层泥片。WT2⑥:22 灰陶直领罐，表皮有些剥落，从口沿到颈部都明显看到内外两层粘贴的痕迹。（图三）在成型过程中是用卵石衬托拍打，遗址中发现过这种圆卵石。内外壁都用手抹平过，在陶器口沿内壁多有抹痕，腹部内壁不平整，有用圆卵石压印形成的按窝。器表很少见有砂粒露出胎外，说明砂粒都被压入器壁，表面被抹平过。圈足器的圈足是先做好后，再粘上器底的，拼接处也被抹平。到第三期出现慢轮加工技术，器口、颈部有均匀的抹痕弦线。WT2⑤一件折腹圈底罐壁厚 0.4 厘米，折沿和折腹处均厚 0.6 厘米。

（三）纹饰施制

绳纹是在进行器物整形时，用缠着绳索的棍棒在器表上滚动压印形成。折腹罐从底到口沿都压印绳纹。有的绳纹因重复压印，出现重叠现象，有的形成交叉。在高领罐的折沿和颈肩相接处，因用缠绳棍按压，纹道特别深。晚期在绳纹之上再施弦纹，将原有绳纹划断，或称分段绳纹。如 ST4④所见黑皮红陶罐、泥质红陶罐之类。有一种夹砂红陶片在绳纹之上再划弧形纹。一种夹砂红陶片，先压印绳纹，然后刻划双层弦纹夹双勾水波纹。夹砂灰陶浅腹盘，有的口沿上压印纹，口沿外扎深孔纹，口沿内刻划水波纹。算珠形纺轮压印的绳纹是上下垂直的，乳突形纺轮压印的绳纹是以穿孔为轴心旋转向上的。（图四）

刻划纹有多条斜直线、双交直线、弦线、水波纹、短弧线、曲折线纹。刻划纹的施制，是在器物坯胎未干之时，用尖锥硬物随手划出，有左右斜向交叉的菱形纹，有双勾水波纹、弦纹、直线纹、戳印纹。多件夹砂灰陶，深刻密集的曲折纹，并用弦纹隔断。有的器表用双齿垂直划直线纹，一组有四道或六道。（图五）斜弧腹盘 WT2⑨:85 口内刻划水波纹。（图六，1）另一件斜弧腹盘 NT7⑧:7 口沿下有锥刺纹，腹部饰粗绳纹，

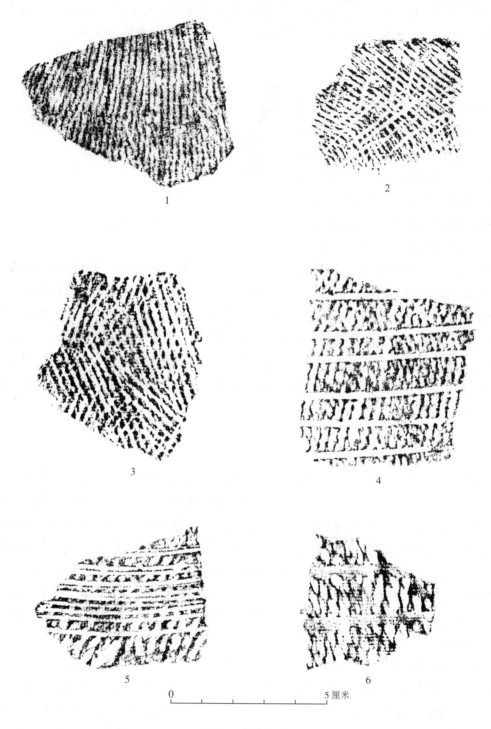

图四　绳纹拓片

1、2. 出土于 WT1⑥　　3. 出土于 WT2⑦　　4～6. 出土于 ST4④

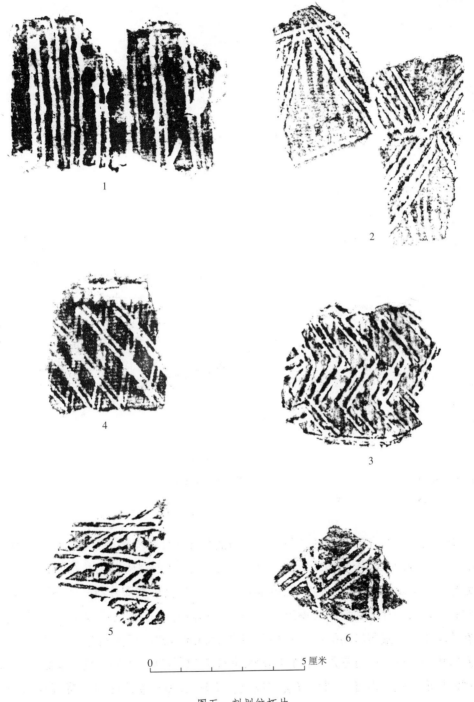

图五 刻划纹拓片

1~4. 出土于 WT2⑦   5. 出土于 WT2⑨   6. 出土于 WT2⑧

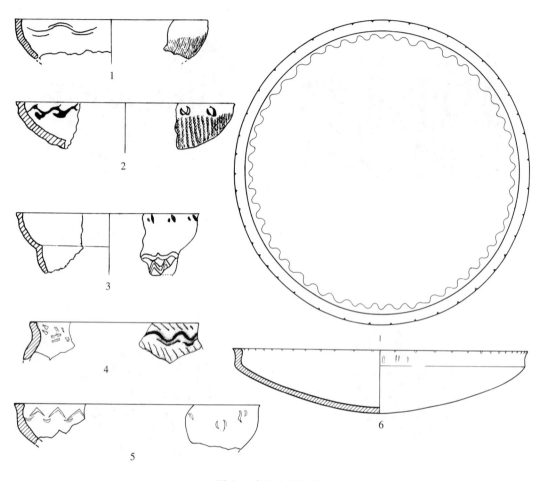

图六　陶器上的纹样

1. 深腹盘（WT2⑨:85）　2. 深腹盘（NT7⑧:7）　3. 斜领罐（WT1④:56）　4. 卷沿罐（WT2⑦:23）　5. 弧
腹盘（WT1⑦:23）　6. 浅腹盘（WT2⑨:96）

口沿内饰刻划水波纹和锥刺纹。（图六，2）斜曲领夹砂红褐陶罐 WT1④:56 口内外都饰
锥刺纹，领下刻划水波纹和曲折纹。（图六，3）一片夹砂红陶，用并排六齿的工具交
叉刻划形成大菱形纹，或用双齿工具并排刷三次；一块夹砂灰陶片器表泛白，单线刻划
菱形纹；一块灰陶片，刻划双线菱形纹；一件红褐陶片，在器表用双锥交叉划出菱形
纹，在菱块中心再戳印出蝌蚪纹；一种平唇凸沿的敛口器，可能是盘，唇外斜划四道
纹，左右相向，形成空白三角。夹砂灰陶浅腹盘 WT2⑨:96，方唇，唇上有掐口，口外
沿锥刺蝌蚪形小孔，内唇下刻划双层波浪纹。（图六，6）卷沿敞口小罐残片 WT2⑦:
23，口沿上也有掐口，口沿内刻划"人"字纹，口沿外缩颈处刻划水波纹，腹部压印
绳纹。（图六，4）ST4③一片夹砂灰陶，刻划双线水波纹，又刻划两道弦纹，弦纹的接

口处有错位现象。NT7⑧—件宽沿罐口沿外垂直压印绳纹，再横划两道水波纹，口沿内也横划一道水波纹。夹砂红褐陶斜弧深腹盘 WT1⑦：23 上腹外部有锥刺纹，腹内壁有刻划水波纹和锥刺纹。（图六，5）

戳印纹，ST4③一片泥质灰陶，火候较高，可能是一件器物的颈部，有一道凸棱，在凸棱的两侧戳印纹带，一道是一个大的横长方块间隔两个小的竖向长方块，一道是一个大的横长方块间隔一个小的竖长方块。

彩陶装饰手法是以竹、木工具蘸彩描绘到陶器表面。有的器表可能还上有一层陶衣。

（四）烧制

第二期文化发现烧陶遗迹。在堆烧的地方残留有面积或大或小的红烧土和灰烬痕迹。在遗址多处发现红烧土痕迹，应是堆烧陶器的窑址。其中WT2 一处红烧土面近似中字形，在长约 2.5、宽约 2.1 米左右的自然平面上，形成厚约 8 厘米的红烧土，内有灰烬、炭粒混杂，面上覆盖有较多的夹砂陶片、炭化稻米及少量果核和残石器。（图七，1）在北区 NT6 一处，红烧土已呈黑灰色，周围有一圈柱洞，也可能有临时遮雨设备。NT7 一处，红烧土最厚处在中部，厚达 10 厘米，

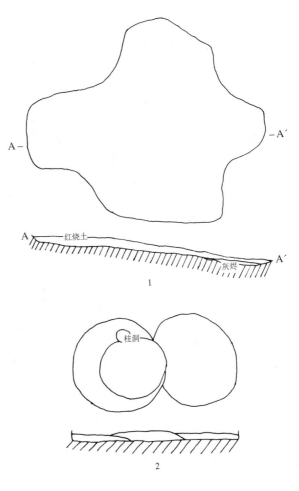

图七　堆烧痕迹
1. WT2　2. NT7②

出有夹砂陶片。它的西南边被一圈灰黑土压住，它的北边打破另一圈灰黑土，灰黑土中也有陶片。这样层层叠压，形成三个连环圈，说明至少连续使用了三次。（图七，2）

新石器时代早期陶器可能经历过一个无窑烧成阶段，即所谓平地堆烧。到裴李岗文化才发现结构简单的横穴窑，开始有窑烧成。南方有窑烧成可能还要晚一些。据考古实验所知，无窑烧成的陶器温度不超过 900℃。桂林甑皮岩遗址的陶器中最早的原始陶釜的烧成温度只有 250℃，后来的烧成温度也只有 680℃，一直是平地无窑烧制。南宁豹

子头遗址的陶器烧成温度是 800℃，可能都是平地露天堆烧的。晓锦遗址的陶片还未进行烧成温度测试，若也在 900℃ 以下，当可进一步证实平地露天堆烧技术。

1. 舂碎陶土

3. 在柴草上摆放陶器

4. 从柴灰中扒取陶器

2. 泥条盘筑

图八　海南黎族制陶

三　海南黎族制陶工艺的启示

2001 年 3 月，我们在海南省三亚市天涯镇黑土村布带屯观察过黎族原始制陶的全过程。布带黎族的陶土是就地取材的，他们将挖来的陶土放进木臼，用木杵舂碎；然后将碎土倒入竹筛，将粗砂筛去；过了筛的细土放入陶缸内，加水调和，再抟成团，像和面一样，放在工作台上用力反复揉搓，使其柔化；然后分解成拳头大小的团块，再分别搓成长条，放在工作台面上，压成泥片，一层一层往上盘筑。盘到一定高度，用蚌壳将内壁刮平，用竹片将外壁刮平，左手在器内承垫，右手持木拍拍打外表，一边拍打陶坯，一边绕着工作台转动，使器坯拍打成型，并求其紧密、匀称。如有不光洁处，再加水，再拍打，务必使之平整。然后将器口刮平。如果要做唇沿，再盘筑一层，刮平成唇沿。如要安装器纽，则用泥条捏成一定形状，将其两端按在器体上，在衔接处加水打湿抹平。陶器成型后，让其阴干。要烧时，在其附近找一块平地，铺一层易燃的柴草，将阴干的陶器摆放在柴草上，如果是大容器，在其内还要放一些燃料（如椰子壳）。在放够一层后，再在其上铺一层柴草，再放一层陶器。可以放到三四层。最后在顶上覆盖一层厚厚的柴草，就可以点火了。火从四周点着，焚烧约一二小时，燃料燃烧殆尽，让其自然熄灭。待火熄灭，则可扒开柴灰，将烧制成的陶器取出。陶器取走后，地面留下一圈直径 2.5 米左右的草木灰、炭粒和烧焦的硬土。（图八；彩版一二、一三）

从整个制作过程来看，布带黎族制造陶器还没有使用慢轮，为使器圆匀，在整形时，制作者绕着工作台面旋转拍打。器表一般不施纹，简单的纹饰刻在木拍上，在整形时直接拍打上器，或用尖锐工具刻划。没有陶窑，只是平地露天堆烧，而且场地不固定。晓锦遗址除了纹饰比较复杂外，基本工艺流程还处在这个原始阶段。所不同的是，晓锦遗址制陶手工是泥片贴塑，不是盘筑；除了晚期外，也没有慢轮修整痕迹；施纹采用刻划、压印；烧制也采用平地露天堆烧。

史前工具研究的若干问题

吕烈丹[*]

人类有别于其他动物的最重要特征之一是人类拥有制造各种工具的能力（近年对灵长目的观察表明黑猩猩也有制作某些简单工具的行为。但这种行为是否属于长期的、有意识的活动则还有待研究）。人类通过制造工具，创造不同的文化，不断适应环境和自然的变化，持续演化和发展，成为地球上生物王国中到目前为止最成功的物种之一。毋庸置疑，工具是人类生存发展的主要手段。因此，作为研究人类演化发展的现代考古学，从它在西方诞生之日起，就将工具研究作为学科最重要的课题之一。

人类对于工具的兴趣也有悠久的历史。在中国，古代的文献以及宋代和明清时期的金石学都记录了若干史前工具，最常见的是石斧[①]，但这些记录和现代考古学的工具研究当然有很大差别。中国的现代考古学基本上是从西方引进的，对于工具的研究一直是中国考古学的重要内容。本文主要讨论对中国史前工具的研究，因为和历史时期工具的研究相比，史前工具的研究缺乏文献资料作为参考，而研究方法和所遇到的问题与历史时期工具研究所面对的问题也不完全一样。

如果从 1921 年仰韶遗址的第一次发掘算起，中国现代考古学已经有超过 80 年的历史。80 多年来，中国考古学在史前工具研究方面有很多成就，所发表的著述浩如烟海（1989 年以前新石器时代的相关著述见缪雅娟等《中国新石器时代考古文献目录》，科学出版社，1993；1989 年之后还有大量著述。而旧石器时代的相关论述亦很多）。限于篇幅和资料，不可能在这样一篇短文中进行全面的回顾和讨论。挂一漏万而言，经过80 多年数代考古学者的努力，中国史前工具研究的重要成果至少反映在如下几个主要方面。

一　将人类制作的工具和自然破碎物体加以区别

这是史前工具研究的基础问题。除了人工的力量之外，自然力，包括其他动物的行

---

* 吕烈丹，香港中文大学人类学系。

为也可以产生各种破碎的物体。考古学研究的对象是与人类行为有关的器物，如果无法辨别人工和自然破碎的物体，就无法进行下一步的研究。如果将自然破碎的物体视为人类制造的工具，则会产生误导性的结论。反之，如果将工具视为自然破碎的物体，则会丧失史前文化的信息。

中国考古学在这方面研究的先行者当推裴文中先生。裴先生在 20 世纪 30 年代首先发现和鉴定了周口店北京猿人遗址出土的打制石英石器。此前这类石器一直被发掘者所忽略。从此以后，裴先生一直将史前工具最关键的定性研究，即区别人工打制的工具和自然因素导致破裂的物体，作为他的课题之一。他在 30 年代后期写成的论文《论史前石器和假石器》，详细分析各种自然力产生的似是而非的"石器"②，为我们辨别史前工具提供了关键性的标准。此外，裴先生从 1933 年起还开始研究周口店遗址出土骨片是否全部属于人工打制的骨器。③

到 20 世纪 50 年代和 60 年代，先后有贾兰坡、安志敏和李仰松等先生对史前工具进行讨论，包括对中国猿人石器和"曙石器"的分析。50 年代后期到 60 年代初期裴文中和贾兰坡先生就周口店遗址所出骨器的属性进行过讨论。80 年代以来，对考古遗址中发现的碎骨及其自然和人工成因有更进一步的分析。④这些成果都是史前工具重要的基础研究。

二　建立史前工具的类型学、区域系统和年代序列

最早在中国从事史前考古工作的多数是外国学者，或者是由西方学者培训出来的中国学者。因此，中国史前工具的早期类型学基本上是以西方的考古类型学为基础的。20世纪 20 年代桑志华等三位法国学者根据欧洲的旧石器工具类型学对水洞沟和萨拉乌苏遗址出土的石器进行分类研究，其中既有按照形态分类的，如盘状、长条形等各种石核；也有按照推论的器物功能分类的，如"刮削器"、"雕刻器"等。⑤随后，安特生在分析沙锅屯出土器物时，提出了打制和磨制石器的分类；在仰韶村的考古报告中又将新石器时代的石器分为石刀、石铲、石斧、石凿等。⑥30 年代裴文中和贾兰坡先生对周口店出土石器进行过分类研究。⑦这些研究及类型学的名称成为中国史前工具分类的基础，直到今天仍在使用。

随着考古学资料的不断积累和众多学者的共同努力，中国史前工具的类型学也不断发展。20 世纪 40 年代吴金鼎等学者对云南苍洱史前遗址出土石斧、石凿、石刀、纺轮等工具进行的分式研究⑧，是史前工具类型学的早期成果之一。1958 年裴文中和贾兰坡先生在《丁村报告》中提出了石片石器和石核石器的分类系统，为史前工具类型学建立了重要的框架。此后数十年来有很多学者讨论过中国史前工具的类型学问题，包括对

北方地区细石器[9]和南方地区砾石石器的分类研究[10]、有段石锛和有肩石器的研究[11]等等，著述甚多，恕难以一一列举。

在不同史前工具传统的区域分布方面，林惠祥先生在 20 世纪 50 年代提出"有段石锛"的命名及分类，并且认为这种工具是中国东南部史前文化的代表性器物之一。[12]70年代贾兰坡等先生提出了中国华北地区存在两大史前石器工业系统，其一为大三棱尖状器和砍砸器传统，其二是细石器传统。[13]对于中国细石器的研究从 20 世纪 40 年代就已经开始。[14]从 70 年代开始，不少中外学者对中国的细石器类型学和制作工艺、细石器分布和工艺变化所反映出来的东亚北美地区史前文化交流，以及细石器在中国史前文化中的意义作了很多分析和讨论，[15]大大推动了中国细石器工具系统的研究。

对南方砾石工业的考察，早在 20 世纪 30 年代就已经开始。[16]80 年代以后，对长江流域和华南地区砾石工业的研究进一步加强，研究的内容包括了南方地区旧石器文化相对年代序列和文化发展，以及不同砾石工业文化在长江流域不同地区的分布。[17]根据许多学者多年的研究成果，很显然，在中国的黄河流域及其以北地区，和长江流域及其以南地区，存在着不同的史前工具系统。大体上，黄河流域的工具体系中，石片制作的石器较多，当然也有砾石石器；而长江流域和华南地区以砾石制作的石器较多，当然也有石片石器。黄河流域及其北部在旧石器晚期到新石器时代分布颇为广泛的细石器[18]，在长江流域以南地区目前只见于西南和华南的少数遗址[19]。史前工具传统在不同区域有不同的组合，反映了不同地区人类对不同自然环境的适应，以及由此产生的不同的经济方式和文化。目前史前工具的区域研究已经不限于中国境内，研究内容扩展到与邻近地区的工具套（toolkit）进行对比分析，以帮助我们深入了解史前人类文化的交流和互动。

至于年代序列方面，20 世纪 60 年代以前，对于史前工具的年代，基本上是根据考古学的地层学和类型学来判定。按照西方考古学的框架，中国的史前工具分属新、旧石器时代两个大范畴之下早、中、晚期的不同阶段。20 世纪 60 年代以后，随着 ^{14}C 和其他科学测年方法的广泛应用，对旧石器和新石器时代各个阶段工具的绝对年代也有了更多的了解。目前对于中国史前文化的编年，也有一些不同的看法，包括对于中国是否存在旧石器中期文化[20]和中石器时代的问题（这方面论述甚多）[21]，以及各个文化不同时期各类器物的分类和制作问题[22]，这些问题都直接牵涉到对不同时期工具的分类和定性研究。

三 研究史前工具的制作和功能

从 20 世纪 50 年代中国开始出现了对史前工具的制作研究，最早是对丁村出土大石片打制方法的实验研究；以后类似的实验也用于其他一些考古学遗存。[23]从 80 年代开始出现了对细石叶、雕刻器、刮削器、尖状器和其他石片石器，还有对骨、角器的制作和使用的实验研究等，研究方法主要是工艺观察、打制实验、使用实验和微痕观察。㉔这时也出现了对史前工具石器原料采集和使用的实验和分析。㉕此外，对砾石工具的制作、使用和石器残余物的分析也开始出现。㉖

四 史前工具在考古学文化中的意义以及中外工具的对比研究

这方面的成果丰富，论述也很多，难以一一列举。从 20 世纪 40 年代开始，很多学者对中国境内发现的各种史前工具进行过分析和讨论，如关于石刀的讨论㉗，对有段石锛和有肩石器的讨论㉘，对石钺㉙、石镰㉚、磨盘㉛、穿孔石器㉜、手斧㉝和带槽石拍㉞等器物的讨论等等。大体上以上讨论集中于以下几个方面：

（1）对某种史前工具进行分型分式的类型学研究，包括该类器物的起源、演变和消失。

（2）对这类工具的年代和分布区域进行综述。

（3）对其制作、功能、共出器物以及在相关考古学文化中的意义进行分析。

此外，近年也出现了将中国史前工具的形制和制作与外国史前工具进行对比分析的研究。㉟这些对于史前工具的专门研究，显然有助于我们了解史前的文化和社会，以及不同文化群体的交流和互动。

简要言之，中国史前考古学在过去 80 多年的工具研究中取得的成就甚多。不过，随着考古学的发展，对史前工具的研究也提出了新的问题。

1. 史前工具类型学研究的分类命名问题

首先，中国史前工具的名称大部分来自西方文献的译名。然而西方史前考古学的文化内涵与中国史前考古学的文化内涵有很多差别，因此直接使用翻译的西方名词对中国史前工具进行命名和分类，便出现了原有名称和中国的器物不相符合的情况。如史前工具中的"尖状器"在中西学术定义上的差别，10 年前已经有学者作了详尽分析㊱，然而这个问题至今未得到解决。而且，如果观察中国长江流域以南乃至华南地区的史前石器，其中以砾石制作的"尖状器"，很多并不符合"两边夹一角"的原则，有些"尖状器"不止两条边，更多的器物则根本没有经过修理的"边"，只是将形状适宜的砾石在一端打去数块，形成一个聚合形态的尖刃，即行使用。这种类型的器物目前均称为"尖状器"，然而它们不用说与欧洲和非洲的"point"差别甚大，即与黄河流域用石片打制的"尖状器"在形态和工艺技术、过程上也有很多不同之处。这些不同形状的"尖状器"，不仅反映了不同的史前物质文化和工艺技术流程，而且展示了不同地区不同群体不同的行为模式和思维内容。那么，对中国南北地区不同的"尖状器"，是应当将之分为两类，如石片尖状器和砾石尖状器，还是按照目前通用的方法合为一类？如果分作两类，每一类的标准如何界定？砾石石器分类存在的问题也早有学者提出[37]，今天仍未完全解决。

第二个问题是史前工具的分类标准尚有不够统一之处。如"尖状器"是以器物的形态特征作为主要的命名和分类标准；而"刮削器"、"砍伐器"等则是以假设的器物功能作为主要的命名和分类标准。同样是史前的工具类，又属于同一级的分类单元即单件工具，却出现了不同的命名和划分标准，这反映了类型学分类标准的不够统一和分类系统的不够完善。这一问题也早有学者提出[38]，同样是迄今未得到解决。

一个完整的类型学系统，应该能够涵盖中国不同地区各种不同的史前工具，清晰地列出各种工具的类别，每一个大类或者小类工具所共有的特征，大类和小类之间的关系，以及每一类、每一种器物进行分类、命名的标准。我们尚没有这样一个完整的系统。目前不少史前工具的分类标准和命名，往往依据不同学者个人的观点或目的，缺乏统一和客观的标准。例如被甲学者称为小型尖状器的器物，可能被乙学者称为矛头或箭头。在一篇考古文章中称为手斧的器物，到另外一篇报告里可能被称为尖状器。这种情形，不仅使初学考古学的学生感到困惑，同时妨碍了学术界有效的信息交流，而且也反映了考古类型学研究得不够完善。

考古学的分类学源自生物学的分类学。[39]依据分类学的原则，同一分类级别的器物，至少应根据一个统一的标准来划分，这个标准必须反映出这一分类单元或级别内所有器物共同拥有的某个重要特征，或以工艺，或以功能，或以形态学的共同特征为标准。分类学的一个重要功能是建立本学科内公认，或者被大多数人认可的划分体系。分类研究的过程不仅是研究者对其原始资料进行梳理的过程，也是一个根据公认的原则和标准将原始资料进行归纳整理，使之成为学术界可以交流共享的资料库的过程。如果没有一个统一的分类标准，不同学者各有分类体系，那么，分类学的其中一个主要功能便丧失了。

器物的分类和命名到底是以形状和制作技术作为标准，还是依据现代人对史前器物功能的假设为标准，已有学者进行过分析，提出以形状和制作技术作为分类命名的标准[40]，笔者认为这是比较合理的。首先，这是因为现代人对功能的假设，不一定反映史前器物的真实功能，或者不能反映其全部真实功能。现代人对史前器物的功能假设，是现代人根据其认知水平提出来的，与史前器物的真正功能往往有不一致之处。如果按照我们假定的功能对器物进行分类，往往容易出现"张冠李戴"的情形，从而影响我们重建古代文化的客观性和准确性。如我们认为某类石片是用于收割的工具，但其中部分石片其实曾经用于屠宰动物。如果研究者先以个人的认知作为基础，为某类器物定功能、分类，并据此复原相关的考古学文化，便会出现偏差。而以器物制作工艺和形态特征作为标准进行分类，因为并没有为器物预先设定功能，有利于减少先入为主的研究偏差。

　　另外，在史前工具的分类和研究过程中，对于器物的原料应当加以考虑。原料的采集是史前工具制作的第一个基本步骤。以石器为例，其原料往往是各种砾石或大块的岩石。在过去的史前考古学研究中，有关史前工具原料的报道和研究往往不够充分。其实对于史前工具原料的研究，可以向我们提供很多重要的信息，包括原料的分布，采集的方法，搬运的距离，所需要的劳动和时间，史前工具制造者所选择的原料，以及他们为何选择这些原料，其中是否有一定的标准，从早期到晚期是否有所变化，而这些变化又反映了怎样的自然资源和（或）文化演变等等。

　　在分类中还需要考虑工具制作和使用的全过程，分辨到底要命名分类的对象是工具、原料，还是废料和副产品。一件工具在从半成品到成品到废弃品的制作和使用过程中有不同的形态，如果把在考古遗址中发现的处于不同加工阶段的器物不加考虑的纯粹根据形态的差别给予不同的名称，进而分作不同的类别和型式，也会导致研究的失误。

　　总之，规范的类型学体系是史前工具研究的基础。要对中国史前工具进行全面、深入和多方面的研究，亟须完善目前的史前工具类型学标准。

　　2. 史前工具的功能定性研究问题

　　过去对于史前工具的功能定性分析，往往根据器物的外形，辅以民族学的材料，以及研究者自身的知识而得出推论。这个方法具有一定的主观随意性和误差。[41]现代考古学的研究更注重实证和科学检验的方法，考古学实验、微痕和各种残余物分析因此成为史前工具功能研究的重要手段。不过，这些手段都有其局限性，需要注意和其他学科的手段相结合。

　　此外还需注意到，史前工具往往是多功能的。[42]此一特性不仅见于中国，法国学者对中东地区新石器时代早期工具的微痕分析和考古实验证明了这一点。[43]近年对华南地区砾石工具的初步微痕分析和观察也证明史前工具常常具有不止一种功能。当我们假设某种器物具有某种主要功能，例如假设石斧的功能主要是砍伐，并且依据这个假设来对器物进行命名分类和研究的时候，我们往往沿着这一假定的器物功能去思考，忽略了这一类器物存在其他功能的可能性，由此局限了我们对史前文化进行复原研究的思维范畴，从而影响学术结论的客观性和全面性。

　　近年考古学研究出现了许多新的方法，例如微痕分析和残余物分析等等，力图解决对考古器物，特别是工具功能的定性分析问题。这些研究的目的是减少现代研究者对史前工具研究的主观性，引进对工具研究的可检测性，从而增强其客观性和科学性。不过，这些研究并不是解决史前工具功能和命名问题的万应灵丹。

　　残余物分析的局限性以前已经讨论过[44]，此处不赘述。就微痕分析而言，这种研究手段有其长处亦有其短处。首先是微痕并不可能完全准确地反映史前器物的功能。一般而言，器物所见微痕只是史前工具最后一次使用的痕迹。如果同一器物同一刃部用于不同的功能，则上一次的微痕往往为下一次使用痕迹所掩盖或破坏；如器物使用完毕后的刃部经过修理，则原有的微痕亦无存。何况还有器物被废弃后埋藏作用、流水搬运的磨蚀，或者器物加工对象太软而未留下相应痕迹的可能。如此种种都直接影响现代学者对史前工具微痕的辨识和功能的判断，也常常无法解决史前工具一器多用的情况。

其次是微痕的描述、鉴定和分类以及对其使用功能的推断，其基础是现代实验考古学产生的对比标本和使用痕迹。而现代人在设计制作史前工具的仿制品及不同用途的过程中，其体力、思维、取向和观念与史前的工具制作者不可能一致，由此也会带来无可避免的偏差。欧美的石器微痕研究已经进行超过一个世纪，然而一直集中在旧石器晚期以后的燧石石器，对旧石器中期以前的石器微痕研究非常之少，其中一个重要的原因，正是意识到现代智人和我们的远古祖先在体力、身体结构、大脑结构、语言能力、手部功能和大脑半球的对应关系、智力程度、思维取向等等方面存在着巨大的差别[45]，更遑论物质文化和社会结构方面的差别了。这些差别到底有多大，对于史前工具的制作和使用产生怎样的影响，都是目前的科学研究尚未了解的。因此，比较慎重的学者倾向于着重研究旧石器晚期及之后的器物，因为这些器物的制作者都是解剖学和体质人类学定义上的现代人（*Homo sapiens sapiens*），和我们是同一物种，在身体结构、智力和思维上相对比较接近。这种慎重的态度，值得借鉴。

3. 史前工具和自然资源研究的整合问题

实际上中国考古学的许多史前工具研究，是将工具和所在的考古学文化密切结合的，有些研究也考虑到相关的自然环境和资源。目前存在的问题是，自然环境和资源方面的研究，有时候未能够和考古学研究，包括工具的研究整合起来，而往往成为独立的部分，或者自然资源部分只是考古学研究的附录。

在研究器物制作和功能的时候，应当考虑自然资源和环境的因素。换言之，对于器物制作和使用过程的研究，应当是力图重建过去的人、文化和自然三者的关系。其中自然的因素，包括了原材料的分布和距离，不同气候环境下自然资源的分布，以及这些自然因素对于人类文化的影响。而不同的人类文化，因应其相关的需要，会选择制作不同原料、形状和大小的器物，以适应不同的功能。这些相关的自然因素，是可以用科学的方法获取资料的。此外，文化人类学和民族学的材料也是重要的参考。这类研究在中国早已进行，但是也需要注意民族学材料的局限性，以及古今文化的差异性。

任何史前工具的制作和使用，与当时当地的自然资源，以及制作者的文化，包括生计方式、社会结构、其他活动等等，都有非常密切的关系。人类的文化是在一定自然环境下的产物，而不同的工具又是不同文化的产物。此外，即使是采用相似生计模式的群体，也可能用不同的方式和工具去利用自然资源。㊻凡此种种都表明了史前人类文化的多样性和复杂性。因此，只有将不同的史前工具放在相应的考古学文化的背景（context）中，又将每个考古学文化放在相应的自然环境背景中，我们才能够对史前的工具、文化和社会有比较全面和深入的了解。

在史前工具的制作和使用研究方面，西方的"运作过程"（法文原文"chain opératoire"，英文译为"operational sequence"，中文可译为"运作过程"。"Châin opératoire"不仅研究工具的制作，而且研究工具的运用和废弃的全过程，故如译成"制作过程"似乎不够完整。下文略去法文原文）的概念，可以作为参考。"运作过程"作为研究人类器物制作、使用和相关文化的理论和方法，由法国史前考古学者 Andre Leroi-Gourhan 在 1966 年提出。这一理念和方法，不仅研究器物从原料采集、生产、使用到最后废弃的整个过程，而且认为制作和使用器物的过程不仅是工艺学和技术发展的过程，更加是社会行为、人类认知、思维和信念以及文化演变的过程。㊼这一理念和方法目前已经成为西方考古学研究工具的重要框架，广泛应用于史前器物的分析中。

"运作过程"的核心是"透物见人"，包括个体的"人"和群体的"人"。"运作过程"试图通过对器物及其制作、使用过程的分析，重建器物制作的工艺、使用和废弃过程，以及相关的人类行为模式、思维取向、知识的获得和传递等等。根据这一理念，当考古学者研究任何一类器物的运作过程时，需要考虑下列问题：

（1）原材料的获取和制作者的社会和文化活动和行为。例如原料的分布，获取的方法和工具，人类的合作行为，原料是否由制作者直接获得，还是通过不同群体的交流、交换取得原料等。

（2）器物的形态、结构、颜色和其他因素的选择，以及相关的文化因素。

（3）器物制作与制作者的社会结构和组织。例如专业制作者的出现，大规模和小规模的制作，制作点的时、空分布变化及其指示的文化演变等等。

（4）用于制作器物的工艺和制作者所属的文化系统之间的关系。选择何种工艺不仅和当时的技术水平相关，而且和其他的文化因素如信仰、审美、社会价值等相关。

（5）器物所表现的社会文化认同、等级、宗教等涵义。

（6）器物制作的目的：是人类有意识的产品，还是制作其他器物的副产品，甚至是废弃物？据此对史前制作者的部分思维活动进行研究。

（7）器物的使用、功能和意义。

（8）器物的最后废弃。㊽

按照"运作过程"的理念进行史前工具的研究，需要地质学家、地理学家、物理或者材料学专家（如果牵涉到有机质工具）、植物和动物学家、文化人类学家与考古学家通力合作。在研究过程中，需要应用考古学的实验方法、微痕分析和材料分析，综合浮选、孢粉分析、植物硅酸体和其他残余物分析，以及动物考古学的研究去复原遗址周围的史前自然环境和自然资源，并且参考考古遗址中发现的其他有机质遗存和器物，来复原史前人类的生计方式，以及相关的社会结构和行为模式。在这个研究过程中，考古学家需要对自己的研究目的有清晰的认识，对于其他各个学科的研究手段、目的、方法和局限有基本的了解，并且据此设计研究方案，注意整合不同学科的研究手段以弥补单个学科的局限，以尽可能达到学术研究的客观性和准确性。

"运作过程"试图通过研究器物的制作和使用来分析相关人类社会的结构和人类思维。这个理念的目的，显然是尽量从史前工具中获取更多的信息，对史前工具的研究进一步深化、细化，并且从不同学科不同角度加以研究。而这也是现代考古学研究的发展方向和目的之一。

与传统的考古学制作工艺研究和分析相比，"运作过程"的理念不限于分析、复原史前器物的制作材料和技术，更强调制作者的思维、认知，以及其他社会文化因素对于器物形态和结构变化的影响，以及这些变量之间的关系，包括采集原料、器物设计和制作的思维取向，以及使用功能等等。值得注意的是"运作过程"强调人类制作工具的行为模式和思维方式，以及相关的考古学文化中的人类行为和思维。这个重点与出现于20世纪70年代初期的"认知考古学"密切相关，因此有必要在此作简单讨论。

"认知考古学"（cognitive archaeology）是所谓"后过程主义"、"后现代主义"的考古学派之一。这一学派批判"过程主义"考古学（processual archaeology）过于重视自然、实证的研究方法，认为"过程主义"忽视了"人"的智力和思维在古代文化发展中的重要性。"认知考古学"提出根据出土器物对史前人类的思维和智力进行分析，包括了解古代社会的宇宙观、宗教、哲学、道德、象征符号和价值观念等等[49]，强调的也是"透物见人"，而且不仅要见到"人"的活动，还要见到"人"的思想。"认知考古学"认为人类对于外部世界有一定的认知，在人的思维智力系统中有一定的"认知图"，而属于同一个文化、说同一种语言的群体往往有共同的世界观和思维方式（mindset）。[50]这些古代人类的思维方式、象征、信仰等等，通过他们制造的器物和遗迹留存下来，而现代考古学可以通过深入分析、诠释这些物质遗存，了解古代群体的思维和知识、信仰等等。[51]而这些也是"运作过程"的研究目的之一。

考古器物是否能够反映人类的行为模式和思维方式？根据"运作过程"和"认知考古学"的观点，这是可能的。例如在考古遗址中如果发现某类器物的形状和工艺都高度一致，这就反映当时出现了一定的器物制作规范，由此也反映当时的器物制作者脑海中已经具有确知某类器物应当具有某种形状，必须用某种工艺加工等的"认知图"，并且以此为基础来设计和制造器物。[52]这个推论固然有可以成立之处。关键是，考古器物到底在多大程度上可以反映人类的行为和思维模式？或者说，依据考古器物复原古代人类的行为和思维，到底可以达到什么程度？这是从事"运作过程"研究需要注意的问题。

在"运作过程"的研究中，有些研究者应用"认知考古学"的理论，对于史前人类制作工具的行为、审美观念、思维方式等等进行一系列的复原，这其中有合理的成分，但需注意不可忽视了人类思维活动的复杂性、个体差异性、不可体验性和考古学复原古代文化的局限性。首先，人类对外部世界的认知、信仰、思维、知识、理念等等，从本质上来说都属于心理活动，而心理学认为：第一，人类心理活动是生物（如人体感官、神经系统和大脑的运作等等）和社会文化因素共同作用的结果，是高度复杂的，现代科学尚未完全明了的过程；第二，每一个人类个体的心理活动都是独特的，即使同属于一个文化也是如此（所以"认知考古学"关于同一文化的个体有共同"世界观"和思维方式的假设，显然受到心理学的挑战）；第三，也是最关键的一点，每一个个体的心理活动是其他个体无法体验的，因此现代心理学对于"人"的心理活动，只能通过各种仪器、观察和访谈来了解、分析。[53]这些了解和分析在多大程度上接近研究对象的真实，则是另外一个问题了。

从以上三点可以看出，考古学在这方面具有非常大的局限性。首先，考古学所研究的对象是过去的人类所创造、使用的文化遗存，而不是活生生的人。考古学家根本无法与过去的人进行访谈或者做仪器测量，难以了解不同个体的生理和文化差异，也就难以了解他们的思维活动。仅仅根据出土器物来重建人类的思维、信仰和意识形态，所得的结论不免有所偏差。

"运作过程"和"认知考古学"都认为可以通过器物的分析研究揭示人类的行为。考古学的器物分析涉及三类人：文化的创造者（creator）、使用者（user）和诠释者（interpreter）。当然，过去文化的创造者和使用者可以是同一人，也可以是不同的个体。如青铜器和玉器，其创造和使用者可以有相当的社会等级、空间乃至时代的差别。而考古学研究的文化诠释者，或者说现代的考古学者，与其研究对象的创造和使用者不仅有时间上、空间上的差别，更有深远的文化差别。这种文化差别，不仅见于不同族群的文化，而且见于文明延续 5000 年的中国。许多中国古代的经济、技术、风俗、习惯、信仰、仪式等等，已经在现代中国文化中消失。换言之，许多出土于中国大地的史前或古代甚至近代的器物，其原来的文化背景（cultural context）已经不存在或者发生了很大变化。必须承认，这种情况对于现代人分析、研究古代的器物及其功能，有相当大的阻力，更遑论据此研究当时人的思维活动或宗教信仰了。

即使考古遗址和器物的研究可以部分揭示当时人类的行为，这些行为和导致行为产生的思维活动也是两个完全不同的概念。如上所述，每一个个体的心理活动都是独特的，同样的行为背后可能是不同的思维活动在起作用，反之亦然。更何况，现代人的思维模式与古代人类有非常大的差别，这种差别不仅是由时间，也是由文化演变而引起的。如果无视这些差别，将现代人的认知和思维结构加诸远古人类，以现代人的智力结构、知识框架为基础去复原古代人类的"行为模式"和"思维方式"，这不过是现代人对古代文化的猜想、解释（interpretation）和重新建构（reconstruction），与远古人类的思维方式和行为模式恐怕有很大差距。

其实"认知考古学"的部分学者也意识到这些问题，他们承认考古器物的含义是依赖研究者去诠释的，而且往往有多种可能的诠释。[54]问题是，这些现代的诠释在多大程度上接近古代人类思维的真实，在多大程度上不过是现代人的重构，甚至是虚构？根据现代人类学的基本观点，文化是不断变化的。在不同社会不同文化中生存的人类个体，各由当时当地文化塑造而成，有意识或无意识地受到生存其间的文化影响。这种文化的时空差距，直接影响到现代人类对古代文化遗存的了解和诠释。1985 年一位西方学者写过一本书，题目是《过去是一个异国》（The Past is a Foreign Country）[55]，正是探讨这个历史和考古学研究的基本哲学问题。现代的文化诠释者在复原古代文化的时候，无可避免地受到其自身现代思维方式的影响，因此在研究古代文化时，难以完全避免将研究者自身的观念投射到研究结论中，从而带有各种偏差。

就"认知考古学"对于过去人类智力和思维的研究，谨慎的研究者认为单纯的考古学遗存是难以提供完整答案的，必须结合当时当地对研究对象的文字记录和其他的民族学材料，这个研究结果才具有可信性。被视为"认知考古学"经典研究之一的一项对 16 世纪美洲 Zapotec 印第安人宇宙观、宗教、意识形态和符号象征意义的研究，所依据的除了考古资料之外，还有 16 世纪西班牙人对 Zapotec 人的大量文字记载。研究者特别指出，没有这些同时的文字记载，他们不可能完成相关研究。有趣的是，从事这项研究的两位学者，在文章中却否认他们是"认知考古学"派。[56]

笔者以为，即使依据同时期文字记载对史前或古代人类行为和思维进行研究，也需要采取慎重的态度。这首先是因为每一个人在观察和记录世界的时候，无可避免的会根据个人的价值观和理念作出取舍，所产生的只能是部分而不是全部的、常常带有偏见的记录。其次是不同文化群体是否可以互相了解的问题。以上文对于 Zapotec 印第安人的研究为例，进行文字记录的是西班牙人，与印第安人属于完全不同的文化。民族学的材料早已经证明，许多文化中的抽象思维、信仰、认知、象征符号和意义等等，除非通过长期的参与观察和访谈，否则是其他文化的成员所不易明白的。有鉴于上述两点，对于过去有关人类认知、信仰、宗教等等抽象思维活动的文字记载，现代的研究者应当持有批判性和慎重的态度。

无疑，"运作过程"的理念和方法是对史前器物研究的深化、细化和多学科化，但这个研究方法并不是十全十美的，特别是在有关制作器物和人类思维部分，更应当谨慎。另一方面，这一理念将器物制作视为动态过程，以及"透物见人"的目的则是合理的。考古学归根结底是研究过去人类及其文化的科学，如果仅仅停留在对于器物的描述和分析之上，考古学就没有完成其最终的任务。如何在试图复原古代文化和社会的同时，既要尝试了解古代人类的行为模式和智力，又注意不要流于考古学家个人的重构甚至幻想，其间需要把握一定的分寸。

以上讨论无意否定微痕分析、"运作过程"和"认知考古学"的研究方法和意义。"运作过程"的框架对于史前工具研究是相当有用的，而"认知考古学"也有助我们扩大和深入史前工具研究的视野、内容和手段。至于实验考古学、微痕和残余物分析，与纯粹依靠推论来判定史前工具功能的方法相比较，还是属于比较客观的方法。只是我们在进行上述种种研究的时候，需要注意其研究方法的局限性，并且尽可能采用其他的研究方法来证实或反证每一种研究的结果。例如，如果需要了解某种器物的功能，可以结合器物表面的残余物分析、微痕分析、器物出土的位置、与其他器物和考古遗存的关系，以及民族学和实验考古学等多种研究手段来进行。因为每种研究手段都有它的局限和偏差，而不同的研究手段可以互补和互为检验，以减少由于单一研究手段之局限所产生的误差。

如果说早期考古学中的工具研究主要是分类学或者类型学的研究，研究的中心是"物"，20世纪60年代出现的"新考古学"更注重的是史前工具所从属的文化背景和社会、自然环境，那么现代考古学，或者说"后现代主义"、"后过程主义"时代的考古学，则更多地将注意力放在了制造工具的"人"身上，而且尝试去了解工具制作者的思维和信仰。这种对研究目标不断的探索和更新，应该说是每一个学科进步所不可少的。不过，在探索的过程中，也需要意识到本学科的局限性，以及作为研究者的个体的局限性，避免将科学变为幻想和虚构。这不仅是史前工具研究需要谨慎处理的问题，也是其他考古学研究需要面对的问题。考古学研究是科学研究。科学研究的基本方法和程序，是提出假设，用各种手段加以检验，从而证明或推翻假设。[57]科学研究的结果必须具有可检验性，否则不过是幻想，甚至是似是而非的"科学"。[58]

最后需要强调的是，人类工具的制作之简单或复杂、规范或随意性，并不能够说明人类智力差异，更不应当用作划分"先进"、"落后"文化的标志。认为某些文化比其余文化"先进"的观点，其实是现代人以自己的标准加诸古代文化。考古学研究既然作为科学研究而强调其客观性，就应当将每一个考古学文化放在当时当地的文化和自然背景（context）中去研究和分析，而不应当用现代人的眼光去评判古代的文化。19世纪的古典文化进化论，往往被殖民主义者利用，从而将某些处于"石器时代"的群体及其文化定为"落后于工业时代的群体和文化"，据此对他们进行殖民和欺压。现代大多数人类学家反对这种将文化和社会分出"先进"和"落后"的"文化中心主义"

（ethnocentrism）。他们认为人类的现代社会有简单和复杂之分，人类的文化却并无先进落后之分别。[59]同样，史前文化也不应有高下之别，或所谓"主文明"、"次文明"之分。非洲、西欧和西亚地区的旧石器时代工具从初期开始，制作技术即比东亚地区所见复杂，器形亦似颇为规范，是否前者的人类文化比后者先进？是否代表前一类地区的人类比后一地区的人类智力进步？长江流域和华南地区与黄河流域史前工具在制作技术的复杂性和规范性方面也有所不同，是否就可以据此认为这些地区的人类，即使同属一个物种（现代智人 *Homo sapiens sapiens*），在智力上也出现差别，或者其文化有高下之分？如果根据文化平等的概念，对以上问题的答案都是否定的。

　　史前工具反映的是不同群体不同文化对不同自然环境的不同适应方式，最繁复的工具不见得是最佳适应方式。何况何谓最佳，也是见仁见智，难以有统一和实质性的标准。西方在 1970 年代以后出现的"后现代主义"思潮，其中一个重要的，而且比较合理的观点就是文化和知识的多元性，并且否定文化有高下之分。[60]前者是构成现代多学科综合研究的哲学基础，后者是人类所有群体和文化平等的哲学基础（当然，很多西方的政客或者学者并不承认这个平等概念，或者口头承认而实际不执行）。这个人类和文化平等的理念，不仅应当适用于现代社会及相关的学术研究，也应当适用于考古学所研究的古代人类社会。因此，在研究史前工具的时候，以工具之繁简或规范与否来判断考古学文化及其文化创造者的高下，不仅是对不同文化的误判，而且是对不同文化不同群体的偏见，或者说是研究者自身的"文化中心主义"的反映。这也是史前工具研究应当注意的问题。

注释：

① 陈星灿：《中国史前考古学史研究》，三联书店，1997 年。

② 裴文中：《论史前石器和假石器》，《史前考古学论文集》，文物出版社，1987 年。

③ 吕遵谔、黄蕴平：《大型食肉类动物啃咬骨骼和敲骨吸髓破碎骨片的特征》，《纪念北京大学考古专业三十周年论文集》，文物出版社，1990 年。

④ a. 同注③；b. 尤玉柱：《碎骨的观察及其考古意义》，《史前考古埋藏学概论》，文物出版社，1985 年；c. 张俊山：《峙峪遗址碎骨的研究》，《人类学学报》1991 年 10 卷 4 期；d. 张森水：《碎骨与文化遗物的研究》，《大连骨龙山》，科学技术出版社，1990 年；e. 龙凤骧：《马鞍山遗址出土碎骨表面痕迹的分析》，《人类学学报》1992 年 11 卷 3 期。

⑤ 同注①。

⑥ 同注①。

⑦ 高星：《关于周口店第 15 地点石器类型和加工技术的研究》，《人类学学报》2001 年 20 卷 1 期。

⑧ 同注①。

⑨ a. 安志敏：《海拉尔的中石器遗存——兼论旧石器的起源和传统》，《考古学报》1978 年 3 期；b. 安志敏：《中国细石器发现一百年》，《考古》2000 年 5 期；c. 陈淳：《中国细石核类型和工艺初探》，《人类学学报》1983

年 2 卷 4 期；d. 贾兰坡：《中国细石器的特征和它的传统、起源与分布》，《古脊椎动物与古人类》1978 年 16 卷 2 期；e. 侯亚梅：《石制品微磨痕分析的实验性研究》，《人类学学报》1992 年 11 卷 3 期；f. 王建、王益人：《下川细石核形制研究》，《人类学学报》1991 年 10 卷 1 期。

⑩ a. 李炎贤：《关于砾石石器分类的一些问题》，《纪念黄岩洞遗址发现三十周年论文集》，广东旅游出版社，1991 年；b. 袁家荣：《略谈湖南旧石器文化的几个问题》，《中国考古学会第七次年会论文集》，文物出版社，1992 年。

⑪ a. 饶惠元：《关于有段石锛的分型》，《考古通讯》1957 年 4 期；b. 傅宪国：《论有段石锛和有肩石器》，《考古学报》1988 年 1 期。

⑫ a. 同注⑪b；b. 林惠祥：《中国东南区新石器时代文化特征之一：有段石锛》，《考古学报》1958 年 3 期。

⑬ a. 贾兰坡等：《山西峙峪旧石器时代遗址发掘报告》，《考古学报》1972 年 1 期；b. 贾兰坡、卫奇：《山西阳高许家窑旧石器时代文化遗址》，《考古学报》1976 年 2 期。

⑭ a. 裴文中：《中国细石器文化略说》，《燕京学报》1947 年 33 期；b. 安志敏：《细石器文化》，《考古通讯》1957 年 2 期。

⑮ a. 同注⑭b；b. 安志敏：《中国细石器研究的开拓和成果——纪念裴文中教授逝世 20 周年》，《第四纪研究》2002 年 22 卷 1 期；c. 同注⑨d；d. 陈淳：《几何形细石器和细石叶的打制及用途》，《文物季刊》1985 年 4 期；e. 陈淳：《东亚与北美细石叶遗存古环境》，《第四纪研究》1994 年 4 期；f. 陈淳、王向前，1989. Upper Palaeolithic microblade industries in north China and their relationships with Northeast Asia and North America. *Arctic Anthropology*, 26（2）：127-156；g. 盖培，1985. Microlithic Industries in China, in *Palaeoanthropology and Palaeolithic Archaeology in the People's Republic of China*（*Wu Ru-kang and John W. Olsen eds.*），225-241. Florida：Academic Press Inc；h. 盖培，1991. Microblade tradition around the northern Pacific rim：a Chinese perspective, in *Contributions to the XIII INQUA*；Institute of Vertebrate Palaeontology and Palaeoanthropology, Academia Sinica：21-31.（Hou Ji-yu ed.）Beijing：Science Press；i. Lu, Tracey L - D. 1998. The Microblade Tradition in China：Regional Chronologies and Significance in the Transition to Neolithic. *Asian Perspectives Vol.* 37（1）：84-112；j. 沈辰：《细石器工艺、细石器传统及山东细石器研究的初步认识》，《桃李成蹊集——庆祝安志敏先生八十寿辰》，香港中文大学中国考古艺术研究中心，2004 年；k. Smith, J. W. 1974. The Northeast Asian - Northwest American Microblade tradition. *Journal of Field Archaeology* 1（304）：347-374；l. 邓聪、盖培，1986. Upper Palaeolithic cultural traditions in North China. *Advances in World Archaeology.* Vol. 5：339-364；m. 谢飞：《河北旧石器时代晚期细石器文化遗存的分布及其在华北马蹄形分布带中的位置》，《文物春秋》2000 年 2 期；n. 谢飞：《环渤海地区新旧石器文化过渡问题研究纲要》，《中国考古学跨世纪的回顾与前瞻》，科学出版社，2000 年。

⑯ W. C. Pei. 1935. On a Mesolithic（？）industry of the caves of Kwangsi. *Bulletin of the Geological Society of China*, Vol. 14（3）：393-412.

⑰ a. 黄慰文、张镇洪：《中国南方砖红壤中的石器工业》，《纪念黄岩洞遗址发现三十周年论文集》，广东旅游出版社，1991 年；b. 王幼平：《更新世环境与中国南方旧石器文化发展》，北京大学出版社，1997 年；c. 同注⑩b；d. 袁家荣：《湖南旧石器文化的区域性类型及其地位》，《长江中游史前文化暨第二届亚洲文明学术讨论会论文集》，岳麓书社，1996 年。

⑱ 同注⑨d。

⑲ 同注⑮i。

⑳ Gao, X. and Norton C. 2002. A critique of the Chinese "middle Palaeolithic". *Antiquity* 76（292）：397 - 412.

㉑　a. 赵朝洪:《试论中石器时代》,《北京大学学报》1989 年 4 期;b. 张镇洪、邱立诚:《人类历史转折点:论中国中石器时代》,广西人民出版社,1997 年;c. 英德市博物馆等:《中石器文化及其有关问题研讨会论文集》,广东人民出版社,1999 年。

㉒　a. 林圣龙:《中国的薄刃斧》,《人类学学报》1992 年 11 卷 3 期;b. 吕遵谔:《中国考古学研究的世纪回顾:旧石器时代考古卷》,科学出版社,2004 年;c. 佟柱臣:《中国新石器研究》,巴蜀书社,1998 年;d. 谢光茂:《关于百色手斧问题》,《人类学学报》2002 年 21 卷 1 期。

㉓　王益人:《碰砧石片及其实验研究之评述》,《桃李成蹊集——庆祝安志敏先生八十寿辰》,香港中文大学中国考古艺术研究中心,2004 年。

㉔　a. 同注⑨d;b. 黄蕴平:《小孤山骨针的制作和使用研究》,《考古》1993 年 3 期;c. 沈辰、陈淳:《微痕研究(低倍法)的探索与实践》,《考古》2001 年 7 期;d. 吕遵谔:《海城小孤山仙人洞鱼镖头的复制和使用研究》,《考古》1995 年 9 期;e. 同注㉒c;f. 王小庆:《赵宝沟遗址出土细石叶的微痕研究》,《桃李成蹊集——庆祝安志敏先生八十寿辰》,香港中文大学中国考古艺术研究中心,2004 年。

㉕　吕烈丹:《西樵山石器原料霏细岩开采方法的实验研究》,《考古学研究(Ⅱ)》,北京大学出版社,1994 年。

㉖　吕烈丹:《石器制作工艺的分析和研究》,《桂林甑皮岩》,文物出版社,2003 年。

㉗　a. 安志敏:《中国古代的石刀》,《考古学报》1955 年 10 期;b. 饶惠元:《略论长方形有孔石刀》,《考古通讯》1958 年 5 期。

㉘　a. 同注⑪a;b. 同注⑫b;c. 同注⑪b;d. 王海平:《贵州有段石锛之研究》,《贵州省博物馆馆刊》1985 年 1 期。

㉙　傅宪国:《试论中国新石器时代的石钺》,《考古》1985 年 9 期。

㉚　杨肇清:《试析锯齿镰》,《中原文物》1981 年 2 期。

㉛　吴加安:《石器时代的石磨盘》,《中原文物》1986 年 2 期。

㉜　宋兆麟、周国兴:《原始掘土棒上的穿孔重石》,《农史研究》1985 年 5 辑。

㉝　黄慰文:《中国的手斧》,《人类学学报》1987 年 6 卷 1 期。

㉞　a. 连照美:《台湾的有槽石棒》,《大陆杂志》1979 年 58 卷 4 期;b. 邓聪:《史前蒙古人种海洋扩散研究——岭南树皮布文化发现及其意义》,《东南文化》2000 年 11 期;c. 邓聪:《台湾出土冯原式石拍的探讨》,《桃李成蹊集——庆祝安志敏先生八十寿辰》,香港中文大学中国考古艺术研究中心,2004 年。

㉟　a. 林圣龙:《关于尖状器的定义——中、西方的比较》,《人类学学报》1993 年 12 卷 1 期;b. 林圣龙:《中西方旧石器文化中的技术模式比较》,《人类学学报》1996 年 15 卷 1 期。

㊱　同注㉟a。

㊲　同注⑩a。

㊳　a. 黄慰文:《东亚与东南亚旧石器初期重型工具的类型学——评 Movius 的分类系统》,《人类学学报》1993 年 12 卷 4 期;b. 同注⑩a。

㊴　Adams, W. Y and Adams E. W. 1991. *Archaeological Typology and Practical Reality*. Cambridge:Cambridge University Press.

㊵　同注㊳a。

㊶　a. 吕烈丹:《考古器物的残余物分析》,《文物》2002 年 5 期;b. 吕烈丹:《史前器物研究与微痕分析》,《岭南考古研究》2002 年 2 期。

㊷　同注㉒b。

㊸ Anderson, P. 1994. Reflections on the Significance of Two PPN Typological Classes in Light of Experimentation and Microwear Analysis: Flint "Sickles and Obsidian " Cayönü Tools, in *Neolithic Chipped Stone Industries of the Fertile Crescent, Studies in Early Near Eastern Production, Subsistence and Environment* (G. Gebel and S. K. Kozlowski eds.), 61-82. Berlin: Exoriente.

㊹ 同注㊶a。

㊺ Beyries, S. 1993. Are we able to determine the function of the earliest Palaeolithic tools? in *The Use of Tools by Human and Non-Human Primates* (A. Berthelet and J. Chavaillon eds.), 225-236. Oxford: Clarendon Press.

㊻ Beyries, S. 1997. Systems techniques et strategies alimentaires: l'exemple de deux groupes d'Indiens de Colombie – Britannique. *L'Alimentation des homes du Paléolithique*, Vol. 83: 73-92.

㊼ Grace, Roger. 1996. The "châin opératoire" approach to lithic analysis. http://intarch.ac.uk/journal/issue2.

㊽ White, Randall. 2004. From Materials to Meanings. http://www.insticeagestudies.com/library/library.html.

㊾ a. Flannery, K. V. and J. Marcus 1996. Cognitive Archaeology, in *Contemporary Archaeology in Theory – A Reader* (R. Preucel and I. Hodder eds.), 350 – 363. Oxford: Blackwell Publishers; b. Renfrew, C. and P. Bahn. 2000. *Archaeology – Theories, Methods and Practice.* New York: Thames and Hudson.

㊿ 同注㊾b。

(51) 同注㊾b, p. 388.

(52) 同注㊾b。

(53) Bock, P. 1999. *Psychological Anthropology.* Prospect Heights: Waveland Press.

(54) 同注㊾b, p. 386.

(55) Lowenthal, D. 1985. *The Past is a Foreign Country.* Cambridge: Cambridge University Press.

(56) 同注㊾a, p. 351.

(57) Feder, K. L. 2002. *Fraus, Myths, and Mysteries: Science and Pseudoscience in Archaeology.* Boston: McGraw-Hill Mayfield.

(58) 同注(57)。

(59) Kottak, C. P. 2002. *Anthropology.* Boston: McGraw-Hill Higher Education.

(60) 同注(59)。

Typological Analysis of Stone Adzes from Neolithic Sites in Southeast China: Implications for Cultural Change and Regional Interaction

Tianlong Jiao   Barry V. Rolett[*]

Introduction

The transformation of Neolithic cultures (ca. 6500-3500 BP) in coastal Southeast China, as indicated by the changes of pottery and stone tool assemblages, has been used to trace population migrations along the mainland coast as well across the Taiwan Strait, and these population migrations are believed to be associated with the proto-Austronesian expansions (Bellwood 2000; Chang 1995; Rolett, Jiao and Lin 2002; Tsang 2002). Stone adzes have received particular attentions from scholars interested in the connections between China and Oceania. The morphological similarity between the Chinese tangedstone adzes and Polynesian tangedadzes have stimulated studies on their possible connections. A number of scholars argue that the origins of Polynesian tangedadzes can be traced back to Southeast China (Duff 1970, Heine-Geldern 1946, Lin Huixiang 1958). Robert Heine-Geldern was the first scholar to correlate stone adzes with the Austronesian culture. Heine-Geldern (1946) proposed that adzes with quadrangular cross section are the diagnostic feature of Austronesian culture. He suggested quadrangular adzes probably first appeared in China and then diffused to Southeast Asia and the Pacific. This hypothesis was further developed by Roger Duff (1970). Duff, who developed a detailed system for the typology of Polynesian adzes, applied this system to the analysis of Southeast Asia and Southeast China adzes. He concluded that Southeast China was the original center for the innovation of tanged stone adzes.

* Tianlong Jiao, Department of Anthropology, Bishop Museum, Hawaii, U. S. A. ;
Barry V. Rolett, Department of Anthropology, University of Hawaii, Hawaii, U. S. A.

Duff argued: "A strong case can be made that all these (tanged adzes) diffused to Polynesia, in particular East Polynesia" (Duff 1970: 13-14)

Both Heine-Geldern and Duff had an influence upon Chinese archaeologists. In 1958, Lin Huixiang, a professor at Xiamen University, introduced Heine-Geldern's model into China, arguing that the diffusion of tanged adzes was related to the dispersal of people who spoke "Austronesian language." Lin maintained that Fujian and Guangdong were the original center for the innovation of the stepped-adzes which later diffused to Polynesia through the Islands of Southeast Asia (Lin Huixiang 1958). Until recently, this diffusion theory had been warmly endorsed by Chinese archaeologists (Fu 1988).

New archaeological discoveries in both China and the Pacific made it increasingly clear that the diffusion model is too simplistic to explain the similarities between adzes found in China and East Polynesia. Pacific archaeologists now believe that tanged adzes were an independent development in Polynesia, and their resemblance to the Chinese tanged adzes is possibly just a coincidental convergence (Emory 1968; Green 1971).

More recently, sourcing studies of stone adzes from Fujian, Penghu and Taiwan have provided more tangible evidences to trace the exchange networks across the Taiwan Strait, and the results have been used to support the hypothesis that the Austronesian seafaring originated in Southeast China (Rolett, Chen & Sinton 2000; Rolett, Tsang, Yeh and Hung, in press; Guo, Jiao, Rolett, Liu, Fan & Lin 2005).

Stone adzes account for more than half of the stone tool assemblage at major Neolithic sites in Southeast China (Table 1). Such a high percentage demonstrates that woodworking was an important activity in Neolithic Southeast China. It also demonstrates that the stone adze is one of the major components of archaeological cultures in this area. Therefore, a comparative study of adze typology has the potential to shed light on cultural changes over time and space.

With this in mind, in 2001, we carried out a typological analysis on the stone adzes from four major Neolithic sites in Fujian. These sites include the Keqiutou site, the Tanshishan site, the Xitou site, and the Huangguashan site, all located on the coast of Fujian Province (Fig. 1). These four sites represent three different stages of the Neolithic cultures in coastal Southeast China (Lin Gongwu 1993) (Table 1). The result of this analysis suggests that the morphological changes of stone adze assemblage are important indicators for cultural transformation and regional variations in Southeast China.

Table 1   Frequency of Stone Adzes at Excavated Neolithic Sites in Fujian, China

Site	Total Stone	Tools Stone Adzes	Percentage of Stone Adzes	^{14}C Age (calibrated. BP)
Keqiutou	153	108	70. 6%	6200 – 5000
Tanshishan	612	371	60. 6%	5000 – 4300

Site	Total Stone	Tools Stone Adzes	Percentage of Stone Adzes	^{14}C Age (calibrated. BP)
Zhuangbianshan	276	167	60. 5%	5000 – 3500 （?）
Xitou	138	86	62. 3%	5000 – 4300
Huangguashan	515	314	61%	4300 – 3500

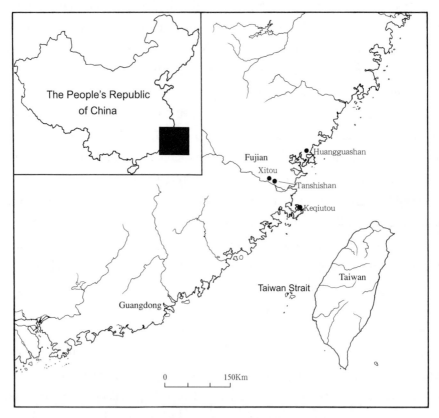

Fig.1 Locations of the archaeological sites in Fujian, China

Models for the Typology of Stone Adzes
in Southeast China: a Review

Published models for the typology of the Neolithic stone adzes in southeast China are almost as diverse as the types of stone adzes themselves. Archaeologists in this region have tended to propose their own identical typology of the excavated stone adzes, and each typological model has its own classification criteria. The diversity of classification system has created serious barriers for a meaningful comparison among sites. In order to examine cultural changes related to the variation of stone adzes over time, it is necessary to have a simple typology

that is broadly applicable throughout Southeast China. In this regard, the following three re-
gional syntheses of stone adzes merit close observation.

The first typology of stone adzes on a regional scale in Southeast China was developed by
Lin Huixiang (1958). Based on his observation of collections available in the mid-1950s,
Lin Huixiang divided the tanged adzes with steps (*youduan shiben*) into three types: "pre-
liminary type", "mature type", and "advanced type". Each type also marks an evolu-
tionary phase:

"First Phase, preliminary type. This type refers to stone adzes with a middle ridge
which separates the back (in Polynesian adze typology, this side is called "front" –
author's notes) of the adze into two parts. These two parts are the same in thickness. This is
the earliest type of tanged adze with step, and its function is the same as that of the common
type adzes which are hand held without being attached to a handle. This type has been
found in a great deal of amounts in Fujian, Guangdong and Jiangxi. It was also found in
other places such as Taiwan and the Philippines, but in lesser numbers.

Second Phase, mature type. This type refers to stone adzes with obvious steps, ridges or
grooves. They can be hafted. This type has been found in many places in China and a-
broad. The Polynesian hafted stone adzes belong to this type.

Third Phase, advanced type. The butt was deeply cut by a kind of stone saw, making the
butt much thinner than the body, to facilitate hafting and giving it sharp and well made ed-
ges. This type is most abundant in the Philippines, and it is rarely seen in Taiwan, Fujian,
and Guangdong. However, the stone adzes found in Zhejiang and Jiangsu mostly belong to
this type" (Lin Huixiang 1958. Translation ours).

Apparently, Lin used the shape of the step as the single diagnostic attribute in his adze
classification. He assumes that the development of the step was by a linear progression from
a slightly visible ridge to a pronounced platform. On the basis of this assumption, Lin con-
cluded that the tanged adze with steps was first invented in mainland Asia, and then dif-
fused to Taiwan, the Philippines and Polynesia. More specifically, he suggests that the area
of Fujian, Guangdong, Zhejiang, Jiangxi, Jiangsu and Anhui is the original center for the
innovation of tanged adzes.

The second typology was developed by Fu Xianguo (Fu 1988). Fu selected the step and
adze cross-section as the two diagnostic attributes and divided the tanged adzes into five
types:

Type I: No obvious step, but there is a pronounced ridge separating the butt and body of
the adze. Three varieties (Ia, Ib, and Ic) are further identified on the basis of plan-view
shape and adze cross-section. Ia is plano-convex in cross-section. It is found only in the

Hangzhou Bay area and most examples are from the Hemudu site. Ib is rectangular in cross-section. It is generally found in the lower reaches of the Yangzi River. Ic is trapezoidal in cross-section. It is found mainly in Fujian and Guangdong.

Type II: Angled back with either trapezoidal or rectangular plan-view shape. The butt is thicker than the body. This type of adze is rare, and they are found mainly in Shandong and the lower reaches of the Yangzi River.

Type III: Typical stepped adze. These adzes have a pronounced step platform, and the cross-section is either rectangular or trapezoidal. There are six varieties of this type. Except for IIIa, the other varieties are known from Fujian and Guangdong.

Type IV: There are one or two grooves on the back of the adzes. No evident step. It includes two varieties (IVa and IVb)

Type V: Shouldered stepped adzes. This type of adzes has both shoulder on sides and step on the front. The butt is narrower than the body. It includes three varieties. This type of adzes is found mainly in Guangdong, Hong Kong, Guangxi, and Yunnan.

Fu suggested a chronological sequence for these five types of adzes, arguing that they underwent three periods: "initial", "efflorescence", and "declining period". He concluded that the original center for the innovation of the tanged adzes with steps was the lower reaches of the Yangzi River. Around 5000 BC, tanged adzes appeared in the Hemudu Culture, and then diffused to other areas in China (Fu 1988: 13).

Both Lin and Fu focus specifically on stepped adzes and ignore other kinds of adzes in Southeast China. The general tendency of their researches was to assume a typological evolution by which the step became progressively more pronounced, changing from a ridge to an obvious step, and finally developed into the "advanced" or "typical" stepped adzes with a reduced butt or shoulder above the step. However, as discussed below, the appearance of the "advanced" type does not necessarily coincide with the complete disappearance of the types with less pronounced steps or even non-stepped adzes. By focusing solely on the stepped adzes, both Lin's and Fu's typologies missed an opportunity to present the full diversity of wood-working tools in the Neolithic of Southeast China.

In order to study the cultural transformations reflected by changes in adze morphology, we need to have a comprehensive typological framework incorporating all types of adzes. Such a typology can not only reflect the development of styles and manufacturing techniques, but it can also be used to document the relative frequencies of different types of adzes. This is important because the changing ratio between tanged adzes and untanged adzes over time is in fact highly indicative of cultural development in Neolithic Southeast China.

Roger Duff's typological analysis of the stone adzes of Southeast China is more useful for this purpose than the previously discussed typologies. As a Polynesian archaeologist, Duff's research on the adzes of Southeast China was motivated by his search for the origins of Polynesian adzes. Duff saw distinctively the Austronesian traits in the Neolithic adzes of Southeast China and therefore surmised: "it is an interesting question whether the Southeast coast was inhabited by a pre-Han population with Austronesian affinities. " (Duff 1970: 85) In 1956, Duff spent five weeks to inspect stone adzes in museums in China. This China trip and several other visits to the Philippines, Singapore, Malaya, Cambodia, Thailand, South Vietnam, Hong Kong, and Taiwan enabled Duff to assemble data for his comprehensive monograph "Stone Adzes of Southeast Asia" (Duff 1970). Before conducting this research, Duff had already established himself as the leading expert on Polynesian stone adze typology. Thus, it was natural for him to try to apply his Polynesian adze typology to the adzes of Southeast China and Southeast Asia.

Duff's adze typology of stone adzes includes ten types, with each type divided into a number of varieties. The classification relies on two attributes: the shape of the adze cross-section and the modification of the butt. Duff applied this typology to Southeast Asia (including China), and he looked broadly at the distribution of different adzes.

Duff hypothesized that there were three focuses, or dispersal centers, for adzes in Southeast Asia and Southeast China (Fig. 2). Duff noticed that the distribution frequency of each adze type or variety was different in these three focuses.

Duff classified all Chinese adzes he studied into his Types 1 and 2 (Fig. 3). Among the Type 1 adzes, Duff identified three varieties (1A, 1B and 1E). Duff's description of these adze types and varieties as follows:

1A: stepped butt or angled butt. "The most general modification is that reduction of the upper surface of the butt area of the adze face to leave a step, between butt and blade, which in late Neolithic forms approaches the vertical. The reduction was produced by an initial flaking technique, followed in some cases by bruising. In late Neolithic forms grinding was applied to the reduced butt surface and a sawn scarf at butt and blade junction helped to create a vertical step. Allied to the above was the provision of a lashing grip by skillful initial flaking by which, in profile, the butt is seen to be set at an angle to the blade, the back of the adze being dished or concave longitudinally. " (Duff 1970: 89)

1B: Pseudo-shouldered. According to Duff, this variety "originated as a by-product of the original form of stepped butt reduction by flaking and bruising. Where the adze section was either too shallow for this technique to be applied, or the material sufficiently resistant to require considerable hammer bruising, the needs of a lashing grip were provided by reduction of the butt sides. " (Duff 1970: 90)

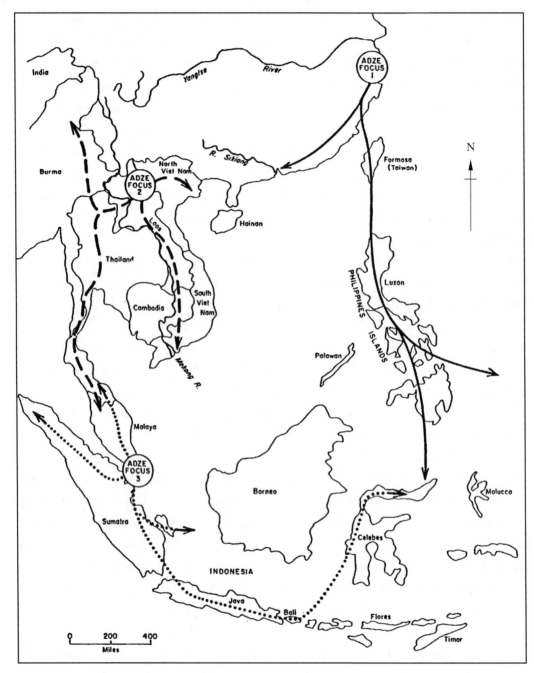

Fig.2　Distribution and dispersal of stone adzes in Southeast China and Southeast Asia
(after Duff 1970:12)

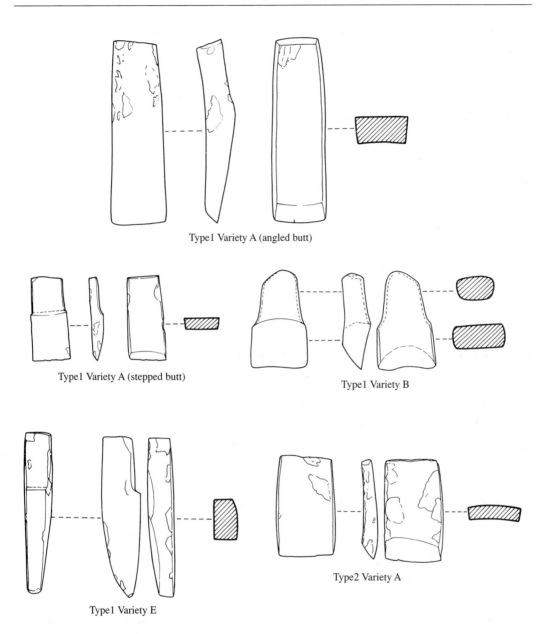

Type1 Variety A (angled butt)

Type1 Variety A (stepped butt)

Type1 Variety B

Type1 Variety E

Type2 Variety A

Fig.3 Roger Duff's typology of stone adzes of Southeast China

1E: The long axis of the rectangular section corresponds with the adze sides without demarcated bevel "chin".

Duff noticed that both 1B and 1E are very rare in Southeast China.

Type 2: Simple rectangular. These are untanged rectangular cross-section adzes belong to Variety A (2A) which has unilateral bevel. This kind of adze is found throughout Southeast Asia and Polynesia. Duff regarded this variety as the ancestral form for all other types of adzes.

Duff's study of the Chinese stone adzes was limited by the extent of the collections available in the 1950s. Most of Duff's data were from museum collections without archaeological context. Since Duff' short trip to China in 1956, the numbers of excavated stone adzes have increased significantly. Therefore, it is not surprising that Duff's typology can not fully explain the diversity of stone adzes revealed by today's archaeological records. For instance, Duff's 1A includes angled tangs, stepped tangs, and scarfed tangs. In fact, these three distinct tang forms mark important regional differences in Southeast China (Fu 1988). However, this does not mean Duff's classification system is totally meaningless today. On the contrary, we find out that Duff's types and varieties are valuable for documenting and classifying the stone adzes of Southeast China. Therefore, in order to have an established and easily expressed terminology for adze typology, the following analysis will basically follow Duff's system with modification when necessary.

Typological Analysis of the Neolithic Stone Adzes in Fujian

We observed that most of our adzes from the four Neolithic sites in Fujian can be classified with Duff's typology. However, there are also some adzes that represented new types not recorded by Duff. The following typology is based on Duff's system but modified to document these new types.

Typology of Stone Adzes from the Keqiutou Site

About 153 stone tools were found during the Keqiutou excavation in 1985, among which 108 are stone adzes (FPM 1991). Stone adzes account for more than 70% of the total stone implements. In 2001, We were able to observe all of the adzes in Fujian Provincial Museum in Fuzhou.

The most noteworthy characteristic of the Keqiutou stone adze assemblage is that there are no tanged adzes. Most of the adzes are trapezoidal in plan-view shape with a plano-convex or rounded rectangular cross-section. Chipping and polishing are the basic manufacturing techniques. Most adzes were polished over almost the entire surface. Some of the stone tools were made from water worn pebbles.

The Keqiutou adze assemblage exhibits a number of unique forms that were not recorded by Duff. In their preliminary report of the excavation of the Keqiutou site (FPM 1991), the excavators grouped the adzes into three types (Type A, B, and C) on the basis of plan shape and cross-section shape (Table 2, Fig. 4).

Table 2 Typology of stone adzes from the Keqiutou site

Type	Duff (1970)	Plan Shape	Cross-section	Percentage
A	2B	rectangular	rounded rectangular	20%
B1	N/A	trapezoidal	plano-convex	25%
B2	N/A	trapezoidal	rounded rectangular	39%
C1	N/A	triangular	plano-convex	7%
C2	N/A	triangular	rounded rectangular	9%

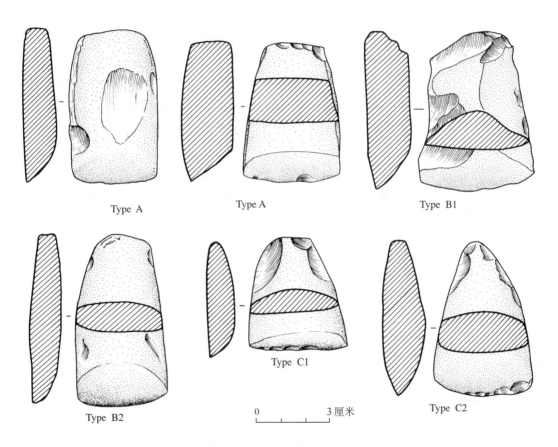

Type A   Type A   Type B1

Type B2   Type C1   Type C2

0   3厘米

Fig.4 Stone adze types of the Keqiutou site

Type A. This adze type has a rectangular plan shape with a rounded rectangular cross-section. About 20% of the adzes belong to this type.

Type B. Trapezoidal plan shape with a plano-convex or rounded rectangular cross-section. 64% of the adzes belong to this type. Type B adzes can be divided into two varieties based on their cross-section. Variety B1: Plano-convex cross-section. Variety B2: Rounded rectangular cross-section.

Type C. Triangular plan shape with a plano-convex or rounded rectangular cross-section. Only 16% of the adzes belong to this type. They were also divided into two varieties. Variety C1: Plano-convex cross-section. Variety C2: Rounded rectangular cross-section.

Type A basically resembles with Duff's type 2B, distinguished by a rectangular plan shape with a rounded rectangular cross-section. Both Types B and C do not fit Duff's typology. The morphology of Type B is close to Duff's Type 2, but the plan shape is trapezoidal, not rectangular. Type C is a new form not recorded by Duff. As will be discussed below, Type C is a unique type among all the Neolithic adzes in Fujian. It is triangular in plan shape and until now it has been found only at the Keqiutou site. Type C is thus highly diagnostic of the Keqiutou Culture.

During our sojourn in Fuzhou in 2001, we were able to measure 66 unbroken adzes (Table 3). Most of these adzes are small, measuring about 5-7 cm long and 2-4 cm wide. The mean length is 6.2 cm, the mean width is 3 cm, and the mean thickness is 1.5 cm.

Table 3　Dimensions of unbroken stone adzes from the Keqiutou Site

Context (unit/level/no.)	Cross-section	Length (cm)	Width (cm)	Thickness (cm)
H18:1	plano-convex	4.5	2.1	0.8
H5:1	round rectangular	3.9	1.8	1.0
T104 (1b):7	round triangular	6.2	3.4	1.6
T205 (2):8	round rectangular	8.8	4.6	2.8
T205 (5):1	plano-convex	5.3	2.5	1.6
T205 (5):2	trapezoidal	5.4	1.8	1.5
T205 (5):3	rectangular	5.0	2.4	1.4
T301 (3):1	rectangular	5.0	3.4	1.0
T301 (4):2	trapezoidal	6.1	3.3	1.5
T302 (5):2	plano-convex	5.0	2.7	1.2
T303 (2):2	round triangular	7.0	4.3	1.7
T303 (3):7	plano-convex	7.8	3.5	1.6
T304 (5):1	round rectangular	6.7	4.6	2.0
T304 (5):2	round rectangular	5.2	2.6	1.1
T304 (5):3	rectangular	5.5	2.6	1.2
T305 (5):1	rectangular	6.0	3.0	1.2
T305 (5):3	round triangular	4.1	3.4	1.2

Context (unit/level/no.)	Cross-section	Length (cm)	Width (cm)	Thickness (cm)
T306 (5):3	plano-convex	6. 8	2. 8	1. 0
T403 (4):1	rectangular	7. 4	4. 5	1. 7
T403 (4):10	plano-convex	5. 6	3. 0	1. 0
T403 (4A):2	plano-convex	5. 4	3. 1	1. 4
T403 (5):3	plano-convex	7. 2	3. 5	2. 2
T403 (5):5	plano-convex	4. 8	2. 4	1. 5
T403 (5):6	plano-convex	5. 4	3. 6	1. 0
T404 (5):5	plano-convex	9. 3	3. 5	2. 0
T404 (5):7	rectangular	6. 7	3. 5	1. 3
T405 (1):1	plano-convex	6. 1	4. 6	1. 8
T405 (3):3	rectangular	3. 7	2. 2	0. 8
T405 (4):4	round triangular	6. 5	4. 2	1. 7
T405 (5):5	plano-convex	7. 7	3. 5	1. 8
T405 (5):6	trapezoidal	5. 5	2. 2	1. 4
T405 (6):8	plano-convex	7. 7	2. 4	1. 7
T406 (5):11	plano-convex	5. 7	2. 4	1. 1
T406 (5):12	plano-convex	5. 8	1. 8	0. 9
T406 (5):8	plano-convex	4. 5	2. 3	1. 3
T406 (6):10	round rectangular	4. 5	2. 5	0. 9
T407 (5):1	plano-convex	6. 2	2. 5	1. 8
T407 (5):1	plano-convex	6. 0	2. 5	1. 3
T408 (4):1	trapezoidal	5. 3	2. 5	2. 0
T414 (4A):1	round triangular	4. 4	2. 6	1. 7
T501 (3):1	plano-convex	6. 8	4. 3	1. 8
T502 (2):4	round triangular	8. 0	2. 8	2. 2
T502 (2):5	plano-convex	8. 8	3. 8	1. 2
T503 (5):8	plano-convex	5. 8	2. 2	1. 4
T504 (5):6	plano-convex	6. 0	1. 7	1. 4
T508 (5):18	plano-convex	11. 4	5. 6	1. 7
T605 (3):8	rectangular	4. 3	3. 3	1. 6
T605 (5A):1	plano-convex	7. 7	2. 1	1. 5
T605 (5A):2	round rectangular	5. 0	4. 3	1. 6
T605 (5A):3	round triangular	7. 0	3. 4	1. 7
T607 (1):3	plano-convex	5. 5	4. 0	1. 4

Context (unit/level/no.)	Cross-section	Length (cm)	Width (cm)	Thickness (cm)
T607 (3):4	rectangular	8.2	3.8	2.0
T607 (5):5	rectangular	5.2	3.0	1.4
T607 (5):6	round triangular	5.8	2.3	1.2
T607 (5):7	plano-convex	5.0	4.6	1.2
T607 (5):9	plano-convex	6.0	3.1	1.8
T608 (2):1	rectangular	8.0	4.4	1.7
T608 (2):2	rectangular	6.5	4.0	1.3
T608 (2):3	rectangular	5.2	4.1	1.2
T608 (4A):22	plano-convex	6.7	2.7	2.0
T608 (4A):5	plano-convex	6.2	2.1	1.5
T608 (4A):6	rectangular	7.6	2.5	1.2
T608 (4A):8	round triangular	7.3	4.8	1.7
T608 (5):77	round triangular	7.1	4.2	1.8
T657 (5):8	trapezoidal	5.7	4.0	1.6
T706 (5):4	plano-convex	7.0	4.2	2.0
T707 (5):2	plano-convex	6.2	2.4	1.9

(Specimens recorded at the Fujian Provincial Museum in January, 2001)

The Keqiutou adzes comprise the earliest Neolithic adze assemblage known in Fujian. The Keqiutou Culture established a tradition that was carried on throughout the Neolithic era on the Fujian coast. Despite the fact that tanged adzes became more important in the middle and late Neolithic, rectangular and trapezoidal plan-shaped adzes with a round rectangular cross-section remained the major adze type until the late Neolithic in Fujian.

Typology of Stone Adzes from the Tanshishan Site

The Tanshishan site has been excavated eight times and 371 stone adzes were found in the first six excavations (FPM 1955, 1961, 1964, 1976, 1983). These adzes have been distributed to a number of museums and institutions. During our visit to the Fujian Provincial Museum in 2001, the museum staff was only able to locate 121 of the adzes. These include 66 diagnostic specimens and 55 non-diagnostic adzes. We observed that most of the diagnostic adzes fit Duff's typology, although there are some morphological variations that Duff did not document.

Typological Analysis of Stone Adzes from Neolithic Sites in Southeast China: Implications for Cultural Change and Regional Interaction

311

Table 4   Typology of stone adzes from the Tanshishan Site

Duff's Type	Plan shape	Cross-section	Number	Percentage
1A	trapezoidal	rectangular	22	33%
2A	rectangular	rectangular	31	47%
3A	rectangular	triangular	10	15%
3G	trapezoidal	highly rounded triangular	3	5%

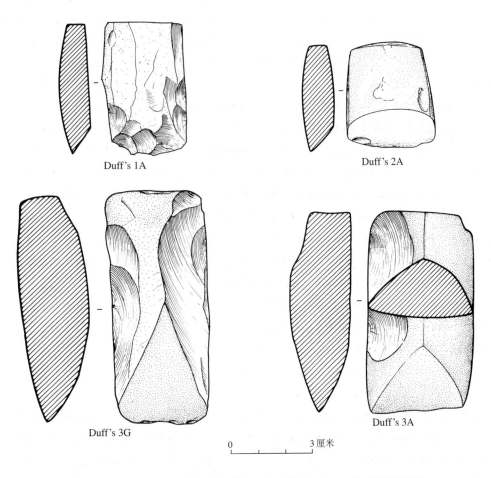

Duff's 1A

Duff's 2A

Duff's 3G

Duff's 3A

0   3厘米

Fig.5 Stone adze types of the Tanshishan site (illustrations after FPM 1976)

The 66 adzes with diagnostic features can be grouped into Duff's Types1A, 2A, 3A and 3G (Table 4, Fig. 5). Tanged adzes (1A and 3A) account for about 48% of the total number of adzes. 1A has a slightly angled tang. There is no pronounced step, as noted by Duff for some of his Type 1A adzes. Type 3A has an angled tang reduced from the front, and the cross-section of the blade is triangular. This type of triangular cross-sectioned adze was not recorded by Duff in Southeast China. However, Duff recorded Type 3A adzes in Taiwan. Based on Duff's published drawings (Duff 1970: 121), the Taiwan Type 3A adzes are different from those found at Tanshishan. The Taiwan 3A adzes are Patu-type hoes, with a laterally reduced triangular cross-section butt and a thin, elliptical cross-section blade. This indicates that Duff's definition of Type 3A is too broad, and it groups two very different forms into a single type.

The appearance of tanged adzes marks an evident technological and stylistic change from the earlier Keqiutou assemblage, and therefore it is a significant development in the Neolithic cultures of Fujian. As indicated above, Fu hypothesized that tanged adzes first appeared in the Hangzhou Bay area of Zhejiang Province and diffused from there to Fujian (Fu 1988). This hypothesis fits the chronological evidence which shows that the Tanshishan site is later than the Hemudu and the Liangzhu Cultures in Zhejiang Province. These cultures have incipient-tanged and stepped-tanged adzes. Hence, it is possible that the concept or technique of making tanged adzes diffused from this area to Fujian. However, it should be noted that there are stylistic and technological differences between the Tanshishan and the Zhejiang tanged adzes. The Hemudu adzes only have an incipient tang or to be more exact, there is only a ridge between the tang and the blade. The Liangzhu adzes have pronounced step platforms which were either sawed or cut from the front. In comparison, the tang on the Tanshishan adzes was reduced by grinding, chipping or bruising the front, leaving no pronounced platforms between the tang and the blade.

It is noteworthy that almost half of the Tanshishan adzes we observed are untanged (Types 2A and 3G). Most of these adzes were made from flakes. Some are fully polished, but most bear chipping or bruising traces on the body.

The broken adzes are non-diagnostic, but they were finished and broken through use, so their presence reflects the heavily use of adzes at the Tanshishan site.

Among the 66 diagnostic adzes, only 40 are complete. As indicated in Table 5, most of these are small tools. Their mean length is 5.6 cm, the mean width is 2.8 cm, and the mean thickness is 1.5 cm. Most adzes are 4-6 cm long by 2.5-3 cm wide and less than 1.5 cm thick.

Table 5　Dimensions of unbroken stone adzes from the Tanshishan Site

Context	Cross-section	Length (cm)	Width (cm)	Thickness (cm)
N/A	trapezoidal	6.2	2.2	1.8
N/A	trapezoidal	9.4	3.5	3.0

Context	Cross-section	Length (cm)	Width (cm)	Thickness (cm)
N/A	trapezoidal	9. 7	3. 5	2. 5
N/A	trapezoidal	7. 8	2. 7	1. 8
59T105 : 34	trapezoidal	4. 7	3. 2	1. 5
59T105 : 50	trapezoidal	4. 5	3. 2	1. 4
59T126 : 2	rectangular	4. 4	2. 6	1. 5
59T128 : 28	rectangular	4. 5	1. 7	1. 2
60T107 : 032	trapezoidal	4. 6	2. 2	1. 3
60T108 (1) : 03	trapezoidal	3. 7	2. 4	1. 6
60T109 : 02	rectangular	5. 0	2. 7	1. 0
60T110 : 05	trapezoidal	5. 6	4. 2	1. 4
60T111 : 48	rectangular	3. 0	2. 1	0. 8
60T112 : 55	rectangular	2. 6	2. 4	0. 8
63T113 (1) : 006	rectangular	4. 0	2. 1	0. 6
64MT : 9	round triangular	9. 2	4. 2	2. 0
64T110 : 11	trapezoidal	6. 0	3. 6	2. 0
64T116 : 7	trapezoidal	4. 6	2. 3	1. 2
64T118 : 2	plano-convex	6. 4	3. 3	2. 0
64T118 : 4	trapezoidal	7. 8	4. 3	2. 3
64T119 : 29	rectangular	3. 6	1. 5	0. 6
64T120 (3):38	plano-convex	5. 0	2. 8	1. 0
65MT : 8	round triangular	6. 8	4. 2	2. 5
65T122 (3):13	plano-convex	4. 7	2. 3	1. 4
65T122 : 8	trapezoidal	5. 1	2. 1	1. 7
65T123 : 16	plano-convex	6. 8	2. 5	1. 8
65T124 : 20	rectangular	9. 3	3. 5	2. 7
65T129 : 20	rectangular	7. 4	3. 5	1. 9
65T129 : 21	plano-convex	8. 5	3. 7	2. 4
65T130 : 10	trapezoidal	6. 4	2. 5	1. 7
65T131 (2):15	rectangular	6. 4	3. 5	1. 5
65T131 (2):20	rectangular	3. 5	1. 7	1. 2
65T131 (2):27	trapezoidal	5. 3	2. 3	1. 2
65T131 : 39	trapezoidal	3. 5	2. 2	1. 5

Context	Cross-section	Length (cm)	Width (cm)	Thickness (cm)
65T165 : 9	trapezoidal	5. 2	2. 5	1. 7
T107 : 024	rectangular	5. 8	1. 8	1. 0
T108 : 08	rectangular	5. 0	1. 7	1. 0
T111 : 58	plano-convex	4. 0	2. 2	1. 0
T130 : 5	trapezoidal	3. 2	2. 6	1. 0
T164 : 16	rectangular	4. 8	3. 3	1. 3

(Specimens recorded at the Fujian Provincial Museum in January, 2001)

Adzes Typology of the Xitou Site

Based on the published reports, about 167 stone adzes were found at the Xitou site (FPM 1984). During our sojourn at the Fujian Provincial Museum, the staff was only able to locate 52 of these adzes. We observed that 32 of them represent diagnostic types in Duff's classification, and 20 of them are broken non-diagnostic pieces.

The 32 diagnostic adzes basically fall into Duff's Types 1A and 2A with some variation (Table 6, Fig. 6). Each type accounts for about half of the total number of adzes. Type 1A has an angled tang reduced by chipping or grinding the bulb of percussion on the front. This kind of adze is almost the same as the Type 1A found at Tanshishan. The untanged adzes (Type 2A) also account for about half of the assemblage, and their shapes are also similar to those of the Tanshishan adzes.

Since we were only able to study less than half of the excavated adzes, the above frequencies may be biased. The excavation report discussed a number of untanged adzes with a triangular cross-section, which may be similar to Duff's 3G (FPM 1980, 1984). Unfortunately we were not able to observe this type of adze in Fuzhou.

We also recorded the dimensions of 31 unbroken adzes from the Xitou site (Table 7). Like those from Tanshishan, most of the stone adzes are small. The mean length and width is 6. 7 cm and 2. 6 cm, and the mean thickness is 1. 9 cm.

Table 6   Adze typology of the Xitou Site

Duff's Type	Plan shape	Cross-section and tang	Percentage
1A	trapezoidal-rectangular	Quadrangular cross-section, either high trapezoidal or rectangular	50%
2A	rectangular – Trapezoidal	Rectangular	50%

Typological Analysis of Stone Adzes from Neolithic Sites in Southeast China: Implications for Cultural Change and Regional Interaction

315

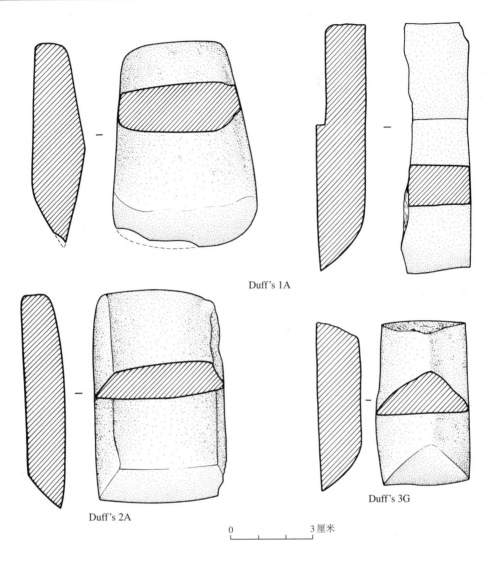

Duff's 1A

Duff's 2A

Duff's 3G

0   3厘米

Fig.6　Stone adze types of the Xitou site

Table 7　Dimensions of unbroken stone adzes from the Xitou Site

Context (unit/layer/no.)	Cross-section	Length (cm)	Width (cm)	Thickness (cm)
T135 (5):17	rectangular	5. 2	2. 2	0. 9
T137 (5A):8	trapezoidal	7. 4	3. 5	2. 9
T145 (7):27	trapezoidal	5. 4	1. 4	1. 6
T155 (6):1	trapezoidal	6. 1	3. 4	2. 0
T156 (5):13	trapezoidal	6. 1	3. 3	2. 0

Context (unit/layer/no.)	Cross-section	Length (cm)	Width (cm)	Thickness (cm)
T156 (5):8	trapezoidal	5.6	2.5	1.7
T156 (5):9	rectangular	3.5	1.5	0.9
T156 (7):35	trapezoidal	6.1	1.7	1.9
T165 (5):47	trapezoidal	9.0	2.5	2.4
T165 (6):2	trapezoidal	5.2	2.5	1.6
T176 (5):32	trapezoidal	3.8	2.0	0.7
T176 (7):33	trapezoidal	7.2	3.6	2.8
T186 (5):22	trapezoidal	4.1	1.8	1.0
T196 (5):11	trapezoidal	7.1	3.4	2.5
T197 (6):12	rectangular	3.9	1.4	0.6
T197 (6):14	trapezoidal	4.3	2.5	1.0
T197 (6):16	trapezoidal	14.0	4.4	3.5
T197 (6):25	trapezoidal	11.5	2.7	3.5
T244 (6):?	trapezoidal	5.8	2.2	1.7
T244 (6):5	trapezoidal	9.0	2.1	2.4
T244 (6):7	trapezoidal	7.5	3.7	2.4
T244 (6):8	trapezoidal	9.4	3.5	2.4
T254 (6):15	trapezoidal	9.0	3.3	2.0
T355 (6):10	trapezoidal	4.4	1.2	1.4
T534 (5):4	rectangular	6.8	2.6	1.5
T535 (6):6	trapezoidal	5.0	2.2	1.7
T535 (6):9	trapezoidal	5.2	2.5	1.3
T559 (6):44	trapezoidal	9.0	3.2	2.7
T559 (6):53	trapezoidal	6.0	2.1	1.4
T559 (7):48	trapezoidal	7.5	2.5	2.5
T56 (5):20	trapezoidal	6.1	3.0	2.5

(Specimens recorded at the Fujian Provincial Museum in January, 2001)

Adze Typology of the Huangguashan site

The first excavation of this site in 1989 led to the discovery of 314 stone adzes (FPM 1994). Because part of the collection is in the Xiapu County Museum, we were only able to locate 282 samples at the Fujian Provincial Museum in 2001. Of these samples, 183 have diagnostic features for a typological analysis, while the rest are non-diagnostic broken pieces or preforms.

The 183 diagnostic adzes can be classified into Duff's Types 1A, 1B, 2A, 2E, 3A, 3C, and 3G (Table 8, Fig. 7). Type 1A has angled tang reduced from the front either by chipping or by polishing the bulb of percussion. The cross-section of these adzes is either rectangular or rounded rectangular. They account for about 54% of the total numbers. Type 1B is pseudo-shouldered in Duff's definition, and the tang is reduced laterally on both sides with a rounded rectangular cross-section. Only two samples were observed. Type 3A is also tanged with a triangular cross-section. However, these adzes do not have pronounced step that is a diagnostic trait in Duff's Type 3A. The tang was reduced from the front by chipping or grinding the bulb of percussion. The tang on some of the Type 3A adzes was reduced laterally, which does not fit Duff's definition. However, their triangular cross-section marks an evident difference from Type 1B. In order to avoid unnecessary new sub-varieties, we classified these as Type 3A. Therefore, if we combine Types 1A, 1B and 3A together, tanged adzes account for about 60% of the total number of the Huangguashan adzes. This is a significant increase by comparison with the Tanshishan and Xitou assemblages, in which tanged adzes account for only about one-third of the total number.

Table 8   Adze typology of the Huangguashan Site

Duff's Type	Plan shape	Cross-section Tang & cutting edge	Count	Percentage
1A	rectangular	rounded rectangular or rectangular	98	54%
1B	rectangular	rounded rectangular	2	1%
2A	rectangular/ trapezoidal	rounded rectangular cross-section	68	37%
2F	trapezoidal	shallow elliptical	1	0.5%
3A	rectangular	triangular	9	5%
3C	trapezoidal	triangular	4	2%
3G	trapezoidal	triangular	1	0.5%
Non-diagnostic		too fragment to identify types or varieties	97	
Preform		different varieties, unfinished adzes	15	

Typological diversity of the Huangguashan adzes is also greater than that which is found at Tanshishan and Xitou, indicating an increase in the sophistication of lithic technology. In fact, as indicated above, the subtle variations within each variety make it difficult to match them exactly with Duff's definitions.

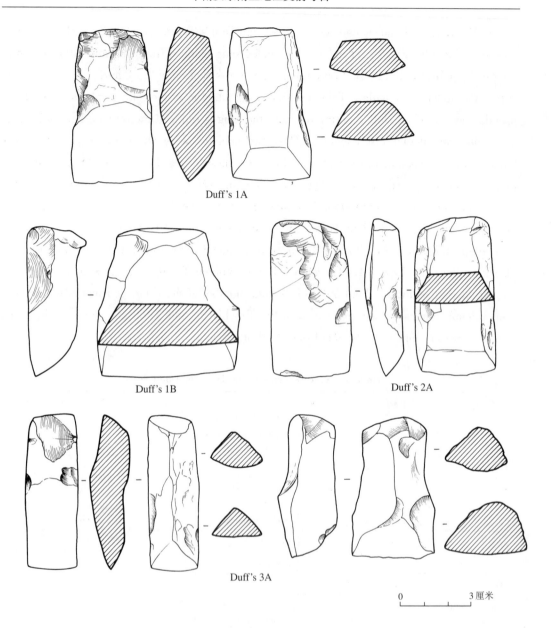

Fig.7 Stone adze types of the Huangguashan site

Both Types 3C and 3G are untanged triangular cross-section adzes. Duff's definition of 3C is triangular cross-sectioned and coffin-shaped. The four Type 3C Huangguashan adzes are reduced from both ends with triangular cross-section, very close to Duff's definition.

We recorded measurement for the 62 unbroken adzes. As indicated in Table 9, these adzes are usually small. The average length and width is 6. 6 cm and 2. 7 cm, and the mean thickness is 1. 7 cm.

Table 9   Dimensions of unbroken stone adzes from the Huangguashan site

Context (unit/layer/no.)	X-section	Length (Cm)	Width (cm)	Thickness (cm)
T135 (3A):1	trapezoidal	4.6	1.5	0.9
T135 (3A):2	triangular	7.2	2.1	1.5
T135 (7):16	triangular	6.8	1.7	1.6
T136 (6):26	trapezoidal	6.7	3.8	1.8
T145 (4):24	round trapezoidal	4.4	1.7	1.2
T145 (5):4	trapezoidal	4.0	2.0	1.4
T146 (2):1	trapezoidal	4.4	2.2	1.0
T146 (2):2	rectangular	3.7	2.3	0.8
T146 (6):38	rectangular	3.5	2.2	0.8
T155 (6):5	rectangular	4.8	1.9	1.5
T156 (3):?	trapezoidal	10.4	3.8	3.0
T156 (4) :15	round trapezoidal	5.4	4.0	2.0
T156 (4A):21	triangular	7.8	3.2	2.0
T165 (5):6	rectangular	5.2	3.0	1.6
T165 (5):7	trapezoidal	3.7	2.3	1.2
T175 (2):9	trapezoidal	5.2	2.2	1.2
T175 (3A):14	triangular	6.5	2.2	1.5
T175 (4):7	trapezoidal	5.5	2.4	1.7
T176 (5):17	trapezoidal	4.3	2.2	1.2
T184G1 :7	trapezoidal	3.6	1.6	1.0
T185 (3A):17	trapezoidal	5.8	1.5	1.2
T185 (3A):37	trapezoidal	3.8	2.0	0.5
T185 (3A):38	trapezoidal	5.7	2.1	1.5
T185 (3A):4	trapezoidal	3.5	2.4	1.2
T187 (5):4	trapezoidal	8.6	4.0	1.4
T196 (5):10	trapezoidal	9.0	3.2	1.8
T197 (4):19	trapezoidal	8.2	2.6	1.8
T197 (5):?	elliptical	6.4	2.7	1.6
T197 (6):10	trapezoidal	7.1	3.4	1.9
T244 (2):2	trapezoidal	6.7	3.2	2.0
T244 (6):10	round trapezoidal	4.7	2.6	1.6
T328 (3):2	trapezoidal	4.1	2.4	1.3
T328 (4):25	trapezoidal	3.0	1.7	0.5

Context (unit/layer/no.)	X-section	Length (Cm)	Width (cm)	Thickness (cm)
T345 (3):6	trapezoidal	10. 4	2. 2	1. 8
T345 (4):12	rounded trapezoidal	3. 8	2. 0	1. 2
T355 (3):5	trapezoidal	7. 8	2. 3	2. 1
T357 (2):16	trapezoidal	11. 0	3. 1	2. 4
T357 (2):9	trapezoidal	10. 0	3. 6	2. 3
T357 (3):12	trapezoidal	6. 7	2. 5	1. 7
T357 (3):26	trapezoidal	9. 2	3. 2	1. 7
T435 (4):?	triangular	13. 0	2. 5	3. 9
T535 (7):14	round trapezoidal	9. 0	3. 3	2. 1
T544 (4):5	trapezoidal	7. 5	3. 3	2. 2
T544 (4):8	high trapezoidal	9. 5	2. 8	2. 7
T544 (4):9	trapezoidal	11. 7	4. 4	2. 5
T544 (4A):?	elliptical	8. 7	4. 7	2. 6
T545 (3):4	trapezoidal	7. 4	3. 4	3. 0
T546 (3):2	trapezoidal	8. 6	3. 8	2. 1
T546 (4):12	trapezoidal	7. 5	2. 9	2. 5
T546 (4):20	trapezoidal	10. 8	3. 3	2. 5
T546 (4):8	trapezoidal	6. 5	3. 3	2. 1
T546 (4A):?	trapezoidal	5. 7	3. 2	2. 0
T546 (4A):29	trapezoidal	3. 8	2. 0	1. 1
T546 (4A):29	triangular	3. 8	2. 0	1. 0
T546 (5):22	high trapezoidal	11. 0	3. 3	2. 7
T546 (7):27	rectangular	4. 4	2. 2	1. 0
T557 (3):30	high trapezoidal	4. 4	1. 7	1. 7
T559 (4):29	high trapezoidal	6. 6	2. 7	2. 5
T559 (5):?	trapezoidal	5. 7	2. 8	1. 1
T559 (6):39	rectangular	7. 2	3. 5	1. 2
T559 (6):45	trapezoidal	7. 4	4. 2	3. 0
T661 (4):3	trapezoidal	9. 6	4. 4	2. 7

(Samples recorded in the Fujian Provincial Museum in January, 2001)

Discussion

Our typological analysis of prehistoric stone adzes in Fujian demonstrates that at least five types and ten varieties of adzes were made during the Neolithic period. Most adzes can be classified with Roger Duff's typology, and their morphology basically agrees with the definition of Duff's Types 1, 2 and 3. However, our analysis also reveals that most adzes from the Keqiutou site represent new types that can not be classified with Duff's typology. For these, we follow the typology developed by the Fujian Provincial Museum, grouping them into Types A, B and C (FPM 1991).

The distribution of adze types at these four sites demonstrates that stone adze morphology is indicative of cultural change over time. The early Neolithic adzes, represented by the Keqiutou assemblage (ca. 5000-6200 BP), are all untanged, with a rectangular or trapezoidal plan-shape. Adzes with angled tangs first appeared in the Tanshishan and the Xitou sites date to the middle phase of the Fujian Neolithic (ca. 4300-5000 BP). About one-third of the Tanshishan adzes have angled tangs, indicating that the lithic technology was substantially different than that of the earlier period. During the period of the Huangguashan Culture (ca. 3500-4300 BP), tanged adzes became the dominant type, and the technique of manufacturing tanged adzes was further developed. It is noteworthy that all the tanged adzes in Fujian lack pronounced steps, an evident difference from the adzes in Zhejiang to the north.

The technology of making tanged adzes was lost after the Huangguashan culture in Fujian. No tanged adzes were found in the Bronze Age cultures such as the Huangtulun and the Fubin Cultures in Fujian. Therefore we can conclude that tanged adzes were only made during the middle and late Neolithic periods in Fujian (ca. 3500-5000 BP) (Jiao, this volume).

The technology of making tanged adzes was well developed in the lower reaches of the Yangzi River, particularly in the Liangzhu Culture as late as 5200 BP and the proto-type of this technique can be traced back to the Hemudu Culture about 7000 BP. It is very likely that the people in Fujian learned this technique from their neighbors in the north. However, the tanged adzes in Fujian have their own styles, which are very different from those of the Liangzhu Culture and other contemporary Neolithic cultures in China. During the period of the Tanshishan Culture and the Huangguashan Culture, about 5000-3500 years ago, adzes with angled tangs (Duff's Type 1A) were widely distributed in central and eastern coastal Fujian. This phenomenon indicates that people shared the same technological tradition. They probably had a well developed exchange network in order to maintain this tradition for almost two thousand years. Indeed, our sourcing study of these adzes has documented evidence for exchange networks along the coast of Fujian (Rolett, Guo, Jiao, and Lin, in preparation; Guo, Jiao, Rolett, Liu, Fan and Lin, 2005). Mineralogical and geochemical analyses demonstrate that most of the adzes from these four sites were made of volcanic rock that is unavailable in the vicinity of the sites, and the geological distributions of these rocks indicates that they were transported over considerable distances. The information embedded in the stone adzes for cultural transformation and regional exchange is just about to unfold.

Acknowledgement

Funding for this analysis was provided by a grant from the Department of Anthropology at Harvard University. We would like to thank Mr. Lin Gongwu, Deputy Director of the Fujian Provincial Museum, for his assistance and participation of this research. We are also grateful to Dr. Yoshihiko Sinoto for his comments on the draft of this paper.

References

Bellwood, P. 2000. Formosan prehistory and Austronesian dispersal. In David Blundell ed. *Austronesian Taiwan*, pp. 337-365. Regents of University of California.

Chang, K. C. 1995. Taiwan Strait archaeology and proto-Austronesian. In *Austronesian Studies Relating to Taiwan*, pp. 161-183. Taipei, Taiwan.

Duff, R. 1970. *Stone Adzes of Southeast Asia: an illustrated typology.* New Zealand: Canterbury Museum Bulletin No 3.

Emory, K. P. 1968. East Polynesian relationships as revealed through adzes. In I. Yawata and Y. H. Sinoto (eds), *Prehistoric Culture in Oceania.* B. P. Bishop Museum Press. Honolulu.

FPM (Fujian Provincial Museum). 1955. Minhou Tanshishan xinshiqi shidai yizhi tanjue baogao (Report of the excavation at the Neolithic Tanshishan site in Minhou). *Kaogu xuebao*, No. 10.

——1961. Minhou Tanshishǎn xinshiqi shidai yizhi di'er zhi disi ci fajue jianbao (Brief report of the second to the fourth excavations at the Neolithic Tanshishan site in Minhou). *Kaogu*, No. 12.

——1964. Minhou Tanshishan xinshiqi shidai yizhi diwu ci fajue baogao (Report of the fifth excavation at the Neolithic Tanshishan site in Minhou). *Kaogu*, No. 12.

——1976. Minhou Tanshishan yizhi diliu ci fajue baogao (Report of the sixth excavation of the Tanshishan site in Minhou). *Kaogu xuebao*, No. 1.

——1980. Fujian Minhou Baisha Xitou xinshiqi shidai yizhi diyi ci fajue jianbao (Preliminary report of the first excavation of the Xitou site at Baisha Township in Minhou County, Fujian Province). *Kaogu*, No. 4.

——1983. Fujian Minhou xian Tanshishan yizhi fajue xin shouhuo (New discovery of the excavation at the Tanshishan site in Minhou County, Fujian). *Kaogu*, No. 12.

——1984 . Minhou Xitou yizhi di'er ci fajue baogao (Report of the second excavation of Xitou site in Minhou). *Kaogu Xuebao*, No. 4.

——1991. Fujian Pingtan Keqiutou fajue jianbao (Preliminary report of excavation at the Keqiutou site in Pingtan, Fujian). *Kaogu*, No. 7.

——1994. Fujian Xiapu Huangguashan yizhi fajue baogao (Report on archaeological excavations at the Huangguashan site in Xiapu, Fujian). *Fujian Wenbo*, No. 1.

Fu , Xianguo. 1988. Lun youduan shiben he youjian shiqi (A study on the stepped adzes and the shouldered adzes). *Kaogu xuebao*, No. 1.

Green, R. 1971. Evidence for the development of the East Polynesian adze kit. *New Zealand Archaeological Association Newsletter* 14: 12 – 44.

Guo, Z. , Jiao, T. , Rolett, B. , Liu, J. , Fan, X. , & Lin, G. 2005. Tracking the Neolithic interactions in Southeast China: evidence from stone adze geochemistry. *Geoarchaeology*, Vol. 20, No. 8: 765-776.

Heine-Geldern, R. 1946. Research on Southeast Asia: problems and suggestions. *American Anthropologists*. April. pp. 149-175.

Jiao, T. This volume. Chronology of the Neolithic Cultures on the Coast of Southeast China.

Lin, Gongwu. 1993. Fujian jingnei shiqian wenhua de jiben tedian ji quxi leixing (The basic features and regional variants of prehistoric cultures in Fujian). In *Fujian Lishi wenhua yu bowuguanxue yanjiu*, pp. 69-88. Fuzhou: Fujian jiaoyu chubanshe.

Lin, Huixiang. 1958. Zhongguo dongnan qu xinshiqi wenhua tezheng zhiyi: youduan shiben (One of the characteristics of the Neolithic cultures in Southeast China: the stepped stone adzes). *Kaogu xuebao*, No. 3.

Rolett, B. , Chen, W-C. and Sinton, J. 2000. Taiwan, Neolithic seafaring and Austronesian origins. *Antiquity* 74: 54-61.

Rolett, B. , Jiao, T. & Lin, G. 2002. Early seafaring in the Taiwan Strait and the search for Austronesian origins. *Journal of East Asian Archaeology*, Vol. 4. 1-4: 307-319.

Rolett, B. , Jiao, T. , Guo, Z. , & Lin, G. in preparation. Sourcing of volcanic stone adzes from Neolithic sites in coastal Southeast China.

Rolett, B. , Tsang, C-H. , Yeh, H-W. , and Hung, H-C. in press. A Neolithic center for adze production on Qimei Island in the Taiwan Strait. *Antiquity*.

Tsang, C-H. 2002. Maritime adaptation in prehistoric Southeast China: implications for the problem of Austronesian expansion. *Journal of East Asian Archaeology*, Vol. 3, No. 1-2: 15-45.

台湾史前玉器在东南亚的分布及其意义

洪晓纯[*]

一

在东南亚考古学的研究史上，对于玉器来源的探究由来已久。（图一）在台湾，以闪玉[①]所制造的锛、凿、戈、镞等工具或环、珠、玦、管等装饰品，或为日常工具或作陪葬品，是台湾各类史前遗留中制作最精且分布最广的工艺品。因此，史前的台湾居民从何处取得玉料、在何处制造、制造工序为何、玉器成品如何流通、流通的范围有多大、流行的年代多久，这些以玉器为主体所衍生的问题一直受到研究者的关注。关于台湾闪玉在台的发现或相关研究已有诸多子题的进行，包括了玉料产地的研究[②]，制作技术的探讨[③]，器物种类、形制、功能、风格的变异[④]，以及玉器流行的兴起与衰落[⑤]。

对于台湾玉器或其中特定型式的讨论，日本鹿野忠雄（Kano，Tdao）在 20 世纪 40 年代曾经提出台湾各类玉制耳饰可能是来自越南的传播变化，[⑥]其后台湾大学黄士强及宋文薰也曾针对台湾及其邻近地区的玦形耳饰进行比较。[⑦]黄士强指出，台湾的玦遍布全省，台北市圆山贝冢，台北县大坌坑、下罟大埔，台中县埔里大马璘，高雄县林园乡凤鼻头，台东鲤鱼山、卑南、马武窟、都銮、富岗、绿岛、兰屿等地都有发现，大多为闪玉所制。宋文薰则指出台湾的芝山岩、圆山、大马璘、曲冰、都兰（都銮）、加路兰、富岗、太平、卑南、鲤鱼山、油子湖、兰屿等地都有玉、石制的耳玦出土。1998 年，陈仲玉统计全台出土玉器的遗址，包括西岸北部、中部、南部，澎湖群岛、东海岸以及东部外岛的绿岛及兰屿共计有 41 处。[⑧]在陈文中，玉器总类包括有刃器、无刃器及石材三类，其中有刃器即为工具类，包括端刃锛凿器、双刃尖形器、细长条尖器；无刃器即为装饰品类，包括玦形器、环形器、管形器管珠、带穿棒形器、铃形小珠、不定型坠饰、单孔圆片、双孔圆片。

笔者也曾于 2000 年针对玉锛（即前述端刃锛凿器）在台湾的分布做过统计，包括

　＊　洪晓纯，澳洲国立大学亚太学院考古学和自然史系。

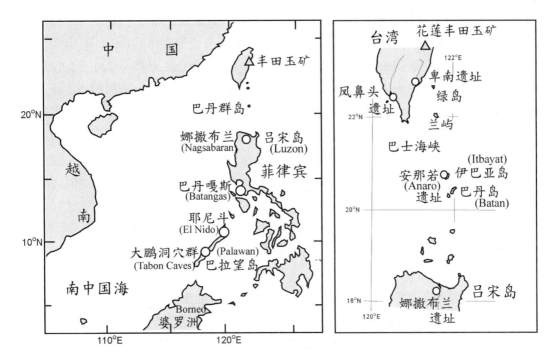

图一 本文讨论的东南亚地理区域及重要遗址位置

台湾及澎湖等离岛单是出土玉锛的遗址即高达 71 处，同时认识到玉锛是台湾玉器中最普遍常见的器形。[9]近年来，台湾各地又有许多玉器出土，除了玉锛之外，各类玉饰也相当多。笔者将历年之发现一并统计，台湾地区出土玉器的地点包括[10]：（1）台湾西岸北部：包括圆山、芝山岩、大直、圆山子、土地公山、万里加投、龟子山、庄厝、水碓尾、十三行[11]、大垡坑、鹄尾山等遗址共计 12 处；（2）台湾西岸中部：包括山佳、犁头山[12]、三柜坑、雪见、七家湾、Babao、新六村、东势福林国小[13]、龙泉村、顶街、营埔、惠来里[14]、牛埔、福田里第三地点、林厝、草屯平林 IV、七股、国姓、大坪顶、洞角、水蛙窟、大马璘、曲冰、Lalu 等遗址共计 24 处；（3）台湾西岸南部：包括 Veiyo[15]、南关里、右先方[16]、小冈山、桃子园、民生二村、乌巴克、丹林 I、凤鼻头、鹅銮鼻 I、鹅銮鼻 II、垦丁、北叶、埔姜山、响林、Chula[17]等遗址共计 16 处；（4）澎湖群岛地区：包括良文港、锁港、望安乡鲤鱼山、南港等遗址共计 4 处；（5）台湾东部海岸地区：包括丸山、大竹围、海岸[18]、崇德、花岗山、岭顶、大坑、盐寮、橄子树脚、坪林、芳寮、月眉 I、月眉 II、新社、太巴塱、永丰、玉里山地、Shipo、八仙洞（上层）、长光、顶平西 II、三间、石牌桥、胆曼、白守莲、芝田、嘉平、小马第十洞（及小马 II）、东河 I、东河南 I、上柑子园[19]、泰源、麻竹岭、黑发桥 II、都兰、都兰 II、五线 II、潮来桥、杉原、富山、志航基地、追分、加路兰、台东鲤鱼山、卑南、老番社

（太平）、红叶等遗址共计 47 处；（6）东部外岛地区：包括位于绿岛上的油子湖、南寮，以及兰屿岛上的朗岛村、渔人村及椰油村的兰屿中学[20]等遗址共计 5 处。（图二）

　　以上总计共有 108 处地点发现玉器，不过实际上的分布地点必然不仅如此。遗址分布范围涵盖台湾各处沿海沙丘、平原、高山及离岛地区，可见其分布范围相当广泛。综观其文化期相，大致集中在台湾新石器时代中期和新石器时代晚期，即距今 4500～3500 年之间的细绳纹陶文化期，以及距今 3500～2000 年之间的素面陶文化期（包括西海岸北部的圆山文化和芝山岩文化、西海岸中部的营埔文化、西海岸南部的大湖文化以及东海岸的卑南文化）两个阶段。另有少数遗址则属于铁器时代。玉器流行延续的时间应该超过 2500 年。

二

　　闪玉是一种稀有的矿物，须在特定的地质环境下才能生成，因此玉矿产地相当有限。根据调查目前全世界已知的原生软玉矿床达 120 余处，分布于 20 多个国家和地区。主要矿床及矿区有 70 处，其中亚洲的闪玉矿床主要分布于俄罗斯、中国内地以及台湾丰田地区。[21]

　　关于台湾考古对于史前玉料的研究，已有多项跨领域的合作。以出土玉器最丰富的台东卑南遗址为例，连照美教授曾与地质学者分两阶段进行偏光显微镜分析、氧同位素分析、化学成分分析以及拉曼光谱（Raman spectroscopy）、一般光学显微镜观察。[22]分析结果认为卑南玉器的来源应是台湾花莲丰田地区。笔者亦曾选取 34 件出土于台湾各区域的史前玉锛以及于丰田矿区采集的现代玉料进行 X 光绕射分析，其后进行了氧同位素分析以及化学成分分析比较[23]，结果大部分的玉料可以肯定是来自丰田。

　　与卑南遗址距离不远的台东老番社遗址曾经出土许多玉器。黄士强等利用五项岩性特征以及拉曼光谱分析，对老番社遗址出土之 10 件玉器进行来源研究，并与现代台湾玉作玉料特性比对，研究结果认为这 10 件玉器材料都是台湾本地出产之玉材。[24]根据上述研究可知，目前相关的研究结果多认为台湾各区域出土的史前玉器来自同一个地区的矿源，即台湾本岛东部的花莲丰田。

三

　　菲律宾群岛位处台湾本岛之南，自 1940 年代以来即有菲律宾出土玉器的报道。早在 1932 年，罗斯（Capt. F. G. Roth）与贝叶（H. Otley Beyer）[25]首度于吕宋（Luzon）岛西南方发现巴丹嘎斯（Batangas）遗址采集了大量的白色玉锛、玉凿等工具。在其称之

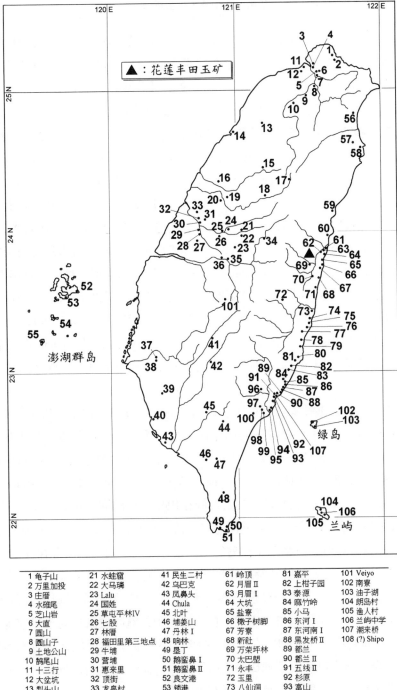

1 龟子山	21 水蛙窟	41 民生二村	61 岭顶	81 嘉平	101 Veiyo
2 万里加投	22 大马璘	42 乌巴克	62 月眉Ⅱ	82 上柑子园	102 南寮
3 庄眉	23 Lalu	43 凤鼻头	63 月眉Ⅰ	83 泰源	103 油子湖
4 水碓尾	24 国姓	44 Chula	64 大坑	84 麻竹岭	104 朗岛村
5 芝山岩	25 草屯平林Ⅳ	45 北叶	65 盐寮	85 小马	105 渔人村
6 大直	26 七股	46 埔姜山	66 橄子树脚	86 东河Ⅰ	106 兰屿中学
7 圆山	27 林厝	47 丹林Ⅰ	67 芳寮	87 东河南Ⅰ	107 潮来桥
8 圆山子	28 福田里第三地点	48 响林	68 新社	88 黑发桥Ⅱ	108 (?) Shipo
9 土地公山	29 牛埔	49 墾丁	69 万荣坪林	89 都兰	
10 鹄尾山	30 营埔	50 鹅鸾鼻Ⅰ	70 太巴塱	90 都兰Ⅱ	
11 十三行	31 惠来里	51 鹅鸾鼻Ⅱ	71 永丰	91 五线Ⅱ	
12 大盆坑	32 顶街	52 良文港	72 玉里	92 杉原	
13 犁头山	33 龙泉村	53 锁港	73 八仙洞	93 富山	
14 山佳	34 曲冰	54 望安乡鲤鱼山	74 石牌桥	94 加路兰	
15 雪见	35 洞角	55 南港	75 三间	95 志航基地	
16 三柜坑	36 大坪顶	56 九山	76 长光	96 红叶	
17 七家湾	37 南关里	57 丸山	77 顶平西Ⅱ	97 老番社	
18 Babao	38 右先方	58 海岸	78 胆曼	98 卑南	
19 东势福林国小	39 小冈山	59 崇德	79 白守莲	99 台东鲤鱼山	
20 新六村	40 桃子园	60 花岗山	80 芝田	100 追分	

图二　台湾地区出土玉器的108处史前遗址位置图

"巴丹嘎斯文化"中，几万件的石器中有百分之七八十是由闪玉制造，因此可想见其数量之庞大。在往后的十年间，贝叶自巴丹嘎斯及黎刹（Rizal）地区又相继采集许多绿色、白色或黄色的玉器，器形有锛、凿、刀、针、矛、珠、耳饰以及其他小型玉器、玉饰品。1962～1966年，法克斯（Robert Fox）及菲律宾国家博物馆的考古队于巴拉望（Palawan）岛相继发现许多玉器，主要来自北端的大鹏（Tabon）洞穴群。出土地点包括菇丽（Guri）、乌瑶（Uyaw）、大鹏、都雍（Duyong）、马依苟（Manunggol）、大遨（Tadyaw）、漓多芳宾（Rito-Fabian）、纳吉培都岛（Ngipe't Duldug）及擂蜕擂蜕（Lete Lete）等洞穴遗址。器形有锛、珠、环、耳饰等，初步统计至少有300件以上。[26]

20世纪70年代以后，随着菲律宾考古工作的开展在各地陆续又有玉器出土，吕宋岛以及明多罗（Mindoro）、格兰地（Grende）等诸岛都有发现。吕宋岛北边卡加烟（Cagayan）省山区潘尼布兰卡（Peñablanca）之阿库（Arku）洞穴有2件玉耳饰出土[27]；卡加烟北海岸的娜撒布兰（Nagsabaran）贝冢遗址有1件绿色玉环出土[28]；吕宋岛南边巴丹嘎斯之卡拉它干（Calatagan）的巴哈（Baha）遗址、乌郎宾多（Uilang Bundok）瓮棺葬遗址有白色玉锛及其他玉器；吕宋岛西南方的明多罗岛上的提诺可（Tinokod）洞穴也有类似的遗留；明答那峨（Mindanao）岛东北方的小岛格兰地亦曾采集到和吕宋岛相似的白色玉锛[29]。

依目前发现地点，菲律宾玉器的出土以吕宋岛西南方和巴拉望岛最多。年代可以溯及距今3000多年前，其中大部分玉器的年代较之台湾稍晚。长久以来许多讨论曾将菲律宾的玉器与其他邻近区域作比较，例如：贝叶、法克斯、维苏瓦（Loofs-Wissowa）、苏汉（William Solheim Ⅱ）、青柳洋治（Aoyagi, Yoji）、宋文熏、迪容（Eusebio Z. Dizon）以及洪晓纯等。[30]至于菲律宾的玉器来源，贝叶在1940年代的同文中即指出由于菲律宾没有玉矿，所以玉料来源是一个很大的谜团。其后，法克斯在巴拉望岛发现许多玉器，所以他也思考到同样的问题，他认为在巴拉望岛的玉器很可能是不同时期由菲律宾以外传入的。

笔者于1999年初次观察贝叶及法克斯采集的这批玉器，当时认为菲律宾玉器可能包括几个来源，其中白色玉器和绿色玉器由于色泽、用途及分布区域都有很大的差异，所以应属不同来源。大量作为工具用的白色玉器由于其氧同位素远高于目前世界上已知的其他玉矿[31]，很可能产于菲律宾本土的某处未知的矿源；然而较之白色玉器数量明显偏低的绿色玉器，器形以耳玦及管珠等装饰品为主，无论就形制、色泽、工法和质地都与台湾的玉器相似，很可能与台湾的玉器有密切关系。

笔者经过初步统计的结果，目前所知全菲出土绿色玉饰的地点包括了：（1）巴丹群岛（Batanes Is.）：位于伊巴亚（Itbayat）岛上的安那若（Anaro）遗址；（2）吕宋岛：卡加烟省的娜撒布兰（Nagsabaran）、拉那（Lanna）、阿库洞穴、拉图拉图洞穴（Lattu-Lattu Cave），依伊莎贝拉（Isabela）省的戴蒙立特（Dimolit），巴丹嘎斯省的拉它干及卡达因（Kay Daing）、索索贡（Sorsogon）省的巴图洞穴（Bato Cave）；（3）马斯背特岛（Masbate Is.）岛上的卡拉尼洞穴（Kalanay Cave）；（4）巴拉望岛：耶尼斗（El Nido）的擂蜕擂蜕，大鹏洞穴群的都雍、马依苟、乌瑶、菇丽、漓多芳宾等近 20 处考古遗址。从器形和年代来看，菲律宾玉器可以大致分为新石器时代及铁器时代两个阶段。

四

初步观察，大部分在菲律宾新石器文化层出土的玉器与台湾新石器玉器风格相似，器形以玉环、铃形玉珠及管珠为主。至于铁器时代所出土的玉器则罕见于台湾本岛，而只见于台湾东南方的兰屿和绿岛等偏远离岛，器形以稍微复杂的耳饰为主。现两个时期分举几例说明：

（一）新石器时代

1. 玉环：1997 年笔者随臧振华老师及菲律宾国家博物馆考古队在巴拉望岛的都雍洞穴遗址调查时，曾于洞口的地面发现一件残断的绿色玉环。该件标本器身为绿色夹杂白色纹路、表面通体磨光，内侧并有似"管状旋截法"制造的痕迹，为闪玉材质。（图三，1；彩版一四，1）测量后复原其外径应为 6.7、厚 0.4、宽 1.2 厘米，其形制、大小与杨淑玲著《卑南遗址出土的玉器》[32]中的玉环完全一样。

2001 年，台北"中研院"与菲律宾国家博物馆在吕宋岛卡加烟省拉洛（Lal-lo）市的娜撒布兰遗址发掘，于新石器文化层发现一件绿色玉环残片。环宽 1.0、厚 0.3 厘米、重 2.4 克，根据残件复原其直径为 6.2 厘米。其质地极似产于台湾的闪玉。在玉环内侧，有似"管状旋截法"制造的遗留痕迹。根据同一层位的 [14]C 测年，其年代在距今 3050 ± 70 年左右。[33]

在台湾，同类的玉环不仅见于卑南遗址。以最近发掘的台南县右先方遗址为例，所出土的四类玉器中以玉环数量最多（包括玉锛 3 件、玉环 25 件、玉坠 1 件以及圆形玉核 2 件）。依据描述"出土的玉器多呈褐绿色，质地经鉴定皆属闪玉，与花莲丰田玉矿者相同。在制作上，……玉环多可见明显的管状旋截痕；除此之外，藉由显微镜观察可见，玉环内壁旋截痕交接处有垂直方向的细磨痕，环的外壁亦有细磨修整的迹象，……"[34]器形上呈薄壁宽带状。

若我们比较右先方出土的 25 件玉环与前述娜撒布兰、都雍及卑南遗址的发现，可以看出它们在直径、厚度、宽度各方面的测量值都相当接近（表1），而且器身内侧具备了相同的制造痕迹。由于台湾出土玉环的遗址相当多，但菲律宾不如台湾普遍，根据上述四个遗址的比较，我们相信当时的玉环制造地点相当有限，以至于制成的器物具备高度相似性，但分布的地点很可能随着产地距离而递减，主要的产地应是在台湾本岛。从年代学上来看，菲律宾娜撒布兰遗址出土玉器的同层位[14]C 测年在距今 3050±70 年左右，伴随出土的是带红彩的陶片。而出土大量玉环的右先方遗址下文化层则属细绳纹陶文化（或称为牛稠子文化）晚期的遗留，[14]C 资料显示其年代在距今 3500 年左右。[35] 显然在菲律宾出土玉环的年代略晚于台湾，但都属于新石器时代阶段。

表 1　台湾及菲律宾四处遗址所出土玉环之直径、厚度及宽度

遗址名称	外径（cm）	厚度（cm）	宽度（cm）	附注
娜撒布兰遗址	6.2	0.3	1.0	1 件玉环测量值
都雍洞穴	6.7	0.4	1.2	1 件玉环测量值
卑南遗址	6.7	0.4	1.2	1 件玉环测量值
右先方遗址	5.8（6.5~5.0）	0.3（0.36~0.18）	1.0（1.49~0.7）	25 件玉环平均测量值

2. 铃形玉珠：目前在菲律宾仅有巴丹嘎斯省卡拉它干市的卡达因遗址出土铃形玉珠。该遗址于 1997 年由菲律宾国家博物馆与菲律宾大学共同发掘。出土的陶片或有带红彩或有磨光。当时发现一颗玉珠为铃状、淡绿色，并带有黑色小点。珠体长 0.5、宽 0.43、厚 0.32 厘米，孔径 0.08 厘米，重 0.76 公克。外形小巧，呈圆球状，通体细磨，表面相当细致，顶端穿有一小孔。（图三，2；彩版一四，2）与台湾东部卑南遗址出土的铃形玉珠十分相似[36]，其"外形椭圆到扁圆形的体部之一端从两宽面折转急下磨成薄薄的平面并从中钻穿一小洞"。将卡达因的这颗玉珠与台湾卑南遗址的玉珠比较，在器形和大小上几乎完全没有差距（表 2）。[37]

表 2　菲律宾卡达因遗址与台湾卑南、垦丁遗址的铃形玉珠测量值

遗址名称	重(mg)	长(mm)	宽(mm)	厚(mm)	孔径(mm)	孔厚(mm)	孔高(mm)	附注
卡达因	76.0	5.0	4.3	3.2	0.8	0.5	1.4	1 个主珠测量值
卑南遗址	88.1	5.2	4.4	3.1	0.9	0.5	1.4	43 个主珠平均值
垦丁遗址	495.5	8.2	6.9	5.8	1.0	1.2	1.9	13 个玉珠平均值

在台湾，这类玉珠除了在台东的卑南遗址曾经发现 184 颗、垦丁遗址有 15 颗以上，另外在台东县海边的志航基地遗址的石棺中也有成串陪葬用的铃形玉珠出土[38]，估计这类玉珠在台湾流行的年代是新石器晚期的卑南文化阶段。至于菲律宾卡达因遗址的层位

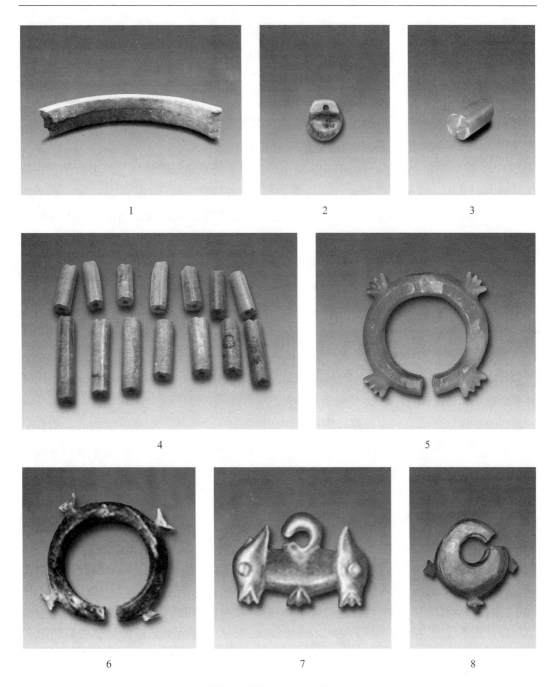

图三　本文述及之各型玉器

1. 玉环（巴拉望岛都雍洞穴）　2. 铃形玉珠（吕宋岛南岸卡达因）　3. 短管珠（巴拉望岛马侬苟洞穴）　4. 长管珠（巴拉望岛马侬苟洞穴）　5. 蛙蹼状玉玦耳饰（巴拉望岛乌瑶洞穴）　6. 鸠尾状玉玦耳饰（绿岛出土，引自鹿野忠雄 1946）　7. 双头兽形耳饰（巴拉望岛都雍洞穴，引自 Fox, R. B. 1977）　8. 带三个突起的球茎状有角玦形耳饰（巴拉望岛都雍洞穴）

已受扰乱，根据距离不远的类似遗址乌郎宾多之年代测定（大约在距今 2820 ± 40 年[39]），推论这件器物可能介于距今 3000 ~ 2500 年之间，处于新石器时代晚期过渡到铁器时代的阶段，相当于台湾卑南文化的晚期阶段。

3. 短管珠：1960 年代法克斯于巴拉望岛之大鹏洞穴遗址群发掘许多管珠，近来观察其中若干类型的管珠与台湾出土的管珠极为相似。以其中一类体形较短的管珠为例，巴拉望岛马侬苟洞穴出土这类管珠共计 20 颗，其长度在 0.7 ~ 1.0 厘米之间，厚度在 0.3 ~ 0.5 厘米左右（图三，3；彩版一四，3）。器形为带穿的圆柱体、两端切平，在珠体横断面的其中一端平面上其珠孔和珠面边缘有一凹槽，因此纵断面上可见一小型的"V"字型缺口。器身为绿色、透明，并带有黑色点状或线状条纹，此为台湾闪玉的常见特征之一。

笔者将这类管珠与卑南遗址的同型管珠进行比较，发现器形与卑南管珠胸饰[40]如出一辙。根据原作者提供该类标本的长度及厚度，这串管珠长度在 0.8 ~ 1.5 厘米之间，厚度在 0.6 ~ 0.8 厘米左右。两处遗址的这类管珠其形态及长宽比值大小相仿。这类圆柱体的短管珠除了出土于台湾的卑南遗址之外，也可见于圆山遗址[41]、凤鼻头遗址等，都是属于台湾新石器时代阶段。

4. 长管珠：另一类体形较长的玉管珠也和卑南文化相似，同样是 20 世纪 60 年代法克斯于巴拉望岛发现。平均长度在 1.3 ~ 2.2 厘米之间，厚度在 0.4 厘米左右，器形为带穿的圆柱体，两端切平，在珠体两端横切面上各有一个凹槽，因此纵断面的两端各形成一个"V"字形缺口。器身为绿色带有灰白纹、不透明。在巴拉望岛马侬苟洞穴之 A 室共计出土这类管珠 29 颗，而马侬苟洞穴之 B 室出土 39 颗。其他诸如漓多芳宾、大遨及乌瑶洞穴也各出土 1 颗这类管珠。（图三，4；彩版一四，4）

将这类管珠与卑南同类型的管珠进行比较，可见两者的器形、颜色及质地都难分轩轾。卑南这类管珠的长度在 1.6 ~ 3.6 厘米之间，在珠体纵断面的两端也有"V"字形缺口。显然两个区域所见的这类管珠在形态上几乎一样。

根据上述几类器物出土的层位，位于吕宋岛北岸的娜撒布兰遗址，其出土台湾玉器的年代大约在距今 3000 年左右；吕宋岛西南岸卡达因遗址的铃形玉珠可能在距今 2800 年左右；至于巴拉望岛最多管珠的马侬苟洞穴之 A 室，其出土玉器的层位主要在距今 2800 ~ 2600 的新石器时代。因此，这些玉器年代多在距今 3500 年以内，相当于台湾新石器时代的晚期阶段。

（二）铁器时代

1. 蛙蹼状玉玦耳饰：1960 年代法克斯于巴拉望岛乌瑶洞穴发现一件带有四个似蛙蹼突起的玦形耳饰，标本编号 1962-z-12。其外径 3、内径 2、厚度为 0.5 厘米，器身宽

0.5 厘米。器绿、半透明且带有黑色小点，此为典型台湾玉的特征。这件玉玦与卑南的四突型玉玦耳饰相似，无论就玦体厚度或四突的位置、间距或坐落角度都和卑南的 IIA 式玉玦[42]一样。最大不同在于四突的形状。卑南的玉玦四突是光滑的突起，没有在突体上施加蹼纹；但是乌瑶洞穴的这件玉玦在突起上被刻意修饰成似蛙蹼状。（图三，5；彩版一四，5）

相同的蛙蹼状玉玦耳饰亦见于兰屿。该类标本曾由当地居民建屋时在瓮棺葬中发掘所获。伴随的遗物还包括青铜器等金属时期遗留。

2. 鸠尾状玉玦耳饰：1940 年代贝叶在吕宋岛南部巴丹嘎斯地区曾发现鸠尾状玉玦。[43]该型玉玦的特征为圆环外侧带有四个鸠尾状的突起。

“鸠尾”一词其实为日本鹿野忠雄[44]所首称。鹿野氏约在同一时期曾于绿岛[45]（图三，6；彩版一四，6）及兰屿[46]发现同型器物。其后国分直一（Kokubu, Naoichi）在兰屿的调查[47]及 1980 年代徐韶韺[48]在椰油村兰屿国中篮球场遗址的调查又有更多发现。徐氏根据伴随遗物认为其属于金属器时代。

3. 双头兽形耳饰：法克斯在菲律宾巴拉望岛的都雍洞穴发掘出土一件“两头的耳饰（double headed ear-pedant）”[49]。该器两端各带有一个兽头，中间为连体的兽身，兽身下端为一似兽足的突起而上端则为圆钩，颜色为绿色。（图三，7；彩版一四，7）苏汉[50]亦曾报导在马尼拉 de Santos 的收藏中，有一件相同的双头耳饰标本（bi-cephalous ear-ornament）很可能也是来自巴拉望岛。另外，瓦达斯（Cynthia Ongpin Valdas）所著菲律宾史前遗址的玉器一文[51]中也有一件同型标本来自巴拉望，虽文中标示其质地为青滑石（green steatite），但由于其材质外观具备了典型台湾玉的特征，因此笔者推测其可能是台湾玉。

除了菲律宾，相同的标本亦可见于兰屿[52]。这件标本在 1940 年代由鹿野忠雄采集，他称之为“双头山羊小像”[53]。鹿野认为这件标本的石质类似软玉，其高 3.5、宽 4 厘米。宋文薰还述及兰屿的这件雕刻品与法克斯在菲律宾巴拉望岛的发现“简直像孪生的，最少也像同胞兄弟”。

4. 具三个突起的球茎状有角玦形耳饰：1970 年代法克斯曾于巴拉望岛发现这类耳饰。由于在印度支那的沙莹（Sa-Huynh）遗址已有报告，因而法克斯将之称为“沙莹”式耳玦（lingling-O）[54]。“沙莹”式中最普遍的一类器形特征在于器身为球茎体，顶部有缺口呈现钩状，器身外围有三个尖状的突起。这类玉器除了可见于菲律宾巴拉望岛的都雍（图三，8；彩版一四，8）及乌瑶[55]等洞穴，亦可见于该岛北部的耶尼斗[56]。此外台湾的兰屿[57]也有发现，而且其形式相仿且大小相似。

以上几例试图说明在菲律宾与台湾发现的相同玉器类型。除了前述，在巴丹嘎斯省及巴拉望岛都发现有方形或圆形断面的管珠，皆为台湾常见器形；又如贝叶于巴丹嘎斯采集的一件残断的"两翼状玦"[58]，其细长的缺缝下端急遽往两侧翻转，形似卑南遗址的ⅢB1式玦[59]。另有近年在卑南遗址上层所发现的耳塞型玉玦，在巴丹嘎斯也有同样遗留。

透过肉眼可以看出菲律宾的许多绿色玉饰，不仅器形与台湾的玉器相同而且质地亦与台湾玉相似，这些在菲律宾出土的玉器是否来自台湾？笔者请台北"中研院"地球科学所饭冢义之（Iizuka，Yoshiyuki）进行质地分析，以低真空扫描电子显微镜（low vacuum type Scanning Electron Microscope）配备有 X 射线能量发散光谱仪（Energy Dispersive X-ray Spectrometer，简称 SEM－EDS）以及电子微探仪（Electron probe micro-analyzer，简称 EPMA）对菲律宾的玉饰进行矿物特征观察以及化学成分分析。以前述卡达因遗址的铃形管珠为例，目前已确认其来自台湾。[60]其他的玉器还包括来自大鹏洞穴、娜撒布兰及安那若（Anaro）共计 10 件样本曾经进行 EPMA 分析，7 件样本曾经进行 SEM－EDS 分析[61]，都已确定其为台湾的丰田玉。

五

由于史前玉器风格的特殊及玉材的可溯性，因此我们得以透过考古学的器形比较及地质学的化学成分分析等方法来重建史前玉器的移动史。

经由上述，菲律宾玉器与台湾的关联性可分成两种情形来说。其一，以卡达因遗址的铃形玉珠或都雍洞穴的玉环为例，其不止和台湾的同型玉器玉料一致，而且器形及大小也都一样，在菲律宾出土的时间较之台湾稍晚或同时，但都属于新石器时代。这类玉器在台湾往往多件同时出土而且数量较多，例如前述的台南右先方遗址有出土 25 件这类玉环的情形，据此推测这类玉器应该是在台湾完工后再被带到菲律宾。

另一类是玉器材质为台湾玉但其器形不见于台湾本岛，而只见于台湾东南外海的绿岛、兰屿及菲律宾群岛。典型的例子为前述在菲律宾出土的沙莹式耳饰，其未见于台湾但却见于绿岛、兰屿以及菲律宾的吕宋岛及巴拉望岛。这类玉器很可能在兰屿及巴丹群岛制造完成后再传布到菲律宾。笔者作此推测的理由除了其原料产地的地缘因素之外（兰屿及巴丹群岛较之菲律宾其他区域距离台湾东部矿源较接近），主要还有两个原因：首先是兰屿玉制造地点的发现。兰屿岛曾陆续发现玉器及玉器废料，包括徐韶谦在椰油村兰屿国中发现的一件带突起鸠尾的玦形耳饰及带突起元宝形的玉环饰（都是不见于台湾本岛的器形）。同一遗址在地表上也发现了 14 件玉器废料，其中有 9 件是软玉制圆盘。发掘者根据出土物的伴随关系进而推测这些玉器及制玉废料属于金属器时代[62]，这些玉料应都来自台湾[63]。其次是巴丹群岛玉器制造地点的发现，巴丹群岛位于菲律宾群岛的最北端，在兰屿的南方 41 里。2004 年澳大利亚贝尔伍德（Peter Bellwood）[64]在巴丹群岛伊巴亚岛安那若遗址发现制玉废料，其中即有制造前述沙莹式玉耳饰的玉芯。该遗址属于铁器时代，^{14}C 年代大约为距今 1876 ± 41 ～ 1360 ± 39 年。[65]再根据这两处遗址的陶器纹饰、瓮棺埋葬方式等各种要素的高度相似性，可见其可能属于同一个族群文化。

根据上述，笔者推测菲律宾新石器时代的绿色玉器多半是来自台湾的成品，但是到了铁器时代可能是在台湾本岛取得玉材，在介于台湾和菲律宾之间的兰屿及伊巴亚岛制造，然后输送成品到菲律宾。因而新石器时代和铁器时代的制玉地点和器物风格都有明显的不同。

在台湾，无论是距今 4500 ～ 3500 年之间的新石器时代中期阶段或是距今 3500 ～ 2000 年之间的新石器时代晚期阶段，以丰田玉所制造的玉锛或玉饰品是台湾史前遗物中分布最广的器物。这两个时期的分布地点略有变化。大多数新石器时代中期的玉器遗址都位于海边，像北海岸的万里加投，西海岸的龙泉村、顶街，澎湖的望安鲤鱼山、锁港、南港，南部的鹅銮鼻 I 及鹅銮鼻 II 或是东海岸的富山、潮来桥遗址等。显然当时的交通方式以海岸线游移为主，因此玉器的交换网络可能是沿着海岸航行所进行的。到了新石器时代晚期，以花莲丰田矿源为中心，玉器在台湾地区的分布往北大约 160 公里到北海岸，往南约 250 公里达台湾南端的垦丁地区，往东到绿岛、兰屿等小岛，往西 100 多公里到西海岸的大肚溪口，再往西 150 多公里到达台湾和大陆之间的澎湖群岛，许多高山遗址都可以发现台湾玉制器物。台湾玉器在这个阶段的分布已经横跨台湾本岛及其周边离岛，玉器流动的路径更为多样化，使用山道或河流的情形增加。

至于菲律宾发现的台湾玉器，主要分布在吕宋岛北岸、西南岸以及巴拉望岛。也就是说，在距今 3000 年前的菲律宾史前时代，与台湾花莲相距 700 多公里的吕宋岛北岸、相距 1200 多公里的吕宋岛西南部以及超过 1500 公里的巴拉望岛都有台湾玉器。由于台湾玉在菲律宾出土的遗址都是邻近海岸，其可能是延续台湾新石器时代中期的移动模式——逐步沿着海岸移动的。从台湾东海岸南下沿着海岸线而到达吕宋岛北部，最后再到达巴拉望岛。

这其实涉及了不同阶段的区域文化对于稀有资源的掌控、玉匠的专业化及其数量、玉器制造地点的转变以及贵重物品的社会价值等种种问题，这些问题及运作机制须要更细节的材料才有厘清的可能。从台湾和菲律宾的玉器分布地点的密集程度，我们可以看到随着分布地点与丰田矿源的距离增加，有玉器分布密度开始递减的趋势，这种情形很有可能是小规模而持续的人群移动或是从产地沿途贸易（down-the line-rade）所造成的。目前若要追溯何种物品作为交换玉器的对象恐怕还是不容易的。与其探讨这个问题，笔者更感兴趣的是"使用人"或者说"交换者"之间的人群关系。因此接下来要问的问题是，除了台湾周边岛屿及菲律宾群岛外，究竟台湾玉的分布范围有多广？这些台湾玉遗址所反映的社会群体关系为何？

　　以引起较多注意的铁器时代沙莹式耳饰为例。同型耳饰除了分布在台湾的绿岛、兰屿以及菲律宾[66] [至于沙劳越的尼亚洞穴（Niah Cave）[67]、寮国[68]、泰国[69]等地也有少量发现]。笔者曾前往越南北部及中部观察该类耳饰的形制及材质，初步看来出土自越南沙莹文化遗址的这类玉器，有不论外观及形制都与菲律宾和兰屿极相似者，且其材质具备了典型的台湾玉特征。[70]

　　目前一般认为，台湾与菲律宾的史前文化应该是现生居住在该岛的南岛语族群的祖先，许多考古学者并认为沙莹文化可能是越南地区唯一说南岛语（Austronesian）的占婆族（Chamic-speaking）的祖型文化[71]。占婆族属于南岛语族中西马来波里尼西亚语分支，这个分支的范围涵盖了菲律宾、婆罗洲、马来西亚以及大部分的印度尼西亚群岛。因而若在越南沙莹遗址的果真是台湾玉，其所代表的很可能是一个包括台、菲以及越在内，以南中国海地区为主的一种长距离而紧密性的社会联结，这种联结可能是基于共同的文化背景以及相同的语言联系所形成的，而且是长期而紧密的一种海上网络。

六

　　本文概略的回顾了台湾和菲律宾的玉器研究史，针对两个区域发现的玉器地点进行统计进而比较两区域玉器风格的异同，并针对菲律宾的玉饰品进行化学成分分析。分析结果显示，距今3500~2000年间，菲律宾新石器时代的绿色玉器多来自台湾本岛，其原料是产于台湾东部花莲的丰田玉，推测其产地是在台湾东部的几个玉器制造地点。而距今2000年以后，菲律宾铁器时代的玉器可能来自台湾东南方的兰屿及其南方之巴丹群岛的伊巴亚岛，这两个小岛不但位处台湾和菲律宾群岛之间的中继站，而且这两座岛上都发现了制造铁器时代风格的玉饰废料，由于这些废料的材质都是台湾玉，因此估计是在台湾取得原料后制造完成，然后再输送到菲律宾甚至越南。简而言之，本文显示在始于距今3000多年的新石器时代，台湾及其邻近岛屿间的往来已经相当密切。

　　透过本文的讨论所衍生的一个问题是，"台湾玉器在环南中国海的分布是否隐含了特定的文化意义"？由于普遍认为台湾和菲律宾的史前文化应是南岛语族的遗留，而目前所见在越南出土似台湾玉质地的绿色玉器多来自沙莹文化，该文化被认为是大陆东南亚唯一说南岛语之占婆族的祖型文化，因而台湾玉器在环南中国海的分布范围是否意味着古南岛语族的扩散或者基于相同文化背景所形成的贸易网络呢？

　　再从另一个角度来看玉器的分布问题，除了将玉材视为溯源的凭借之外，制玉技术的传承也需要更多的注意。台湾的制玉技术是否为长江中下游地区制玉传统的延续，又如何在新石器时代的末期由兰屿及巴丹岛接手，区域文化间工艺传统的传承变化应可提供一个不同的视角来讨论这个问题。因此未来的研究除了针对越南及婆罗洲的玉饰进行质地分析，并将持续就玉器制造技术及玉器以外的其他遗留进行比较，或可有助于我们理解南岛语族与大陆地区及南中国海地区史前文化的关系。

致谢：

本文材料在菲律宾国家博物馆同意下进行研究。巴丹群岛的新资料承澳大利亚贝尔伍德教授提供。文中电子微探的化学成分分析得自台北"中研院"地球科学所饭冢义之博士的协助。谨此致谢。

注释：

① 闪玉（Nephrite）或称软玉，是变质岩的一种。细致、细粒的白色或绿色角闪石矿物，常为透闪石或阳起石。

② a. 谭立平、连照美、余炳盛：《台湾卑南遗址出土玉器材料来源之初步研究》，《台湾大学考古人类学刊》，1997 年，52：211～220 页；b. 连照美等：《台湾卑南遗址出土玉器材料来源之初步研究》，《中国古玉鉴——制作方法及矿物鉴定》，台北：地球出版社，1998 年；c. 洪晓纯：《台湾、华南和菲律宾之石锛研究》，台湾大学人类学研究所硕士论文，34～35 页，2000 年；d. 黄士强、周述蓉：《老番社遗址及部份出土玉器材质与工艺技术特征》，载钱宪和主编《海峡两岸古玉学会议论文集》，台北：台湾大学理学院地质科学系，2001 年。

③ a. 同注②d；b. 林淑芬、朱正宜、臧振华、李匡悌：《台南县右先方遗址玉器初步分析研究》，《台湾大学地质科学系钱宪和教授、罗焕记教授荣退研讨会论文集》，2002 年；c. 方建能、黄士强、钱宪和：《台湾史前玉器的工艺制作技术》，载钱宪和、方建能编著《史前琢玉工艺技术》，台北：台湾博物馆，2003 年；d. 刘益昌：《"台湾玉器制造技术"与研究方法的初步检讨》，"新世纪的考古学——文化、区位、生态的多元互动"学术研讨会会议论文，台北："中研院"，2003 年。

④ a. 黄士强：《玦的研究》，《台湾大学考古人类学刊》，1975 年，37/38：44～67 页；b. 宋文薰：《论台湾及环中国南海史前时代的玦形耳饰》，《第二届国际汉学会议论文集》，台北："中研院"，1989 年；c. 陈仲玉：《台湾史前的玉器工业》，邓聪主编《东亚玉器》第一册，香港中文大学中国考古艺术研究中心，1998 年。

⑤ 刘益昌：《台湾玉器流行年代及其相关问题》，《第三届国际汉学会议论文集"史前与古典文明"》，台北："中研院"历史语言研究所，2003 年。

⑥ 鹿野忠雄：《东南亚细亚民族学先史学研究》1946 年 I 卷及 II 卷，矢岛书局。

⑦ a. 同注④a；b. 同注④b。

⑧ 同注④c。

⑨ 同注②c，37 页。

⑩ 下述地点若转自注②c、注④c 或注⑤之文中所述者，不做另注详载，请参原文。若不见前三文中述及者，则另注说明引文出处。

⑪ 臧振华：《十三行的史前居民》，台北：台北县立十三行博物馆，2001 年。

⑫ 台中：自然科学博物馆收藏。

⑬ 同注⑫。

⑭ 何传坤：《台湾的史前文化》，台北：远足出版社，2004 年，86 页。

⑮ 同注⑭，105 页。

⑯ "中研院"历史语言研究所南科考古队:《近来南科园区的考古成果及其引起的一些问题》,台湾的考古学研究学术研讨会论文,台北:"中研院"历史语言研究所,2002年。

⑰ 陈维钧:《111 人兽形玉玦》,《来自碧落与黄泉——"中研院"历史语言研究所文物精选》,1997年,138、171页。

⑱ 刘益昌:《宜兰在台湾考古的重要性》,《宜兰文献杂志》,2000年,12～13页。

⑲ 刘益昌、颜廷伃:《台东县史前遗址内涵及范围研究——海岸山脉东侧与绿岛》,台东县政府委托"中研院"历史语言研究所,2000年。

⑳ 徐韶韺:《兰屿椰油村兰屿国中篮球场遗址调查报告》,"中研院"民族所兰屿研究群主办2003兰屿研究研讨会,台东大学,2003年。

㉑ 唐延龄、陈葆章、蒋壬华:《中国和阗玉》,新疆人民出版社,1994年;台北:地球出版社,1994年,132～134页。

㉒ a. 王执明、连照美、宋文薰、俞震甫、陈正宏:《卑南遗址出土玉器考古学、矿物学研究》,《古玉之矿物研究国际学术讨论会手册》,1996年,13～18页;b. 同注②a。

㉓ a. 同注④a,35页;b. Yui, T. F., Hung, H. C., Lin, S. F. and Wang Lee, C. 2001. A Preliminary Stable Isotope Study of Prehistoric Tremolitic Jade from Taiwan, 537-542. Taipei, Proceeding;c. Iizuka, Yoshiyuki and H. C. Hung. 2005 (in press). Conference on archaicjades across the Taiwan Strait. Archaeomineralogy of Taiwan nephrite: Sourcing Study of Nephrite Artifacts from the Philippines. *Bull. Austronesian Studies* 1. Taiwan.

㉔ 同注②d。

㉕ Beyer, B. Otley. 1948. Philippines and East Asian Archaeology and Its Relations to the Origin of the Pacific Islands Population. *National Research Council of the Philippines Bulletin.* 29:44-45, 61-71.

㉖ Fox, Robert B. 1970. *The Tabon Caves.* Manila: Monograph of the National Museum Number 1.

㉗ Thiel, Barbara. 1986－7. The Excavations at Arku Cave. *Asian Perspectives*, XXVII (2):229-264.

㉘ 臧振华、Rey A. Santiago、洪晓纯:《菲律宾吕宋岛北海岸考古调查计划九十年度工作报告:Nagsabaran 遗址第二次发掘简报》,台北:"中研院"亚太研究计划,2001年。

㉙ 同注④c,85～113页。

㉚ a. 同注㉖;b. Loofs-Wissowa, H. H. E. 1982. Prehistoric and Protohistoric Links between the Indochinese Peninsula and the Philippines, as exemplified by Two Types of Ear-ornaments. *Journal of the Hong Kong Archaeological Society*, Vol. IX, 1980-1981:57－76;c. Solheim II, William G. 1984. Remarks on the Lingling-O and Bi-cephalous Ornaments. *Journal of the Hong Kong Archaeological Society*, vol. X, 1982-1983:107－111;d. 青柳洋治(Aoyagi, Y.), 1986 <フィリッピンを中心とする東南アジア島嶼部の玦状耳飾り>,《東南アジア考古學會第10回大會記録》(ms);e. 同注④b;f. Dizon, Eusebio Z. 1998. Earrings in Philippine Prehistory,《东亚玉器》,香港中文大学中国考古艺术研究中心,1998年;g. 同注②c,85～113页。

㉛ 同注②c,96页。

㉜ 杨淑玲:《卑南遗址出土的玉器》,12页,台东:台湾史前文化博物馆筹备处。

㉝ 同注㉘。

㉞ 臧振华等:《台南科学工业园区道爷遗址未划入保存区部份抢救考古计划期末报告》,南部科学工业园区管理局委托"中研院"历史语言研究所执行,2004年,22,194～195页。

㉟ 同注③b。

㊱ 连照美：《台湾新石器时代陪葬玉器“铃形玉珠”的研究》，台北《台湾大学考古人类学刊》2003 年 60：11。

㊲ 关于这颗玉珠的相关问题，笔者有另文讨论，请参洪晓纯、饭冢义之、Rey A. Santiago：《海外遗珠——一颗在菲律宾出土的史前台湾铃形玉珠》，台北《故宫学术季刊》2004 年 21（6）：43～56。

㊳ 黄士强：《从东河地区谈东海岸史前文化及有关问题》，《田野考古》1991 年 2（1）：1～29，24 页及图版 17。

㊴ 同注②c，92 页。

㊵ 参见注㉜，9 页。

㊶ 夏丽芳等：《卢锡波先生收藏考古标本图录》，286 页，台湾史前文化博物馆，2004 年。

㊷ 连照美：《台湾卑南玉器研究》，邓聪主编《东亚玉器》第一册，358 页，香港中文大学中国考古艺术研究中心，1998 年。

㊸ 同注㉕，Fig. 27.

㊹ 同注⑥第 I 卷，230 页。

㊺ 鹿野忠雄：《台灣東海岸の火燒島に於ける先史學的豫察》，《人類學雜誌》1942 年 57. 1：10～34 之圖 2a。

㊻ 鹿野忠雄：《蘭嶼の石器とヤミ》，《人類學雜誌》1942 年 57. 2：86～98 之圖 3a。

㊼ 國分直一：《蘭嶼發現の石器および土俗資料（1947）》，《農林省水產講習所研究報告人文科學篇》1957 年 2：～40。转载于国分直一，1981，《台湾考古民族志》，庆友社。

㊽ 同注⑳，照片 LY－YY－3－3；LY－YY－3－4；1－22a；1－22b，台东大学，2003 年。

㊾ a. 同注㉖；b. Fox，Robert B. 1977. The jade mystique：some evidence of Philippine prehistoric jade. in *Filipino Heritage：The making of a Nation*, vol. 2. *The Metal Age in the Philippines：The Foundations of the Society*：303-308. Manila：Lahing Pilipino Publishing，Inc.

㊿ 同注㉚c。

(51) Valdâ, Cynthia Ongpin. 2000. Jade in Philippine Pre-historic Sites. *Burnished Beauty – The Art of Stone in early Southeast Asia.*（Christopher J. Frape ed.），p. 147. Bangkok.

(52) 宋文薰：《台灣蘭嶼發現の石製小像》，《日本民族文化とその周邊》《國分直一博士古稀紀念論文集》，新日本教育圖書，1980 年。

(53) 鹿野忠雄：《东南亚细亚民族学先史学研究第二卷》，152 頁，昭和二十七年（1952 年），矢岛书房。

(54) 大部分讨论东南亚史前时代的耳饰，都称“lingling-O”。该词由美国学者贝叶开始使用，因其观察吕宋岛中部的伊富高族（Ifugao）佩带并称那些近似没缺口“C”字形的挂饰为 lingling-O。

(55) 同注㉖。

(56) Kazuhiko Tanaka，个人谈话，2003.

(57) 鹿野忠雄：《紅頭嶼の石器とヤミ》，《人類學雜誌》1942 年 57 卷 2：86－98 之 6 圖 1a。

(58) 同注㉕，Fig. 28－10.

(59) 同注㊷，350～367 页。

(60) 同注㊲。

(61) a. 同注㉓c；b. Iizuka，Y.，P. Bellwood，H. C. Hung，E. Z. Dizon. 2005（in press）. A Non-Destructive Mineralogical Study of Nephritic Artifacts from Itbayat Island，Batanes，Northern Philippines. *Bull. Austronesian Studies* 1（Iizuka，*et al.* 2005.）. Taiwan.

(62) 同注⑳之 7－3、7－4、7－6 页。

(63) 饭冢义之，个人谈话，2005 年。

(64) 同注(61)b。

(65) Bellwood, P. and E. Z. Dizon. 2004. The Batanes Archaeological Project and the "Out of Taiwan" Hypothesis for Austronesian Dispersal. Paper presented for the workshop on the Asian Fore – Arc Project: Results and prospects from the Philippines and Taiwan in the Australian National University, Canberra.

(66) Dang Van Thang, *et al.* 1998. *Prehistoric and Protohistoric Archaeology of Ho Chi Minh City*, p. 662, Plate 39. The Youth Publishing House: Ho Chi Minh.

(67) Chin, L. 1980. *Cultural Heritage of Sarawak*, p. 11. Sarawak Museum, Kuching.

(68) 同注㉚b, Plate 1.

(69) a. Chin, You-di. 1977. Recent Discoveries of Archaeological Finds in Thailand, Paper given at the 7th Conference of the International Association of Asia, Aug. 22-26, 1977, Bangkpk. (ms); b. Chin, You-di. 1978. Nothing is New. *Muang Boran Journal*. 4. 4. : 7. 17.

(70) 这些样本仍在准备分析阶段。

(71) Southworth, W. A. 2004. The coastal states of Champa. In *Southeast Asia-from Prehistory to History* (I. Glover and P. Bellwood eds.). Routledge Cruzon Press: London.

越南的多笔文化

阮文好[*]

1926 年，多笔遗址被发现和发掘，并由法国考古学家 E. 巴特主持发掘工作。出土遗物是很丰富的，有陶器、石器、骨器、蚌器，特别是还有 12 座蹲踞葬的墓葬。[①]50 年之后，即 1976 年，与多笔遗址文化面貌相同的凹丘遗址被发现，[②]于 1977 年进行发掘。[③]按照考古学惯例，我们将此类遗址命名为多笔文化。[④]

一　主要遗址地点

至今，多笔文化的遗址，共发现有 7 处，其中 5 处经过发掘。它们有的是贝丘遗址，有的是沙丘遗址，有的是洞穴遗址（其堆积还是含贝壳的）。

1. 多笔遗址

属于清化省永禄县，面积为 1100 平方米，1926、1971 年两次发掘。文化堆积厚 5 米，堆积物主要是蚬壳，文化层下部分大约有 1.5 米厚，在现今水田之下。[⑤]

2. 本水遗址

在清化省永禄县，面积大约 2000 平方米，2002 年试掘。文化堆积厚 1 米，主要是蚬壳，文化层在现今水田之下。[⑥]

3. 马子脖遗址

在清化省河中县，1979 年发掘。文化堆积大约厚 0.6 米，堆积成分主要是蚬壳，此外还有沿岸地区淡水贝壳和泥土，文化堆积在水田之下大约 0.4 米。[⑦]

以上三处遗址分布在同一个大湖沼盆地里，其面积大约 10 平方公里，三面有山，从 10 月到次年 5 月是干季，此时可以种水稻；从 6 月到 9 月是雨季，水量大，不能耕种，有的水面高于耕地 3 ~ 4 米。

---

[*] 阮文好，越南考古研究院。

4. 驼乡遗址

在清化省永禄县，其背靠大土丘，面向一个湖沼盆地，1991、2000 年两次发掘。文化堆积厚度从 0.15 米至 1.0 米，螺蛳壳是文化堆积的主要成分。现今，这个湖沼盆地还为当地居民供给大量水产品，其中螺蛳仍然是最多的。⑧

5. 凹丘遗址

位于清化省厚禄县，其处在沿海地区，位于一条长 7 ~ 8 公里、南北向的沙堤西边，2001 年发掘。距现今海岸线大约 3 公里，文化堆积厚 0.7 米，堆积成分主要是沙土，其次是鱼骨。⑨

6. 套岩遗址

属于宁平省三叠镇，2001 年发掘，文化堆积主要是山螺。⑩

7. 同园遗址

处于宁平省安模县，其背靠土丘，面向米池，2001 年试掘。⑪

可见，多笔居民以水产丰富的多水湖沼盆地和沿海地区作为居住地点，这有利于当时人类捕捞采集活动。

二 文化特征

多笔文化遗址出土的遗物很丰富，包括陶器、石器、骨器、蚌器等，还有墓葬。

多笔文化遗址所出土的陶片都是残片，没有一件可以复原，这为了解多笔文化陶器的面貌带来一定的困难。从陶器残片观察，多笔文化陶器是一种粗陶，以砖红壤颗粒为掺和料，火候不高，陶色驳杂，以灰褐色为多。仅有炊器一种，器形单纯，有直口、敞口或敛口的圜底罐（釜），口径一般 25 ~ 30 厘米，陶壁厚，底部厚达 2 厘米左右。（图一）器表纹饰自口缘开始施于全身，并且紧密相连毫无空隙，而底部纹饰更是交错重叠。在发掘当中没有发现无纹饰的陶片。纹饰痕迹不仅深，有时还向两边凹进去，这是编制模型被烧的痕迹，同时在一些残片上还可看出编制模型的经纬线。多笔居民的制陶术成型方法是泥敷模制法，即用竹或木枝（灯心草或柳枝等）作筐篮为器模，在筐篮内贴泥土，等泥土硬化后便将篮模烧掉。篮纹粗陶（编制纹粗陶）是多笔文化整个时期的特征。（图二）

多笔文化的石器可分为无加工石器、打制石器和磨制石器三种。无加工石器，是将砾石或石块直接使用而没有经过任何加工制造，但其上面有使用痕迹，用来敲打的有砧石和杵石，用来研磨的有磨盘和磨棒。此类石器，存在于新石器时代整个时期，采集所

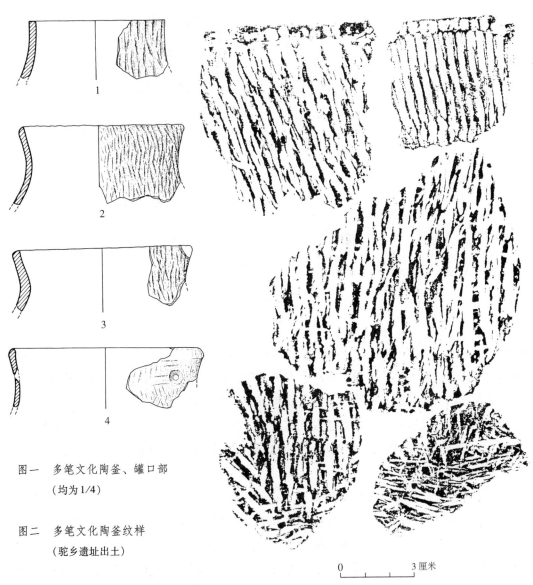

图一　多笔文化陶釜、罐口部
　　　　（均为1/4）

图二　多笔文化陶釜纹样
　　　　（驼乡遗址出土）

0　　　　　　　3厘米

得的产物是此类石器的加工对象。

　　打制石器，大部分是用砾石来做的，打制方法一般较简单，大多数采用单面打击法，只有少数是交互打击。其主要是用来砍砸或刮削，形制有盘状器、短斧、龟甲形器等等。此类石器可以追溯到和平文化时期。（图三）

　　磨制石器有磨刃石斧、遍体磨光石斧和其他磨制石器。磨刃石斧一般采用砾石来做，器形粗大，器身打制、刃部磨光；通体磨光石斧一般采用石块来做，器形为小梯形。在晚期遗址中，以通体磨光石斧为主，而磨刃石斧少见。在多笔文化遗址中还普遍存在一种中心穿孔扁圆石器。这些磨制石器的种类和形制可以追溯到和平文化、北山文

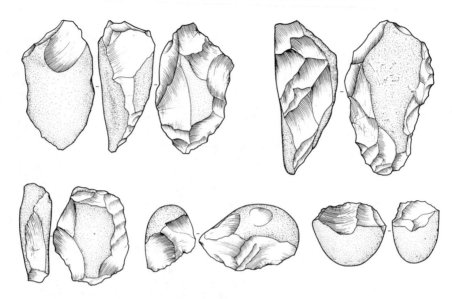

图三　多笔文化打制石器

（驼乡遗址出土，均为1/2）

化时期。另外在多笔、驼乡、马子脖、凹丘遗址还发现有石网坠。凹丘遗址石制网坠有
73 件（半成品 28 件）和陶网坠 8 件，占所发现的石器的 80%，其形状呈椭圆形，其上
有一横或互相交叉的两条横线。骨器有鱼镖、镞、锥等生产工具。（图四）

　　此外，在 7 处遗址中有 4 处还发现有墓葬。其中套岩遗址 1 座、本水遗址 2 座、多
笔遗址 14 座。最多的是马子脖遗址，在 200 平方米发掘面积中发现 102 具人骨骼，有
的还给死者撒上赤铁矿粉。

　　马子脖遗址还有用石块围成的墓葬，有单人葬、多人葬。多笔遗址还有母子合葬。
葬式普遍是蹲踞葬。在已发现人骨骼中有 109 具经测定，结果表明，多笔文化居民属于
蒙古人种，与现代分布于东南亚的南亚种族较接近，其头骨上有美拉尼西亚和印度尼西
亚人种的特点，可看做是继承和发展在越南新石器时代早期（北山文化）人类体质特
征的结果。[12]

　　由此可见多笔文化是越南地区重要的原始文化之一，它在新石器时代诸原始文化中
占有重要地位。

三　年代和分期

　　多笔遗址有将近 5 米厚的文化层，但上下层所出土的遗物没有明显变化，E. 巴特
认为："按它的石器和陶器特点，多笔贝丘绝对肯定是属于所称为北山文化的新石器古

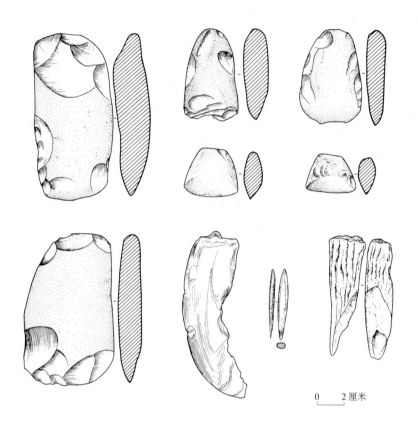

0　　2厘米

图四　多笔文化磨制石器和骨、蚌器

（1、2多笔遗址出土，余驼乡遗址出土）

典阶段"⑬。北山文化所发现的遗址，确有几处发现了陶片（这些陶片现藏在越南历史博物馆），有的遗址只有二三片，最多的还不到50片，但最重要的是，这些陶片的年代属于新石器时代晚期至青铜器时代的各个阶段，仅有1片和多笔陶器有相似之处。这样看来，从这些陶片所出土的层位及其数量过于稀少，很难说北山文化居民已经会制造陶器。而多笔遗址所出陶片是北山文化之后的陶片，因此多笔遗址不该被看做北山文化的遗址。从石器（打制石器和磨制石器）方面来看，多笔遗址和北山文化、和平文化又是很相似，说明它们之间是有前后发展的关系。它是属于和平文化、北山文化之后新石器时代中期的另一个考古学文化。

如上面所提到，多笔遗址处在一个大湖沼盆地中，距现今海岸线不到40公里，曾经受到全新世中期海侵的影响，法国地质学家享日、封甸等认为"当遗址下部分显示真实的地层时，遗址的顶部就属于扰乱状态，原因会有很多，其中有海面升高所引起的原因"。按他的看法，海面升高到距现今海面4米高度的时候，大约是在6500年前。

这样，多笔遗址年代距今大约7000年（多笔遗址1.2米深的^{14}C年代为距今6547±60年），也是多笔文化最早年代。

多笔文化的七处遗址中，凹丘遗址所处的地点是距现今海岸最近的，大约3公里。遗址是坐落在一条长约10公里、南北向的沙堤西边，是古海岸线的痕迹。遗址文化堆积主要是沙土，当中还有不少鱼骨，出土的石器中打制石器有减少倾向，磨制石器主要是通体磨光小梯形斧，表明凹丘遗址和多笔遗址在年代上有一定距离，这和新石器时代晚期是很接近的，其年代大约为5000年前（凹丘遗址0.6米深的^{14}C年代为距今4790±50年）。

根据以上的比较分析，多笔文化年代是从7000年前至5000年前。

多笔文化是越南地区新石器时代中期的一个典型文化，此文化的早期与新石器时代早期的北山文化、和平文化在年代、石器类型、人体质特征上有密切关系，而晚期则与琼文文化在年代、石器、陶器类型和葬俗上也有前后衔接的表现。

Chronological Framework from the Palaeolithic to Iron Age in the Red River Plain and the Surrounding

Nishimura Masanari (西村 昌也）[*]

Introduction

The over one hundred years' achievements of the Vietnamese archaeology have presented a large bulk of the data and they have been stimulating interesting discussions. Recent comprehensive publication about Vietnamese archaeology, Khao co hoc Viet Nam vol. I- III (Ha V. T. ed. 1998, 1999, 2002) well summarized their achievements. However, on the most basic issue of archaeology, chronology, there are various opinions and it is very hard to grasp a view of chronological chart for comparing with the other regions or discussion of deeper interested issues.

In this paper, I present chronological framework (see Table 1) of prehistory in the Red River Plain and the surrounding (Fig. 1) (The earlier version of this paper in Japanese was published in Nishimura and Nishino 2003.). This region is the most frequently surveyed area by Vietnamese archaeologists and one of the best regions to provide general chronological standard for comparative study of other regions. For ordering chronology I attach importance to the relative chronology set up by artifacts assemblage or its typological classification. Comparisons with South Chia archaeology also give helpful viewpoint in this study. As to the ^{14}C dates I do not use them for ordering and restrict to reference for absolute dates. Because the ^{14}C dates only make it possible to discuss chronology by probability and it does not meet each other with typological chronology discussion. Artifact chronology and ^{14}C dates chronology needs to be independently set up and detailed discussion for ordering in

---

[*] 西村 昌也, The Center for Vietnamese and Inter-cultural Studies, Ha Noi National University。

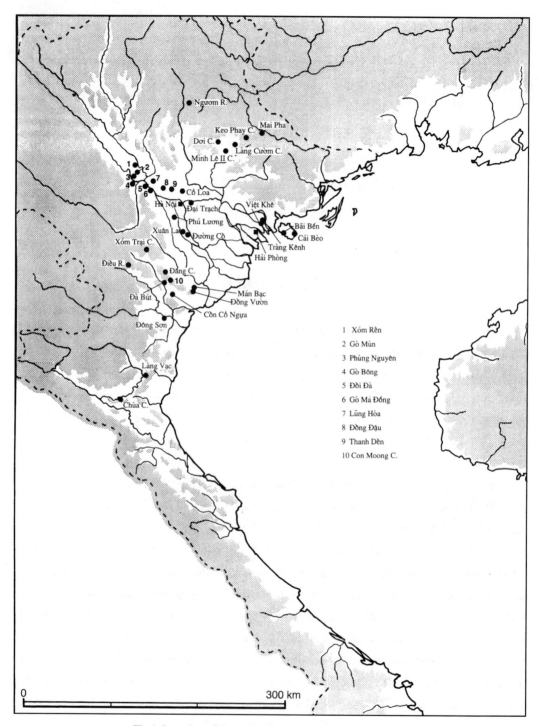

Fig.1 Location of the major sites mentioned in this article

time should be based on artifact chronology, because ^{14}C dates always includes measurement error and their results can not be completely rechecked by us, archaeologists. In this article the citation of ^{14}C dates without reference are based on the collective article by Pham L. H & Nguyen Q. H. (2001). The all dates mentioned in the article are uncalibrated and based on half life of 5570 year / half (see Table 2).

Table 1   Chronological framework of the Red River Plain and the surrounding

		Phase and major sites
around 30 000BP	Early or Middle Palaeolithic Age	**Sonvian Industry** Go Rung Sau Lang Vac (L)
	Late Palaeolithic Age | Epi – Palaeolithic Age	**Hoabinhian Industry and its contemporaries** Dieu R. (L) Xom Trai C. (L) Khuong C. Nguom R. (L) Con Moong C. (L) Doi C. (L) Chua C. Con Moong C. (M) Sung Sam C. Doi C. (M)
around 8 – 9000BP around 7000BP		**Bacsonian industry** Minh LeII C. Doi C. (U) Con Moong C. (U) Cai Beo (B)
	Early Neolithic Age	Da But Con Co Ngua Cai Beo (L) Man Bac (B) Cai Beo (L) Go Trung Lang Cong
around 4500BP	Late Neolithic Age	**Hoa Loc – Ma Dong Phase** Hoa Loc Ma Dong Bai Ben Mai Pha Mao Bac (L) Cai Beo (U) **Phung Nguyen Phase** Phung Nguyen Xom Ren Go Bong Lung Hoa Trang Kenh Thanhn Den Man Bac (M) Dong Cho
around 3000BP	Bronze Age	**Dong Dau Phase** Dong Dau (M) Dai Trach (L) Thanh Den (M) Go Vuon Chuoi **Go Mun Phase** Go Mun Doi Da Go Chua Thong
3 – 4th C. BC	Iron Age	**Dong Son Phase** Co Ioa Dong Son Lang Vac Dai Trach (U) Viet Khe Lang Ca Phu Luong Xuan t. a Duong Co
Ist C. AD	Early Historic Age	

(B): bottom layer; (L): Lower layer; (M): Middle layer; (U): Upper layer.

Table 2 ^{14}C dates of the sintes mentioned in the article

Site name	District and Province	Name of industry of assemblage	Layer of level	^{14}C date	Material of smaple	No.
Cai Beo	Cat Ba, Hai Phong	Ha Long	0. 6m	130 ± 90	Freshwater snail	Bln. 3709/ I
Cai Beo	Cat Ba, Hai Phong	Early Neolithic	2. 2m	>40 000	Charcoal	ZK. 306

Site name	District and Province	Name of industry of assemblage	Layer of level	^{14}C date	Material of smaple	No.
Cai Beo	Cat Ba, Hai Phong	Early Neolithic	2. 2m	5645 ± 115	Bone	ZK. 328
Cai Beo	Cat Ba, Hai Phong	?	3. 0 – 3. 2m	3485 ± 60	Bone	Bln. 1437
Chua C.	Tan Ky, Nghe An	Hoabinhian	1. 5m	9075 ± 120	Freshwater snail	Bln. 1274/ I
Chua C.	Tan Ky, Nghe An	Hoabinhian	1. 5m	9570 ± 120	Freshwater snail	Bln. 1274/ I
Chua C.	Tan Ky, Nghe An	Hoabinhian	1. 5m	9175 ± 120	Freshwater snail	Bln. 1304/I&II
Con Moong C.	Thach Thanh, Thanh Hoa	Bacsonian	0. 4m – 0. 6m	8510 ± 60	Freshwater snail	Bln. 3486
Con Moong C.	Thach Thanh, Thanh Hoa	Bacsonian	0. 4m – 0. 6m	9230 ± 60	Freshwater snail	Bln. 3491
Con Moong C.	Thach Thanh, Thanh Hoa	Hoabinhian	1. 0m – 1. 2m	9900 ± 60	Freshwater snail	Bln. 3492
Con Moong C.	Thach Thanh, Thanh Hoa	Hoabinhian	1. 0m – 1. 2m	9200 ± 70	Freshwater snail	Bln. 3487
Con Moong C.	Thach Thanh, Thanh Hoa	Hoabinhian	1. 0m – 1. 2m	9110 ± 60	Charcoal	Bln. 3497
Con Moong C.	Thach Thanh, Thanh Hoa	Hoabinhian	2. 0m – 2. 2m	1033 ± 40	Charcoal	Bln. 3485
Con Moong C.	Thach Thanh, Thanh Hoa	Hoabinhian	2. 0m – 2. 2m	11 070 ± 70	Freshwater snail	Bln. 3493/1
Con Moong C.	Thach Thanh, Thanh Hoa	Hoabinhian	2. 0m – 2. 2m	10 870 ± 70	Freshwater snail	Bln. 3493/ll
Con Moong C.	Thach Thanh, Thanh Hoa	Hoabinhian	2. 0m – 2. 4m	11 830 ± 70	Freshwater snail	Bln. 3488
Con Moong C.	Thach Thanh, Thanh Hoa	Hoabinhian	2. 0m – 2. 4m	9909 ± 150	Freshwater snail	ZK. 380
Con Moong C.	Thach Thanh, Thanh Hoa	Hoabinhian	2. 0m – 2. 6m	12 040 ± 70	Freshwater snail	Bln. 3494
Con Moong C.	Thach Thanh, Thanh Hoa	Hoabinhian	2. 0m – 2. 6m	12 100 ± 70	Freshwater snail	Bln. 3494
Con Moong C.	Thach Thanh, Thanh Hoa	Hoabinhian	2. 8m – 3. 0m	12 150 ± 70	Freshwater snail	Bln. 3495
Con Moong C.	Thach Thanh, Thanh Hoa	Hoabinhian	2. 8m – 3. 0m	12 430 ± 70	Freshwater snail	Bln. 3495
Con Moong C.	Thach Thanh, Thanh Hoa	Hoabinhian	2. 8m – 3. 0m	12 020 ± 70	Freshwater snail	Bln. 3489/ I
Con Moong C.	Thach Thanh, Thanh Hoa	Hoabinhian	2. 8m – 3. 0m	11 900 ± 70	Freshwater snail	Bln. 3489/ II
Con Moong C.	Thach Thanh, Thanh Hoa	Hoabinhian	3. 0m – 3. 2m	11 090 ± 185	Freshwater snail	ZK. 379

Site name	District and Province	Name of industry of assemblage	Layer of level	^{14}C date	Material of smaple	No.
Con Moong C.	Thach Thanh, Thanh Hoa	Hoabinhian	3. 2m	11 755 ± 55	Freshwater snail	Bln. 1713/ I
Con Moong C.	Thach Thanh, Thanh Hoa	Hoabinhian	3. 2m	11 840 ± 55	Freshwater snail	Bln. 1713/ II
Con Moong C.	Thach Thanh, Thanh Hoa	Hoabinhian	3. 5m	12 170 ± 100	Freshwater snail	Bln. 3490/ I
Con Moong C.	Thach Thanh, Thanh Hoa	Hoabinhian	3. 5m	12 350 ± 70	Freshwater snail	Bln. 3490/ II
Con Moong C.	Thach Thanh, Thanh Hoa	Hoabinhian	3. 5m	12 920 ± 90	Freshwater snail	Bln. 3496/ I
Con Moong C.	Thach Thanh, Thanh Hoa	Hoabinhian	3. 5m	12 860 ± 90	Freshwater snail	Bln. 3496/ II
Con Co Ngua	Dong Linh, Thanh Hoa	Da But	0. 7m	2600 ± 80	Charcoal	ZK. 375
Con Co Ngua	Trung Son, Thanh Hoa	Da But	1. 0m	3200 ± 100	Bone	BLN. 2679
Da But	Vinh Loc, Thanh Hoa	Da But	0. 7m	6095 ± 60	Freshwater snail	Bln. 1407
Da But	Vinh Loc, Thanh Hoa	Da But	?	6540 ± 60	Freshwater snail	Bln. 3509
Dai Trach	Thuan Thanh, Bac Ninh	Dong Dau	L1 – 3 (– 44cm)	3210 ± 50	Charcoal	HNK
Dai Trach	Thuan Thanh, Bac Ninh	Dong Dau	L2 – 2 (– 82cm)	3280 ± 50	Charcoal	HNK
Dai Trach	Thuan Thanh, Bac Ninh	Dong Dau	0. 9m	3860 ± 60	Charcoal	Wk. 8274
Dai Trach	Thuan Thanh, Bac Ninh	Dong Dau	L1 – 3 (– 46cm)	2890 ± 60	Charcoal	Seoul Univ.
Dai Trach	Thuan Thanh, Bac Ninh	Dong Dau	L2 – 2 (– 87. 5cm)	2960 ± 60	Charcoal	Seoul Univ.
Dang C.	Nho Quan, Thanh Hoa	Hoabinhian?	0. 6m	7665 ± 90	Freshwater snail	Bln. 913/ I
Dieu R.	Ba Thuoc, Thanh Hoa	Hoabinhian	1. 8 – 2. 0m	8200 ± 70	Charcoal	Bln. 3541
Dieu R.	Ba Thuoc, Thanh Hoa	Hoabinhian	3. 0 – 3. 1m	8610 ± 80	Freshwater snail	ANU – 10377
Dieu R.	Ba Thuoc, Thanh Hoa	Hoabinhian	3. 0 – 3. 1m	19 700 ± 150	Charcoal	Bln. 3542
Dieu R.	Ba Thuoc, Thanh Hoa	Hoabinhian		7720 ± 70	Freshwater snail	ANU – 10376
Dieu R.	Ba Thuoc, Thanh Hoa	Hoabinhian	L10a	6360 ± 125	Charcoal	ANU – 1118?
Dieu R.	Ba Thuoc, Thanh Hoa	Hoabinhian	L17a	4940 ± 40	Freshwater snail	ANU – 1119?

Site name	District and Province	Name of industry of assemblage	Layer of level	^{14}C date	Material of smaple	No.
Doi. C.	Bac Son, Lang Son	Hoabinhian contemporary	0.6m	11 000 ± 200	Freshwater snail	Bln. 3708/ I
Doi. C.	Bac Son, Lang Son	Hoabinhian contemporary	0.6m	11 200 ± 100	Freshwater snail	Bln. 3708/ II
Dong Dau	Yen Lac, Vinh Phuc	Phung Nguyen	3.4 – 3.6m	3100 ± 50	Charcoal	HCMV. 06/93
Go Chua Thong	Thanh Tri, Ha Noi	Go Mun	1.9m	2655 ± 90	Charcoal	ZK. 309
Go Ma Dong	Ba Vi, Ha Tay	Ma Dong- Hoa Loc	0.6m	4145 ± 60	Charcoal	Bln. 1277
Go Mun	Lam Thao, Phu Tho	Go Mun	1.0m	2385 ± 60	Charcoal	Bln. 1278
Go Trung	Hau Loc, Thanh Hoa	Da But	0.6m	4790 ± 50	Charcoal	bln. 2090
Go Vuon Chuoi	Hoai duc, Ha Tay	Dong Dau	0.8m	3070 ± 100	Charcoal	Bln. 984
Khuong C.	Tuan Giao, Lai Chau	Hoabinhian	0.6 – 1.0m	15 800 ± 150	Freshwater snail	HCMV03/93
Khuong C.	Tuan Giao, Lai Chau	Hoabinhian	1.5m	28 130 ± 2000	Freshwater snail	Bln. 1408
Khuong C.	Tuan Giao, Lai Chau	Hoabinhian	1.5m	33 150 ± 2500	Freshwater snail	Bln. 1412
Khuong C.	Tuan Giao, Lai Chau	Hoabinhian		27 700 ± 200	Freshwater snail	Bln. 3556/ I
Khuong C.	Tuan Giao, Lai Chau	Hoabinhian		32 100 ± 150	Freshwater snail	Bln. 3556/ II
Man Bac	Yen Mo, Ninh Binh	Late Neolithic	L2 (0.3 – 0.4m)	3530 ± 60	Charcoal	HNK
Man Bac	Yen Mo, Ninh Binh	Early Neolithic	L5 – 8	5540 ± 70	Charcoal	Seoul Univ.
Man Bac	Yen Mo, Ninh Binh	Late Neolithic	L5 – 7	3400 ± 60	Charcoal	Seoul Univ
Nguom R.	Vo Nhai, BacThai	Late Paleolithic	1.1m	23 100 ± 300	Freshwater snail	Bln2696/ II
Nguom R.	Vo Nhai, Bac Thai	Late Paleolithic	1.1m	23 000 ± 200	Freshwater snail	Bln 2692/ I
Nguom R.	Vo Nhai, Bac Thai	Late Paleolithic	0.7m	19 040 ± 400	Freshwater snail	Bln 2691/ I
Nguom R.	Vo Nhai, Bac Thai	Late Paleolithic	0.7m	18 600 ± 200	Freshwater snail	Bln 2691/ II
Thanh Den	Me Linh, Vinh Phuc	Dong Dau	1.13m	2650 ± 130	Charcoal	R – 9755/1
Thanh Den	Me Linh, Vinh Phuc	Dong Dau	1.49m	3530 ± 100	Charcoal	R – 9755/2

Site name	District and Province	Name of industry of assemblage	Layer of level	^{14}C date	Material of smaple	No.
Thanh Den	Me Linh, Vinh Phuc	Dong Dau	2.3m	3390 ± 70	Charcoal	R – 9755/3
Thanh Den	Me Linh, Vinh Phuc	Dong Dau	1.14m	2630 ± 50	Charcoal	Bln. 3263
Thanh Den	Me Linh, Vinh Phuc	Dong Dau	1.15m	3090 ± 60	Charcoal	Bln. 3261
Thanh Den	Me Linh, Vinh Phuc	Dong Dau	1.24m	3650 ± 70	Charcoal	Bln. 3264
Thanh Den	Me Linh, Vinh Phuc	Dong Dau	1.46m	3730 ± 50	Charcoal	Bln. 3262
Thanh Den	Me Linh, Vinh Phuc	Dong Dau	1.15m	3100 ± 65	Charcoal	HCMV07/93
Thanh Den	Me Linh, Vinh Phuc	Dong Dau	1.15m	2920 ± 70	Charcoal	Bln. 2953
Thanh Den	Me Linh, Vinh Phuc	Dong Dau	1.15m	2860 ± 70	Charcoal	bln. 2981
Thanh Den	Me Linh, Vinh Phuc	Dong Dau	1.38m	2960 ± 60	Charcoal	Bln. 2954
Thanh Den	Me Linh, Vinh Phuc	Dong Dau	1.39m	2940 ± 60	Charcoal	Bln. 2955
Thanh Den	Me Linh, Vinh Phuc	Dong Dau	1.49m	3350 ± 50	Charcoal	Bln. 2956
Thanh Den	Me Linh, Vinh Phuc	Dong Dau	1.62m	3000 ± 60	Charcoal	Bln. 2957
Trang Kenh	Thuy Nguyen, Hai Phong	Phung Nguyen	L8/1.6m	3280 ± 55	Charcoal	AA 2772
Trang Kenh	Thuy Nguyen, Hai Phong	Phung Nguyen	L8/1.6m	3340 ± 70	Charcoal	AA 2773
Trang Kenh	Thuy Nguyen, Hai Phong	Phung Nguyen	L8	3260 ± 150	Charcoal	Bln. 3710
Trang Kenh	Thuy Nguyen, Hai Phong	Phung Nguyen	1.6m	3340 ± 70		
Trang Kenh	Thuy Nguyen, Hai Phong	Phung Nguyen	1.6m	3280 ± 50		
Trang Kenh	Thuy Nguyen, Hai Phong	Phung Nguyen	1.9m	3405 ± 100		Bln. 891
Trang Kenh	Thuy Nguyen, Hai Phong	Phung Nguyen	1.9 – 2.1m	3405 ± 100	Charcoal	Bln. 981
Trang Kenh	Thuy Nguyen, Hai Phong	Phung Nguyen	1.4m	3005 ± 90	Organic sediment	ZK – 307
Trang Kenh	Thuy Nguyen, Hai Phong	Phung Nguyen	1.75 – 1.9m	3440 ± 60	Charcoal	ANU – 10884
Viet Khe	Thanh Oai, Ha Tay	Dong Son	1.5 – 2.0m	2480 ± 100	Wood	Bln. 950

Site name	District and Province	Name of industry of assemblage	Layer of level	^{14}C date	Material of smaple	No.
Viet Khe	Thanh Oai, Ha Tay	Dong Son	1.5 – 2.0m	2415 ± 100	Wood	Bln. 1227
Viet Khe	Thanh Oai, Ha Tay	Dong Son	1.5 – 2.0m	2330 ± 100	Wood	Bln. 1249
Xom Trai C.	Lac Son, Hoa Binh	Hoabinhian	?	450 ± 80	Charcoal	Bln. 3527
Xom Trai C.	Lac Son, Hoa Binh	Hoabinhian	0.4m	15 150 ± 200	Charcoal	Bln. 3526
Xom Trai C.	Lac Son, Hoa Binh	Hoabinhian	0.6 – 0.8m	16 130 ± 90	Charcoal	Bln. 3042/I&II
Xom Trai C.	Lac Son, Hoa Binh	Hoabinhian	0.7m	4750 ± 80	Charcoal	Bln. 3469
Xom Trai C.	Lac Son, Hoa Binh	Hoabinhian	1.0 – 1.2m	17 100 ± 70	Charcoal	Bln. 2857/I&II
Xom Trai C.	Lac Son, Hoa Binh	Hoabinhian	1.2 – 1.4m	17 440 ± 70	Charcoal	Bln. 2858
Xom Trai C.	Lac Son, Hoa Binh	Hoabinhian	1.2 – 1.4m	16 900 ± 80	Freshwater snail	Bln. 3478
Xom Trai C.	Lac Son, Hoa Binh	Hoabinhian	1.2 – 1.4m	17 160 ± 100	Charcoal	Bln. 3473
Xom Trai C.	Lac Son, Hoa Binh	Hoabinhian	1.4m	18 170 ± 70	Charcoal	Bln. 3471
Xom Trai C.	Lac Son, Hoa Binh	Hoabinhian	1.5m	18 400 ± 200	Freshwater snail	Bln. 2698/ I
Xom Trai C.	Lac Son, Hoa Binh	Hoabinhian	1.5m	18 400 ± 200	Freshwater snail	Bln. 26981 I／II
Xom Trai C.	Lac Son, Hoa Binh	Hoabinhian	1.5m	18 400 ± 20	Freshwater snail	Bln. 2698/ II
Xom Trai C.	Lac Son, Hoa Binh	Hoabinhian	1.4 – 1.5m	17 010 ± 80	Charcoal	Bln. 3474
Xom Trai C.	Lac Son, Hoa Binh	Hoabinhian	1.4 – 1.6m	17 290 ± 70	Charcoal	Bln. 2859
Xom Trai C.	Lac Son, Hoa Binh	Hoabinhian	1.6 – 1.8m	17 450 ± 100	Charcal	Bln. 2860
Xom Trai C.	Lac Son, Hoa Binh	Hoabinhian	1.6m	18 420 ± 150	Charcoal	Bln. 3472
Xom Trai C.	Lac Son, Hoa Binh	Hoabinhian	1.6 – 1.7m	17 010 ± 70	Charcoal	Bln. 3475
Xom Trai C.	Lac Son, Hoa Binh	Hoabinhian	1.6 – 1.7m	16 970 ± 70	Freshwater snail	Bln. 3480
Xom Trai C.	Lac Son, Hoa Binh	Hoabinhian	1.7 – 1.8m	17 390 ± 70	Charcoal	Bln. 3476

Site name	District and Province	Name of industry of assemblage	Layer of level	^{14}C date	Material of smaple	No.
Xom Trai C.	Lac Son, Hoa Binh	Hoabinhian	1. 7 – 1. 8m	17 730 ± 70	Freshwater snail	Bln. 3481/ I
Xom Trai C.	Lac Son, Hoa Binh	Hoabinhian	1. 7 – 1. 8m	17 230 ± 70	Freshwater snail	Bln. 3481/ II
Xom Trai C.	Lac Son, Hoa Binh	Hoabinhian	1. 8 – 2. 0m	17 670 ± 70	Charcoal	Bln. 3477
Xom Trai C.	Lac Son, Hoa Binh	Hoabinhian	1. 8 – 2. 0m	17 420 ± 100	Charcoal	Bln. 2861
Xom Trai C.	Lac Son, Hoa Binh	Hoabinhian	2. 0 – 2. 2m	17 470 ± 100	Charcoal	Bln. 2862
Xom Trai C.	Lac Son, Hoa Binh	Hoabinhian	2. 0 – 2. 2m	17 720 ± 100	Charcoal	Bln. 2914
Xom Trai C.	Lac Son, Hoa Binh	Hoabinhian	2. 2 – 2. 4 (oc dat)	17 210 ± 100	Charcoal	Bln. 2863
Xom Trai C.	Lac Son, Hoa Binh	Hoabinhian	2. 2 – 2. 4 (oc dat)	8990 ± 90	Charcoal	Bln. 3468

Reference: Pham L. H. &Nguyen Q. M. (2001), Nguyen Q. M. (Per. Com), Yi Seonbok(2003)

Sonvian industry: Late Palaeolithic or Before ?

In the middle reach of the Red River or upper area (Phu Tho, Bac Giang, Ha Tay prov.),
many locations on the old river terraces were reported as open-air sites of the flaked cobble
tools industry (Ha V. T. 1971; Ha V. T et al. 1999). This flaked cobble tool industry has
been termed as the Sonvian industry of the Palaeolithic Age. Most of the heavy-duty tools
were made of quartzite or other hard cobble in lithology and retain flaked edge at one or two
side by unifacially flaking (Fig. 2). Although there are some typological studies in compari-
son with the flaked cobble tool industries of the other part of Southeast Asia and South Chi-
na, position in the Palaeolithic chronology was still obscure. The excavations at Gờ Rừng
Sâu (Phú Thợ: Pham V. K. & Luu T. T. 1973) and Làng Vặc (Nghệ An) (In 1990 and
1991 the joint research project between Vietnam and Japan conducted excavation of the
Dong Son burials settlement of Làng Vặc site in Nghệ An province. The excavation of Dong
Son cemetery area brought a bi-result of confirming a Sonvian layer with several tektites be-
neath the burial. The final report is forthcoming.) confirmed a single cultural layer of the
Sonvian industry with latosol soil.

The excavation of Con Moong cave in Thanh Hoa provided a new discussion about Sonvian

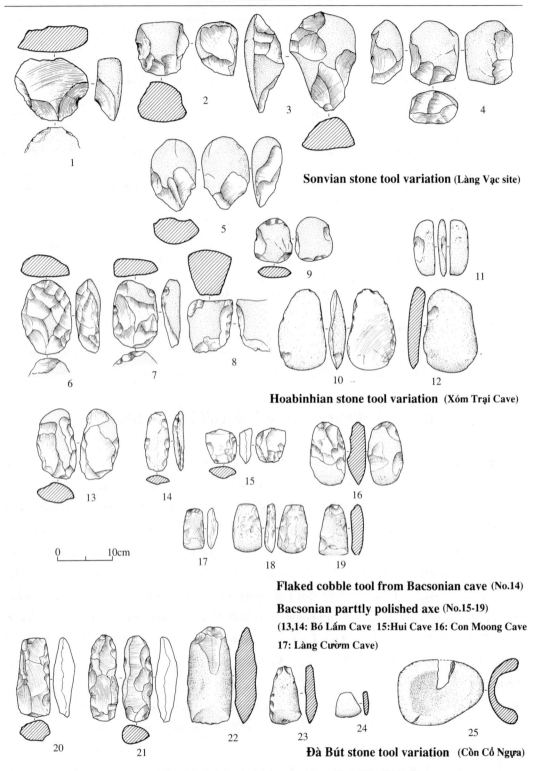

Sonvian stone tool variation (Làng Vạc site)

Hoabinhian stone tool variation (Xóm Trại Cave)

0   10cm

Flaked cobble tool from Bacsonian cave (No.14)

Bacsonian parttly polished axe (No.15-19)

(13,14: Bó Lấm Cave 15:Hui Cave 16: Con Moong Cave
17: Làng Cườm Cave)

Đà Bút stone tool variation (Còn Cổ Ngựa)

Fig.2 Stone tool variations from Palaeolithic to Early Neolithic Age

chronology. Nguyen K. S. (1983) reported three cultural periods from the bottom to upper cave deposit (see also Phan H. T. 1980). The first cultural period was identified as Sonvian and the succeeding cultural layer as the Hoabinhian. Recently, Ha V. T. and Nguyen. K. S. (1998) further divided the Sonvian into two periods and regard Khuong cave (Lai Chau), Nam Tum (Lai Chau) cave and the 7th layer lowest of the Dieu Rock shelter, as the former period and the lowest layer of Con Moong cave and 6th layer of Dieu Rock shelter as the later. Since the ^{14}C dates from the lowest layer of Con Moong ranged around 12 000 BP (Phan H. T. et al. 1990) and many ^{14}C dates from the Hoabinhian layers of the other caves go back to around 20 000 BP or older, their chronological view was inconsistent with the other's views of the late Pleistocene Hoabinhian.

There are two stone tool types in the lowest cultural layer of Con Moong, large mortar and flaked adze-shaped tool (Sumatralith), both of which never have been discovered at the open-air sites of the Sonvian. Also at Dieu the typical Hoabinhian stone tool types were found in till the bottom cultural layers and cannot be identified as the Sonvian (Nguyen G. D. 2001).

At Bose Basin of Guangxi across the mountain range northward from the Red River plain, flaked cobble tool industry similar to the Sonvian were excavated at several locations on river terraces. Recent research provides several tektite dates ranged between 800 000 – 700 000 BP by radiometric decay dating method of Ar-Ar (Hou Y. et al. 2000, Huang Q. ed. 2003). The stone tool assemblage of this industry includes not only bifacial pointed tools like the Acheulean hand-axe but also unifacial pointed tools. The later types show little morphological difference from the unifacial pointed tools of the Sonvian. The difference of the unifacial flaking and bifacial flaking possibly originated from the used lithic material and can't be used as the simple marker to give position in chronology. The tektites found from the Sonvian layer of Lang Vac1 were also dated around 700 000 BP by fission-track dating (Suzuki pers. com.). It is still too problematic to adopt those dates as the falling date from space (McNamara & Bevan 1991). However, both the Bose and Sonvian industries sites are discovered from the latosol layer of the second river terraces. Although geological dates about these latosol layers were not obtained, the Late Pleistocene date seems too young for them. Recently at Shenzhen in Guangdong, cobble tool industry similar to the Bose was also discovered from the reddish yellow layer above the latosol layer, and charcoals from the stone tool layer were dated between 170 000-130 000 BP by thermo-luminescence dating (Zeng X. 1998). Therefore I suppose the Sonvian may go back to the Middle Pleistocene or early, before 30 000 BP at least.

Hoabinhian Industry and Its Contemporary Flake Industry

While some simply flaked stone tools of the Hoabinhian are typologically the same as that of the Sonvian, typological variations of the Hoabinhian show clear differences from those of the Sonvian (Fig. 2).

There are many cave sites which were dated prior to 10 000 BP including the following, Đ ong Can, Xom Tre, Lang Vanh, Xom Trai (Hoa Binh), Dieu (Thanh Hoa) and Khuong (Lai Chau) (Hoang X. C. 1989; Nguyen V. 2001; Nguyen G. D. 2001). Archaeological data found in the first excavation of Khuong cave are dated to 33 150 BP and 28 130 BP, which are the oldest dates of the Hoabinhian assemblage until now. The stone tool assemblage (Chu V. T. 1976) can be confirmed as typical Hoabinhian. Another date on mollusc from the middle layers found in the second excavation is 15 800 BP. While the previous dates are considered unacceptable by Vietnamese scholars, the assemblage surely goes back to the late Pleistocene.

At Dieu, three seasons of excavations confirmed 3.8m to 5.3m depth of cultural deposit (Nguyen G. D. 2001). From the lowest layer, extinct animal bone (*Pongo* sp.), which only can be found in the Pleistocene caves in northern Vietnam, was also unearthed. Data found in second excavation provided 19 700 BP from the upper level of the lowest layer deposit. Xom Trai (Nguyen V. 1990, 2001) also provides a series of dates ranged between 19 000-16 000 BP. These early dates were also supported by seed remains, which belong to colder flora and cannot be found in the present flora at the surrounding areas of site (Nguyen V. 2001).

Based on the above data, I consider that the Hoabinhian industry surely goes back to around 20 000 BP at least and possibly older (30 000 – 20 000 BP).

Beside the Hoabinhian industry, several flake-dominanted industries were found at the lower layers in the northern mountainous range of the Red River Plain. The excavations at Nguom rock shelter in Thai Nguyen confirmed three cultural layers (Quang V. C. *et al.* 1981; Ha V. T. 1985). The amorphous flake-dominanted industry was confirmed with a very limited number of cobble tools at the lower cultural layer (layers 4 and 5). The middle cultural layer (layer 3) also includes amorphous flake-dominanted assemblage with a little higher ratio of the cobble tools compared with that of the lower cultural layer. The cobble tools of these two cultural layers include not only core for flake production, but also side choppers or scrapers, which are comparable to those of the Bailian Cave in Guangxi (SMBCS *et al.* 1987; Ha V. T. 1995). Since the raw materials of the lithic tools are available on the river beneath the site, the assemblage should be less influenced by reduction process, stone tools possibly represent the early morphology in lifecycle of the stone tools. Pointed tools made on the large cobble are lacking in Bailian Cave, which are frequently present in the Sonvian. On the other hand some of the tools are comparable to those of the Hoabinhian in terms of morphology and technology. While some scholars would like to confirm middle cultural layer, the assemblage appearance differs from those of the Sonvian. The upper cultural layer (layer 2) also includes much flake and typical cobble tools of the Hoabinhian or Bacsonian caves. Three radiocarbon dates are available from this site. Two (23 000BP and 23 100BP) are from the bottom of layer 3 and the other two (19 040BP, 18 600BP) are from the top of layer 3. Also pongo (Pongo pygmaeus) was also discovered from layer 3. Consequently the middle cultural layer can be dated to around 20 000BP and the lower cultural layer was much earlier, probably early Late Pleistocene. The lowest layer of Doi Cave (Nguyen G. D. 1986; Nguyen G. D & Bui V. 1988) was also flake dominant assemblage, which was confirmed beneath the layer with ^{14}C dates, 11 000 BP and 11 200 BP (see also chapter IV). It is proper that this Late Pleistocene flake dominant industry might have geographical range as same as that of the Bacsonian.

Although these flake dominant assemblages are datable to the parallel period with the Pleistocene Hoabinhian, total appearance of the assemblages can not be identified as the Hoabinhian. The lithic source environment at the northern mountainous range (distribution range of the Bacsonian) of the Re River Plain is different from that of the southern mountainous range (distribution range of the Hoabinhian). Therefore the difference between the flake dominant industry and cobble tool industry may represent adaptation to each lithic material resource condition. But several other factors need to be added for explanation to this issue.

Termination of the Hoabinhian is also still debatable.

From the lower layer of Sung Sam cave (Ha Tay), were dated by 10 770 BP and 11 365 BP. Chua cave (Nghe An) has three date of 9075 BP, 9175 BP and 9570 BP. The upper layer part of Dieu rockshelter also has one date of 7970 BP (Nguyen G. D. 2001).

At Con Moong cave (Thanh Hoa), from the middle layer (layer 2) the partly polished axe similar to Bacsonian type was dated by 8500 BP, 9510 BP and 9150BP. The succeeding upper layer was characterized by typical Hoabinhian cobble tools and was dated by 9110 BP, 9200 BP and 9380 BP. There is one ^{14}C date, 7665 BP from the upper layer of Dang cave (Ninh Binh), where partly polished axe and the Hoabinhian cobble tools are unearthed (Hoang X. C. 1966; Hoang X. C. ed 1989). Also at Tam cave (Hoa Binh) several partly polished axes were only unearthed from the upper layer (KLSĐHTH 1967). Colani

（1931） has pointed out that partly polished axes were usually found from the upper deposit of the Hoabinhian cave. These partly polished stone axe were different in making technique from the edge polished axes which were frequently found in the typical Hoabinhian layer (Nishimura 1992). The former one is polished after blank making by flaking and the latter one is polished at edge part of the river coble or truncated large flake of cobble.

From this evidence, I suppose that in the terminal period of the Hoabinhian, partly polished stone axe appeared and its stone assemblage was possibly different from the typical Hoabinhian. Therefore typical Hoabinhian assemblage, which does not include partly polished axe, was terminated around 9000-8000 BP

Bacsonian Problem

The Bacsonian industry was reported from the north mountainous range near the Chinese border, especially in Lang Son Prov. (Mansuy 1924, 1925; Mansuy & Colani 1925; Pham V. K. & Luu T. T. 1925). After Mansuy's study this industry have been considered as a unique industry because it includes many partly polished stone axes.

However, except partly polished axe (Fig. 2) there is little difference of tool type or assemblage variation compared with the Hoabinhian (Hoang X. C 1978). I can only point out two different aspects, one is frequent utilization of amorphous flake tool made of porphyrite and the other is high ratio of bifacially flaked cobble tools.

The important problem of the Bacsonian study is still quite difficult to place partly polished axe in the cave stratigraphy and chronology.

While Mansuy's study provided a little information on the relation between the polished axe and stratigraphy, some published data make us possible to guess periodical difference. Example, the assemblage of Keo Phay cave is mainly occupied by Hoabinhian-like cobble tools and retain only two specimens of partly polished axe. On the contrary, the assemblage of Minh Le II cave retain 26 specimens of partly polished axe but include very less number of the flaked cobble tools (Mansuy 1925). At Lang Cuom cave more than 3m thickness of the cultural layer was confirmed and most of the partly polished axes were excavated from the upper layers including burial context. From the lower layers only two edge-polished axes made of river cobble were unearthed (Mansuy & Colani 1925). Excavation of Doi cave in 1985 added more evident understanding about the Bacsonian stratigraphy (Nguyen G. D. 1986; Nguyen G. D & Bui V. 1988). Among 1.4m thickness stratigraphy, the lowest level was characterized by a number of flake tools and amorphous cobble tools. The middle level was characterized by typical cobble tool like the Hoabinhian. At 60cm depth in the

middle level, two ^{14}C dates were processed from mollusc (11 000 BP and 11 200 BP). And
partly polished axe were only found from the upper deposit of 30cm thickness.

Therefore, like the Hoabinhian cave, the partly polished axe only appeared in the termi-
nal period of the Bacsonian cave deposits. From my viewpoint, it is better to consider the
cobble tool assemblage at Bacsonian caves is one variant of the Hoabinhian and at the termi-
nal period of the both Hoabinhian and Bacsonian caves, partly polished axes were added lat-
er in the tool types and the cobble tools were less used.

The second excavation of the open-air site, Cai Beo at Cat Ba Island is also one key to
solve the Bacsonian problem. The site is located at the beach ridge and surface level is just
3.5m higher than the present high tide level (Luu T. T. & Trinh C. 1983). The cultural
layer was approximate 3.2m depth and one sterile gravel layer (20cm thickness) was con-
firmed at the 2.4m depth level, which means only 1.1m higher than the present tide level.
Beneath this sterile layer, approximate 80cm thick deposit including cultural artifacts was
confirmed. Because sterile gravel layer was considered as a result of the Holocene marine
transgression, they supposed this lowest layer as the first occupational deposit prior to the
marine transgression. From the upper part of this layer grinding stones, cobble tools and
coarse pottery were reported and pottery making technology seems similar to those of the Da
But assemblage (Nguyen K. D. 1983). From the lower part of this layer, partly polished ax-
es, cobble tools, grinding stone and whetstone were unearthed without potsherds. From the
description of the report, extent of the polishing of the axes seems similar to those of the
Bacsonian and ratio of the flaked stone tools was not high in the assemblage. Whetstone,
probably for polishing axe, is never seen in the Hoabinhian assemblage. This aceramic as-
semblage may indicate an unique open – air site of the Bacsonian industry, which can be
dated to the pre – marine transgression period and later assemblage containing pottery possi-
bly appeared succeeding to the Bacsonian industry, but prior to the marine transgression.
Several geological researches (Haruyama et al. 2000; Doan D. L. & Boyd 2000, 2002,
Nguyen Q. M. & Le K. P. 2000; Hori et al. 2003) revealed the marine transgression during
the Holocene might range between 7000-5000BP (Nishimura 2003).

Therefore I would like to separate this aceramic assemblage retaining partly polished axe
from the pure Hoabinhian cobble tool industry period and term it as Bacsonian industry peri-
od. This period can be placed at somewhere between 9000-7000 BP.

Early Neolithic Age

Beginning of pottery using in South China and mainland Southeast Asia is also debatable issue and recently the earliest dates of potsherds older than 12 000BP, which are thick with plain surface, were asserted in cave sites of Guangxi (i. e. IACASS *et al.* ed. 2003). The present available data of the northern Vietnam, has nearly no information about the thick plain surface type potsherds and archaeological assemblage prior to Da But seems to retain no potsherds. But future detailed research may bring older material.

Among the Neolithic assemblages of Vietnam, which includes pottery and polished axe-adze, Cai Beo and Da But assemblages can be candidates for the successor of the Bacsonian partly polished axe assemblage.

As mentioned in the previous chapter, the upper part of the lowest layer of Cai Beo, beneath the marine transgression layer, retains thick pottery in the assemblage. The assemblage above the marine transgression layer belongs to the second cultural period and pottery was characterized by the appearance of using cord marking by paddle impression technique. The lowest layer's pottery may have two variations of surface trace. One is paddle impression like the Da But one. The other is plain surface, some of which retain basket impressions (Nguyen K. D. 1983). No any sites with this type pottery were reported in other sites excavation. It is remarkable that they may be dated prior to the marine transgression. Also at neighboring Guangxi or further northern province, plain coarse pottery was confirmed beneath the early cord-marked pottery at cave sites (i. e. Zengpiyan: IACASS *et al.* 2003). Therefore it can be possible that pottery from the first cultural period can be an oldest type in Vietnam. The cord-marked pottery assemblage with retaining partly polished axe was confirmed in the lower part of the upper layer above the marine transgression with date , which can be considered as the parallel with the Da But type assemblages. There are several ^{14}C dates processed from the first excavation in 1973 but the relations with the assemblage are obscure.

The Da But assemblage (Fig. 2) is characterized by the paddle impressed deep bowl, partly polished axe and amorphous flaked cobble tool. This type assemblage was confirmed at several locations frequently with shell middens in Thanh Hoa and Ninh Binh. The artifact variation makes it possible to divide two phases of this assemblage. Early period retains only deep bowl with slightly restricted rim and simple parallel paddle impressions (not cord-marking). Full polished axe and grooved net-sinkers appeared only in late period. Da But site and the lower layer of Con Co Ngua corresponds to the early period and there a series of ^{14}C dates, which ranged from 6540 BP to 5700 BP, from the middle to upper layers of Da But (Bui V. 1991), Go Trung (Bui V. & Nguyen K. S. 1978), the upper layer of Con Co Ngua (Bui V. 1982) and Lang Cong (Bui V. 1994) corresponds to the later period. There are three ^{14}C dates, 4900 BP and 4850 BP from Lang Cong and 4790 BP from Go Trung.

Mollusc remains and pollens of Da But and Con Co Ngua indicates sites were formed during the marine transgression period. Also recently two open-air sites retaining Da But assemblage were confirmed at Ninh Binh, southern edge of the Red River Plain (Ha V. P. & Trinh H. H. 2002).

At Man Bac the lowest layers yielded several Da But type potsherds and one ^{14}C date, 5540 BP. The sterile deposit beneath the lowest cultural layer was sand layer with small broken mollusc nells and the level of this deposit is equal to the lowest notch at the monad rock, which was formed during the marine transgression. Therefore it can be concluded that during the regression period the site was newly occupied by the human group using Da But type pottery. Also at Dong Vuon near to Man Bac, typical Da But assemblage was confirmed.

Late Neolithic Age

Beginning of the Late Neolithic

It is still difficult to draw a boundary between the early and late Neolithic age by practical date. I would like to define the Late Neolithic assemblage in the Northern Vietnam as those including quadrangular and shouldered axe-adze, various stone ornament, stone sawing technique and pottery with ring foot and restricted rim. This assemblage resembles those of the Neolithic Age in the other parts of the Mainland Southeast Asia.

The achievement of Vietnamese archaeology divided successive phases from Phung Nguyen, Dong Dau, Go Mun to Dong Son in the Red River Plain and it was verified by the pottery chronology. However, among Phung Nguyen phase and the other late Neolithic assemblages like Hoa Loc, Ma, detailed comparisons of the pottery assemblages have not yet been done except recent pottery study (Trinh H. H. & Pham T. N. 2001). So that chronological relation of them are still controversial.

Hoa Loc (Thanh Hoa: Pham V. K. & Quang V. C. 1977), Man Bac (Ninh Binh: Ha V. P. 2001), Bai Ben (Hai Phong: Nguyen K. D. 2001), Ma Dong (Ha Tay: Pham L. H. 1973) and Mai Pha (Lang Son: Mansuy 1920; Bui V. & Nguyen C. 1997) are representative sites retaining pottery assemblage uncommon to the Phung Nguyen. Generally, these assemblages include distinctive patterns and techniques of the decorations which can not be seen in the Phung Nguyen assemblages. Assemblages of Mai Pha, Ma Dong, Hoa Loc and lower layers of Man Bac retain parallel incisions combined with punches. Hoa Loc, Bai Ben and Mai Pha includes ringfoot with slits and symmetrical incisions. Man Bac, Bai

Ben, Hoa Loc and Ma Dong also retain flanged rims of bowl and those are definitely not seen in the Phung Nguyen assemblage.

The stone axe-adze assemblages also indicate a slight difference from those of the Phung Nguyen. The stone axe-adze assemblages of the above-mentioned sites include typical shouldered adze, which are very rarely found in the Phung Nguyen assemblage. The stone tool assemblage study of the second excavation Man Bac also confirmed quadrangular stone axe-adze assemblage from the lower layer is also typologically different from those of the upper layer (Nishimura 2003). Therefore the archaeological assemblage of Mai Pha, Bai Ben, Ma Dong, Man Bac (lower layer) and Hoa Loc can be placed prior to the Phung Nguyen phase. One ^{14}C date from Ma Dong is 4145 BP and it is older than the any other ^{14}C date available from the Phung Nguyen site.

Consequently I would like to use the term "Ma Dong-Hoa Loc phase", which represent an unique assemblage and can be placed prior to the Phung Nguyen. This recognition also correspond with the recent result of the excavation at Gantuoyan of Napo District of Guangxi, which was located only 40km from the north edge border between Vietnam and China (GZARAT & NCM 2003). The excavation confirmed the assemblage including pottery with parallel wavy line decorations beneath the assemblage including the pottery with decoration of linear lines and dot incisions like Phung Nguyen style and miniature *Ya-zhang* (牙璋). Based on the ^{14}C dates of the late phase of the Early Neolithic and the Phung Nguyen sites, the duration of Ma Dong-Hoa Loc phase may range between 4500-4000 BP. While direct evidence is still absent, compared with previous stage the settlements of this phase must be much more oriented to the sedentary and agricultural society of this phase as their much developed material culture indicates.

Phung Nguyen

There are several opinions about the division of sub-phases of the Phung Nguyen. For example, Ha Van Tan (1971) proposed 3 sub-phases: Go Bong, Xom Ren to the lowest layer of Dong Dau, respectively. Han Van Khan (1970) also proposed 3 sub-phases of pottery decoration from Go Bong, Phung Nguyen to Lung Hoa, respectively. However, one significant problem of these studies is that they frequently considered one site represents one phase, therefore artifact classification by stratigraphy may less reflect sub-phase division. Future study needs to be done from this viewpoint at first.

Another controversial problem of the Phung Nguyen study is presence of bronze casting. Up to now, only several sites were reported as sites retaining bronze or other metal like the following (Phan V. T. & Ha V. T. 1970; Diep D. H. 1978), Go Bong (Phu Tho: bronze

slug), Xom Ren (Phu Tho: bronze fragment and bronze slug), Dong Vong (Ha Noi:
bronze slug), Chua Lai (Bac Ninh: lead fragment), Bai Tu (Bac Ninh: bronze slug) and
Hoa Loc (Thanh Hoa: needle-shaped and awl-shaped fragments and slug). However, on
these cases there are no any reports or articles mentioned about context of the unearthed
metal with associated artifacts and features. On the cases of Dong Vong, Bai Tu and Chua
Lai it can not be denied that they were from the context of the later period. While some met-
als are unearthed at the several Neolithic sites in the southern Vietnam, they can be consid-
ered from the later burial context (Nishimura 2002). It is still premature to conclude the
Phung Nguyen phase as metal age.

To date this phase in comparison with the Chinese chronology, there are two kinds of arti-
facts, one is nephrite *ya-zhang* (牙璋) and the other is stone halberd (ko). Four pieces
of *ya-zhang* found from Xom Ren and Phung Nguyen can be placed in the early or middle
2nd millennium BC (Ha V. T. 1994; Pham M. H. 1995) and it indicates the Phung
Nguyen phase surely go back to the middle 2nd millennium BC or before. Stone halberds
found from Trang Kenh (Nguyen K. D. 1986) and Lung Hoa (Hoang X. C. 1968) can al-
so be comparable to those found in South China (Jiang T. Y. 1994) of the period parallel
to the Shang and Zhou dynasties.

Several charcoal samples were also dated more than 3500 BP like Dong Cho (3800 BP:
Ha V. T. 1987), Go Hoi (3590 BP) and Xom Ren (3770 BP: Yi S. 2003) and there are
many ^{14}C dates between 3500-3000 BP. Thus duration of the Phung Nguyen phase may
range in the 2nd millennium BC.

Bronze Age

Dong Dau Phase

Distinctive bronze casting and its products were exactly confirmed from this phase. At sever-
al sites such as Dong Dau (Le X. D & Hoang X. C. 1983) and Thanh Den (Bui V. L. &
Pham Q. Q. 1991) succession from Phung Nguyen to Dong Dau was also confirmed. Re-
placement from stone to bronze was not done once for all and some stone tools like axe –
adze and ring ornaments were continued to be used.

Artifacts comparable to the Chinese archaeology are stone halberds excavated from Dong
Dau (Le X. D. & Hoang X. C. 1983). Those seem typologically different from those of the
Phung Nguyen (Pham M. H. 1995) and I suppose the specimens from Dong Dau are typo-
logically later than those of the Phung Nguyen.

On the ^{14}C dates 2830 BP and 2960 BP were gained from the Dong Dau phase layer of Dong Dau and 3070 BP from Go Vuong Chuoi. Recently at Dai Trach several dates were processed 3860 BP from the test excavation in 1999, 3210 BP from L1-3 layer and 3280 ± 50 BP from L2-1 layer of 2001 excavation (Date of lab. at Institute of Archaeology). Also from the same excavation, 2960 BP from L2-2 layer (Pham M. H. & Nishimura 2002), and 2890 BP from L1-3 layer were gained from the lab. of the Seoul National university (Yi S. 2003). I suppose the dates of the 1999 and those by labo of the Institute of Archaeology seem too old. It is proper that boundary between Phung Nguyen and Dong Dau is around 3000 BP and Dong Dau Phase range in the early 1st millennium BC.

Go Mun Phase

The succession from Dong Dau to Go Mun was also confirmed at several sites and several new bronze tool variations like axe, arrowhead, halberd and sickle were added in the assemblage (Ha V. P. Nguyen D. T. 1982). A bronze halberd excavated from Go Mun layer of Doi Da (Ha Tay: Ha V. P. 1996) is comparable to those found in South China. The similar type in Szechwan can go back to the Spring-Autumn or early Warrior State period (Kawamura 2001).

There are two ^{14}C dates of this phase. One is 2655 BP from Go Chua Thong and another is 2385 BP from Go Mun.

Dong Son Phase

The Dong Son assemblage includes much more variation of bronze artifacts and several new kinds of artifact like glass, iron and lacquer ware (Pham M. H. 1996). Intricate typological study of the famous bronze drums (pre-Heger I and Heger I) by Imamura (1973, 1993) and Yoshikai (1998) made possible to place their variant in chronological order. The origin of the bronze drum, Pre-Heger I type can be traced back to the bronze assemblage of the Warrior State burials of Yunnan or contemporaries of the neighbored regions, Heger I type commenced from the 3rd century BC and the latest type ended in 5th to 9th CenturyAD. A large part of the Heger I type found in North Vietnam belong to the Dong Son Phase, and only a few types were casted in the post-Dong Son phase (Early Historical Period). However, chronological study of this phase by the other artifact classification was not yet fully done, so that it is still impossible to place the first appearing of the new-type artifacts like glass and iron in sub-phases of the Dong Son.

Several burial sites retain in Vietnam and South China contain artifacts for cross dating of this phase. One bronze dagger with a grip of human-figurine, which was typical in the Dong

Son period, was discovered from the Chu (楚系) type burial of the final period of the War-rior States in Hu Nan (HNPM 19 湖南省博物馆 1984). At Viet Khe wooden coffin burial (Hai Phong: VBTLSVN 1965), a Shizhaishan type bronze drum (Imamura 1993), bronze vessel with tripod (ting) and bronze bucket-shaped vessel with typical Dongsonian boat dec-oration were unearthed together. Both *ting* and bronze drum can be dated to the 3rd-4th Century BC by a detailed typological study (Yokokura et al. 1990; Imamura 1993). There-fore I suppose the boundary between Go Mun and Dong Son can be placed around 3rd or 4th century BC.

End of the Dong Son Phase

In the lowland, the archaeological assemblage of the Dong Son was replaced by the Han af-filiated assemblage, which was related to the Han invasion after all. However only a few studies were done to reveal this process.

Based on the documentary source of historical facts, it is true that the Han domination ac-cords with the beginning of the Early Historic Age in this region because all of those sources were written in Chinese (Chinese early document and Vietnamese legend informs a king-dom reigned at Co Loa around 3rd to 2nd Century BC and several historian use "An Duong King Era", but archaeological chronology and documented history should be discussed as separate issues). This Han domination period, was called North Domination Age (until independence by Ngo Quyen in 938) in Vietnamese Historical academic circle. There are two major views on the beginning of the North Domination period, one is that it began after the domination by Chaoto around 180 BC (Tran Q. V. 2003), the other is that it beged by the establishment of the three provinces (Chiaochih 交趾, Chiuchen 九真, Jihnan 日南) by the Emperor Wu in 111BC (Tran Q. V. and Ha V. T. 1960, Ha V. T. ed. 2002). However around 2nd or 1st Century BC, the archaeological assemblages still retained strong Dong Son affinities. On the other hand, famous Co Loa2 citadel and its related sites in Ha Noi includes material culture of both the Dong Son and the Han affinities, which can be da-ted to around 2nd-3rd century BC. The transition from the Dong Son to Han-affiliated mate-rial culture was not simple to draw out and it needs division of sub-phases by a detailed chronology of artifact for understanding process of acculturation caused by economic ex-change, ethnic contact and political structure. It also needs to remember that after the Chi-nese domination, the Red River Plain had been a center of regional unification so that accul-turation may have been possibly accelerated or strengthened compared with the other region.

The burials data may indicate most distinctive picture of the transition. The wood coffin burial typical to the Dong Son is one of the keys to find a boundary of termination of the

Dong Son. At Phu Luong and Xuan La (Ha Tay), the wooden coffin burials retain the Dong Son bronzes with Chinese coins, *Daquanwushi* (大泉五十: First cast in AD 8) or *Wuzhu* (五铢) (Ha V. P. 1986; Bui V. L. & Ha V. P. 1988) Pham Q. Q. & Trinh C. 1982). Also at the burial group of Duong Co (Ha Tay: Pham M. H. 1970) both Dong Son bronze and Han-type high-fired ceramic, the latter of which is dated to the early Eastern Han, were discovered. And this assemblages does not share typological similarity of pottery with the Han affiliated wooden compartment burial, Ngoc Lac (Hai Duong: Le X. D. 1966), which can be dated to the late 1st century AD. Consequently I consider the typical Dong Son assemblage terminated around the 1st century AD. (While several Dong Son style artifacts like bronze drum and related ones had been produced in the early 1st millennium AD. Imamura 1993; Yoshikai 1995, 1998; Nishimura 2001), they were produced in different cultural contexts and the total assemblage of the material culture can not be termed as that of the Dong Son] This was possibly related with the rise of the Trung Sisters (AD 40-43) and the campaign of General Mayuan (马援).

Reference

Abbreviations

BEFEO	Bulletin de l'École Française d'Extrême-Orient. Hanoi (Paris)
IACASS	Institute of Archaeology, Chinese Academy of Social Science
KCH	Khảo Cổ Học (Archaeology), Hà Nội
JSEAA	Journall of the Southeast Asian Archaeology, Tokyo
NPH 19	Những Phát Hiện mới về khảo cổ học Việt Nam năm, Hà Nội
	(New discoveries of Vietnamese archaeology in..), Hà Nội
VBTLSVN TBKH	Viện Bảo Tàng Lịch Sử Việt Nam Thông Báo Khoa Học, Hà Nội
EFEO	École Française d'Extrême-Orient. Hanoi (Paris)
NXB	Nhà Xuất Bản (Publisher)
NXBKH	Nhà Xuất Bản Khoa Học, Hà Nội
NXBKHXH	Nhà Xuất Bản Khoa Học Xã Hội, Hà Nội
VTTKHXH	Viện Thông Tin Khoa học Xã Hội, Hà Nội
VKHXHVN	Viện Khoa Học Xã Hội Việt Nam, Hà Nội
KLS TΔHTHHN	Khoa Lịch Sử Trường Đại Học Tổng Hợp Hà Nội, Hà Nội
SVHTTHN	Sở Văn Hóa và Thông Tin Hà Nội, Hà Nội
VKCH	Viện Khảo Cổ Học, Hà Nội
TLVKCH	Tư Liệu Viện Khảo Cổ Học

In Chinese（中文）

Guangxi Zhuang Autonomous Region Archaeological Team（GZARAT）and Napo Country Museum（NCM）.
2003. 广西壮族自治区文物工作队、那坡县博物馆：《广西那坡县感驮岩遗址发掘简报》，《考古》
2003 年 10 期。

Huang Q.（ed.）2003. 黄启善编：《百色旧石器》，文物出版社，2003 年。

Hu Nan Provincial Museum. 1984. 湖南省博物馆：《长沙树木岭战国墓阿弥岭西汉墓》，《考古》1984 年
9 期。

IACASS et al.（ed.）2003. 中国社会科学院考古研究所、广西壮族自治区文物工作队、桂林甑皮岩遗址
博物馆、桂林市文物工作队编：《桂林甑皮岩》，文物出版社，2003 年。

Science Museum of Bailian Cave Site, et al. 1987. 柳州白莲洞洞穴科学博物馆、北京自然博物馆、广西民
族学院历史系：《广西柳州白莲洞石器时代洞穴遗址发掘报告》，《南方民族考古》1987 年 1 期。

Jiang Ting Yu. 1994. 蒋廷瑜：《岭南出土石戈探微》，Ancient Cultures of South China and Neighbouring re-
gions：essays in Honor of Professor Cheng Te – K'un on the occasion of the sixtieth anniversary of his academic
career. Center for Chinese archaeology and art, ICS, The Chinese University of Hong Kong：229 – 238.

Zeng Xiangwang. 1998. 曾祥旺：《深圳龙岗荔枝园村旧石器地点试掘简报》，《南方文物》1998 年 2 期。

In English, French, Japanese and Vietnamese

Bùi Văn Liêm and Hà Văn Phùng. 1988. Di chỉ Phư Lương: qua hai lần khai quật. KCH số 4/1988:32-43.

Bùi Văn Lợi and Phạm Quốc Quân. 1991. Di chỉ Thành Dền (Hà Nội). VBTLSVN TBKH 1991:103-124.

Bùi Vinh. 1982. Cồn Cổ Ngựa (Thanh Hóa) một bước ngoặt trong nhận thức về văn hóa Đa Bút. KCH số 1/
1982:18-30.

——1991. The Da But Culture in the stone age of Vietnam. BIPPA 10:127-131.

——1994. Niên đại ¹⁴C Làng Còng và bước tiến mới trong nhận thức văn hóa Đa Bút. NPH năm 1993:61-62.

Bùi Vinh and Nguyễn Cường. 1997. Văn hóa Mai Pha sau khai quật 1996 ở Lạng Sơn. KCH số 2/1997:40-54.

Bùi Vinh and Nguyễn Khắc Sử. 1978. Khai quật Gò Trũng (Thanh Hóa) NPH năm 1977:56-59.

Chử Văn Tần. 1976. Đào khảo cổ Mái đá Thẩm Khương. KCH số 17:38-40.

Diệp Đình Hoa. 1978. Về những hiện vật kim loại ở buổi đầu thời đại đồ đồng thau Việt Nam. KCH số 2/1978:
10-20.

Doãn Đình Lâm and Boyd W.E. 2000. Holocene coastal stratigraphy and a model for the sedimentary development
of the Hải Phòng area in the red river delta, north Việt Nam. Journal of geology. Series B No 15-16/2000:18-28.

——2002. Tài liệu về đợt hạ thấp mực nước biển trong Holocen giữa-muộn ở vịnh Hạ Long. Địa Chất, loạt A số
270:1-7.

Hà Văn Phùng and Nguyễn Duy Tỳ. 1982. Di chỉ khảo cổ học Gò Mun. NXBKHXH, Hà Nội.

Hà Văn Phùng. 1986. Di chỉ Phú Lương (Hà Sơn Bình). KCH số 2/1986:27-41.

——1996. Văn hóa Gò Mun. NXBKHXH, Hà Nội.

——2001. Di tích Mán Bạc:Tư liệu và nhận thức. KCH số 1/2001:17-46.

Hà Văn Phùng and Trịnh Hoàng Hiệp. 2002. Báo cáo kết quả khai quật di chỉ Đồng Vườn lần thứ nhất (xã yên Thành, huyện Yên Mô, tỉnh Ninh Bình tháng 7 năm 2002. VKCH.

Hà Văn Tấn. 1971. Văn hóa Sơn Vi. KCH số11: 60-69

——1985. The Late Pleistocene climate in Southeast Asia : new data from Vietnam. *Modern Quaternary Research in Southeast Asia* : 81-86

——1987. Niên đại ^{14}C của Đồng Chỗ với giai đoạn Gò Bông trong văn hóa Phùng Nguyên. NPH năm 1986: 181-182.

——1994. Yazang in Viet Nam. Ancient Cultures of South China and Neighbouring regions. Essays in Honor of Professor Cheng Te-K'un on the Occasion of the Sixtieth Anniversary of His Academic Career. Center for Chinese Archaeology and Art, ICS, The Chinese University of Hong Kong: 451-454.

——1995. The Nguom Rockshelter and the Palaolithic flake industries in Mainland Southeast Asia. in Yeung Chun-tong and Li Wai-ling Brenda. ed. Archaeology in Southeast Asia. The University Museum and Art Gallery and the University of Hong Kong.: 171-180

Hà Văn Tấn (ed.). 1998. Khảo cổ học Việt Nam tập I: Thời đại đá Việt Nam. NXBKHXH, Hà Nội.

——1999. Khảo cổ học Việt Nam tập II:Thời đại kim khí Việt Nam. NXBKHXH, Hà Nội.

——2002. Khảo cổ học Việt Nam tập III: Khảo cổ học lịch sử Việt Nam. NXBKHXH, Hà Nội

Hà Văn Tấn and Nguyễn Khắc Sử. 1998. Văn hóa Sơn Vi in Hà Văn Tấn ed. Khảo cổ học Việt Nam tập I: Thời đại đá Việt Nam. : 86-118

Hà Văn Tấn, Nguyễn Khắc Sử and Trình Năng Chung. 1999. Văn hóa Sơn Vi. NXBKHXH, Hà Nội.

Haruyama Shigeko, Tanabe Susumu and Lê Quốc Doanh. 2000. Holocene Sediment of the Southern Delta of the Song Hong. Technical Report No. 2000-18. Advanced Research Institute For Science and Engineering Waseda University.

Hoàng Xuân Chinh. 1966. Báo cáo khai quật Hang Đang (Cúc Phương, Ninh Bình). VKCH.

——1968. Báo cáo khai quật Đợt một di chỉ Lũng Hòa. NXBKHXH.

——1978. Quan hệ giữa văn hóa Hòa Bình và văn hóa Bắc Sơn. KCH số 2/1978: 10-17.

Hoàng Xuân Chinh ed. 1989. Văn hóa Hòa Bình ở Việt Nam. VKCH.

Hou, Yamei, Richard Potts, Yuan, Baoyin, Guo, Zhengtang, Alan Deino, Wang, Wei, Jennifer Clark, Xie, Guangmao and Huang, Weiwen. 2000. Mid-Pleistocene Acheulean-like Stone Technology of the Bose Basin, South China. *Science* 287: 1622-1626.

Hori K.,Tanabe S. and Saito Y. 2003. Sedimentary facies, architecture and evolution of the Song Hong (Red River) delta, Vietnam. In Haruyama S. (ed.). *Environmental change and its assessment of the Red River Delta*. Report for the grant-in-aid for international scientific research. Ministry of Education, Science,

Sports and Culture. Tokyo.

Imamura K. 1973. Origin and transformation of the ancient bronze drum. Kokogakuzashi 59-3 (in japanese).

——1993. The two traditions of the Heger I type bronze drums. *Journal of Southeast Asian Archaeology.* No.13:113-130.

Kawamura Y. 2001. Transformation of bronze Ko helberds in the Szeehwan Basin. *JSEAA* 21 160-188 (in Japanese with English summary)

KLS ĐHTHHN. 1967. Địa điểm Hang Tằm. In VBTLSVN (ed.). Những hiện vật tàng trữ tại Viện bảo tàng lịch sử Việt-Nam về văn hóa Hòa Bình. VBTLSVN:126-155.

Lê Xuân Diệm. 1966. Báo cáo khai quật mộ quách gỗ ở Ngọc Lặc. in Nguyễn Văn Nghĩa ed. Một số báo cáo về khảo cổ học Việt Nam. Đội khảo cổ, Bộ Văn hóa:249-276.

Lê Xuân Diệm and Hoàng Xuân Chinh. 1983. Di chỉ khảo cổ học Đồng Đậu. NXBKHXH, Hà Nội.

Lưu Trần Tiêu and Trịnh Căn. 1983. Trở lại di chỉ Cái Bèo:kết quả và nhận thức. VBTLSVN TBKH 1983:14-24.

Mansuy H. 1920. Contribution a l'étude de la Préhistoire de L'indochine IV. Gisments préhistoriques des environs de Lang Son et de Tuyên-quang, Tonkin. MSGI 7-2.

——1924. Contribution a l'étude de la Préhistoire de L'indochine IV. Stations préhistoriques dans les cavernes du massif calcaire de Bắc-sơn, Tonkin. MSGI 11-2.

——1925. Contribution a l'étude de la Préhistoire de L'indochine V:nouvelle découvertes dans les cavernes du massif calcaire de Bắc Sơn, Tonkin. MSGI 12-1.

Mansuy H.and M. Colani. 1925. Contribution a l'étude de la Préhistoire de L'indochine VII. Néolithicque inférieur Bacsonien et Néolithicque superieur dans le Haut-Tonkin (dernières recherches) avec la Dercription des crânes du gisement de Lang Cuom. MSGI 12-3.

McNamara K. and Bevan A. 1991. Tektites. Western Australian Musuem

Nguyễn Gia Đối. 1986. Khai quật Hang Dơi. NPH năm 1985:43-46.

——2001. Di chỉ mái đá Điều và một số vấn đề thời đại đá ở miền Tây Thanh Hóa. Luận án Tiến sĩ lịch sử. VKCH, Hà Nội.

Nguyễn Gia Đối and Bùi Vinh. 1988. Hang Dơi, Suy nghĩ them về văn hóa Bắc Sơn. KCH1-2/1988:12-19.

Nguyễn Khắc Sử. 1983. Sự phát triển kinh tế và tổ chức xã hội của cư dân cổ Cúc Phương. KCH số 1/1983:8-21.

Nguyễn Kim Dung. 1983. Hai hệ thống gốm sớm trong thời đại đá mới Việt Nam. KCH số 1/1983:22-35.

——1986. Báo cáo khai quật công xưởng Tràng Kênh lần thứ II. VKCH

——2001. Nhận thức mới về khảo cổ học Cát Bà qua hai lần khai quật di chỉ Bãi Bến. KCH số 4/2001:3-24.

Nguyễn Quang Miên and Lê Khánh Phồn. 2000. Some results of [14]C Dating in investigation on quaternary geology and geomorphology in Nam Định-Ninh Bình Area, Việt Nam. Journal of geology. Series B No 15-16/ 2000:106-109.

Nguyễn Văn Hảo. 1979. Thời đại đá mới vùng Đông Bắc Việt Nam. KCH số 1/1979:29-36.

Nguyễn Việt. 1990. Tàn tích nhuyên thể trong các di tích tiền sử Việt Nam. KCH số1-2/1990:39-62.

——2001. Cổ môi trường Châu Can:tiếp cận liên ngành. Bài phát biểu trong buổi sinh hoạt khoa học "Cổ môi tròng làng cổ và mộ cổ Châu Can".

Nishimura M. 1992. Recent developments and problems of the Hoabinhian study. *JSEAA* No.12:17-37 (in Japanese with English summary).

——2001. Reexamination of the Lung Khe Citadel in the Red River Delta. *Southeast Asia-history and culture.* No. 30:46-71 (in Japanese with English summary)

——2002. Chronology of the Neolithic Age in the southern Vietnam. *Journal of Southeast Asian Archaeology* 22:22-57

——2003. Considerations on the changes of sites distribution pattern in the Red River Plain. in *Nishimura and Nishino* 2003:267-309

Nishimura M. and Nishino N. 2003. Data collection of archaeological sites in the Red River Plain, Vietnam. Scientific report submitted to the Ministry of Eduvcation and Science. (in Japanese. This report will be published in English)

Phạm Huy Thông ed. 1990. Dong Son Drums in Viet Nam. NXBKHXH.

Phạm Huy Thông, Hoàng Xuân Chinh and Nguyễn Khắc Sử. 1990. Hang Con Moong. Vườn quốc gia Cúc Phương and Viện Khảo Cổ Học, Hà Nội.

Phạm Lỳ Hương. 1973. Đào khảo cổ di chỉ gò Mả Đống. NPH 1972:150-163.

——1999. Nhóm di tích Mả Đống- Gò Con Lợn. in Hà Văn Tấn ed. *Khảo cổ học Việt Nam tập II:Thời đại kim khí Việt Nam.*

Phạm Lỳ Hương and Nguyễn Quang Miên. 2001. Các kết quả xác định niên đại bằng phượng pháp Radiocarbon ở Việt Nam và một số nhận xét. *KCH số* 3/2001:81-101.

Phạm Minh Huyền. 1970. Báo cáo khai quật địa điểm Đường Cồ. VKCH.

——1995. "Qua" và "Chương" bằng đá trong các di tích thời đại đồng thau ở miền Bắc Việt Nam. TBKHVB-TLSVN 1995:22-38.

——1996. Văn hóa Đông Sơn tính thống nhất và đa dạng. NXBKHXH.

Pham Minh Huyen and Nishimura Masanari. 2002. Excavation of Dai Trach: a Bronze Age settlement site in the Red River Plain. Paper presented at the 16th Congress of the Indo-Pacific Prehistoric Association. 10th Sep. Taipei

Phạm Quốc Quân and Trịnh Căn. 1982. Khu mộ thuyền Xuân La (Hà Sơn Bình). KCH số 4/1982:36-50.

Phạm Văn Kinh and Lưu Trần Tiêu. 1969. Những hiện vật tàng trú tại Viện bảo tàng lịch sử Việt Nam về văn hóa Bắc Sơn. VBTLSVN, Hà Nội.

Phạm Văn Kinh and Lưu Trần Tiêu. 1973. Những di tích của con người thời tối cổ trên đất Việt Nam. Bảo tàng lịch sử Việt Nam, Hà Nội

Phạam Văn Kinh and Quang Văn Cậy. 1977. Văn hóa Hoa Lộc. VBTLSVN, Hà Nội.

Phan Huiy Thông. 1980. Con Moong Cave, a noteworthy archaeological discovery in Vietnam. Asian Perspective 23-1:17-22

Phan Văn Thích and Hà Văn Tấn. 1970. Phân tích chì trong vật đồng di thời đại đồng thau và thời đại sắt sớm. KCH số 7-8:126-129.

Quang Văn Cậy, Trinh Năng Chung, Ngô Thế Phong, Bùi Văn Tiến and Hoàng Ngọc Đăng. 1981. Thần Sa-Những di tích của con người thời đại đồ đá. VBTLSVN.

Trần Quốc Vượng. 2003. Some new viewpoints and re-thinking about the Chinese Domination in Vietnam. Paper presented at the International conference of Eastern Studies. 16th, May, 2003, Tokyo.

Trần Quốc Vượng and Hà Văn Tấn. 1960. Lịch sử chế độ phong kiến Việt Nam tập I. NXB Giáo Dục, Hà Nội.

Trịnh Hoàng Hiệp and Phạm Thị Ninh. 2001. Đồ gốm di chỉ Đầu Rằm trong hệ thống gốm cổ vùng ven biển Đông Bắc Việt Nam. Paper presented at the International conference, *One century of Vietnam Archaeology: achievement, orientation and prospect*. 5th, Dec., Hà Nội

Yi Seonbok. 2003. Report of the Hoa Binh project 2003: AMS dates from some archaeological sites in Vietnam. Paper presented at Hội nghị thông báo khảo cổ học, những phát hiện mới khảo cổ học việt Nam năm 2003, Hà Nội

Yokokura M.,Nishie K. and Ozawa M. (横仓雅幸西 · 江请高 · 沢正人). 1990. Development of Yue-style ding. Kokogakuzasshi 76-1:66-100 (in Japanese with English summary).

VBTLSVN. 1965. Những hiện vật tàng trữ tại Viện bảo tàng lịch sử Việt-Nam về ngôi mộ cổ Việt Khê. VBTLSVN.

Yoshikai M(吉開将人). 1996. Bronze *Yu* vessels of the Dong-son tradition. Kokogakuzashi No.80-3:64-94 (in Japanese with English summary)

——1998. Bronze drums in the age of reorganization. Toyo Bunka 78, University of Tokyo (in Japanese)

VBTLSVN. 1965. Những hiện vật tàng trữ tại Viện Bảo tàng Lịch sử Việt Nam về ngôi mộ cổ Việt Khê. VB-TLSVN, Hà Nội.

Chronology of the Neolithic Cultures
on the Coast of Southeast China

Tianlong Jiao[*]

Introduction

The beginning of the Neolithic cultures on the coast of Southeast China and their subsequent expansions to Taiwan have been recognized as closely associated with the earliest dispersals of the proto-Austronesians (Bellwood 1997 ; Diamond and Bellwood 2003 ; Chang 1995). The sustained interactions between mainland coast and Taiwan had played significant role in the transformations of the middle and late Neolithic cultures in Taiwan (Chang and Goodenough 1996, Tsang 2002). Thus the chronology of the Neolithic cultures on the coast of Southeast China is vital for understanding the timing of the proto-Austronesian expansions. However, the chronology of the Neolithic sites on the coast of Southeast China, like that in other areas in Southeast Asia Archipelagos (Spriggs 1989), has remained a poorly addressed issue. Although archaeological investigations in Southeast China started as early as in the 1930s (Maglioni 1975), only nine ^{14}C dates and two TL dates from five sites have been published so far (Lin 1993). These small amounts of available chronometric dates are by no means sufficient to provide a solid basis for a good chronology. The situation is further complicated by the fact that most of the dating samples were not collected during the excavation and most dating samples are marine shells. The marine reservoir effects of the local seas were not taken into consideration when the ^{14}C dates of the archaeological sites in Southeast China were calibrated. Consequently, problems occur when these dates are applied to organize the archaeological materials into a chronological order (Lin 1993, Wu 1993, Wu 1995).

We have been attempting to establish a better chronology of the Neolithic cultures on the

* Tianlong Jiao, Department of Anthropology, Bishop Museum, Hawaii, U. S. A.

coast of Southeast China since 2001. Our effort to refine this chronology involves finding new dating samples by excavating new archaeological sites and re-calibrating the published ^{14}C dates. In 2002, we systematically collected dating samples from the Huangguashan site and the Damaoshan site in Fujian Province. These samples were analyzed by the Archaeometry Laboratory in Peking University and the Rafter Radiocarbon Laboratory, Institute of Geological and Nuclear Sciences, New Zealand using both conventional radiocarbon dating techniques and AMS. With the help of Dr. Wu Xiaohong of Peking University, I also re-calibrated the published ^{14}C dates of a number of Neolithic sites in Fujian by using OxCal v3.5 program. A series of new dates of the Fuguodun site and the Jinguishan site located on Jinmen Island were also published recently (Chen 1999, Lan & Liu 2002). These new chronometric data allow us to suggest a refined chronology of the Neolithic cultures on the coast of Southeast China. This paper is a synthesis of these new data and a discussion of the timing of the proto-Austronesian expansions across the Taiwan Strait.

Towards a New Chronology of Coastal Southeast China's Neolithic

On the basis of available chronometric data and the excavated materials, the Neolithic of Southeast China can be divided into three periods: the early period (ca. 6500-5000 BP), the middle period (ca. 5000-4300 BP), and the late period (ca. 4300-3500 BP). It began with a full blossom of pottery and polished stone tools around 6500 BP, and ended with the appearance of bronzes around 3500 BP. Each period is represented by a number of key archaeological sites.

The Early Period (ca. 6500-5000 BP)

So far our understanding of the early Neolithic on the coast of Southeast China is very limited. There are only three sites that have been excavated: the Keqiutou site (FPM 1991) on the Haitan Island, the Fuguodun site (Lin, Zhaoqi 1973) and the Jinguishan site (Chen, Zhongyu 1999) on the Jinmen Island.

The Keqiutou Site

The Keqiutou site is located on the Haitan Island in eastern Fujian Province. It was excavated by the Fujian Provincial Museum in 1985-1986 (FPM 1991). The deposit is up to 2 meters deep, and six layers were observed. Layer 5 and Layer 6 are Neolithic remains, containing dense marine shells and artifacts. Four ^{14}C dates of marine shells from the Keqiutou site were published (ZK 1990; Tsang 1999). All of these samples were collected during the latter visits to this site. Therefore, their specific association with the stratigraphic layers is not clear. Three samples (ZK-2337, ZK-2336, ZK-2338) were analyzed by the Radio-carbon Laboratory of Institute of Archaeology, Chinese Academy of Social Sciences. The o-riginal ^{14}C ages of these three samples are significantly younger than the marine shell sample (NTU-1711) analyzed by National Taiwan University (Table 1). The reason for this differ-ence is not clear. With the help of Dr. Wu Xiaohong of Peking University, I calibrated the original ^{14}C age of ZK-2337, ZK-2336 and ZK-2338 after they were adjusted by δ^{13}C. It is not clear whether the ^{14}Cage of NTU-1711 was adjusted by δ^{13}C, the calibrated date is based on the original ^{14}C age. As indicated in Table 1, the calibrated ages ZK-2337, ZK-2336 and ZK-2338 with one sigma deviation are mostly between ca. 3600 BC and 3200 BC. However, NTU-1711 could be as early as 4260 BC. If these four samples are all from the Neolithic layers, they indicate that the age of the Kequitou site is likely somewhere between 6200-5000 BP.

Table 1 ^{14}C age of the marine shells from the Keqiutou site

Sample No.	Sample	Provenance	Original ^{14}C age (BP)	Date after δ^{13}C correction (5568 half life)	Cal. Age (After marine reservoir effect corrected)
ZK-2337	shell (1989, 9. collected by An, Zhimin)	Lower level (Locus 1)	4745 ±90 (5730 half life); 4160 ±90 (5568 half life)	5040 ±90	68.2% probability 3540BC(68.2%)3330BC 95.4% probability 3640BC(94.3%)3240BC 3220BC (1.1%) 3180BC
ZK-2336	shell (1989, 9. collected by An, Zhimin)	Upper level (Locus 1)	4710 ±100 (5730 half life) 4565 ± 100 (5568 half life)	4995 ±100	68.2% probability 3530BC (68.2%) 3270BC 95.4% probability 3650BC (95.4%) 3100BC
ZK-2338	shell (1989, 9 collected by An, Zhimin)	Lower level (Locus 2)	4690 ±105 (5730 half life) 4555 ±105 (5568 half life)	4985 ±105	68.2% probability 3530BC (68.2%) 3240BC 95.4% probability 3650BC (95.4%) 3050BC
NTU-1711	shell (1992 Collected by Tsang Cheng – hwa)	2 meters below surface	5730 ±50 (5568 half life)		68.2% probability 4260BC (68.2%) 4100BC 95.4% probability 4310BC (95.4%) 4040BC

The Fuguodun site

The Fuguodun site was accidentally found by a geologist Lin Zhaoqi during a geological sur-vey on the Jinmen Island. According to the brief report published by Lin, he excavated a 2 by 1 meter pit at the Fuguodun site on October 2 of 1968 "under the severe rain and wind", and reached to 60 cm deep which is the bottom of the midden (Lin, Zhaoqi 1973: 37). He estimated that the midden cover an area of about 15-20 meters in diameter. In addition to the twenty species of shells, he also collected some pottery sherds, one pitted stone, one stone handle, and one piece of animal bone.

Lin collected three dating samples from this pit, and the result was reported as follows:

Table 2 ^{14}C age of the marine shells of the Fuguodun site

Lab no.	Sample	Depth (cm, below surface)	^{14}C age (BP uncal).	Cal. Age (BP)
NTU – 65	shell	70cm	6305 ± 378	7224 – 6314
NTU – 64	shell	40cm	5799 ± 348	6589 – 5854 (1 sigma)
NTU – 63	shell	10cm	5485 ± 327	6197 – 5484 (1 sigma)

(Revised on the basis of Lin, Zhaoqi 1973: 38. Calibrated age in Lan & Liu 2002)

Among these three dates, NTU-65 was collected from 70cm deep below surface, apparently deeper than the 60cm bottom depth of the midden that Lin described in the report. It is not clear whether the samples came from a cultural layer or not. Since it is much earlier than the other two dates, I speculate that it probably does not reflect the age of cultural layer. NTU-64 and NTU-63 are basically between 6500-5500 BP, probably representing the age of this site, although their association with the pottery is not reported either.

Since the late 1990s, a number of investigations have been made to the Fuguodun sites (Lan & Liu 2002). Four more marine shell samples have been submitted for radiocarbon dating (Table 3). Most of these dates are between 6700-6000 BP (calibrated). This time span basically agrees with the dates published by Lin Zhaoqi. However, the association of these dates with the archaeological materials is not reported. These chronometric data suggest that the age of the Fuguodun site is somewhere between 6700-5500 BP, but a much accurate age can not be assessed at this moment.

Table 3   New dating of the Fuguodun site

Lab no.	Sample	Provenance	^{14}C age (BP)	Cal. Age (BP)
Beta-130030	shell	P3L4-2/34cm	6210 ± 40	6704-6615 (1 sigma)
Beta-130031	shell	P3L7-1/64cm	6280 ± 40	6758-6669 (1 sigma)
Beta-130032	shell	P3L10-1/94cm	6250 ± 40	6732-6649 (1 sigma)
NTU-3655	shell	P2L4/30cm	5670 ± 40	6155-5988

(After Lan & Liu 2002)

The Jinguishan site

The Jinguishan site is located in a bay on the Jinmen Island, about 1. 5 kilometers from the shoreline. Chen, Zhongyu excavated about 13 square meters at this site (Chen, Zhongyu 1999). He proceeded the excavation by artificially distinguish 10 cm as a layer, and in total he identified 10 layers (L1-L10). The age of the site was determined on the basis of four ^{14}C dates of marine shells (Table 4).

Table 4　[14]C age of the marine shells from the Jinguishan site

Lab no.	Sample	Layer	[14]C age (BP)	Cal. Age (BP).
GX-20425	shell	TP1-L2	3395 ±60	3330-3184
GX-20426	shell	TP1-L5	5475 ±70	5908-5756
GX-20427	shell	TP1-L10	5940 ±70	6410-6279
GX-23272	shell	TP2-L8	6880 ±100	7757-7570

(After Chen, Zhongyu 1999: 54).

Chen argues that the Early Period of the Jinguishan site is 7700-5700 BP, and the Late Period is around 3400 BP. However, the correlations of the stratigaphic layers with these two periods are not clear. On the basis of his description, I speculate that the Late Period includes L2 and L3, and the Early Period includes L4-L10.

It should be pointed out that Chen's estimate of the beginning date of the Early Period is not well substantiated. The four ^{14}C dating samples are from two test pits (TP1 and TP2). GX-23272, from L8 of TP2, is apparently much earlier than the two dates from L5 (GX-20426) and L10 (GX-20427) of TP1. Since Chen did not provide any information about the distance of these two pits, and his level is artificially divided, it is not clear how to correlate them together. GX-23272 is an anomaly, and should not be considered as a valid date for this site. Therefore, the age of the Early Period of the Jinguishan site is probably somewhere between 6500-5700 BP, relatively contemporary with the Fuguodun site on the same island.

The Middle Period (ca. 5000-4300 BP)

The Middle Neolithic also has three dated sites: the Damaoshan site in Dongshan County, the Tanshishan site and the Xitou site in Minhou County, Fujian Province.

The Tanshishan site

The Tanshishan site is the most extensively investigated site in southeast China. It was first excavated in 1954, and since then eight excavations had been carried out (FPM 1955,

1961, 1964, 1976, 1983). A large number of artifacts, including pottery, stone tools, bone and shell tools, were found. The chronometric age of this site is determined on two ^{14}C dates. One is of marine shell, and the other one is of animal bones. The ^{14}C age of the marine shells is around 3000 BP (ZK-0098), but the ^{14}C age of animal bones is around 3600 BP (ZK-0099). They were collected during the sixth excavation at the Tanshishan site (FPM 1976). The marine shell sample (ZK-0098) was from Layer 3 of T119, but the report did not tell where animal bone sample (ZK-0099) was collected from (Table 5). These two ^{14}C ages are hard to compare with each other. The age of the marine shells (*Ostrea*) is particularly puzzling, which seems to be too young for the Tanshishan Culture. As Wu Mianji criticized, the sixth excavation mixed up different layers and features (Wu Mianji 1993). I suspect that this sample was possibly from the Upper Layer. Therefore, it probably reflects the age of the Bronze Age remains at the Tanshishan site. If the animal bone sample was from the Middle Layer, the age of the Late Period of the Tanshishan site was probably around 4000 BP. However, it should be pointed out one ^{14}C age is by no means enough to reflect the age of this site with a deposit as thick as 2 meters. We do not know the age of the Lower Layer or early period. We can only infer the age of the Tanshishan site on the basis of a comparative approach. The Lower Layer of the Tanshishan site had similar pottery with the Keqiutou site, and I agree with most scholars that this indicates that they were possibly chronologically very close (Lin, Gongwu 1993; Wu, Chunming 1995). Therefore, I suggest the earliest age of the Tanshishan site was probably around 5000 BP.

The Upper Layer of the Tanshishan site has the same kind of painted pottery as those in the Huangguashan site, indicating that they were contemporary with each other. As will be presented in the following, our excavation at the Huangguashan site produced a series of ^{14}C ages which place the earliest age of this site at around 4300 BP. Therefore, it is reasonable to suggest the ending date of the Tanshishan Culture was also around 4300 BP. In sum, the time span of the Tanshishan Culture, represented by the Lower and Middle Layers of the Tanshishan site, is from ca. 5000-4200 BP.

Table 5   [14]C age of the Tanshishan site

Sample No.	Sample	Provenance	Original [14]C Age (BP)	Cal. Age
ZK – 0098	shell (1964 collect)	T119 Layer 3	3090 ± 90 (5730 half life), 3005 ± 90 (5570 half life)	68.2% probability 1490BC (68.2%) 1220BC 95.4% probability 1650BC (95.4%) 1050BC

Sample No.	Sample	Provenance	Original ^{14}C Age (BP)	Cal. Age
ZK – 0099	animal bone (1964 collect)	Cultural layer (no specific layer given)	3600 ± 70 (5730 half life) 3495 ± 70 (5570 half life)	68.2% probability 1920BC (65.4%) 1730BC 1710BC (2.8%) 1690BC 95.4% probability 2030BC (95.4%) 1630BC

The Xitou site

The Xitou site is also located in Minhou County, very close to the Tanshishan site. It was excavated twice by the Fujian Provincial Museum. On the basis of typological comparison of pottery and stone tools, most scholars agree that the Lower Level of the Xitou site is contemporary with the Late Tanshishan culture.

The Xitou site produced two TL (Thermoluminescence) dates on ceramic sherds: 4310 ± 190BP (SB28) and 4240 ± 190 BP (SB27) (FPM 1984A). Each dating sample consists of five pottery sherds. SB27 is collected from H32, a pit under Layer 5. SB 28 is collected from H3, a pit under Layer 2 (Table 6). Both of these two pits are in the Early Period of the Xitou site (FPM 1984A: 462). Therefore, they suggest that the date of the early Xitou site was ca. 4300-4200 BP.

Table 6 TL dates of the Xitou site

Lab No.	Materials	Context	Age (BP)
SB28	pottery (TL date)	79MXH3 (Upper)	4310 ± 190
SB27	pottery (TL date)	79MXH32 (Upper)	4240 ± 190

The Damaoshan site

The Damaoshan site is located on the Dongshan Island, southeastern Fujian Province. Our excavation in 2002 discovered that the deposit of this site is rather shallow, mostly less than 50 cm deep. Only two cultural layers can be observed, and Layer 2 is the major layer. Despite meticulous efforts to retrieve charcoal samples for dating, we failed to collect any detectable charcoals for AMS dating. Therefore we have to use marine shells to determine the age of this site.

We submitted three samples to the Archaeometry Laboratory of Peking University. In order to have a minimum error between the shells, each sample consists of only one species of shell, and they are the smallest shells in each species. The small size of the shell is an indicator that they did not grow too old in the ocean. Two samples (BK2002070, BK2002071) are taken from Layer 2 and Layer 3 of T2, and one sample is taken from Layer 2 of T3

(BK2002073). All samples were collected in situ during excavation. They are relatively clustered nearby each other, indicating they were possibly discarded as the same deposit event. Sample BK2002070 consists of fourteen broken small *Meretrix lusoria* collected from the southwestern corner of T2. Sample BK2002071 consists of seven broken *Tegillarca granosa* collected from northwestern quarter of T2. Sample BK2002073 consists of 6 broken *Meretrix lusoria* collected from the southern half of T3. The size of the shells in each sample is very close. Therefore, the age of each shell for each sample is expected to be very close or the same (Table 7).

Table 7 **^{14}C dating for the Damaoshan site (Archaeometry Laboratory of Peking University)**

Lab No	Sample	Context	Original radiocarbon age	Age after $\delta^{13}C$ correction	Cal. Age (After marine reservoir effect corrected)
BK2002070	shell (meretrix lusoria)	T2 (2)	4170 ± 70BP	4600 ± 70BP	2940BC (68.2%) 2740BC
					3040BC (95.4%) 2640BC
BK2002071	shell (tegillarca granosa)	T2 (3)	4070 ± 80BP	4500 ± 80BP	2850BC (68.2%) 2640BC
					2900BC (95.4%) 2490BC
BK2002073	shell (meretrix lusoria)	T3 (2)	3855 ± 80BP	4285 ± 80BP	2560BC (68.2%) 2330BC
					2660BC (95.4%) 2200BC

Marine data from Stuiver *et al.* (1998); OxCal v3.5 Bronk Ramsey (2000); cub r: 4 sd: 12 prob usp (chron). The calibration is provided by Dr. Xiaohong Wu, on the basis of marine data given by Stuiver *et al.* (1998). The original ^{14}C ages of the samples were first adjusted with δ^{13}C, and this adjust age was then calibrated with Stuiver *et al's* (1998) curve.

The age of the three samples ranges from ca. 5000 BP to 4300 BP (one sigma). The two samples from T2 are fairly consistent with one another. However, the sample from T3 is slightly younger. It is not clear whether this difference reflects the deposits being accumulated at different times. Since the thickest deposits of the Damaoshan site is about 50 cm, it possibly did not take several hundred years to accumulate them. Therefore, the age of the Damaoshan site is somewhere between 5000 BP and 4300 BP, relatively contemporary with the Tanshishan Culture.

The Damaoshan site material cultures share many characteristics with the Tanshishan culture in terms of the style of pottery, indicating that they probably had close connections. However, they also differ from one another, particularly in terms of stone adze styles and subsistence patterns. These differences indicate that regional variations developed during this period.

The late period (ca. 4300 – 3500 BP)

For the late Neolithic in Southeast China, only the Huangguashan site has been dated. The Huangguashan site is located in Xiapu County, northeast Fujian Province. In 1990, Fujian Provincial Museum conducted the first excavation of this site, and reported one ^{14}C date on marine shells (FPM 1994). During our second excavation in 2002, we identified 10 layers of cultural deposits. The Neolithic deposits of the Huangguashan site started from Layer 4. During the excavation, we systematically collected more than 40 charcoal samples from each layer. Due to the limited budget, we were only able to date five samples. These samples are from the lowest layer and the latest layer of the Neolithic deposits respectively. Therefore, their age can basically reflect the date of the Huangguashan Neolithic culture.

The lab analyses were conducted by two laboratories, five were analysed by the AMS Laboratory of Peking University, and two were analysed by Rafter Radiocarbon Laboratory, Institute of Geological and Nuclear Sciences, New Zealand. These age determinations are from five charcoal samples. In order to compare the possible laboratory deviations, we split two charcoal samples of Layer 9 of T156NE between the two labs. BA02154 and NZA16010 are the same piece of charcoal, and BA02155 and NZA16011 are from the same charcoal. The results listed in Table 8 indicate that there are slight differences between the two labs, but overall their determinations on the original ^{14}C age are very close (BA02154-3620 ± 100 vs. NZA16010-3634 ± 55; BA02155-3640 ± 60 vs. NZA16011-3687 ± 60).

Table 8　Dating of the Huangguashan site

Lab no.	Material	Provenance	^{14}C age(uncal. BP)	Cal. Age
BA02152	charcoal	Z101	3920 ± 60	2480BC (68.2%) 2300BC 2580BC (95.4%) 2200 BC
BA02153	charcoal	T126 (4)	3430 ± 80	1880BC (68.2%) 1620BC 1920BC (95.4%) 1520BC
BA02154	charcoal	T156NE (9)	3620 ± 100	2140BC (68.2%) 1780BC 2300BC (95.4%) 1650BC
BA02155	charcoal	T156NE (9)	3640 ± 60	2140BC (68.2%) 1910BC 2200 BC (95.4%) 1820BC
BA02156	charcoal	T156NE (4)	3440 ± 60	1880BC (68.2%) 1680BC 1920BC (95.4%) 1530 BC
NZA16010	charcoal	T156NE (9)	3634 ± 55	2122BC (1 sigma) 2093 BC 2140BC (2 sigma) 1878BC
NZA16011	charcoal	T156NE (9)	3687 ± 60	2186BC (1 sigma) 2178 BC 2275BC (2 sigma) 2254BC

(BA02154 and NZA16010 are the same piece of charcoal; BA02155 and NZA16011 are the same charcoal.)

The calibrated ages are provided by the laboratories themselves. It seems that these two labs use two different calibration programs, and their results are slightly different. Both labs use the atmospheric data published by Stuiver *et al.* in 1998. The AMS Lab of Peking University uses OxCal v 3.5 Bronk Ramsey to calibrate the original ^{14}C ages. The report of the New Zealand lab did not provide information of the calibrating program they used. In order to be consistent with all the samples, we re-calibrated these two ^{14}C ages by using the OxCal v 3.5 program, and the results are as follows (Table 9):

Table 9   Re-calibrated age of charcoal samples from Layer 9 of the Huangguashan site

Lab Number	Original ^{14}C age	Calibrated age
NZA16010	3634 ± 55BP	68.2% probability (1 sigma) 　2130BC (12.6%) 2080BC 　2040BC (55.6%) 1910BC 95.4% probability (2 sigma) 　2200BC (1.3%) 2170BC 　2150BC (92.7%) 1870BC 　1840BC (1.4%) 1820BC
NZA16011	3687 ± 100BP	68.2% probability (1 sigma) 　2200BC (4.6%) 2170BC 　2150BC (55.0%) 2010BC 　2000BC (8.6%) 1970BC 95.4% probability (2 sigma) 　2280BC (1.8%) 2250BC 　2210BC (93.6%) 1880BC

On the basis of these radiocarbon dates, we can estimate the age of the Huangguashan Neolithic cultures. The earliest date of the Huangguashan site can be estimated with the four determinations of Layer 9 and the age of Z101. The age of Layer 9 was dated by four radiocarbon age determinations. The calibrated age range of these four determinations with one sigma or 68.2% probability interval is 2200 BC-1780 BC, and the age range with two sigma intervals or 95.4% probability is 2300 BC-1650 BC. The calibrated age of Z101 with one sigma interval is 2480 BC-2300 BC, and two sigma intervals is 2580 BC-2200 BC. The age of Z101 seems to be earlier than Layer 9. As indicated above, Layer 9 is not the lowest layer of T156NE. Layer 10 is the earliest deposit, but it does not yield any dating samples. Therefore, the age of Z101 is probably closer to the real earliest date of the Huangguashan site. If we choose the age with one sigma interval, as most researchers do, the earliest age of the Huangguashan site is between 2480 BC-2200 BC.

The terminal date of the Huangguashan Neolithic cultures can be estimated with the two radiocarbon determinations on charcoals from Layer 4. Sample BA02156, from Layer 4 of

T156NE, is 1880 BC-1680 BC with one sigma interval. Sample BA02153, from Layer 4 of T126, is 1880 BC-1620 BC. These two samples are fairly close to each other. Therefore, the terminal age range of the Huangguashan Neolithic cultures is between 1880 BC-1620 BC.

In summary, the Neolithic people who first built houses on the Huangguashan site arrived here around 2480 BC to 2200 BC. They continued to live here for more than four centuries, and left Huangguashan site around 1880 BC to 1620 BC.

Discussion

Our refined chronology indicates that the earliest Neolithic culture on the coast of Southeast China can be dated to ca. 6500 BP. The origins of the Neolithic cultures on the coast of Southeast China need to be addressed. We still do not have reliable materials to study the cultures between 10 000 BP and 6500 BP. Given the fact that Neolithic cultures already fully developed in the lower reaches of the Yangzi River as early as 8000 BP, and pottery appeared in Southern China even as early as 10 000/11 000 BP, it is possible that these coastal people adopted the Neolithic cultural traits from their neighbors, or they themselves might be immigrants from the Lower Yangzi River along the coast.

The earliest date of the Neolithic culture on the island of Taiwan is probably ca. 6000 BP. This suggests the earliest expansion of the proto-Austronesians across the Taiwan Strait happened around 6500-6000 BP. Because most Dabenkeng cultural sites are dated to 5000-4000 BP (Tsang 2002), the large scale expansions probably occurred during this period.

The similarities of material cultures suggest that the proto-Austronesians on both sides of the Taiwan Strait maintained regular contacts until around 3500 BP (Chang 1995, Chang and Goodenough 1996, Tsang 2002). These contacts served as pivotal factors for transforming the proto-Austronesian cultures on the island of Taiwan and might also led to their further expansions to the Philippines.

References

Bellwoood, P. 1997. *Prehistory of the Indo-Malaysian Archipelago.* (Revised edition) Honolulu: University of Hawai'i Press.

Diamond J. & Bellwood, P. 2003. Farmers and their languages: the first expansions. *Science* 300: 597–603.

Chang, K. C. 1995. Taiwan Strait archaeology and proto-Austronesian. In *Austronesian Studies Relating to Taiwan.* pp. 161-183. Taipei, Taiwan.

Chang, K. C. and Goodenough, W. D. 1996. Archaeology of southeastern China and its bearing on the Austronesian homeland. In *Prehistoric Settlement of the Pacific* (W. H. Goodenough ed.), pp. 28 – 35. Philadelphia: American Philosophical Society.

Chen, Zhongyu. 1999. Fujian Jinmen Jinguishan yu Pubian shiqian yizhi (The Jinguishan and the Pubian prehistoric sites in Jinmen, Fujian). *Dongnan kaogu yanjiu*, No. 2.

FPM (Fujian Provincial Museum) . 1995. Minhou Tanshishan xinshiqi shidai yizhi tanjue baogao (Report of the excavation at the Neolithic Tanshishan site in Minhou). *Kaogu xuebao*, No. 10.

——1961. Minhou Tanshishan xinshiqi shidai yizhi di' er zhi disi ci fajue jianbao (Brief report of the second to the fourth excavations at the Neolithic Tanshishan site in Minhou). *Kaogu*, No. 12.

——1964. Minhou Tanshishan xinshiqi shidai yizhi diwu ci fajue baogao (Report of the fifth excavation at the Neolithic Tanshishan site in Minhou). *Kaogu*, No. 12.

——1976. Minhou Tanshishan yizhi diliu ci faue baogao (Report of the sixth excavation of the Tanshishan site in Minhou). *Kaogu xuebao*, No. 1.

——1980. Fujian Minhou Baisha Xitou xinshiqi shidai yizhi diyici fajue jianbao (Preliminary report of the first excavation of the Xitou site at Baisha Township in Minhou County, Fujian Province). *Kaogu*, No. 4.

——1983. Fujian Minhou xian Tanshishan yizhi fajue xin shouhuo (New discovery of the excavation at the Tanshishan site in Minhou County, Fujian). *Kaogu*, No. 12.

——1984. Minhou Xitou yizhi di'er ci fajue baogao (Report of the second excavation of Xitou site in Minhou). *Kaogu Xuebao*, No. 4.

——1991. Fujian Pingtan Keqiutou fajue jianbao (Preliminary report of excavation at the Keqiutou site in Pingtan, Fujian). *Kaogu*, No. 7.

——1994. Fujian Xiapu Huangguashan yizhi fajue baogao (Report on archaeological excavations at the Huangguashan sitein Xiapu, Fujian). *Fujian Wenbo*, No. 1

Lan, M-Q. and Liu, Y – C. 2002. Jinmen Houfenggang yizhi de shijue jieguo jiqi yiyi (The test excavation at the Houfenggang site in Jinmen and its significance). Paper presented at *the Symposium on Taiwan Archaeology in* 2002. Taibei: Institute of History and Philology, Academia Sinica.

Lin, Gongwu. 1993. Fujian Jingnei shiqian wenhua de jiben tedian ji quxileixing (The basic features and regional variants of prehistoric cultures in Fujian). In *Fujian lishi wenhua yu bowuguanxue yanjiu*. Fuzhou: Fujian jiaoyu chubanshe.

Lin, Zhaoqi. 1973. Jinmen Fuguodun beizhong yizhi (The Fuguodun shellmidden site in Jinmen). *Guoli Taiwan daxue kaogu renleixue kan*, No. 33 – 34.

Maglioni, R. 1975. *Archaeological discovery in Eastern Kwangtung: the major writings of Fr. Rafael Maglioni* (1891 – 1953). (reprint) Hong Kong Archaeological Society.

Ramsey, Bronk. 2000. *OxCal Program* V3. 5. Radiocarbon Accelerator Unit, University of Oxford.

Spriggs, M. 1989. The dating of the island Southeast Asian Neolithic: an attempt at chronometric Hygiene and linguistic correlation. *Antiquity* 63 (240): 587 – 613.

Stuiver M. , P. J. Reimer and T. F. Braziunas. 1998. High-precision radiocarbon age calibration for terrestrial and marine samples. *Radiocarbon* 40 (3): 1127 – 1151.

Tsang Cheng-Hwa. 1999. Zhongguo dongnan hai' an shiqian wenhua de shiying yu kuozhang (Adaptaion and expansion of the prehistoric cultures in southeastern coast of China). *Kaogu yu wenwu*, No. 3.

——2002. Maritime adaptation in prehistoric Southeast China: implications for the problem of Austronesian expansion. *Journal of East Asian Archaeology*, Vol. 3, No. 1 – 2.

Wu, Chunming. 1995. Minjiang liuyu xianqin lianghan wenhua de chubu yanjiu (A preliminary study of the cultures from pre-Qin to the Han Dynasties in the Min River valley). *Kaogu xuebao*, No. 2.

Wu, Mianji. 1993. Fujian shiqian wenhua yanjiu de ruogan sikao (Remarks on the study of the Fujian prehistoric cultures). In *Fujian Lishi wenhua yu bowuguanxue yanjiu*. Fuzhou: Fujian jiaoyu chubanshe.

ZK ([14]C Laboratory at Institute of Archaeology, CASS). 1990. Report of radiocarbon dating (17). *Kaogu*, No. 7.

环北部湾地区史前文化的考古发现和研究

廖国一[*]

前　言

目前，对于岭南地区史前文化的考古研究，专家学者们更多地关注百色盆地、漓江流域、柳江流域、西江流域、粤北山区和珠江三角洲等地，而对于包括广西南部沿海地区、广东雷州半岛和海南省海南岛在内的环北部湾地区却缺乏足够的重视。诚然，百色盆地等内陆地区的史前文化和珠江三角洲史前文化的研究无疑是十分重要的，但是作为岭南史前文化重要组成部分的环北部湾史前海洋文化也相当重要，应引起学者们的充分注意。环北部湾地区面向东南亚，背靠祖国大西南，地理条件优越，是环南中国海地区一个重要的组成部分。其范围以北部湾为中心，包括广西南部沿海地区的北海市、钦州市、防城港市、南宁市、玉林市、贵港市及所属的各县市，以及广东雷州半岛各县市、海南省海南岛沿海等地各县市。该地区半岛、岛屿较多，河网密布。主要岛屿有海南岛、涠洲岛、斜阳岛等；主要河流有廉江、南流江、邕江、左江、钦江等；主要港口有防城港、北海港、钦州港、铁山港、湛江港、海口港等。沿岸多平原和山地，主要平原有合浦平原、钦州平原、邕江平原等，十万大山依托环北部湾沿岸的西北部。本区地处北回归线以南，属亚热带季风气候，雨热充足，年降水量在 1500 毫米以上，年平均气温在 22℃以上。早在旧石器时代，就有古人类依赖这里优越的自然地理条件，辛勤劳作，繁衍生息，建设家园，创造文明。研究环北部湾地区史前文化，对于全面认识岭南地区乃至华南地区史前文化的全貌及其发展规律，具有重要意义。

一　旧石器时代晚期灵山人化石的考古发现

环北部湾地区很早就有人类居住。1960 年在广西灵山县城郊马鞍山的东胜岩和卜

---

* 廖国一，广西师范大学广西地方民族史研究所。

地岩、石背山的洪窟洞等 3 个地点中发现人类化石，包括 1 块颞骨、4 块顶骨、3 块额骨、2 枚臼齿、3 枚上门齿、1 块髋骨、1 段侧肢骨、1 块胫骨等，大约代表四五个不同的个体。[①]其体质形态特点大体与柳江人和麒麟山人相近，和现代人区别不大。门齿舌面呈铲形，已具有明显的蒙古人种的基本特征。与人类化石一起出土的动物化石有熊、貘、犀牛、野猪、牛、鹿、豪猪等，是中国南方洞穴中常见的种属。还有蜗牛、螺蛳和蚌等软体动物介壳。以上这些动物都有可能是灵山人的猎取对象。该遗址的年代为距今数万年以前的旧石器时代晚期，也是岭南地区分布最南的旧石器时代文化遗址。灵山人化石及遗址的发现，对于了解环北部湾地区人类的起源，判断当时人类的生产水平和生活方式有重要的意义。

二　以贝丘文化和大石铲文化为特征的新石器时代文化

新中国成立以来，考古发现的新石器时代文化遗址数量较多，几乎遍及环北部湾地区。据不完全统计，其中广西环北部湾沿岸约 125 处，包括防城港 9 处、钦州 4 处、北海 1 处、合浦 2 处、浦北 2 处、灵山 7 处、横县 8 处、贵港 10 处、邕宁 8 处、武鸣 6 处、南宁 7 处、扶绥 4 处、隆安 13 处、桂平 28 处、容县 1 处、平南 10 处等；[②]广东雷州半岛湛江地区沿海的海康、遂溪、廉江、徐闻共发现新石器时代遗址 20 余处；海南岛自 20 世纪 50 年代以来也在全岛发现了 200 余处新石器时代遗址和石器地点[③]。这些新石器时代遗址分布范围较广，文化遗物较丰富，使我们对环北部湾地区新石器时代文化的面貌有了初步的认识。根据这些遗址的分布及其文化内涵，环北部湾地区新石器时代文化大约可以分为新石器时代早期的贝丘文化、新石器时代中期的滨海沙丘文化和新石器时代晚期的大石铲文化三种类型。

（一）新石器时代早期的贝丘文化

贝丘文化遗址是包含大量古代人类食余抛弃的贝壳为特征的一种文化遗址。西方学者谓之"庖厨垃圾堆"，日本学者称之为"贝塚"。这类遗址在广西境内有广泛分布，但环北部湾地区主要以河旁台地贝丘和海滨贝丘为主，而与桂北、桂中的洞穴贝丘不同。[④]

1. 河旁台地贝丘

河旁台地贝丘遗址是人类从山区向河旁台地发展的结果。他们以捕捞淡水鱼类和介壳类水生动物为主要食物来源，同时开始经营粗放的农业。遗址多高出附近河流正常水面 3~20 米，在临江的一面，往往被河水冲刷，暴露出很厚的贝壳堆积层剖面。地表可采集到石器、骨器、蚌器、陶片和动物遗骸。这类遗址位于河流转弯处，或在支流汇入主流而形成的三角嘴上，前临江，背靠山，依托附近的开阔平地。主要分布于南宁地区的邕江及其上游左江、右江两岸，并延伸到左江支流明江岸边的宁明花山脚下、右江中游平果县城关、郁江下游桂平牛骨坑和柳江岸边象州等地，[⑤]其中以邕宁、横县最密集。其代表性遗址是横县西津和秋江遗址、南宁市豹子头遗址、扶绥县江西岸遗址、邕宁县顶蛳山遗址。河旁台地贝丘遗址的年代为新石器时代早、中期，约距今 9000~6000 年以前。

河旁台地贝丘遗址文化堆积厚，出土遗物丰富，是中国南方重要的文化类型之一。其文化遗物有石器、骨器、蚌器、陶器和大量的动物遗骸。石器有打制石器和磨制石器两种。打制石器均为砾石打制而成，约占石器总数的 10% 左右，种类主要是单面打击的砍砸器和刮削器。磨光石器为利用天然砾石稍经打击和琢磨，大部分保留砾石面或打击痕迹，也有少部分是通体磨光的。器形以斧、锛为最多，石斧中有一部分是具有地方特色的有肩石斧；此外有凿、刀、矛、杵、磨棒、锤、石饼、石环、网坠、砺石等。骨器和蚌器种类都较多，骨器有锥、针、笄、刀、匕、凿、锛、镞、鱼钩等，蚌器有刀、匕、网坠、鱼钩、蚌饰等。陶片均为夹砂粗陶，纹饰以绳纹为主，次为篮纹，有的遗址还有划纹。器形较少，有罐、钵、釜等。可鉴定的动物种类有猪、牛、羊、鹿、麂、獐、狐、獾、豪猪、竹鼠、猴、象、虎、犀牛、鱼、鳖等。墓葬的葬式以身体蜷曲很甚的屈肢蹲葬最富有地方特色，还有仰身葬、俯身葬和侧身屈肢葬等。[⑥]

邕宁县蒲庙镇顶蛳山遗址，位于邕江支流八尺江右岸第一阶地，在八尺江与清水泉交汇处的三角嘴南端，南依低矮绵延的丘陵，是环北部湾地区发现的保存状况最好、最具地方特色的原始文化遗址。在该遗址中，发现 3 个阶段堆积层及 1000 余件遗物，清理墓葬 149 座，其中肢解葬前所未见。

顶蛳山遗址中的遗物包括陶片、石器、骨器或蚌器等史前人类生活用具、生产工具及人类食用后遗弃的动物遗骸。该遗址共发现 149 座墓葬，包括 181 个个体的人类遗骸。葬式均为屈肢葬和肢解葬，未见直肢葬。屈肢葬包括仰身屈肢、俯身屈肢、侧身屈脚和屈肢蹲葬 4 种。肢解葬为把人体从关节处肢解并分别放置在墓中。在这类墓葬中，尽管在尸骨关节处未见明显的切割痕迹，但是，未切割部分的人体关节，尤其是手、脚趾关节均未脱离原位，与二次葬有较大差异，应是死者软组织尚未腐烂时有意肢解、摆放而成的。多数墓葬中没有随葬品，少数有随葬品的墓也仅有 1~2 件石器、骨器或蚌器，未见随葬陶器的。陶器都出土于遗址的堆积层中。比较特殊的葬俗还包括多数墓中或墓四周放置有数量不等的石块，55 号墓中还在人体下整齐地平铺了 48 件未加工的石块。顶蛳山的墓葬，尤其是肢解葬，为过去所未见，表现了独特的埋葬习俗和丰富的文化内涵，对研究当地原始时代的社会结构和风俗提供了极为重要的资料。而出土的众多的人类遗骸，提供了广西目前最完整的史前人骨资料。[⑦]顶蛳山遗址对研究广西地区的史前文化，研究广西文化与东南亚文化的关系，研究广西自然环境的变迁及其与人类的关系等，有着重要的意义。

2. 海滨贝丘

海滨贝丘分布于临海地带的山岗或小岛。广西防城港、钦州、合浦等环北部湾沿岸地区都有发现，代表性的遗址有广西防城港市亚菩山、马兰嘴和杯较山遗址，合浦县牛屎环塘遗址，钦州市芭蕉墩和亚陆江杨义岭遗址等，年代为新石器时代早、中期，约距今 9000～6000 年前。雷州半岛、海南岛地区以湛江东海滨和海南陵水县为代表的贝丘遗址年代较晚，大约处于新石器时代晚期。这些遗址出土有石器、骨器、蚌器、陶器和动物遗骸等。海滨贝丘遗址出土的石器有打制石器和磨制石器两种，以打制石器为主。打制石器以具备尖端的厚刃的"蠔蛎啄"、手斧状石器为典型，还有砍砸器、三角形石器、两用石器、石球、网坠等。磨制石器有斧、锛、凿、磨盘、杵、石饼、砺石等，其中以斧、锛为最多，斧、锛中有一部分是有肩的，具有地方特点。骨器有骨锥、骨镞、穿孔骨饼等，蚌器有蚌铲、蛤壳网坠、蚌环等。陶片全是夹砂陶，纹饰以绳纹为主，也有篮纹、划纹的。防城港市杯较山出土的陶片胎色有的为红色，有的为灰黑色，内羼粗砂粒和蚌末。夹砂粗黑陶表面多挂有红色陶衣。[⑧]海滨贝丘遗址出土的动物种类除了贝类外，还有鹿、象、兔、鱼、龟、鸟等。

芭蕉墩遗址位于钦州市犀牛脚丹寮村西金鼓江的一个土墩上，距钦州城区 20 公里。大海涨潮时该墩成孤岛，退潮后四周是滩涂，东、南、西三面可与陆地相连。该墩略呈椭圆形，南北长约 100 米，东西宽约 80 米，墩上有厚厚一层牡蛎、蚌壳的堆积层。遗物以打制石器为主，多为打制的尖状器，器形以"蠔蛎啄"为多见，还有砍砸器、刮削器、石斧、石球等，只有少量的磨光石斧。这是一处以渔猎为主要生活来源的海滨贝丘遗址，年代为距今八九千年以前的新石器时代早期。[⑨]

海南东方县新街贝丘遗址，位于新街北黎河北岸，距北黎河出海口约 2.5 公里。遗址面积较大，达 16 000 多平方米。文化层距地表 0.4～1 米，厚约 0.5～1 米，内含螺蛳、贝壳、蚝蛎壳、动物骨骼、陶片和打制石器等。石器用卵石打制而成，略呈椭圆形或梯形。陶器为手制夹砂粗陶，饰绳纹，器形有釜和罐。动物骨骼已开始石化。东方县新街遗址与广西防城港市亚菩山、马兰嘴、杯较山等遗址有共同点，年代也当在新石器时代早期。[⑩]

（二）新石器时代中期的滨海沙丘文化

距今约 6000～5000 年前的新石器时代中期，广西环北部湾沿岸、广西雷州半岛沿海和海南省海南岛，都存在着沙丘遗址。这类遗址主要分布于滨海沙丘地带。遗址范围较大，堆积较厚，含有大量螺蛳、蚌、蚝蛎壳等。出土石器以梯形磨制石斧、石锛和砺石为主，也有少量有肩石斧。陶器以手制夹砂粗陶为主，器壁薄，器表磨光，有红色陶衣，多素面，器形有圜底釜、平底罐、圈足碗、钵、纺轮和网坠等。以海南岛陵水县大港村遗址为例，该遗址位于陵水县三才镇大港村西边的沙丘上，面积约 1 万平方米。堆积层厚约 0.5～1 米。出土石器较为简单，以磨制梯形石斧、石锛为主，有肩石器较少，不见凿、刀、矛、镞等。陶器有手制夹砂的圜底釜、罐和圈足碗、钵等，器壁较薄，器表经打磨，加红色陶衣，也有少数不加红色陶衣而饰绳纹和划纹，不见印纹陶。此外，该遗址不见环北部湾地区海滨贝丘遗址中经常出土的骨器和蚌器。

从上述遗址、遗物来看，新石器时代中期环北部湾地区气候温暖湿润，有着富饶的生物资源，决定了居住于当地的氏族和部落的经济生活仍然以采集和渔猎为主，因为出土的石器中缺少较大型的砍伐用的石斧、收割用的石刀和石镰、加工谷物的石磨盘和石杵等农业工具，而多为中小型石斧、石锛、砺石等，说明了当时可能尚未有农业。

环北部湾地区在全新世以后可能发生过海浸与海退而形成海相沉积以及较为宽阔的海岸平原、河谷平原和滨海半岛、岛屿的地形，产生了较中国北方内陆丰富的贝类、鱼类、虾蟹类等。这些自然地理条件有助于远古时代的壮族、黎族先民进行采集和渔猎活动。环北部湾地区新石器时代早期的河旁台地和海滨贝丘遗址原始先民的生活，主要以采集、渔猎为主，到了新石器时代中期，可能也兼营原始农业。随着农业的产生和发展，采集、渔猎经济逐渐退居次要地位，贝丘文化发展到顶峰后走向衰落。一般说来，由于遗址所处地理位置和生态环境的不同，其渔猎的对象也有区别。河旁台地贝丘的贝类以陆生软体动物为主，种类有乌蛳、田螺、丽蚌等；海滨贝丘的贝类以海生软体动物为主，种类包括牡蛎、文蛤和魁蛤等，反映北部湾沿海的潮间带和近海资源已成为当地原始先民最重要的生活来源。

（三）新石器时代晚期的大石铲文化

环北部湾地区新石器时代晚期的文化以大石铲文化最具地方特色。这类遗址已发现近 100 处，大多分布在江河两岸及附近的丘陵坡地上，也有许多地点远离江河。其中以广西南宁市西北郊的坛洛、那龙乡和左江下游的扶绥以及右江下游的隆安等地发现的遗存最多，分布最为密集，出土石铲的数量也最多，类型最全。即左、右江交汇地带及其下游一带应是大石铲遗址分布的中心地区。[11] 已发掘的地点包括隆安大龙潭遗址、扶绥那淋屯和中东遗址、崇左吞云岭遗址和靖西那耀遗址等。广西境内零星出土这些石铲的地方，最北到河池、柳州、贺州，东到容县、北流、玉林，西到德保、靖西，南到合浦、钦州、宁明，包括来宾、平南、贵港、玉林、北流、容县、浦北、合浦、邕宁、南宁、武鸣、横县、扶绥、崇左、宁明、龙州、大新、隆安、平果、德保、靖西、大化、柳州等地。广东的封开、德庆、兴宁和海南省以及越南北部广宁省，也有发现。[12]

　　大石铲遗址是环北部湾地区，尤其是左、右江交汇地带及其下游一带特有的一种文化遗存。这种数量众多、工艺精致、形制奇特的大石铲，为国内外所罕见。它们的用途和与周围地区原始文化的关系，是国内外学术界十分关心的问题。

　　大石铲形似现代使用的铁锹，即上面中间有一个短小的长方形凸柄，双肩，肩部或平或略斜，半圆形弧刃，但双肩的两角和腰部形态各异，或直或尖，或分叉或内弧。石铲体型硕大者居多，是新石器时代其他原始文化石器所不能比拟的。石铲制作规整，棱角分明，美观精致，大多通体磨光，制作工艺已达到较高水平。其形制、大小、厚薄、轻重、硬度都有不小的差异。[13]小者仅长数厘米，重数两；大者长 75 厘米，重 30 多斤。石铲的石料大部分为页岩、板岩，少部分为粗砂岩、细砂岩，大多采于附近的山岗。

　　大石铲遗址出土的文化遗物大多为石器，大部分磨光。除了铲外，有犁、锄、斧、锛、凿、祖（男性生殖器模型）、敲砸器、砺石等。[14]大石铲的用途绝大多数应为农业生产工具，说明农耕已成为当时的主要的生产活动。从制作石铲的工艺水平来看，它们应该是具有专门技术的人员制作的，这些人可能已经脱离农业生产而专门从事手工业劳动。但在武鸣太平乡葛阳村附近的塘灾岭发现 22 件石铲，排成一个椭圆形圈，内底有一层灰烬和红烧土；隆安县大龙潭发现的石铲，常被放置成一定的排列组合形式，包括直立、斜立、侧放和平直等，其中以两组侧立或直立成圆圈的大石铲组合最为奇特，其圈内底有一层红烧土和灰烬。从这些石铲的排列组合形式来看，应是原始先民有意摆设才能形成的，可能与某种农业生产密切相关的宗教祭祀仪式有关。

　　在海南省陵水、文昌、定安、儋县、白沙、保亭、琼山、通什等地新石器时代晚期遗址中出土了双肩石斧、有段石锛、平肩长身石铲、大石铲、石镞、石网坠、双肩斜柄石铲、石磨盘、石杵等，以大石铲最为突出，长身石铲、双肩斜柄石铲可能都是从大石铲发展而来的。陶器有手制盘口釜、罐和板沿口釜，轮制圈足盆、钵、碗等。这些遗址与环北部湾地区广西、广东境内以大石铲为特征的新石器时代晚期遗存基本相同，其年代也大体相当。

　　一般认为，大石铲文化遗址的年代为新石器时代晚期，约距今四五千年以前。考古工作者利用 ^{14}C 技术测定隆安县大龙潭遗址的年代，一个是距今 4750 ± 100 年，一个是距今 4735 ± 120 年。[15]在邕宁县坛楼大石铲遗址中曾发现石祖。钦州市那丽镇独料村大石铲遗址，经 ^{14}C 年代测定约为公元前 2190 年，其中出土了 1100 余件石器，包括斧、锛、凿、铲、锄、犁、镰、镞、刀、杵、锤、磨棒、磨盘和国内最早的橄榄核[16]及男性生殖器崇拜物"陶祖"等。在合浦县清水江，曾发现大石铲与青铜器残片共存的情况。这些情况说明，大石铲遗址大多属于新石器时代晚期，已进入了父系氏族社会发展阶段，但也有些地方可能延续至青铜时代。

　　纵观环北部湾地区的大石铲文化，左、右江交汇地带及其下游一带大石铲文化遗址数量众多，分布密集，文化内涵丰富，应是大石铲文化的起源地和中心地带。广东雷州半岛和海南岛等地大石铲文化遗址只是零星发现，而且这两个地区的石铲种类单调，器形多发生变异，离中心地带越远，变异越大。因此可以认为，该地区大石铲文化是从该区域西北部中心地带的左、右江交汇地带向南部的广西沿海地区、广东雷州半岛和海南岛发展的。

三　对环北部湾地区史前文化考古发现的几点认识

环北部湾地区是岭南地区史前文化的重要区域，这一区域古人类化石、河旁台地和海滨贝丘遗址以及大石铲文化遗址的发现，对研究岭南和东南亚的史前文化的整体面貌，具有重要的意义。

（1）灵山人化石的出土和广西环北部湾沿岸、雷州半岛和海南岛等地海滨贝丘遗址、沙丘遗址的大量发现，说明在远古时代就有人类栖息、生活在环北部湾地区，他们是北部湾海岸和近海地区的最早的开拓者，他们很可能就是先秦时期百越的一支——骆越人的先民。骆越即是后来壮族、黎族等民族的前身。

迄今为止，雷州半岛和海南岛均未发现旧石器时代文化遗址。海南岛发现最早的人类活动遗址，是三亚落笔洞和东方新街两处，属于新石器时代早期。[18]广西沿海的灵山人化石，其年代仅为旧石器时代晚期，远比百色盆地发现的80万年前的旧石器年代要晚得多。环北部湾地区海滨贝丘遗址出土的具备尖端的厚刃的"蠔蜊啄"和手斧状石器等打制石器，与百色旧石器中的尖状器、手斧的形状、打制技术较为相似，均表现出器形单一、制作粗糙等特点，应是百色旧石器文化从岭南内陆百色地区向环北部湾沿岸发展的结果。

（2）从史前文化的分布来看，该地区的大石铲文化遗址比贝丘文化、沙丘文化遗址分布范围更广，但两者的分布中心都集中在邕江及左右江的交汇处，在遗址的地理位置上都位于河流、湖泊或近海的岸边，且贝丘文化遗址、沙丘文化遗址和大石铲文化遗址都出土无肩石斧和双肩石斧，而且贝丘文化遗址、沙丘文化遗址的年代又早于大石铲文化遗址的年代。这说明贝丘文化遗址、沙丘文化遗址和大石铲文化遗址有着密切的渊源关系。

环北部湾地区的贝丘文化遗址、沙丘文化遗址的年代要晚于桂北、桂中等地以甑皮岩遗址为代表的石灰岩洞穴文化，反映了新石器时代人类逐渐从桂北、桂西、桂中、粤北等地区的洞穴迁徙到环北部湾地区桂南、雷州半岛和海南岛等地的情况。

（3）环北部湾地区河旁台地和海滨贝丘遗址的堆积状况和出土遗物表明，当时原始居民的经济生活是以采集、渔猎为主，这种经济生活延续的时间较长。究其原因，除了与当时的生产力发展水平有关外，还与当地濒临大海、地处亚热带、河流湖泊众多、动植物资源（尤其是贝类、鱼类）丰富的优越的自然生态环境有密切的关系。浩瀚的南海，自古以来就以它丰富的水产哺育了沿岸的古老民族。但是随着新工具的出现和生产力的提高，原始先民的经济生活也在逐步发展。在大石铲文化遗址中，出土的新石器时代晚期的石铲、犁、锄、斧、锛、凿以及杵、磨棒、磨盘和橄榄核等，表明这时已经出现了原始农业。也就是说新石器时代晚期，由于经济生活逐渐从采集、渔猎经济发展为农业经济，因此贝丘文化遗址逐渐减少乃至消失，而大石铲文化遗址则成为这一时期居于主流的文化遗址，反映了原始的壮族、黎族先民对濒海的资源和环境有了进一步的开发和适应。岭南地区很早就出现了干栏式建筑。1978 年在广东省高要县金利茅岗发现的新石器时代遗存，是岭南地区迄今为止所见一处规模最大的干栏式水上木构建筑遗址，范围近 10 万平方米，文化层堆积厚达 4.5 ~ 5 米，目前仅试掘了 112 平方米，清理了 3 组建筑遗存。平面布局均为长方形，前后总长 14.7 米，两排木柱之间相距 1.64 ~ 1.7 米。建筑构件尚保留有木柱、木桩、树皮板、木楔、木板块及草席残片等。环北部湾地区新石器时代也已经出现了干栏式建筑。在钦州那丽镇独料村新石器时代文化层中发现了灰坑、灰沟和 6 个柱洞，其中 3 个柱洞底部发现了石质柱础，这些柱洞可能是干栏式建筑的遗址，石质柱础是为了适应南方地区高温多雨的气候。距今 4000 年前的独料干栏式建筑遗址的发现，可说明环北部湾地区当今壮族、黎族等土著民族干栏式建筑的历史源远流长，它适应了当地的气候和自然环境，可架于水面或低洼地，可以防御"瘴气"和虫蛇猛兽侵扰，又能防湿除涝，并可进行渔捞和取水，有一定的科学性。

注释：

① 钟文典主编：《广西通史》（第一卷），5 页，广西人民出版社，1999 年。

② 潘琦主编：《广西环北部湾文化研究》，218 页，广西人民出版社，2002 年。

③ 海南省文物保护管理委员会：《海南省的考古发现与文物保护》，《文物考古工作十年（1979 ~ 1989）》，文物出版社，1991 年。

④ 何乃汉：《广西贝丘遗址初探》，《考古》1984 年 11 期。

⑤ 广西壮族自治区博物馆：《广西考古十年新收获》，《文物考古工作十年（1979 ~ 1989）》，文物出版社，1991 年。

⑥ 同注④。

⑦ 傅宪国、李珍、张龙：《顶蛳山贝丘遗址发掘获丰硕成果》，《中国文物报》1997 年 12 月 14 日 1 版。

⑧ 蒋廷瑜：《广西贝丘遗址考察与研究》，《香港考古学会会刊》XIV，1993 ~ 1997。

⑨ 钦州市地方志编纂委员会编：《钦州市志》，1158 页，广西人民出版社，2000 年。

⑩ 同注③。

⑪ 覃义生、覃彩銮：《大石铲遗存的发现及其有关问题的探讨》，《广西民族研究》2001 年 4 期。

⑫ 同注⑤。

⑬ 广西壮族自治区文物工作队:《广西隆安大龙潭新石器时代遗址发掘简报》,《考古》1982 年 1 期。

⑭ 广西壮族自治区文物考古训练班、广西壮族自治区文物工作队:《广西南部地区的新石器时代晚期文化遗存》,《文物》1978 年 9 期。

⑮ 同注⑤。

⑯ 同注⑨。

⑰ 同注③。

⑱ 广东省博物馆:《广东考古十年概述》,《文物考古工作十年（1979～1989）》,文物出版社,1991 年。

建国以来右江流域史前文化的
考古发现与研究

徐靖彬[*]

前　言

　　右江流域位于广西的西北部，其西北为云贵高原，东南与西江流域的南宁市毗邻，南与越南交界，东北与红水河流域的河池市相连，包括今百色市的西林、隆林、田林、凌云、百色、田阳、田东、平果、德保，以及今南宁市的隆安、武鸣，总面积约4万平方公里。流域的主干流右江发源于云南省广南县的大冲脑包山，由西北至东南流，全长724公里。河流两岸气候宜人，动植物资源丰富。早在几十万年前，广西的土著居民——壮族的先民就已经活跃于这块肥沃的土地上，采集、渔猎，繁衍、生息。他们在接受右江流域优越自然环境恩惠的同时，也赋予了它丰厚的文化内涵。建国后，尤其是20世纪70年代以来，考古工作者在右江流域陆续发现了大量的史前文化遗址，其分布之密集为全国罕见，有着较高的科学研究价值。

一　右江流域史前文化遗址、遗物的分布概况及
史前文化发展规律

　　在右江流域所覆盖的广袤的土地上，分布着众多的史前文化遗迹，几乎遍及整个流域的11个县市，大体上呈条块状分布。（图一）自20世纪50年代末起，右江流域就陆续发现了许多的史前文化遗址，迄今已达150多处，采集到各种类型的石器和陶器5万多件。经考证，右江流域石器时代的年代上限至迟不会晚于北京人时代的早期，更可能是比距今73万年还早的早更新世；[①]最晚的也到了父系氏族社会，距今约6000～5000

---

* 徐靖彬，广西师范大学社会文化与旅游学院。

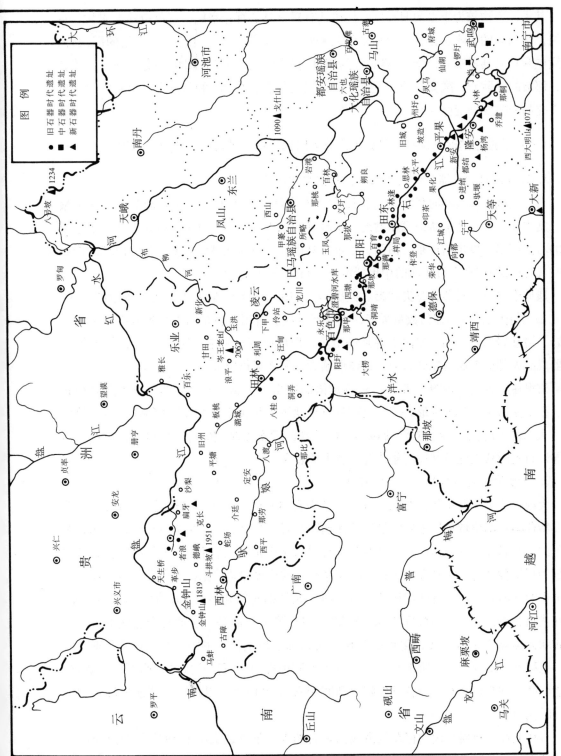

图一 左江流域史前文化遗址分布示意图

年。其中，遗物较为丰富的旧石器时代遗址有田林县的百花寨村，百色市的上宋村、百谷屯，田阳县的百峰、百育，田东县的长蛇岭、新洲村、周公祥村，平果县的那银岭、驮意屯和平果县城镇等；[②]新石器时代的遗址有百色市的百维，田阳县的敢来洞、革新桥，那坡的感驮岩，隆安县的大龙潭等。纵观这些遗址的分布和特点可看出右江流域史前文化的一些发展规律。

（一）从遗址的时间来看，可分为旧石器时代、中石器时代和新石器时代

1. 以百色打制石器为代表的旧石器时代文化遗存

右江流域的旧石器时代文化遗存以右江两岸河旁阶地上的打制石器散布点为数最多。集中分布在右江上游的永乐盆地、田林县的乐里河沿岸、百色盆地和右江下游平果县的右江两岸。以包括田东、田阳、百色三县市的百色盆地最为典型。整个流域的旧石器时代可追溯到 70 多万年前的中更新世，下限为距今 1.7 万年。[③]

遗址中出土的石器，有尖状器、砍砸器、刮削器和端刮器四种，还有少量的石斧。（图二）其中又以砍砸器的数量最多，尖状器其次。所用原料是附近阶地砾石层中的石英岩、河砂岩砾石。加工方法主要是锤击法，以单向打击为主，经过二次加工的较少。石器成品大部分都保留原砾石面，且体形硕大，制作风格粗犷。

值得注意的是，1979 年 8 月田东县定模洞中出土了属不同个体的 3 枚人类牙齿化石。据专家考证，其外部形态特征分别具有早期智人和晚期智人的若干特征，与"柳江人"大致同一时代。[④]这是右江流域第一次发现的旧石器时代的古人类材料，对进一步探寻旧石器时代文化及其地层年代有着重大的意义。

2. 过渡阶段的中石器时代文化遗物

大约距今 1.7 万年前，右江流域进入了中石器时代。中石器时代是一种过渡形态，主要特征是：文化堆积层中有大量的软体动物介壳；文化遗物大多是石片以及制作较为简单的打制石器，部分遗址有少量的磨刃石器和穿孔砾石；遗址中出土的动物化石几乎全部为现生种动物；它既没有旧石器时代遗址中的绝灭种动物化石，也没有新石器时代遗址中的陶器。不过，右江流域的中石器时代延续的时间并不长，遗存也不是很明显，只在武鸣有少许分布，如苞桥 A 洞、芭勋 B 洞和腾翔 C 洞等。从这几个遗址中所出的动物和人类化石来看，其石化程度较轻，动物都是现生种，主要是猪、獾、香狸、猕猴、羌鹿和牛等等。而且所出石器是一些用不同种类的砾石制作成的刮削器、砍砸器、磨盘、磨棒和穿孔砾石，没有发现陶片和磨制石器。[⑤]由此可以把这三处遗址确定为中石器时代遗存。

右江流域中石器时代的存在是由我国著名的考古学家裴文中于 1935 年经过对武鸣和桂林市郊一些洞穴的实地调查之后提出的。[⑥]20 世纪 50 年代，部分学者对此提出了质

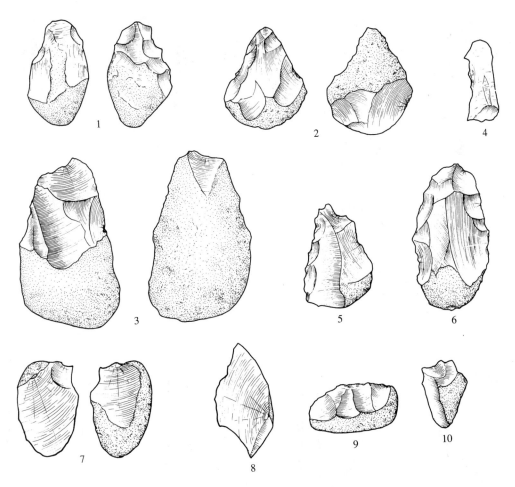

图二　右江流域代表性旧石器

1. 似手斧尖状器　2. 宽身大尖状器　3. 复刃锛形砍砸器　4、5. 直刃刮削器　6. 盘状砍砸器　7、8. 石片　9. 凸刮削器　10. 端刮器（均出自百色盆地，比例为 1/6。资料来源：曾祥旺《广西百色地区新发现的旧石器》，《史前研究》1983 年 3 期）

疑，认为从所出的石磨等工具的先进性来看，这些遗址应该属于新石器时代。1965 年，裴先生重申了自己早年的观点，认为广西的中石器时代还是存在的。到了 20 世纪 80 年代，学者们经过反复论证与研究，认同了裴先生的观点，主张广西洞穴遗址中的中石器时代文化遗址是客观存在的。

3. 右江流域文明前夜的新石器时代文化

随着生产力的发展和生产工具制作技术的进一步改进，大约在距今 1 万年前，右江流域进入了新石器时代。[⑦]这一时期的文化遗存主要有百色市的百维遗址，德保县的芭考岩遗址、岩峨洞遗址，隆林县的岩洞坡遗址、下芭山洞遗址，田阳县的敢来洞遗址、

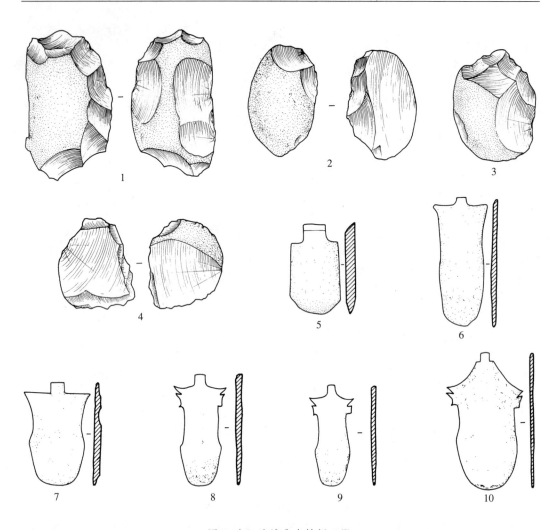

图三　右江流域代表性新石器

1. 周边砍砸器　2. 尖状器　3. 凸孤刃砍砸器　4. 砍砸器　5. 大石铲 I 型　6、7. 大石铲 II 型　8～10. 大石铲 III 型（1、2 出自百维，3、4 出自岩洞坡，余均出自大龙潭。1～4 为 3/10，5、6 为 1/10，7、8 为 3/20，9 为 3/40，10 为 1/20。资料来源：广西壮族自治区文物工作队《广西百色地区新石器时代文化遗存》，《考古》1986 年 7 期；覃义生、覃彩銮《大石铲遗存的发现及其有关问题的探讨》，《广西民族研究》2001 年 4 期）

革新桥遗址，隆安县大龙潭遗址，那坡感驮岩遗址等以及一些石器散布点。

　　右江流域新石器时代文化遗存中，大都是打制石器、磨制石器、石片（见图三）和夹砂绳纹陶片共存。[⑧]如百维遗址的打制石器包括凸孤刃砍砸器、端刃砍砸器、周边砍砸器、刮削器、尖状器，磨制石器包括石斧、砺石，还有石片和陶片。在右江流域新石器时代的遗存中，早、中期的石器工具都缺乏农业工具，主要是旧石器时代时普遍存在的砍砸器和刮削器，也有不少的动物骨骼，有些还存有大量的贝壳。这就说明，当时的人们仍以渔猎、采集为生。一些石器散布地点发现了有肩石斧，隆安县的大龙潭遗址还发现了大量的石铲，应该是到了新石器时代晚期。以石斧、石铲为代表的农业工具的出现说明原始农业在这些地势较为平坦的地区已经开始萌芽。

（二）从分布的地域上看，史前文化遗址、遗物主要集中在右江流域中下游地带，尤其是百色盆地和南宁地区的隆安县等地

右江流域史前文化遗存主要沿着河流的走向分布，流域所覆盖的县份皆分布有遗址，但较为密集的还是中下游的百色盆地和隆安。百色盆地贯穿百色、田阳、田东三市县，为长约100、宽约5~10公里的冲积平原，属于右江河谷盆地中的河旁阶地，四周都是连绵的高山。这里不仅有旧石器时代和新石器时代的文化遗存，还发现了田东定模洞人等古人类化石；不仅有80万年前的打制石器，而且还发现了有肩石斧的年代较晚的石器散布点。因此百色盆地的文化发展序列较为清晰。

处于下游的隆安县，密布着许多的石铲遗址，又以大龙潭遗址最有代表性。这种遗址的遗物主要是石铲，也有部分石犁、锄、斧、锛、凿、穿孔石器、敲砸器、砺石等。其中大龙潭遗址还出土了男性崇拜物石祖一件，表明当时已是新石器时代晚期，进入了父系氏族社会。

（三）从遗迹的类型上看，包括了洞穴遗址、台地遗址、贝丘遗址和山坡遗址等四种，还有部分石器散布点

1. 洞穴遗址

右江流域东南部的德保和田东、田阳、百色，石灰岩地形发育得较为完全，属于峰丛—圆洼地带；而西林、隆林和凌云等县，也间有少量石灰岩分布。在这些石灰岩地区，溶洞比较多，为原始人类提供了良好的栖息之所。而且石灰岩溶洞对遗物的保存也明显好于其他类型遗址。这一类遗址中较有代表性的是那坡的感驮岩、百色的百维、隆林的那来洞、田东的定模洞、田阳的敢来洞等。更新世晚期的那来洞和定模洞遗址不仅出土了大量的石器，还保存有人牙化石和动物骨骼化石，为这些遗址年代的确定提供了有力的证据。感驮岩遗址的文化堆积可分为3期文化，从石器时代一直延续到青铜时代，既有新石器时代的夹砂绳纹陶，又有青铜时代作为礼器的牙璋。

2. 台地遗址

这类遗址在右江流域发现得较少，遗物的保存状况也不如洞穴遗址，其代表是田阳的革新桥遗址。2002年10月，考古工作者对此遗址进行了抢救性发掘，挖掘面积1600平方米，文化堆积分为5层，年代为新石器时代中晚期，大约距今7000~6000年。采集到的遗物多达3万多件，其中以石器占绝大多数，有砍砸器、刮削器、切割器、研磨器、斧、锛、锤、砧、砺石等，此外还出土了一些夹砂绳纹陶片和动物化石。动物的种类主要有大象、熊、猴、鹿、猪、牛等。遗址中发现了一处石器加工场，面积大约有500平方米。在这个石器加工场中，散布着大量的石料，如石砧、石锤、砺石、石核等，还有一些半成品和成品残件，石器制作的整个流程以及水平一目了然。值得一提的是遗址中的两座墓葬所出的人骨架，葬式为仰身屈肢葬，为桂西地区首例。[⑨]它与广西其他新石器时代遗址，如白莲洞遗址、甑皮岩遗址等洞穴遗存中的屈肢蹲葬有什么联系，又向我们传达了一种什么信息等等此类的问题都有待进一步的研究。

3. 贝丘遗址

贝丘遗址是南方考古遗址的一大特色，可分为海滨贝丘和河旁贝丘两大类。其主要特点是遗存中包含有大量的螺蛳壳、贝壳堆积，应是古人类的生活垃圾遗弃点，部分遗存还有一些墓葬。不过右江流域的贝丘遗址较少，其代表遗址位于平果县城关镇北面的右江西岸的一级阶地上，文化层厚0.5米左右，属新石器时代文化遗址。除了大量的螺壳和少量的蚌壳、动物碎骨、炭屑、烧骨外，未见其他的文化遗物。[⑩]

4. 山坡遗址

这种类型遗址的文化内涵比较单纯，遗存中与石铲共存的其他遗物较少，主要是石锛、凿、斧、锄、犁等。隆安县大龙潭新石器时代遗址是典型的山坡遗址。遗址所处的地带是典型的丘陵地带，低矮平缓的坡岗较多，间有一些开阔的平地，右江主干流由南向北流经此地。所出的文化遗物除了1件陶器外，其余全都是石器，而且99%以上为石铲，共231件，此外还有石凿、菱形器以及一些石料。石铲的原料主要是板岩、页岩等，硬度不大，形制、大小、轻重不一，但制作规整、美观，甚至有些石铲的造型十分复杂。大部分石器皆以一定的形式排列，似乎是有意而为。

5. 石器散布点

这是右江流域史前文化遗址中数量最多的一种类型。旧石器时代的文化遗存大多属于这一种，分布于右江两岸的河旁阶地上，有些甚至暴露在地表。关于这些石器的年代问题，一直以来都是学术界讨论的热点。主要有三种观点：一是把百色旧石器定在旧石器时代晚期，属于晚更新世；[⑪]二是定在中更新世；[⑫]三是比距今73万年还要早的早更新世。[⑬]由于与石器共存的玻璃陨石的发现，使这个问题日益明朗化。据美国伯克利地质年代学中心运用氩/氩法（$^{40}Ar/^{39}Ar$）对这些玻璃陨石进行测定，确定它们的年代为距今80万年。[⑭]目前大部分学者比较倾向于80万年的观点。

（四）从出土文物上看，该区域文化的发展方向及古人类的迁徙是由右江上游往中下游发展

从目前的考古发现来看，右江流域上游的遗址出土的主要是打制石器，代表的是旧石器时代早中期文化。到了中游，则出现了打制石器、磨制石器和夹砂粗陶共存的现象，属于新石器时代早期文化。再往下游，就有了石磨盘、石磨棒、石铲，这是新石器时代晚期原始农业文明出现的标志。因此，整个文化的发展进程是自上游顺着河流而下，由简单到复杂层层推进的。这也是古人适应自然的结果。中、下游是较为平坦的冲积平原，大量的泥沙淤积于此，土地也较肥沃，比起上游的崇山峻岭和丘陵地带更适合古人类居住。土地的开阔、肥沃，水利灌溉的便利是农业发展的客观条件，人类经过自然的优胜劣汰，一代代的迁徙，最后在此地扎根，从此过上相对安稳的定居生活。由于此地出土了石磨盘、磨棒、锄、铲，一些专家学者据此推断壮族先民是最早培育水稻的民族之一，提出了"壮族稻作农业独立起源论"[15]。

（五）从伴出土的动物骨骼化石看，右江流域当时的自然环境比较适于人类居住

在田东定模洞和隆林那来洞遗址的堆积里，考古学家采集到了一些动物化石，主要是单个的牙齿以及一些残破的骨片。其中有一部分化石上有人工打击的痕迹或火烧过的遗痕。所采集到动物化石可确定的有 30 多种：大猩猩、猕猴、东方剑齿象、猛玛象、亚洲象、中国犀、貘、犀、水牛、野猪、猪、鹿、麂、羊、大熊猫、中国熊、虎、最后斑鬣豹、猪獾、狗等。[16]这些动物都是我国华南更新世时期典型的"大熊猫—剑齿象动物群"中最为常见的成员，其中林栖动物占绝大多数，还有一些高山动物和喜水动物。从这些动物的某些特征来看，可知自中更新世后期至晚更新世之末，右江河谷地区气温较高，属于湿热的亚热带季风气候区，这里生活着温暖的高山森林性动物群。再根据洞穴中的黄色堆积物，我们就可以推断，当时此地有着大片茂密的原始森林，离河流两岸较远的是山区地带，而靠近右江沿岸的低洼地区在夏秋雨季时是大片的湖沼，到了冬春季节就是水草肥美的草场。丰富的动植物资源，满足了古人类采集、狩猎的需要；充足的水资源给人们提供了生活的便利；加上这一带为岩溶地形区，有可供栖息的大量的石灰岩洞穴，也为远古先民提供了遮风挡雨、繁衍生息的优越的自然地理环境。

二　右江流域史前遗址所反映的深厚的文化内涵

（一）以砾石石器为主的砾石文化

右江流域旧石器时代的打制石器具有较明显的地方特点。所采用的原料都是磨圆度较好的砾石，打击方法都是锤击法，对台面不加修理，主要是单向打击，个别使用了碰砧法和交互打击法；主要是石核石器，石片石器较少；器的背面和手握处普遍保留砾石面，而且以大型石器为主。到了新石器时代，除了继承旧石器时代的传统风格外，打制石器在制作、器形种类等方面都有所发展，加工方法出现了交互打击法。可以说，从旧石器时代到新石器时代早期，右江流域的打制石器无论是在原料的选择、制作还是加工方法、石器的形制以及种类方面，都是对前人的继承。其特点是以砾石石器为主，打制加工方法是用锤击单向打击法，在石器背面和手握处保留砾石面等。

这些特征不仅在右江流域存在，而且在整个广西、广东和东南亚都发现了具有相同特征的打制石器。考古学界把这一文化区统称为"砾石文化区"，它在我国石器文化中属于南方系统。[17]这一区域打制石器的制作方法比华北的石器原始、简单，也没有发现过石锥、石制装饰品和艺术品；而与邻近的湖南澧水旧石器、安徽的水阳江旧石器、湖北江陵旧石器有着许多相近之处，例如都以砾石为原料，打击方法为锤击法，也有碰砧法的，大多保留砾石面，制作也较为简单等等。[18]说明了右江流域史前文化并非孤立存在，它与周边文化有着密切联系。

"砾石文化区"打制石器的原料多来源于河滩。由于经过河水的长距离搬运才沉积下来，所以石料的磨圆度较好。而先民们对石料的选择是有一定讲究的，如大部分的石器都保留砾石面就与人们对石料的选择、使用有关。古人在岩石的硬度、折理等方面积累了相当丰富的经验，能够充分利用原有石料的自然形状加以进一步的简单加工。虽然砾石石器的制作方法、加工技术都很简单、原始，但却能在右江流域等地长期存在，这除了与石料来源的丰富有关外，还可能是因为这里有优越的自然环境。右江流域纬度较低，水资源较多，热量充足，动植物资源比较丰富，生活资料较易获取。便利的生活条件使得人类的经济生活长期满足于"攫取型"经济形态，只需粗糙笨重的砾石砍砸器和刮削器就可以完成所有采集渔猎的任务，因而没有改进工具的必要。也许还应有一些由竹、木原料制作的工具，但是竹木工具又较难保存，所以我们现在看到的就只有这些易于保存的砾石石器了。

（二）开壮族"那"文化先河的大石铲文化

右江流域的大石铲文化，是中国史前文化中的一朵奇葩。这种文化类型以南宁地区的隆安较为密集、典型。之所以称之为大石铲遗址就是因为遗址的文化内涵较为单纯，遗物主要是磨光的石铲，而其他类型的石器较少；石铲的石料为砂页岩，其体型的硕大是新石器时代其他原始文化石器所不能比拟的；这些石铲大多通体磨光，制作十分规整、棱角分明，有些石铲的制作工艺已经达到较高水准；各石铲间的形制、大小、厚薄、轻重、硬度等都有较大的差别，最大的长达 70 余厘米，重几十斤，而最小的仅长数厘米，重数两；有的质地较脆，容易折断；有的刃部又厚又钝，甚至是平刃。

这种大石铲原本是一种木石复合式的生产工具，是由前期的有肩石斧发展而来的。只要在铲体上加绑木柄，就可以用来翻土、疏沟、理埂和平整土地。Ⅰ型石铲有两腰平行和两腰斜直两种，形制较为简单、原始；Ⅱ型石铲出现了束腰设计，其双肩对称，两腰以下作弧形内收，且弧度明显；Ⅲ型石铲较Ⅱ型又多了短袖状的突出，利于木柄的绑缚，仍为束腰型。石铲的大量出现，说明原先的以石磨盘、石磨棒和石锛、有肩石斧为特征的原始农业的萌芽正以燎原之势扩散开来，标志着右江流域农业经济的发展和耕作技术的进步，人类开始从单一的"攫取型"经济向人工种植食物过渡，逐渐过上相对安稳的定居生活。同时，由于相对优越的自然条件，渔猎和采集在人们的生活中仍占主导地位，农业经济尚处于附属地位，生产规模较小，耕作方法也较原始。但它毕竟是代表了一种先进的生产力，是壮族"那文化"——"稻作文化"的先河与基底，为壮族文化的发展奠定了基础。[19]

大石铲不仅为壮族先民稻作农业的发展提供了先决条件，而且也赋予了"那文化"丰富的精神层面的内涵。前面所提到的部分刃部厚钝甚至是"平刃"、质地较脆易折、轻数两或重达几十斤的石铲，特别是发展到后期的制作精致、形制规整、造型美观的Ⅱ、Ⅲ式的成熟型石铲，发现时大多是刃部朝上，直立或斜立排列，它们已经从原来的生产工具中分化出来，成为与农业生产有关的重要祭典上的有象征意义的礼器，被赋予了神圣的职责。人类企盼通过用石铲祭祀神灵，祈求消灾消难、风调雨顺、增产丰收、生活富足。

在这些石铲当中还有一种特殊的现象，那就是一些大石铲的刃部呈半圆弧形，腰间向内收，从腰部到刃部的形状有点像男性生殖器。这就是父系氏族社会时所流行的男根崇拜，表明男子在社会生活中的地位日益重要，女子在生产劳动中的作用及在家庭中的影响力日益微小，人类已迈入父系氏族社会。在生产力水平的低下、生产工具的原始简陋、粗放型的耕作方法以及频繁的部落战争等因素的影响下，人丁兴旺、子孙繁衍自然就成为了原始先民主要的价值取向。所以，用大石铲作为礼器进行祭祀，不仅是为了农业的丰产，也是为了祈求人丁的兴盛和部族的繁衍与强盛。

（三）独具特色的陶器文化

右江流域的陶器大都分布在中下游地带，主要的还是以百色盆地为主。如德保的芭考岩、百色的百维、隆林的岩洞坡和下芭山洞、田阳的革新桥和那坡的感驮岩等，都出土有陶片。右江流域的陶器皆为夹砂陶，颜色分灰黑色和红褐色两种，口沿有直口、敞口、侈口，纹饰以绳纹为主，也有弦纹、水波纹、曲折纹、锯齿状附加堆纹、乳丁纹等，装饰手法主要是拍印和刻划。灰黑色陶器夹砂较细，质地较硬，火候较高，胎壁一般厚0.3厘米左右；红褐色陶器夹砂较粗，当然也有少量较细的，夹粗砂的胎壁较厚，有1.1厘米，夹细砂的与灰黑陶相近。[20]大部分出土陶器都已经破碎，器形有釜、罐、杯、纺轮等。

该区域早期的陶器在 1 万年以前就已出现，均为夹砂绳纹陶，与桂林甑皮岩出土的陶器相似。[21]弦纹、水波纹、曲折纹、锯齿状附加堆纹、乳丁纹皆是发展到后期才出现的。早期的陶器烧造火候较低，后期的火候较高、器壁较薄。早期的装饰手法也较为简单，主要是拍印和刻划，划纹有粗有细，有条状的，也有交错的；到了后期则出现了穿孔、镂空、堆贴等手法，表明人类已经有了一定的审美观，对美有了向往与追求。随着制作经验的积累，陶器也就从早期的手制发展到了后期的轮制，器形更加规整，厚薄更为均匀，标志着制陶业已发展到了一个新的水平，纺轮的出土说明了这一点。据此可以推断，隆林下芭山洞的陶器应与甑皮岩的年代相当，是右江流域较早的陶器。往下就到了百维的陶器，虽然火候较高，但仍为手制。岩洞坡的陶器的年代相对较晚些，有了慢轮加工的痕迹。感驮岩的陶器则是右江流域石器时代的陶器艺术的顶峰，出现了多样的纹饰。陶器的出现说明了一部分人从田地上解放出来，专门从事陶器制造业，即出现了人类历史上的第二次大分工——农业与手工业的分工，右江流域跨入了文明时代的门槛。

三　右江流域史前文化的地位和价值

右江流域史前文化的考古发现在广西乃至整个中国以及东南亚的史前文化史上扮演着极为特殊的角色。它既是中国石器时代文化大家庭中的一分子，属于华南原始文化圈，又与东南亚的史前文化有着密切关系，既有特殊性又有统一性。

首先，右江流域史前文化在年代上上承云贵高原的元谋人文化，下接岭南东部的马坝人文化，在中国华南地区的史前文明史上具有承上启下的作用。从右江流域史前文化遗存的遗物来看，它们与云南、贵州、广东、海南岛、台湾甚至东南亚的史前文化有着许多相近之处。广西的西北部分别与云南、贵州毗邻，南面与越南接壤，东面是广东省。在云南有"森林古猿"、"腊玛古猿"和距今 170 万年前的元谋人，处于广西西北部的右江流域发现了 80 万年前的打制石器，广东曲江则发现了距今 10 万年前的马坝人。[22]而整个华南地区的地势是由西北向东南倾斜的，西北为云贵高原，东南临海，中部是丘陵地带和冲积平原。华南地区的史前文化就是从西北至东南呈梯度发展的，越往东南，年代越靠后。原始文化也由西北向东南发展，年代是西北早，东南晚，而广西的原始文化正处于过渡地带，起着承上启下的作用。

其次，百色盆地旧石器时代遗址所出的手斧，使人们对"莫氏线"理论的崇拜心理发生了动摇。所谓"莫氏线"理论是指 20 世纪 40 年代，美国哈佛大学人类学家莫维士根据自己在缅甸北部等地发现的大批单面打制的旧石器所提出的一种片面的理论。他认为，沿欧亚大陆中部斜画一条分界线就可以把旧大陆划分为两种不同的文化区。分界线以西是先进的"手斧文化圈"，这里的早期人类能够掌握先进的"阿舍利技术"[23]，制作复杂的两面打制的手斧；而分界线以东的早期人类只能制作简单的砍砸器。进而把整个亚洲大陆贬低为"文化滞后的边缘地区"。"莫氏线"理论一度在考古学界和人类进化理论界上统治了半个世纪，直到百色手斧的发现。这一发现使得世界不得不重新审视亚洲，关注中国的南方。人们不再怀疑早在80万年前，居住在中国南方右江流域的古人类也能制作出具有"阿舍利技术"的石制工具，虽然所用的原料比不上非洲的阿舍利文化中的玄武岩，但仍然能体现出右江流域古人类的技术智慧。从某种意义上说，百色盆地旧石器时代晚期手斧的发现重塑了亚洲文明史，更是人类起源多元论的又一例证。

第三，右江流域史前文化独具地方特色，为灿烂的壮族文化奠定了基础。中国旧石器时代的文化最初可分为华南和华北两大区。按照地理位置，华南地区还可分为两群，一群主要分布于四川、云南、贵州、广西等省区，另一群主要分布于湖北、安徽、江苏等省区。[24]右江流域的旧石器时代遗址很明显属于前者。与华北地区石器不同的是右江流域的石器器形直到晚期也没有逐步细化的趋势，主要用锤击法，几乎没有进行二次加工，制作较为粗糙。进入新石器时代，中国出现了旱地农业、稻作农业和狩猎采集三个经济文化区，在每个经济文化区下又有许多较小的文化区，这些小文化区往往与各部落集团的活动区域重叠，实际上就是一种民族文化的萌芽。[25]百越民族的先民，用自己的双手创造了独具民族特色的史前文化，其砾石文化、大石铲文化、陶器文化无一不打上深深的华南地方文化的烙印。可以说，右江流域的史前文化孕育了壮侗语民族的文化，为灿烂的壮族文化奠定了发展基础，同时也为中国史前文化的多样性做出了贡献。

第四，右江流域的史前文化与东南亚有着较为紧密的关系，很有可能是中国南方和东南亚史前文化起源的中心地带。二者的旧石器时代文化都从属于亚洲本土的"砾石和石片工具传统"。[26]右江流域的旧石器与缅甸的早期安雅斯文化（中更新世—晚更新世早期）、印尼爪哇中南部的巴芝丹文化（中更新世晚期—晚更新世早期）、马来西亚的淡边文化（中更新世）和印度半岛的早期索安文化（中更新世）有着许多的相同或是相近之处。比如石器的原料都是砾石，以单面打击居多，两面打击较少，制作较为简单、粗糙，多保留砾石面，体形比较硕大，石器类型以砍砸器为主等等。不过右江流域的旧石器尤其是手斧比东南亚各文化遗址的都要多，且典型、有代表性。此外，印尼的爪哇有世界上最早的猿人化石，越南也有巨猿和猿人化石。因而，有学者认为处在云南、广东以及印尼、爪哇等东南亚国家包围之下的右江流域是人类起源的中心地带。[27]当然，这还有待右江流域史前文化考古的进一步发现。

本文得到了我的导师廖国一教授的悉心指导，在此表示衷心的感谢！

注释：

① 蒋廷瑜：《广西考古四十年概述》，《考古》1998 年 11 期。

② 曾祥旺：《广西百色地区新发现的旧石器》，《史前研究》1983 年 2 期。

③ 谢崇安：《广西旧石器时代考古的发现与研究》，《红水河文化研究》，广西人民出版社，2001 年。

④ 李有恒、吴茂霖、彭书琳、周石保：《广西田东县祥周公社定模洞调查报告》，《人类学学报》1985 年 4 卷 2 期。

⑤ 同注①。

⑥ 同注①。

⑦ 张声震主编：《壮族通史》，20 页，民族出版社，1997 年。

⑧ 广西壮族自治区文物工作队：《广西百色地区新石器时代文化遗存》，《考古》1986 年 7 期。

⑨ 谢光茂、林强、彭长林、黄芬、黄鑫：《广西革新桥发现一处大规模石器加工场——出土新石器中晚期文化遗物数万件》，《中国文物报》2003 年 3 月 5 日 1 版。

⑩ 同注⑧。

⑪ 李炎贤、尤玉柱：《广西百色发现的旧石器》，《古脊椎动物与古人类》1975 年 13 卷 4 期。

⑫ 同注①。

⑬ 黄慰文、冷健、员晓枫、谢光茂：《对百色石器层位和时代的新认识》，《人类学学报》1990 年 9 卷 2 期。

⑭ 黄启善主编：《百色旧石器》，5 页，文物出版社，2003 年。

⑮ 覃乃昌：《"那"文化圈论》，《广西民族研究》1999 年 4 期。

⑯ 曾祥旺：《广西田东县定模洞人类化石及其文化遗存》，《考古与文物》1989 年 4 期。

⑰ 蒋廷瑜、彭书琳：《试论广西的打制石器》，《广西文物》1986 年 4 期。

⑱ 同注⑭，87~92 页。

⑲ 覃义生、覃彩銮：《大石铲遗存的发现及其有关问题的探讨》，《广西民族研究》2001 年 4 期。

⑳ 同注⑧。

㉑ 广西壮族自治区文物工作队：《广西几何印纹陶的分布概况》，《广西文物考古报告集》（1950－1990），广西人民出版社，1993 年。

㉒ ［日］二宫淳一郎著，何英德、廖国一译：《中国南部广西的古人类》，《南方文物》1998 年 2 期。

㉓ 作者注："阿舍利"为法国地名，在此地发现了先进精细的两面打制的石器。考古学家把有类似特点的石器称之为"阿舍利技术"。欧洲的阿舍利文化中的手斧多用燧石为原料，这是制作石器的优质原料；非洲的阿舍利文化则用玄武岩作为石器的原料，此为中等原料。

㉔ 严文明：《中国史前文化的统一性和多样性》，《文物》1987 年 3 期。

㉕ 同注㉔。

㉖ 同注③。

㉗ 同注⑭，94~109 页。

桂南大龙潭类型遗址初论

陈远璋[*]

桂南大龙潭类型遗址，是指广西南部地区一种以大石铲为特征的新石器时代文化遗址。这类遗址的文化遗物以石铲为主，而这种石铲的形体扁薄、硕大，明显有别于广西新石器时代其他石铲及石器，研究者统称之为"大石铲"；又因其主要分布于广西南部地区，故学术界习惯名之"桂南大石铲"。在桂南以大石铲为特征的原始文化遗址，又以隆安县乔建大龙潭遗址为代表，本文称其为"大龙潭类型遗址"，并将"桂南大石铲"称为"大龙潭类型石铲"，对其文化内涵、年代、性质等诸方面进行综合探讨。

一

桂南大龙潭类型遗址及其石铲的散布区域比较广，迄今已发现该类遗址及其石铲出土地点 116 处，涉及广西柳州、南宁、崇左、百色、河池、玉林、钦州等地区的 36 个县、市，广东省西部[①]、海南省[②]以及越南北部的广宁省[③]也有零星发现，而以桂南地区分布最为密集。目前的资料表明广西南部地区的隆安、扶绥、崇左、南宁、武鸣一带，尤其是左江与右江汇合成邕江的三角地带，遗址分布密集，出土大龙潭类型石铲典型，数量多，是该类遗址分布的中心区域，也是该遗址所代表的原始文化分布的主要地区。而其周边，北至柳州、河池，南至宁明、凭祥乃至海南及越南北部，东到广东省西部，西至德保、靖西、凌云等区域，是大龙潭类型遗址及其石铲的散布范围，也是该类原始文化的影响区域。

1962 年以来，通过对桂南扶绥那淋屯[④]、韦关、崇左吞云岭[⑤]、靖西那都等遗址的试掘以及对扶绥中东、隆安大龙潭遗址[⑥]的发掘，对该类遗址的文化内涵已经有了基本的了解。

大龙潭遗址位于隆安县乔建乡，处于右江西南岸二级阶地上，1978 年、1979 年两次发掘，发掘面积 820 平方米，发现了灰坑、沟槽、红烧土坑及石铲组合等遗迹，出土

* 陈远璋，广西壮族自治区文化厅。

文化遗物除 1 件小陶罐外，全部是石器。而石器中除双肩石凿、菱形器各 1 件外，其余全部是石铲。石铲以硕大者居多，多未经使用，以每组 2～10 件不等作形式不同的放置，刃部朝天竖直放置是主要的形式。[7]1973 年试掘的扶绥那淋屯遗址，发现的 43 件石器全部为石铲，放置也是数件一组，刃部朝天。[8]1985 年在崇左吞云岭遗址也发现了同样的现象。[9]可以确定，隆安大龙潭遗址所代表的文化现象，在已发现的桂南大石铲遗址中具有典型的代表意义，因而可以把这类遗址统称为"大龙潭类型遗址"。

从调查及试掘、发掘的情况来看，大龙潭类型遗址的文化遗物单纯，文化内涵大致相同，以形制特殊的磨光双肩大石铲——即大龙潭类型石铲及其排列为主要特征。从大龙潭类型石铲本身具有的共同特点来看，该类石铲形体较硕大而扁薄，器身上端中部有一小柄，柄下是对称双肩，器身多呈直（斜）状或束腰状，弧刃。整器通体磨光，制作规整，棱角分明，造型对称，精致美观，具有较高的工艺水平。而从遗址的文化内涵分析，大龙潭类型遗址具有如下共同的文化特征：

（1）遗址文化内涵比较单纯。出土遗物大部分是石器，绝少陶器及其他质地的器物。迄今除在隆安大龙潭遗址出土 1 件质地粗劣的陶罐及扶绥那淋屯遗址发现 1 件未经烧制的三角形小盘外，在其他大龙潭类型遗址没有石器与陶片或其他质地器物共存的现象。

（2）遗址的文化遗物以石器为主体，而石器中又以形体硕大、器形特殊的大龙潭类型石铲为典型特征，数量占绝对优势，其他类型的石器极少或者全无。如大龙潭遗址出土石器 230 件，大龙潭类型石铲有 228 件，占 99%；而出土石器的残件数以百计，全部为大龙潭类型石铲的残骸。扶绥县中东遗址出土石器 440 余件，全部为大龙潭类型石铲。再如韦关、那淋屯、吞云岭等遗址出土文化遗物也均为大龙潭类型石铲。

（3）遗址内文化遗迹，主要是一些散布的烧土坑（堆）或灰坑。烧土坑（堆）一般呈圆形，内含炭屑及石铲碎片。灰坑多为圆或椭圆口竖穴式，也有袋状的。但没有发现其他居住遗迹以及墓葬等。

（4）除散置于地层中或杂乱叠压于灰坑中的石铲之外，大多数石铲的放置、排列都有一定规律，按照一定的形式组合排列，最常见的是以单体或数件石铲并排为一组，呈柄部朝下、刃部向上的组合形式。

（5）大龙潭类型石铲虽然大小、轻重有别，有的甚至相差很悬殊，但总体上以体形硕大者居多，一般长度在 30 厘米上下，目前发现最大的 1 件长 72.1、宽 33、厚 1.5厘米，重数十斤。

（6）制作大龙潭类型石铲的原料，除个别用燧石和玉外，主要采用板岩、页岩，其次是砂岩、石灰岩。故而大多器身扁平、硬度不高，脆薄易折，因此在遗址中发现断、残的石铲比较多。

（7）许多石铲无使用痕迹，刃缘厚钝，甚至有不少为平刃。

上述特点，使得大龙潭类型遗址的文化内涵与广西、岭南各地的原始文化都有极为明显的差别，是广西南部地区的一种特殊的原始文化类型。

大龙潭类型遗址的内涵虽然比较单纯，但其特征物——大龙潭类型石铲的形制都呈现出多样化。据目前掌握的材料，大龙潭类型石铲大致可分为四个类型：

Ⅰ型：柄下附对称双肩，双肩为平肩或斜肩，两腰呈平行或斜直两种形式，弧刃。据腰部的差异，又可分为4式。

1式：直腰式。两腰基本平行，整器平面呈方形或长方形。

2式：展腰式。两腰自肩以下逐渐向外扩展，使刃部舌面展如扇形。

3式：收腰式。两腰自肩以下逐渐内收，使器成为上大下小的楔形。

4式：重肩直腰式。双层肩，有的上层肩的一面有段痕，两腰基本对称平行。

Ⅱ型：束腰型，双肩对称，两腰自肩以下作弧形内收，至近舌部再作弧形外展，然后内收成弧刃，使器腰部形成波折起伏状。束腰弧度有大小区分，器宽扁者，束腰明显；器窄长者，束腰弧度较缓。按其肩部的区别，又分2式。

1式：双肩平直或平弧形。

2式：双肩斜直或弧形。

Ⅲ型：短袖束腰型。柄下双肩边缘突出曲折如短袖状，微束腰，弧刃。器体宽大厚重。

Ⅳ型：短袖束腰型。柄下双肩对称，肩缘袖口呈齿状，微束腰，弧刃。制作最精致，且硕大者多。以其肩部不同，分为3式。

1式：平直肩式。柄下双肩平直。

2式：斜弧肩式。柄下双肩呈斜弧状。

3式：重肩式。柄下有双重肩。

桂南大龙潭类型石铲的起源、发展与衍变，目前还缺乏地层上的直接证据。但研究发现，大龙潭类型Ⅰ型石铲中的1、2两式石铲中体形较小者，其大小、造型都比较接近广西南部地区原始文化遗址的双肩石器，尤其是双肩石斧。这种双肩石器（斧）在桂南地区新石器时代早、中期的贝丘遗址中就已经出现了，如扶绥江西岸、南宁豹子头、横县西津等贝丘遗址都出土了有肩石器（斧），尤其以西津遗址出土的有肩石器较多⑩，有100多件，占出土石器总数的10%以上，其Ⅲ型、Ⅳ型双肩石斧⑪与大龙潭类型文化遗址1、2式石铲比较接近。西津遗址的年代，上限属新石器时代早期，下限不会晚于新石器时代中期。根据研究的结果，桂南贝丘遗址的年代要早于大龙潭类型遗址的年代，且桂南贝丘遗址与大龙潭类型遗址分布的地域比较一致，因此，桂南贝丘遗址的有肩石器（斧）对大龙潭类型石铲的产生、发展的影响是不言而喻的。尤其是双肩石斧与大龙潭类型1、2式石铲显示出来的十分相似的共性，证实双肩石铲在发展的初期曾受到过双肩石斧的强烈影响，或者说大龙潭类型石铲的原始形态是 I 型 1 式、I 型 2 式石铲，而它们是从双肩石斧衍变而来的。再根据隆安大龙潭类型的文化堆积中第Ⅲ文化层灰坑中不出Ⅲ型、Ⅳ型石铲的地层证据，可以证明Ⅲ型、Ⅳ型石铲的出现应晚于 I 、Ⅱ型石铲，可以大体推断大龙潭类型石铲的发展、演变程序：

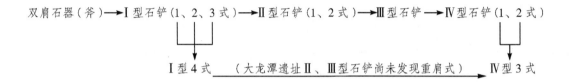

双肩石器（斧）──→I 型石铲（1、2、3 式）──→Ⅱ型石铲（1、2 式）──→Ⅲ型石铲──→Ⅳ型石铲（1、2 式）

I 型 4 式　　（大龙潭遗址Ⅱ、Ⅲ型石铲尚未发现重肩式）　　　Ⅳ型 3 式

从上述发展程序不难看出，大龙潭类型石铲的衍变趋势是：形体由小变大，由短变长；肩部由简单变复杂，进而出现重肩、袖口、锯齿；腰部由直或斜的形式，发展到各种形式的束腰，最后出现制作精致的大型石铲。根据各遗址发现的情况来看，在Ⅲ型、Ⅳ型石铲出现以后，I 、Ⅱ型石铲并不因此而废弃，它们依然存在，与Ⅲ型、Ⅳ型石铲共始终。

二

由于大龙潭类型遗址的遗物、遗迹过于单纯，文化层及其所含物区别不大，没有陶片或其他共存物可供断代，造成对该遗址年代推断的困难。目前学术界普遍认为该类型遗址属新石器时代晚期文化遗存，而对其下限与上限还没有较为一致的意见。

1983 年，中国社会科学院考古研究所公布了大龙潭遗址的两个 ^{14}C 年代测定数据，其中采自 T1G②的标本，^{14}C 年代为距今 4750 ± 100 年，树轮校正值为距今 5320 ± 135 年；采自 T1AH1 的标本，^{14}C 年代为距今 4735 ±120 年，树轮校正值为距今 5300 ± 150 年。[12]数据上比较接近新石器时代晚期。同时，大龙潭类型石铲本身所反映的迹象也证实了这一点，石铲制作普遍采用了通体精磨的技术，反映了制器方法的进步性。一些石铲器身上残留下来的鳞状、条状的切削痕迹及沟槽、切割线，证明石铲制作运用了先进的切削及切割工艺，因而石铲成型后棱角分明，对称整齐，工艺水平比较高。同时，大量石铲的出现，是原始农业经济比较发达的标志，说明大龙潭类型遗址应已进入以原始农业经济为主体的社会经济发展阶段，显示了大龙潭类型遗址的时代不会太早。另外，1977～1978 年发掘的钦州市那丽独料新石器时代遗址，发现了大龙潭类型的石铲[13]，无疑也为推断大龙潭类型遗址的年代提供了有力的佐证。关于独料遗址的年代，1979 年 3

月，中国社会科学院考古研究所¹⁴C 实验室对采自遗址的两个木炭标本测定¹⁴C 年代，分别为距今 3975 ± 80 年（树轮校正值距今 4370 ± 135 年）和距今 4145 ± 120 年（树轮校正值为距今 4585 ± 180 年）⑭，相当于新石器时代晚期。从遗址的文化遗物分析，出土了石斧、锛、锄、铲、刀、镰等农具及杵、磨棒、磨盘等谷物加工工具，还发现了男性生殖器崇拜物"陶祖"，表明独料遗址已经进入原始农业经济较为发达的父系氏族阶段。同时，遗址出土的陶器上出现了篮纹、网纹、划纹，并有拍印纹，晚期特征比较明显，是独料遗址进入新石器时代晚期的标志。独料遗址发掘简报认为"独料遗址的年代比桂南以大石铲为特征的山坡遗址为早"⑮，这一结论是缺乏依据的。独料遗址出土了大批农业生产工具和谷物加工工具，大龙潭类型遗址中存在大量石铲，足以说明两者同处于以农业经济为主体的社会发展阶段。独料遗址发现的双肩石铲中，一件是直腰形，为大龙潭类型遗址 1 式石铲，另一件因已残断，仅存舌部，无法判断其型，但其残长已达 21 厘米，宽 11.9 厘米，已非大龙潭类型石铲的初始形态。不能证明两类遗存中石铲孰早孰晚的问题，因而也不能证明两类遗存的先后关系，相反，可以为两类遗存间存在的共同因素、共存关系提供依据。因此，将大龙潭类型遗址的年代定位于新石器时代晚期，大体上是正确的。但是，大龙潭类型遗址究竟延续至何时，仍然存在探讨的空间。在广西贵港市桐油岭西汉晚期墓及合浦县四方岭文昌塔附近的西汉墓中，分别发现了大龙潭类型石铲，有研究者据此认为西汉晚期可能是大龙潭类型遗址的下限⑯。此观点有待商榷。在大龙潭类型石铲分布范围内的贵港、钦州、合浦等地，迄今已发掘两汉墓葬数以百计，仅在两座汉墓出土了大龙潭类型石铲，并不具有广泛的意义，同时也不能排除墓主人生前收藏古物，死后以此陪葬的可能性。故此，推测大龙潭类型遗址的下限可能是西汉晚期的理由还不是很充分。在遗址中发现保留切削、切割痕迹的大龙潭类型石铲，质地多脆弱，实验结果证明，用坚硬的石片很容易对其进行切割加工；在硬度较高的Ⅲ型、Ⅳ型石铲上发现的一些切割痕迹，用石片加工虽然可以办到，但会困难一些，因此，对一些硬度较高的材料如石灰岩等进行切削、切割加工时，不排除使用金属工具的可能性。结合合浦县清水江发现大龙潭类型石铲与青铜片共存的例子⑰，表明大龙潭类型文化遗址的尾声，有可能进入了铜石并用的时代。

　　大龙潭类型遗址分布范围广，遗址多，石铲数量大，石铲形制变化多样。从实用生产工具衍化成形制规整，形体硕大的各类石铲，是需要一个相当长的发展过程的。在隆安大龙潭遗址中，文化层最厚处有 1.7 米左右，可见人类在此活动的时间是漫长的。且文化堆积第Ⅲ层及该层的灰坑中均未发现Ⅲ型、Ⅳ型石铲，也说明石铲形制发展亦有先后之分。1978 年 5 月，国家文物局文物保护科学技术研究所¹⁴C 实验室对大龙潭 T3 地下 0.9 ~ 1.7 米采集的木炭进行¹⁴C 年代测定的结果为距今 5910 ± 105 年，树轮校正值是距今 6570 ± 130 年，这表明该类遗址早期阶段有可能进入新石器时代中期。

三

对于大龙潭类型石铲的用途，学术界历来众议纷纭，未能统一。有人认为该类石铲"绝大多数应是实用的农业生产工具"[18]，也有人认为石铲"有相当一部分可能作为商品而用于交换"[19]。

大龙潭类型石铲，是否"绝大多数是实用的生产工具"呢？如是的话，就产生了几个不能合理解释的问题。

其一，制作石铲原料的选择，不合符生产工具的制作要求及生产发展的需要。在新石器时代晚期，桂南地区已进入了以锄耕农业为主体的经济发展时期，这就对农具的改革、发展提出了更高的要求，人类在漫长的生产实践中，已经丰富、掌握了制造各种工具所需的最佳原料，要求材料要有一定的硬度、韧性，不易残损，利于生产效率提高，能保证生产活动的正常进行。广西各时期、各类原始文化遗址出土的生产工具都已经充分证实了这一点。但大龙潭类型石铲的制作却例外，放弃了广西地区原始时期石器制作的传统材料，而采用页岩、板岩制作，硬度一般不高，脆弱扁薄，易断易折，既不经济也不耐用，这只能表明大龙潭类型石铲对硬度的要求不高。广西地属亚热带季风气候，丛林茂密，桂南、桂东南、桂西南丘陵错综连片，土质坚硬，对掘土生产工具的损坏程度是很大的，因而非有硬度高之利器不能正常耕作。农业生产的发展，对刺土工具的需求量大大增加，若以扁薄易断的石铲投入生产，不仅效率极低，而且对石铲的需求量势必大幅度增加，仅石铲制作一项就要投入大量的人力、物力，不仅增加了负担，还会出现因石铲制作不及时而影响生产的季节、质量、发展，甚至危及氏族社会的生存。大龙潭类型遗址的居民们，不会不明白这一点。

其二，作为一种主要的生产工具，不仅要有一定的硬度，还必须大小适中，以利于操作，便于生产。而大龙潭类型石铲的特点，恰恰相反。硬度较高的Ⅲ型、Ⅳ型铲，形体硕大，长六七十厘米，重十数斤或数十斤，以一人之力，根本无法从事时间稍长之操作，不适于生产使用，勉强用于生产只能成为负担。而一些大小适中，似可用于生产的Ⅱ型石铲，又有相当部分质地脆薄，易折易断，若用于农业生产，实难想像。

其三，石铲乃刺土工具，需要锋利的刃部。综观大龙潭类型石铲，其刃虽有单面刃、双面刃等形式，但平刃铲的数量不少，这类石铲的刃部经专门磨平但没有刃锋，是根本无法用于生产的。有人认为这些石铲是没有完工的半成品，是不合实际的。凡平刃铲的刃部都没有保留制作时打制、切削或切割的痕迹，其磨制加工的痕迹却相当明显，说明制作者已对其进行过第二步磨制加工，其刃部是故意磨制成平刃的，假如还要再加工磨制出锋利的刃部，岂不是费工费力，多此一举。显然，平刃石铲已是成品，不需要再加工了。这一迹象无疑表明，石铲并不是要用于刺土或翻土的，因此其刃部锋利与否，已经不重要了。

所以，大龙潭类型石铲并不是作为农业生产工具而存在的。虽然在这些石铲中也有一些可以用于生产的实用品，如部分Ⅰ型、Ⅱ型石铲，但这些石铲处于特定的环境中，已被赋予了新的含意，失去了作为实用生产工具的意义。

至于这类石铲是否作为商品而用于交换呢？应该说有些石铲被用于交换是可能的。在原始社会末期，以物易物的交换行为是存在的，任何产品大约都会因为需要而被用于交换，大龙潭类型石铲也并不例外。但交换并不是大龙潭类型石铲的专门职能，因而也就不是专门化的商品。

那么，这类既不能用于实际生产，而又大量存在的大龙潭类型石铲究竟是作何用途呢？本文前面已经提到，大龙潭类型石铲是由实用的生产工具——双肩石斧脱胎而来的。双肩石斧不仅在广西南部地区，而且在广西的其他地区以及广东、云南、贵州等广大地域的新石器时代晚期文化中普遍存在，证实了它在南方原始社会的生产活动中的重要作用。一方面，双肩石斧的形体较小，是一种灵活的复合型工具，以不同的方式装上柄，就可以使斧具有锄、锛、铲、武器等所具有的功能，能用于采集、狩猎、手工、农业、战争等多种活动。一器可多用，自然深受原始人类的重视而得以普及发展，这当然是双肩石器得以发展的重要原因。另一方面，原始农业是以"刀耕火种"的形式出现的，这种"焚而不耕"的原始耕作方法，在今天云南独龙族和苦聪人中依然存在，其特点就是砍伐大量树木，焚烧之后，即用木尖棒和木手锄挖坑播种[20]。而双肩石斧不仅能用于砍伐，又可掘坑翻土，使用起来轻巧省力，效率高、质量好，因而在原始农业生产中日益受到重视和改进，在其原型的基础上衍化出专门刺土的新器形——铲，而与斧共存使用。据《释名》所载："平削也，……柄长二尺，刃广二寸，以划地除草，此古之铲也。"广西出土战国时期的铁臿，形体也不大。说明古代铲之实体原来就是比较小的。而铲成了专门的刺土工具被广泛用于农业生产，在原始农业生产活动中发挥了越来越大的作用，其影响是很深远的。直至今日，广西某些地区在农业生产中使用的铁刃木锹，形制与大龙潭类型Ⅰ型石铲仍然十分相似。可以想见，该类石铲对于农业的发展曾起过多么大的作用。

原始人类对于与自己的生活、乃至生存攸关的任何现象和物件都是十分重视的，"在生命中和自然中都存在许多谜，这些谜常常占据着人的脑力，一旦人们开始思想，他们就试图来解答，并且尽其所能和按照他们的知识所允许的限度内解答了它们。原始人的这些解答许多次都不得不是错误的，却变成了无可争辩的真理，作了思想结构的基础"[21]。由于原始时代科学技术的水平仍较为低下，原始人类的思维受到限制，人们还不能正确认识工具在生产劳动中的作用和意义，反而在头脑中产生歪曲的反映，认为这些工具是具有灵性的，并赋之以神秘的、超自然的力量，对于工具所具有的功能，则认为是某种精灵、神力作用的结果，因而对这些工具产生了敬畏、信仰和崇拜的情感及宗教行为。此类事例迄今在现实社会中依然是很多的。在世界上"今天许多种族在宗教仪式中仍然使用石刀"[22]。我国云南西双版纳的傣族以"雷公斧"（即石斧）为灵物；永宁纳西族家里供奉几支箭，作为祖先崇拜的标志，相信它具有驱逐邪恶的本领；西双版纳哈尼族的寨门、贵州水族的门楣上常拴上有巫术作用的木刀……这些都是人类曾崇拜生产工具的残余。对于生产工具的崇拜及由此而产生的宗教行为，显然是出于纯粹的功利目的，人类相信对于这些工具的祈祷、祭献，可以得到保佑或满足愿望。如云南景颇族的巫术绘画中有多种生产工具的图像，绘它们的目的，在于祈祷神灵，以保证生产的顺利和好收成。[23]与此观念相类，广西的原始人类相信石铲在生产中具有促进地力、提高生产效益的魔力作用，把它当做神圣的灵物加以膜拜，以求得农业生产的好收成——这是一种想像出来的超自然力。这种崇拜的结果，使一些被用于崇拜礼仪活动的石铲脱离了生产的职能，成为用于这种崇拜礼仪的灵物——礼器，具有礼器职能的大龙潭类型石铲产生了。当然，开始是由实用的石铲兼作礼器，因此它还保留着工具的属性，在它变成专职的礼器之后，形体逐渐变大、变长、变宽，平刃铲亦随之出现了，与用于实际生产的原型铲已经有了很大的区别。到了后期，礼器石铲的形象被极度的夸张，石铲的形体变得十分硕大，且器形也愈来愈趋于规整美观。

因此，笔者认为，大龙潭类型石铲已经失去了作为实用生产工作的意义，它是原始氏族举行某种与农业祭祀活动中的崇拜对象，已经具有礼器的功能和性质。

四

学术界对于桂南大龙潭类型遗址的性质，亦有着不同的观点，一种意见认为大龙潭类型遗址"原来可能是制作石铲的场所"[24]；更明确的观点则指出"遗址是专门制作石器的工场"[25]。笔者在1982年发表的《广西隆安大龙潭石器时代遗址发掘报告》中提出，大龙潭类型遗址是"与原始氏族社会进行某种与农业生产有关的祭祀活动遗存"的意见[26]，现就此作进一步探讨。

在新石器时代，专门的石器制作工场已经出现，如山西的怀仁鹅毛口遗址[27]、广东的南海西樵山遗址[28]都是典型的石器制作工场。根据考古资料及研究的结果，石料的大量存在是石器制作工场存在的必要条件。山西怀仁鹅毛口遗址范围内有许多三叠纪时期的煌斑岩墙、岩床、凝灰岩层；广东西樵山遗址附近也有丰富的霏细岩、硅质灰岩、燧石等坚硬的理想石料，是制作石器的原料来源。而大龙潭类型遗址附近大多没有可供开采的石器制作原料，如隆安大龙潭遗址、浦北中屯开窝岭遗址等及大量的大龙潭类型石铲散布点，其附近方圆五六公里范围内均找不到石铲的原料产地，如要大批生产石铲，需用较多的人力、物力从远处搬运原料，费时、费力，得不偿失，在当时是不现实的。此外，我们还发现，鹅毛口遗址散布着许多大如桌子般的凝灰岩块，四周有制作石器、打击石片的巨大疤痕，石面上遗留着制作石器时产生的坑痕；西樵山遗址则遗留着不少开采石料的矿坑、工具痕迹以及制作石器时产生的大量细小石片或碎片。而大龙潭类型遗址现场并不存在上述现象。从遗址中出土的大量石铲以及一些石铲器身残留下来的制作石器的痕迹来看，应有专门的切削及切割等类制作工具存在，而在迄今发现的116处大龙潭类型遗址及石铲散布点中竟然毫无发现，的确令人感到疑窦重重。再者，已经发现的大龙潭类型遗址及其石铲散布点，主要文化遗物为石器，而石器以大龙潭类型石铲为主，不见或少见其他种类的石器，如果作为石器的制造工场，则不应出现这种现象。在山西怀仁鹅毛口遗址中，就发现了石核、石片及砍砸器、尖状器、刮削器、手斧、龟背状斧形器、石锄、石镰等器类；广东南海西樵山遗址有石斧、石凿、双肩石铲、石铲、盘状割切器、石球、石锄、砍砸器、尖状器及细石器等多种类型的产品。相比之下，桂南大龙潭类型遗址的产品显得极为单一，与新石器时代末期农业生产所需的多种生产工具发展的实际情况不符。原始社会晚期，广西各地的原始农业有了一定的发展，农业生产工具的类型已经多样化，石斧、锛、锄、犁、铲、镰、刀、杵等等与农业生产相关的工具已经普遍、广泛使用，其需求量应比较大，在石器制作工场的遗址中，应该出现上述产品。但是已经发现的大龙潭类型遗址及其石铲散布点中，均不见有之，的确令人对大龙潭类型遗址石器制造工场的性质生疑。如果说当时已经出现了专门化的石铲制造工场，说明桂南的原始经济已经相当发达，手工业亦发展到一定程度，其石器制作分工已经极其规范、严格，倘若如此，如石斧、石锄、石犁、石镰等生产工具又应该在何处制作呢？是否也应该出现相应的各种专门化的石器制作工场呢？然而，这些专门化的石器制作工场迄今在广西并没有发现。根据广西南部地区原始社会末期的生产力及经济状况分析，这种单一化、专门化的石器制造工场的出现是不现实的。大龙潭类型遗址中虽有大量石铲出现，但在已发现的大龙潭类型遗址及其石铲散布点中，并没有发现较多反映制作石铲所必须工艺流程的遗迹及遗物，无法建立起石铲生产过程的工艺流程。因此，笔者对于把大龙潭类型遗址作为石器制造工场的观点难以认同。

既然大龙潭类型遗址不是石器制造工场，大龙潭类型石铲何以大量聚集于一处？已经发掘出来的大龙潭类型遗址的文化遗迹及其石铲出土时的奇特处置方式，应引起我们的重视。它们常被解释为石铲制作工场产品的堆放形式，但笔者认为，奇特的处置方式不是产品堆放所能产生的现象。大龙潭类型石铲处置的规律性是很明显的，除一些置于灰坑（因残损而弃置）及散置者（大约因倒塌所致）外，大多石铲无论单件或多件或十余件为一组，皆作刃部朝天的直立放置形式。大龙潭类型石铲的形体硕大而柄部较小，以柄着地支撑整器，重心不稳而难以平衡，如不花费一定的精力、功夫处理，是难以直立的，何况还要直立成一定的形式，尤其是单件石铲，平置于地即可，何故非得费神而立之？这无疑表明，除非是石铲非得如此放置或处置不可，否则原始人类对石铲的放置是不会选择这样一种费时、费力的放置方式的。然而他们恰恰这样做了，而且不是偶然为之，而是普遍存在，只能理解这是一种必要的、有意识的活动。这种有意识的活动，还体现在遗址发现的石铲排列遗迹中，石铲单件、数件或十余件为一组，或相互紧贴呈队列状，或组成"凵"字形排列，或围成圆圈状……极富神秘色彩。如隆安大龙潭遗址 TD1 第Ⅱ层中的一组，包括 7 件大小不同的石铲，其中 6 件紧贴直立；又如 TC1 的一组 4 件石铲，其中 3 件组成一个"凵"字形，其间嵌置 1 件小陶罐，罐底垫石铲 1 件；T1C 内有一组，由 6 件石铲或条形石片围成一个小圈，圈底置 1 件石铲……这些普遍奇特的石铲排列现象，无疑是有意识的安排，很容易使人想起原始社会存在的拜物信仰以及与此有关的祭祀活动——即与原始农业有关的祭祀礼仪。有资料证明，云南答那峨土人在田野耕种时，男人一边跳舞，一边把铁镐插入地里，女人则跟在后面，把谷粒撒到铁镐挖出的坑里，并用土盖好。他们手持生产工具，边舞边劳动[㉙]，显然具有巫术的性质，大约是一种农业祭典礼仪的余风。这对于我们的研究很有启发，可以推想，每当农事之前，桂南地区的一些原始部族，就会来到专门的祭祀场所，举行与农业生产相关的祭典仪式，而在这种仪式中，石铲就是主要的崇拜对象，氏族成员将专门制作用于祭祀礼仪的大龙潭类型石铲，按照一定的形式放置起来，把装有祭品的小罐置于供奉对象的面前，在其周围歌且舞，向幻想中的神灵膜拜，或拿着石铲，作一些象征性的动作，模仿生产的过程，以祈祷将获得好收成。入夜，则燃起堆堆烈火，通宵达旦。隆重的祭祀礼仪结束后，石铲被供奉于神圣的场所。年复一年，久而久之，祭祀场所内的石铲越来越多，从而形成了以石铲为主体的大龙潭类型遗址遗存。而一些因部族变化、迁徙而弃用或使用较少的祭祀场所，则成为大龙潭类型石铲的散布地点。

五

作为一种原始文化类型，大龙潭类型遗址的文化内涵似乎太单调、单纯了些，但这种现象是遗址所具有的性质决定的。大龙潭类型遗址是专门举行农业祭祀活动的场所，而不是原始村落、聚落遗址，因此很难具备原始村落、聚落所具备的各类特征。同时，这种农业祭祀礼仪是一种周期性、定期性的活动，每年的耕种季节方可为之，且每次进行活动的时间不会太长，而这类活动场所在当时应是神圣之地，平常人们的足迹很少涉及，所以也不可能在此留下更多的生活痕迹。甚至于在许多地点连陶片或者是人类饮食后的遗弃物也没有发现，更不用说是居住遗迹或者墓葬了。这些都是造成遗址遗物、遗迹单纯的主要原因。

　　大龙潭类型遗址作为与农业有关的祭祀场所，是不可能孤立存在的，应与一定的人类居住、生活、活动的文化遗址发生密切的关系。从纵的关系上来说，大龙潭类型的双肩石铲的始祖，是桂南地区新石器时代早、中期贝丘遗址中就已经出现了的双肩石器（斧），说明这两类文化的某些因素有一定的继承关系。从横的关系看，在新石器时代晚期，在广西南部地区，除了大龙潭类型遗址之外，其余类型的文化遗址、遗存虽也有发现，但尚未经有计划的发掘，对其文化内涵尚未能明了。迄今为止，在桂南新石器时代晚期的文化遗址中，除大龙潭类型遗址外，尚未见到其他类型的文化遗存中有大龙潭类型石铲的报道，这说明还需要作进一步的研究与探索。从大龙潭类型遗址及其石铲散布点分布区域内新石器时代晚期文化遗址的情况分析，桂西的那坡感驮岩、大新歌寿岩、桂东的石脚山等洞穴遗址，都保留着使用双肩石斧的传统，表明它们与大龙潭类型遗址间存在某种联系。在桂西地区靖西那耀新石器遗址中，曾发现磨制石器、绳纹夹砂粗陶片与大龙潭类型Ⅱ型石铲共存的例子[30]，更证实了这种联系存在的可能性。但由于没有地层关系的支持，这种联系的内涵还有待进一步证实。而在桂东南沿海地区的钦州独料遗址已经发现了大龙潭类型的石铲，虽然数量很少，且有的为残件，但与大龙潭类型遗址互有联系是十分明确的。独料类型遗址的原始农业经济已经比较发达，随着农业的发展，用来祈求农业丰收的祭祀礼仪所涉及的内容也日益广泛，由此而产生以某种具有重要作用或意义的生产工具为主题的农业祭典活动，是极为可能的。在独料遗址发现的大龙潭类型石铲，很有可能就是独料遗址（或者靖西那耀遗址）氏族所制造的，准备用于农业祭典礼仪的礼器——在举行农业祭典礼仪后，作为礼器的石铲将被供置于举行祭祀礼仪的神圣场所，这也是我们在大龙潭类型遗址以外的文化遗存中找不到或很少发现大龙潭类型石铲的主要原因。不言而喻，独料类型遗址（或者靖西那耀遗址）所举行的农业祭典礼仪，必须在被认为是神圣的场所举行——这些场所就是大龙潭类型遗址及其石铲散布点。因此，有理由认为，大龙潭类型遗址与独料类型遗址（或者靖西那耀遗址）很可能构成一个不可分割的统一文化体，或者说二者构成一个共同的文化类型，它代表着广西南部地区新石器时代晚期的一种原始农业文化。

注释：

①　邱立诚、邓增魁：《粤西发现的大石铲》，《考古》1983 年 9 期。

②　杨式挺、邓增魁：《广东封开县杏花河两岸古遗址调查与试掘》，《考古学集刊》第 6 集，1989 年。

③　[越] 杜文宁：《统一的越南国家和考古学》，《越南画报》1976 年 2 期。

④　广西壮族自治区文物考古训练班、广西壮族自治区文物工作队：《广西南部地区的新石器时代晚期文化遗存》，

《考古》1978 年 9 期。

⑤ 何乃汉:《崇左吞云岭新石器时代遗址》,《广西文物》1982 年 1 期。

⑥ 广西壮族自治区文物工作队:《广西隆安大龙潭新石器时代遗址发掘简报》,《考古》1982 年 1 期。

⑦ 同注⑥。

⑧ 同注④。

⑨ 同注⑤。

⑩ 广西壮族自治区文物考古训练班、广西壮族自治区文物工作队:《广西南宁地区的新石器时代贝丘遗址》,《考古》1975 年 5 期。

⑪ 彭书琳、蒋廷瑜:《关于广西有肩石器的几个问题》,《广西文物》1991 年 1 期。

⑫ 中国社会科学院考古研究所:《中国考古学中 ^{14}C 年代数据集》,文物出版社,1983 年 6 月。

⑬ 广西壮族自治区文物工作队、钦州县文化馆:《广西钦州独料新石器时代遗址》,《考古》1982 年 1 期。

⑭ 同注⑬。

⑮ 同注⑬。

⑯ 蒋廷瑜、彭书琳:《桂南大石铲研究》,《广西文物》1991 年 3～4 期。

⑰ 广东省文物管理委员会:《广东南路地区原始文化遗址》,《考古》1961 年 11 期。

⑱ 同注④。

⑲ 同注④。

⑳ 宋兆麟、黎家芳、杜耀西:《中国原始社会史》,文物出版社,1983 年。

㉑ 法拉格:《思想起源论》,三联书店出版社,1963 年。

㉒ [德] 利普斯著、汪宁生译:《事物的起源》,敦煌文艺出版社,2000 年。

㉓ 同注⑳。

㉔ 同注④。

㉕ 王克荣:《建国以来广西文物考古工作的主要收获》,《文物》1978 年 9 期。

㉖ 同注⑥。

㉗ 贾兰坡、尤玉柱:《山西怀仁鹅毛口石器制造场遗址》,《考古学报》1973 年 2 期。

㉘ 广东省博物馆:《广东南海西樵山出土的石器》,《考古学报》1959 年 4 期。

㉙ V·A·夏登别格:《南民答那峨和萨马岛的居民》,《科学杂志》11 卷。

㉚ 梁旭达:《靖西那耀村新石器时代遗址》,《中国考古学年鉴(1986)》,文物出版社,1988 年。

广西武鸣弄山、岜旺岩洞葬的发掘与研究

——兼论广西早期岩洞葬的有关问题

李 珍 杨 轲*

一 前言

武鸣位于广西中南部，属喀斯特岩溶地貌。境内山峰林立，岩溶穴洞众多，为岩洞葬的产生提供了良好的自然地理条件。1986 年和 1987 年，在县内的覃内岜马山[①]和两江镇的独山[②]发现并清理了两处年代较早的岩洞葬，是当时广西地区发现最早的岩洞葬之一。2000~2003 年，又在该县两江镇的岜旺和仙湖乡的弄山发现并清理了两处岩洞葬。[③]这两处岩洞葬在葬所的选择、洞口的处置、埋葬方式及随葬品的组合、器物的形制上十分接近，但与以前发现的两处岩洞葬有一定差别。出土器物以夹砂绳纹陶和磨制的双肩石器为主，年代上相对要比以前的早。近年来，在红水河流域的大化、忻城等地也发现了一批随葬品以夹砂陶器、磨制石器为主的岩洞葬，其陶器、石器的形状、特征与弄山、岜旺的比较一致，年代也大致相近，而与以前发现的岩洞葬在文化内涵上有较大的差别，年代相对较早，属于广西岩洞葬中的早期类型。下面拟对武鸣新发现的弄山、岜旺两处岩洞葬的情况作一简要介绍，并对广西早期岩洞葬的相关问题进行探讨。

二 岩洞葬的内涵

（一）岩洞葬概况

弄山岩洞葬位于武鸣县仙湖镇邓吉村雷蓝屯东约 300 米的弄山西南山脚。弄山为数

---

* 李珍，广西壮族自治区文物工作队；
　 杨轲，外文出版社。

座相对高度 40 – 200 米的的石灰石山峰所组成，方圆约 3 平方公里，四周为低矮的丘陵、河流冲积平原和分散的石山。岩洞大致为南北向，内略呈"十"字形，由洞厅和 4 个支洞组成，面积约 200 多平方米。地势北高南低，其中洞厅和 1 支洞地面较平、空间宽敞，洞厅长约 13、宽约 3 ~ 7 米，顶最高约 9 米。现今洞口为开山炸石所致，原来的自然洞口经发掘时调查，应位于洞的西北即 1 支洞所在地、高出地面约 9 米的山腰上。洞内相当于洞口的位置可以见到较多大小不一的自然石灰石块，这些石块应是当时用于封堵洞口的。洞口宽约 1 米，从洞口到洞底有长约 5 米的斜坡形通道，高差约 4 米。在洞厅及 1、3、4 支洞均发现有遗物，3、4 支洞内的遗物多位于两侧近洞壁处，绝大部分为陶器；洞厅和 1 支洞的遗物相对较为集中，且出土较多的石器，其中洞厅西南是遗物最集中的地方，出有陶、石、蚌器约 40 件。这些遗物由于地下水上涨的作用，随着水的涨落而漂浮于洞内各处并沉积于地势较低或洞壁拐弯处，之后大部分被厚约 20 ~ 50 厘米、松软的灰黄色泥土所覆盖。共出土较完整的陶壶、杯、碗、钵、罐、釜，石锛、大石铲、石槽，玉玦、坠饰，穿孔蚌饰等 100 余件和数量较多的陶片及少量的人骨。从遗物分布的状况及洞内地形看，死者放置的位置应在 1 支洞和洞厅地势较平、宽敞处。

岜旺岩洞葬位于武鸣县两江镇英俊村岜旺屯东约 20 米，岜旺山山脚的一个天然岩洞内。岜旺山为一绵延呈半月形的石山，位于岜旺屯的东北面，坡度较大，高约 200 米；山的东北不远处为大明山，南部有一小溪从东往西流，周围为宽阔的田地。洞口位于山的东南侧，东南向，高出地面约 6 米，呈圆形，径长 0.8 米。原用一块大石头封堵，后被村民移开。从洞口垂直往下约 6 米，便可到达洞底。洞室略呈不规则长方形，长约 20 米，宽约 10 米，面积约 200 平方米。洞的西南有一支洞，进去不远即为与地下河相通的水潭，长度不清。地面自洞口向里逐步倾斜，洞内空间低矮，大多需蹲伏行走，只有西北部较为宽敞，最高约 3.5 米。在洞的西北、东北和西南的水洞口处发现较多的人骨和陶器、石器等遗物，以东北部最为集中。但人骨和陶器较为分散，陶器大部分靠近洞壁处，产生这种现象的原因是地下河水上涨所致。少数陶器被搁置在高出洞底的石缝处，现已被钙化板胶结而无法取出。随葬品以陶器为主，大多已破碎，较完整的有 25 件，器形有釜、罐、杯、钵、三足器等；石器 5 件，均为双肩石锛；玉玦 1 件、玉穿孔坠饰 2 件。发现的人骨残缺不全，经鉴定约有 8 个个体，4 男 4 女，年龄以中老年居多。

（二）随葬品

两处岩洞葬的随葬品较为丰富，特别是弄山岩洞葬，数量多，器类多样，是广西岩洞葬中随葬品最多的一处。主要有陶器、石器、玉器和蚌器，以陶器为主。

1. 陶器

夹砂陶占 90% 以上，有少量泥质陶。夹砂粒较细，主要为方解石及少量蚌壳末。

泥质陶的陶土经过筛选，但不干净，含天然砂泥。陶色驳杂，以红褐陶为主，部分黑陶，少量灰黑陶、红陶；器表颜色不匀，同一件器物上有两种以上颜色，胎多呈红色。大部分器物底部或腹部有烟熏痕迹。器表除个别素面外，绝大部分饰绳纹，细绳纹占99%以上，极少量为中绳纹，绳纹大部分较浅。有的在绳纹之上再施多线刻划纹，另有少量的彩绘、戳印纹、镂空及附加堆纹。戳印纹、镂空均施于圈足上。绳纹多交错，滚压而成，一般先从口沿至底竖直滚压，然后再从肩部左上往右下腹斜向滚压形成交错，底部多凌乱，绳纹交错较甚。多线刻划纹主要在颈、腹部，线条二至七道不等，有"S"形和"⌒"形、连续的曲线、水波纹像独立的山峰纹样等。施纹方法应是用竹片按需要做成工具后在器表刻划，水波纹则都是在陶衣上刻划。彩绘多用上陶衣的细泥绘成，少量用红或蓝色。陶器器形较规整，多为手制，部分器物可能已使用慢轮修整，采用贴片法，有的可以清晰的见到贴片的痕迹。大部分为圜底器，少量三足器和圈足器。三足和圈足与器身分制，然后粘接而成。器形有壶、杯、钵、罐、釜、碗，以罐、釜为主。

壶为微敞口，高直领，斜肩，折腹，圜底，底附喇叭形高圈足。器身通体饰细绳纹，肩和腹上部在绳纹之上再刻划五组三线曲折纹，肩部有三个锯齿状的附加堆纹，圈足上饰三角形镂孔。（图一，1）杯有两种形制，一为圈足杯，一为圜底杯。圈足杯为微敛口，深腹近直，喇叭形圈足。（图一，2）圜底杯为直口，平唇，直腹，圜底。器表在绳纹之上从口沿下至底部彩绘八道红蓝色相间、宽约1~1.2厘米的宽带纹，有的在口沿下彩绘一圈红色宽带纹，唇上均施红彩。（图一，3）碗为敞口，浅弧腹，圜底，底附喇叭形矮圈足。（图一，4）

罐有深腹罐（图二，1~4）、三足罐（图二，5~7）、敞口直领罐（8~14）、敞口束颈罐（图二，15）、直口直领罐（图二，16）等。其中深腹罐可分两型。A型为敞

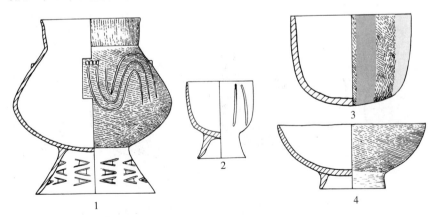

图一　广西武鸣弄山、岜旺岩洞葬出土陶器

1. 壶　2、3. 杯　4. 碗（3为岜旺出土，余为弄山出土；均为1/4）

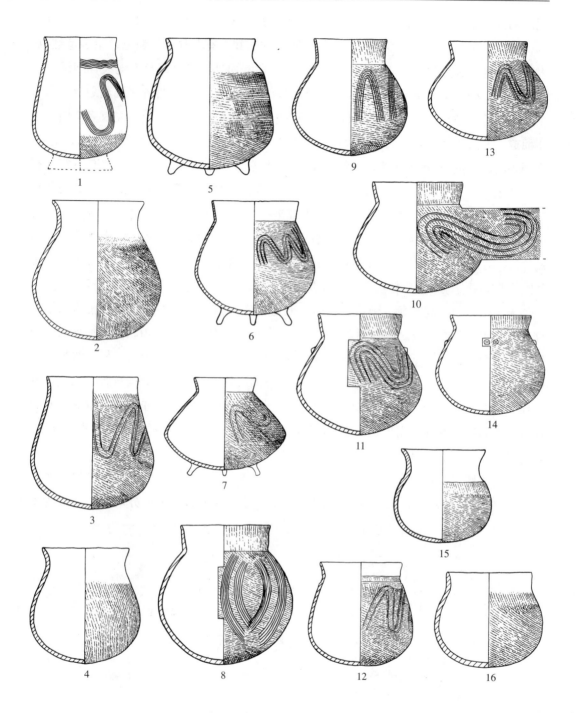

图二 广西武鸣弄山，岜旺岩洞葬出土陶器

1. A 型深腹罐　2 ~ 4. B 型深腹罐　5 ~ 7. 三足罐　8 ~ 14. 敞口罐直领罐　15. 敞口束颈罐　16. 直口直领罐（8 为岜旺出土，余为弄山出土；7 为 1/8，余为 1/4）

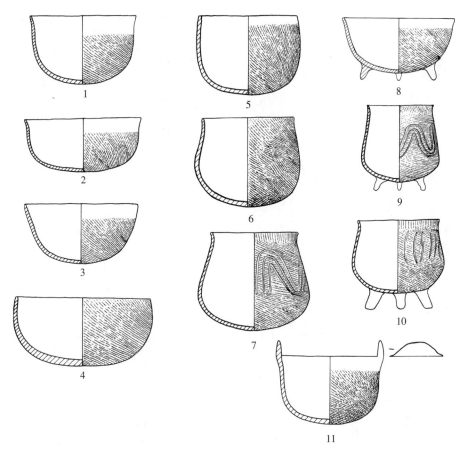

图三　广西武鸣弄山岩洞葬出土陶器
1~5. 钵　6、7. 釜　8. 三足钵　9、10. 三足釜　11. 双耳釜（均为1/4）

口，尖唇，沿微外翻，束颈，深直腹下坠，最大径在腹下部，圜底，下附圈足，足已残不见。器腹、底饰细绳纹，之上一直到口沿内外全部涂一层很薄的褐色或黑色陶衣，磨光后，再在外表颈下部刻划一周由五至七道细线组成的水波纹，腹部为五至七个不相连的、由五至七道细线刻划而成的"S"纹共同构成。（图二，1）B型为敞口，微束颈，深腹，腹下部圆鼓，腹下坠，圜底。器表饰交错细绳纹，口下部至颈涂抹一层很薄的细泥将绳纹覆盖，有的在绳纹之上刻划双线曲线纹。（图二，2~4）

钵有敞口、微束颈、弧腹、圜底，敞口、斜直腹、圜底或三足和敛口、弧腹、圜底近平微内凹等三种形制。（图三，1~5、8）釜有直口钵形釜、三足釜、敞口釜、双耳釜等。（图三，6、7、9~11）

2. 石器

用石英岩、花岗岩、火成岩、页岩等制成，大部分磨制光滑，制作精致。器形有磨

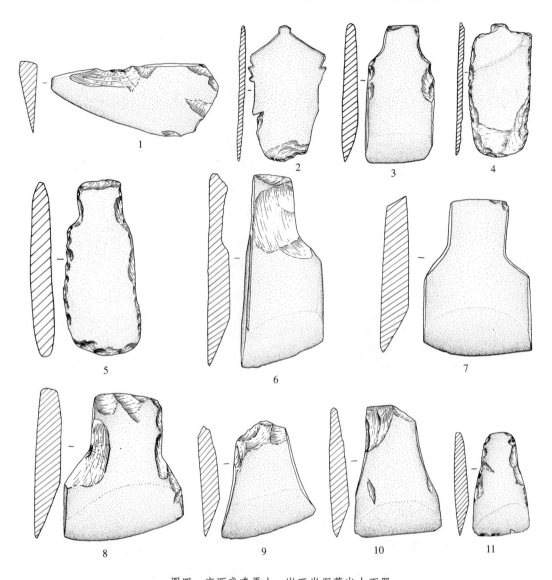

图四　广西武鸣弄山、岜旺岩洞葬出土石器

1. 石刀　2、3. 大石铲　4、5、7～10. 双肩石锛　6. 单肩石锛　11. 石锛（4、5 为岜旺出土，余为弄山出土；
2、3 为 1/8，11 为 1/4，余为 1/2）

槽、刀、铲、锛等。

　　石磨槽用红色细砂岩制成，外形不规则，中间有椭圆形凹槽，槽口宽底窄，较深，内光滑。器底和一侧面磨平。

　　刀平面近三角形，双面直刃，刃缘锋利。前端尖部单面磨成弧刃，刀背平直。正面磨制光滑，反面微磨，保留较多细小的琢打疤痕。（图四，1）

石铲绝大部分用页岩制成，质软易碎，通体磨制，刃缘钝厚，不开刃。依器物的形态可分为平肩束腰、锯齿状短袖和平肩直腰三种类型。（图四，2、3）

锛有单肩和双肩两类，均石质较硬的石料制成，磨制光滑。双肩石锛均为斜肩，器体多不对称，磨刃面多为斜面较陡直，在另面均磨出很窄的刃面，微弧刃或斜弧刃，刃缘锋利，多有使用痕迹。有短柄长身和长柄宽身两种，以后者为多。（图四，4~11）

3. 玉器

全为饰品，多通体磨光，制作精致，有玦、坠子两种。

玦平面为不规则扁平长方形、五边形和梯形，中部穿一圆孔，孔为单向管钻而成，从近孔的侧边到孔部开一长方形玦口。玦口是从两面分别按不同的方向斜切而成。（图五，1~3）

坠饰平面近扁平长方形，中间对穿一孔。（图五，4）

4. 蚌饰

有两种，一种用圆蚌将尾部磨平穿孔而成；（图五，5）另一

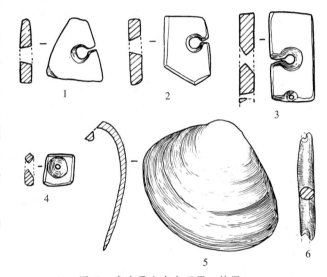

图五　武鸣弄山出土玉器、蚌器

1~3. 玉玦　4. 玉坠　5、6. 蚌饰（8 为 2/5，余为 4/5）

种分别用蚌壳磨成长条形，再在两端穿孔而成，孔部多残缺。器形大部分为长条弧形，断面多呈圆形和椭圆形，七件的长短不一，似为从短到长的一组串饰。（图五，6）

三　年代推测

弄山、岜旺两处岩洞葬在葬所的选择、洞口的处置上完全相同，盛行多人二次葬、尸骨平地摆放、不掩不埋等葬俗也是相同的，特别是随葬品方面更相似，均以日用的陶器、石器和玉器为主，陶器在陶质陶色、器类、器形和纹饰上完全一致，说明两者在文化面貌上是相同的，应属于同一个文化类型，年代也应相近。但岜旺的彩绘技术比弄山有了明显的进步，弄山的彩陶是用涂抹陶衣的细泥绘成，而岜旺的彩陶则是选用专门的颜料来绘制，美观而不易脱落，总体来说，年代相对要较弄山略晚。弄山和岜旺岩洞葬中所出的器物在广西目前已发现、年代比较确切的岩洞葬中较少见到，文化内涵上与它们存在着较大的差异，年代上也有较大的区别。下面依据器物的特征及与其他岩洞葬和遗址相应的考古资料综合对比，对这两处岩洞葬的年代进行推测。

与弄山、岜旺岩洞葬同在武鸣县境内的岩洞葬还有岜马山和独山，而且相距不远，独山岩洞葬与岜旺岩洞葬同在两江镇，相距不到 2 公里。岜马山出土的遗物有夹砂的陶釜、壶、杯、纺轮，磨制的石锛、刻刀、戈、砺石及玉镯等，其陶、石器的特征与武鸣马头元龙坡西周晚期至春秋时期墓葬中出土的相似，年代较为接近，约为商代晚期或西周早期。独山所出的随葬品有陶器、石器、玉器和铜器，以铜兵器为主，年代为战国时期。这四处岩洞葬虽然同在一地，但文化内涵和特征却有很大的差别。岜马山随葬品的组合虽与弄山、岜旺的一样，也是夹砂陶器和磨制石器及玉饰品，但器形上有较大的差别，陶器器表打磨光滑，全为素面；石器均为窄长条形，不见有肩石器。独山岩洞葬所出的器物以铜器为主，已属青铜时代。从器物来看，弄山、岜旺所出的与之相比则要原始得多，年代也应比岜马山、独山的早，下限要早于商周时期。

弄山、岜旺所出的器物在广西南部地区的一些新石器时代晚期遗址中则较为常见。陶器与感驮岩第一期文化的比较接近，[④]如以夹砂的绳纹陶为主，在绳纹上多饰复线刻划的水波纹、曲线纹、"S"形纹等（弄山的深腹圈足罐与感驮岩 BT01：8 所出的三足罐在装饰纹样和手法上十分相似，均在口沿下刻划复线水波纹及在腹部刻划复线"S"形勾连纹）；有少量镂空和乳丁纹及磨光陶；流行圜底器、三足器和圈足器。与感驮岩第二期相比，有一定的相似性，但差异性却更加明显，如第二期基本不见三足器，出现网格纹等。大石铲与桂南地区大石铲遗存中所出的石铲在石料、器形和器类及加工方法上完全相同，文化内涵也基本相似，部分遗址中石铲与有肩石器、夹砂绳纹陶器共存，并发现有玉玦。有肩石器也与桂南地区新石器时代晚期遗址中发现的相同。因此，这两处岩洞葬的年代应与这些遗址相近。

感驮岩第一期 AT01④层所出的炭化编织物的 ^{14}C 测年为距今 4718 ± 50 年，树轮校正后为公元前 3560 ± 205 年。第二期分别用螺壳、炭化粟、稻测的四个年代为距今 3815 ± 50、3131 ± 50、3463 ± 50 和 2883 ± 50 年。国家文物局文物保护科学技术研究所 ^{14}C 实验室对大龙潭遗址 T3 采集的木炭标本测得的年代为距今 5910 ± 105 年，树轮校正为距今 6570 ± 130 年。中国社会科学院考古研究所 ^{14}C 实验室对大龙潭遗址 T1② 采集的样品测得的年代为距今 4750 ± 100 年，树轮校正为距今 5320 ± 135 年；T1 灰坑中采集的样品年代为距今 4735 ± 120 年，树轮校正为距今 5300 ± 150 年。中国地质科学院岩溶地质研究所对岜旺的两个人骨标本进行了 ^{14}C 测年，年代分别为距今 3650 ± 95 年、2620 ± 80 年，年代似乎偏晚，第二个年代则明显偏晚，与实际情况不符，两个年代相差 1000 年，其可靠性值得怀疑。这些 ^{14}C 年代相互间差别较大，存在着较多的问题，年代并不完全可靠，但对我们判断墓葬和遗址的年代还是有帮助的，可以起一定的参考作用。依据器物的特征，结合测年，弄山、岜旺岩洞葬的年代比感驮岩第一期文化的年代略晚，但比第二期的要早，大致在距今 4500~4000 年间，属新石器时代晚期的末段。

四　相关的早期岩洞葬

与弄山、芭旺相似的岩洞葬有忻城县的矮山、翠屏山，大化的北景等。近来有学者根据出土遗物的形状和特征及岩洞的位置，认为上世纪 70 年代发现的大新歌寿岩新石器时代遗址也应是一处年代较早的岩洞葬。⑤这些岩洞葬的大致情况为：

（一）忻城矮山岩洞葬

位于忻城县红渡镇西北 500 米、红水河北岸的悬崖峭壁上。洞口位于一块呈 90°的天然石壁中间，石壁长 30、高 20 米。洞口圆形，直径 2 米，高出红水河面约 30 米。洞内底部为平整的石灰岩石板，进深 4.6、最宽 6 米。1989 年 12 月当地村民进洞寻宝时发现有人骨、石器、陶器、瓷器、骨器、蚌器、铜器等遗物，并将大部分随葬品取回家中。1990 年 12 月广西文物工作队等对该岩洞葬进行了清理，发现石锛 2 件、海贝 2 枚、蚌饰片近百件。同时从群众手中收回石锛、石斧、石凿、陶釜、陶罐、瓷钵、铜铃、贝币等遗物 40 余件。⑥从器物特征分析，该岩洞葬至少包含两个时期的遗物，最晚到西晋。（图六，1~3、5、6、9；图七，1、6）

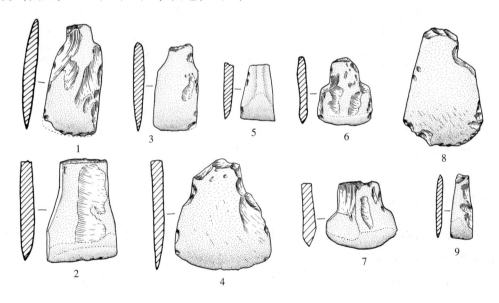

图六　广西早期岩洞葬出土石器

1~4. 双肩石锛　5. 石锛　6、7. 双肩石斧　8. 单肩石斧　9. 石凿（1~3、5、6、9 为忻城矮山出土，余为歌寿岩出土；2 为 1/2，余为 1/4）

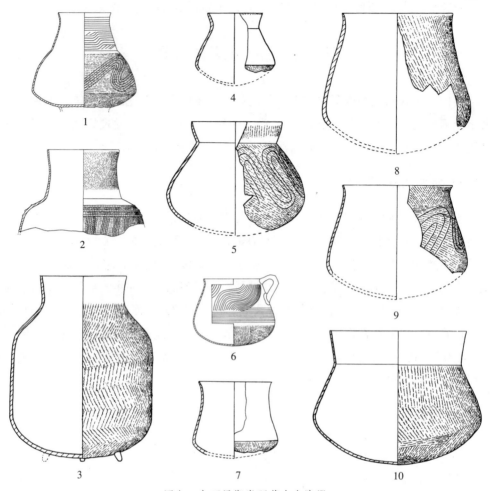

图七　广西早期岩洞葬出土陶器

1. 圈足罐　2、4、5. 罐　3. 三足罐　6. 带把釜　7～10. 釜（1、6 为忻城矮山出土，2 为忻城翠屏山出土，3、
10 为歌寿岩出土，余为大化北景出土；1、2、6 为1/2，余为1/4）

（二）忻城翠屏山岩洞葬

位于忻城县城南的翠屏山南侧。洞口南偏西，状如花生壳，高4、最宽2米，高出
地面约30米。在上世纪70年代当地群众曾在洞内挖硝泥，岩洞葬已遭严重破坏，面貌
不清。洞内分前、中、后三室，1992年调查时发现有人骨和陶罐、陶釜残片及2枚贝
币等。人骨经鉴定分属于4个不同的个体，其中一个约55岁的男性、一个30岁左右的
男性、一个约40岁的女性、一个婴儿。陶器为夹细砂红陶，其中一件陶罐为敞口、平
唇、高颈、丰肩，颈部饰细绳纹，肩以下先饰细绳纹，然后刻划直线和水波形纹各5

道，再在其上饰横向和竖向附加堆纹；[7]（图七，2）

（三）大化北景岩洞葬

位于大化县北景乡百达村腊岜山红水河两岸，共有岩洞葬4处。岩洞葬均是利用山崖上天然的洞穴作葬所，洞口高度约30～50米不等。其中1、2号岩洞葬内发现有人骨、石器、骨器、陶器残片和棺木等。石器主要出自2号岩洞葬，均加工精致、通体磨光，器形有斧、锛、凿等。陶器主要出自1号岩洞葬，均为夹细砂灰陶，胎薄，火候较高，器表饰绳纹，以细绳纹为主，绳纹多交错，有的在绳纹之上刻划多线曲线纹和装饰附加堆纹；器形以圜底的釜、罐为主，另有部分三足器。骨器多为骨笄。棺木为整木圆棺，子母口扣合，棺头、尾有牛角燕尾式或燕尾式角饰。这种棺木的年代较晚，与洞中所出的石器、陶器和骨器的年代相差较远，应为两个不同时期的遗物，说明岩洞葬至少可分为早、晚两个时期。[8]（图七，4、5、7～9）

（四）大新歌寿岩岩洞葬

位于大新县榄圩乡新球村逐标屯东北约200米的逐标山上，洞距地面约40米，进深约50米。1974年当地群众在洞内挖岩泥时发现。内有完整的陶器10余件，但大部分已被扔掉，现只收集到1件三足陶罐和1件陶釜，另有2件磨制的有肩石斧和1件石锛。[9]（图六，4、7、8；图七，3、10）

这些岩洞葬因为洞口是开放式的，人可以随时进入，因此大部分均遭受不同程度的破坏，有的曾被不同时期的人作为葬所，因此其年代较为复杂。由于岩洞葬不像遗址那样有很厚的地层堆积，也没有明确的地层叠压关系，对其年代的认识往往会产生偏差，如忻城矮山、大化北景岩洞葬因随葬品中有西晋的青瓷器及整木圆棺，而将岩洞葬的年代定为较晚的西晋和唐宋以后。从各岩洞葬所出的遗物来看，大化北景1号洞所出的陶器在陶质、陶色和器表纹饰、器形上与弄山所出的基本相同，年代也与之相当，为新石器时代末期。大新歌寿岩所出的陶器、石器与弄山、岜旺的同类器物相似，年代也应相近。忻城矮山属早期的陶器，其器表的装饰花纹与弄山、岜旺的相似，石器中的双肩石器与岜旺的相似，蚌器中的长条弧形穿孔串饰与弄山所出的相同，但陶器中的圈足罐其高领造型与感驮岩第二期的较为相似，年代要比岜旺的略晚。翠屏山陶器的器形及附加堆纹与感驮岩第二期后段的相似，年代较晚，约为商代。这些岩洞葬的文化内涵相同，年代相近，是广西目前发现年代最早的一批岩洞葬，为岩洞葬中的早期类型。

五 早期岩洞葬的特征、性质与文化属性

广西的早期岩洞葬有着较多的共性，主要表现在以下几个方面：一是葬所选择在石山山脚或山腰的天然洞穴。山脚型离现在的村庄很近，如邕旺岩洞葬就在村旁；洞口较低，高出地面在10米以下，且易于攀登；洞口小，都高于洞底，进出困难，均用大石块封堵，隐蔽性强，难以发现。山腰型的洞口较高，一般离地面100~30米，洞口较大，不封堵，但攀登较困难。二是发现的人骨骸数量少，残缺不全，散乱于洞内各处，为多人合葬，主要为二次葬。三是无葬具和墓穴，埋葬方式为平地摆放。四是随葬品丰富，均为生活日用器，有陶器、石器、玉器、骨蚌器等，以陶器为主，不见青铜器。陶器为夹细砂的绳纹陶，相当一部分在绳纹上饰多线刻划的曲线纹和"S"或"〜"形纹，少量彩绘及施陶衣。石器以通体磨光、制作精细的双肩石器为主。玉器、蚌器主要为装饰品，多为穿孔器。玉玦为长方形和梯形，不见圆形的。五是年代相近，均处于广西地区新石器时代晚期向青铜时代的过渡阶段，为新石器时代晚期的末段到商时期。

广西地区的早期岩洞葬主要分布在红水河及左、右江流域的中下游，相对集中于桂西地区的东端。在早期岩洞葬所在地及其附近地区，分布着较多的史前文化遗址，早期岩洞葬与这些遗址特别是新石器时代晚期的遗址有着密切的关系。有肩石器最早见于附近的贝丘遗址上层，是桂南和桂西地区新石器时代晚期遗址中最常见的一种石器类型，分布范围广，延续时间长。大石铲是桂南地区新石器时代晚期文化中较为独特的一种器物，这类以形制特殊的磨光石铲为主要特征的文化遗存，多位于靠近江河湖泊的低矮山坡上，左、右江汇合处的三角地带是其中心区域，大致包括隆安、扶绥、崇左、南宁、邕宁、武鸣等市县。弄山所出的大石铲无论在石料、制作方法，还是器形上均与这些遗存中的相同。有肩石器、夹砂绳纹陶器也可以在大石铲遗存中见到，但数量很少。夹砂绳纹陶在广西新石器时代各阶段一直盛行，但在绳纹上或素面刻划多线水波纹、曲线纹则主要流行于桂南和桂西地区的新石器时代晚期文化中。邕宁顶蛳山遗址第四期文化遗存[⑩]、平南石脚山遗址[⑪]、那坡感驮岩遗址、大化布屯遗址[⑫]中均有发现，特别是那坡感驮岩遗址数量多，纹样与早期岩洞葬所出的几乎完全相同。早期岩洞葬中的高直领或斜直领罐、釜也是上述遗址中常见的器形，且同样流行圜底器和圈足器；有肩石器、大石铲、饰多线刻划纹的夹砂绳纹陶器是桂南、桂西地区新石器时代晚期文化最重要的特征，早期岩洞葬的文化内涵和特征与之相同，且均分布在这一文化圈的范围内，说明早期岩洞葬的根就是本地区的新石器时代晚期文化，是在本地区新石器时代晚期文化基础上产生和发展的一种较为独特的埋葬习俗。

岩洞葬被认为是早期人类穴居生活的反映，人们生时以洞穴为居室，死后以洞穴为

葬所，这在广西史前时期的桂林甑皮岩、临桂大岩、柳州大龙潭鲤鱼嘴等遗址中得到充分的体现。但岩洞葬的性质是否就是为了纪念祖先而回归洞穴，可能不会这么简单。人类早在原始社会就有了万物有灵且灵魂不灭的观念，认为人死后其灵魂仍然存在，会保佑生者，也会给生者带来灾祸，为了避免死者的灵魂危害生者，人们在埋葬死者时采取了各种方法来处置尸体。在广西新石器时代的墓葬中有一种较为普遍的现象，就是在死者的尸骨上放置数量不等的自然石块，多压在死者的头部、肢骨上或者放在填土中。桂林甑皮岩遗址 BT2M8 人骨上压大小不等的石灰石块 9 件，DT1M4 的墓口压不规则石块10 件，BT2M9 的人骨头部用两件相叠的大蚌壳覆盖；[13]邕宁顶蛳山遗址中的大部分墓葬也均有石块，其中一座墓的人骨头部用一块大石压住，头骨已变形。放置石块的用意大概与灵魂崇拜有关，是防止死者的灵魂出来危害生者。早期岩洞葬中有部分用石块各将洞口封堵，其用意不是防止别人进入，而是为了不让鬼魂出来祸害生者。

六　简短的结语

岩洞葬是我国南方地区一种较具地方特色的埋葬习俗，延续时间长，分布地域广，因地区的不同其文化内涵也有较大的差异，其起源、性质和族属也因此而不相同，因而，我们在研究时不能一概而论。武鸣弄山、岜旺岩洞葬是目前广西发现最早的岩洞葬，以它们为代表的一批岩洞葬与其他的岩洞葬有着较大的差异，是广西岩洞葬的早期类型，其反映出的文化特征与广西南部和西部新石器时代晚期文化相同，两者关系密切，可以说早期岩洞葬是广西南部和西部新石器时代晚期文化的一个重要组成部分。因此，早期岩洞葬的发现与研究，对岩洞葬的起源、性质、族属的研究将有很大的帮助，同时也对广西南部、西部地区新石器时代晚期文化的认识有着十分重要的意义。

注释：

① 广西壮族自治区文物工作队、南宁市文物管理委员会、武鸣县文物管理所：《广西武鸣岜马山岩洞葬清理简报》，《文物》1988 年 12 期。

② 武鸣县文物管理所：《武鸣独山岩洞葬调查简报》，《文物》1988 年 12 期。

③ 广西壮族自治区文物工作队：《广西武鸣县岜旺、弄山岩洞葬发掘报告》，待刊。

④ 广西壮族自治区文物工作队、那坡县博物馆：《广西那坡县感驮岩遗址发掘简报》，《考古》2003 年 10 期。

⑤ 彭长林：《广西早期岩洞葬初探》，《广西民族研究》2001 年 4 期。

⑥ 郑超雄：《忻城红渡西晋岩洞葬》，《中国考古学年鉴（1991）》，文物出版社，1992 年。

⑦ 彭长林等：《广西先秦岩洞葬综述》，《广西考古文集》，文物出版社，2004 年。

⑧ 同注⑤。

⑨ 同注⑦。

⑩ 中国社会科学院考古研究所广西工作队、广西壮族自治区文物工作队、南宁市博物馆：《广西邕宁县顶蛳山遗址的发掘》，《考古》1998 年 11 期。

⑪ 广西壮族自治区文物工作队、平南县博物馆：《广西平南县石脚山遗址发掘简报》，《考古》2003 年 1 期。

⑫ 广西壮族自治区博物馆：《大化瑶族自治县布屯新石器时代洞穴遗址调查报告》，《广西文物》1992 年 1 期。

⑬ 中国社会科学院考古研究所、广西壮族自治区文物工作队、桂林甑皮岩遗址博物馆、桂林市文物工作队：《桂林甑皮岩》，文物出版社，2003 年。

广西湘江流域史前文化的初步认识

李　珍[*]

　　湘江是长江水系中一条较大的河流，起源于广西兴安县西南的海洋山，主源叫海洋河，在兴安县分水塘与灵渠汇合后称湘江，往东北流，经广西的兴安、全州两县后在全州庙头镇叉江村入湖南，于湘阴注入洞庭湖。湘江干流全长844公里，流域面积94 660平方公里。它在广西境内干流长174公里，流域面积6879平方公里，其在广西境内的流域范围包括全州、灌阳两县全部及兴安县东北的一部分。湘江支流众多，分别发源于越城岭、海洋山和都庞岭，从两侧向中部汇流，主要支流有灌江、漠川河、建江、宜湘河、万乡河、白沙河、咸水等，但两岸支流短小，河谷狭窄，滩多、水急、落差大。河流两岸发育有狭长的洪积、冲积平原，土地肥沃，自然资源丰富，是人类主要的聚居之地，史前文化遗址就主要集中分布在湘江及其较大支流两岸的山岭上。

　　湘江流域是广西史前文化遗址较为集中的地区。1953年发现的全州县卢家桥遗址也是广西最早发现的史前文化遗址之一[①]；1965～1966年，广西文管会文物普查组对全州、兴安、灌阳三县进行了文物普查，在此流域内发现史前文化遗址多处，加上后来陆续发现的遗址，目前已知的史前文化遗址及石器散布点近百处，采集到大量石器、陶器等史前文化遗物。由于历史原因，20世纪60年代中期调查的资料部分已丢失，而且所有调查和发掘的资料均没有进行系统的整理，因此，该区域的史前文化面貌还比较模糊。为能更加清楚地认识这一地区的史前文化内涵和特征，广西文物工作队从2002年起，组成课题组对湘江流域的史前文化遗址进行专题调查和研究，本文就是在这次调查的基础上对本地区史前文化的一点粗浅看法。

一

　　广西湘江流域的古文化遗址大都分布在大小河流的两岸，以小河的两岸为主，尤其灌江、建江和漠川河等较大的支流两岸最为密集。一般地理特征是：前临河，后靠山，

---

　　* 李珍，广西壮族自治区文物工作队。

附近有平坦、较开阔的地带。依据遗址所处的地形地貌特征，遗址的类型大致有山坡遗址、洞穴遗址、岩厦遗址等三类，其中山坡遗址的数量最多，占80%以上，岩厦遗址最少，只发现一处。山坡遗址有土岭和石山两类，属土岭的山坡遗址一般高出附近地面10~25米，岭顶较平，坡度不大，尤其是遗址所在的一面坡度都较平缓，多半被开垦种植农作物，石器散布于地表，有的被农民捡拾到地边，保存文化层的较少。石山山坡遗址则较陡峭，有的高达40米，以两峰凸起、状为马鞍的石山较为典型，遗物就散布于地边和石隙之间，尤以石窝处最为集中。灌阳五马山遗址与其他的山坡遗址有所不同，它不在山岭的坡地上，而是位于河岸边的山脚坡地，它既与河旁台地遗址不同，也与典型的山坡遗址有所区别。洞穴遗址一般洞口较高，高出山脚5米以上，洞前均有缓坡，但较陡；洞内的面积较小，多有较薄的地层堆积，文化遗物较丰富。虽然在湘江流域范围内发现较多的古文化遗址，但大部分遗址的情况并不理想，绝大多数只是在地表采集到石器等少量遗物，没有发现文化堆积层，有文化堆积且保存较好的遗址很少。下面选几处保存较好、遗物比较丰富且有一定代表性的遗址加以介绍。

（一）五马山遗址

位于灌阳县水车乡夏云村东南约300米、五马山西北的山脚，灌江右岸的一级阶地上，灌江从遗址的西部由南往北流过。遗址的西和西北为较宽阔的河流冲积平原，现为田垌，东为相连的石灰岩山峰，北部远处为连绵的高山。遗址主要集中分布在五马山的西北山脚的坡地上，面积约6000平方米。由于当地村民从上世纪70年代初起就一直在遗址处取土烧砖瓦，遗址原来的地貌和遗址本身已全被破坏，并形成凹坑，改成水田。1977年冬，广西壮族自治区文物工作队与灌阳县文化馆对遗址进行了发掘，共布探方9个，发掘面积约200平方米。由于发掘前遗址受破坏较严重，保存下来的地层堆积多不完整。从发掘情况看，靠近山脚的T8、T9等的堆积较完整，但也较薄，文化堆积层只有一层，厚20~40厘米。在地层中发现有圆形灰坑和70余个柱洞。柱洞主要分布在T1、T3、T4、T5、T8、T9等相邻的探方中，布局凌乱，但大致可以看出其所组成的房屋形状为长方形。出土和采集的遗物有陶器和石器。陶器全部为碎片，共约400余片，98%以上为夹砂陶，极少量泥质陶。所夹砂粒主要为天然河沙和碎方解石，少许蚌末，有的器表可清晰地见到很密集的自然砂粒。陶器的烧成温度很低，易碎，有的还呈泥状。陶色驳杂，有红、红褐、橙黄、灰、灰黑、黑等几种，以红褐和灰陶为主，有的外灰内红。器表纹饰以中、细绳纹为主，少量方格纹和磨光黑陶，部分素面，豆柄上可见极少的圆形镂孔。可辨器形有罐（釜）、豆、圈足碗、平底盘、器座、支脚等，以敞口、折沿、圜底的罐（釜）为主，豆把多为高柄竹节形，少量高圈足。石器均为磨制，大部分通体磨光，器类有斧、锛、镞、环、杵、球、网坠等。斧、锛体小，主要为长条形和梯形，少量有穿孔。石镞数量较多，制作精致，有三棱形、扁叶形和圆柱形几种。[②]

（二）狮子岩遗址

位于灌阳县新圩乡马头村江头屯西约100米。狮子岩为高约40、长约300米的石灰岩山峰，顶平，其后接与之高度相同的土岭，往西北延伸。狮子岩的南部山脚有一处长约70米的岩厦，遗址即位于岩厦的西部。遗址南约20米有一小溪从东往西流过，北为山岭，其余三面为宽阔平坦的田垌。遗址所在地高出周围地面2~4米，地势从山脚往南倾斜，地面凹凸不平，地面出露较多的石灰石，因此地层堆积厚薄不一，两石间的凹陷处较厚，约120厘米。遗址面积较小，长约20、宽10米。在地表发现较多的陶片和少量石器。陶器绝大部分为夹砂陶，陶色驳杂，有红、红褐、褐、橙黄、灰黑、黑色等，以红褐色为主；器表多饰绳纹、网格纹、刻划的斜直线、水波纹、弦纹、曲折纹和少量戳印、镂孔装饰，另有少量拍印的"米"字纹、夔纹等几何印纹陶；器形有纺轮、豆、圈足盘、罐、釜、鼎足、支脚等，以敞口、折沿、束颈、圜底的罐（釜）为主，支脚也较多；器形比较规整，部分器物的表面可见轮制的旋痕；火候高，陶质坚硬，特别是泥质的灰白陶。石器有磨制的斧、锛和砺石，数量较少。

（三）龙王庙山遗址

位于全州县安和乡江明村跳石步自然村东北约300米。龙王庙山为一南北向、高约25~35米的石灰岩石山，山的东、南、西三面陡峭，北和西北较缓。建江由南往北从山的东面山脚流过，河流对岸和山的南部为平坦开阔的田垌，西紧靠连绵的高山，中有小土岭，北为土岭和石山，北面山脚的小土岭即是马口岭遗址。山由南北两座山峰组成，北峰高而陡峭，南峰较低、宽且平。两峰之间是大小约40×60、高约20米的平地，现为耕地。南峰东西长约100、南北宽约80米，顶较平，地势从东北往西南倾斜，但地表出露较多的石灰岩石，凹凸不平，形成一个个天然的小山窝，其中有着褐色或灰黑色的土层覆盖，它们的面积大小不等，最大者约50平方米，小的约4平方米。1966年调查时在山的西北坡和山顶发现较多的石器和陶片，未发现文化层。2003年调查时在山顶的南、东部断面上发现文化堆积层，堆积主要为灰黑色黏土，下部略呈灰褐色，里面含有较多的陶片和少量石块及兽骨等。地层堆积从东到西断断续续长约80米，宽度不清，从东面看约20余米，堆积层厚20~80厘米不等，随地势的倾斜而由东往西变薄。从调查的情况来看，该遗址所包含的文化遗物比较丰富，两次调查共采集石器45件，陶片70余片。石器大部分为磨制，有斧、锛、刀和杵等，以平面为梯形的斧、锛为主；刀是利用从砾石上打下的石片加工而成，有打击痕迹，稍磨，刃部有使用痕迹。陶器全为夹砂陶，所夹砂主要为方解石和天然砂粒，少量蚌末，多较细。陶器颜色有灰黑陶、橙黄、红褐，以红褐为主。器表除部分素面外，纹饰有绳纹、压印纹、方格纹、刻划纹、羽状纹等，以中、细绳纹为主。陶片多为腹残片，少量口、颈部，从中可看出器物多为敞口、折沿的罐、釜类，宽沿罐残片内外施弦纹，与灌阳狮子岩所出的相同。此外还有圈足残片、折腹器残片。陶器制作较规整，胎厚一般在 0.3~0.5 厘米左右，最厚的约 1.3 厘米。陶器的火候较高，少量为印纹硬陶。

（四）马路口遗址

位于全州县凤凰乡翠西村马路口自然村西南的后龙山。后龙山为一座坡度平缓、呈两个馒头形的土岭，其西和西北为起伏绵延的平缓土岭，西部远处是高大的山脉，北和东面为宽阔的冲积平原，南面紧靠一座独立陡峭的石灰石山，山的南坡即为龙王庙山遗址。建江从南往北流经遗址的东北。1966 年调查时，在遗址的东南发现文化堆积层，东西长约 75、南北宽约 3 米，地层堆积厚约 1.1 米，可分三层。第 1 层为耕土层，厚约 0.3 米；第 2、3 层为文化层，厚约 0.8 米，土质疏松，其中第 2 层为黄褐色，内含大量炭屑、红烧土颗粒、夹砂红陶和黑陶片、石器、石片及碎石灰石块等；第 3 层为红黄色，包含物不多，只有很少的炭屑和陶片。但是遗址已遭严重破坏，文化堆积现已不存。调查采集石器 100 余件，绝大部分通体磨制，器形规整，制作精致；器形有斧、锛、凿、刀、穿孔石器等，以梯形和长条形的斧、锛为主。

（五）磨盘山遗址

为一处洞穴遗址，位于兴安县湘漓乡义和行政村田文村东北约 600 米的磨盘山。磨盘山又称磨子石山，为一略呈西北—东南走向，长约 200、宽 70、高 60 米的石灰石山峰，山的东北较陡直，西南坡较平缓，西约 500 米为从南往北流的湘江支流——漠川河。在山的西南坡，原有 3 处洞穴，洞口西南向，高出地面约 5~8 米，洞前为平缓的坡地，山洞现已全部被开山炸石毁掉，看不到洞的痕迹。上世纪 70 年代修建五里峡水库在此采石时，曾在洞内发现有石器和陶器等遗物，因此可确证为洞穴遗址，现在山脚和山坡上从洞内挖出的堆土中可采集到较多的陶片和部分石器。采集的石器中有斧、锛、锄、凿等，全为通体磨制。陶器以夹砂陶为主，约占 90%，夹砂较细，砂量也很少，主要为碎石英和方解石，少量自然砂；另有少数泥质陶，且多素面、磨光。陶色主要是红褐和灰黑陶，部分橙黄、灰白、红和黑陶，有几片近白陶。纹饰以绳纹和方格纹为主，绳纹主要为中绳纹，细绳纹数量很少；方格纹中少量为很细的方格，部分刻划直线、曲线或水波纹以及镂孔。陶器全部为碎片，没有完整器，有少量罐、釜、盘的口沿及圈足、支座、支脚、器耳等残片，其中有两件盘可大致看清形状，为敛口、平沿、浅盘、弧腹、圜底附圈足，圈足外侈呈喇叭形。陶器的烧制火候较高，部分器物上可见轮制痕迹。

二

从调查结果来看，广西湘江流域的史前文化具有较浓厚的地方特征。遗址多分布在河流两岸的山坡上，尤以较大支流的两岸最为集中，而在河旁的一级台地上基本不见，这可能与台地较低、形成年代较晚有关系。遗物主要为石器和陶器，不见骨、蚌器；以石器为主，陶器较少。

石器绝大多数为磨制，少量打制。磨制石器以通体磨制为特征，少量器表保留琢打的痕迹。石器的制作工艺一般均经过打、琢、磨三道工序，即先将石块打制出器物的形状，然后进行细琢，最后磨光，因此石器器形规整，磨制光滑，制作精致。器形有斧、锛、铲、钺、刀、凿、镞、环、杵、矛、剑、网坠、纺轮、砺石等，以斧、锛为主。斧、锛以宽体或长体的梯形、横剖面为两面微鼓起的长方形为主，多弧刃，顶和两侧平直，器体多厚重，也有部分小石斧和锛。穿孔技术已在石器中较多使用，有穿孔的斧、镞、铲、刀及环等，多采用管钻技术双面对钻而成。

陶片数量很少，只在五马山、狮子岩、龙王庙山、磨盘山等少数几处遗址发现，没有完整器。陶器以夹砂陶为主，占90%以上，极少量泥质陶。夹砂陶的砂粒较细，以自然砂为主，有的在器表可清晰见到大小不一的自然砂粒，另有部分细小的方解石和石英。陶器颜色驳杂，有红、红褐、灰、灰白、黑、灰黑、橙黄等，有几片近白陶，以红褐和灰陶为主。器表纹饰以绳纹为主，少量方格纹，刻划直线、曲线、水波纹、弦纹和戳印纹。泥质陶多素面磨光，有磨光黑陶和红陶，豆柄上可见极少的圆形镂孔。绳纹多从肩部开始施纹，为竖向滚压而成。可辨器形有罐、釜、豆、圈足碗、平底盘、圈足盘、纺轮、鼎足、器座、支脚等，以敞口、折沿、圜底的罐（釜）为主。盛行圜底器和圈足器，少见三足器和平底器，较多的支脚和器座也是该地区史前陶器的特色。除少数火候较低外，大多火候较高，陶质坚硬，特别是泥质灰白陶。以手制为主，部分轮制。

定居的农业经济是主要的经济生活形态。五马山遗址发现了70余个排列紧密的柱洞，说明当时已经过上了稳定的定居生活，从柱洞的排列形状大致可看出房屋为面积较小的长方形，可能是以小家庭为生活单位，这反映出氏族组织内部结构发生了根本的变化。数量众多的石斧、锛、铲、钺等生产工具，说明农业生产在经济生活中占有较重要的地位，从湘江下游及相邻的资源晓锦遗址[③]发现炭化稻米来看，稻作农业在本地区也应该成为农业生产的一部分；但在石器中还有镞、矛、刀等工具，表明狩猎和采集经济仍占有一定的比例。

　　湘江流域的史前文化遗址的年代，普遍认为其年代属新石器时代晚期，但也有学者认为最早可到新石器时代的中期。④但大部分遗址只作了地面的调查，经过发掘的只有五马山遗址一处，各遗址的文化内涵很不清楚，而且有文化堆积层的遗址极少，调查发现的遗物比较单一，多为石器，具有明显时代特征的陶器数量却很少，而且均为陶片，没有完整器，这给我们对该地区史前文化遗址年代的认识增添了困难。其年代究竟如何，我们可以通过所发现的遗物来进行对比分析。

　　遗址中所包含的石器以通体磨光的为主，器形规整，制作精致，显示出其在石器制造技术上的进步性，这与我国其他地区新石器时代晚期文化相一致；主要器形中的斧锛，以长体和宽体的梯形、弧刃、横断面呈两面鼓起的长方形为特征，这与长江中游地区龙山时期的同类器物相同；三棱形、四棱形、柳叶形石镞与湖南华容车轱山晚期⑤、湘乡岱子坪第三期⑥遗存，广东封开杏花河两岸新石器时代晚期至末期⑦遗址中所出的相同；石纺轮与广东曲江鲶鱼转遗址所出的相似⑧。特别是三棱锋圆柱体有铤石镞具有鲜明的时代特征，它是黄河流域龙山文化代表性的形制；石纺轮也是黄河流域龙山文化常见的器物。陶系以夹砂陶为主，纹饰主要为绳纹和方格纹，这与长江中游龙山文化第三期的特征相似⑨，其中，方格纹的出现被认为是长江中游龙山文化的三大标志之一⑩；五马山的细圈足盘与湖南华容车轱山晚期遗存所出的相仿，浅盘、细竹节柄豆也与长江中游龙山文化第三期豆的特点相似；器座、支脚等器物也多见于长江中游龙山文化各遗址中；陶、石器的某些特征在相邻的资源晓锦第三期⑪、临桂大岩第六期文化⑫之中也可见到。因此，广西湘江流域的史前文化遗址的年代为新石器时代晚期较晚的阶段，大体相当于长江中游龙山文化时期，对照湖南学者对湘江流域新石器文化序列的划分，大致为湘江流域新石器文化序列中的第五期⑬。有的遗址可能年代更晚，灌阳的钟山、金家岭、山嘴子、狮子岩及全州的龙王庙山等遗址均采集有几何印纹陶，钟山所出的直口、圜底方格纹罐与湖南岳阳费家河商代遗址所出的相同⑭，器耳与衡阳周子头两周时期的出的Ⅰ式鼎耳相似⑮，而且在此还出土了一件西周铜钟；狮子岩、龙王庙山遗址采集的沿内刻划细密弦纹和水波纹的硬陶宽折沿（或翻沿）釜是湘江中上游地区商代晚期的典型器物。何介钧先生认为："口沿内外细密弦纹在湘江中上游，甚至湘江、资江下游均可作寻找商代晚期遗址的一种可靠的指示物。"⑯因此，部分遗址的年代最晚要延续到商周时期。

　　由于遗物多为采集，缺乏明确的地层关系，因而各遗址间的早晚关系也难以区分。从各遗址所出土和采集的遗物来看，五马山、磨盘山等的年代较早，马路口、显子塘、卢家桥等遗址较晚，钟山等出几何印纹陶的遗址年代最晚。

三

广西湘江流域的史前文化有着自己的特点，与广西其他地区的史前文化有着一定的差异，特别是与桂中和桂南地区的新石器时代文化差距较大。

桂中和桂南地区的石器大部分只刃部磨制较精，器体略加磨制，器表及两侧保留有较多深而大的打击疤痕，通体磨光的很少；磨制石器一般只有打、磨两道工序，都是在打出胚体之后即加磨制，未经琢制，器形不规则，且器类简单，以斧、锛为主，斧、锛多为器身长梯形和三角形、横断面呈椭圆形。晚期通体磨光的石器增多，以有肩的大石铲、斧、锛为主，不见石镞、矛、纺轮等器物，石器上钻孔的现象也少见。陶器绝大多数为绳纹，少见或不见方格纹，流行多线刻划纹的水波纹、曲线纹；以圜底器为主，晚期出现少量的圈足器和三足器；器类简单，以釜、罐为主，豆、盘类很少。而湘江流域史前文化的石器大部分通体磨光，石器的制作工艺一般均经过打、琢、磨三道工序，器形规整，穿孔技术已在石器中较多的使用；石器的种类较多，除斧、锛外，还有镞、刀、矛、剑、凿、铲、钺、纺轮等；斧、锛以两侧边磨制平直、横断面呈长方形的长体和宽体梯形为主；除铲外，有肩的石器少见。陶器以夹细砂的红褐和灰陶为主；器表纹饰主要为绳纹，少量方格纹、刻划纹和戳印纹；盛行圜底器和圈足器，少见三足器和平底器，较多的支脚和器座；器类较多，有罐、釜、豆、圈足碗、平底盘、圈足盘、纺轮、鼎足、器座、支脚等，以敞口、折沿、圜底的罐（釜）为主。

与邻近的桂林及其附近地区的史前文化相比，与早期文化差异很大，晚期则比较接近。桂林一带新石器早期文化中，石器以打制的为主，并有较多的骨、蚌器；陶器以夹粗砂的绳纹陶为主，器形主要为敞口、束颈、鼓腹、圜底的釜、罐。晚期石器以磨制的为主，器形规整，通体磨光，制作精致，器形主要是斧、锛、镞、矛；陶器以夹砂陶为主，并出现部分泥质陶；陶器纹饰以绳纹为主，并有部分方格纹、刻划纹、镂空等；器形以圜底器为主，有少量圈足器和平底器，基本不见三足器；器形有釜、罐、盘、碗、纺轮、器座、支脚等；轮制技术已开始使用。晚期文化中陶、石器的这些特征与广西湘江流域史前文化中的比较相似，相互间应有一定的联系。

相反，广西湘江流域的史前文化与湖南的较为接近，特别与新石器时代晚期的石家河文化（长江中游龙山文化）关系密切。石器中的斧、锛、镞、铲、凿等器物的加工方法和形状与湖南地区石家河文化的同类器物基本相同；陶器纹饰中的方格纹、刻划纹，器物中的细竹节柄豆、细圈足盘、支脚、器座等也与石家河文化的相似，同样盛行圜底器、圈足器。但是，两者间的差异也非常明显，广西湘江流域的史前文化中基本不见石家河文化中典型的鼎、鬶、杯、壶、盂、澄滤器等器物，而以敞口、折沿、圜底的罐（釜）为主；陶器纹饰中绳纹占有绝对的主要地位，方格纹的数量较少。因此可以说，广西湘江流域的史前文化深受湖南地区石家河文化的影响，但并不属于石家河文化的范畴，可能属于古越人的一种地方文化类型。

湘江流域所包含的兴安、全州、灌阳三县位于广西的东北部，地处南岭南北交界之地，从严格意义上来说，应属于岭北地区。这里地处湘江的上游，与湖南省的大部分地区属于同一流域，因此，其史前文化与中下游地区的比较接近就不足为奇，而且湘江中下游地区的新石器文化比较先进，对上游较落后的文化产生影响也非常自然。这种文化上的相似在现在这一地区也还有体现，兴安、全州、灌阳三县在语言、生活习俗上与湖南接近，而与桂中、桂南等地却有较大的不同。

四

湘江从海洋山而下，向北穿越越城岭与都庞岭之间的狭窄地带后进入湖南，其所流经的这一地带就是历史有名的交通要道"湘桂走廊"。湘桂走廊自古以来就是岭南与中原地区往来最重要的通道之一，我们从这一地区史前文化中就可以看出，早在史前时期这种交流就已经存在。因此，对广西地区湘江流域史前文化的深入研究有着十分重要的意义。但是，由于资料大部分来源于地面调查，目前对该流域史前文化的认识还很不足，某些观点可能比较片面，希望能在以后的工作中加以修正。

注释：

① 方一中：《广西全州县卢家桥发现古遗址》，《文物参考资料》1954 年 6 期。

② 资料现存灌阳县文物管理所。

③ 广西壮族自治区文物工作队、资源县文物管理所：《广西资源晓锦新石器时代遗址发掘简报》，《考古》2004 年 3 期。

④ 蒋廷瑜：《广西新石器时代考古述略》，《中国考古学会第三次年会论文集》，文物出版社，1981 年。

⑤ 湖南省岳阳地区文物工作队：《华容车轱新石器时代遗址第一次发掘简报》，《湖南考古辑刊》第三集，1986 年。

⑥ 湖南省博物馆：《湘乡岱子坪新石器时代遗址》，《湖南考古辑刊》第二集，1984 年。

⑦ 杨式挺：《广东封开杏花河两岸古遗址调查与试掘》，《岭南文物考古论集》，广东省地图出版社，1998 年。

⑧ 李岩：《广东曲江鲶鱼转遗址的调查》，《湖南考古辑刊》第七集，1999 年。

⑨ 何介钧：《长江中游原始文化初论》，《湖南考古辑刊》第一集，1982 年。

⑩ 同注⑨。

⑪ 同注③。

⑫ 中国社会科学院考古研究所、广西壮族自治区文物工作队、桂林甑皮岩遗址博物馆、桂林市文物工作队：《桂

林甑皮岩》，文物出版社，2003 年。

⑬ 郭伟民：《湘江流域新石器文化序列及相关问题》，《华夏考古》1999 年 3 期。

⑭ 湖南省博物馆、岳阳地区文物工作队、岳阳县文管所：《湖南岳阳费家河商代遗址和窑址的探掘》，《考古》1985 年 1 期。

⑭ 衡阳市博物馆：《衡阳市周子头遗址发掘简报》，《湖南考古辑刊》第三集，1986 年。

⑯ 何介钧：《湖南商时期古文化研究》，《湖南先秦考古学研究》，岳麓书社，1996 年。

彭头山文化的编年及其聚落特征

尹检顺[*]

　　彭头山文化发现由来已久，早在 1984 年文物普查即已发现，后来又陆续发掘了几处重要遗址。因资料尚未全面发表，学术界对彭头山文化的认识仍是迷雾重重。鉴于此种情形，本文将主要依据彭头山、八十垱两处遗址的整理情况，着重就彭头山文化的分期、年代及其聚落特征等三方面谈点粗浅意见，以期为以后开展深层研究奠定基础。

　　截至目前为止，彭头山文化在湖南境内主要发现于环洞庭湖地区，尤以澧水北岸的澧阳平原为多。被确认属于或含有彭头山文化遗存的遗址有澧县大堰垱乡江西桥、曹家湾，大坪乡李家岗、彭头山，澧阳乡皇山，澧东乡双林、涔南乡黄麻岗、胡家坟塔，彭家厂镇下刘湾，梦溪镇八十垱，北民湖鱼场犀牛岗；临澧县新合乡金鸡岗；南县九都山乡涂家台；汨罗市城关镇黄家园；华容县钱粮湖农场坟山堡等十余处。（图一）其中，经过正式发掘的遗址有彭头山[①]、八十垱[②]、坟山堡[③]、黄家园[④]、涂家台[⑤]等五处，前四处已发表简报或部分资料。

　　需要说明一点，因鄂西峡江地区的城背溪文化与彭头山文化的关系仍存在较大争议，本文所用材料仅限于洞庭湖地区。

一　彭头山文化的分期问题

　　目前，学术界对洞庭湖地区彭头山文化的定性仍有分歧。部分学者把它笼统地归入城背溪文化皂市下层类型彭头山期[⑥]，但多数学者还是比较慎重地把它单独命名为彭头山文化，并进行了较好的分期研究。由于资料发表不充分，学者们在作分期研究时含有较多主观臆测，分期结果更是千差万别。[⑦]归纳起来大致有三种意见：何介钧先生以彭头山遗址为主要分期对象，虽然把彭头山文化划分了四期，但彭头山遗址本身即包含了一至四期；裴安平先生则把彭头山遗址及八十垱遗址早期定为彭头山文化一期，八十垱遗址中、晚期分别代表彭头山文化二、三期（其中，第三期指的是 C Ⅰ 区以 T25③B 层

---

* 尹检顺，湖南省文物考古研究所。

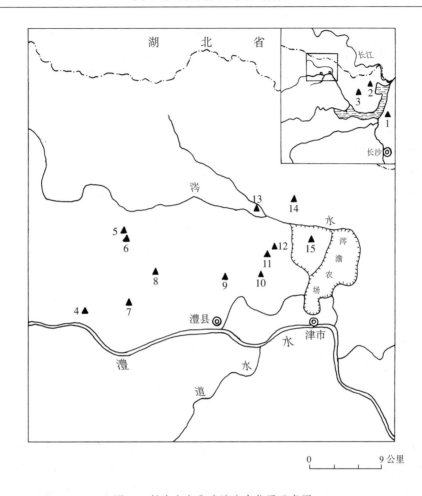

图一　彭头山文化遗址分布位置示意图

1. 汨罗市城关镇黄家园　2. 华容县钱粮湖农场坟山堡　3. 益阳南县九都山乡涂
家台　4. 临澧县新合乡金鸡岗　5、6. 大堰垱镇江西桥、曹家湾　7、8. 大坪乡
李家岗、彭头山　9. 澧阳乡皇山　10. 澧东乡双林　11、12. 涔南乡黄麻岗、胡
家坟塔　13. 彭家厂镇下刘湾　14. 梦溪镇八十垱　15. 北民湖鱼场犀牛岗（5～
15 均属澧县）

为代表的极少量遗存）；孟华平先生则依据彭头山遗址简报材料，把彭头山文化分为两
期。由此可见，分期的焦点还在于彭头山遗址本身，而目前具备严格分期意义的材料，
也只有彭头山和八十垱两处遗址。至于金鸡岗（采集品）、黄家园早中期、涂家台下
层、坟山堡下层等遗存，实际上都是彭头山文化最晚遗存，而且明显具有向皂市下层文
化过渡的特征，或可视为彭头山文化余绪部分。

　　笔者在整理资料时发现，彭头山遗址南区出土陶器确实有较大的早晚变化，而且要
明显早于北区。八十垱遗址出土陶器整体风格，不仅要明显晚于彭头山遗址，而且同样

存在着早晚变化，其最早阶段陶器形态极为接近彭头山遗址最晚阶段，二者基本能衔接起来。经过长时间比较分析后，我们把彭头山遗址分为三段，八十垱遗址则可细分为四段。不过，八十垱遗址第四段仅指 CⅠ区以 T25③B 层为代表的少量遗存。

（一）彭头山遗址

彭头山遗址 1988 年发掘，分南、北两区。南区包括 T1 ~ T11、T14 共 12 个探方，属于彭头山文化堆积包括②~⑦层；北区包括 T12 和 T13 两探方，属于彭头山文化堆积包括②~⑤层；此外，探沟（T15）②~④层亦属同期遗存。根据地层早晚关系及陶器整体特征的演变规律，笔者在整理过程中把之划分为三段，各段包含的地层及典型遗迹单位如下表（表 1）：

表 1

分段	地　　层	典型遗迹单位
一段	南区⑥、⑦层	H1、H9、H11、M25、M36、F1
二段	南区③、④、⑤层，北区⑤层，T15③、④层	H2、H4、M27、M35、M30、F2
三段	南区②层，北区②、③、④层，T15②层	H14、H13、H8、H6

一段：陶器胎较厚，多为粗砂掺稻，少量掺稻壳，呈炭黑色，俗称夹炭陶。器表以深红色为多，少量褐色和黄褐色。纹饰以拍印或滚压的中、粗绳纹为主，绳纹绞股斜长，有的近似条纹，个别断续成痂瘢状（俗称痂瘢纹），基本不见细绳纹；次为戳印圆点或指甲纹，一般饰于盘、钵腹部；另有少量器口有镂孔、乳丁状或扁平实心泥突装饰，前者多见盘类器，后者则以垂腹罐最为常见。器物口部大多歪斜，不规整，唇沿压印齿状凹窝，且厚薄不均。素面陶较少，多深红衣，主要施于双耳罐、钵、盘等器物口部及其内壁。器类以双耳罐、深腹罐（个体较大，以长领、鼓腹为特征）、浅垂腹或卵腹罐（个体中等，以垂腹或椭圆腹为特征）、深腹盘为主要组合，次为盆形釜、钵形盆、浅腹钵、浅腹盘等器类，少量实心扁平歪头支垫及手捏小罐。器物造型总体特征显得古朴粗犷，较为原始。双耳罐多小直口，微敞，领修长，常见窄桥状耳，且多置于腹上部。深腹罐口多斜侈，似有内弧领，且较为修长，腹深，大圆底；垂腹罐口较小，上腹内弧较甚，似有领，下腹扁鼓较甚；卵腹罐呈大口外侈状，深椭圆腹微鼓。盆形釜以侈口、浅弧腹为主要特征。盆多见侈口微卷、曲腹风格，且腹一般较深。浅腹钵则以敞口、浅内弧腹或曲腹为主要造型风格。深腹盘多以转折为特征，且转壁部位较高；浅腹盘则以侈口、折腹为主要特征。流行泥突和斑点状痂瘢纹是本段较为突出的特征。（图二，A）

　　二段：陶器仍保留较多前段特征，胎质、纹饰及器形歪斜等特征仍同前段，其主要区别在于器形上的细微差异，并出现了少量新器类。双耳罐口部变大，微卷，领趋短，呈喇叭状，双耳上移至肩部。深腹罐内弧领趋短，口外侈或外卷，腹变浅，颈部流行实心泥突装饰；垂腹罐口变大，整体显矮胖；卵腹罐则反之，形态趋向瘦高。盆形釜多呈敞口、卷沿状，弧腹较深，圜底较尖，较比前段显得更近釜形。盆类口部外侈更甚，似卷沿；前段始出的浅腹钵在本段开始流行，形态变化不大。盘类腹变浅，多呈折腹状，且折壁部位偏低，个别器物口沿还有对称的锯齿状花边。本段新出现了少量大敞口深腹钵（该类器胎特厚，尤以底为甚，质重，大敞口，内弧腹，底多见黑烟炱，应为炊煮器类）、矮足器、实心歪头弓背式及空心马鞍式支座（后者俗称卧式支座）。本段除继续流行泥突及斑点状痂瘢纹外，最富特征的器形是卵腹形罐和歪头弓背实心支座。（图二，B）

　　三段：同前两段相比，变化较为明显。装饰手法上除仍流行中粗绳纹和戳印纹外，开始出现少量细绳纹、斜向交叉的捺压或划压网状绳纹、刻划纹等，口外镂孔和泥突装饰已少见，痂瘢纹几乎不存。器物口沿渐趋规整，制陶工艺较前两段有较大进步。最为明显的变化还是器形上的显著差异和大量浅腹罐（个体较小，口较大，浅腹略鼓或垂）的出现。器形上，窄桥状双耳罐渐少，颈微束，耳置肩部，腹变浅鼓，并出现了少量齿状桥形耳。深腹罐及盆形釜不仅数量上开始锐减，而且形态上也发生了翻天覆地的变化。前者多大口、短束颈，而且腹部明显变浅、圜底亦变尖；后者则几乎均呈折沿、敞口状，腹更浅。前两段流行的垂腹和卵腹罐，在本段几近绝迹，却大量流行小型浅腹罐，且颈部开始出现少量捺压或刻划纹。盆已不见曲壁，而以斜直壁微弧为主要特征，浅腹钵腹也开始趋浅。二段始出的深腹钵在本段已成为常见器，且口部更为宽敞，腹更浅。深腹盘数量开始减少，浅腹盘则有剧增之势，且多以弧壁为特征，已很少见前两段常见的折壁盘，底趋平。实心歪头支座已少见，空心马鞍式支座数量剧增。矮足器在本段也较为多见，惜无复原器，其形态不清楚（除口部不明外，初步推断本段常见四足，器身略呈方圆形，腹略深，圜底近平）。本段新出现较多牛鼻式双耳（由器表向器壁挤压形成两牛鼻式耳孔，未透器壁，施压部位内壁凸甚），但亦无复原器。（图三，A）

（二）八十垱遗址

　　八十垱遗址经 1993～1997 年连续五次发掘，发掘面积 1200 余平方米，探方编号共50 个，分 A、B、C 三区。A 区 21 方，包括 T1～T21。B 区 10 方，包括 T23、T30～T38。C 区分两小区，其中，CⅠ区 12 方，包括 T25～T29、T39～T42、T44～T46；CⅡ区 5 方，包括 T43 和 T47～T50。另在遗址东南部开挖一个探方，编号 T22。在遗址北缘开挖一条探沟，编号 T24。笔者在整理时发现，除 CⅠ区少量遗存（③B 层）较晚外，八十垱遗址主体部分可分三段。各段所含单位详见下表（表2）：

表2

分段	A区	B区	CⅠ区	CⅡ区		T22	T24	典型遗迹单位
				T43	T47～T50			
一	⑪～⑬	⑥	⑥					H5、H6，M50、M42，F5，H22
二	⑩	⑤	⑤	⑰～⑳	⑯、⑰	⑩	⑬	H10，M8，G3、G9
三	⑨	④	④	⑮、⑯	⑯	⑨		H4，M4，F2、F4，G7

说明：T47～T50位于古河道内，⑯层为淤泥层，出土陶器特多，但早晚遗物有混乱现象。

一段：整体特征比较接近彭头山遗址第三段，但已出现了一些进步特征。陶器虽仍以夹炭夹砂陶为主，但质地更为细腻，夹砂颗粒明显细化，甚至出现部分细砂"泥质陶"。陶色较比彭头山遗址更为杂乱，斑痕累累，普遍呈黑褐色（这与陶器烧造技术可能关联不大，而与埋藏环境关系更为密切。因八十垱遗址长年水位较高，文化层又大多埋藏在地表1米以下，局部达数米，陶器水浸较甚，故而呈现出完全不同于彭头山遗址以红色为主调的陶器颜色）。装饰上除仍有少量中、粗绳纹和乳丁泥突外，斑点状的痂瘢纹已消亡，绳纹开始变细，除拍印或滚压绳纹外，还出现了较多捺压或划压网状绳纹，并出现数量不少的刻划纹，而且浅腹罐颈部更为流行各类捺压几何纹。器形更趋规整，口沿不平现象有所减少。器类上与彭头山遗址第三段区别不大，只是器形略有差异。深腹罐数量较少，多以卷沿、束颈等较晚特征为主，腹部进一步变浅；双耳罐一般束颈，器耳多置肩部，窄桥耳开始锐减，牛鼻式耳数量比彭头山三段数量更多；盆形釜已不见，同样大量流行浅腹罐，只是口部更卷，腹略浅。盆、钵类除腹部变浅外，余与彭头山三段同类器相若。深腹盘已少见，浅腹盘转折特征渐趋消失，代之以弧腹或内弧腹为主要造型风格。实心支座开始明显少于空心马鞍式支座（这可能与八十垱遗址出土各式炊器体形变小有关）。矮足器仍不多。（图三，B）

二段：同一段相比，在装饰、器形及器类组合等三方面均有明显变化。装饰方面，大量流行捺压或划压网状绳纹，有的更似划纹，只是较为随意。罐类颈部流行各类捺压几何纹，以横或斜带纹最著，次为三角纹和网格纹；钵类器口部及上腹部则流行刻划纹或施红衣；支座装饰更为复杂，多刻划、压印及镂孔等。器形上，罐类口沿更卷，有的还略有折沿风格，束颈较甚，个别似有领；牛鼻式双耳罐颈变短，腹更扁鼓；浅腹钵和盘类器腹部进一步变浅，以大敞口、内弧腹为主，敞口外弧腹渐少，底趋平；深腹盘早期腹部转折特征已不明显，腹部进一步趋浅；矮足器底趋平，腹更浅。器类组合方面，主要以双耳罐、罐形釜、盆、深腹钵、浅腹盘、支座为基本组合。深腹罐数量已退居次要地位，代之而起的浅腹罐开始跃居首位；除继续流行牛鼻式双耳罐外，新出现一类特征鲜明的壶形双耳罐（大喇叭口，深垂腹，腹部桥形双耳较小，大圜底）；本段釜类器已荡然无存，浅腹钵数量亦锐减，而深腹钵及盆类器则迅速猛增，并新出现一类以葵口为特征的钵、盆和盘；实心支座已不复存在，却大量流行装饰极其繁缛的空心马鞍式支座。壶形双耳罐和葵口类器是本段最富特征的器形，大量流行浅腹罐、大口深腹钵及空心马鞍式支座是本段最主要的特征。（图四，A）

三段：同前段相比，变化比较细微。除罐类颈部更为注重装饰（以捺压几何纹为主）外，其他装饰几乎无太大变化。器形上，罐类器束颈更甚，腹更浅，并出现较多似有"高领"的罐类器；小口牛鼻式双耳罐，腹更为扁鼓，并流行素面；盆、钵类器腹多呈斜直或微内弧腹，腹部更浅；盘类器数量锐减，且多以斜直腹、平底为特征；马鞍式支座数量亦有减少趋势，装饰开始简化。器类上，前段最具特征的壶形双耳罐和葵口类器在本段并没有发扬光大，反而萎缩少见。新出现大量敞口斜直腹平底盆，器表一般施鲜艳红衣。大口短颈牛鼻式双耳罐和粗大圆柱式器耳亦是本段新出现的器类，前者双耳已置颈部，而且为数不少。（图四，B）

（三）黄家园早、中期遗存

黄家园虽然发表资料不多，但其早、中期分界还是比较明显的。学术界倾向于把黄家园中期视为彭头山文化最晚一期[⑧]，本文完全赞同。不过，若把它与八十垱Ｃ I 区③B层、坟山堡1990年发掘的T8④层[⑨]进行对比，笔者发现它们有许多器形几乎一致，而坟山堡T8④层学术界原定为皂市下层文化一期遗存。与此同时，笔者在整理彭头山和八十垱遗址资料时，特意观察了1991年坟山堡下层和1999年涂家台下层（二者均未发表）发掘出土的全部遗物，发现二者较比坟山堡T8④层似乎还要早，而与黄家园早期及金鸡岗比较接近，而且基本上可与八十垱三段衔接起来。由此，依据黄家园早、中期遗存的地层关系为串联线索，上述材料亦可分出早、晚两段。其中，早段更接近彭头山文化，把之归入彭头山文化应无大碍；晚段既有较多彭头山文化晚期特征，又有部分向皂市下层文化过渡的因素，但整体特征与皂市下层文化有着本质区别。

早段：包括黄家园早期（以T16⑦和H10为代表）、1991年坟山堡下层、1999年涂家台下层（以M10为代表，该墓打破彭头山文化层）及金鸡岗采集品。本段仍保留较多八十垱遗址二、三段特点，纹饰仍以错乱绳纹为主，多数器类（如束颈高领罐、卷沿鼓腹罐、卷沿筒腹罐、敞口微内弧腹钵、平底盘、牛鼻式耳、马鞍式支座等）与八十垱同类器亦比较接近。但新出现的双耳移至颈部的小口双耳罐、彩绘折沿深腹盆、圆柱形立式实心支垫等器类在彭头山和八十垱两遗址是绝对不见的。而这种简单彩绘及圆柱形支垫在皂市下层文化早期更非孤例，说明该段已经开始孕育部分皂市下层文化因素。

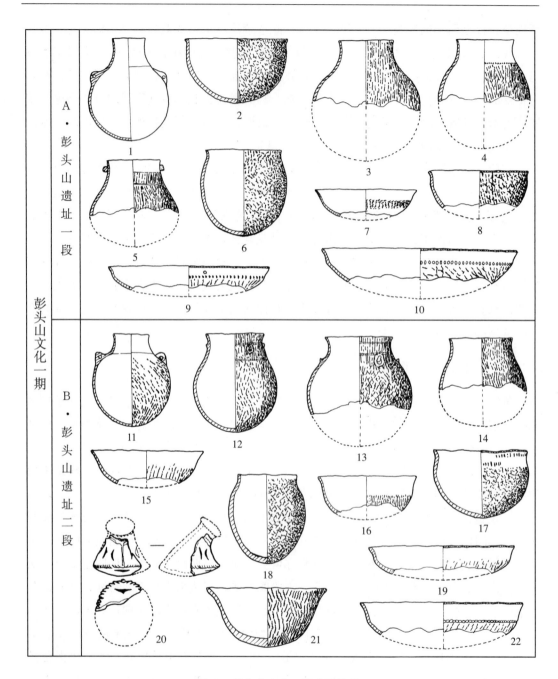

图二　彭头山文化一期典型陶器

1、11. 双耳罐（H9：1、M27：5）　　2、17. 盆形釜（T11⑥：6、M27：2）　　3、4、12、13. 深腹罐（H9：20、H1：6、T9⑤：3、H2：1）　　5、14. 浅垂腹罐（T14⑥：55、T14④：52）　　6、18. 浅卵腹罐（T1⑥：23、H2：43）　7、15 浅腹钵（H1：29、T13⑤：22）　　8、16. 钵形盆（H11：3、T12⑤：11）　　9、19. 浅腹盘（H9：11、T10⑤：2）　　10、22. 深腹盘（H11：7、T6④：51）　　20. 支座（H4：24）　　21. 深腹钵（F2：8）

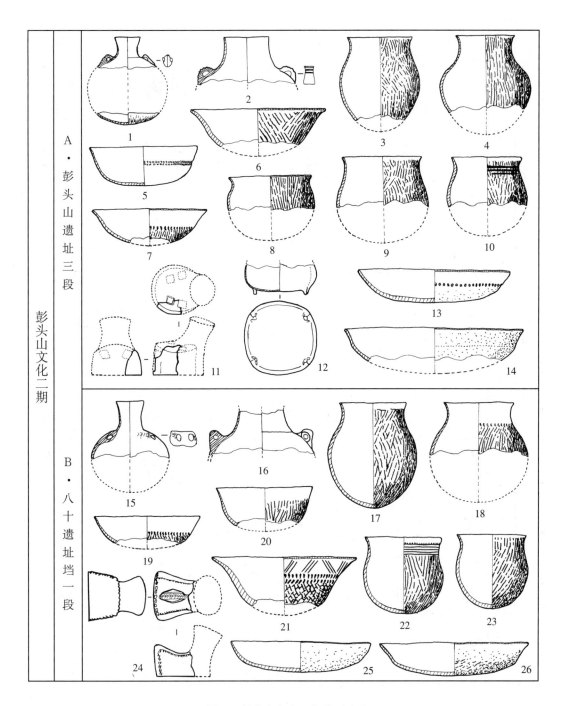

图三　彭头山文化二期典型陶器

1、2、15、16. 双耳罐（T5②：1、T12④：17、T28⑥：1、H5：14）　3、4、17、18. 深腹罐（H13：1、T12④：31、T5⑪：11、H9：3）　5、20. 钵形盆（T13③：29、T32⑥：1）　6、21. 深腹钵（T12④：5、T25⑥：8）　7、19. 浅腹钵（T2②：11、T1⑪：9）　8. 盆形釜（T12②：9）　9、10、22、23. 浅腹罐（T11②：8、T13③：27、H5：7、H15：1）　11、24. 支座（T13②：13、T9⑪：11）　12. 矮足器（T13③：26）　13、25、26. 浅腹盘（T13③：25、H5：10、H5：1）　14. 深腹盘（T13③：77）

彭头山文化二期

A·彭头山遗址三段

B·八十遗址挡一段

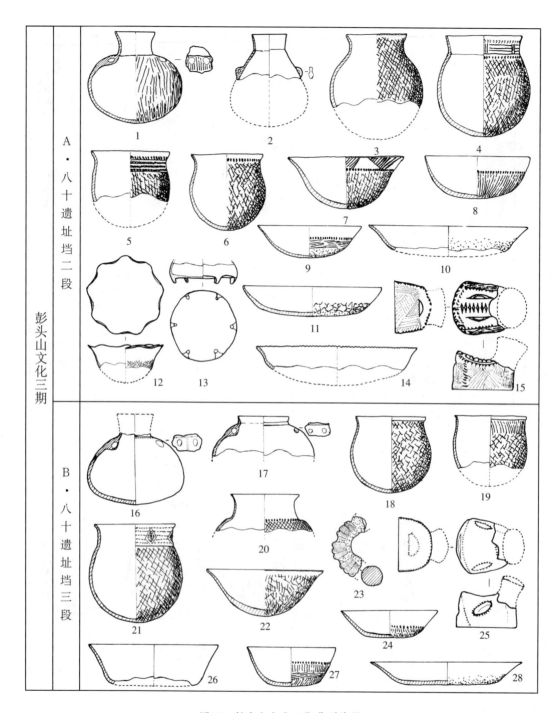

图四 彭头山文化三期典型陶器

1、2、16、17. 双耳罐（M7：6、T48⑯：9、T2⑨：6、G7：35） 3、4、20、21. 深腹罐（T47⑯：97、T6⑩：20、
F4：2、F2：2） 5、6、18、19. 浅腹罐（T47⑯：76、G9：49、T7⑨：82、G7：11） 7、22. 深腹钵（T48⑯：73、
T28④：3） 8、27. 钵形盆（T5⑩：32、T7⑨：1） 9、24. 浅腹钵（T6⑩：16、T5⑨：11） 10、11、28. 浅腹盘
（G9：39、G3：115、T2⑨：8） 12. 葵口深腹钵（T43⑲：19） 13. 矮足器（T47⑯：8） 14. 深腹盘（G3：33）
15、25. 支座（T47⑯：145、F2：4） 23. 圆柱形粗耳（T5⑨：64） 26. 平底盆(F2：6)

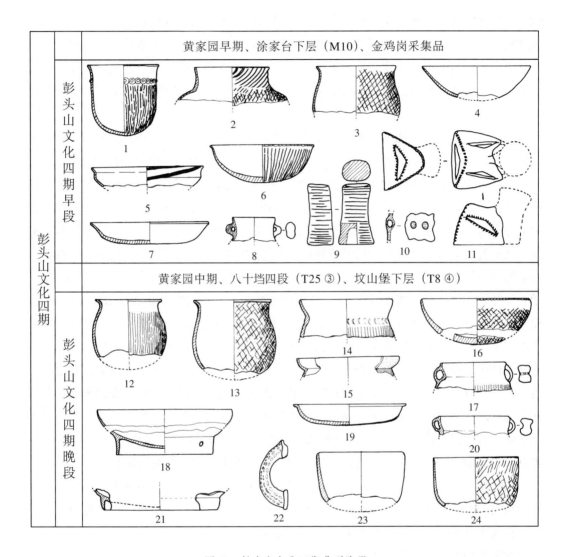

图五　彭头山文化四期典型陶器

1. 筒形罐（涂 M10：3）　2. 高领罐（黄 H10：11）　3、12、13. 罐形釜（黄 H10：2、坟 T8④：6、黄 T16⑥：1）　4~6、16. 钵（涂 M10：2、黄 T16⑦：3、黄 T16⑦：5、坟 T8④：10）　7、19. 浅腹盘（金采：4、黄 T16⑥：13）　8、17、20. 双耳罐（金采：2、黄 T16⑥：16、八 T25③B：7）　9. 支垫（涂 M10：1）　10. 牛鼻式耳（黄 T16⑦：13）　11. 支座（涂 M10：4）　14、15. 盘口釜（坟 T8④：23、八 T25③B：5）　18、21. 矮圈足盘（坟 T8④：30、八 T25③B：6）　22. 粗圆柱式耳（坟 T8④：1）　23、24. 深直腹钵（坟 T8④：4、黄 T15⑥：6）

（图五，A）

晚段：包括黄家园中期（以 T16⑥层为代表）、八十垱 CⅠ区③B层（以 T25③B层为代表）、1990 年坟山堡 T8④层。本段最为明显的变化是出现了矮圈足盘、宽扁平双耳罐、盘口釜等新器类。虽仍有牛鼻式耳和在八十垱三段出现的粗圆柱式器耳，但数量渐微，而其他常见于彭头山文化的器类，在本段均已显示出较多晚期特征。开始流行较为规则的刻划纹和绳纹，而且绳纹更为细化。罐口卷沿更甚，多呈平卷沿状，腹更浅；钵以直腹为主要造型，并出现了少量素面钵；盘口开始外卷，腹更浅。这些特征在皂市下层文化早期已较为普遍，说明本段比前段包含的皂市下层文化因素更为丰富。（图五，B）

考虑到皂市下层文化的主要特征及典型器类（大镂孔圈足盘、折沿宽扁双耳罐、高领罐、折沿釜等）的组合关系，笔者倾向于把上述以黄家园早、中期遗存为代表的文化遗存，暂且归为彭头山文化最晚一期，而不宜归入皂市下层文化。理由有三：（1）从陶器特征及装饰手法上分析，上述几处遗存所出陶器从外观上看几乎一致，陶器均以夹炭夹砂陶为主，器表呈红褐或黄褐色，较为斑驳，装饰以绳纹为主，少量戳印和刻划纹，这都符合彭头山文化陶器的基本特征。所不同的是质地粗糙程度、局部颜色的深浅及装饰风格的细微变化等方面略有差异。（2）从典型器类组合上看，其组合关系仍为罐、双耳罐、钵、盘及支座等彭头山文化常见器类。不同的是盘和支座数量有所减少，而双耳罐却有上升之势（这与皂市下层文化常见双耳罐是相吻合的）。新出现的无大镂孔的圈足盘及盘口釜，在数量上并未占据主导地位。（3）主要器类演变与彭头山和八十垱遗址所出同类器也是一脉相承的。罐类器领部逐步变高，口沿更侈或卷，腹逐步趋浅；双耳罐口变大，双耳逐步上移；钵类器腹斜直或近直，盘口外侈，底趋平底；马鞍式支座鞍部变短变凹，装饰更趋简略等。这些都是彭头山文化不同器类的演变趋势，而且牛鼻式耳和粗圆柱式耳（图五，10、22）同八十垱三段同类器相比，差别更是甚微。可见，该类遗存完全传承了彭头山文化，把之视为彭头山文化最晚阶段还是有道理的。

与此同时，我们也必须看到以黄家园早、中期遗存为代表的一类遗存，同彭头山和八十垱前三段的显著差异。最突出的标志是，前者出现了少量矮圈足盘、筒形罐、盘口釜、直腹钵及圆柱形立式支座。此外，前者常见的大口宽扁平双耳罐、微敛口弧腹钵、侈口或折沿平底盘与后者同类器相比，差异亦是十分悬殊。

（四）分期

由于彭头山文化年代久远，人们制作陶器的规律性不是很强，因而陶器演变不仅相当缓慢，而且差异极其细微，这就给分期工作带来了诸多不确定因素。尽管如此，由于彭头山文化有近千余年的发展历程，其文化内涵亦较为典型和丰富，因而其陶器不可能没有早、晚演变规律。按照考古学文化编年体系，彭头山文化完全可以进行分期研究。

根据前文分析，通过把握各阶段器物的总体特征，本文将彭头山文化分为四期。其中，一期包括彭头山遗址第一、二段，二期包括彭头山遗址第三段及八十垱遗址第一段，三期为八十垱遗址第二、三段，四期则主要以黄家园早、中期为代表。因上文已基本陈述了各段基本特征，各期特征此处不再赘述。

不过需说明的是，上述四期中前三期联系更为紧密，第四期变化较为巨大，该期划分出的早、晚两段变化亦比较明显，而且均包含部分向皂市下层过渡的文化因素。与此同时，一期相对二、三期来说，可能延用时间较长，故亦可分为两段。由此，可把环洞庭湖区彭头山文化分为四期六段。详见下表（表3）。

表3

期（段）		包含内容	典型单位
一	1	彭头山一段	H1、H9、H11，M25，F1
	2	彭头山二段	H2、H4、M27，F2
二	3	彭头山三段，八十垱一段	彭 H14、彭 H13，八 H5，八 M50，八 F5
三	4	八十垱二、三段	H4、M4、M8，F2、F4，G3、G7、G9
四	5	黄家园早期，1991年坟山堡下层，1999年涂家台下层，金鸡岗采集品	黄 T16⑦及 H10，涂 M10
	6	八十垱四段，黄家园中期，1990年坟 T8④层	八 T25③B，黄 T16⑥，坟 T8④

二　彭头山文化的年代问题

有关彭头山文化的真实年代，学术界众说纷纭，莫衷一是。发现该类文化的最初调查者认为"最保守估计年代当在距今8000年以前"[10]；彭头山遗址发掘简报执笔者推测遗址绝对年代为距今8200～7800年之间[11]；严文明先生采用延长正弦曲线的方法，"推测彭头山文化的年代大约在公元前7000至前5500年，与中原地区的磁山文化或磁山—裴李岗文化大致相当而稍稍偏早"[12]；裴安平先生认为"彭头山文化的真实年代大致应该是，起于距今8000年前后，止于距今7000年左右，其总的历史跨度当为上下约1000年"[13]；何介钧先生认为"彭头山文化的真实年代定为距今9000～8000年更加合适。这样也更有利于与皂市下层文化的衔接和分界"[14]；张绪球[15]和孟华平[16]两位先生依据彭头山遗址本身的测年数据，推测彭头山遗址的大致年代为距今8500～7800年；张居中先生在《舞阳贾湖》报告中，在与彭头山文化进行文化比较时，把彭头山文化年代约定在距今8200～7200年之间[17]。若把以上年代上、下限范围累计相加，那么彭头山文化的年代范围当在距今9000～7000年，前后历经近2000年的发展历史。但是，基于这些结论绝大多数不是在严格分期基础上得出的，而仅仅是针对彭头山遗址所进行的年代推断，因而肯定有悖于事实。

目前有关彭头山文化的测年数据主要有两种，即常规法（^{14}C）和加速器质谱^{14}C测年法（AMS）[18]。而有年代测试数据的遗址，也只有彭头山和八十垱两处遗址。下面就两种测年方法所得数据，作一简要分析。

（一）常规法（[14]C）：

所测数据共 13 个。见下表（表 4）：

表 4

序号	标本号	标本来源	标本物质	距今年代	本文分期
1	BK87002	采集	陶片	9100 ± 120	不明
2	BK89021	T10D22（F5）	带泥炭	8385 ± 115	一期 1 段
3	BK89018	T14⑥层	竹炭（少量木炭）	7945 ± 170	一期 1 段
4	BK89020	T1H1	带泥炭	7945 ± 100	一期 1 段
5	BK89019	T3D6（F1）	带泥炭	7770 ± 110	一期 1 段
6	BK87050	T11④层	木炭	8200 ± 120	一期 2 段
7	BK89022	T1H5（F2）	带泥炭	8135 ± 90	一期 2 段
8	BK89016	T14②层	木炭（少量竹炭）	7815 ± 100	二期 3 段
9	BK89017	T13③层	带泥炭	7745 ± 90	二期 3 段
10	BK94112	八 . T4H5	木炭	7540 ± 80	二期 3 段
11	BK96010	八 . T43⑩	木炭	7465 ± 100	三期 4 段
12	BK94110	八 . T8G3	木炭	7185 ± 70	三期 4 段
13	BK94111	八 . T5⑧	木炭	6990 ± 70	皂市下层

注：1. 距今年代：以 AD1950 计；半衰期：以 5730 计。

　　2. BK：北京大学考古系[14]C 实验室；八：即八十垱遗址；凡未注明标本出处者均为彭头山遗址。

　　3. 表中前 9 个数据均摘自陈铁梅文，余为湖南省文物考古研究所资料。

由于彭头山文化陶器原料中有一部分采用泥炭，而其中的碳形成年代远比陶器要早，所以表中 1 号标本的年代不能代表陶片实际年代，故可排除；3 号标本因含大量竹炭，而竹炭属 C4 植物，[14]C 年代往往要稍偏年轻些，考虑到 2 号标本（6 层下）是本组测年标本中在地层上属最早一个，估计 3 号标本也应当与之相当，二者年代当在 8400 年前左右；4、5 号标本所在地层（5 层下）较比 2、3 号标本要晚，所测结果亦晚，与地层相符，但因其为带泥炭，含碳量少，故而年代偏近，且有一定悬殊；7 号标本因其亦为带泥炭，含碳量少，故而年代略有偏近，估计其年代当不晚于 8200 年；13 号标本所取样品属八十垱遗址废弃之后的堆积，其年代大致与稍后的皂市下层文化相当，已不在彭头山文化范畴之列，可不予考虑。其他标本所测数据基本符合地层早晚关系及本文的分期结果。因此，从这组^{14}C数据分析，本文划分的彭头山文化前三期年代跨度大致在距今8400～7200年之间。

但是，由于上述数据均未经树轮校正，加之八十垱遗址埋藏环境的特殊性，长年遭水浸，上层晚期物质很容易渗透到所测样品内，故而年代普遍偏晚。考虑到上述因素，笔者认为，若把年代上、下限均往前推移500～400年，所得数据可能更接近于彭头山文化的真实年代。这样，彭头山文化前三期的年代则有可能在距今8800～7800年之间。其中，彭头山遗址年代可能在距今8800～8200年左右，八十垱遗址可能在8200～7800年左右。本文划分的彭头山文化第四期遗存均无测年数据，但其年代跨度可能也有近200年历史。我们估计，第四期年代下限可及距今7600年左右。由此，我们根据常规法可推断出，彭头山文化的年代范围大致在距今8800～7600年左右，其年代上限逼近9000年，大约经历1200年的发展历程。

（二）加速器质谱^{14}C测年法（AMS）

为了同常规法所测年代进行比较，北京大学陈铁梅教授曾将彭头山出土的几块陶片送到英国牛津大学考古实验室作加速器质谱^{14}C测年（AMS），共测数据14个。所测标本为三块陶片，其中陶片Ⅱ和Ⅲ属本文分期中的第二期，另一块出土层位不明（见表5）。表中标本2因"样量太少，可能被污染"，有失真之嫌，可不予考虑。其他数据中的富里酸（属陶片埋在地层中后腐殖质侵蚀的结果，年代明显偏近）和粗基质炭（属泥炭中物质，年代偏老）的年代悬殊较大，故可排除表中5、8、11号数据。剩余数据（除3号脂肪酸数据外）均在距今8500～1500年之间，与常规法^{14}C未经校正的测年数据基本吻合。但若细究到每件标本在彭头山文化发展演变中的具体时间段时，我们就不难发现，这组数据除用基质炭测试的年代与常规法比较接近外，其他物质测得的年代与常规法则差距甚远。陶片Ⅱ和陶片Ⅲ是有明确出土单位的，二者在本文分期中均属一期二段，而常规法推测彭头山文化一期二段当不会晚于8300年前，其年代范围约在距今8500～8300年左右。这样，上表中采用腐殖酸测试的6、7号标本，年代上限明显偏近约700年；采用炭化稻壳稻草测试的年代上限，1号标本年代偏近约600年，2号标本则偏近约1000年；至于脂类物质及富里酸所测年代数据，与常规法差距就更远。由此可见，AMS法所测数据在某种程度上难以让人信服，它对推断彭头山文化的年代帮助并不明显。造成两种测年法如此悬殊，原因可能还得从测试方法及所测标本性质的不同等方面去寻找，也可能还得依赖于自然科学精确性的进一步提高。

表5

序号	标本号	标本来源	标本物质	距今年代	本文分期
1	OxA2210	T1H2 陶片 Ⅱ	炭化稻壳稻草	7775 ± 90	一期 2 段
2	OxA2214	T14③陶片 Ⅲ	炭化稻壳稻草	7250 ± 140	一期 2 段
3	OxA1274	发掘陶片 Ⅰ	脂类物质	7055 ± 100	不明
4	OxA1275	发掘陶片 Ⅰ	胡敏酸（素）	7930 ± 80	不明
5	OxA1277	发掘陶片 Ⅰ	富里酸	6252 ± 110	不明
6	OxA2211	T1H2 陶片 Ⅱ	腐殖酸（混合）	7520 ± 90	一期 2 段
7	OxA2215	T14③陶片 Ⅲ	腐殖酸（混合）	7610 ± 80	一期 2 段
8	OxA1280	发掘陶片 Ⅰ	基质炭（粗）	9785 ± 180	不明
9	OxA1281	发掘陶片 Ⅰ	基质炭（中）	7890 ± 90	不明
10	OxA1282	发掘陶片 Ⅰ	基质炭（细）	8455 ± 90	不明
11	OxA2213	T1H2 陶片 Ⅱ	基质炭（粗）	9220 ± 80	一期 2 段
12	OxA2212	T1H2 陶片 Ⅱ	基质炭	8550 ± 80	一期 2 段
13	OxA2217	T14③陶片 Ⅲ	基质炭	8490 ± 80	一期 2 段
14	OxA2216	T14③陶片 Ⅲ	基质炭	8290 ± 80	一期 2 段

说明：1. 距今年代：以 AD1950 计；半衰期：以 5730 计；表中年代均未经校正。

2. OxA：英国牛津大学考古与艺术史实验室；AMS：即加速器质谱^{14}C 测年法。

3. 表中数据均摘自陈铁梅文。

此外，郑州大学用穆斯堡尔谱测年法也测试过彭头山遗址两块陶片（出土单位不明），获得两个数据分别为距今 7920 ± 200 和 8700 ± 200 年，与彭头山遗址年代范围基本相吻。

综上，由于^{14}C 年代与真实年代并不是一回事，要获得真实年代一般需要用树轮年代进行校正。而这些年代结果均比较早，已超出树轮年代校正表的范围，因而本文常规法得出的年代（距今 8800~7600 年）也只是推测性的结论，并不一定能代表彭头山文化的真实年代。但需说明的是，这个范围已经包括了彭头山文化向皂市下层文化过渡阶段（即本文的第四期，距今约 7800~7600 年），而目前学术界所指的彭头山文化，实际上只是本文分期中的前三期文化（本文推断出的年代为距今 8800~7800 年）。此外，学术界倾向于把皂市下层文化年代定在距今 7800~6900 年左右，如此，本文第四期年代正好与皂市下层文化重叠。可见，彭头山文化的消亡和皂市下层文化的兴起，确实存在一段并行发展期，难怪二者很难找到一条明显的临界线。于是，多数研究者把本文中的彭头山文化第四期划归了皂市下层文化第一期，甚至个别学者把彭头山和皂市下层文化混为一谈。实际上，彭头山和皂市下层文化二者是一脉相承的两个不同文化，二者同稍晚的汤家岗文化一道，在中国新石器时代年代谱系这一大舞台中应同属于中国新石器时代中期文化范畴（本文采用距今 9000 年为新石器时代早、中期分水岭），并分别代表了洞庭湖地区新石器时代中期三个连续发展阶段。它们与中原的磁山文化、裴李岗文化、贾湖文化及毗邻的城背溪文化等是处于同一时代的文化（距今七八千年左右）。

三　彭头山文化的聚落特征

彭头山文化聚落研究还是一个全新课题。囿于材料限制，目前只有彭头山和八十垱两处材料能就这一问题作点粗浅探索。根据上文分析，彭头山文化已进入新石器时代中期范畴，因而其聚落发展绝非肇始阶段。笔者曾把澧阳平原聚落形态分为四个发展阶段，即萌芽、形成、发展和鼎盛四个时期，并把彭头山文化聚落定位于形成阶段。[19]彭头山文化聚落不仅功能齐全，而且已初具规模，把之归入早期聚落的形成阶段是有理由的。

（一）具备了定居性农业聚落的一般特征

从遗址内部发现的部分遗迹分析，它们已经具备了定居性农业聚落的一般功能，因而绝非初期聚落的萌芽状态，这在彭头山和八十垱遗址中均有体现。

彭头山遗址仅发掘 400 平方米，却因发现当时长江流域最早的新石器文化和稻作遗存而享誉国内外。遗址位于澧阳平原一小土岗上，海拔约 45 米，相对高度 5 米，周围为平坦的农田及涔水支流所环绕，聚落面积近 2 万平方米。由于遗址属岗地型地貌，水土流失较甚，加之长年累月的人为破坏，聚落保存并不理想。经考古工作者仔细甄别，发现有居址、墓葬、灰坑等三类遗迹，且多集中于岗地顶部（发掘南区）。居址共发现 6 处，分地面和半地穴式两种。前者以 F1 为代表，平面近方形，房基铺垫厚约 5~10 厘米黄色黏土和粗砂，建筑四周发现大小柱洞 9 个，面积约 30 平方米；后者以 F2 为代表，面积较小，平面呈不规则圆形，灶坑采用红烧土颗粒及黏土堆筑而成。墓葬共发现 21 座。墓坑小而浅，有方形、不规则长方形和圆形等三种。除 3 座墓可明确或推测为一次葬外，余均属二次葬，不见骨架。墓内随葬器物少且支离破碎，陶器多被有意砸碎，多数墓不见陶器，个别墓仅随葬少量石质装饰品或石器。灰坑共发现 15 处，平面皆不规则，无固定形状。上述遗迹分布均无规律，布局亦无严格规划，聚落内更无等级分化现象。

八十垱遗址因发现环壕土围及大量稻谷而闻名。遗址属冲积平原地貌，海拔约 33 米，文化堆积全部掩埋在现今地表 1~4 米以下，因而埋藏环境完全不同于彭头山遗址。1993~1997 年，湖南省文物考古研究所连续五次发掘 1200 余平方米，获得一批重要的有关聚落方面的信息。共发现居址 24 处、墓葬 98 座、灰坑 80 个（部分可能为"祭祀坑"）。居址共有四类，以干栏式和地面式为主，另有少量半地穴式和高台式。干栏式虽未发现木结构，但却发现了大量柱洞，而且十分密集，在遗址 C I 区不到 200 平方米的范围内就发现柱洞近 300 个，正如裴安平先生所说："它们层层叠压相互打破，且洞与洞之间又无任何居住与活动面可寻，估计类似现象应为干栏式建筑所遗留。"地面式居址大多作长方形或不规则形，个别有较浅的基坑，其上再铺薄层颗粒极细的红烧土，以利于防潮。半地穴式近圆形，居住面低于户外活动面 20～30 厘米不等，室内一般有红烧土灶坑。高台式建筑发现两例（F1 和 F6），台面一般高出周围地面约 50～80 厘米。形状较为独特，四角外凸，呈犄角形，四边内凹或内弧，近似海星状。台面中间一般有一较大柱洞，其底部则往往放置一些动物骨骸，如 F1 就放置了一个完整的牛下颌骨。这类建筑绝非日常居址，可能为某类宗教祭祀建筑。墓葬几乎全为二次葬，不见骨架。形状大致有四类：近圆形、不规则圆形、近方形和长方形。其中，以前两类墓最为常见，墓坑亦最深，个别墓深度超过 50 厘米；后两类墓坑一般较浅，约 10～20 厘米左右。墓中随葬品均较少，多数仅为几块陶片，少数随葬完整陶器，或随葬少量石质装饰品和石器，与彭头山遗址墓葬近似。灰坑发现数量不少，但多数不是人们日常生活过程中形成的废弃垃圾坑，而极可能是某类"祭祀坑"。这类坑集中于居住区，一般呈圆形或椭圆形。原认为是房址柱洞，但后来发现它比一般的柱洞大得多，内径常在 30～50 厘米左右，而且坑壁加工比较讲究，直壁，平底，内置少量红烧土块、陶片、石质棒饰、磨制石器或砾石，有的底部有薄层草木灰，并掺有少量骨渣。[20]这些现象与后期祭坛中的祭祀坑（如城头山遗址）比较相似。上述四类遗迹空间布局与彭头山遗址大致相若，亦无明显分界。这就表明彭头山文化聚落布局还处于混乱无序状态，人们的日常生活、生产、丧葬、祭祀等活动并无严格规划。但八十垱遗址发现的"海星状"房址及大量"祭祀坑"，足以表明该聚落的社会功能更为齐全。而组织开挖聚落环壕和土围，则意味着八十垱聚落内部可能出现某种意义上的"组织管理者"。因此我们可推断，八十垱相对于彭头山来说，在聚落方面表现出来的社会发展水平已经向前跨进了一大步。

（二）出现了聚落发展阶段的重要环节——环壕土围聚落

八十垱遗址重要发现之一就是发现了彭头山文化时期的环壕和土围，年代距今约8000 年左右。经过多年发掘或勘探证实，环壕和土围除西、北两面可能与遗址当时的古河道相连外，东、南两面均有发现，而且极有可能相通，从而使二者形成一个可能为封闭的居住与日常活动圈。环壕与古河道圈定的范围南北长约 200 米，东西宽约 160 米，面积约 3 万余平方米。（图六）

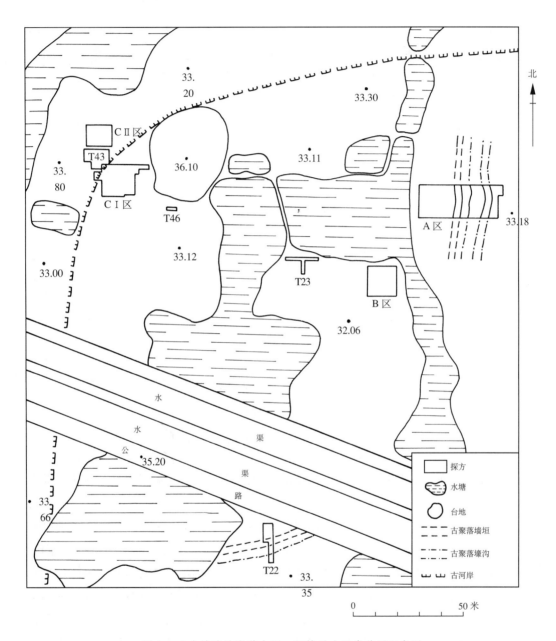

图六　八十垱遗址聚落土围、环壕及古河岸范围示意图

从遗址东部（A区）揭示出来的环壕和土围地层关系分析，当时人们修筑环壕、土围过程是十分漫长和复杂的。（图七）最早开挖的壕沟（G10）是在第12层层面上开始（属于遗址早期）的，同时把挖出来的土堆筑在壕沟一侧，从而形成一道极矮的"土墙"（Q1 I ②）。这种极矮的土围，并非严格意义上的"城墙"，只是把挖出来的土平铺

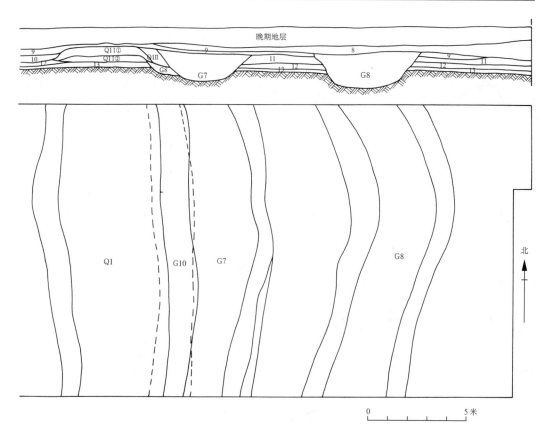

图七　八十垱遗址 A 区聚落土围、环壕平剖面图

于壕沟内侧，从而无意中增高了壕沟的高度，进而使壕沟发挥了更好的防护作用。随着
G10 不断淤积（G10 使用时间相当遗址第 11 层），淤积土几乎与沟口接近，此时 G10 已
失去防卫作用，于是又在其位置外侧重新开挖新沟（G7）。新沟除挖掉原 G10 一部分外
（G7 打破 G10），可能还向外扩宽了不少，从而使 G7 的规模远远大于 G10。由于人们开
挖 G7 时，已经意识到把挖出来的土集中于壕沟一侧，就能大大加高和加宽墙体，从而
使土围防护作用更为突出。因而 Q1 不仅加高一大层，而且还扩宽不少，并叠压原 G10
部分淤土之上。这一行为表明，人们已经意识到土围并不亚于壕沟的防御作用，故而有
意把开挖 G7 的土方集中堆筑于原土围之上，从而形成 Q1 Ⅰ ①层。不过，Q1 加宽加高
之后，人们就已完全放弃沟外的日常活动范围（G7 外侧无第 10 层堆积），聚落中心发
生了较大转移。G7 在使用过程中也不断淤积，人们不得不进行疏浚清淤活动，所清淤
土全部覆盖在沟内侧，以达到进一步加宽墙体的作用，从而形成 Q1 Ⅱ 层堆积。Ⅱ 层经
发掘者仔细辨认，可分三小层，说明当时可能有三次疏浚清淤活动。G7 使用时间大致
与遗址第 10 层年代相当，最后废弃时被第 9 层叠压。G7 废弃堆积为弱网纹红土，十分

纯净, 无任何文化遗物。堆积虽可划分出几个层次, 但区别甚微, 说明其形成时间很短。可见 G7 废弃与突发性自然灾害有关, 特别是水灾。由于 G7 废弃, 遗址外围堆积几乎与 Q1 持平, 因而土围防御功能也随之消失, 人们又不得不在 G7 以外的地方重新开挖一条新沟 (G8)。此次开沟, 人们并没有在其内侧堆筑墙体, 反而把沟挖得更宽更深, 完全单一地依赖于壕沟的防卫作用。G8 开挖时间应在 G7 废弃一段时间之后, 因为 G7 被 9 层所压, 而 G8 却是在 9 层层面上开挖, 因而打破第 9 层。只可惜 G8 未曾使用多久, 甚至可能还未完全竣工, 即随同遗址废弃而最终废弃。因为 G8 堆积比 G7 更为纯净, 叠压其上的第 8 层已是遗址废弃后堆积 (年代约距今 7000 年左右, 因 T5⑧层木炭测年为距今 6990 ± 70 年), 而且从勘探分析, G8 向南、北两端延伸一段距离之后, 就全然不见踪影, 可见 G8 并未完全封闭, 而我们现已揭露部分, 可能正好是其已经竣工的一段。

此外, 在遗址西部发掘区 (CⅡ区) 也发现有土围遗迹, 但该遗迹正好位于古河岸内坡, 其性质与遗址西部土围显然是有区别。前者既然有古河道这类天然屏障, 没必要再人工修建防护设施。考虑到 CⅡ区发现有疑似稻田田埂遗迹及出土大量稻谷现象, 这类土围遗迹极有可能与人们当时从事小规模稻作农业有关, 有点类似于 "围湖造田" 的行为。在土围外侧, 我们还发现用河卵石铺垫成阶梯状的数级台阶, 可能系人们通往古河道的取水之途。

有关八十垱遗址西部环壕和土围的功能问题, 确实是一件令人十分费解的事情。据图六和图七分析: 其一, 八十垱环壕和土围规模不大, 依靠本聚落力量也能独立完成, 因而无需御使或与其他聚落结盟来完成, 表明该项工程并无社会组织上的标志意义, 而只不过是根据人们需要自然发展下来的结果; 其二, 八十垱土围、环壕属于一种浅沟矮墙型, 尤其是土围高度不超过 1 米, 显然是无法有效抵御敌人的侵袭。但环壕与土墙协同防御, 还是可以抵御小型野兽的侵扰, 防止家畜走失, 对儿童和家畜的安全保障能起一定作用。也就是说, 八十垱环壕和土围虽不具备防卫敌对势力入侵的能力, 即部落冲突或战争意义上的 "防人" 功能, 但还是具备早期环壕聚落 "防兽卫家" 的一般功能。不过, 八十垱人们修筑环壕和土围的初衷可能不仅是这一点。八十垱遗址原始地貌是一处缓坡岗地, 其西北地势高于东南足有 1 米多, 因其西北面有自然古河道这一天然屏障作保护, 也就无需人工修筑任何防御设施, 而东南两面因地势较低, 若遭遇特大洪水, 势必造成聚落生命财产受到损失, 因而人们很自然地想到挖沟垒墙以挡击洪水。也就是说, 由于八十垱遗址原生地貌的特殊性, 人们修筑环壕土围的主要功能, 可能还是遇洪挡水, 无洪排水, 而并不具备真正意义上的防范和抵御外敌的作用。

学术界一般认为城壕聚落是由环壕聚落发展演变而来的。但从八十垱聚落个案分析, 我们从中可得到一个重要启示, 就是预防水患可能是修筑聚落土围的起因, 而在那些没有水患或水灾并不频繁和严重的地方，可能就无需修筑土围，而只需环壕即可。因此在多数地方的聚落只见环壕，而极少见环壕与土围并存的现象。虽然城头山、鸡叫城等城壕聚落在其早期都有环壕，后来逐渐发展演变成城壕聚落已是不争之实[21]，但这是不是就可以肯定，环壕聚落演变为城壕聚落是聚落发展过程中的唯一模式呢？显然，答案是否定的。因为八十垱环壕土围聚落的发现，可能代表了另一种聚落演变模式。就八十垱聚落来说，正处于壕、墙并重，各自发挥不同功能的阶段，既不是单一的环壕聚落，又不是典型的城壕聚落，我们姑且称之为环壕土围聚落，它极可能代表了由环壕聚落到城壕聚落发展过程中的一个过渡阶段。实际上，已有学者注意到这个问题。张学海先生就曾提出："城有着自身的产生、发展过程。最早的城可能由土围聚落转变而来，土围聚落又从环壕聚落中产生。"[22]

由上可知，彭头山文化聚落已是比较成熟的定居性农业聚落，聚落的一般功能已基本具备。人们开始过着定居生活，而且定居规模和定居时间都已比较稳定。除了通过采集和渔猎获取主要食物外，还开始从事着小规模的稻作农业活动，作为辅助性食物来源方式之一。从聚落埋藏角度分析，岗地型聚落可能无需修筑壕沟，而平原型聚落则有可能修筑环壕或环壕土围以抵御自然灾害，尤其是洪水的泛滥。不过，此时的环壕土围聚落还只是一种根据人们需要，在特殊环境下自然发展状态下的结果，并不具备社会等级上的标志意义。两种聚落的生活设施及丧葬习俗基本一致，聚落布局无明确分界，无特权阶层，无社会分化现象。但环壕土围聚落较比同时期的一般聚落在社会形态发展水平上，已经向前迈进了一步，并且有可能出现某类专职管理人员。

四　结语

综上，本文的结论是：洞庭湖地区彭头山文化大致可分为四期六段。其中，前三期属于文化发展的稳定期，第四期属于文化变异期，并开始孕育部分皂市下层文化因素。彭头山文化的绝对年代大约在距今 8800～7600 年左右，前后大致经历了 1200 年的发展历程。彭头山文化时期的聚落已是比较成熟的定居性农业聚落，聚落的社会功能已基本具备，并出现了聚落发展阶段的重要环节——环壕土围聚落。为防御自然灾害和改善生存环境，人们在自然状态下，修筑了并不具备社会意义的环壕和土围（主要用于防洪、排水及防潮等），表明聚落已具备一定抵御自然灾害的能力；而要修筑该类大型防御工事，表明聚落凝聚力和号召力绝非一般，聚落内部可能出现部分专职管理者。由此可见，彭头山文化所处的社会形态及发展水平并不低下，远非新石器时代之初人们所能达到的水准。因此，我们认为彭头山文化并非洞庭湖地区新石器时代早期文化代表，而是已经迈入新石器时代中期门槛，它同本地皂市下层文化（距今约 7800～6900 年）及其后的汤家岗文化（距今约 7000 ~ 6500 年）一道，共同构成了洞庭湖地区新石器时代中期文化，并分别成为该时期早、中、晚三个发展阶段的典型代表。

注释：

① a. 湖南省文物考古研究所、澧县文物管理所：《湖南澧县彭头山新石器时代早期遗址发掘简报》，《文物》1990年 8 月；b. 裴安平：《湖南对彭头山遗址进行正式发掘》，《中国文物报》1989 年 2 月 24 日 1 版。

② a. 湖南省文物考古研究所：《湖南澧县梦溪八十垱新石器时代早期遗址发掘简报》，《文物》1996 年 12 期；b. 裴安平：《澧县发现我国最早聚落围壕与围墙》，《中国文物报》1994 年 12 月 4 日 1 版；c. 裴安平：《澧县八十垱遗址出土大量珍贵文物》，《中国文物报》1998 年 2 月 8 日 1 版。

③ a. 岳阳市文物工作队、钱粮湖农场文管所：《钱粮湖坟山堡新石器时代遗址试掘报告》，《湖南考古辑刊》第 6集，1994 年；b. 坟山堡 1991 年发掘资料见湖南省文物考古研究所。

④ 郭胜斌、罗仁林：《附山园—黄家园遗址的考古发现与初步研究》，《长江中游史前文化暨第二届亚洲文明学术讨论会论文集》，岳麓书社，1996 年。

⑤ 湖南省文物考古研究所发掘资料，承张春龙先生提供。

⑥ 张绪球：《长江中游新石器时代文化概论》，湖北科技出版社，1992 年。

⑦ 何介钧：《长江中游原始文化再论》，《长江中游史前文化暨第二届亚洲文明学术讨论会论文集》，岳麓书社，1996 年。

⑧ 同注⑦。

⑨ 同注③a。

⑩ 湖南省文物考古研究所、湖南省澧县博物馆：《湖南澧县新石器时代早期遗址调查报告》，《考古》1989 年 10期。

⑪ 同注①a。

⑫ 严文明：《中国史前稻作农业遗存的新发现》，《江汉考古》1990 年 3 期。

⑬ 裴安平：《彭头山文化初论》，《长江中游史前文化暨第二届亚洲文明学术讨论会论文集》，岳麓书社，1996 年。

⑭ 同注⑦。

⑮ 同注⑥。

⑯ 孟华平：《长江中游新石器时代考古学文化谱系初探》，《长江中游史前文化暨第二届亚洲文明学术讨论会论文集》，岳麓书社，1996 年。

⑰ 河南省文物考古研究所：《舞阳贾湖》，科学出版社，1999 年。

⑱ 陈铁梅：《彭头山等遗址陶片和我国最早水稻遗存的加速器质谱^{14}C 测年》，《文物》1994 年 3 期。

⑲ 尹检顺：《湖南澧阳平原史前文化区域考察》，《考古》2003 年 3 期。

⑳ 同注②。

㉑ a. 湖南省文物考古研究所：《澧县城头山古城址 1997—1998 年度发掘简报》，《文物》1999 年 6 期；b. 湖南省文物考古研究所：《澧县鸡叫城古城址试掘简报》，《文物》2002 年 5 期。

㉒ 张学海：《浅说中国早期城的发现》，《长江中游史前文化暨第二届亚洲文明学术讨论会论文集》，岳麓书社，1996 年。

内蒙古呼伦贝尔辉河水坝和
哈克—团结细石器遗址

刘景芝[*]

一　前言

人类使用工具的水平，是人类文明进步的主要标志。随着史前时期细石器在我国广大地区越来越多地被发现，学术界对于出现于旧石器时代晚期，盛行于中石器时代，并一直延续到新石器时代甚至更晚时期的细石器工艺传统文化给予了特别的重视。对旧石器时代晚期"人类历史最重大的一次技术革命"[①]——细石器工艺发生和发展的研究，无疑是史前考古学研究中一项重要的研究课题。

呼伦贝尔大草原位于内蒙古的东北部，早在 20 世纪上半叶就有许多中外学者在这里调查发现了以细石器为代表的新石器时代文化遗存，到 20 世纪下半叶发现的细石器遗址或地点已达 200 多处[②]，更为重要的是，细石器遗存最早的时代可能已提前到中石器时代[③]。然而，如此丰富和重要的考古遗存，一直没能引起学术界的足够重视。

中国社会科学院考古研究所原始社会研究室和边疆中心合作组建的"中国细石器研究"课题组，于 2003 年 8～9 月，对分布于内蒙古呼伦贝尔地区的辉河水坝和哈克—团结细石器遗址[④]进行了调查和发掘。通过发掘，在这一地区首次发现距今 7750 年[⑤]前类似东北"地窨子"的居住遗迹、史前墓葬、用火遗迹以及堆积大量动物骨骼的灰坑等。共获文化遗物 10 963 件，有大量制作精美的细石器、骨角器、陶片和装饰品，其中的象牙人面雕像和刻有许多符号的骨雕极为罕见。丰富的文化内涵，显示出独具风格的北方草原新石器时代细石器传统文化的重要地位。大量利用细石叶制作的精美石镞、石钻和石刀等显示了我国细石器工艺发展的成熟阶段，验证了旧石器时代石片由不规则石片—长石片—石叶—细石叶加工石器技术的发展脉络；从原生地层中发掘出土的居住遗

* 刘景芝，中国社会科学院考古研究所。

迹、墓葬、用火遗迹和灰坑等为研究草原地区史前先民从迁徙狩猎向相对定居的氏族部落的过渡提供了新的重要线索。⑥

二　辉河水坝细石器遗址调查和发掘概况

遗址位于呼伦贝尔市南33公里，鄂温克自治旗西苏木西南7公里辉河右岸台地边缘。地理坐标48°55′32″N，119°41′13″E，海拔高约640米。（图一）上世纪60年代修建辉河水坝取土，将遗址部分破坏，许多部位文化层暴露于地表，文化遗物处处可见。1975年，黑龙江省文物普查队调查发现该遗址。1978年，中国科学院古脊椎动物与古

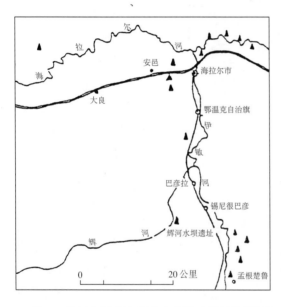

图一　辉河水坝遗址位置示意图（据赵越1992）

人类研究所裴文中、盖培等来此考察，采集一批文化遗物，并清理出一座墓葬，经^{14}C测定，年代为距今5040±100年。⑦1984年呼伦贝尔盟文物站对该遗址进行第一次试掘，地点选在水坝北侧320米台地边缘，试掘面积1×2米；根据研究者的分析，认为不同地层出土的细石器大体可分为四个时期⑧。1987年中国社会科学院考古研究所佟柱臣，1991年内蒙古文物考古研究所田广金都来此进行过考察和试掘，1996年内蒙古文物考古研究所塔拉等第一次发掘这处遗址，上述材料有待发表。本次发掘为第二次正式发掘。

2003年8～9月，中国社会科学院考古研究所"中国细石器研究"课题组，对辉河水坝细石器遗址进行了为期38天的调查和发掘，发掘面积105平方米。所布探方集中在靠近水坝的台地边缘，其中T1位于水坝的东北侧，地层保存完好，其余探方上层的文化堆积由于修水坝时取土遭到了破坏，现保存的文化层堆积较单一，为新石器时代的文化堆积层。

遗址埋藏在辉河右岸由沙丘构成的第二级阶地内，堆积物由不同颜色的细砂所组成，可见厚度258厘米。发掘文化遗物分布在阶地堆积物灰黑色细砂层中，距地表140厘米。地层以T1南壁剖面为例自上而下为：

1 黄褐色细砂层 47～70厘米

2 黑灰色细砂层，发现零星人类肢骨和掌骨 30～38厘米

3 淡黄色细砂层	22~38 厘米
4 淡灰色细砂层	10~15 厘米
5 灰黑色细砂层，含有丰富的以细石器为主的文化遗物及遗迹	80~118 厘米
6 淡黄色细砂层	未见底

T1 第 5 层灰黑色细砂层为文化层，采用 1×1 米的分格布方法，一薄层一薄层地剥离，每一薄层剥离的厚度仅 3~4 厘米，总共剥离 35 个薄层。根据各层出土的遗物，特别是出土的陶片分析，文化层自下而上可以分为三个时期：第 35~11 小层是新石器时代文化堆积，为辉河水坝遗址的第一期文化；第 10~8 小层可能是进入早期历史时期游牧民族的文化堆积，为辉河水坝遗址的第二期文化；第 7~1 小层可能是辽代契丹族的文化堆积，为辉河水坝遗址的第三期文化。

图二　辉河水坝遗址采集的细石核

图三　辉河水坝遗址采集的石镞

遗址中调查采集的遗物 1543 件，其中包括以细石器为主的石制品 1277 件，主要为细石核（图二；彩版一五，1）、细石叶以及用细石叶制成的精美石镞（图三；彩版一五，2）、石钻和石刃等；陶片 197 片，动物骨骼 65 件，人的肢骨 1 段，穿孔装饰品 2 件、建筑材料 1 件。以上文化遗物包括了遗址中三个不同时期的文化。

遗址第一期文化层，出土遗物 7001 件，其中以细石器为主的石制品 2743 件、陶片 602 片、动物骨骼 3656 件。发掘清理出文化遗迹 4 处，包括居住遗迹 1 处、篝火遗迹 2 处、堆积动物骨骼灰坑 1 个。

遗址第二期文化层，出土遗物 140 件，包括以细石器为主的石制品 116 件、陶片 13 件、动物骨骼 11 件。该层出土的陶片烧制的火候不太高，质地主要为夹砂陶，颜色绝大部分为灰褐和红褐色，纹饰除素面外，以网格纹和绳纹较多，此外，还见有少量的弦纹、篦点纹和压印纹等，可辨认的器形有罐和钵。

遗址第三期文化层，出土遗物 125 件，其中以细石器为主的石制品 73 件、陶片 37 件、动物骨骼 15 件。该层出土的陶片烧制的火候较高，质地也较纯，为泥质陶，颜色绝大部分为灰色，纹饰除素面外，主要为压印短条纹，可辨认的器形有罐或盆。

通过对这处遗址的发掘了解到，遗址地貌部位明确，地层清楚，遗物保存新鲜，无分选现象，属于原地埋藏类型。通过调查了解到，遗址文化遗物的分布范围达 30 多万平方米，石料主要采自遗址东边 10 公里左右的伊敏河河岸的砂砾石层。遗址文化层自上而下皆发现有陶片，从出土的文化遗物，特别是出土的陶片分析，遗址文化可分为三个不同时期：

第一期文化，属于新石器时代；不仅出土有大量的以细石器为主的文化遗物，还清理出居住遗迹、堆积动物骨骼的灰坑、用火遗迹等。这些文化遗物和遗迹应是史前时期生活在这里的狩猎和游牧的原始部族所遗留的。

第二期文化，属于早期历史时期，出土的文化遗物可能属于汉代前后生活在这里的游牧民族。

第三期文化，属于较晚历史时期，出土的文化遗物可能属于辽代前后生活在这里的亦农亦牧的北方少数民族。

本文研究的内容为遗址的第一期文化。此期文化以细石器制品数量多、类型丰富为显著特征。细石器制品可分为细石核、细石叶以及用细石叶制成的精美石镞、石钻和石刃等，细小石器中以圆头刮削器最为突出，较大型的石器有刮削器和锛形器以及加工工具石锤等。

此期文化中的陶片大部分为器腹碎片，以罐类为主；为夹砂灰褐陶、夹砂灰陶和夹砂黑陶等；除素面外，有绳纹、网格纹和篦点纹等。从陶片上的痕迹观察，陶器的制作皆为手制（图四；彩版一六，1）。在发掘 T4 文化层时，出土一件用罐腹片磨制而成的陶纺轮，仅残留一半，夹砂灰褐陶，粗绳纹显露，中孔对钻形成仅保留了大部分，周边圆滑。这件遗物的发现意味着人类已学会用纺织物而不只是披兽皮来护体和御寒，它应是狩猎游牧地区这类发现的早期见证。

居住遗迹（J1），分布在 T1 文化层底部，发现于第 35～26 小层之间，清理部分南北最长 4.5、东西最宽 3.5 米，面积约 16 平方米，近于长椭圆形。发掘过程中向北和向西扩方清理出该遗迹的北部、东部和西部边缘，南部边缘延伸到发掘探方的南壁，没有向南扩方。在东部边缘的近中部首先发现一个圆形柱洞（ZH1），其口距地表 210、口径 52、深 44 厘米。柱洞的内侧已延伸

图四　辉河水坝遗址出土的陶片

到遗迹之内，并稍向西倾斜。遗迹的西壁靠上部边缘从南向北分布有 7 个小柱洞（ZH2 ～ZH8）和 4 个小板窝（B1 ～ B4）。这些小柱洞的口径在 7 ～ 20、深在 3 ～ 16 厘米；小板窝长径在 13 ～ 44、短径在 12 ～ 14、深在 4 ～ 5 厘米。它们皆向东倾斜，与东部柱洞遥遥相对，这很可能是当时人类搭建顶子留下来的栽柱子和插板子的痕迹，估计人们在柱子和板子上再铺垫兽皮或茅草。西壁较东壁陡直，且高出东壁 25 厘米，这有利于抵御西北寒风。在居住遗迹堆积中发现了较多的石制品，陶片比文化层中的陶片数量要多且片要大，此外，还出土了一些动物骨片。根据遗迹保存情况分析，该处居住遗迹非常类似东北地区曾经使用过的"地窖子"，它的发现意味着可以把这类建筑出现的最早时间提前到 7750 年前。

篝火遗迹（GH1），发现于 T1 文化层中上部，口距地表 183、底部距地表 197 厘米，形状不甚规则，南北长 74、东西宽 57 厘米，底部为圜底。堆积物颜色明显比周围深，但不见炭粒，估计当时燃烧的可能是杂草类植物。在这处用火遗迹中发现文化遗物 38 件，有石片 9 件、石叶 7 件、保存完好的石镞和石刃各 1 件，动物骨骼 20 件，其中包括鸟骨、鱼骨、动物牙床和烧骨等。一件大型动物的肋骨好像被人有意地平铺在底部。清理这处遗迹的中层时，发现在遗迹周围，特别是东侧密集分布了许多石片和石叶以及一些陶片和骨片等，推测当时人们在篝火旁取暖烧烤食物的同时，不仅把吃剩下的骨头扔在一旁，还不时地在篝火旁打制石器。

篝火遗迹（GH2），发现于 T4 文化层中，口距地表 50、底部距地表 65 厘米。南北长径 102、东西短径 95 厘米，近于圆形、壁稍圆滑、内弧、圜底。堆积物为黑色灰烬，未见炭粒，与 GH1 情况相同。在 GH2 旁的东南部，清理出羊骨一堆，包括羊的颌骨及

肢骨等，共有 106 块。推测当时人们围绕着篝火烧烤羊肉，吃罢将剩下的羊骨整齐地堆放在一起，其中的含义，有待进一步研究。

堆积动物骨骼灰坑 H1，分布于 T3 西北部文化层中。其东西长径 170、南北短径 156 厘米，形状近于圆形，坑壁内弧，底部为圜底，坑底距现地表 22 厘米。在灰坑靠北的底部发现柱子洞 2 个，直径 11 厘米，保存深度只有 7 厘米，似乎是灰坑形成前的遗迹。清理时地面偶有零星骨骼出露，坑口被薄薄的细砂层所覆盖。坑内堆积的动物骨骼非常密集，层层叠压，逐层清理出成形的动物骨骼 1375 件，包括有头骨、牙床、肋骨、肢骨、肩胛骨和蹄骨，另有羊角等，其间还夹杂着石叶和石片等 9 件、陶片 29 片。筛出动物骨骼 1887 件。初步辨认出动物种类 15 种，有食草类的驴、马、牛、黄羊、羚羊、羊和兔等，有食肉类的狐、狼、獾和小型猫科动物，还有鸟禽类以及鱼类和啮齿类动物。灰坑内的砂土很少，土质疏松，颜色略黑于坑外土色。发掘表明这处遗迹是一次性堆积，其量之大说明是一次“人群”的行为，很可能是当时氏族的“集体活动”，是否与某种祭祀有关？此外，动物骨骼显示的种群为研究当时的气候环境提供了重要资料。

遗址第一期文化最早的年代为距今 7750 ± 40 年。这一时期，这里的细石器工艺技术水平已经达到了很高水平。文化层中不仅发现有大量用细石叶制作的精美石镞、石钻和石刃，还发现有许多圆头刮削器和一些较大型的打制石器，以及预制细石核剥离细石叶时剩下的辅料（这些辅料是研究细石器制作过程的极好资料）。发掘出土的大量细石器制品，清理出来的篝火遗迹，特别是发现的居住遗迹表明，该遗址既是一处史前先民的细石器制作场所，又是一处当时人们居住生活的地方。

2004 年 9 月，对辉河水坝细石器遗址进行了短期的补充发掘。一项重要收获是，在 2003 年发掘的 T3 的西侧，于新石器时代文化层中清理出一座墓葬 M1（图五）。此墓为二次葬，只有一具头骨和部分肢骨残段。由于文化层裸露，自然剥蚀将部分头骨显露出地面，面骨和颅底缺失。不过，在头骨的右侧发现了一件随葬的陶器，虽已残破，但保留了器物

图五　辉河水坝遗址 M1

的底部，为一件平底器，内外皆饰以网格纹。此外，在头部还发现了一件柳叶形石镞，也应是随葬品。经过清理发现，头向朝北，部分肢骨置于头骨的南部，埋葬时没挖墓穴，仅是平地掩埋，其人骨分布范围南北长121、东西宽38厘米。

经中国社会科学院考古研究所王明辉对人骨进行初步鉴定，认为头骨呈卵圆形，长狭颅，颅形偏低，前额较倾斜，狭额形。根据颅壁较薄、眶上缘薄锐、眉弓眉间发育不显著、乳突较小、枕外隆突不发育、股骨嵴发育较弱等特征，判断其为女性。根据头骨颅内缝皆愈合，颅外缝只有部分人字缝未完全愈合，以及牙齿磨蚀较重等特征，判断其年龄为45～50岁。根据颅形偏低判断其种族特征，可能含有某些北亚蒙古人种的特征因素，与内蒙古中南部和东南部等地区发现的史前人类特征有明显区别，如能排除是个体变异的话，这应是目前国内发现最早的具有低颅特征的人骨。

三 哈克—团结细石器遗址试掘概况

哈克—团结细石器遗址位于呼伦贝尔市海拉尔区哈克镇团结村海拉尔河左岸，地理坐标49°13′00″N，120°04′41″E，海拔高625米。（图六）"哈克"，蒙古语，意为"塔头墩"，是低洼草甸子上的一种地貌形态，在遗址附近有广泛分布。过去，该遗址有称哈

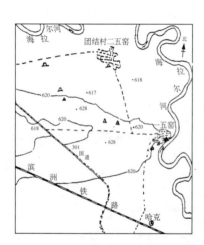

图六 哈克—团结遗址位置图
（据赵越2003）

克遗址的，也有称团结遗址的，为了不至于造成混乱，建议统一称之为"哈克—团结遗址"。1985年，呼伦贝尔盟文物站开展文物普查时，在团结村一组发现遗址的第一地点，采集到大量以细石器为主的石制品和陶片，以及磨制石球、石网坠和钻孔装饰品等。1986年，呼伦贝尔盟文物站和内蒙古文物考古研究所在团结村学校东南发现遗址的第二地点，有一座已被破坏的墓葬，在人骨附近采集双刃骨刀柄、陶片和近百件细石器。[⑨]1999年，呼伦贝尔盟民族博物馆在团结村东调查到遗址的第三地点，多次调查中中国社会科学院考古研究所也曾参与，采集并清理出大批遗物，包括有石器、玉器、骨器、牙器和彩陶等。根据发现的人骨分析，这里应是一处墓葬。[⑩]2001年，呼伦贝尔市民族博物馆首次对该遗址进行试掘，出土了一批以细石器为主的文化遗物，并对遗址的地层关系有了初步的了解。[⑪]本次报道的是第二次试掘的材料。

2003年9月18～25日，中国社会科学院考古研究所"中国细石器研究"课题组对

哈克—团结细石器遗址进行了为期8天的试掘。试掘面积2×9米，出土文化遗物2154件（包括耕土层出土26件文化遗物），其中以细石器为主的石制品1085件、骨角制品13件、陶片514片、穿孔装饰品2件、动物骨骼540件。（图七；彩版一六，2）清理出文化遗迹3处，有墓葬1座、灰坑2个。

图七　哈克—团结遗址出土遗物

遗址埋藏在海拉尔河左岸由沙丘构成的第二级阶地内，堆积物与辉河水坝遗址大致相同，主要由不同颜色的粉砂和细砂所组成，清理地层最厚285厘米。文化遗物分布在阶地堆积物灰褐色、灰黑色、灰色和褐灰色粉砂层中，文化层距地表35～40厘米。文化层最厚可达102厘米，地层以探沟东壁剖面为例，自上而下为：

1 浅灰色细砂层	10～18 厘米
2 浅黄色细砂层	6～12 厘米
3 棕褐色马粪层和马圈围沟	3～60 厘米
4 灰褐色粉砂质黏土层，含辽代陶片等文化遗物	5～12 厘米
5 灰黑色粉砂层，含历史时期文化遗物	6～15 厘米
6 灰色粉砂层，含早期历史时期文化遗物	10～20 厘米
7 褐灰色粉砂层，含丰富的以细石器为主的新石器时代文化遗物及遗迹	35～72 厘米
8 淡黄色细砂层	135 厘米
9 黄色细砂层	未见底

根据地层堆积，以及各层出土的文化遗物，特别是出土的陶片分析，文化层自下而上可分为四个时期：

遗址第7层堆积，为哈克—团结遗址的第一期文化。出土遗物702件，其中以细石器为主的石制品347件、骨角器9件、穿孔装饰品2件、陶片126件、动物骨骼218件。清理出文化遗迹3处，包括墓葬1座、灰坑2个。根据出土遗物，特别是陶片特征分析，这些文化遗迹和遗物应是新石器时代史前先民的文化遗留。

遗址第 6 层堆积，为哈克—团结遗址的第二期文化。出土文化遗物 457 件，其中以细石器为主的石制品 204 件、骨器 3 件、陶片 141 件、动物骨骼 109 件。该层出土的陶片主要为夹砂灰陶，也有少量的夹砂灰褐陶和泥质灰陶，陶器纹饰除素面外，以编织纹和网格纹较多，此外，还见有少量的篦划纹等，可辨认的器形为罐。从陶片上的痕迹观察，陶器制作已出现了慢轮修整。以上文化遗物可能是进入早期历史时期草原游牧民族的文化遗留。

遗址第 5 层堆积，为哈克—团结遗址的第三期文化。出土遗物 390 件，其中以细石器为主的石制品 216 件、陶片 95 件、动物骨骼 79 件。该层出土的陶片仍以夹砂灰陶为主，还见有少量的黑灰陶，不过，这一时期的泥质灰陶数量增加，烧制的火候也较高，陶器纹饰除素面外，有编织纹、网格纹和绳纹，此外，见有少量的篦划纹和压印纹等，可辨认的器形有罐和钵。从陶片上的痕迹观察，陶器制作采用了慢轮修整。从地层和文化遗物分析，这一时期文化堆积，可能是相当于中原地区唐代生活在这里的蒙古族先驱室韦民族的文化遗留。

遗址第 4 层堆积，为哈克—团结遗址的第四期文化。出土遗物 579 件，其中以细石器为主的石制品 301 件、骨器 1 件、陶片 143 件、动物骨骼 134 件。该层出土的陶片烧制的火候较高，泥质灰陶显著增加，陶器的纹饰除素面外，篦划纹和压印纹增多，可辨认的器形有罐或盆。从陶片上的痕迹观察，陶器制作已普遍采用了轮制技术。这一时期的文化堆积，可能是辽代契丹族的文化遗留。

本文研究的内容为遗址的第一期文化。该文化层的文化遗物，以细石器为主的石制品数量最多，细石器分为细石核、细石叶和各类细小石器。细小石器有石镞、石刃、石钻、雕刻器和圆头刮削器等，其中三棱形石钻和小雕刻器最具特色，它们可能是随着骨器和装饰品的盛行而发展起来的。文化层中还发现少量较大型的石器，其中的残磨棒，或许与早期农业劳作有关。此外，发现的一件石质陶垫证明，这里的陶器应主要产于本地。

遗址第一期文化层中出土的骨角制品十分引人注目，有采用鹿的炮骨磨制而成的刀柄，有用动物长骨磨制成的骨锥和骨镞，有用鹿角或羊角磨制成的簪子和佩饰等。特别是象牙人面雕像和具有刻划符号的骨雕极为罕见。象牙人面雕像，长 5.7、宽 4.03、厚 2.2 厘米，呈半椭圆形，发现时已脱离为三层，最上一层采用浮雕技法刻出人面，由于经历数千年的风化和磨蚀，面部有的地方已经脱落，不过仍然依稀可见微微凹入的双目、明显凸起的鼻部、端庄严肃的吻部，它可能是原始宗教中祖先或偶像崇拜的产物。具有刻划符号的骨雕，出土时已经残断，残长 5.36、宽 0.6~0.75、厚 0.4~0.5 厘米，形状扁长，近于椭圆，四周皆刻满了符号，现存 13 组，它们是与记数还是记事有关值得深入研究考证，也可能与原始宗教存在某些联系。

　　遗址第一期文化层出土陶片数量较多，多为罐的腹部碎片，以夹砂灰陶为主，夹砂灰黑陶较少。除素面外，以编织纹为主，也有少量的网格纹。从陶片上的痕迹观察，陶器的制作皆为手制。

　　试掘清理的文化遗迹皆出自遗址的第 7 层堆积，包括 1 座墓葬和 2 个灰坑，皆属于遗址的第一期文化。

　　墓葬（M1）分布于探沟的南部，没有被扰乱，墓口距地表深 90、墓底距地表深 120 厘米。为长方形竖穴土坑墓，墓长 105、宽 50 ~ 58 厘米。葬式为二次屈肢葬，头向朝东，方向 90°，面向西北。墓内仅有头骨、肢骨和少量指骨，不见肋骨和趾骨等。头部右侧有块破洞，破碎的一块颅骨被安放在头的右侧。其中原因有待深入观察研究，可能与墓主人的死因有关。从墓主人的骨骼特征上看，可能是壮年男性。墓内没有任何随葬品，只是在墓葬的东南角有一块较大的石头，是否与墓葬有关，也需要进一步了解。清理墓底时发现，底部堆积东高西低，呈斜坡状。（图八）

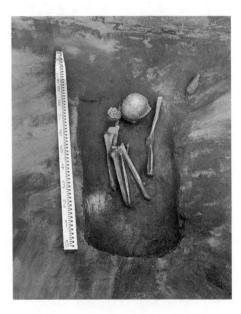

图八　哈克—团结遗址 M1

　　灰坑（H1）发现在探沟中部偏北，口部距地表深 96 厘米，底部距地表 176 厘米。形状不甚规整，东西长径 154、南北短径 110 厘米，圜底。灰坑内清理出遗物 86 件，有石制品 20 件，包括细石叶 8 件、石片及碎屑 9 件、刮削器 2 件、残磨棒 1 件；陶片 21 件，主要为带有编织纹的夹砂灰陶，可辨认的器物为直腹罐；动物骨骼 45 件，其中包括了一件较完整的獾的头骨。

　　灰坑（H2）发现于探沟的东北角，它的东部边缘被压在东壁之下，口部距地表 110 厘米，底部距地表 140 厘米。口近于圆形，直径 64 厘米，底部为锅底形。在灰坑的底部发现两块较大的石板，好像是经人有意铺垫的，清理时没有发现其他遗物，估计当时可能储存东西用的，储存的东西已被拿走。

　　哈克—团结遗址地貌部位明确，地层清楚，遗物保存新鲜，无分选现象，遗址亦属于原地埋藏类型。通过多年来不断调查和试掘的结果来看，遗址的分布面积相当大，文化内涵也相当丰富。经测定，该遗址最早的文化堆积年代距今 7015 ± 40 年，[12]新石器时代文化层的年代大约延续到距今 5000 ~ 4000 年间；之后，沉积了可能是战国秦汉、隋唐时期直至辽代北方游牧民族的文化堆积。这样一处含有几个不同时代的文化遗址，在祖国北疆与俄罗斯的西伯利亚和外蒙相连的呼伦贝尔大草原实属罕见。仅新石器时代文化遗存来看，在这一时期已经形成为一处比较稳定并具有相当规模的聚落，已经达到了一定的文明程度。如此重要的一处聚落遗址，值得今后大面积发掘，并进一步深入研究。

本次试掘在新石器时代文化层中清理出墓葬一座，以往周围农民挖地也曾有人头骨发现，加之附近调查发现过属于这一时期的出有精美玉器、细石器和彩陶等文化遗物的墓葬，是否可以推测这里分布有属于新石器时代的墓葬区？在新石器时代文化层中出土了大量的细石器制品、兽骨和鱼骨等，显示出当时的经济还是狩猎和捕鱼占有较大比重，家畜饲养是否已经出现？残磨棒的发现是否可以推测农业已在悄然兴起？在新石器时代文化层中陶片分布较为密集，比辉河水坝遗址出土陶片数量要多，颜色和纹饰两遗址间也存在着差别，制陶工艺似乎比辉河水坝遗址的进步，它们之间究竟存在什么关系？令人瞩目的骨角制品，尤其是象牙人面雕像和刻有许多符号的骨雕，反映出当时人类文化生活水平提高，工艺技术发展，已初步掌握了刻划浮雕等工艺技法，它们的发现不仅仅说明这一地区早期人类的工艺技术，更为重要的是映射出人们意识形态领域的内容，应该藏有更深层次的含义，是否与当时的社会、氏族、宗教等活动存在着密切的关系？许许多多的问题需要我们进一步的去研究考证。

四　结语

呼伦贝尔大草原位于内蒙古的东北部，连绵不断的大兴安岭将呼伦贝尔草原分割成东西两部。西部地区的海拉尔河是草原上最大的一条东西向河流，它发源于大兴安岭吉勒奇老山西麓，穿过牙克石市和呼伦贝尔市到草原西部边缘向北汇入额尔古纳河，向南通过达兰鄂罗木河连通呼伦湖，其南北两岸分布着大大小小的许多支流。这些河流和湖泊，不仅哺育了呼伦贝尔大草原，而且还孕育了呼伦贝尔早期文化。自古以来便有许多民族在这里狩猎、畜牧、生息，其社会形成和发展影响了整个亚洲北部，直至成吉思汗帝国雄跨欧亚，在历史上起到了举足轻重的作用。因此，研究这一地区的早期文化也就显得特别重要。以往对这一地区远古人类文化的了解和研究还远远不够，而这一次的发掘却让人们明显感到，这里的史前先民生产和生活中留下来的文化遗存意义非同一般。

通过两处遗址的调查和发掘，总共获得文化遗物 10 963 件，文化遗迹 8 处，取得了较为重要的成果，为旧石器晚期业已出现的"细石器传统文化"增加了大量实物资料和新的文化内涵。更引人注目的是在祖国北疆呼伦贝尔大草原——这个北方游牧民族的发祥地，首次发掘出距今 7750 年前类似 东北"地窖子"的居住遗迹，加之大量制作精美的细石器、骨角器、陶片和装饰品，罕见的象牙人面雕像和具有刻划符号的骨雕等，为独具风格的"哈克文化"提供了事实佐证，而且遗址分布面积大、文化堆积厚、文化遗物丰富等，为了解7000多年前当地先民从迁徙狩猎向相对定居的氏族部落的过渡开启了一扇窗户。

中国社会科学院考古研究所"中国细石器研究"课题组，对以上两处细石器遗址进行了成功的调查和发掘，可以引发思索的内容有：

（1）呼伦贝尔是研究北方游牧民族起源及其文明发展的重要地区，辉河水坝和哈克—团结遗址地层保存完好，文化内涵极为丰富，对它们进行科学的发掘和对材料进行科学系统地分析与整理，将对研究这一地区自然环境变迁、史前先民及其文化起源、社会发展具有不容忽视的作用。

（2）此次在辉河水坝和哈克—团结细石器遗址发现的文化遗存，为北方草原地区独具特色的"哈克文化"增加了异彩。哈克—团结细石器遗址在文化面貌上比辉河水坝细石器遗址显示出某些进步因素，正反映了细石器传统文化在这一地区发展变化过程，为我们对"哈克文化"进行分期提供了事实依据。

（3）与中原地区和东北地区同期文化相比，辉河水坝和哈克—团结细石器遗址的文化面貌有其自身的特点，大量利用细石叶制成的精美石镞、石钻、石刃和端刮器等，显示了我国细石器工艺发展的成熟阶段，表明了石器时代石片由不规则石片—长石片—石叶—细石叶的石器加工技术的发展脉络。

（4）细石器、陶器和骨角器的制作风格体现了当时的工艺水平，而象牙人面雕像和具有刻划符号的骨雕则是当时人们社会、氏族、宗教等多方面意识形态的产物，这些资料为研究哈克文化的社会发展形态、生产力水平以及宗教信仰等方面增加了新的研究内容。

（5）墓葬中发现的人骨是进行人种鉴定的重要材料，为研究这一地区游牧民族的起源提供了直接证据。居住遗迹和墓葬的发现，使我们对当时社会结构和埋葬习俗有所认识，加之"纺织"与"农业劳作"器具等文化遗存，为研究史前先民从迁移狩猎向相对定居的氏族部落的过渡提供了宝贵资料和重要线索。

（6）通过呼伦贝尔的考古，了解这一地区古气候、古环境对认识现代我国北方地区的气候环境也具有十分重要的意义。

本次工作得到了中国社科学院考古研究所原始社会研究室和边疆中心领导的大力支持，王仁湘领队，刘景芝执行领队，刘国祥参与策划，并在发掘中得到卫奇和陈超两位先生的指导，谢肃参加了前期的发掘。工作中得到了地方领导和同仁们的支持和配合，特别是与赵越、白劲松、陈凤山、敖卫东、黎霞、达西尼玛、李君、王连行、哈达和肖演义等同仁合作的日日月月，更令人难忘。工作的顺利成功与以上领导和同志们的关心支持和辛勤劳作密不可分。室内整理得到了北京大学吕遵谔、严文明、赵朝洪、黄蕴平和中国社会科学院于锦绣等先生们的热情指导，黄蕴平、哈达对辉河水坝遗址的动物骨骼进行了初步鉴定，陈超、赵艳芳对以上两处遗址的陶片进行了分析鉴定，王明辉对辉河水坝遗址的人骨作了初步鉴定，对此一并表示衷心的感谢。

注释：

① 石兴邦：《中国的"细石器革命"及其有关问题》，《石璋如院士百岁祝寿论文集——考古·历史·文化》，（台北）南天书局，2002 年。

② 赵越：《论哈克文化》，《内蒙古文物考古》2001 年 1 期。

③ 安志敏：《海拉尔的中石器遗存——兼论细石器的起源和传统》，《考古学报》1978 年 3 期。

④ 根据著名考古学家夏鼐先生有关"考古学文化的定名问题"的规定，"以第一次发现的典型的遗迹的小地名为名"，再考虑到避免与东北地区其他"团结遗址"的名称相混淆，故建议将原有的"团结遗址"或"哈克遗址"更名为"哈克—团结遗址"。

⑤ 据北京大学科技考古与文物保护实验室对居住遗迹底部动物骨骼的加速器质谱（AMS）^{14}C 测试，年代为距今7750±40 年，该数据未作树轮年代校正。

⑥ 刘景芝、塔拉、赵越：《内蒙古呼伦贝尔大草原调查发掘两处细石器遗址》，《中国文物报》2003 年 12 月 5 日1、2 版。

⑦ 同注②。

⑧ 赵越：《呼伦贝尔辉河水坝细石器遗址清理简报》，《内蒙古文物考古》·1992 年 1、2 期。

⑨ 同注②。

⑩ 中国社会科学院考古研究所内蒙古工作队、呼伦贝尔盟民族博物馆：《内蒙古海拉尔市团结遗址的调查》，《考古》2001 年 5 期。

⑪ 赵越：《呼伦贝尔市哈克遗址试掘简报》，《开物琐谈》，内蒙古文化出版社，2003 年。

⑫ 据北京大学科技考古与文物保护实验室对遗址文化层底部动物骨骼的加速器质谱（AMS）^{14}C 测试，年代为距今 7015±40 年，该数据未作树轮年代校正。

编后记

在 2000 年下半年筹划再次发掘甑皮岩遗址的时候，中国社会科学院考古研究所、广西壮族自治区文化厅文物处、广西壮族自治区文物工作队、桂林市文化局以及甑皮岩遗址博物馆等单位就共同确立了一个一揽子计划。这个计划包括：一，发掘遗址；二，整理遗物，编写发掘报告；三，召开国际学术研讨会；四，编辑出版会议论文集。

第一项和第二项工作已在 2001～2003 年间完成，并于 2003 年 11 月由文物出版社出版了《桂林甑皮岩》考古发掘报告。

2003 年 12 月 11～14 日，中国社会科学院考古研究所、广西壮族自治区文化厅、桂林市人民政府在广西桂林市榕湖饭店共同举办了"华南及东南亚地区史前考古——纪念甑皮岩遗址发掘 30 周年国际学术研讨会"，来自中国、美国、澳大利亚、新西兰、加拿大、日本、越南、泰国及中国香港地区的考古学者共 90 余人参加了此次会议，共提交论文或论文提要 65 篇。

本次研讨会的内容比较广泛，概括来讲，涉及的范围包括：甑皮岩遗址的发现与研究；华南地区旧石器向新石器时代的过渡；华南及东南亚史前文化的文化谱系和年代框架；华南地区史前环境、生态和资源；华南史前文化与长江中下游地区、东南亚地区史前文化的联系与交往；区域考古研究，如以桂林为中心的桂东北地区、湖南中南部地区、海岱地区、三峡地区、内蒙古地区等，另外还有多项专题涉及了包括越南、泰国、菲律宾、老挝等在内的东南亚地区史前考古。可以说，这次会议是我国迄今为止关于华南及东南亚地区史前考古规格最高、影响最为深远的一次国际性学术研讨会。

会议结束后，根据作者的意愿以及论文编辑委员会的意见，我们选择了其中有代表性的 36 篇论文，结集出版这本论文集。可以说，该论文集充分反映了目前学术界有关华南和东南亚地区史前考古学的最新研究成果和学术认识。

需要特别说明的是，在甑皮岩遗址的发掘、整理，发掘报告的编写以及国际学术研讨会的召开等一系列工作中，中国社会科学院考古研究所、国家文物局、广西壮族自治区文化厅以及桂林市政府、桂林市文化局都给予了大力的支持和帮助；桂林市政府更为学术研讨会的召开投入了大量的人力、物力和财力，为此我们深表谢意。

感谢香港研究资助局为这本论文集的出版提供全额经费资助。

感谢中国社会科学院考古研究所范全迎先生对本书越南文部分进行审校。感谢香港中文大学吕烈丹博士对本书英文部分进行审校。

感谢所有关心、支持和帮助过我们的专家、学者和朋友们。